Florida

Título original: *The Rough Guide to Florida* (4.ª edición)
Autores y colaboradores: Loretta Chilcoat, Rona Gindin, Neil Roland y Mick Sinclair, con contribuciones adicionales de Adrian Curry
Traducción: Rosana Pedrosa y Javier Vico

© 1999, Rough Guides Ltd.
   62-70 Short Gardens, Londres WC2H 9AB
   www.roughguides.com

© 1999, Ediciones B, S.A., en español para España y países de habla hispana
   Bailén, 84 - 08009 Barcelona (España)
   www.edicionesb.com

Créditos fotográficos:
Edward Briant es el autor de las ilustraciones que aparecen en la primera y tercera parte.
Tommy Yamaha es el autor de la ilustración de la pág. 1 y Henry Iles de la ilustración de la pág. 409.
Fotografía de portada: Miami Beach, Superstock.
Fotografía de contraportada: Walt Disney World (Orlando), Zardoya.

1.ª edición: 1999
1.ª reimpresión: 2001

Impreso en España - Printed in Spain
ISBN: 84-406-9068-1
Depósito legal: B. 815-2001

Impreso por CREMAGRAFIC

El equipo editorial ha hecho todo lo posible para confirmar la información que aparece en esta *Guía Sin Fronteras a Florida*, por lo que no se hace responsable de los posibles contratiempos que puedan afectar al viajero como consecuencia de los datos y consejos que contiene la obra.

Florida

SIN FRONTERAS

SIN FRONTERAS nace con la intención de servir de brújula en cualquier rincón del mundo, y el objetivo de ofrecer la más completa y fiable información cultural, práctica y anecdótica. Con este ideario, deseamos responder a los intereses de viajeros del más amplio espectro. El ávido de aventuras, el que busca comodidad, el sediento de monumentos y cultura, el que realiza un viaje organizado y el independiente que desea descubrir por sí mismo el sabor genuino de la vida local y alejarse de las rutas más convencionales.

Desde los preparativos previos hasta las necesidades del día a día en el lugar de destino, SIN FRONTERAS presenta las herramientas imprescindibles para emprender cualquier periplo. La más completa información sobre el contexto histórico y la actualidad, el arte y todas las facetas de la cultura, así como datos prácticos profusos y detallados: posibilidades de alojamiento, alimentación, transporte y ocio; y abundantes mapas, todo perfectamente actualizado y contrastado.

SIN FRONTERAS inicia su andadura con la adaptación al español de una selección de guías de ciudades, regiones y países publicadas originariamente por The Rough Guide, uno de los sellos anglosajones más prestigiosos. Desde la publicación de su primera guía, en 1982, The Rough Guide supuso una innovación en el ámbito de la literatura práctica de viajes, al incorporar aspectos de la vida contemporánea del país (política, cultura, estilo de vida, entretenimiento y ocio), y al aportar la más completa información al respecto; abundantes detalles prácticos mezclados con toques de humor e irreverencia y un extraordinario entusiasmo.

Ayúdanos a actualizar

Hemos intentado hacer esta guía lo más rigurosa y actualizada posible. Sin embargo, las cosas cambian: los lugares agradables poco frecuentados dejan de serlo; los horarios varían; los precios de alojamientos, restaurantes y bares suelen modificarse al alza; se crean nuevas líneas de autobuses y otras quedan fuera de servicio… Si descubres algún dato equivocado o bien crees que hemos dejado fuera alguna información de interés, nos gustaría saberlo, lo tendremos en cuenta en la siguiente edición. Escríbenos a:

Ediciones B, S. A.
Sin Fronteras
C/ Bailén, 84 – 08009 Barcelona

LISTA DE MAPAS

Florida ix
División de capítulos 55
Miami y Miami Beach 58
Centro de Miami 71
Coral Gables 81
Key Biscayne y Virginia Key 91
South Beach 96
Los cayos de Florida 130
Key West 147
La costa sudeste 167
Fort Lauderdale 171
Boca Ratón 181
Palm Beach y West Palm Beach 185
Fort Pierce 197
La costa nordeste 202
La Space Coast 204
Daytona Beach 213
St Augustine: Old Town 221
Jacksonville y playas 228
Florida central 239
Orlando y alrededores 241
Orlando: centro de la ciudad, Winter Park y
    Maitland 246

Walt Disney World 259
El sur de Florida central 276
Ocala National Forest 286
Al norte de Ocala 288
La costa oeste 295
Área de la bahía de Tampa 297
Centro de Tampa e Ybor City 300
Centro de St Petersburg 311
Tarpon Springs 323
Bradenton y Sarasota 332
Centro de Sarasota 336
Isla Sanibel 350
Everglades National Park y alrededores
    357
El Panhandle 366
Tallahassee 369
Apalachicola National Forest 382
Apalachicola y alrededores 388
Panama City Beach y las playas de South
    Walton 391
Pensacola 400

SÍMBOLOS DE LOS MAPAS

Interestatal	♛	Museo
Autopista	🏛	Edificio histórico
Carretera		Jardines públicos
Carretera secundaria		Faro
Pista	⅏	Marisma
Sendero	ⓘ	Oficina de información
Ferrocarril	⊠	Correos
Transbordador		Muralla
Frontera del estado		Edificio
Frontera de división de capítulo		Iglesia
Río		Cementerio
✕ Aeropuerto		Parque nacional/estatal
⦿ Hotel		Parque
△ Cámping		Reserva india
⅂ Área de picnic		Playa

SUMARIO

Introducción viii

| PRIMERA PARTE | LO BÁSICO | 1 |

Viajar desde España y Europa 3
Viajar desde América del Norte 7
Visados y trámites de aduanas 10
Salud y seguros 13
Precios, moneda y bancos 15
Comunicaciones: teléfono y correos 17
Información, mapas y medios de comunicación 19
Medios de transporte 21
Alojamiento 27
Comida y copas 31

Seguridad personal 37
Acampada libre 39
Florida para mujeres 41
Florida para gays y lesbianas 42
Viajeros minusválidos 43
Viajar con niños 45
Deportes 46
Festivales y días festivos 48
Permanencia 49
Información práctica 51

| SEGUNDA PARTE | LA GUÍA | 55 |

● CAPÍTULO 1: MIAMI Y MIAMI BEACH 57-128

Llegada e información 59
Medios de transporte 61
Alojamiento 65
Miami 70
Little Havana 77
Coral Gables 80
Coconut Grove 85
South Miami 89
Key Biscayne y alrededores 90
Homestead y alrededores 93
Miami Beach 95
South Beach 95
Central Miami Beach 101
North Miami Beach y el interior 103

Aspectos prácticos 104
Comida 105
Copas 113
Vida nocturna 115
Música en vivo 116
Música clásica, danza y ópera 118
Comedia 119
Teatro 119
Cine 119
Miami para gays y lesbianas 121
Miami para mujeres 122
Compras 123
Direcciones prácticas 125
Transportes 128

● CAPÍTULO 2: LOS CAYOS DE FLORIDA 129-165

North Key Largo 131
John Pennecamp Coral Reef State Park 132
Key Largo 134
Tavernier 136
Islamorada 137

Los Middle Keys: Marathon y alrededores 140
Los Lower Keys 143
Key West 146
Más allá de Key West: Dry Tortugas 164
Transportes 165

● CAPÍTULO 3: LA COSTA SUDESTE 166-200

Gold Coast 168
Hollywood y Dania 168
Fort Lauderdale 170

Tierra adentro desde Fort Lauderdale 177
Al norte de Fort Lauderdale 178
Boca Ratón y alrededores 179

Al norte hacia Palm Beach 183
Palm Beach 184
West Palm Beach y alrededores 190
Isla Singer y Juno Beach 193
Júpiter e isla Júpiter 193

Stuart y la isla Hutchinson 195
Fort Pierce 196
La isla North Hutchinson 199
Vero Beach y alrededores 199
Transportes 200

• CAPÍTULO 4: LA COSTA NORDESTE 201-237

La Space Coast 203
Hacia el norte: New Smyrna Beach 211
Daytona Beach 212
El norte de Daytona Beach 219
St Augustine 220

Las playas de Jacksonville 227
Jacksonville 229
Hacia la isla Amelia 233
La isla Amelia 234
Transportes 237

• CAPÍTULO 5: FLORIDA CENTRAL 238-293

Orlando y alrededores 240
Medios de transporte 241
Alojamiento 242
Orlando 245
Comida: Orlando y alrededores 249
Vida nocturna 253
El norte de Orlando 254
El sur de Orlando 257
Walt Disney World 258
Universal Studios Escape 271
SeaWorld Orlando 273

El sur de Florida central 275
Lakeland y alrededores 276
Al sur de Lake Wales: en la Hwy-27 280
El lago Okeechobee y alrededores 281
El norte de Florida central 284
Ocala y alrededores 284
Ocala National Forest 287
Gainesville y alrededores 289
Al norte de Gainesville 292
Transportes 293

• CAPÍTULO 6: LA COSTA OESTE 294-364

Tampa 296
St Petersburg 310
Las playas de St Petersburg 316
Tarpon Springs 322
La Big Bend 325
Homosassa Springs y alrededores 326
Crystal River y alrededores 326
Yankeetown y alrededores 327
Cedar Key 328

La costa sudoeste 330
Bradenton y alrededores 331
Sarasota y alrededores 334
Fort Myers 344
Las islas de Sanibel y Captiva 348
Al sur de Fort Myers 353
Los Everglades 356
Transportes 364

• CAPÍTULO 7: EL PANHANDLE 365-408

Tallahassee y alrededores 367
Norte de Tallahassee 377
Sur de Tallahassee 378
Oeste de Tallahassee 382
Apalachicola y alrededores 387

Panama City Beach 390
Destin y alrededores 396
La isla Okaloosa y Fort Walton Beach 398
Pensacola y alrededores 399
Transportes 408

TERCERA PARTE EL CONTEXTO 409

Marco histórico 411
La Florida natural 424

Florida en el cine 430
Libros 435

Índice 440

INTRODUCCIÓN

L as ofertas de viajes baratos y las fotografías de cuerpos bronceándose al sol y de Mickey Mouse que llenan las páginas de atractivos catálogos de vacaciones contribuyen a que todos tengamos una determinada imagen de **Florida**, aunque no suele ser exacta o completa. Todos los años, unos 35 millones de visitantes acuden a sus playas y parques temáticos; el denominado «estado del sol» se dedica por completo a la industria turística, pero al mismo tiempo es uno de los más desconocidos de Estados Unidos, con una historia, características y diversidad de paisaje que no posee otra región. Además de sus playas bordeadas de palmeras, hay recorridos para hacer excursiones a pie o en piragua que serpentean a través de bosques y ríos casi inexplorados, e incluso las playas más famosas pueden variar mucho aun estando separadas por poca distancia: es fácil encontrarse con una playa abarrotada de bañistas que toman el sol y muy cerca otra desierta y agreste con la que soñaría cualquier naturalista. La variedad continúa en el interior, donde las ciudades elegantes y modernas distan poco de brumosos pantanos.

En muchos aspectos, Florida es un estado en permanente evolución; de hecho, desde el punto de vista social y político, esto es una constante desde su colonización. Uno de sus principales objetivos ha sido estimular el crecimiento, a lo que contribuyen los miles de personas que acuden atraídas por su prosperidad, y que convierten Florida en el cuarto estado con más población del país. La demografía cambiante ha empezado a hacer mella en el tradicional conservadurismo característico del Deep South (Sur Profundo) y está acabando con la fama de Florida como tierra de jubilados, pues sus nuevos habitantes representan nuevas generaciones que trabajan con ahínco para labrar no sólo el futuro de Florida, sino el de Estados Unidos. La inmigración procedente de otros países no ha cesado de crecer y han surgido enclaves de habla hispana y francesa, que evocan vínculos geográficos y económicos con América Latina y el Caribe. Estos lazos han influido tanto en el aumento del nivel de vida del estado en la pasada década, como en la implantación de importantes empresas estadounidenses, entre las que se encuentran determinados sectores de la industria cinematográfica, que han preferido instalarse en la zona central de Florida antes que en Hollywood.

Sin embargo, Florida se enfrenta a numerosos problemas; quizás el más preocupante es su fama de destino donde son frecuentes los delitos (incluso los asesinatos) contra turistas. A pesar de que la Administración ha puesto en marcha programas para reducir tales ataques, no se puede obviar el hecho de que los visitantes constituyen un blanco perfecto para los delincuentes. Según las estadísticas, es poco probable que el turista sea víctima de alguna agresión, pero se recomienda ser cauteloso y seguir las indicaciones sobre seguridad que aparecen a lo largo de esta guía. El Gobierno estatal intenta proporcionar suficientes viviendas, escuelas y carreteras para cubrir las necesidades de una población en continuo crecimiento; pese a ello, los niveles de pobreza en las áreas rurales pueden ser extremos y, en una sociedad cada vez más multiétnica, las tensiones raciales están a la orden del día. Otro tema espinoso es la expansión de las ciudades sin poner en peligro el entorno: hay grandes extensiones de tierra bajo protección estatal o federal y se aprecian indicios para poder afirmar que el grupo de presión conservacionista está ganando terreno. No obstante, el desarrollo urbanístico descontrolado está planteando graves problemas ecológicos, como en el caso de los Everglades.

Adónde ir y cuándo

El tiempo caluroso no es excusa para dejar de explorar los diferentes paisajes que ofrece Florida; además, se puede recorrer el estado sin dificultad y en poco tiempo. **Miami** es la primera visita obligada: seductora por su ambiente cosmopolita, se ha enriquecido gracias a su numerosa comunidad hispana y cuenta con el distrito de Art Déco de **Miami Beach** que, además de ser el más fotografiado, constituye el escenario inconfundible donde se encuentran los clubes nocturnos más animados del estado.

Desde Miami un cómodo viaje hacia el sur lleva hasta los **cayos de Florida**, una hilera

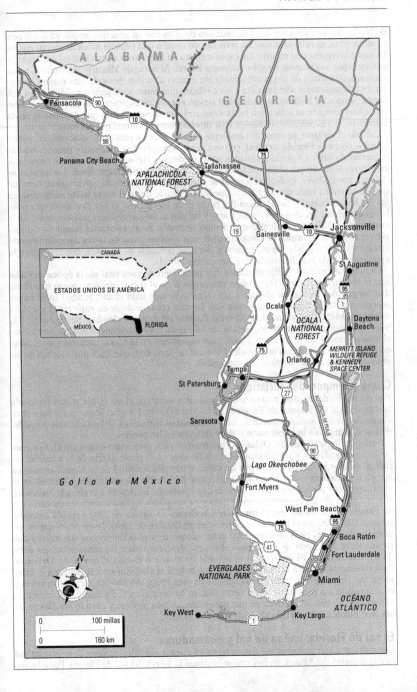

de islotes que ocupan unos 160 km, cada uno de ellos con un atractivo propio, ya sea la pesca submarina, el submarinismo en arrecifes de coral o una especie única de ciervo enano. La única carretera que recorre los cayos termina en **Key West** (Cayo Hueso), un lugar legendario por sus puestas de sol y ambiente liberal. Al norte de Miami se extiende la **costa sudeste**, una franja de tierra urbanizada sin mucho atractivo, pensada más como residencia de habitantes que van cada día a las ciudades que como zona para ser visitada. Sin embargo, junto a las bulliciosas ciudades el viajero encuentra kilómetros de playas que de forma ininterrumpida se extienden hasta dejar atrás las zonas urbanas que dominan la **costa nordeste**, cuyas poblaciones suelen vivir directamente del litoral que las baña.

Cuando el visitante se canse del ambiente playero y de las panorámicas oceánicas, puede ir al interior, a la **Florida central**, en cuyo verde territorio hay granjas de ganado, laderas cubiertas de hierba y pueblos aislados junto a extensos lagos. La única aunque espectacular interrupción de tan idílico paisaje es **Walt Disney World**, lugar donde los turistas se cuentan por millares, e ideal para evadirse con la ingenua diversión que propone; pero los que no soporten tanto mercantilismo pueden escaparse hacia el norte hasta adentrarse en los profundos bosques del **Panhandle**, la unión de Florida con el Sur Profundo; otra posibilidad es visitar las ciudades ricas en arte y las playas de maravillosas puestas de sol de la **costa oeste**. Vale la pena tomarse el tiempo necesario para explorarlas siempre en dirección sur con los **Everglades** como objetivo, una enorme masa de tierra anegada llena de juncias y caimanes, islas de manglares y ciénagas pobladas de cipreses, que constituye la manifestación de belleza natural que caracteriza Florida.

En lo que al precio del viaje se refiere, hay poca diferencia sea cual sea la **época del año** que el viajero elija para ir. Hay mucha competencia en el sector turístico, por lo que abundan las grandes ofertas en alojamiento y comida durante todo el año, aunque suele haber precios más bajos fuera de temporada alta. Lo más recomendable es explorar el norte en marzo e ir hacia el sur en abril, o viceversa durante octubre y noviembre. Sin embargo, a la hora de planificar el viaje, se aconseja tener en cuenta las variaciones climáticas de Florida: el invierno en el norte no es apto para unas vacaciones en la playa, mientras que el verano en el sur se caracteriza por un elevado nivel de humedad, que hace que muchas de las áreas naturales estén infestadas de mosquitos.

Clima y temporadas turísticas

Florida se divide en **dos zonas climáticas**: una subtropical en el sur y otra templada (como el resto del sudeste de Estados Unidos) en el norte. De gran importancia para el visitante, estas dos zonas determinan las **temporadas turísticas** del estado, que son diferentes si se trata de la mitad norte o sur e influyen en los precios.

Cualquier lugar al **sur de Orlando** registra inviernos muy suaves (nov.-abril), con temperaturas agradables y poca humedad. Este período es el punto álgido de la actividad turística, así que los precios están por las nubes y hay una multitud de turistas. También es la mejor época para visitar los parques naturales del interior y los pantanos. El verano en el sur (mayo-oct.) parece más caluroso de lo que realmente es debido a la elevada humedad, sólo mitigada por las tormentas vespertinas y en ocasiones incluso huracanes (la parte sur de Florida fue devastada por el **huracán «Andrew»** en agosto de 1992 y quedó afectada, en menor medida, por el huracán «Georges» en septiembre de 1998). Lo cierto es que en esta época del año el cielo no suele estar raso, aunque a cambio los precios son bajos y hay menos turistas, a pesar de que quizás el viajero descarte visitar las zonas naturales debido a los mosquitos. El invierno es el período de menor actividad al **norte de Orlando**. Probablemente la única sensación de frío que notará el visitante será la debida a la brisa nocturna, pero hay que tener en cuenta que en esta época del año la temperatura del mar es demasiado fría para bañarse y a veces incluso ha nevado en el Panhandle. El verano en el norte de Florida es la época en que desembarcan más turistas y cuando los días (y las noches) pueden ser casi tan calurosas como en el sur.

El sol de Florida: baños de sol y quemaduras

Los visitantes con piel sensible deben tener en cuenta que Florida tiene la misma latitud que el desierto del Sáhara; no hay que subestimar la fuerza del **sol** de Florida. Por ello, durante los primeros días se debe tomar el sol con precaución, sobre todo entre las 11 y las 14 h, cuando calienta con mayor intensidad. Se aconseja aplicarse una buena **crema solar**, aunque hay que tener en cuenta que si posee un factor de protección menor de 25 no servirá de mucho. El visitante ha de proteger aquellas partes del cuerpo que se expongan menos al sol; por eso debería usar ropas ligeras poco ajustadas y de colores claros, además de ponerse un sombrero de ala ancha y unas gafas de sol, y caminar en el lado de la sombra cuando vaya por la calle. Asimismo, debe ingerir **líquidos** (pero no alcohol) en abundancia para prevenir la deshidratación, y para eso están las fuentes públicas; el té helado es la mejor bebida que se puede tomar en un restaurante para refrescarse.

TEMPERATURAS MEDIAS DIURNAS (°C/°F)

	Enero	Feb.	Marzo	Abril	Mayo	Jun.	Jul.	Agos.	Sept.	Oct.	Nov.	Dic.
Miami	20/68	21/69	22/71	23/74	26/78	27/81	28/82	29/84	27/81	26/78	23/73	21/70
Key West	21/69	22/71	23/74	25/77	27/80	28/83	29/85	29/85	29/84	27/80	24/75	22/72
Orlando	16/61	17/63	19/66	22/72	26/78	28/82	28/82	28/82	27/81	24/75	19/67	16/61
Tampa	16/60	16/61	19/66	22/72	25/77	27/81	28/82	28/82	27/81	24/75	19/67	17/62
Tallahassee	12/53	13/56	17/63	20/68	22/72	26/78	27/81	27/81	25/77	23/74	19/66	15/59
Jacksonville	11/52	13/55	16/61	19/67	23/73	26/79	28/82	27/81	26/78	21/70	17/62	13/55
Pensacola	11/52	13/55	16/60	19/67	23/74	27/80	27/81	27/81	26/78	21/70	16/60	12/54

LO
BÁSICO

VIAJAR DESDE ESPAÑA Y EUROPA

Nunca ha habido una mejor época para que los viajeros europeos visiten Florida. La guerra de precios entre líneas aéreas, en lo que a vuelos transoceánicos se refiere, está en su apogeo y muchos operadores turísticos añaden a la tarifa de vuelo regular reducidos suplementos que incluyen alquiler de automóviles y alojamiento. En términos comparativos, no hay muchas líneas aéreas que ofrezcan vuelos directos desde España, pero son numerosas las que contemplan vuelos con una escala, sin olvidar que abundan los enlaces desde otros aeropuertos de Estados Unidos. Hay numerosas ofertas de vuelos chárter disponibles en España y Europa con destino a los principales centros turísticos como Orlando, cuyos precios son incluso más bajos.

VUELOS

Aunque se puede ir a Estados Unidos desde varios aeropuertos españoles, sólo los principales ofrecen **vuelos directos** a Florida y casi todos ellos aterrizan en Miami o, en menor medida, en Orlando. La **duración del vuelo** es de unas 7 horas: se sale de España al mediodía y se llega por la tarde (hora local). El vuelo de regreso es algo más corto, ya que sale por la tarde y llega a España por la mañana.

Los agentes de viaje especializados pueden ofrecer plazas a precio reducido en **vuelos chárter** directos. Son billetes interesantes, pero sue-

len limitarse a la temporada de verano, cubren únicamente los denominados «destinos de vacaciones» y la fecha para la ida y la vuelta está fijada.

Cualquier agencia de viajes proporciona folletos con toda la información; también puede contactar con los agentes mayoristas.

Muchas rutas se cubren con vuelos de **una escala** en Florida (un vuelo puede calificarse de «directo» aun cuando tenga una parada en su recorrido, siempre y cuando mantenga el mismo *número de vuelo* a lo largo de todo el viaje). Obviamente, son más largos que los que no hacen escala, pero pueden resultar más convenientes (y a veces más baratos) si no se dirige a Miami u Orlando. En todas las grandes ciudades del estado hay aeropuerto (Tampa es otro de los importantes) y están comunicadas con numerosas ciudades del resto de Estados Unidos.

Una alternativa es ir a Nueva York u **otra ciudad** del norte de la Costa Este y seguir el viaje desde allí; no se ahorrará dinero pero es una manera de ver el país antes de llegar a Florida. Se recomienda consultar a las agencias, que ofrecerán las ofertas más económicas.

BILLETES DE AVIÓN

A la hora de planear el viaje, se debe tener en cuenta que la **temporada alta**, entre junio y agosto y una semana antes o después de Navidad es la época más cara para volar; abril, mayo, septiembre y octubre son algo menos caros y, el período que va de noviembre a marzo, se considera una **temporada baja**, con precios más bajos. Sin embargo, hay que recordar que la temporada alta en Europa corresponde a la temporada baja (la época más barata y con menos gente) del sur de Florida, de modo que la cantidad extra que el visitante pague por un vuelo de verano puede quedar compensada por las ofertas más económicas que encontrará sobre el terreno. Por el contrario, las temporadas en el norte de Florida son las mismas que en Europa. Para más información sobre las variaciones estacionales, véase «Introducción».

Antes de comprar un billete de avión se recomienda **comparar precios** en diferentes agencias hasta conseguir el más conveniente; se aconseja examinar los anuncios de viajes que

TURISMO E INTERCAMBIO DE JÓVENES Y ESTUDIANTES (TIVE) EN ESPAÑA

ALBACETE

Oficina Nacional de Turismo e Intercambio de Jóvenes y Estudiantes (TIVE), Avda. de la Estación 2, 3.°, 02001 Albacete (☎967 215 012 [ext. 246]; fax 967 216 153).

ALICANTE

Oficina Nacional de Turismo e Intercambio de Jóvenes y Estudiantes (TIVE), Avda. Aguilera 1, 03007 Alicante (☎965 900 770; fax 965 900 771).

ASTURIAS

Oficina de Turismo Juvenil, Dirección Regional de Juventud, Calvo Sotelo 5, 33007 Oviedo (☎985 236 058; fax 985 275 717).

BADAJOZ

Oficina TIVE, Pasaje de San Juan, Local B-10, 06002 Badajoz (☎924 224 449; fax 924 210 110).

Oficina TIVE, Concordia 1, 06800 Mérida (☎924 303 267; fax 924 380 133).

BALEARES

Oficina Nacional de Turismo e Intercambio de Jóvenes y Estudiantes (TIVE), Jerónimo Antich 5, 07003 Palma de Mallorca (☎971 711 785; fax 971 712 405).

BARCELONA

Oficina de Turismo Juvenil TUJUCA-TIVE, Generalitat de Catalunya, Calabria 147, 08015 Barcelona (☎934 838 378; fax 934 838 370).

BURGOS

Oficina Nacional de Turismo e Intercambio de Jóvenes y Estudiantes (TIVE), Casa de la Cultura, Avda. General Yagüe 20, 09004 Burgos (☎947 209 881; fax 947 278 879).

CÁCERES

Oficina TIVE, Tiendas 3-2, 10003 Cáceres (☎927 214 403; fax 927 210 066).

CANTABRIA

Oficina Nacional de Turismo e Intercambio de Jóvenes y Estudiantes (TIVE), Canarias 2, bajo, 39007 Santander (☎942 332 215; fax 942 358 451).

CASTELLÓN

Oficina Nacional de Turismo e Intercambio de Jóvenes y Estudiantes (TIVE), Avda. del Mar 23, 12003 Castellón (☎964 358 445; fax 964 358 451).

CEUTA

Oficina Nacional de Turismo e Intercambio de Jóvenes y Estudiantes (TIVE), Avda. de África s/n, 11702 Ceuta (☎956 518 844; fax 956 510 295).

CIUDAD REAL

Oficina Nacional de Turismo e Intercambio de Jóvenes y Estudiantes (TIVE), Paloma 7, 13001 Ciudad Real (☎926 251 476; fax 926 221 715).

CÓRDOBA

Oficina Nacional de Turismo e Intercambio de Jóvenes y Estudiantes (TIVE), Paseo de la Victoria 37, 14004 Córdoba (☎957 204 373/204 341; fax 957 204 373).

CUENCA

Oficina Nacional de Turismo e Intercambio de Jóvenes y Estudiantes (TIVE), Diego Jiménez 8, 2.°, 16001 Cuenca (☎969 214 726).

GRANADA

Oficina Nacional de Turismo e Intercambio de Jóvenes y Estudiantes (TIVE), Martínez Campos 21, 18002 Granada (☎958 521 131; fax 958 250 211).

GUADALAJARA

Oficina Nacional de Turismo e Intercambio de Jóvenes y Estudiantes (TIVE), Plaza de San Esteban 1, 19001 Guadalajara (☎949 226 452; fax 949 222 062).

GUIPÚZCOA

Oficina Nacional de Turismo e Intercambio de Jóvenes y Estudiantes (TIVE), Tomás Gros 3-local, 20001 Donostia-San Sebastián (☎943 276 934; fax 943 320 494).

HUESCA

Oficina Nacional de Turismo e Intercambio de Jóvenes y Estudiantes (TIVE), Ricardo del Arco 6, 22003 Huesca (☎974 293 025; fax 974 293 026).

LA CORUÑA

Oficina TIVE, Sección Provincial Juventud, Durán Loriga 9, 1.°, 15003 La Coruña (☎981 221 336; fax 981 221 336).

Oficina Nacional de Turismo e Intercambio de Jóvenes y Estudiantes (TIVE), Magdalena 123, 1.°, 15402 El Ferrol (☎981 350 300; fax 981 350 300).

Oficina Nacional de Turismo e Intercambio de Jóvenes y Estudiantes (TIVE), Casa da Xuventude, Plaza Matadero s/n, 15703 Santiago de Compostela (☎981 572 426; fax 981 544 802).

LAS PALMAS

Oficina Nacional de Turismo e Intercambio de Jóvenes y Estudiantes (TIVE), Tomás Morales 48, Local 2, 35003 Las Palmas (☎928 369 196/370 001; fax 928 370 001).

LEÓN

Oficina Nacional de Turismo e Intercambio de Jóvenes y Estudiantes (TIVE), Arquitecto Torbado 4, 24003 León (☎987 200 951; fax 987 200 303).

LUGO

Oficina Nacional de Turismo e Intercambio de Jóvenes y Estudiantes (TIVE), Carril dos Loureiros 12, bajo, 27002 Lugo (☎982 253 583).

MADRID

Oficina Nacional de Turismo e Intercambio de Jóvenes y Estudiantes (TIVE), José Ortega y Gasset 71, 28006 Madrid (☎913 477 778 y 934 019 501; fax 914 018 160).

Oficina Nacional de Turismo e Intercambio de Jóvenes y Estudiantes (TIVE), Fernando el Católico 88, 28015 Madrid (☎915 437 412 y 915 430 208; fax 915 440 062).

MÁLAGA

Oficina Nacional de Turismo e Intercambio de Jóvenes y Estudiantes (TIVE), Huéscar 2. Edificio Ochoa, 29007 Málaga (☎952 278 413; fax 952 613 680).

MELILLA

Oficina Nacional de Turismo e Intercambio de Jóvenes y Estudiantes (TIVE), Músico Granados 5, 29804 Melilla (☎952 671 235; fax 952 674 394).

MURCIA

Oficina Nacional de Turismo e Intercambio de Jóvenes y Estudiantes (TIVE), Conde de Roche s/n, bajo, 30004 Murcia (☎968 213 261; fax 968 216 291).

NAVARRA

Oficina Nacional de Turismo e Intercambio de Jóvenes y Estudiantes (TIVE), Paulino Caballero 4, 5.°, 31002 Pamplona (☎948 212 404; fax 948 221 265).

ORENSE

Oficina Nacional de Turismo e Intercambio de Jóvenes y Estudiantes (TIVE), Avda. de la Habana 107, bajo, 32004 Orense (☎988 250 707; fax 988 220 839).

PONTEVEDRA

Oficina Nacional de Turismo e Intercambio de Jóvenes y Estudiantes (TIVE), Benito Corbal 47, 2.°, 36001 Pontevedra (☎986 805 532; fax 986 805 554).

Oficina Nacional de Turismo e Intercambio de Jóvenes y Estudiantes (TIVE), María Berdiales 20, entreplanta, 36203 Vigo (☎986 817 079; fax 986 817 082).

SALAMANCA

Oficina Nacional de Turismo (TIVE), Paseo Carmelitas 83, planta baja, 37002 Salamanca (☎923 267 731; fax 923 210 602).

SANTA CRUZ DE TENERIFE

Oficina Nacional de Turismo e Intercambio de Jóvenes y Estudiantes (TIVE), Avda. Heraclio Sánchez 40, 38204 La Laguna (☎922 259 630; fax 922 259 340).

SEVILLA

Oficina Nacional de Turismo e Intercambio de Jóvenes y Estudiantes (TIVE), Jesús de la Veracruz 27, local, 41002 Sevilla (☎954 906 022; fax 954 906 038).

TOLEDO

Oficina Nacional de Turismo e Intercambio de Jóvenes y Estudiantes (TIVE), Trinidad 8, 45002 Toledo (☎925 267 737; fax 925 267 760).

VALENCIA

Oficina Nacional de Turismo e Intercambio de Jóvenes y Estudiantes (TIVE), Hospital 11, 46001 Valencia (☎963 869 881; fax 963 869 903).

VALLADOLID

Oficina Nacional de Turismo e Intercambio de Jóvenes y Estudiantes (TIVE), Jesús Rivero Meneses 2, 3.°, 47014 Valladolid (☎983 354 563; fax 983 375 228).

VIZCAYA

Oficina Nacional de Turismo e Intercambio de Jóvenes y Estudiantes (TIVE), Iparraguirre 3, Ionja, 48009 Bilbao (☎944 231 862; fax 944 236 529).

ZARAGOZA

Oficina Nacional de Turismo e Intercambio de Jóvenes y Estudiantes (TIVE), Residencial Paraíso 4, local 40, 50008 Zaragoza (☎976 218 315; fax 976 219 295).

aparecen en periódicos o revistas especializadas, o bien telefonear a distintas líneas aéreas.

El precio de un **billete en clase turista** de ida y vuelta puede oscilar considerablemente, dependiendo de la temporada del año en que se viaje, llegando incluso a duplicar en temporada alta el precio que puede conseguirse en la baja. Los vuelos de ida y vuelta en clase económica no tienen restricciones en lo que se refiere a la duración de la estancia, pero el cambio de la fecha de regreso una vez comprado el billete implica el pago de una penalización. Los billetes **standby** (aquellos que se pagan de antemano sin especificar las fechas) y los **APEX** de ida y vuelta (que se deben comprar con una antelación de 14, 21 o 30 días para una estancia mínima de una semana) pueden conseguirse a mejores precios si se adquieren directamente en la línea aérea. Sin embargo, las **agencias de viajes juveniles** son las que ofrecen los billetes APEX más baratos, con descuentos especiales para estudiantes y jóvenes; consulte en las oficinas TIVE (véase recuadro, págs. 4-5), o en las instituciones del área de juventud de su población.

Cuando el viajero consulte a su agencia de viajes habitual, y siempre que se muestre flexible y dispuesto a buscar, lo normal es que llegue a ahorrarse una cantidad más que considerable. También vale la pena estar pendiente de las ofertas a corto plazo que dan a conocer las principales líneas aéreas, pues a veces ofrecen vuelos muy económicos a las ciudades de la Costa Este de Estados Unidos, incluso en billetes de ida y vuelta.

Muchos agentes y compañías aéreas ofrecen billetes **open-jaw** (billete con vuelta facultativa), que permiten entrar al país por una ciudad estadounidense y luego volar hasta otra diferente. No sirven para ahorrar dinero si el visitante se va a quedar en Florida, pero puede, por ejemplo, combinar Nueva York con Miami por un precio comparativamente más competitivo.

Por último, es posible también conseguir vuelos más baratos viajando como **mensajero**. Muchas empresas de mensajería importantes ofrecen vuelos de ida y vuelta económicos, como pago a la entrega de un paquete o documentos. Como mensajero, es posible que el viajero tenga que renunciar a su derecho a llevar equipaje, pero por lo general las compañías aéreas hacen lo posible por acomodarlo. Sólo tendrá que entregar el sobre/paquete en el aeropuerto de destino, lo que significa que después puede proseguir su viaje.

PAQUETES

Las vacaciones organizadas en **paquetes** (vuelo y alojamiento, *fly and drive*, y viajes de aventura y circuitos, o una combinación de los tres) pueden ser una manera de evitar problemas una vez en Florida y suelen salir más baratos que si uno mismo organiza el viaje. Los inconvenientes son la pérdida de flexibilidad y el hecho de que los planes que incluyen el vuelo y el alojamiento a menudo ofrecen hoteles de categoría media, ya que esta clase de establecimientos suelen estar disponibles. Hay gran cantidad de ofertas de viajes organizados en paquetes para elegir. Las agencias de viajes facilitarán toda la información necesaria al viajero.

VUELO Y ALOJAMIENTO

La oferta de paquetes que incluyen **vuelo y alojamiento** a las principales zonas costeras y Orlando es casi ilimitada y, aunque siempre es posible conseguir precios más bajos si se contrata cada uno de los servicios de forma independiente, no se puede hacer las mismas cosas por un precio más bajo; de hecho, la reserva de la misma habitación hecha por separado puede incluso ser bastante más cara.

FLY AND DRIVE

Los paquetes **fly and drive** (vuelo y alquiler de automóvil) pueden resultar muy convenientes y se deben tener en cuenta antes de contratar un vuelo y el alquiler por separado. En realidad, muchas líneas aéreas ofrecen una semana de alquiler de automóvil por un reducido (si es que lo aplican) coste adicional si les compra un vuelo a Florida. Si el visitante no tiene pensado viajar a estos centros turísticos, hay varias compañías estadounidenses que cuentan con ofertas incluso más baratas para volar a ciudades más pequeñas de Florida.

El principal inconveniente de los paquetes de *fly and drive* es que los precios establecidos suelen concebirse para cuatro adultos que comparten un automóvil (y, naturalmente, cada uno de ellos compra un billete de avión a la compañía en cuestión); si son dos las personas que viajan juntas, se debe pagar un recargo. Se recomienda leer con detenimiento varias ofertas hasta encontrar la que más convenga y leer la letra pequeña. Alquilar un automóvil por un período superior a 7 días suele costar unos 40 dólares por semana para un utilitario (ideal para dos per-

COMPAÑÍAS AÉREAS EN ESTADOS UNIDOS

Aer Lingus ☎1-800/223-6537

Aeromexico ☎1-800/237-6639

Air Canada ☎1-800/776-3000

Air France ☎1-800/237-2747

Alaska Airlines ☎1-800/426-0333

America West ☎1-800/2FLYAWA

American Airlines ☎1-800/433-7300

British Airways ☎1-800/247-9297

Canadian ☎1-800/426-7000

Continental ☎1-800/525-0280

Delta Airlines ☎1-800/221-1212

Iberia ☎1-800/772-4642

Icelandair ☎1-800/223-5500

KLM ☎1-800/374-7747

Lufthansa ☎1-800/645-3880

Northwest ☎1-800/225-2525

Reno Air ☎1-800/736-6247

Scandinavian Airlines ☎1-800/221-2350

Southwest ☎1-800/435-9792

Tower Air ☎1-800/221-2500

Trans World Airlines ☎1-800/221-2000

United Airlines ☎1-800/241-6522

US Airways ☎1-800/428-4322

Virgin Atlantic ☎1-800/862-8621

sonas) y unos 55 dólares si se trata de un automóvil de tamaño medio.

Otros factores importantes que se deben tener en cuenta a la hora de adquirir un paquete de esta modalidad son los inevitables costes adicionales como el *Collision Damage Waiver* (seguro de automóvil), el recargo que se debe pagar en Florida y el precio del carburante, así como el hecho de que los menores de 25 años quizá tengan dificultad para alquilar un automóvil en Estados Unidos (para evitarlo es mejor contratar el servicio con antelación). Para una información

más detallada sobre estas cuestiones y el alquiler de automóviles así como sobre la circulación vial, véase el apartado «Medios de transporte».

VIAJES DE AVENTURA Y CIRCUITOS

El aislamiento geográfico y las altas temperaturas veraniegas hacen que Florida quede fuera de los **viajes de aventura y circuitos** que cubren gran parte de Estados Unidos. Una vez en Florida, se pueden contratar recorridos mucho más cortos, a menudo de 1 o 2 días; a lo largo de la guía encontrará más detalles al respecto.

VIAJAR DESDE AMÉRICA DEL NORTE

Viajar a Florida desde cualquier parte de América del Norte no supone problema alguno, ya que es una zona bien cubierta por avión, tren y carretera. Prácticamente todas las líneas aéreas, desde las más importantes hasta las pequeñas van a Florida, cuyo principal destino o centro de enlaces es Miami, seguido de cerca por Orlando y Tampa. El avión es el medio de transporte más rápido, pero también el más caro; le sigue el ferrocarril y el autobús, mucho más barato pero también una forma de viajar lenta e incómoda.

EN AVIÓN

Casi todas las líneas aéreas ofrecen precios similares; las variaciones dependen más de las condiciones que afecten al billete: si su importe es reembolsable en su totalidad, la hora y el día (entre semana siempre sale más barato que los fines de semana) y, lo más importante, la **época del año** en que se viaje.

Adquirir el billete directamente a la compañía aérea suele ser caro, pero es la mejor manera de beneficiarse de cualquier oferta que incluya el alojamiento y el alquiler de automóvil junto con el vuelo (véase «Paquetes», pág. 6). En cuestión de precios, los que tienen mejores ofertas de billetes de avión son los **operadores especializados** como STA y Council Travel, que se dedican sobre todo a los estudiantes, pero que ofrecen tarifas competitivas al público en general.

De las **principales líneas aéreas**, Delta y American Airlines son las que cuentan con los mejores enlaces con los numerosos aeropuertos regionales del estado.

Volar desde Nueva York o Chicago puede costar unos 175-225 dólares. Desde Los Ángeles el precio más barato es de unos 275 dólares. De las **líneas aéreas menores,** Tower Air tiene vuelos directos desde Nueva York a Miami y Fort Lauderdale. El billete de ida y vuelta más barato que ofrece (sujeto a disponibilidad) cuesta 184 dólares a Miami o 164 dólares a Fort Lauderdale. Kiwi, una compañía con base en Newark y Nueva York, vuela a Orlando, Miami y West Palm Beach. Sus precios oscilan entre 110 y 160 dólares la ida o la vuelta, y dependen más de requisitos como disponibilidad y reserva anticipada que de ajustes por temporada. También puede aprovechar el acuerdo que Kiwi mantiene con Avis mediante el cual obtiene un descuento en el precio del alquiler de automóvil. Midwest Express ofrece vuelos desde Milwaukee a Orlando durante todo el año, aunque los vuelos a Fort Lauderdale, Fort Myers y Tampa sólo salen desde mediados de diciembre hasta mediados de abril. Tran Airways, una compañía con base en Atlanta, ofrece vuelos a Jacksonville, Fort Lauderdale, Fort Myers, Fort Walton Beach, Orlando, Tampa y West Palm Beach desde varias ciudades del sur, Medio Oeste y Costa Este. El precio de uno de sus vuelos de ida y vuelta desde el aeropuerto de La Guardia en Nueva York a Jacksonville es de unos 210 dólares.

Desde **Canadá**, Air Canada ofrece vuelos directos desde Toronto a Miami y Tampa; desde Montreal, hay vuelos directos a Fort Lauderdale y Miami; y, sólo en primavera, incluye vuelos desde Toronto con destino a Fort Myers y West Palm Beach. Por su parte, Canadian Airlines vuela desde Toronto y Montreal a Miami; desde Toronto sólo cubre Fort Lauderdale, Fort Myers, Tampa y Sarasota. American Airlines es la compañía con las tarifas más bajas y ofrece vuelos desde Toronto a Miami, Orlando y Fort Lauderdale, además de otras ciudades de Florida. También cuenta con vuelos desde Vancouver a Miami. La mejor oferta de American Airlines son sus vuelos de ida y vuelta en fin de semana desde Toronto o Montreal a Miami, que cuestan 315 dólares canadienses. Si se toma el avión en otros días, el viaje de ida y vuelta más barato desde una de estas dos ciudades cuesta en estos momentos 357 dólares canadienses; el trayecto desde Vancouver a Miami asciende como mínimo a los 513 dólares canadienses.

Como se ha dicho antes, el lugar donde se pueden encontrar los vuelos más baratos es en una **agencia especializada en billetes de avión** como Travel Cuts. Los que están dispuestos a ser flexibles, pueden mirar en las páginas de los periódicos locales dedicados a viajes por si hay alguna ganga, pero deben leer la letra pequeña: muchas ofertas que a primera vista parecen muy atractivas, están pensadas para dos personas que viajen juntas y tienen el hotel fijado de antemano.

Los viajeros procedentes del área de **México** encontrarán también numerosas ofertas, a precios moderados, así como todos aquellos que proceden del resto de países latinoamericanos.

EN AUTOMÓVIL

Como es lógico, depende del lugar donde se encuentre el viajero y del tiempo que disponga para determinar si resulta conveniente **conducir** hasta Florida. Si tiene intención de viajar a lugares muy turísticos como Orlando, puede pasar unos días disfrutando del relajante paisaje del sudeste antes y después de emprender el viaje. Si se encuentra en el nordeste o en el Medio Oeste, pasará unas 26 horas al volante hasta Florida; desde la Costa Oeste tardará unas 40 horas.

La relativa cercanía de México, posibilita su viaje en automóvil hasta Florida, quizás enmarcado en un circuito más amplio.

EN FERROCARRIL

Hace unos años, la liberalización del sector aéreo contribuyó a que los vuelos nacionales tuvieron precios similares al del ferrocarril. En un esfuerzo por recuperar clientes, la compañía ferroviaria **Amtrak** (con la que se puede contactar en todo el país llamando gratuitamente al ☎1-800/USA RAIL) ha modificado sus servicios por completo: ha aumentado el nivel de comodidad, mejorado la calidad de la comida y puesto en marcha una red de autobuses denominados «Thruway» para enlazar con sus ferrocarriles; asimismo está introduciendo nuevos servicios. El más reciente de ellos es el *Sunset Limited*, que cubre la ruta Los Ángeles-Miami. Por todo ello, viajar a Florida en ferrocarril puede resultar agradable y relajante, además de bastante económico.

Desde **Nueva York**, el *Silver Meteor* y el *Silver Star* recorren la Costa Este a diario en dirección a Miami vía Orlando, y el *Silver Palm* se desvía hacia Jacksonville para luego seguir hasta Miami vía Tampa. Los precios van desde 148 dólares (el billete con descuento sujeto a disponibilidad) hasta 406 dólares por un billete de ida y vuelta; el viaje desde Nueva York dura entre 26 y 29 horas. En su recorrido desde **Los Ángeles** hasta Orlando, el *Sunset Limited* atraviesa el sur de Estados Unidos en un viaje de 3 días. El billete de ida y vuelta más barato varía según la época del año y puede costar entre 306 y 558 dólares.

Si el viajero no está dispuesto a renunciar al automóvil y se encuentra cerca de Lorton (Virginia), ciudad situada al sur de Washington DC, el **Florida Auto Train** puede llevarlo con él hasta Sanford, cerca de Orlando. El viaje dura unas 16-17 horas y los pasajes cuestan entre 85 y 169 dólares cada trayecto; según sea el tamaño del coche, quizá tenga que pagar un recargo que oscila entre 143 y 296 dólares para cada trayecto.

Todos estos viajes implican pasar la noche en el tren. Para evitar que el viajero pase una noche en vela revolviéndose en su asiento, la empresa ferroviaria AMTRAK ofrece la posibilidad de dormir en el tren. Dos noches a bordo del *Sunset Limited* en un coche-cama de clase económica (un compartimiento compuesto esencialmente de una cama estrecha que se baja de la pared) suponen un coste adicional de 414 dólares; un compartimiento familiar, 672 dólares y uno de lujo para dos personas, 777 dólares como precio inicial.

Las conexiones con las líneas ferroviarias de México, muy numerosas, posibilita una conexión fácil, así como una travesía relativamente cómoda.

EN AUTOBÚS

Viajar largas distancias en los autobuses **Greyhound** (☎1-800/231-2222) puede convertirse en una prueba de resistencia, pero es el medio de transporte público más barato para viajar a Florida. Además, si el viajero dispone de tiempo, comprobará que Greyhound ofrece un servicio más extenso que el avión o el ferrocarril en cuanto a número de destinos, ya que llega hasta las ciudades más pequeñas de Florida. Se recomienda consultar los periódicos locales y telefonear a la estación Greyhound de la ciudad donde se encuentre para averiguar cuáles son los billetes especiales que ofrecen de forma periódica; no hay que olvidar que viajar entre semana resulta algo más económico que los fines de semana.

En la actualidad, el billete de ida y vuelta más barato tanto desde Chicago como desde Nueva York a Miami cuesta 118 dólares, y no se admiten devoluciones. También hay un billete más flexible (con la posibilidad de devolver hasta el 85 % de su importe) que cuesta 172 dólares. Desde Los Ángeles a Miami el billete más barato también cuesta 118 dólares y el más flexible, 225 dólares.

La frontera entre Estados Unidos y México posee numerosas paradas de autobús, que conectan incluso con los países de América Central.

PAQUETES

En todos los periódicos hay una sección dedicada a viajes donde hay numerosas **ofertas de paquetes** para viajar a Florida. Son de una gran variedad, ya que están pensadas para atraer al mayor número de presupuestos e intereses. Sin embargo, la mayoría ofrece sencillamente una o dos semanas de sol en Florida a un precio único (desde unos 550 dólares por persona y semana desde Nueva York o 750 dólares desde Los Ángeles), que incluye el vuelo de ida y vuelta y el alojamiento.

Además de los operadores independientes que intentan atender intereses especiales, la mayoría de las líneas aéreas y Amtrak también disponen de ofertas de paquetes.

VISADOS Y TRÁMITES DE ADUANAS

VISADOS

Para visitar Estados Unidos durante un período inferior a 90 días, los ciudadanos de Alemania, Andorra, Austria, Bélgica, Brunei, Dinamarca, España, Finlandia, Francia, Irlanda, Islandia, Italia, Japón, Liechtenstein, Luxemburgo, Mónaco, Noruega, Nueva Zelanda, San Marino, Países Bajos, Reino Unido, Suecia y Suiza necesitan un **pasaporte en regla** y una declaración de **exención de visado**. Esta última la proporciona el agente de viaje o la propia línea aérea durante la facturación o una vez a bordo del avión, y el viajero debe presentarla al oficial de inmigración a su llegada al país. Los visitantes de otras partes del mundo no mencionadas antes deben tener un pasaporte en regla y un **visado de visitante no inmigrante**. Para obtenerlo, es necesario rellenar una solicitud (disponible en la mayoría de agencias de viaje) y enviarla junto con el pasaporte a la embajada o consulado de Estados Unidos más próximo. Los delincuentes con antecedentes penales no pueden solicitar un visado. En la solicitud hay que especificar la fecha del viaje y declarar que no tiene intención de quedarse a vivir o trabajar en Estados Unidos (si el propósito del viajero es llevar a cabo una de estas dos opciones, se recomienda consultar el apartado «Permanencia», pág. 49).

CONTROL DE INMIGRACIÓN

Durante el vuelo el viajero recibirá un **formulario de inmigración** (y una declaración de aduanas), que debe rellenar y presentar en el control de inmigración. El oficial grapará parte de este formulario al pasaporte, que dejará así hasta que salga del país, cuando de nuevo un oficial de inmigración o un empleado de la línea aérea con la que vuele la desprenda.

En el formulario hay que consignar detalles de dónde va a hospedarse la primera noche (los que no lo sepan, pueden escribir «touring») y la fecha que tiene pensado **partir** de Estados Unidos. También debe demostrar que cuenta con **dinero** suficiente para mantenerse durante su estancia en el país (300-400 dólares por semana se considera suficiente), ya que cualquier visitante que deje entrever la más mínima intención de trabajar mientras esté en el país puede ver rechazada su admisión. También puede tener problemas si admite que es portador del virus del sida o que tiene la tuberculosis.

ADUANAS

Los oficiales de aduanas evitarán al viajero tener que hacer una declaración aduanera; le preguntarán si lleva algún alimento fresco y si ha estado en una granja en el último mes. Si es así, es posible que le pidan los zapatos para examinarlos.

La **cuota autorizada de productos libres de impuestos** si es mayor de 17 años es de 200 cigarrillos y 100 puros y, si tiene más de 21 años, 1 litro de licor.

No se puede entrar comida ni ninguna clase de producto agrícola; asimismo están **prohibidos** los artículos fabricados en Corea del Norte, Cuba, Irán, Irak, Libia, Serbia o Montenegro, las publicaciones obscenas, los billetes de lotería, ciertos licores o los objetos precolombinos.

Quien intente entrar drogas en el país, no sólo tendrá que enfrentarse a un proceso judicial, sino que además será registrado como persona indeseable y probablemente se le denegará la entrada para siempre. Si el viajero está tomando algún medicamento recetado, sería ideal que llevara una carta del médico explicando la naturaleza exacta de las pastillas para facilitar los trámites aduaneros.

EMBAJADAS DE ESTADOS UNIDOS

Para informarse sobre la existencia de consulado de Estados Unidos en su ciudad, consulte en la guía telefónica o llame a la embajada estadounidense en su país.

Argentina
Avda. Colombia 4300, 1425 Buenos Aires (☎777-4533/4534; fax 777-4997; *www.usia.gov/abtusia/posts/AR1/wwwh0100.html*).

Bolivia
Avda. Arce 2780, San Jorge, La Paz (☎430120; fax 432051; *www.megalink.com/usemblapaz*).

Brasil
Avenida das Nações, Lote 3, Brasilia, CEP 70403-900 (☎321-7272; fax 321-2833; *www.embaixada-americana.org.br*).

Chile
Avda. Andrés Bello 2800, Santiago (☎232-2600; fax 330-3710; *www.embajadaeeuu.cl/embassy-sp.htm*).

Colombia
Calle 22-Bis 47-51, Apartado Aéreo 3831, Santafé de Bogotá (☎315-0811; fax 315-2197; *www.usia.gov/abtusia/posts/CO1/wwwhmain.html*).

Costa Rica
Calle 120, Avda. 0, Apdo. 920-1200, Pavas, San José (☎220-3939, 220-3127; fax 220-2305; *usembassy.or.cr/embinfo.html*).

Cuba
Embajada de Suiza, Calzada entre L y M, El Vedado, La Habana (☎33-3551/9; fax 33-3700; *www.usia.gov/abtusia/posts/CU1/wwwhmain.html*).

República Dominicana
César Nicolás Penson con Leopoldo Navarro, Santo Domingo (☎221-2171; fax 686-7437; *www.usia.gov/abtusia/posts/DR1/wwwhemb.html*).

Ecuador
Avenida 12 de Octubre con Patria, PO Box 538, Quito (☎562-890; fax 502-052; *www.usis.org.ec*).

El Salvador
Final Blvd. Santa Elena, La Libertad, San Salvador (☎278-4444 y 2635; fax 278-6011; *www.usinfo.org.sv/senofsp.htm*).

España
Serrano 75, 28006 Madrid (☎915 872 200; fax 915 872 303; *www.embusa.es*).

Guatemala
7-01 Avenida de la Reforma, Zona 10, Guatemala (☎311541/55; fax 318885).

Honduras
Avenida La Paz, Apartado Postal 3453, Tegucigalpa (☎236-9320, 238-5114; fax 236-9037; *www.usia.gov/abtusia/posts/HO1/wwwh0s00.html*).

México
Paseo de la Reforma 305, Colonia Cuauhtémoc, 06500 México D.F. (☎5209-9100; fax 511-9980; *www.usembassy-mexico.gov*).

Nicaragua
Km. 4 1/2 Carretera Sur, Managua (☎2666010; fax 2666046; *www.usia.gov/abtusia/posts/NU1/wwwha2.html*).

Panamá
Calle 37 y Avda. Balboa, Apdo. 6959, Panamá 5, Panamá (☎227-1777, ext. 2304; fax 227-1964; *www.orbi.net/usispan/acerca.htm*).

Paraguay
Avda. Mariscal López 1776, Casilla de Correos 402, Asunción (☎213-715; fax 213-312).

Perú
Avda. La Encalada, Cuadra 17, Surco, Lima 33 (☎434-3000; fax 434-3037; *ekeko.rcp.net.pe/usa*).

Portugal
Avenida das Forças Armadas, Apdo. 4258, 1600 Lisboa (☎1/727-3300; fax 1/727-9109).

Uruguay
Lauro Muller 1776, Montevideo 11100 (☎408-7777, 203-6061; fax 408-8611; *www.embeeuu.gub.uy*).

Venezuela
Calle F con Suapure, Colinas de Valle Arriba, Caracas 1060 (☎975-6411; fax 975-8991; *www.usia.gov/abtusia/posts/VE1/wwwhmain.html*).

CONSULADOS EN FLORIDA

Argentina
800 Brickell Ave, PH1, Miami, Florida 33131
(☎373-7794; fax 371-7108).

Bolivia
9100 One Datran Center, Suite 406, South
Dadeland, Florida 33156 (☎670-0709;
fax 670-2548).

Brasil
2601 S Bayshore Dr, Suite 800, Miami,
Florida 33133 (☎285-6200; fax 285-6229;
e-mail *consbras@brazilmiami.org*).

Chile
800 Brickell Ave, Suite 1230, Miami, Florida
33131 (☎373-8623, 373-8624, 379-4446;
fax 379-6613; e-mail *cgmiamius@msn.com*).

Colombia
280 Aragon Ave, Coral Gables, Miami,
Florida 33134 (☎448-5558).

Costa Rica
1600 NW Le June Rd, Suite 102, Miami,
Florida 33126 (☎871-7485).

Ecuador
1101 Brickell Ave, Suite M-102, Miami,
Florida 33131 (☎539-8214/8215; fax 539-8313).

El Salvador
300 Biscayne Blvd Way, Suite 1020, Miami,
Florida 33131 (☎371-8850; fax 371-7820).

España
2655 Le Jeune Rd, Suite 203, Coral Gables,
Miami, Florida 33134 (☎446-5511; fax 446-0585).

Guatemala
300 Sevilla Ave, Suite 210, Coral Gables,
Florida 33134 (☎443-4828).

Honduras
300 Sevilla Ave, Suite 201, Coral Gables,
Florida 33134 (☎447-8927; fax 447-9036).

México
1200 NW 78 Ave, Suite 200, Miami,
Florida 33126 (☎716-4977; fax 593-2758).

Nicaragua
8370 W. Flagler St, Suite 220, Miami,
Florida 33144 (☎220-6900; fax 220-8794).

Panamá
300 Biscayne Blvd, Suite 914, Miami,
Florida 33131 (☎371-7031; fax 371-2907).

Paraguay
300 Biscayne Blvd Way, Suite 907, Miami,
Florida 33131 (☎374-9090; fax 374-5522).

Perú
444 Brickell Ave, Suite M-135, Miami,
Florida 33131 (☎374-1305).

Portugal
1901 Ponce de Leon, 2nd Floor, Coral Gables,
Florida 33134 (☎444-6311).

República Dominicana
1308 Brickell Ave, Miami, Florida 33131
(☎358-3220; fax 358-2318).

Uruguay
1077 Ponce de Leon Blvd, Suite B, Coral Gables,
Miami, Florida 33134 (☎443-9764;
fax 443-7802).

Venezuela
1101 Brickell Ave, Suite 901, Miami,
Florida 33131 (☎577-4214).

AMPLIACIONES DE LA ESTANCIA Y SALIDA DEL PAÍS

La fecha consignada mediante sello en el formulario adjunto al pasaporte del viajero es lo **más tarde** que legalmente está autorizado a permanecer en el país. Si se marcha unos días después de esa fecha es posible que no importe, sobre todo si se dirige de vuelta a casa, pero si supera la semana puede ser sometido a un interrogatorio largo y generalmente desagradable a cargo de los oficiales de aduana, que tal vez le hagan perder el vuelo y negarle la entrada a Estados Unidos en el futuro, y su anfitrión o empleador estadounidense quizá se vea envuelto en un proceso legal.

Aunque no es un método infalible, una de las maneras más sencillas de prolongar la estancia es hacer un viaje relámpago a las islas Bahamas; la forma más barata es apuntarse a una excursión de ida y vuelta en un día a bordo de un barco de Seascape Ltd (☎1-800/327-7400), una de las numerosas compañías de cruceros que operan desde Miami y Fort Lauderdale hasta Bahamas y el resto del Caribe (sus anuncios aparecen en todos los periódicos locales). Cuando el viajero vuelva a entrar en Estados Unidos, quizá le registren, para asegurarse de que no lleva encima un carné de alguna biblioteca estadounidense o algo que pudiera indicar que tiene una dirección no oficial, semipermanente en el país; también es posible que examinen su agenda. Si todo va bien, lo normal es que le sellen una nueva fecha de salida en el pasaporte.

Otra alternativa es hacerlo de manera oficial y obtener una **extensión** de la permanencia antes de que expire el plazo de la vigente. Para hacerlo, hay que ir a la oficina de **US Immigration and Naturalization Service (INS**, Servicio de Naturalización e Inmigración de Estados Unidos) más próxima (en Miami, su dirección es 7880 Biscayne Blvd, ☎305/536 5741); las otras direcciones se pueden encontrar en el epígrafe «Federal Government Offices» que aparece en la primera página del listín telefónico. Automáticamente asumirán que está trabajando de forma ilegal, así que depende del viajero convencerles de lo contrario. Para conseguirlo, deberá presentar pruebas de solvencia económica y, si es posible, a un honrado ciudadano estadounidense que pueda responder por él. Como es natural, también tendrá que explicar por qué no tuvo en cuenta la ampliación de su estancia al llegar al país; decir que el dinero le ha durado más de lo que esperaba o que un pariente muy allegado viene a visitarle son argumentos que suelen funcionar.

SALUD Y SEGUROS

SALUD

Si el viajero tiene un **accidente** grave durante su estancia en Florida, los servicios médicos de urgencia le atenderán rápidamente y le cobrarán con posterioridad. En caso de una **urgencia** o si necesita una ambulancia, hay que marcar el ☎911 (o cualquier otro que figure en la placa informativa de la cabina telefónica). Si sufre un accidente pero no necesita una ambulancia, hemos incluido los servicios de urgencias a los que puede acudir, así como los que ofrecen **tratamiento dental.**

En caso de necesitar un **médico**, se recomienda consultar las *Yellow Pages* (Páginas amarillas) bajo el epígrafe «Clinics» o «Physicians and Surgeons». Una consulta general cuesta entre 50 y 100 dólares pagaderos de antemano. Los medicamentos tampoco son baratos, por ello el viajero deberá guardar recibo de todos los gastos para reclamar su reembolso a la compañía de seguros cuando regrese a su país.

Muchas **dolencias menores** se pueden aliviar recurriendo a la imponente colección de preparados farmacéuticos disponibles en los **drugstores**. Los visitantes extranjeros deben tener en cuenta que muchos de los medicamentos que se pueden adquirir directamente en la farmacia, necesitan receta en Estados Unidos y que algunas marcas locales pueden resultar confusas; en tal caso, consulte al **farmacéutico** del drugstore.

SEGURO

Aunque no es obligatorio, el **seguro de viaje** es imprescindible para todo **viajero extranjero**. Estados Unidos no cuenta con un sistema sanitario de cobertura nacional y el viajero puede perder un brazo o una pierna (por así decirlo) sin que le apliquen el más mínimo tratamiento médico. Las tarjetas de crédito (sobre todo American Express) suelen incluir alguna cobertura médica u otra clase de seguro, sobre todo si las usa para pagar el viaje.

Si el visitante tiene intención de practicar algún deporte acuático, hacer excursiones o esquiar, es probable que tenga que pagar una prima extra; se recomienda cerciorarse de que la póliza de seguro que va a contratar le cubrirá si tiene un accidente. No hay que olvidar que muy pocas aseguradoras abonarán las cantidades que el accidentado haya pagado en el lugar donde le hayan atendido si los gastos o las pérdidas son altos; lo normal es que le devuelvan el dinero después de regresar a su país. Si el viajero pierde alguna pertenencia o es víctima de un robo, deberá contactar con la policía local y presentar una denuncia para que su aseguradora formalice la reclamación.

COBERTURA DE LA PÓLIZA DE SEGUROS

La mayoría de **agencias de viajes** y operadores turísticos suelen ofrecer una póliza de seguros en el momento de contratar el vuelo o las vacaciones y algunos insistirán al viajero para que la adquiera. Estas pólizas suelen ser razonables en cuanto a su precio, pero siempre hay que leer la letra pequeña.

Si el viajero cree que la cobertura es inadecuada, o quiere comparar precios, cualquier agente de seguros o **banco** le podrá asesorar. Además, si cuenta con una buena póliza de seguros contra todo riesgo, quizá también le cubra la pérdida o robo de sus pertenencias incluso en el extranjero, y muchos planes de cobertura médica privados contemplan la atención fuera del país de origen; hay que asegurarse de que conoce los pasos que debe seguir y el teléfono de atención.

Se aconseja leer la letra pequeña de las pólizas y fijarse si la cobertura incluye una buena cantidad para atender los gastos médicos: como mínimo, que sirva para cubrir el coste de un avión ambulancia que le lleve a su país, en caso de sufrir una lesión grave o necesitar hospitalización.

Antes de suscribir una póliza de seguros, el viajero debe comprobar si su **seguro de enfermedad actual** incluye los gastos sanitarios. Si tiene un accidente o sufre una enfermedad y no puede telefonear o bien le exigen que pague la asistencia médica en el momento, debe guardar todas las **facturas** para luego reclamar la devolución de las cantidades abonadas. No hay que olvidar que, una vez atendido, los plazos suelen ser cortos, de modo que se recomienda que se ponga en contacto con la aseguradora lo antes posible. Los titulares de carnés de **estudiante/profesor/joven** gozan de cobertura en caso de accidente y de beneficios si son hospitalizados (la cuota anual es mucho más pequeña que el coste de un seguro similar). Los **estudiantes** también cuentan con la ventaja de que la cobertura sanitaria se extiende durante las vacaciones y un semestre posterior a la fecha de la última matrícula. Las **tarjetas de crédito** (sobre todo American Express) suelen incluir alguna

clase de cobertura médica y, si las usa para pagar el viaje, también contemplan un seguro de viaje. Los seguros de **vivienda** a menudo cubren el robo o la pérdida de documentos, dinero y objetos de valor mientras se está fuera de vacaciones.

Una vez agotadas todas estas posibilidades, es posible que el viajero necesite contactar con una compañía especializada en **seguros de viaje**; en su agencia de viajes habitual le recomendarán una adecuada.

Las **pólizas** de seguros de viaje varían: algunas son contra todo riesgo, mientras que otras sólo cubren determinadas eventualidades (accidentes, enfermedades, equipaje perdido o retrasado en la entrega, vuelos cancelados, etc.). Se recomienda preguntar si la póliza cubre los gastos médicos en el acto o si debe esperar a que se los reembolsen. En las pólizas que cubren equipaje perdido o robado, hay que comprobar cuál es la cobertura exacta y asegurarse de que el límite por artículo cubrirá las posesiones más valiosas.

Las mejores **primas** se pueden obtener a través de las agencias de viaje para estudiantes y jóvenes. Aquellos que tengan intención de practicar algún «deporte de riesgo» (esquí, alpinismo, etc.) deberán comprobar si tales actividades están cubiertas, ya que algunas compañías imponen un recargo.

Muchas pólizas de viaje sólo aplican su cobertura a objetos perdidos, robados o dañados mientras estén bajo custodia de una tercera parte responsable e identificable como conserje de hotel, línea aérea, consigna, etc. Incluso en estos casos habrá que contactar con la policía local, dentro de un límite de tiempo, para presentar una denuncia completa, de modo que la empresa aseguradora pueda formalizar la reclamación.

PRECIOS, MONEDA Y BANCOS

Para ayudar al viajero a planificar sus vacaciones en Florida, esta guía incluye información detallada sobre precios para hospedarse y comer en toda la zona. Si no se especifica de otro modo, los códigos de los precios de hotel incluidos (explicados en pág. 28) se refieren a la habitación doble más barata en temporada alta, sin tener en cuenta los impuestos locales aplicables; los precios de la comida sólo incluyen las comidas, no la bebida ni la propina. Naturalmente, a medida que pase el tiempo desde la publicación de esta guía, debe tenerse en cuenta el efecto de la inflación.

Incluso cuando el tipo de cambio sea el menos ventajoso, la mayoría de turistas encuentran casi todo (alojamiento, comida, gasolina, cámaras fotográficas, ropa y otros artículos) a mejor precio que en su país de origen. Sin embargo, si el viajero está acostumbrado a viajar por los países más baratos de Europa, sin mencionar el resto del mundo, no debe esperar que ese reducido presupuesto sea válido para su estancia en Estados Unidos.

El mayor gasto que hay que prever es el **alojamiento**. Pocos son los hoteles o moteles que ofrecen habitaciones por menos de 30 dólares (los 50 dólares son más habituales), si bien en las áreas rurales los precios suelen ser algo más bajos. Aunque hay albergues juveniles (la cama en un dormitorio comunitario cuesta entre 12 y 15 dólares), no están muy extendidos y en cualquier caso representan muy poco ahorro para dos o más personas que viajan juntas. Na-

turalmente, el cámping es barato y puede ser gratis o costar hasta 18 dólares por noche, pero en las grandes ciudades o alrededores no es habitual encontrarlos.

En cuanto a la **comida**, con 10 dólares al día se puede obtener una dieta adecuada para subsistir, mientras que con 20 dólares diarios se come bastante bien. Aparte de esto, todo depende de las visitas turísticas que haga el viajero, los taxis que tome, las salidas que realice y las bebidas que consuma. Mucha actividad de esta clase (sobre todo en una gran ciudad) supone un gasto por encima de los 50 dólares al día.

Los precios por **desplazarse** en autobús, ferrocarril e incluso avión pueden parecer baratos sobre el papel, pero los costes ascienden enseguida. Para un grupo de dos o más, **alquilar un automóvil** puede ser una inversión muy rentable.

No hay que olvidar que existe un **impuesto sobre la venta** del 6 % que se aplica a casi cualquier artículo que se compre en tiendas, pero que no aparece en el precio marcado.

CHEQUES DE VIAJE

Se recomienda al turista extranjero llevar **cheques de viaje en dólares**. Ofrecen la seguridad de saber que si se pierden o los roban, serán reemplazados. No suele haber problemas a la hora de usar los cheques más conocidos (como los de las empresas American Express o Visa) en tiendas, restaurantes y gasolineras (no hay que hacer caso de los letreros que anuncian «No se admiten cheques», ya que sólo se refieren a los cheques nominativos). Se recomienda disponer de bastantes cheques de 10 y 20 dólares para efectuar las transacciones diarias.

Los bancos importantes de Florida (como el Bank of America, Barnett, First Florida, Southeast y Sun) cambian (aunque sin demasiada amabilidad) los cheques de viaje en **otras monedas** y en moneda extranjera. Las comisiones suelen ser más bajas en oficinas de cambio como Deak-Perera o Thomas Cook, y las que cobran las oficinas de cambio de los aeropuertos también son razonables. Los hoteles no acostumbran a cambiar moneda.

El **horario de los bancos** de Florida suele ser de lunes a jueves, 10-15 h, y los viernes, 10-17 h.

DINERO: INDICACIONES PARA VIAJEROS EXTRANJEROS

Las fluctuaciones constantes de los mercados financieros hacen que el valor relativo del **dólar estadounidense** con respecto a monedas del resto del mundo pueda variar considerablemente, en especial con monedas no muy fuertes.

Billetes y monedas

Hay **billetes** de 1, 5, 10, 20, 50 y 100 **dólares**, además de otros de valor mayor, aunque éstos son mucho menos comunes. Hay que comprobar el valor de cada billete con cuidado pues son fáciles de confundir, ya que todos tienen el mismo tamaño y color verde. Un dólar se compone de 100 centavos; existen **monedas** de 1 centavo (conocida como **penny**, «penique»), 5 centavos (**nickel**, «níquel»), 10 centavos (**dime**) y 25 centavos (**quarter**). Muy de vez en cuando es posible que el visitante vea monedas de **medio dólar de JFK** (50 centavos), **monedas de un dólar de Susan B. Anthony** o incluso **billetes de dos dólares**. Necesitará cambio (los *quarters* son los más empleados) para pagar en autobuses, máquinas expendedoras y teléfonos, así que es mejor tener siempre monedas a mano.

OBTENER DINERO CON TARJETAS Y CAJEROS AUTOMÁTICOS

Si el viajero tiene una tarjeta **Visa**, **Mastercard** (conocida en otros países como **Access**), **Diners Club**, **Discover** o **American Express**, no debe olvidar llevarla consigo al salir de viaje. Casi todas las tiendas, restaurantes y muchos servicios aceptan el pago con alguna de ellas. Además, los hoteles y las empresas de alquiler de automóviles suelen pedir una tarjeta de crédito para evaluar la solvencia del cliente o como garantía, o ambas cosas. Incluso en los malos tiempos que corren para la compra a crédito, todavía hay gente que no ve con buenos ojos llevar efectivo.

Con Mastercard o Visa también se puede **retirar dinero en efectivo** en cualquier banco acudiendo al mostrador dispuesto a tal efecto, o de un cajero automático (**ATM**). Las tarjetas Diners Club se pueden emplear para hacer efectivo cheques nominativos en las oficinas de Citibank. Las American Express sólo pueden usarse para retirar dinero, o comprar cheques de viaje en las oficinas de American Express (se recomienda consultar las *Yellow Pages*) o en los distribuidores de cheques de viaje de la mayoría de aeropuertos importantes.

En la página 38 encontrará los **teléfonos de urgencia** en caso de robo de sus cheques de viaje y/o tarjetas de crédito.

Cada una de las dos redes principales dispone de una línea telefónica gratuita que permite a sus clientes conocer la localización de su cajero automático más cercano. La de **Plus System** es ☎1-800/THE PLUS, y la de **Cirrus** es ☎1-800/4CI-RRUS.

Los turistas extranjeros pueden utilizar sus tarjetas de crédito en los cajeros automáticos siempre y cuando éstas estén conectadas a redes internacionales como Cirrus y Plus, aunque hay que comprobar estos detalles en el banco emisor de la tarjeta antes de salir de viaje, ya que de lo contrario el cajero se tragará la tarjeta. El turista extranjero también debe tener en cuenta que los tipos de cambio fluctuantes pueden implicar un incremento o una reducción, con respecto al precio esperado, una vez que el gasto aparece en el extracto de su cuenta bancaria.

EMERGENCIAS

Si el viajero se queda sin dinero y está desesperado sin saber qué hacer, hay varias alternativas antes de arrojarse a los cocodrilos. Suponiendo que conozca a alguien dispuesto a mandarle dinero, la forma más rápida es que esta persona vaya a la oficina más próxima de **Western Union** y **envíe** el dinero por vía telegráfica a la oficina más cercana del lugar donde se encuentre, aunque debe tener en cuenta que hay que descontar un 10 % en concepto de comisión. **American Express MoneyGram** ofrece un servicio similar.

También le pueden enviar dinero desde un banco en su país de origen a otro de Estados Unidos, aunque este sistema resulta menos fiable debido a que implica a dos organizaciones distintas. Si el viajero opta por esta alternativa, la persona que le envíe los fondos necesitará conocer el código del banco al que se enviará el dinero. Pedir que le manden a uno dinero desde casa nunca es tarea sencilla ni barata, por lo que debe considerarse como último recurso.

Si cuenta con algunos días de respiro, un método más económico es pedir que le envíen por correo un **giro postal internacional**, aunque pasará una semana como mínimo antes de que llegue por correo aéreo. Un cheque normal mandado desde el extranjero necesita de 2 a 3 semanas para ser efectivo.

El viajero extranjero en dificultades siempre tiene la opción de acudir a pedir ayuda al consulado más cercano, que (en el peor de los casos) le repatriará, pero nunca, bajo ninguna circunstancia, le prestará dinero.

COMUNICACIONES: TELÉFONO Y CORREOS

Los turistas extranjeros suelen quedarse impresionados ante la rapidez y eficacia de las comunicaciones en Estados Unidos, y Florida, en su mayor parte, no es una excepción. No obstante, hay cierta actitud relajada muy arraigada en determinadas áreas (sobre todo en los cayos de Florida) que puede frustrar a los viajeros que aún no se hayan adaptado al ritmo de vida local.

TELÉFONOS

Los **teléfonos** de Florida están controlados por varias empresas (la mayor es Southern Bell), todas ellas conectadas a la red AT&T.

Los **teléfonos públicos** siempre funcionan y son fáciles de encontrar (en las esquinas de las calles, vestíbulos de hoteles, bares, restaurantes), aceptan monedas de 5, 10 y 25 centavos. El precio de una **llamada local** desde un teléfono público varía según sea la distancia del número al que se llame. El mínimo es 25 centavos para los primeros 3 minutos y 10 más para cada 3 minutos adicionales (cuando es necesario, suena una voz en la línea para indicar que hay que introducir más monedas).

Las **llamadas no locales** (denominadas «llamadas de zona») a números incluidos en el mismo código de zona (por lo general, un solo código cubre amplias zonas) son más caras y a veces requieren marcar el 1 antes del número de siete dígitos; mucho más lo son las **llamadas a larga distancia** (es decir, a un código de área diferente), por lo que se necesitan gran cantidad de monedas. Si al final de la llamada debe dinero, el teléfono sonará inmediatamente para pedirle que abone la cantidad pendiente y, si no lo hace, la persona a la que ha telefoneado recibirá la factura por el importe debido. Las llamadas no locales y las de larga distancia resultan mucho más baratas si se efectúan entre las 18 y las 8 h, y las llamadas desde un **teléfono privado** siempre salen más económicas que las realizadas desde un teléfono público.

Llamar por teléfono desde una **habitación de hotel** suele ser más caro que si se hace desde un teléfono de pago (y se debe tener en cuenta que los hoteles acostumbran a tener teléfonos públicos en el vestíbulo). Por otro lado, hay algunos hoteles económicos que permiten llamar gratis desde la habitación; se recomienda preguntar en recepción. Un número cada vez mayor de teléfonos acepta **tarjetas de crédito**; sólo hay que pasar la tarjeta por la ranura y marcar el número. Otra manera de evitar tener que llevar mucho cambio es comprar una **tarjeta telefónica AT&T** (información en el ☎1-800/874-4000, ext. 359), para lo que es necesario poseer una tarjeta de crédito estadounidense.

Muchas agencias gubernamentales, empresas de alquiler de coches, hoteles y otros servicios tienen **números de llamada gratuita**; estos números siempre empiezan por el prefijo 1-800. Algunas líneas como la ☎1-800/577-HEAT para obtener las últimas noticias sobre el equipo de baloncesto Miami Heat, utilizan las letras del dial telefónico como parte de su número.

NÚMEROS ÚTILES

Emergencias ☎911; pida por el servicio correspondiente de bomberos, policía o ambulancia.
Información local ☎411
Información internacional
☎1 (código de zona)/555-1212

Información sobre líneas gratuitas
☎1-800/555-1212
Operadora ☎0

CÓDIGOS DE ÁREA DE FLORIDA

305 Miami, los cayos y la parte sur de la costa sudeste.

407 Orlando y área metropolitana, y la parte central de la costa este.

850 Toda la zona al este del Panhandle, incluida Tallahassee.

904 La mayor parte de la costa nordeste, el norte de la zona central y algunas secciones septentrionales de la costa oeste.

941 La mayor parte de la costa oeste y partes del sur de la zona central.

LLAMADAS INTERNACIONALES

Se pueden efectuar **llamadas internacionales** directas desde teléfonos privados o públicos (más caros). Si el visitante necesita ayuda, puede llamar a la **operadora internacional** (☎1-800/ 874-4000), quien quizás interrumpa la conversación cada 3 minutos para pedirle que introduzca más monedas, e incluso después de colgar el teléfono hará sonar el aparato si debe alguna cantidad para reclamársela. Una alternativa es hacer una **llamada a cobro revertido**; llame a la operadora, quien le indicará el número

que ha de marcar para hablar con su país de origen.

Las **tarifas más baratas** para llamar a Europa se aplican entre 18-7 h, período en el que una llamada directa de 3 minutos cuesta unos 5 dólares.

El código para **telefonear a Estados Unidos** desde todo el mundo excepto Canadá es el 1.

Para hacer una **llamada internacional desde Estados Unidos**, marcar el 011 seguido del código del país:

Argentina 54	**Cuba** 53	**México** 52	**Puerto Rico** 1 809
Bolivia 591	**Ecuador** 593	**Nicaragua** 505	**Rep. Dominicana** 1 809
Brasil 55	**El Salvador** 503	**Panamá** 507	**Uruguay** 598
Chile 56	**España** 34	**Paraguay** 595	**Venezuela** 58
Colombia 57	**Guatemala** 502	**Perú** 51	
Costa Rica 506	**Honduras** 504	**Portugal** 351	

CORREOS

Las **oficinas de correos** suelen abrir de lunes a viernes, 9-17 h, y los sábados, 9-12 h, y en muchas esquinas hay **buzones** azules. El **correo ordinario dentro de Estados Unidos** cuesta 32 centavos para una carta que pese hasta 28 g; las direcciones deben incluir el **código postal**, así como la del remitente en el sobre. El **correo aéreo** entre Florida y Europa suele tardar una semana en llegar. Las postales, los aerogramas y las cartas que pesen hasta 14 g (una sola hoja) cuestan 60 centavos.

Se pueden enviar cartas utilizando el servicio

General Delivery (lista de correos) de cualquier oficina de correos del país, pero debe incluir el código postal de la oficina de correos, donde guardarán la correspondencia sólo durante 30 días antes de devolverla al remitente, que deberá haber consignado su dirección en el sobre. Si recibe correo en la dirección de otra persona, éste debe incluir la indicación «c/o» junto con el nombre del inquilino habitual; si no es así, probablemente sea devuelto.

Las normas que regulan el envío de **paquetes** son muy estrictas: los paquetes deben prepararse con cajas especiales que se compran en las oficinas de correos y se cierran según sus instrucciones, que se pueden encontrar al principio de las *Yellow Pages*. Para mandar un paquete fuera de Estados Unidos hay que rellenar un **formulario de declaración de aduanas** disponible también en las oficinas de correos. El precio del envío postal a Europa de un paquete de hasta 0,45 kg es de 9,75 dólares.

TELEGRAMAS Y FAXES

Para enviar un **telegrama** (a veces llamado «cable») no se recomienda ir a una oficina de correos, sino a una de la compañía Western Union (en las *Yellow Pages* hay una lista disponible).

Los titulares de tarjetas de crédito pueden dictar su mensaje por teléfono. Para los telegramas dentro de Estados Unidos, se aconseja utilizar el **mailgram** que llegará a la dirección indicada a la mañana siguiente. Los **telegramas internacionales** son algo más baratos que las llamadas telefónicas más económicas: un telegrama enviado durante el día desde Florida debería llegar a su destino en el extranjero a la mañana siguiente.

En los centros de fotocopias y en algunas librerías, hay aparatos de **fax** públicos; para usarlos quizá le pidan que pase la tarjeta de crédito por un aparato anexo.

INFORMACIÓN, MAPAS Y MEDIOS DE COMUNICACIÓN

Antes de iniciar el viaje a Florida, se puede obtener información en las representaciones diplomáticas de Estados Unidos en cada país, o por correo escribiendo a la Florida Tourist Board (Oficina de Turismo de Florida), 126 W Van Buren Street, Tallahassee, Florida 32399-2000 (☎850/487-1462). Una vez en Florida, el viajero encontrará en la mayoría de las grandes ciudades un Convention and Visitors Bureau (CVB, abierto normalmente lun.-vier., 9-17 h, y sáb., 9-13 h) donde le facilitarán información detallada sobre el área local y cupones de descuento para comida y alojamiento, aunque no le podrán reservar habitación en hoteles o moteles.

Además, en casi todas las ciudades hay una **Chamber of Commerce** (cámara de comercio), cuyo objetivo es promover los intereses económicos locales; por lo general, sus empleados proporcionan mapas e información de la zona. La mayoría de municipios cuentan con **periódicos gratuitos** (véase «Medios de comunicación», pág. siguiente), donde se informa sobre acontecimientos y espectáculos (se incluyen los más útiles).

Los **conductores** que entren en Florida encontrarán **centros de bienvenida**, en los que se ofrece abundante información turística y cupones de descuento, sobre todo en dos puntos: en la Hwy-231 (autopista), en Campbellton, cerca de la frontera entre Florida y Alabama, y en la carretera I-75, cerca de Jennings, al sur de la frontera entre Florida y Georgia. A los viajeros que lleguen a través de la I-10 les resultarán más cómodos los **centros de información** de Pensacola y Tallahassee que se detallan más adelante.

MAPAS

Los CVB y las cámaras de comercio facilitan de forma gratuita un excelente **mapa** de todo el estado (aunque el *Official Transportation Map* no detalla, como su nombre sugiere, las rutas de transporte público). Si el viajero tiene intención de conducir o viajar en bicicleta (véase «Medios de transporte») por zonas rurales, se recomienda el muy detallado *Florida Atlas & Gazetteer* (12,95 dólares) de la editorial DeLorme. Los mejores **mapas de ciudades** son los que publica Rand McNally.

En los puestos de guardabosques de los parques estatales y nacionales se pueden conseguir mapas de **senderismo** locales gratuitos o por 1-2 dólares, y algunas tiendas de artículos de cámping también facilitan esta clase de información. Si el visitante va a viajar por el resto de Estados Unidos, vale la pena comprar el *Rand McNally Road Atlas* con mapas de todo el país, Canadá y México.

Los miembros de la American Automobile Association (AAA) y sus asociadas del extranjero (RACE, RAC, etc.) también pueden beneficiarse de sus mapas y asistencia general. La oficina se encuentra en 1000 AAA Drive, Heathrow, FL 32746-5063 (☎1-800/336-4357); las demás oficinas presentes en todo el estado aparecen en las guías telefónicas de cada ciudad.

MEDIOS DE COMUNICACIÓN

Miami Herald es el **periódico de Florida** más leído; ofrece información exhaustiva sobre sucesos estatales, nacionales e internacionales; *Orlando Sentinel* y *Tampa Tribune* le van a la zaga y, como es natural, informan mejor sobre el área que cubren. Los **periódicos extranjeros** suelen estar en librerías especializadas, pero el visitante no tendrá problemas para encontrarlos en las principales áreas turísticas.

Todas las poblaciones de tamaño medio tienen algunos **periódicos gratuitos** dispuestos para su distribución en cajas en la calle o bien apilados. Vale la pena conseguir unos cuantos: algunos sencillamente ofrecen información local, mientras que otros se especializan en temas más específicos, que van desde las rutas de larga distancia en bicicleta hasta cómo sacar adelante un negocio, y los anuncios clasificados, sobre todo los personales, pueden aportar

horas de entretenimiento. Muchas de estas publicaciones son también una excelente fuente de información sobre bares, restaurantes y vida nocturna.

TELEVISIÓN

La **televisión** en Florida mantiene el nivel general del resto del país, es decir una mezcla de innumerables telecomedias y programas de entrevistas, con frecuentes interrupciones de anuncios agresivos.

La programación matutina se compone básicamente de concursos, y al mediodía se pueden ver más de una docena de telenovelas. Las **cadenas de cable** son algo mejores (se puede acceder a ellas en casi todos los hoteles); entre ellas destaca la CNN (noticias las 24 horas) y la MTV (24 horas de videoclips musicales).

En el sur sobresalen las cadenas de habla española que dan servicio a las comunidades hispanas.

RADIO

La mayoría de emisoras de **radio** de Florida ofrecen la típica programación comercial compuesta de rock y pop clásicos, country y música melódica.

En general, a excepción de las noticias, los programas de entrevistas, algún que otro incendiario predicador, y la música latina y haitiana, hay que decir que el nivel de las emisoras de AM está por debajo de las de FM, sobre todo las públicas y universitarias que funcionan en Tallahassee, Gainesville, Orlando, Tampa y Miami, que se pueden encontrar a la izquierda del dial (88-92 FM). Estas emisoras siempre ofrecen una programación variada y entretenida, ya sea incluyendo rock underground o sesudas discusiones literarias, y también aportan información sobre la vida nocturna.

MAPAS Y LIBROS DE VIAJES

Book Passage, 51 Tamal Vista Blvd, Corte Madera, CA 94925 (☎415/927-0960).

The Complete Traveler Bookstore, 3207 Fillmore St, San Francisco, CA 92123 (☎415/923-1511).

The Complete Traveler Bookstore, 199 Madison Ave, New York, NY 10016 (☎212/685-9007).

Elliot Bay Book Company, 101 S Main St, Seattle, WA 98104 (☎206/624-6600).

Forsyth Travel Library, 226 Westchester Ave, White Plains, NY 10604 (☎1-800/367-7984).

Map Link Inc., 30 S La Patera Lane, Unit 5, Santa Bárbara, CA 93117 (☎805/692-6777).

The Map Store Inc., 1636 ISt NW, Washington, DC 20006 (☎202/628-2608).

Phileas Fogg's Books & Maps, ☎87 Stanford Shopping Center, Palo Alto, CA 94304 (☎1-800/533-FOGG).

Rand McNally, 444 N Michigan Ave, Chicago, IL 60611; (☎312/321-1751); 150 E 52nd St, Nueva York, NY 10022 (☎212/758-7488); 595 Market St, San Francisco, CA 94105 (☎415/777-3131). Rand McNally tiene en la actualidad más de una veintena de tiendas por todo Estados Unidos; llamar al ☎1-800/333-0136 (ext. 2111) para saber donde se encuentra la tienda más cercana, o para que le envíen mapas por correo.

Travel Books & Language Center, 4437 Wisconsin Ave, Washington, DC 20016 (☎1-800/220-2665).

Sierra Club Bookstore, 6014 College Ave, Oakland, CA 94618 (☎510/658-7470).

Traveler's Bookstore, 22 W 52nd St, Nueva York, NY 10019; (☎212/664-0995).

MEDIOS DE TRANSPORTE

Viajar por Florida, un estado sorprendentemente estrecho, no es difícil ni lleva mucho tiempo. En cruzarlo de la costa este a la oeste, por ejemplo, sólo se tarda 2 horas, e incluso el viaje más largo posible (entre la punta occidental del Panhandle y Miami), puede hacerse en 1 día. Si el visitante viaja en automóvil no tendrá problema, pero si utiliza el transporte público deberá plani-

ficar el recorrido antes de emprender el viaje, ya que las grandes ciudades y las de tamaño medio cuentan con enlaces de autobús (y en algunos casos con servicio de ferrocarril poco frecuente), pero muchas zonas rurales y algunos de los lugares más agradables de la costa se encuentran fuera del alcance de los turistas que no viajan en automóvil.

AUTOBUSES

El **autobús** es el medio de transporte más barato. Greyhound es la única empresa que ofrece un servicio de larga distancia que permite unir todas las grandes ciudades y muchas de las más pequeñas. En las zonas aisladas, circulan muy pocos autobuses y a veces lo hacen sólo una vez al día si es que llegan a pasar; así que se recomienda al viajero planificar su ruta con cuidado. Entre las grandes ciudades el servicio de autobuses cubre las 24 horas con un horario bastante completo, parando sólo a la hora de las comidas (casi siempre en cafeterías de comida rápida) y para hacer el cambio de conductor. Los

> Información **Amtrak** ☎1-800/USA RAIL
> Información **Tri-Rail** ☎1-800/TRI RAIL

autobuses Greyhound, no son lujosos, pero sí bastante cómodos y de vez en cuando permiten ahorrarse una noche de hotel si se viaja por la noche. En cualquier población relativamente importante hay una estación Greyhound; en los lugares más pequeños, la oficina de correos o la gasolinera funciona también como parada y despacho de billetes. En los cayos de Florida, el autobús hace paradas fijas, pero se le puede hacer señales para que se detenga en cualquier parte a lo largo de la Overseas Highway.

Los **precios** de los billetes (por ejemplo 37 dólares el viaje de ida entre Miami y Orlando) son elevados, aunque a veces no sale tan caro si se viaja entre semana (excepto vier.).

De forma sorprendente, en 1993 Greyhound dejó de publicar sus **horarios**, excepto algunas tablas abreviadas para todo el país que, como es lógico, hacen muy difícil planificar una ruta en detalle para viajar por Florida. El único servicio telefónico gratuito de información es en español (☎1-800/531-5332). En esta guía se incluyen los teléfonos de las estaciones Greyhound más importantes. Vale la pena tener en cuenta que una buena parte de la costa sudeste puede recorrerse por muy poco dinero (aunque a ritmo muy lento) usando los **autobuses locales** que enlazan las diferentes partes de las ciudades. A modo de ejemplo, se puede viajar desde Miami a West Palm Beach por menos de 3 dólares, pero se tarda 1 día y hay que cambiar tres veces de autobús. El Tri-Rail (véase más abajo) hace el mismo recorrido por incluso menos dinero.

FERROCARRIL Y TRI-RAIL

El **ferrocarril** (Amtrak) es una forma de viajar bastante menos flexible. Las líneas de ferrocarril de Florida fueron construidas para ofrecer servicio a las ciudades de desarrollo rápido surgidas en los años veinte; gracias a ello, algunos puntos rurales tienen enlaces ferroviarios tan excelentes como lo es el de las ciudades modernas. Los trenes son limpios y cómodos, y la mayoría de rutas estatales se cubren con dos al día. En algunas áreas, Amtrak extiende sus servicios mediante una red de autobuses que sólo se pueden usar conjuntamente con el tren.

Los **precios** no son muy baratos: el viaje de ida entre Miami y Orlando cuesta 51 dólares.

TRI-RAIL

Diseñado para reducir el tráfico por carretera a lo largo de la congestionada costa sudeste, el sistema elevado **Tri-Rail** entró en funcionamiento en 1989 para transportar (con doce paradas) a los viajeros que cubrían cada día la ruta Miami-West Palm Beach. El viaje de ida cuesta sólo 2,5 dólares, con el único inconveniente de que casi todos los trenes circulan en las horas punta, es decir, muy temprano por la mañana y a media tarde.

AVIÓN

Siempre y cuando los planes del viajero sean flexibles y utilice las tarifas reducidas que se anuncian con regularidad en los periódicos locales, viajar en **avión** fuera de temporada dentro de Florida no resulta más caro que tomar un autobús o un ferrocarril y, por supuesto, llegará antes a su destino. Los precios reducidos para un viaje de ida suelen estar alrededor de los 75 dólares para el trayecto Miami-Orlando y 120 dólares para Miami-Tallahassee; las tarifas regulares son más elevadas.

CONDUCCIÓN Y ALQUILER DE AUTOMÓVILES

Florida es uno de los principales destinos turísticos, y gracias a ello es también uno de los estados donde **alquilar** un automóvil resulta más barato debido a la fuerte competencia existente entre las empresas que ofrecen dicho servicio. Los conductores que quieran alquilar un vehículo deben tener un carné de conducir con más de un año de antigüedad (aunque este hecho pocas veces se comprueba), y los menores de 25 años pueden encontrarse con alguna dificultad o limitación a la hora de alquilar. Si el visitante tiene menos de 25 años, se recomienda que llame primero a la empresa.

Asimismo, las compañías de alquiler de automóviles esperan que el solicitante tenga una tarjeta de crédito; si no es así, quizás exijan que deje una buena cantidad en concepto de **depósito** (al menos 200 dólares), pero no debe hacerlo. Se aconseja telefonear a las principales empresas del sector usando los números gratuitos 800 y preguntar por sus mejores precios; casi todos intentarán situar sus tarifas por debajo de sus competidores, así que vale la pena regatear.

Por regla general, los mejores precios pueden encontrarse en las oficinas de alquiler de los aeropuertos. Hay que asegurarse siempre de obtener kilometraje ilimitado y no olvidar que si deja el vehículo en una ciudad diferente adonde alquile el automóvil, puede costarle un **recargo** de hasta 200 dólares, aunque hay muchas empresas que no lo aplican dentro de Florida.

Como alternativa, hay empresas **locales** que alquilan vehículos nuevos (y no tan nuevos); en Miami está Alva (☎305/4444-3923) o Inter-America Car Rental (☎305/871-3030); en Fort Lauderdale, Florida Auto Rental (☎305/764-1008). En las *Yellow Pages* aparecen otras compañías. Los precios en Miami oscilan entre 25-40 dólares por día y 130-165 dólares por semana y kilometraje ilimitado. Hay que comprobar siempre que éste

PLANIFICACIÓN DEL VIAJE

Todas las grandes líneas aéreas de Estados Unidos (y algunas extranjeras en combinación con USAir) ofrecen **abonos aéreos** para aquellos visitantes que vayan a viajar mucho en avión dentro de Estados Unidos. Estos abonos se tienen que comprar con antelación y se suelen vender con la condición de volar con la línea aérea expendedora del abono. Todas las ofertas disponibles son similares e implican la adquisición de al menos tres **vales** (por unos 160 dólares; 55 dólares cada vale adicional), cada uno de ellos válido para efectuar un vuelo de cualquier duración en Estados Unidos.

El programa Visit USA da derecho a los visitantes extranjeros a un 30 % de descuento en cualquier vuelo nacional regular, siempre y cuando se adquiera el billete en el país de origen, aunque ésta no es una buena opción para viajar dentro de Florida, estado donde abundan los vuelos regulares.

Greyhound Ameripasses (abonos de autobús)

El visitante extranjero que tenga intención de viajar en autobús casi a diario (algo improbable) o se quiera aventurar en recorrer Estados Unidos, puede adquirir en su país de origen un **Greyhound Ameripass** que le permite viajar de forma ilimitada durante un período de tiempo limitado.

La primera vez que use el abono el empleado de taquilla le pondrá la fecha del día (ésta indicará el inicio de la vigencia del abono) y el destino aparecerá escrito en una página que el conductor arrancará y se guardará al subir al autobús. Repita este procedimiento para cada siguiente viaje.

Abonos de ferrocarril Amtrak

El ferrocarril no permite recorrer toda Florida, pero los turistas extranjeros pueden elegir entre tres **abonos de ferrocarril**. El menos caro, el **East Region Pass** (disponible para 15 o 30 días) cuesta 205/255 dólares (sept.-mayo) o 250/310 dólares (jun.-agos.). El segundo abono se denomina **National Pass** y permite viajar por todo Estados Unidos durante 15 o 30 días por 285/ 375 dólares (sept.-mayo) o 425/535 dólares (jun.-agos.). Si combina el ferrocarril con otro tipo de transporte, puede aprovechar las condiciones del **Coastal Rail Pass** válido para 30 días, que permite viajar en tren sin límite por las costas Este y Oeste de Estados Unidos; este abono cuesta 225 dólares (sept.-mayo) o 275 dólares (jun.-agos.), y no incluye la opción de 15 días.

Los abonos citados pueden comprarse en las estaciones de Amtrak de Estados Unidos, presentando un pasaporte extranjero.

Alquiler de automóviles

Los ciudadanos españoles y latinoamericanos pueden **conducir** en Estados Unidos con un permiso de conducir en regla (los permisos de conducción internacionales no son suficientes). Las ofertas **fly and drive**, que incluyen el vuelo y el alquiler del automóvil, son interesantes si el visitante quiere **alquilar** un automóvil (véanse págs. 6 y 24), aunque puede ahorrar hasta un 60 % con sólo contratar el servicio de antemano en una de las principales empresas del sector (Holiday Autos garantiza los precios más bajos). Cabe la posibilidad de no pagar hasta la llegada a Estados Unidos, aunque en tal caso debe asegurarse de llevar consigo la confirmación por escrito del precio pactado. Recuerde que después de un vuelo transatlántico prolongado es mejor descansar y no alquilar un coche enseguida, y que los automóviles de alquiler tienen **cambio de velocidades automático**.

También es más cómodo y barato alquilar una autocaravana desde el país de origen. La mayoría de las agencias especializadas en viajes a Estados Unidos pueden gestionar el alquiler de una, y normalmente aplican precios más económicos si además le compra a ellos el vuelo. Los precios suelen estar alrededor de los 500 dólares para una autocaravana de 5 literas y un período de 15 días.

está incluido en el precio del alquiler, y leer la letra pequeña cuidadosamente para averiguar los detalles referentes al **Collision Damage Waiver** o **CDW** (seguro a todo riesgo), un seguro que no suele estar incluido en el precio inicial del alquiler, pero que vale la pena tener en consideración. En concreto, se trata de una póliza que cubre los posibles daños que pueda sufrir el automóvil que conduce (los daños a terceros siempre están cubiertos por el alquiler). El coste adicional oscila entre 9 y 12 dólares diarios y puede notarse bastante en el precio final, pero sin él el viajero se expone a que le achaquen la responsabilidad del más simple arañazo, incluso aquellos que no hayan sido por su culpa. Algunas empresas proveedoras de tarjetas de crédito (AMEX por ejemplo) ofrecen cobertura CDW automática a cualquiera que pague el total del alquiler con tarjeta; en cualquier caso, siempre es mejor leer la letra pequeña para saber a qué atenerse. También se aplica un **recargo estatal** de 2 dólares diarios.

Si el viajero decide alquilar uno de los modelos más baratos, al ir a recoger el vehículo siempre le preguntarán si quiere **mejorar** la calidad del automóvil por una cantidad extra aparentemente pequeña. A pesar de que parezca una buena oferta, hay que tener en cuenta dos cuestiones: primero, si la empresa ha alquilado todos sus coches de categoría inferior, está obligada a proporcionarle un automóvil mejor sin pedirle cantidad adicional alguna (algo de lo que no siempre informan antes de sugerir la mejora de la categoría); segundo, el aumento de precio para un vehículo de categoría superior se calcula según una tarifa diaria, lo que puede parecer razonable al principio pero enseguida se dispara cuando se suma al precio de todo el viaje, sin olvidar que no se incluyen los extras como los impuestos.

Al ir a recoger el automóvil, hay que asegurarse de que el **depósito está lleno** de gasolina, ya que así se contempla en el contrato de alquiler. El viajero también tendrá que devolverlo con

el depósito lleno; si no lo hace, lo más probable es que tenga que pagar por uno entero aunque sólo haya gastado una parte. El visitante debe comprobar los términos del contrato sobre este punto. Finalmente, se aconseja averiguar si resulta más barato alquilar un automóvil junto con el seguro desde su propio país en lugar de tener que esperar hasta su llegada a Estados Unidos.

ALQUILER DE AUTOCARAVANAS

Además de automóviles, se puede alquilar una **RV** o **recreational vehicle** (autocaravana) —esas enormes camionetas que recorren con estruendo las autopistas equipadas con varios dormitorios, lavabo y cocina— por unos 300 dólares semanales si se trata de una autocaravana de las más sencillas. Son ideales para grupos o familias, pero su conducción en carretera puede resultar algo complicada.

El alquiler de esta clase de vehículos no es muy habitual ya que la gente suele tener su propia autocaravana. Aparte del alquiler, se debe pagar el kilometraje realizado, el combustible (algunas autocaravanas consumen muy poco) y cualquier recargo por dejar el vehículo en una ciudad diferente a donde se alquile. Además, no está permitido detenerla en la carretera para pasar la noche; se debe buscar uno de los parques designados a tal efecto, y algunos de ellos cobran 35 dólares por noche.

La Recreational Vehicle Rental Association, 3251 Old Lee Highway, Fairfax, VA 22030 (☎703/591-7130 o ☎1-800/336-0355) publica un boletín y una guía con las empresas de alquiler de autocaravanas. Dos de las principales compañías son Cruise America (☎1-800/327-7799) y Go! Vacations (☎1-800/845-9888).

CARRETERAS

Las mejores carreteras para recorrer largas distancias rápidamente son las **interstate highways** (autopistas interestatales), muy amplias (suelen tener seis carriles como mínimo), rectas y rápidas; su denominación siempre empieza por la letra «I» (por ejemplo, I-95) y en los mapas aparecen indicadas mediante un escudo rojo, blanco y azul con el número en su interior. Las interestatales marcadas con un número par suelen ir de este a oeste y las impares, de norte a sur.

Les siguen en cuanto a calidad las **state** y **US highways** (autopistas estatales y nacionales, como la Hwy-1) a veces divididas en ramales que atraviesan bellos parajes como la Hwy-A1A, que discurre paralela a la Hwy-1 a lo largo de la costa este de Florida. También hay algunas **carreteras de peaje** y la más larga de ellas es sin duda la **Florida's Turnpike** (515 km), autopista de peaje que recorre el estado longitudinalmente; los peajes cuestan desde 25 centavos hasta 6 dólares y suelen fijarse según la extensión del trayecto recorrido (al entrar en la autopista el conductor recibe una tarjeta para marcar la distancia y al salir paga la cantidad correspondiente). Además de estas carreteras de peaje puede darse el caso de tener que cruzar algún **puente de peaje** cuya tarifa oscila entre 10-25 centavos y 3 dólares como mucho.

En las ciudades, incluso las principales carreteras se consideran autopistas estatales o nacionales desde un punto de vista técnico, pero son más conocidas por el nombre que reciben localmente. Por ejemplo, a una parte de la Hwy-1 en Miami es conocida como Biscayne Boulevard. Las zonas rurales también están recorridas por **county roads** (carreteras de condado o secundarias) mucho más pequeñas (denominadas **routes** o «carreteras», como es el caso de la carretera 78 cerca del lago Okeechobee) y el número va precedido por una letra que indica el condado.

NORMAS DE CIRCULACIÓN

Aunque la ley estipula que los conductores deben circular a la velocidad del grueso del tráfico, que a menudo se mueve a 112 km/h (70 millas por hora), el **límite de velocidad** oficial en Florida es de 88,5 km/h (55 millas) y 105 km/h en algunos tramos de autopistas interestatales, con límites incluso inferiores en áreas urbanas 48 km/h (30 millas) y 56 km/h (35 millas). En muchas autopistas estatales, nacionales e interestatales, también se aplica un **límite de velocidad mínimo** de 65 km/h (40 millas). Los agentes de policía no ponen multas en la carretera; si el viajero recibe una multa por **exceso de velocidad**, su caso será llevado ante un juez, quien decidirá la

TÉRMINOS DE CONDUCCIÓN USADOS EN ESTADOS UNIDOS	
Antennae	Antena
Divided highway	Autopista/carretera de doble sentido
Fender	Parachoques/guardabarros
Freeway	Autopista sin peaje
Gas(oline)	Gasolina
Hood	Capó
No standing	Prohibido estacionarse o detenerse
Parking brake	Freno de mano
Parking lot	Aparcamiento
Speed zone	Fin límite de velocidad
Stickshift	Cambio de marchas manual
Trunk	Maletero
Turn-out	Zona de estacionamiento junto a la carretera para efectuar paradas de emergencia
Windshield	Parabrisas

cuantía de la multa, aunque el mínimo será de unos 75 dólares. Si la **policía** hace señales para que se detenga, no hay que salir del coche ni echar mano a la guantera ya que pueden pensar que tiene un arma. Sencillamente, se recomienda quedarse quieto dentro del coche con las manos apoyadas sobre el volante y, cuando le hagan las preguntas pertinentes, contestar con amabilidad y no hacerse el gracioso.

Aparte del hecho obvio de que los estadounidenses **circulan por la derecha**, hay algunas normas que quizá desconocen los **conductores extranjeros**: según las leyes de Estados Unidos las botellas de **bebidas alcohólicas** deben transportarse sin abrir en el maletero del coche; está prohibido hacer un **viraje en U** en una autopista interestatal o en cualquier punto donde haya una raya continua; no se puede **aparcar en una autopista** y los pasajeros delanteros deben llevar puesto el **cinturón de seguridad**. En los cruces se puede girar a la derecha cuando el semáforo está en rojo, a condición de que no venga ningún vehículo por la izquierda; y hay algunos cruces que tienen **paradas de cuatro direcciones**, donde todos los vehículos deben detenerse y seguir por orden de llegada.

Se debe tener muy presente que un **DUI** o **Driving Under the Influence** (conducir bajo los efectos del alcohol) constituye un delito muy grave. Si un policía detecta alguna señal de alcohol en el conductor puede someterlo a un test de aliento, saliva u orina.

Si la prueba da positivo, lo encerrará junto con los demás pasajeros bebidos en la cárcel más próxima hasta que se le pase la borrachera; en algunos lugares del estado, no sin polémica, la policía está autorizada a suspender el permiso de conducir de forma inmediata a los conductores bebidos. La causa será vista por un juez, quien puede imponer una multa de 200 dólares o, en casos extremos (o repetidos), encarcelarlo durante 30 días.

APARCAMIENTO

En las ciudades suele haber **parquímetros**, cuya tarifa varía desde los 25 centavos a 1 dólar por hora. Los **aparcamientos públicos** suelen costar 2 dólares la hora y 6 dólares el día entero. Si el viajero aparca en un lugar no autorizado (por ejemplo a unos 3 m de una boca de incendios), se expone a que la grúa le retire el coche o a que le pongan un **cepo**, en cuyo caso encontrará un adhesivo pegado al parabrisas indicándole dónde debe pagar la multa de 30 dólares. Siempre que sea posible, se recomienda **aparcar en la sombra**; si no lo hace, quizás al volver al automóvil lo encuentre demasiado caliente para poder siquiera tocarlo (la temperatura interior de un coche aparcado a pleno sol de Florida puede alcanzar los 60 °C).

AVERÍAS

Si el viajero tiene una **avería** con un automóvil alquilado, debe buscar el número de asistencia que seguramente estará pegado al tablero de mandos. En caso de no tenerlo, deberá sentarse y esperar a que aparezca la Highway Patrol (patrulla de autopistas) o la policía estatal que circula por las carreteras con regularidad. Levantar el capó se reconoce como una señal para pedir ayuda, aunque las mujeres que viajen solas deben tener cuidado. Otro consejo, sobre todo para las mujeres, es alquilar un **teléfono móvil** en la agencia de alquiler de automóviles; a menudo sólo hay que pagar una cantidad nominal si se llega a emplear, y el hecho de contar con un teléfono es un alivio ante una emergencia.

HACER AUTOSTOP

Siempre que sea legal, **hacer autostop** puede ser la forma más barata de desplazarse, pero

también la más imprevisible y peligrosa, sobre todo para una mujer que viaje sola. En las carreteras secundarias de las zonas rurales hay más posibilidades, ya que a menudo los lugareños van de un punto a otro haciendo dedo. Un lugar donde no hay que hacer autostop es Miami, no sólo porque está prohibido sino porque si el viajero decide arriesgarse, lo más probable es que tenga suerte si vive para contarlo. En los demás sitios, se aconseja dejarse guiar por el sentido común: siempre hay que sentarse junto a una puerta que no esté cerrada con el seguro, mantener el equipaje a mano, no subir al coche si no se fía del conductor y pedir que le deje bajar si sospecha de sus intenciones.

El autostopismo es ilegal no sólo en Miami, sino también en las afueras de muchas otras ciudades; de hecho, está prohibido esperar de pie en la carretera (hay que colocarse en la acera o en el margen de hierba) o junto a la señal de entrada a una autopista; son normas obligatorias por ley. En las autopistas interestatales, se aconseja hacer autostop en las rampas de acceso.

Otro sistema quizá menos arriesgado es dirigirse, en un restaurante de carretera o gasolinera, a un conductor que parezca dispuesto a llevarle. Más seguro aún resulta examinar los **anuncios de viajes** de los campus universitarios, aunque los conductores que aparecen ahí suelen esperar que el interesado comparta los gastos de gasolina.

VIAJAR EN BICICLETA

Desplazarse en bicicleta no suele ser una buena manera de moverse por las grandes ciudades (excepto en algunas partes de Miami), pero muchas ciudades pequeñas son bastante tranquilas y permiten ser exploradas en bicicleta de forma agradable; hay numerosos tramos cubiertos por **carriles para bicicleta** a lo largo de la costa y **recorridos** que atraviesan el interior del estado. El ciclismo es cada vez más popular entre los habitantes de Florida e incluso hay una revista mensual gratuita, *Florida Bicyclist*, dedicada a los aficionados al pedal que se puede encontrar en librerías y tiendas de bicicletas o en las esquinas de las calles.

Se puede **alquilar** una bicicleta por 8-15 dólares al día o 30-55 dólares la semana en muchas tiendas de playa y campus universitarios, algunos parques estatales y en casi cualquier parte donde sea factible ir en bicicleta.

Para practicar el ciclismo de **larga distancia** (cualquier recorrido superior a 50 km diarios) se necesita una buena bicicleta todoterreno de varias marchas, a ser posible con llantas anchas. Por razones de seguridad y visibilidad, se recomienda usar un **casco** de colores llamativos y **guantes** de ciclismo (disponibles en casi todas las tiendas de bicicletas). Hay que llevar el bidón de agua siempre lleno y beber a menudo para evitar la deshidratación (¡no hay que olvidar el fuerte sol de Florida!).

Las mejores **zonas para practicar el ciclismo** están en el norte de la Florida central, el Panhandle y partes de la costa nordeste. En cambio, la franja costera sudeste está muy congestionada y muchas carreteras interiores del sur de Florida son estrechas y peligrosas. Si el viajero decide ir en bicicleta, debe evitar las horas de mayor tráfico (y el calor del mediodía) circulando antes de las 10 h.

Para obtener información sobre la práctica del ciclismo y mapas detallados (2-15 dólares) de rutas, se recomienda escribir al State Bicycle Program, Florida Department of Transportation, 605 Suwanee Street, Tallahassee, FL 32399-0450 (☎805/488-3111). Estos mismos mapas pueden conseguirse en casi todos los albergues juveniles; la Florida AYH también publica el AYH Bicycle Hospitality Directory, una lista de entusiastas de la bicicleta dispuestos a hospedar por una noche a los visitantes amantes de la bici (PO Box 533097, Orlando, FL 32853-3097).

ALOJAMIENTO

El alojamiento representa inevitablemente una parte importante de los gastos de cualquier turista que quiera viajar a Florida, aunque, como suele suceder en Estados Unidos, el dinero que se paga está bien empleado. Si el visitante viaja por libre, puede reducir gastos durmiendo en albergues, donde el precio de una cama oscila entre 12-15 dólares. Sin embargo, en Florida hay pocos y distan entre sí, ya que sólo hay dos afiliados a la IYHA (International Youth Hostel Association), en Key West y Clearwater, para toda la costa oeste; también hay un albergue no afiliado a esta asociación justo en el límite de los Ever-glades. A los grupos de dos o más personas les resultará un poco más caro alojarse en un motel u hotel, mucho más fáciles de encontrar, donde una habitación (en hoteles situados fuera de las grandes ciudades) no suele sobrepasar los 40 dólares por noche. Muchos hoteles proporcionan una cama supletoria pagando 5-10 dólares más; de este modo, un grupo de tres puede reducir gastos al compartir una sola habitación. En cambio, los que viajen solos tendrán más dificultades para ahorrar en alojamiento: las habitaciones individuales suelen ser dobles a las que se les rebaja el precio. Los precios que anuncian hoteles y moteles son casi siempre por las habitaciones y no por cada persona.

Los **moteles** abundan en las principales carreteras de acceso a las ciudades, alrededores de las playas e intersecciones de carreteras más importantes de las áreas rurales. En las zonas turísticas de la costa predominan los **hoteles** de muchas plantas y a veces constituyen el único alojamiento disponible en el centro de las ciudades. En las principales ciudades las **zonas de acampada**, si hay, suelen estar en las afueras.

Sea cual sea el alojamiento que elija el viajero, tendrá que **pagar por adelantado**, al menos la primera noche y quizá las siguientes también, sobre todo si se trata de temporada alta y el hotel espera recibir muchos clientes. El pago se puede efectuar en efectivo o con cheques de viaje en dólares, aunque lo más habitual es dar el número de la tarjeta de crédito y firmar todos los recibos al marcharse. Las **reservas** sólo se pueden mantener hasta las 17 o 18 h, a menos que haya avisado al hotel que va a llegar tarde. Las principales cadenas hoteleras incluyen un formulario para hacer reservas con antelación en sus folletos publicitarios, lo cual permite reservar alojamiento en alguno de sus establecimientos.

Dado que el alojamiento barato en ciudades y zonas populares de la costa se agota enseguida, se recomienda hacer la reserva con toda la antelación posible siguiendo las sugerencias apuntadas en esta guía.

HOTELES Y MOTELES

Aunque **hoteles** y **moteles** ofrecen básicamente los mismos servicios (habitaciones dobles con baño, televisión y teléfono), estos últimos a menudo están dirigidos por sus propios dueños y suelen ser más baratos (30-45 dólares) que los hoteles (45-75 dólares), que con toda probabilidad forman parte de una cadena extendida por el país. En todos los moteles (menos los más baratos) y hoteles hay piscina para uso de los clientes, y muchos ofrecen televisión por cable y llamadas telefónicas locales gratuitas. Por debajo de los 60 dólares, las habitaciones tienden a ser parecidas en calidad y características. Si se pagan 60-70 dólares en las áreas rurales o 80-100 dólares en las ciudades, se obtiene un mayor nivel: una habitación más grande y servicios adicionales, como pistas de tenis, gimnasio y campo de golf. Por encima de los 150 dólares

VALES DE DESCUENTO PARA HOTELES

Muchas de las cadenas de hoteles más conocidas ofrecen **vales de descuento**, que teóricamente permiten ahorrar dinero si el viajero está dispuesto a pagar con antelación. Para aprovechar esta oferta, hay que comprar los vales en el país de origen a un precio habitual entre 45 y 100 dólares por noche, para un mínimo de dos personas que compartan la habitación. Sin embargo, cuesta encontrar una buena razón para comprarlos porque, a pesar de que se ahorra algún dinero en las tarifas fijas, en Estados Unidos suele haber hoteles de mejor calidad, y al final puede ser una auténtica molestia la inflexibilidad que estos vales imponen a sus viajes. La mayoría de las agencias de viajes pueden informar al viajero sobre estos vales de descuento; el más barato es el denominado «Go As You Please» ofrecido por Days Inn.

el viajero tiene todo esto además de una fabulosa vista al mar, jacuzzi en el baño y todos los lujos imaginables reservados a los clientes de mayor poder adquisitivo.

Una alternativa son las cadenas de hoteles, nada elegantes pero sí económicas y fiables que, según su localización, cuestan alrededor de 30-50 dólares. Los más baratos son *Days Inn*, *Econo Lodge*, *Hampton Inns*, *Knights Inns* y *Red Carpet Inns*. Situados más arriba en la escala de calidad están las cadenas *Best Western*, *Howard Johnson's* (generalmente abreviado *HoJo's*), *Travelodge* y *La Quinta*, cuyos precios oscilan entre 75-125 dólares; si el viajero puede permitírselo, estos establecimientos le ofrecerán un lugar más agradable donde alojarse.

CÓDIGOS DE LOS PRECIOS DE ALOJAMIENTO

Es un hecho constatado que cualquier habitación sencilla de motel que cuesta 30 dólares entre semana en temporada baja, puede llegar a duplicar y triplicar su precio un fin de semana en temporada alta. Para complicar la cuestión, la temporada alta o baja varía según se esté en el norte o el sur de Florida (véase «Introducción») y algunos establecimientos cuya clientela son hombres de negocios (como los situados en el centro de las ciudades, bastante alejados de la playa más próxima) ofrecen precios más baratos los fines de semana que

los días laborables. Los acontecimientos locales (como el lanzamiento de una lanzadera espacial en la «Space Coast» (zona de Cabo Cañaveral), o *Spring Break* (vacaciones de primavera de los estudiantes) en Panama City Beach pueden hacer que los precios aumenten vertiginosamente.

A lo largo de la guía, se han clasificado los precios de alojamiento según el coste de la habitación doble más barata durante la mayor parte del año, pero se deben tener en cuenta las fluctuaciones reseñadas:

① menos de 30 dólares ③ 45-60 dólares ⑤ 80-100 dólares ⑦ 130-180 dólares
② 30-45 dólares ④ 60-80 dólares ⑥ 100-130 dólares ⑧ más de 180 dólares

También encontrará *resorts* (centros de veraneo), moteles u hoteles equipados con un restaurante, un bar y una playa privada (el precio medio es de 70-110 dólares), y *efficiencies*, habitaciones de motel adaptadas para poder cocinar, que pueden incluir desde una pequeña cocina encajonada en una esquina hasta una completamente equipada; cuestan 10-15 dólares más el precio de la habitación.

Dado que la comida no es cara en general, muy pocos hoteles o moteles se molestan en ofrecer **desayuno**, aunque suelen facilitar café gratis (en vasos de papel) y bollos pegajosos en mesas de autoservicio colocadas en el vestíbulo.

OTROS DESCUENTOS Y RESERVAS

Durante los **períodos fuera de temporada**, muchos moteles y hoteles hacen lo posible por llenar sus habitaciones por lo que vale la pena **regatear** y conseguir unos dólares de descuento del precio indicado. Si el viajero se aloja en el mismo lugar más de una noche, conseguirá mayores descuentos. También se ahorrará dinero con los numerosos **cupones de descuento** que se obtienen en las oficinas de turismo y los centros de bienvenida; asimismo se recomienda conseguir un ejemplar de la revista gratuita *Traveler Discount Guide*. Pero no hay que olvidar leer la letra pequeña (lo que en apariencia parece una habitación muy barata, a veces resulta ser el precio individual para dos personas que comparten la misma habitación y se limita a los días laborables.

Ya se ha comentado que cuando uno decide gastar mucho dinero en un lugar de alto nivel, suele quedar satisfecho. No hay que olvidar que los establecimientos de más categoría cuentan con un sinfín de servicios que pueden parecer gratuitos, pero que se espera vayan acompañados de la correspondiente propina acorde con el estatus del hotel (véase «Propinas» en «Información práctica»).

BED AND BREAKFAST (CAMA Y DESAYUNO)

Los centros de información turística estadounidenses no suelen recomendar las típicas viejas casas convertidas en *bed and breakfast* (B&B) si no ofrecen los servicios de moteles más modernos. La mayoría de pueblos y ciudades pequeñas de Florida cuenta con un sector denominado histórico y vale la pena pasear en coche

AGENCIAS DE BED AND BREAKFAST

Para conseguir una lista de las casas disponibles en las diferentes áreas, se recomienda al viajero contactar con una o varias de las agencias siguientes:

A&A Bed & Breakfast of Florida Inc, PO Box 1316, Winter Park, FL 32790 (☎407/628-3222).

B&B Scenic Florida, PO Box 3385, Tallahassee, FL 32315-3385 (☎850/386-8196).

Bed'n'Breakfast Central Gulf Coast, PO Box 9515, Pensacola, FL 32513-3222 (☎850/438-796).

Bed & Breakfast East Coast, PO Box 1373, Marathon, FL 33050 (☎305/743-4118).

Bed & Breakfast of Volusia County, PO Box 573, DeLeon Springs, FL 32028 (☎904/985-5068).

Florida Suncoast Bed & Breakfast, PO Box 12, Palm Harbor, FL 33563 (☎941/784-5118).

y descubrir los B&B que hay en las zonas más tranquilas. Incluso los establecimientos más grandes suelen tener menos de diez habitaciones, a veces sin televisión o teléfono, pero siempre con muchas flores, mullidos cojines y un ambiente acogedor casi artificial; otros lugares pueden ser sencillamente un par de habitaciones amuebladas en la casa de algún lugareño.

Aunque siempre incluyen un desayuno sano y abundante (se llegan a servir hasta cinco platos), los precios varían considerablemente y oscilan entre los 45-200 dólares, dependiendo de la localización y la época del año; lo habitual es que cueste entre 50-80 dólares por noche y habitación doble. Hay que tener en cuenta que para hospedarse en casi todos estos lugares se debe hacer una reserva con antelación, por lo que se aconseja ponerse en contacto directamente con el establecimiento (en esta guía se incluyen los detalles necesarios) o uno de los agentes que aparecen en el recuadro adjunto como mínimo un mes (más si es temporada alta) antes de partir de viaje.

ALBERGUES DE JUVENTUD

Con unos precios que oscilan en torno a los 12 dólares (unos dólares más para los no miembros) por persona y noche, los **albergues de juventud** son la opción de alojamiento más económica aparte del cámping. En Estados Unidos hay dos tipos de establecimientos con características de albergue juvenil: los *YMCA/YWCA* (conocidos como «Ys») que ofrecen alojamiento a jóvenes de ambos sexos o, en algunos casos, sólo a mujeres, y los albergues juveniles oficiales *AYH*. En Florida encontrará **albergues de juventud AYH** en Miami Beach, Daytona Beach, St Augustine, Fort Lauderdale, Key West, Orlando y Clearwater, cerca de St Petersburg.

Si el visitante va a viajar en temporada alta, debería hacer la reserva con antelación mediante una de las agencias de viajes especializadas o una oficina internacional de albergues de juventud. Algunos permiten usar un saco de dormir, aunque oficialmente deben insistir (muchas veces es así) en que se emplee la ropa de cama que puede alquilarse en el mismo albergue. En teoría, la estancia máxima es de 3 días, aunque esta norma se ignora a menudo si hay espacio. Pocos albergues sirven comida, pero la mayoría cuenta con instalaciones de cocina y en ocasiones se aplica una especie de toque de queda alrededor de medianoche: las bebidas alcohólicas, el tabaco y, por supuesto, las drogas están prohibidas.

La publicación *American Youth Hostel (AYH) Handbook* (5 dólares) puede conseguirse en los albergues de Estados Unidos, o directamente de la oficina nacional de AYH en 733 15th Street NW, Suite 840, Washington DC 20005 (☎202/783-6161). También se puede obtener información sobre albergues de juventud en el Florida Council, PO Box 533097, Orlando, FL 32853-3097 (☎407/649-8761). Los viajeros extranjeros que tengan intención de hospedarse en uno encontrarán una lista de los que hay en el *International Youth Hostel Handbook*.

ALBERGUES DE JUVENTUD

Argentina Red Argentina de Alojamiento para Jóvenes (RAAJ), Florida 835, 3.°, Of. 319, 1005-Buenos Aires (☎1/511-8712; fax 1/312-0089; e-mail *raaj@hostels.org.ar*).

Chile Asociación Chilena de Albergues Turísticos Juveniles, Hernando de Aguirre 201, Of. 602, Santiago (☎2/2333230; fax 2/2332555; e-mail *achatj@hostelling.co.cl*).

Colombia Federación Colombiana de Albergues Juveniles, Carrera 7, N.° 6-10, PO Box 240167, Santafé de Bogotá DC (☎1/280 3202/3041/3318; fax 1/280 3460).

Costa Rica Red Costarricense de Albergues Juveniles, PO Box 1355-1002 P E, Avda. Central, Calles 29 y 31, San José (☎2348186 y 2536588; fax 2244085).

Ecuador Asociación Ecuatoriana de Albergues, Pinto 325 y Reina Victoria, Quito (☎2/543995; fax 2/508221; e-mail *ecuator@pi.pro.ec*).

España Red Española de Albergues Juveniles, José Ortega y Gasset 71, 28006 Madrid (☎91/347 77 00; fax 91/401 81 60).

México Red Mexicana de Alojamiento para Jóvenes, Insurgentes Sur 1510-D, México DF 03920 (☎5/66132333; fax 5/6631556; e-mail *info@mundojoven.com.mx*).

Uruguay Asociación de Alberguistas del Uruguay, Pablo de María 1583/008, PC 11200, PO Box 10680, Montevideo (☎2/404245 y 2/400581; fax 2/401326; e-mail *aau@adinet.com.uy*).

Venezuela Hostelling International-Venezuela, Av. Lecuna, Parque Central, Edif. Tajamar, Nivel OFC 1, Of. 107, Caracas (☎2/5764493; fax 2/5774915).

CÁMPING

Los **cámpings** de Florida varían desde los más rudimentarios (un simple terreno en el que a veces ni siquiera hay un grifo) hasta otros que parecen hoteles al aire libre con tiendas, restaurantes e instalaciones sanitarias. Naturalmente, los precios dependen de las comodidades y van desde la gratuidad en los terrenos sin servicios hasta los 35 dólares por noche en cámpings relativamente lujosos. Hay muchos, pero también son muchas las personas que quieren alojarse en ellos. Se recomienda planificar la ruta con detalle si va a acampar durante períodos de vacaciones oficiales o fines de semana, ya que la mayor parte de cámpings estarán llenos o muy

concurridos. Por el contrario, algunos de los más sencillos situados en parques estatales y nacionales suelen estar completamente vacíos entre semana. La acampada en plena naturaleza cuesta 1,50 dólares, que se deben pagar en la administración del área.

Los cámpings privados abundan y sus precios oscilan entre los 8-35 dólares; en esta guía se incluye una lista de los mejores, pero los que quieran obtener una más completa, deberán solicitar por escrito la publicación gratuita *Florida Camping Directory* a la Florida Campground Association, 1638 Plaza Drive, Tallahassee, FL 32308-5364 (☎850/656-8878).

Los parques estatales (hay más de 300 en

Florida) son excelentes lugares donde acampar; los precios oscilan entre 5-20 dólares para cuatro personas que ocupen una parcela. Nunca reservan más de la mitad del espacio disponible y el resto se asigna según van llegando los campistas (hay que tener en cuenta que las oficinas de los parques cierran al atardecer y que los que lleguen más tarde no podrán acampar). Las reservas con 2 meses de antelación se pueden hacer sólo por teléfono y las estancias tienen un límite de 14 días. Después de las 17 h no se mantiene la reserva, a menos que el viajero haya avisado con tiempo que llegará después de esa hora. Si tiene intención de pasar muchos días de acampada en parques estatales, sería conveniente conseguir los dos folletos gratuitos titulados *Florida State Parks Camping Reservations Procedures* y *Florida State Parks Fees Schedule*, disponibles en cualquier oficina de parques estatales; también pueden solicitarse por escrito al Department of Natural Resources, Division of Recreation and Parks, 3900 Commonwealth Boulevard, Tallahassee, FL 32399 (☎850/488-9872).

Por muy desolada que parezca, gran parte de la tierra sin aprovechar de Florida es de propiedad privada, por lo que la acampada libre es ilegal (para saber dónde se puede practicar este tipo de acampada, véase «Acampada libre», pág. 39).

COMIDA Y COPAS

En Florida hay numerosos restaurantes, establecimientos de *fast-food* (comida rápida) y cafeterías en las calles principales de las ciudades que compiten entre ellos con sus menús económicos diarios. En todas las ciudades mencionadas en esta guía podrá obtener revistas con información sobre la variedad de las opciones de restauración.

En Florida abunda el pescado y el marisco, así como la carne de excelente calidad que producen las granjas y que se sirve en forma de costillas, bistés y hamburguesas; aunque la comida basura es tan común como en el resto de Estados Unidos. Sin embargo, la elección de la comida depende del lugar donde uno se encuentre. En la mitad norte del estado, predomina la cocina saludable, con platos sureños tradicionales como el maíz a medio moler, el *cornbread* (tortitas de maíz) y el pollo frito. A medida que se avanza hacia el sur, se puede encontrar la más diversa y económica combinación de las cocinas latinoamericana y caribeña de todo Estados Unidos (a modo de ejemplo, hay platos como la cabra al curry o los plátanos chafados y la yuca).

DESAYUNO

Por el precio que cuesta, 3-5 dólares como media, el desayuno vale la pena y es una buena forma de empezar el día. Puede acudir a un **diner** (restaurante económico), **café** o **coffee shop** (cafetería), todos muy similares, donde sirven desayunos hasta las 11 h como mínimo (aunque algunos lo hacen todo el día) y platos económicos a precios incluso inferiores a otras horas más tempranas (6-8 h).

ALMUERZO Y TENTEMPIÉS

La clase trabajadora de Florida almuerza entre las 11.30 h y las 13.30 h; a estas horas se ofrece toda clase de **menús** económicos y bufés libres, por lo general de buena calidad. Los restaurantes chinos, por ejemplo, sirven generosos platos de arroz y tallarines por 4-6 dólares, y muchos restaurantes japoneses ofrecen la posibilidad de degustar sushi a un precio mucho más bajo (6-8 dólares) de lo habitual. La mayor parte de restaurantes cubanos y *fishcamps* (véase «Comer fuera») no son caros y se puede comer muy bien por 4-5 dólares. En la mayoría de ciudades y pueblos hay **bufés**, y casi todos ellos también sirven desayunos y comidas, donde uno puede comer cuanto quiera de una amplia variedad de platos calientes. *Shoney's* es una cadena de bufés extendida por todo el estado de Florida.

Como es de suponer, también hay pizzerías (cadenas nacionales y establecimientos independientes) donde una pizza sencilla para dos personas cuesta entre 5-7 dólares. Si hace calor y no le apetece la comida caliente, puede saborear una suculenta ensalada en bufés especializados (véase más adelante) donde puede servirse uno mismo previo pago de 3 dólares. Cuando el calor aprieta al mediodía, a muchos sólo les apetece tomar yogur helado o uno de los exóticos helados preparados con mango y guayaba que ofrecen los vendedores ambulantes cubanos.

TENTEMPIÉS

En los supermercados hay *deli counters* (secciones de charcutería y comida precocinada) donde uno se puede servir un plato preparado por 3-4 dólares, así como una buena variedad de **ensaladas** y **bocadillos**. Asimismo son comunes las *bagels* rellenas y por todas partes se ven **puestos callejeros** donde se venden perritos calientes, hamburguesas o una porción de pizza por 1 dólar más o menos: en Miami abundan los **puestos de comida rápida cubana** que ofrecen crujientes bocadillos de carne de cerdo y otros tentempiés condimentados por 2-3 dólares, y en la mayor parte de centros comerciales se pueden encontrar puestos de comida rápida multiétnicos, a menudo más caros que los callejeros, pero por lo general su comida es buena y llena bastante. En las zonas rurales hay puestos colocados en la cuneta de la carretera que venden bolsas de naranjas, uvas o sandías y **cacahuetes cocidos** (por 1 dólar se puede comprar una bolsa llena de cacahuetes calentitos). Las cadenas de comida rápida sureñas como *Popeye's Famous Fried Chicken* y *Sonny's Real Pit Bar-B-Q* y los que sirven comida mexicana como *Taco Bell*, suelen saciar el hambre por 3-4 dólares, pero son sólo algo mejores que las inevitables **hamburgueserías**. Por toda Florida hay **coffee shops**, establecimientos donde se puede degustar una amplia gama de platos sencillos en un ambiente tranquilo.

COMIDA GRATUITA Y BRUNCH

A determinados **bares** acude gente tanto para comer como para beber atraídos por los **canapés** o **tapas** gratuitos que sirven muchos bares de ciudad de lunes a viernes, 17-19 h, con la intención de atraer a los trabajadores antes de que regresen a las zonas residenciales (a veces lo hacen los bares junto a la playa para captar a los bañistas antes de que se dirijan a otros lugares a pasar la noche). Por el precio de una bebida, el cliente se puede hartar de chile, marisco o pasta.

El **brunch** (combinación de desayuno y almuerzo) es otra alternativa que vale la pena tener en cuenta, ya que permite comer abundantemente los fines de semana (dom. por lo general), 11-14 h. Por un precio fijo (a partir de 8 dólares) se obtiene una comida ligera (o incluso un apetitoso bufé) y una variedad de cócteles o copas de champaña. En la guía se incluyen los establecimientos más interesantes.

COMER FUERA

Aunque pueda parecer que a veces sufre la agobiante competencia ejercida por otras cocinas étnicas y regionales más de moda, lo cierto es que la **cocina norteamericana** está presente por toda Florida. Las raciones que se sirven son abundantes: el primer plato suele ser una **ensalada**, entre las que destaca la ensalada de **palmitos**, que se extrae del corazón de dicha planta. Los platos principales están dominados por grandes **bistés**, **hamburguesas**, **costillas** o medio **pollo**. Entre las hortalizas se incluyen las patatas fritas o asada al horno cubierta de salsa ácida y cebolletas.

La **cocina sureña** predomina en toda la mitad norte del estado. Las hortalizas como la **okra** (quimgombó), las **collard greens** (hojas de col rizada), los **black-eyed peas** (frijoles blancos con punto negro), los **tomates verdes fritos** y la **berenjena** frita sirven de guarnición a platos principales como el pollo frito, el rosbif y el **hogjaw**, el equivalente al morro de cerdo. Los platos de carne suelen acompañarse con **cornbread** (tortitas de maíz) para mojar en la espesa salsa que bañan a todos los platos; el pescado frito se sirve con **hush puppies** (maíz frito con trocitos de cebolla desmenuzada). La *okra* también se emplea para preparar sopas típicas de la cocina **cajún**, originaria de la vecina Luisiana como una manera de aprovechar las sobras. Unos pocos (y a menudo caros) restaurantes de Florida están especializados en comida cajún pero muchos otros incluyen algún plato cajún (como los frijoles rojos con arroz, y platos de gambas y carne picantes) en su menú.

A veces en los menús se incluye el **caimán**; la mayor parte de esta carne procede de granjas donde se crían estos animales y cada año son seleccionados varios ejemplares. Las colas se fríen en abundante aceite y se sirven de varias maneras, aunque su sabor es soso y recuerda al de la carne de pollo. De vez en cuando también se pueden comer **ancas de rana**.

La *nouvelle cuisine* regional de estilo californiano resulta demasiado pretenciosa y cara para el típico paladar floridano, aunque en las grandes ciudades hay restaurantes que consiguen hacer maravillas culinarias con el pescado de la zona y los cítricos que se obtienen en el estado; el resultado son pequeñas obras gastronómicas muy bien presentadas y nutritivas al precio de 40 dólares por persona.

En casi todos los restaurantes suelen ofrecer como postre Key Lime Pie, un plato originario de los cayos de Florida, preparado con las pequeñas limas que crecen allí. El pastel es parecido al merengue de limón, pero sabe un poco más fuerte. La calidad de los establecimientos varía mucho, así que lo mejor es seguir el consejo de algún lugareño a la hora de elegir restaurante y dejar que sus papilas gustativas le expliquen la razón por la cual muchos comensales confían ciegamente en aquel lugar.

PESCADO Y MARISCO

En Florida abunda el **pescado** y el **marisco**, algo que alegrará a los que no suelen comer carne. Es probable que hasta el restaurante más sencillo ofrezca una buena selección, aunque donde se puede encontrar el pescado más fresco y barato es en las **fishcamps**, lugares rústicos situados junto al río donde horas antes nadan los peces que más tarde se convertirán en un suculento plato. Una comida o cena cuesta en estos lugares entre 5-9 dólares. El **barbo** suele encarecer la cuenta pero también se puede comer **mero**, **delfín** (el pescado con ese nombre, no el mamífero, a veces conocido por su nombre hawaiano, **mahimahi**), **mújol**, **atún** y **pez espada**; cualquiera de ellos (excepto el barbo que casi siempre se consume frito) puede tomarse hervido, al grill, frito o «ennegrecido» (asado al carbón). Si se trata de **marisco**, las

pinzas tiernas de los **cangrejos de roca** que se comen hundiéndolas en mantequilla, levantan las pasiones de los lugareños durante la temporada, desde mediados de octubre hasta mediados de mayo. La **langosta marina** (llamada también «de Florida») es más pequeña y suculenta que su rival de Maine más famosa. Las **ostras** suelen ser muy frescas (las mejores son las de Apalachicola) y generalmente se comen crudas (aunque es mejor no consumirlas en verano por el riesgo de una intoxicación alimentaria); muchos restaurantes ofrecen «raw bars» (barras de marisco crudo), donde se puede degustar **camarón** de tamaño normal y extra. Un crustáceo que no se puede comer crudo es la **caracola**, porque es muy difícil de masticar; abundante en todos los cayos de Florida, suele servirse en fritura acompañada de varias salsas, o en sopa de pescado.

COCINA ÉTNICA

Las **cocina étnica** de Florida gana en exotismo a medida que se avanza hacia el sur. En Miami, es fácil encontrar **comida cubana**, que suele ser muy buena. Casi todos los platos cubanos tienen la carne como ingrediente principal, casi siempre cerdo (menos frecuente es la de vaca o el pollo), preparado siempre frito (junto con la piel, lo que le da una sabrosa textura crujiente) y por lo general muy sazonado y acompañado de diferentes combinaciones de arroz blanco o amarillo, frijoles, plátanos y yuca (una planta parecida a la patata sin gusto alguno). El marisco no es tan habitual y la forma más deliciosa de prepararlo es en sopas con mucho cuerpo, como la de mariscos. Los restaurantes cubanos más económicos sirven comidas o cenas abundantes por menos de 6 dólares, mientras que un restaurante caro cobraría tres veces más. En las zonas muy pobladas, en muchos cafés cubanos hay barras exteriores donde se puede tomar una tacita de rico y dulce café, bastante cargado, por 50-75 centavos; de precio similar, el café con leche sólo lo toman los poco atrevidos, pues los cubanos le consideran una bebida para niños. Si el viajero quiere tomar una bebida fría en Miami, se recomienda detenerse ante un puesto de la carretera y probar, por 1 dólar, el coco frío, bebida a base de leche de coco que se toma con una caña directamente del coco.

A pesar de que la cocina cubana domina el panorama gastronómico de Miami, es fácil encontrar comida de otros lugares del Caribe y

América Latina. Los restaurantes haitianos son la última moda, pero hay también restaurantes argentinos, colombianos, nicaragüenses, peruanos, jamaicanos y salvadoreños que atienden a las distintas poblaciones de inmigrantes asentados en la ciudad, y sus precios son bastante asequibles.

La oferta gastronómica de Florida se completa con la cocina de otros países, como la china, que además es muy barata, o la mexicana, aunque muchos de estos restaurantes son más populares por sus margaritas que por su comida. Los platos japoneses son más caros y los italianos gozan de gran aceptación, pero pueden

TÉRMINOS CULINARIOS DE ESTADOS UNIDOS PARA VIAJEROS EXTRANJEROS

À la mode	Con helado	*Hero*	Bocadillo de pan francés
Au jus	Carne servida con una salsa hecha de su propio jugo	*Hoagie*	Otro tipo de bocadillo de pan francés
Biscuit	Bollo	*Home fries*	Patatas fritas cortadas gruesas
BLT	Bocadillo tostado de bacon, lechuga y tomate	*Jello*	Gelatina
Broiled	A la parrilla	*Jelly*	Confitura
Brownie	Porción de pastel de chocolate y nueces	*Muffin*	Pequeño pastel hecho de salvado y/o arándanos
Chips	Patatas fritas	*Popsicle*	Polo
Clam chowder	Sopa de almejas	*Potato chips*	Patatas fritas
Cookie	Galleta	*Pretzels*	Galleta tostada en forma de rosquilla
Eggplant	Berenjena		
English muffin	Bollo blando para tostar	*Seltzer*	Agua con gas
Frank	Frankfurt, perrito caliente	*Sherbet*	Sorbete
(French) fries	Patatas fritas	*Shrimp*	Camarón
Gravy	Salsa blanca, parecida a la manteca de cerdo, que se echa por encima de las galletas en el desayuno	*Sub*	Bocadillo de pollo
		Soda	Nombre genérico empleado para cualquier bebida ligera
		Surf'n'Turf	Restaurante que sirve pescado y carne
Grits	Maíz molido que se sirve caliente con mantequilla como guarnición en los desayunos	*Teriyaki*	Pollo o carne de vaca escabechado en salsa de soja y asado a la parrilla
Hash browns	Pedazos de patata o patata rallada, fritos en manteca de cerdo	*Yucca*	Mandioca
		Zucchini	Calabacines

ESPECIALIDADES CUBANAS

Ajiaco criollo	Carne con estofado de patatas	*Pan con lechón*	Bocadillo de carne de cerdo tostado
Chicarrones de pollo	Pollo frito crujiente	*Picadillo*	Carne picada, de vaca generalmente, servida con pimientos y olivas
Maduros	Plátanos fritos		
Masitas de puerca	Cerdo condimentado y frito	*Puerca*	Carne de cerdo
Moros y cristianos	Frijoles negros con arroz blanco	*Tostones*	Plátanos chafados y fritos

resultar algo inasequible si el visitante se sale de los sencillos menús de pasta y se adentra en la cocina italiana regional, cada vez más popular en las grandes ciudades. También hay una buena oferta de cocina francesa que, debido a sus precios siempre elevados, está reservada a arribistas sociales y amantes del poder, por lo que raras veces se encuentran fuera de las grandes ciudades. Los restaurantes de comida tai, coreana e indonesia también se limitan a las ciudades, pero suelen ser más económicos. Los indios, en cambio, escasean tanto en la ciudad como fuera de ella y acostumbran a ser muy caros. Más numerosos y asequibles son los restaurantes griegos regentados por familias, y unos cuantos menorquines, prueba de uno de los primeros grupos de colonos europeos establecidos en Florida.

Al margen de la comida o el lugar que el viajero elija, comprobará que los camareros siempre atienden con entusiasmo y profesionalidad. Los visitantes extranjeros deben saber que esto es debido en gran parte al sistema estadounidense de propinas, de las que depende el grueso (a veces la totalidad) del sueldo que percibe el personal de servicio. Siempre hay que sumar entre un 15 % y un 20 % al total de la cuenta. No dar propina está muy mal visto. La única excepción a la regla son los modernos restaurantes de ambiente playero del sur, que a veces añaden un extra por servicio a la cuenta. Muchos (no todos) los establecimientos aceptan el pago con tarjetas de crédito; si se usan, hay que tener en cuenta que habrá que sumar la propina; los cheques de viaje también se aceptan en casi todos los restaurantes.

COPAS

Aunque en Florida son habituales los clásicos bares estadounidenses (con largos mostradores débilmente iluminados que sirven de apoyo a clientes sentados en taburetes ante un barman que hace las veces de gurú, y varias mesas y sillas para los que no quieren participar en debates de inspiración etílica), la gente suele tomar copas en los salones de restaurantes u hoteles, en las *fishcamps* (véase «Comer fuera») o en los *tiki bars*, cabañas sin paredes y con techos de paja situadas junto a una playa o piscina de hotel. Algunos bares de playa, sobre todo los de Daytona Beach y Panama City Beach, tienen dos niveles y varios ambientes con discotecas y es-

cenarios para actuaciones en directo de grupos musicales; estos locales son los pioneros del infame concurso de camisetas mojadas (a veces acompañado por el de «Miss tanga» y «Miss piernas»), un ejercicio de sexismo desaforado que continúa siendo muy popular entre una clientela compuesta en su mayoría por veinteañeros.

Para poder tomar bebidas alcohólicas hay que ser mayor de 21 años y el viajero no debe extrañarse si le piden el carné de identidad aunque su aspecto sea el de una persona mucho mayor. Recientes restricciones han dado lugar a que los dueños de bares comprueben la edad de cualquiera que aparente tener 30 años. Las leyes reguladoras de la venta y consumo de alcohol y las horas en que puede tomarse varían según la zona, pero por lo general está permitido consumirlo en bares, clubes nocturnos y restaurantes a cualquier hora entre las 10-2 h de la madrugada. También es posible comprar cerveza, vino o licores (a precios más bajos) en supermercados y, por supuesto, en licorerías, de lunes a sábado, 9-23 h, y los domingos, 13-23 h. Es ilegal tomar alcohol en automóviles, casi todas las playas y en los parques estatales.

CERVEZA

En Florida hay un reducido grupo de **pequeñas cervecerías** que elaboran cervezas interesantes, aunque pocas veces se venden en otro sitio que no sea su propio bar o restaurante (como la **Sarasota Brewing Company** de Sarasota). Los bebedores de cerveza más perspicaces suelen decantarse por las cervezas de importación, entre las que destacan las marcas mexicanas Bohemia, Corona, Dos Equis, Superior y Tecate. Además, en todos los bares (menos en los más ostentosos) un grupo puede ahorrar dinero pidiendo una **pitcher** (una jarra) de 1 l o 1,5 l de cerveza. Si el viajero no puede permitirse pagar los precios que aplican los bares, siempre le quedará la alternativa de adquirir **paquetes de seis** botellas por 5-7 dólares para la cerveza nacional y 8-12 dólares si es de importación.

VINOS Y LICORES

Si al viajero le gusta más el **vino**, se recomienda visitar uno de los **lagares** (cuyos vinos son cada vez mejores) que hay en Florida; en algunos de ellos se puede hacer un recorrido y probar sus productos. Uno de los que más éxito comercial está consiguiendo es Chautauqua Vineyards, en De Funiak Springs, en el Panhandle (véase pág. 387).

En los bares o restaurantes, además de la acostumbrada carta de vinos europeos, se puede encontrar una selección de vinos chilenos y **californianos**. Se aconseja probar el *cabernet sauvignon* (un tinto ligero y bastante bueno); también abundan los tintos de más cuerpo como *borgoña*, *merlot* y *pinot noir*. Entre los blancos destaca el *chardonnay*, muy seco y lleno de sabor que suele ganarle la partida al *sauvignon blanc* o al *fumé blanc*, aunque también éstos cuentan con sus devotos. El vino en general es bastante asequible: una copa en un bar o restaurante suele costar 2,5 dólares y una botella, hasta 10 dólares. Pero si la botella se compra en un supermercado, el precio baja considerablemente.

Los **licores** suelen costar por lo general 1,5 dólares la copa. Los **cócteles** son muy populares, sobre todo los elaborados a base de frutas que se toman mientras se contempla el océano o al atardecer. Hay numerosas variedades y a veces son exclusivas de un bar, aunque en el recuadro de esta página se incluyen algunas de las más habituales, cuyo precio es de 2-5 dólares. Los cócteles y demás bebidas salen más baratas si se consumen durante las denominadas **happy hours** (17-19 h, período que a veces es incluso más largo) cuando muchas se sirven a mitad de precio o se incluye un bufé de comida.

CÓCTELES

Bacardi	Ron blanco, lima y granadina (no es la marca de bebida)	Margarita	El cóctel que se bebe en un restaurante mexicano, compuesto de tequila, triple sec, zumo de lima y trozos de lima, y mezclado con hielo. Se sirve con o sin sal. También se hace con sabores afrutados
Bellini	Champaña con zumo de melocotón		
Black Russian	Vodka con licor de café, crema de cacao y Coca-Cola		
Bloody Mary	Vodka, zumo de tomate, tabasco, salsa worcester, sal y pimienta	Mimosa	Champaña y zumo de naranja
		Mint Julep	Whisky bourbon con menta y azúcar
Brandy Alexander	Brandy, crema de cacao y crema de leche	Negroni	Vodka o ginebra, Campari y triple sec
Cóctel de champaña	Brandy, azúcar y champaña	Piña colada	Ron negro, ron ligero, coco, crema de leche y zumo de piña
Daiquiri	Ron negro, ron ligero y lima, a menudo con plátano o fresa		
Harvey Wallbanger	Vodka, galliano y zumo de naranja	Screwdriver	Vodka y zumo de naranja
		Silk Stocking	Ginebra, tequila, crema de cacao, crema de leche y azúcar
Highball	Cualquier licor con soda o ginger-ale		
Kir Royale	Champaña y cassis	Tequila Sunrise	Tequila, zumo de naranja y granadina
Long Island Iced Tea	Ginebra, vodka, ron blanco, tequila, zumo de limón y Coca-Cola		
		Tom Collins	Ginebra, zumo de limón, soda y azúcar
Mai-Tai	Ron negro, ron ligero, licor de cereza y zumo de naranja y limón	Vodka Collins	Vodka, zumo de limón, soda y azúcar
		Whisky sour	Whisky bourbon, zumo de limón y azúcar
Manhattan	Vermú, whisky, zumo de limón y soda	White Russian	Vodka, crema de cacao y crema de leche

SEGURIDAD PERSONAL

Sería absurdo decir que Florida es un estado tranquilo, exento de problemas. Sin embargo, fuera de los centros urbanos, el índice de criminalidad desciende sensiblemente. La fama de Miami de ciudad sin ley, donde cada día se comete un asesinato, está muy lejos de la realidad, aunque determinadas áreas resultan muy peligrosas. Si el viajero sale de noche, debe ir con precaución (pero no asustarse sin razón). Todas las zonas donde se concentra el turismo y la vida nocturna siempre están bien iluminadas y vigiladas por la policía. Si el visitante tiene cuidado, planifica su viaje con antelación y vigila sus pertenencias, lo normal es que no tenga problemas.

Los visitantes extranjeros suelen decir que la policía se muestra atenta y servicial cuando algo se complica, pero serán menos comprensivos si creen que la causa del problema se debe a su descuido.

Una manera de infringir la ley involuntariamente es **cruzar la calle de forma imprudente**. Si atraviesa la calle con el semáforo en rojo o por cualquier sitio que no sea una intersección y le ve un policía, probablemente le echará un rapapolvo, y hasta es posible que le multe con 20 dólares.

DELITOS EN AUTOMÓVILES

Más que los asaltos en la calle (véase más adelante), en Florida han sido los delitos contra turistas conductores de **automóviles alquilados** los que más titulares han cosechado en todo el mundo y ha puesto en peligro el bienestar que genera la primera industria del estado.

Se recomienda al visitante que cuando conduzca no se detenga bajo ningún concepto en una zona urbana oscura o que parezca desierta, sobre todo si alguien hace señales para que pare indicándole que su coche tiene un problema. Igualmente, si un coche le golpea por detrás «accidentalmente», en vez de detenerse de inmediato, se recomienda que siga conduciendo hasta llegar al área iluminada, concurrida y segura más cercana (un hotel, una cabina de peaje o una gasolinera) y llamar al teléfono de urgencias (☎911) para pedir ayuda. Hay que mantener las puertas cerradas con el seguro y las ventanillas sólo entreabiertas (como es probable que esté usando el aire acondicionado, estarán cerradas). No se debe abrir la puerta o la ventanilla si alguien se aproxima con el pretexto de preguntar por alguna dirección. Incluso si la persona que se acerque parece inofensiva, ya que es posible que actúe con un cómplice dispuesto a atacar por detrás. Hay que guardar todos los objetos de valor fuera de la vista cerrándolos en el maletero o en la guantera del coche (se aconseja depositar en una caja de seguridad del hotel las pertenencias de valor que no necesite para el viaje).

Cuando el viajero programe la ruta que va a seguir, debe hacerlo con cuidado, sobre todo en los tramos que discurren por zonas urbanas, y asegurarse de usar un mapa fiable, como los que se recomiendan en el apartado «Información, mapas y medios de comunicación» (véase pág. 19). Concretamente en el área de Miami, la Administración está haciendo un gran esfuerzo por añadir indicaciones de las atracciones turísticas a las señales de carretera, para así reducir la posibilidad de que los visitantes conduzcan por zonas peligrosas. No hace falta decir que siempre hay que hacer caso de tales indicaciones, aun cuando crea que ha encontrado un atajo para ahorrar tiempo. Por último, no hay que estar atemorizado todo el tiempo que

PÉRDIDA DEL PASAPORTE

Pocos desastres crean tantos quebraderos de cabeza a los turistas extranjeros como la **pérdida del pasaporte**. No se puede regresar a casa sin él y para conseguir uno nuevo hay que pasar por un proceso complicado. Los **consulados correspondientes** pueden emitir pasaportes y ocuparse de otros trámites (véase recuadro, pág. 12).

vaya a durar su estancia en Florida. Aparte de las zonas problemáticas de Miami, en todas las carreteras que recorren el estado el ambiente es cordial y bastante seguro.

DELITOS CALLEJEROS Y ROBOS EN HOTELES

Después de los ataques a automóviles, el principal problema que puede afectar a los visitantes de Florida es la amenaza de un **atraco**. No sirve de mucho dar consejos para actuar rápida y contundentemente en caso de ser atracado en la calle. Si es mejor correr, gritar u ofrecer resistencia sólo depende de la situación, pero la mayoría de los habitantes de Florida se limitarían a entregar el dinero.

Lo más recomendable y sencillo es evitar en lo posible ser asaltado; para ello hay unas cuantas reglas básicas que vale la pena recordar: no se debe mostrar el dinero; no mirar el mapa (o esta guía) en cada esquina de una calle, pues así todos sabrán que se ha perdido; aunque el turista esté muy asustado o bebido, no debe demostrarlo; asimismo hay que evitar las calles oscuras y no caminar por ninguna si no se ve el final y, en las primeras horas del día, se aconseja ir pegado al bordillo de la acera ya que, en caso de ser asaltado, al visitante le resultará más fácil correr hacia la calzada para llamar la atención.

Si sucede lo peor y un asaltante amenaza al viajero con una pistola o, lo que es más probable, con una navaja, hay que intentar mantener la calma y recordar que él (casi siempre se trata de una actividad masculina) quizá también esté asustado. Se recomienda permanecer inmóvil, sin hacer movimientos bruscos, y entregar el dinero. Cuando se haya marchado, el viajero quedará muy impresionado pero debe encontrar un taxi e ir a la comisaría de policía más próxima. Una vez allí, dará parte del robo y pedirá que indiquen un número de referencia en la denuncia para reclamar el seguro (véase el apartado «Salud y seguros», pág. 13) y el reembolso de los cheques de viaje. Si el visitante se encuentra en una ciudad grande, deberá telefonear a la oficina local del servicio Travelers Aid (Asistencia a Viajeros; los números aparecen en la guía telefónica), donde se mostrarán comprensivos con su problema y le darán los consejos prácticos convenientes.

Otra fuente posible de problemas es que roben al visitante en la habitación del hotel mientras está fuera. Algunos hoteles del área de Orlando son famosos por esta práctica y muchos de estos robos parecen ser obra de los propios empleados. Se recomienda guardar todos los objetos de valor en la caja de seguridad del hotel antes de salir; cuando el visitante esté dentro de su habitación, debe cerrar con llave y no abrir a nadie que parezca sospechoso. Si dice que es empleado del hotel y no le cree, será mejor llamar a recepción para comprobarlo.

PÉRDIDA DE CHEQUES DE VIAJE

La pérdida de **cheques de viaje** es un problema habitual. Cuando viaje, el visitante debe apuntar los números de sus cheques en un papel diferente al del talonario y, si los pierde, telefonear a la compañía emisora a la línea gratuita que debe incluir. Lo primero que le pedirán será los números de los cheques, el lugar donde los compró, cuándo y cómo los perdió y si ha informado a la policía. Si todo está en regla, debe recibir los nuevos cheques al cabo de un par de días, y quizás un adelanto de urgencia para ayudarle a salir del apuro.

ACAMPADA LIBRE

A pesar de la idea extendida de que en Florida sólo hay parques temáticos y playas, gran parte del estado es tierra sin cultivar donde se puede encontrar todo tipo de paisaje, desde monte bajo y pantanos hasta umbrosas regiones fértiles de tierra profunda y espesos bosques atravesados por innumerables ríos. Las rutas diseñadas para practicar el senderismo y el piragüismo permiten adentrarse en la naturaleza y convierten su exploración en una actividad muy gratificante, obligatoria para todo visitante que quiera conocer la esencia de Florida.

Las áreas naturales protegidas de Estados Unidos se dividen en varias categorías, que pueden resultar algo confusas. Los parques estatales dependen de cada estado y normalmente se concentran en lugares de relevancia histórica o natural. Los parques naturales están bajo administración federal y son áreas preservadas por su gran belleza natural o importancia ecológica. Los tres bosques nacionales de Florida también se rigen por la Administración federal, pero gozan de menos protección que los parques nacionales.

SENDERISMO

Casi todos los parques estatales cuentan con accesibles **nature trails** (senderos naturales) diseñados para dar agradables paseos de 1 hora aproximadamente; cualquiera de los denominados **hiking trail** (ruta de senderismo) o **backpacking trail** (ruta de excursionismo) son abundantes en parques estatales y nacionales, y en algunas zonas no protegidas como parte del **Florida Trail** de 2.000 km (pensado para que con el tiempo recorra el estado en toda su extensión), pero requieren más planificación.

Muchas rutas de senderismo pueden recorrerse en 1 día y las más largas ofrecen espacios para acampar libremente a intervalos regulares (véase «Acampada», más adelante); la mayoría de estas rutas pasan junto a cámpings muy bien equipados, lo que permite dormir con cierta comodidad. La mejor época del año para practicar senderismo es desde finales de otoño hasta principios de primavera; de esta forma se evita el sofocante calor del verano y la peor época de los mosquitos (véase «Fauna», pág. siguiente) además de poder contemplar una mayor variedad de animales. Cuando el visitante camine, debe tener mucho cuidado con el zumaque venenoso (pregunte a un guardabosques cómo reconocerlo) pues cualquier contacto entre la piel y su corteza puede hacer que precise tratamiento hospitalario; también hay que evitar mojarse con el agua de lluvia que gotee de sus ramas. Asimismo, el viajero debe llevar agua potable en abundancia así como todo lo necesario para salir de excursión.

En algunas áreas es necesario un permiso de acceso (gratuito o 1 dólar) que suele facilitar la oficina del guardabosques o la de administración del área natural, donde también se puede llamar para pedir mapas, información sobre la ruta y la previsión meteorológica (las lluvias repentinas pueden anegar los caminos situados en áreas pantanosas). Muchos parques estatales organizan viajes de senderismo cuyos detalles se incluyen en esta guía.

Para obtener información general sobre esta práctica, se recomienda pedir por escrito la publicación gratuita *Backpacking in Florida State Parks* al Florida Department of Natural Resources, 3900 Commonwealth Boulevard, Tallahassee, FL 32393 (☎850/488-0406) y a la Florida Trail Association, PO Box 13708, Gainesville, FL, 32604 (☎1-800/343-1882).

PIRAGÜISMO

Una manera de disfrutar la naturaleza de Florida sin que le salgan ampollas en los pies es practicar el **piragüismo**. Se pueden alquilar piraguas por 12-15 dólares al día en cualquier lugar que reúna las condiciones: los mejores ríos y arroyos de Florida se encuentran en el norte de la Florida central y el Panhandle. Además, muchos parques estatales y nacionales disponen de recorridos en piragua; el **Florida Canoe Trails System** (Red de Recorridos en Piragua de Florida) comprende 36 rutas marcadas a lo largo de ríos y riachuelos, y abarca una distancia combinada de casi 1.600 km.

Antes de iniciar el recorrido, hay que conseguir un **mapa** de piragüismo (el viajero necesitará saber dónde se sitúan los puntos de acceso y los espacios de acampada libre) y comprobar el **pronóstico meteorológico** y el **nivel de agua** del río: un nivel bajo puede sacar a flote troncos, rocas y otros obstáculos, y un río desbordado entraña gran peligro y no es apto para el piragüismo, sin olvidar que los ríos costeros se ven afectados por las corrientes. No hay que dejar la piragua para **caminar por la orilla**, ya que es posible que ésta dañe el entorno y el viajero puede entrar en propiedad privada. Cuando vea que una **motora** se acerca, debe mantener la piragua a la derecha y situar la proa en su estela. Si decide **acampar**, se aconseja hacerlo en un banco de arena, a menos que se indiquen áreas de acampada libre junto al río. Además de comida, el visitante debe llevar abundante agua potable, un botiquín, repelente de insectos y crema solar.

Hay varias empresas que organizan excursiones en piragua con una duración que varía desde medio día a una semana. Suministran la piragua y, al finalizar el recorrido, llevan al viajero al punto de partida. En esta guía encontrará todos los detalles al respecto; también se puede solicitar el folleto gratuito *Canoe Florida*, disponible en casi todos los parques estatales y algunas oficinas de información turística locales. Para más detalles sobre el Florida Canoe Trails System, se recomienda conseguir la publicación gratuita *Florida Recreational Trails System Canoe Trails* escribiendo a la dirección indicada del **Department of Natural Resources.**

ACAMPADA

Todas las rutas de senderismo tienen áreas de **acampada libre**, con servicios muy limitados (una bomba de mano para sacar agua y a veces un lavabo rudimentario) o inexistentes. Al viajar en piragua (véase el apartado anterior,

«Piragüismo») el visitante pasará a menudo junto a bancos de arena que pueden servir para pasar la noche. Es preferible cocinar en hornillo, pero si decide encender un **fuego** sólo se puede hacer en las zonas permitidas (señalizadas debidamente) y utilizar madera seca. Donde no haya lavabos, hay que **enterrar los desechos humanos** como mínimo a unos 10 cm de profundidad y a 30 m de la fuente y el cámping más próximos. Asimismo se debe **quemar la basura** con cuidado, y lo que no se pueda quemar, llevárselo. **Nunca hay que beber** agua de ríos o corrientes, por muy clara y apetecible que parezca (nunca se sabe los indecibles actos que la gente —o los animales— han hecho río arriba), ni en los numerosos manantiales que hay por todo el estado. El **agua** que no proceda del grifo debe hervirse al menos 5 minutos o limpiarse con un purificador de yodo antes de beberla. Siempre que sea posible, se recomienda pedir consejo, mapas y el pronóstico meteorológico al guardabosques o a la oficina de administración del área natural; lo normal es rellenar un **permiso de acceso** y pagar 1,5 dólares por noche en concepto de **derecho de acampada**.

FAUNA

Aunque es probable que el visitante se encuentre con una variada **fauna** en sus viajes, sólo los mosquitos y, en menor medida, los caimanes y las serpientes pueden llegar a causarle algún problema.

Desde junio hasta noviembre, los mosquitos son una gran molestia, prácticamente inevitable en cualquier zona próxima donde haya agua dulce.

Durante estos meses, el repelente de insectos (disponible por unos pocos dólares en la mayoría de tiendas de cámpings y supermercados) resulta indispensable, así como vestir camisas de manga larga y pantalones largos. Los mosquitos no suelen ser portadores de enfermedades, aunque en 1991 Florida estuvo afectada por un brote de encefalitis vírica, una enfermedad que contagian estos insectos y que puede causar parálisis o la muerte; pero como cada generación desaparece durante el invierno, no es probable que tal situación se repita, por lo menos en muchos años.

Lo que más sorprende de la fauna de Florida es la aparente docilidad de los caimanes (casi siempre retroceden al acercarse un humano, aunque esto no debe ponerse a prueba) y su gran número, a pesar de que su población ha quedado diezmada por décadas de caza incontrolada. Hoy, no sólo es ilegal cazar caimanes sin permiso, sino que darles de comer puede suponerle hasta 2 meses de cárcel y una fuerte multa, pues un caimán alimentado por un humano pierde su miedo natural a las personas y acaba asociándolas con el alimento, lo que hace que no distinga entre comida y alimentador. El único caimán realmente peligroso es una madre que defienda la guarida o cuide a sus crías. Pero incluso entonces, efectuará repetidas advertencias mostrando los dientes y siseando antes de atacar.

Como los caimanes, las serpientes de Florida tampoco suelen ser peligrosas, aunque hay varias especies que, si se las provoca (lo más habitual es pisarlas) se revuelven. Dos especies son potencialmente mortales: la serpiente coral, que tiene el hocico negro y anillos amarillos y rojos brillantes por todo el cuerpo, y suele pasar las horas del día escondida bajo pilas de vegetación en descomposición; y el mocasín de agua, de colores oscuros y cabeza pequeña, que habita en las proximidades de ríos y lagos. Menos dañinas pero también evitables son dos tipos de serpiente de cascabel: el crótalo, fácilmente identificable por su cuerpo grueso lleno de rombos, vive en zonas secas y arenosas y en regiones boscosas profundas; y la serpiente pigmeo gris, tan pequeña que es casi imposible verla hasta que es demasiado tarde. Es improbable que vea una serpiente en tierra abierta y más infrecuente que ataque, pero si el visitante es mordido por alguna, debe acudir al guardabosques o a un médico inmediatamente. Se recomienda llevar un botiquín contra mordeduras de serpiente, disponible por un par de dólares en la mayoría de tiendas de cámping.

Para más información sobre la fauna de Florida y sus hábitats, consulte el apartado «Florida natural» incluido en «El Contexto».

FLORIDA PARA MUJERES

En el estado que inventó los concursos de camisetas mojadas y que sigue promocionándose con fotos de modelos en biquini abrazadas a palmeras, quizá los viajeros que visiten Florida por vez primera se sorprendan de ver a mujeres desempeñando papeles cruciales en la vida diaria; en muchos sentidos, es una prueba de los numerosos logros conseguidos por el movimiento feminista a lo largo de las dos últimas décadas. A pesar de que este movimiento ha perdido fuerza en los últimos tiempos, el hecho de que haya bares, librerías y centros de apoyo —aunque no en la medida que se da en Nueva York o en la Costa Oeste— regentados por mujeres con fuerte presencia en las ciudades más grandes, es señal de un compromiso continuo con la independencia de la mujer.

Con igual o mayor eficacia se manifiesta en esta sociedad capitalista por antonomasia un número creciente de organizaciones económicas de mujeres que buscan maneras de promover avances en la situación profesional de la mujer y acabar con el «techo de cristal», esa invisible barrera sexista que les impide ascender en la pirámide empresarial. En Florida, algunos de estos grupos han centrado sus esfuerzos en fortalecer la presencia femenina en un escenario tradicionalmente masculino, utilizado como medio extraoficial para hacer negocios: el campo de golf.

En términos prácticos, las mujeres que viajan solas por Florida no suelen tener la sensación de llamar la atención. Fuera de Miami y de las zonas más pobres del resto de grandes ciudades, gran parte del estado resulta bastante seguro. Pero como en cualquier lugar del mundo, se debe tener especial cuidado durante la noche. El robo en la calle no es ni mucho menos un problema como en Nueva York, por ejemplo, pero no hay que relajarse del todo y usar el sentido común en todo momento: no se aconseja caminar por calles vacías y sin alumbrado y, si ha acabado el servicio de autobuses (y puede permitírselo), se recomienda tomar un taxi, o como mínimo conseguir que alguien la acompañe. Es cierto que las mujeres que parecen seguras de sí mismas suelen tener menos problemas, mientras que las que se quedan paradas y aparentan estar perdidas y asustadas son el blanco perfecto de atracadores.

En los principales centros urbanos, siempre que siga los consejos y no salga de las mejores partes de la ciudad, no debe suponer ningún problema acudir sola a bares y clubes; por lo general, estas mujeres están bien vistas y se respeta su intimidad. Los bares gay y de lesbianas acostumbran a ser una alternativa de ambiente acogedor y tranquilo.

Sin embargo, en las ciudades pequeñas la gente no muestra habitualmente una actitud indiferente o liberal hacia las mujeres que viajan sin compañía. Enseguida sacan la conclusión de que su automóvil se ha averiado o que ha sufrido una tragedia, hasta tal punto que la viajera puede llegar a hartarse de tantas atenciones. Si el vehículo se avería en una zona rural, se recomienda ir hasta la casa o ciudad más próximas y pedir ayuda; en las autopistas interestatales o carreteras de mucho tráfico, hay que esperar dentro del automóvil a que venga un policía o la patrulla de autopistas. Una opción cada vez más habitual es alquilar un teléfono móvil (objeto que puede ser decisivo) junto con el vehículo por una pequeña cantidad extra.

Las estadísticas de violaciones en Estados Unidos son escandalosamente altas, por lo que una mujer nunca debe hacer autostop sola, ya que esto es interpretado por mucha gente como una invitación a problemas y siempre hay algún indeseable dispuesto a provocarlos. Asimismo, si es la mujer la que conduce, debe tener cuidado con quien recoge en la carretera: el hecho de ser el conductor no garantiza su seguridad. Hay que

evitar viajar de noche en transporte público (las estaciones de autobús desiertas, aunque de hecho no supongan una amenaza, no contribuirán a que se sienta segura) y, siempre que sea posible, se recomienda buscar un compañero de viaje. Los grupos de personas disuaden a los delincuentes. En los autobuses Greyhound, es mejor seguir el ejemplo de otras mujeres solas e insistir en sentarse lo más cerca posible del principio del autobús (y del conductor). Si ocurre una desgracia, todas las ciudades importantes tienen algún tipo de servicio de atención a mujeres violadas; si no es así, la oficina del sheriff local se encargará de proporcionar ayuda, asesoramiento y, si fuera necesario, de que la lleven a casa.

Los **puntos de interés para mujeres** están incluidos en los apartados correspondientes de cada ciudad de esta guía, pero para más información se recomienda la publicación *Places of Interest to Women* (7 dólares, Ferrari Publications, PO Box 35575, Phoenix, AZ, ☎602/863-2408), una guía (actualizada cada año) para mujeres que quieran viajar por Estados Unidos, Canadá, el Caribe y México. Para obtener información más detallada de todo el país, se aconseja el *Index/Directory of Women's Media* (publicado una vez al año por el Women's Institute for the Freedom of the Press, 3306 Ross Place NW, Washington DC 20008) donde se detallan editoriales, librerías, grupos teatrales, servicios de noticias, organizaciones de medios de comunicación y otras entidades de todo el país vinculadas a la mujer.

FLORIDA PARA GAYS Y LESBIANAS

El millar de personas que cada día se instala en Florida llevará consigo, de forma inevitable, un considerable aumento de las comunidades gay y lesbiana en los centros urbanos durante los próximos años, crecimiento que se traducirá en una mayor organización y presencia de estos colectivos. En la actualidad, la mayor comunidad gay y lesbiana se concentra en Key West, en el extremo de los cayos de Florida, lo más alejado posible del resto del estado. Durante décadas, el tradicional principio de vive y deja vivir característico de la ciudad insular la ha convertido en el destino turístico

preferido de gays y lesbianas estadounidenses, y muchos de los que llegaron para pasar unas vacaciones no regresaron a casa, ya que decidieron instalarse definitivamente y abrieron casas de huéspedes, restaurantes y otros negocios, e incluso algunos se dedican a organizar viajes de submarinismo para clientela de este colectivo.

En otras partes, como por ejemplo Miami, hay una red cada vez más extensa de servicios, clubes y bares para gays y lesbianas (aunque no tan nutrida como la de Nueva York o la Costa Oeste), una señal inequívoca de lo que se verá en un futuro. En las otras ciudades, la presencia de estas comunidades es menor, y a lo largo de los sectores urbanizados de la costa (donde el dinero de gays y lesbianas es considerado tan bueno como el de cualquier otro turista) abundan los moteles y hoteles destinados específicamente a este tipo de viajeros. Como era de esperar, las actitudes hacia estos visitantes se endurecen a medida que uno se aleja de las áreas más pobladas. Manifestar abiertamente la propia sexualidad en las zonas rurales puede provocar una reacción desagradable, si no hostilidad. Pese a ello, incluso fuera de los cayos y Miami se pueden encontrar ambientes gay activos y relajados en Pensacola y, en menor medida, en Tallahassee.

En todas las ciudades hay servicios, bares y clubes destinados a la comunidad gay. De las publicaciones de alcance nacional y estatal, la mejor es *TWN* (*The Weekly News*, gratuita; ☎305/757 6333): publica noticias, artículos y anuncios de bares y clubes gay de Florida. También vale la pena hojear *Bob Damron's Address Book* (PO Box 11270, San Francisco, CA 94101;

15 dólares), un anuario de bolsillo con listados nacionales de hoteles, bares, clubes y otros servicios, que se puede conseguir en cualquier librería especializada gay, y *Gay Yellow Pages* (Ferrari Publications, PO Box 292, Village Station, Nueva York, NY 100114; 8,95 dólares). Específicamente para Florida, la *Southern Exposure Guide* (☎305/294 6303) ofrece información para viajeros gays y lesbianas. *Wire* (☎305/538 3111) cubre toda la zona de South Beach, aunque está más orientada a lectores masculinos. Las publicaciones sólo para lesbianas son escasas; la más útil es *Gaia's Guide* (132 W 24th St, Nueva York, NY 10011; 6,95 dólares), un directorio internacional de aparición anual con mucha información sobre Estados Unidos.

Si el viajero necesita asesoramiento o ayuda relacionada con el sida, se recomienda ponerse en contacto con el South Beach AIDS Project (☎305/532 1033) o la línea AIDS Hotline (☎800/ 352 2437). En Key West, se recomienda la línea AIDS Help Hotline (☎305/296 6196).

VIAJEROS MINUSVÁLIDOS

Los viajeros con problemas de movilidad u otras minusvalías físicas podrán comprobar que Florida (como el resto de Estados Unidos) cubre sus necesidades como ningún otro lugar del mundo. En todos los edificios públicos debe haber accesos para sillas de ruedas y lavabos adaptados; en las ciudades, la mayoría de esquinas cuentan con aceras rebajadas y en casi todos los autobuses urbanos hay dispositivos para facilitar el acceso, además, su interior está construido con abundante espacio y asideros para personas que se desplacen en sillas de ruedas.

Cuando el viajero prepare sus vacaciones, debe leer atentamente la letra pequeña del seguro de viaje, para asegurarse de que no están excluidas las personas con un historial médico determinado. También resulta muy útil un certificado médico que dé fe de su capacidad para viajar; algunas líneas aéreas o aseguradoras pueden insistir en esta cuestión. Hay que cerciorarse de que lleva suficientes unidades de los medicamentos recetados por el médico, así como una receta con el nombre genérico en caso

de una urgencia. Asimismo, se aconseja llevar recambio de ropa o equipo que sea difícil encontrar durante el viaje. Si hay una asociación que represente a personas con la misma minusvalía del viajero, se recomienda contactar con ellos al planificar el viaje.

Hay que recurrir al agente de viajes para hacer el viaje lo más cómodo posible: las líneas aéreas o las empresas de autobuses podrán atender mejor al minusválido si lo esperan a su llegada. Con un día de antelación como mínimo, las líneas aéreas con vuelos dentro de Estados Unidos, y la mayoría de líneas aéreas transatlánticas, pueden hacer bastante para que el viaje de una persona minusválida sea más cómodo; en los aeropuertos hay sillas de ruedas a disposición de estos viajeros, así como personal que, previo aviso, pueden ayudarles y, si es necesario, se permite que el asistente viaje de manera gratuita.

Sobre el terreno, las principales empresas de alquiler de automóviles suelen (si son informadas con tiempo suficiente) suministrar vehículos provistos de controles manuales (aunque por lo general están disponibles sólo en los modelos más caros). Siempre que sea avisada con 72 horas de

CONTACTOS PARA VIAJEROS MINUSVÁLIDOS

Directins Unlimited, 720 N Bedford Rd, Bedford Hills, NY 10507 (☎1-800/533-5343). Operador turístico especializado en viajes para minusválidos.

Jewish Rehabilitation Hospital, 3205 Place Alton Goldbloom, Montreal, PQ HTV 1R2 (☎514/688-9550). Dispone de guías e información de viajes.

Mobility International USA, PO Box 10767, Eugene, OR 97440 (☎503/343-1284). Ofrece servicios de información y consulta, guías sobre accesos, recorridos y programas de intercambio. La suscripción anual de 20 dólares incluye un boletín trimestral.

Society for the Advancement of Travel for the Handicapped (SATH), 347 5th Ave, Nueva York, NY 10016 (☎212/447-7284). Servicio

gratuito de asesoría sobre el sector del viaje que pasa las consultas a los miembros más adecuados; tardan bastante en contestar.

Travel Information Service, Moss Rehabilitation Hospital, 1200 West Tabor Rd, Filadelfia, PA 19141 (☎215/456-9600). Facilita información por teléfono y tiene un servicio de asesoría.

Twin Peaks Press, Box 129, Vancouver, WA 98666 (☎206/694-2462 o 1-800/637-2256). Editorial que publica las obras *Directory of Travel Agencies for the Disabled* (19,95 dólares), con más de 370 agencias de todo el mundo, *Travel for the Disabled* (19,95 dólares), *Directory of Accesible Van Rentals* (9,95 dólares) y *Wheelchair Vagabond* (14,95 dólares), llenas de consejos útiles.

antelación, la compañía ferroviaria Amtrak contempla la ayuda en las estaciones de ferrocarril a personas que se desplazan en sillas de ruedas, asientos adaptados y un 15 % de descuento en el billete regular. Greyhound, a pesar de que no dispone de espacio específicamente destinado a sillas de ruedas en sus autobuses, permite que un asistente viaje de manera gratuita.

En el área de Orlando, la empresa B. S. Mini Med está especializada en la asistencia a visitantes minusválidos y ofrece transporte a personas en silla de ruedas o camilla desde el aeropuerto de Orlando hasta cualquier hotel de la ciudad por 75 dólares; los viajes dentro de esta área (a los parques Disney y otras atracciones, por ejemplo) cuestan 20 dólares más 2 dólares por milla (1,6 km) para el viajero minusválido acompañado de hasta ocho personas. Para más información, se incluyen los datos de esta empresa: 551 Little River Loop, Suite 213, Altamonte Springs, FL 32714 (☎407/296-3460).

Muchos de los hoteles y moteles de Florida son de reciente construcción y se ha tenido en cuenta el acceso de personas minusválidas. Es muy raro encontrar alguna zona del edificio que resulte inaccesible a los minusválidos, y suele

haber varias habitaciones especiales para ellos.

Los principales parques temáticos del estado también cuentan con accesos adaptados a minusválidos y siempre se encuentra disponible algún empleado para asegurar que reciban toda la ayuda necesaria y disfruten de su visita. Los servicios son buenos incluso en las áreas naturales, ya que la mayoría de parques estatales ofrecen programas para visitantes minusválidos; en el Apalachicola National Forest hay un recorrido natural que discurre junto al lago para uso exclusivo de personas con minusvalías y sus acompañantes, y en el Everglades National Park, todos los senderos pueden ser recorridos en silla de ruedas; además hay un cámping adaptado igualmente a esta necesidad.

Para más información, se puede solicitar la publicación gratuita *Florida Services Directory for Physically Challenged Travelers* a la Florida Division of Tourism (para obtener la dirección, véase el apartado «Información, mapas y medios de comunicación», pág. 19). Los que quieran obtener información general sobre viajes por todo el país, deberán contactar con SATH, Society for the Advancement of Travel for the Handicapped, 347 Fifth Avenue, Suite 610, Nueva York, NY 10016 (☎212/447-7284).

VIAJAR CON NIÑOS

Viajar con niños por Estados Unidos es relativamente fácil ya que son bienvenidos en lugares públicos de todo el país y tal vez más en Florida que en otro estado, debido a que el turismo familiar ha constituido desde siempre una parte importante de su industria turística.

Casi todos los hoteles y moteles ven con buenos ojos la presencia de niños; los situados en las principales áreas turísticas como Orlando, suelen tener una sala de juegos (por lo general compuesta de ordenadores) y/o un área de juego, y permiten que los niños menores de cierta edad (normalmente 14 años, a veces 18) se alojen de manera gratuita en la habitación de sus padres.

Todos los restaurantes (menos los más formales) suelen ofrecer un menú infantil (compuesto por perritos calientes o hamburguesas con formas de dinosaurio y helado, por ejemplo) con regalos incluidos como lápices de colores, libretas para dibujar y algún juguete.

ACTIVIDADES

En la mayoría de grandes ciudades hay como mínimo un **museo** orientado al público infantil, donde se ofrecen numerosas exposiciones educativas e interactivas, lo bastante estimulantes como para mantener entretenidos a los adultos durante varias horas. Casi todos los museos y demás atracciones turísticas incluyen descuentos en el precio de entrada aplicables a niños hasta una cierta edad.

Quizá parezca que los parques temáticos de Florida son lo último en entretenimiento infantil, pero lo cierto es que están pensados más para divertir a los adultos de lo que cabría esperar. Sólo el reino mágico de Walt Disney World está creado especialmente para niños pequeños (aunque incluso allí se advierte a los padres que algunos recorridos pueden asustar a los niños muy pequeños); los adolescentes (y los adultos) prefieren visitar los estudios cinematográficos Universal Studios y Disney-MGM Studios.

Lejos de los bulliciosos centros turísticos, las áreas naturales de Florida también ofrecen muchos atractivos para estimular a los más jóvenes. En los numerosos parques estatales y en el Everglades National Park, los guardabosques son especialistas en hacer que los niños aprendan a apreciar las maravillas de la naturaleza, ayudados por la abundancia de caimanes, tortugas y toda clase de aves multicolores. Otra forma de estimular su curiosidad por el mundo natural es dar un paseo en barco por aguas pobladas de delfines (varios de estos recorridos se recomiendan en esta guía).

En el caso de bebés o niños pequeños, los padres deben tener mucho cuidado de que no se expongan al sol de Florida durante mucho tiempo, ya que incluso una exposición sin protección de unos minutos puede causar graves quemaduras.

Sea cual sea el medio de transporte utilizado para llegar a la zona de destino, una vez allí hay que asegurarse de que tanto adultos como niños no se pierdan de vista: a un niño le resulta tan aterrador perderse en Walt Disney World como en un centro comercial. Siempre que sea posible, hay que acordar un lugar de encuentro en caso de que alguien se pierda y no es mala idea, sobre todo para los niños más pequeños, atarles alguna identificación y, si están empezando a andar, sujetarlos con una cuerda.

En los parques temáticos grandes, puede ser útil enseñar a los niños dónde está (y a reconocer a los empleados uniformados que los atenderán) el «Lost Kids Area» (área de niños perdidos). Este espacio no sólo facilita la localización de los que se pierden, sino que además cuenta con monitoras, que cuidan a los niños y juguetes para entretenerles hasta que aparezcan los padres. En los demás lugares, los niños deben quedarse donde se hayan perdido, sin ir de un lado para otro; si son los padres los que se pierden, será mucho más fácil encontrar a la familia si no cunde el pánico y corren por todas partes nerviosamente.

MEDIOS DE TRANSPORTE

Los niños menores de 2 años no pagan en los **vuelos**, aunque esto no significa que se les asigne un asiento (sería una gran deferencia tratándose de vuelos de larga distancia) y entre los 2 y los 12 años, tienen derecho a billetes a mitad de precio.

Una vez en Florida, el medio de transporte más barato es el autobús pero también el más incómodo para viajar con niños. Los menores de 2 años no pagan (sentados sobre la madre o el padre); los que tienen entre 2 y 4 años (y los que empiezan a andar y ocupan un asiento) pagan el 10 % del billete de adulto, y los que no llegan a los 12 años, la mitad del billete normal.

Dejando al margen el encanto que tiene viajar en ferrocarril, sin duda este medio de transporte es la mejor opción para los viajes largos, no sólo porque todos disfrutan del paisaje, sino también porque uno se puede levantar y estirar las piernas, lo que disminuye la sensación de estar en un lugar cerrado. Los descuentos para niños son los mismos que se aplican en autobuses y aviones. Las *recreational vehicles* (RV, autocaravanas) son una buena opción para viajar en familia, ya que combinan la comodidad de tener una cocina y varias camas dentro del vehículo con la libertad de desplazamiento (véase pág. 24).

La mayoría de familias prefieren viajar en automóvil y, aunque es el medio de transporte menos problemático, vale la pena planificar con an-

telación la ruta que se va a seguir para que el viaje resulte agradable.

Si el viajero espera disfrutar de unas buenas vacaciones viajando en automóvil con niños, no debe marcarse objetivos poco realistas. Hay que llevar comida y bebida en abundancia, detenerse cada 2 horas, llegar a su destino mucho antes del atardecer y, si va a atravesar ciudades grandes, evitar las horas punta. También puede ser una buena idea dar cierta responsabilidad a un niño mayor pidiéndole que localice una carretera en el mapa (invitar a un niño a que haga de «copiloto» es muy divertido, educativo y a menudo resulta de gran ayuda al conductor). Si en el viaje van a combinar el avión con el automóvil, hay que tener en cuenta que las empresas de alquiler de automóviles a veces proporcionan una silla infantil por unos 4 dólares al día, pero es mejor llevar una porque no siempre están disponibles.

DEPORTES

Florida es tan aficionada a los deportes como el resto de Estados Unidos, pero lo más sorprendente es que las competiciones universitarias son a menudo más populares (sobre todo entre los floridanos de toda la vida) que las protagonizadas por deportistas profesionales. Esto es así porque los equipos profesionales de Florida se han incorporado no hace mucho al mundo del deporte y carecen de la tradición y el sólido apoyo del público del que goza el deporte universitario. Es habitual que 70.000 espectadores asistan a un partido de fútbol americano disputado entre dos universidades. Otros deportes menos populares son el *soccer* (fútbol), el voleibol, las carreras de galgos y la *jai alai* (cesta punta), estos dos últimos más una excusa para apostar que deportes auténticos.

DEPORTES PROFESIONALES

BÉISBOL

Hasta abril de 1993, en Florida no había equipo de **béisbol** profesional propio y ahora hay uno que participa en la liga mundial. En 1997, los **Florida Marlins** se convirtieron en el equipo

más joven de la historia en ganar las Series Mundiales, lo que le llevó a gastar ingentes cantidades de dólares para atraer a estrellas. Tras ganar el campeonato, el equipo redujo drásticamente el presupuesto, perdió la mayoría de sus patrocinadores y, por desgracia, ahora ocupa los últimos puestos del campeonato de béisbol. Los Marlins juegan en el Joe Robbie Stadium, situado a 25 km al noroeste del centro de Miami (horario de taquillas, lun.-vier., 10-18 h; ☎305/620-25789).

A pesar de la mala situación del equipo profesional local, Florida ha sido desde hace mucho tiempo el lugar que muchos clubes de béisbol profesionales han elegido para llevar a cabo la pretemporada (feb.-marzo), lo que ha llevado a miles de aficionados a visitar Florida para ver a sus héroes deportivos entrenarse y jugar partidos amistosos de la Grapefruit League. Los lugares seleccionados como centro de entrenamiento de primavera gozan de gran prestigio y la comunidad se identifica con el equipo que acoge (en algunos casos, la relación se remonta 50 años). Si el visitante acude a las 10 h podrá unirse a la multitud de aficionados que observan las sesiones de entrenamiento de los equipos profesionales. Los mejores del país entrenan en los siguientes estadios: los LA Dodgers en el Holman Stadium, Vero

Beach (☎407/569-4900); los Boston Red Sox, en el Chain O'Lakes Park, Winter Haven (☎813/293-3900); los Detroit Tigers en el Merchant Stadium, 2301 Lakeland Hills Blvd., Lakeland (☎813/682-1401, y los Minnesota Twins, en el Tinker Field, 287 Tampa Ave, Orlando (☎407/849-6346)

FÚTBOL AMERICANO

De los dos equipos de **fútbol americano** profesionales que hay en el estado, los **Miami Dolphins** son los que más éxitos suelen cosechar: cuentan con cinco finales de la Superbowl y en 1972 se convirtió en el único equipo de la historia de la NFL que ganó todos los partidos disputados en una temporada. También juegan en el Joe Robbie Stadium (véase el apartado «Béisbol»; la mayoría de entradas cuesta 30 dólares). Por el contrario, los **Tampa Bay Buccaneers** sólo han conseguido éxitos esporádicos; su sede deportiva está en 4201 Dale Mabry Highway (☎813/879-BUCS; entradas 15-35 dólares).

Los equipos universitarios (los Gators de la University of Florida, en Gainesville, y los Seminoles de la Florida State University, en Tallahassee) consiguen despertar mucha más pasión entre los aficionados. Los dos disputan un total de diez partidos dentro de la Conferencia Sudeste, aunque los Seminoles tienen intención de participar en la liga rival de la Conferencia Atlántica. En tercer lugar por número de seguidores (aunque en 1991 consiguió batir el récord de victorias en casa) están los Hurricanes de la University of Miami, que compiten en la liga universitaria, de la que han sido campeones en varias ocasiones. Las entradas para los partidos de profesionales cuestan unos 18-35 dólares y las de las ligas universitarias, entre 12-18 dólares.

BALONCESTO

Los dos equipos profesionales de **baloncesto** del estado son relativamente jóvenes en la competición: **Miami Heat** entró en la National Basketball Association (NBA) en 1988, y dos años más tarde lo hizo **Orlando Magic**. Los **Hurricanes** de la University of Miami están entre los mejores equipos universitarios. Las entradas para los partidos de profesionales cuestan entre 8-26 dólares y las de ligas universitarias, unos 6-16 dólares.

HOCKEY SOBRE HIELO

Florida tiene un equipo que participa en la National Hockey League (NHL), los **Florida Panthers** (☎305/530-4444), cuyos partidos disputan en el Miami Arena entre octubre y abril.

DEPORTES DE PARTICIPACIÓN

DEPORTES ACUÁTICOS

El **snorkel** (bucear con tubo) es un deporte que incluso los que no dominen bien la natación pueden aprender enseguida. Es la mejor manera de contemplar una de las bellezas naturales más espectaculares del estado: el arrecife de coral que se extiende alrededor del extremo sudeste y a lo largo de los cayos de Florida. Hay una amplia oferta de **excursiones de buceo guiadas** para conocer el arrecife, a un precio entre 15 y 50 dólares (más adelante se incluye información detallada).

Más aventurero resulta el **scuba diving** (submarinismo con bombonas de oxígeno). Para poder practicarlo, se necesita un **Certified Divers Card** (carné de submarinista); si el visitante no lo tiene, tendrá que realizar un cursillo que puede durar desde 1 hora hasta 1 día y cuesta entre 50-100 dólares. Puede obtener información en las numerosas **tiendas de submarinismo**, situadas cerca de las zonas aptas para la práctica de este deporte, donde también podrá encontrar artículos deportivos, mapas e información general.

Cuando el visitante bucee con tubo o bombonas de aire, debe observar unas cuantas precauciones que le permitirán disfrutar de la actividad con seguridad: usar calzado ligero para protegerse si pisa una medusa, un cangrejo o alguna roca afilada; no vestir ropas brillantes, ya que puede atraer peces hambrientos como la barracuda (normalmente inofensiva); nunca hay que bucear en solitario y, al tirarse al agua desde el barco, bucear contra la corriente, así ésta le ayudará a regresar al barco más tarde; no debe olvidar colocar la bandera roja y blanca para indicar que hay un buceador en esa zona; y, por supuesto, nunca hay que bucear tras haber tomado alguna bebida alcohólica.

Los mismos arrecifes que ofrecen tanta diversión a la hora de practicar el buceo con tubo y el submarinismo, no resultan tan beneficiosos para los aficionados al surf, ya que las mejores zonas se limitan a unos pocos puntos de la costa este. Las olas más altas de Florida se concentran entre Sebastian Inlet y Cocoa Beach, donde entre abril y mayo se celebran varias competiciones de surf. También se levantan olas considerables en First Street Beach, de Miami Beach, South Beach Park, de Boca Ratón, y en algunas playas de Jacksonville. En estas localidades hay tiendas de artículos de playa donde se pueden alquilar tablas de surf por unos 8-10 dólares al día.

Los numerosos ríos con los que cuenta el estado plantean una forma de navegación más tranquila (por lo general), ya que pueden recorrerse en piragua sin necesidad de hacer grandes esfuerzos físicos. Éstas se pueden alquilar en la mayoría de parques estatales y áreas recreativas fluviales por 12-15 dólares al día. Además, hay varios trayectos de larga distancia en canoa y varias compañías que incluyen en sus viajes organizados recorridos en canoa (para más información, véase el apartado «Acampada libre», pág. 39).

PESCA

Pocas actividades levantan tanta pasión en Florida como la **pesca**: los numerosos ríos y lagos y las variadas especies de siluro, róbalo, carpa y perca que habitan en sus aguas atraen a aficionados de todos los rincones de Estados Unidos y otros países. La pesca en el mar no es menos popular y los fines de semana casi todos los muelles se llenan de pescadores. Sin embargo, la forma más sociable de pescar es a bordo de un **party boat** (barco-fiesta), un grupo de gente que pasa un día en el mar pescando y bebiendo; estas excursiones cuestan unos 25 dólares y suelen organizarse en las mejores zonas de pesca.

La **pesca deportiva** resulta mucho más cara y se desarrolla en alta mar, donde el pescador lucha por capturar un pez espada, un atún o, raras veces, un tiburón. En las zonas más aptas para la práctica de la pesca deportiva (en el litoral de los cayos y en la costa del Panhandle que rodea Destin), hay que pagar 200 dólares diarios por un barco y un guía. Para proteger los bancos de peces, se aplican una serie de complejas **normas y regulaciones** que determinan tanto el lugar como los peces que se pueden capturar. Los que quieran obtener información actualizada a este respecto, pueden solicitar la publicación gratuita *Florida Fishing Handbook* a la **Florida Game and Freshwater Fish Commission** (organismo encargado de regular la caza y la pesca en Florida), 620 Meridian Street, Tallahassee, FL 32399-1600 (☎850/488-1960).

FESTIVALES Y DÍAS FESTIVOS

En Florida siempre hay alguien en alguna parte celebrando una fiesta, aunque la verdad es que, aparte de las fiestas nacionales, son pocas las que se comparten en el estado. En su lugar hay numerosas y diferentes celebraciones anuales que tienen lugar en cada municipio: exposiciones de arte y artesanía, ferias de condado, fiestas étnicas, **festivales de música, rodeos, concursos de construcción de castillos en la arena y muchas otras actividades, a cuál más variada. En esta guía se incluyen las más interesantes, para que el visitante pueda telefonear de antemano al centro de información de una región concreta y preguntar por las fiestas locales (para averiguar cuáles son las festividades de Miami y Miami Beach, véase pág. 120 y de Key West, pág. 149).**

FIESTAS NACIONALES

Como sucede en el resto de Estados Unidos, el **Independence Day** (Día de la Independencia, 4 de julio) es la **fiesta nacional** más importante de las que se celebran en Florida. En ese día, todo el estado se paraliza porque la gente se emborracha, saluda a la bandera, disfruta de fuegos artificiales, marchas, desfiles de majorettes y otras manifestaciones para conmemorar la firma de la Declaración de Independencia en 1776. La fiesta de **Halloween** (31 de octubre) no tiene tales connotaciones patrióticas (de hecho, se considera una fiesta pública declarada), pero es una de las celebraciones anuales más populares. La tradición es que los niños corran por las calles llamando de puerta en puerta para que les regalen caramelos; hoy en día, esta actividad ha quedado relegada a las zonas rurales pero en las ciudades también se vive muy intensamente el ambiente de Halloween y es fácil ver a las camareras disfrazadas de gatas o gatos y los clubes nocturnos celebrar fiestas de disfraces negros. Más tranquilo resulta el **Thanksgiving Day** (Día de Acción de Gracias, último jueves de noviembre), la tercera gran fiesta nacional del año. Se trata de una celebración sobre todo hogareña en la que los hijos regresan al nido familiar dispuestos a dar buena cuenta de un pavo asado, que se come para celebrar la primera cosecha de los padres peregrinos y el comienzo de la colonización anglosajona de Norteamérica.

El mayor acontecimiento festivo que sacude Florida de arriba abajo es el *Spring Break* (vacaciones de primavera), una invasión de seis semanas (desde finales de febrero y todo marzo hasta principios de abril) de miles de estudiantes ávidos de divertirse en las playas antes de dedicarse a preparar los exámenes de verano. Pero los tiempos están cambiando; así, un destino tradicional para celebrar el *Spring Break* como Fort Lauderdale ha conseguido convencer a los estudiantes para que vayan a otro sitio. Daytona Beach tiene pensado seguir esa misma línea. Por el contrario, Panama City Beach acoge con los brazos abiertos las hordas de estudiantes juerguistas y Key West (a pesar de no tener playa) se está convirtiendo en un apreciado destino para este tipo de vacaciones. Si el visitante está en Florida por esa época del año, no podrá evitar la presencia de manifestaciones al estilo del *Spring Break* (como por ejemplo una muchedumbre de estudiantes borrachos y medio desnudos) y en las zonas costeras más populares quizás el precio del alojamiento se triplique, así que es mejor planificar su estancia con tiempo.

DÍAS FESTIVOS

Las tiendas, bancos y oficinas están cerrados todo el día durante el Thanksgiving Day (Día de Acción de Gracias), el Independence Day (Día de la Independencia) y la mayoría de **otras fiestas públicas**: New's Year Day (Año Nuevo), Martin Luther King Jr's Birthday (Cumpleaños de Martin Luther King Jr., 15 de enero), President's Day (Día de los Presidentes, tercer lunes de febrero), Memorial Day (último lunes de mayo, día en que se recuerda a los soldados muertos en campaña), Labor Day (Día del Trabajo, primer lunes de septiembre), Columbus Day (Día de la Raza, segundo lunes de octubre), Veteran's Day (Día de los Veteranos, 11 de noviembre) y Christmas Day (Navidad). El Good Friday (Viernes Santo) es fiesta sólo medio día, y el Easter Monday (Lunes de Pascua) todo el día.

PERMANENCIA

Lejos de ser la tierra de «recién casados y jubilados», tal como muchos cómicos han descrito el estado, Florida, gracias a su extraordinario clima, ha atraído a gente de todo Estados Unidos y del resto del mundo que han acudido en busca de un paraíso subtropical. Las sugerencias que se apuntan a continuación para encontrar trabajo son básicas y, si no es ciudadano estadounidense, representan el límite de lo que se puede hacer sin el preciado número de la Seguridad Social (sin el cual es ilegal trabajar).

ENCONTRAR TRABAJO

Desde que el Gobierno federal introdujo multas de hasta 10.000 dólares por tener a un trabajador ilegal, las empresas se han vuelto (es comprensible) muy exigentes con las personas que contratan. Incluso los **trabajos temporales** (hostelería, sobre todo) se han puesto difíciles para alguien sin un **número de la Seguridad Social**. Si encuentra empleo, lo más probable es que sea de los menos visibles y esté muy mal pagado (como fregaplatos en vez de camarero). En las granjas de la zona central de Florida siempre hay **trabajo agrícola** durante la cosecha de cítricos (oct.-mayo); en las universidades suele haber anuncios especificando los puestos de trabajo disponibles. Este tipo de trabajo no suele plantear problemas de papeles, aunque se debe tener en cuenta que es muy duro (hay que caminar kilómetros y las espaldas acaban muy cargadas de tanto doblarlas) y el calor es sofocante. Si puede aguantarlo, la paga suele ser buena y se incluye el alojamiento y la manutención. El **trabajo doméstico** y **cuidar niños** también son tareas relativamente fáciles de encontrar, pero no están bien remuneradas.

ENCONTRAR DÓNDE VIVIR

La **búsqueda de apartamento** en Florida no constituye la pesadilla que es, por ejemplo, en Nueva York; la oferta de vivienda es muy amplia y no siempre cara, aunque la inexistencia de asociaciones de provisión de vivienda y cooperativas implica que no hay viviendas realmente económicas en parte alguna a excepción de las áreas rurales. Las casas o apartamentos casi siempre se alquilan sin amueblar, por lo que tendrá que comprar algunos muebles. En general, en Miami, Tampa u Orlando, un estudio o un apartamento de un solo dormitorio cuesta entre 500-600 dólares al mes, mientras que uno de dos o tres habitaciones oscila entre 900-1.200 dólares mensuales, mucho menos si se trata de una

OPORTUNIDADES PARA ESTUDIANTES EXTRANJEROS

Los **estudiantes extranjeros** que quieran estudiar en Florida pueden hacerlo de dos maneras: solicitando pasar un año en el extranjero en su propia universidad, o dirigiéndose directamente a una universidad de Florida (el inconveniente mayor es que hay que estar dispuesto a pagar matrículas astronómicas).

El Student Exchange Visitor Program, cuyos participantes reciben un visado J-1 que les permite realizar un trabajo acordado con antelación, no es muy útil, ya que casi todos los trabajos se limitan a los campamentos de verano estadounidenses y Florida no cuenta con ninguno de ellos. Si de todos modos está interesado, contacte con las organizaciones oficiales en su país.

zona rural. La mayoría de caseros suelen pedir que se pague por adelantado un depósito equivalente a 2 meses de alquiler.

No hay organización alguna de ámbito estatal que se encargue de buscar alojamiento, de modo que tendrá que averiguar cuáles son las opciones que cada lugar ofrece. La mejor forma de conseguir alojamiento es preguntar a los vecinos, ya que el boca a boca suele dar buen resultado. También suele haber carteles anunciando el alquiler de habitaciones puestos en las ventanas de las casas y los periódicos locales tienen una sección dedicada al alquiler de apartamentos. En Miami, la mejor fuente de consulta es *New Times*, aunque también es conveniente echar un vistazo a los anuncios clasificados de *Miami Herald*. En Tampa y Orlando, se recomienda consultar *Tampa Tribune* y *Orlando Sentinel*, respectivamente.

INFORMACIÓN PRÁCTICA

CIGARRILLOS Y FUMAR En la actualidad, el hábito de fumar está mal visto en Estados Unidos, aunque el Gobierno no ha adoptado medida alguna contra la publicidad del tabaco. En Florida se puede pasar un mes sin ni siquiera oler a tabaco; la mayoría de cines no permite fumar y los restaurantes están divididos habitualmente en zonas para fumadores y no fumadores, y por supuesto está prohibido fumar en los transportes públicos (incluidos casi todos los vuelos nacionales). Los lugares de trabajo también suelen prohibir el tabaco, así que los empleados tienen que fumar en la calle. Sin embargo, el tabaco se vende por todas partes. Una cajetilla de 20 cigarrillos cuesta alrededor de 1,95 dólares, aunque la mayoría de fumadores lo compra en cartones por unos 12 dólares.

DIRECCIONES Aunque a los visitantes extranjeros les pueden parecer confusas al principio, las direcciones en Estados Unidos responden a la lógica. En términos generales, las calles de zonas edificadas se trazan según un sistema de parrilla, que da lugar a una serie de manzanas: las direcciones de los edificios hacen referencia a esa manzana a la que se da un número de forma secuencial, partiendo de un punto central que suele situarse en el centro de la ciudad; por ejemplo, la dirección 620 S Cedar equivale a que hemos de situarnos a seis manzanas al sur de este punto del centro (Cedar). En ciudades pequeñas y partes de otras más grandes, las calles y avenidas suelen extenderse de norte a sur y de este a oeste respectivamente; lo habitual es que a las calles se les dé un nombre (a veces por orden alfabético) y a las avenidas un número.

DONATIVOS En muchos museos hay que hacer un donativo en lugar de pagar una entrada, que suele ser de 2 dólares. Si el visitante no lo hace, no lo echarán del recinto, pero tendrá que sufrir la vergüenza de ser considerado un tacaño redomado.

DROGAS A pesar del hecho ampliamente aceptado de que gran parte de la marihuana y la cocaína consumidas en Estados Unidos entra por Florida, las leyes de este estado sobre posesión de drogas figuran entre las más estrictas del país. El consumo personal existe, pero mucha gente, incluso en las grandes ciudades, considera las drogas poco menos que una maldición satánica. Francamente, no vale la pena correr el riesgo de ser atrapado en posesión de una sustancia ilegal, sea cual sea la cantidad.

ELECTRICIDAD La corriente es de 110 V y todos los enchufes son de dos clavijas. Algunos adaptadores de viaje no son válidos para las tomas estadounidenses. Los aparatos de producción europea no funcionarán a menos que vayan provistos de un dispositivo para cambiar el voltaje.

ENTRADAS Para asistir al teatro, un concierto o un partido, se recomienda usar los servicios de Ticketmaster, cuya red de oficinas está incluida en la guía telefónica. Llamando a una de ellas se pueden comprar entradas con tarjeta de crédito.

FECHAS En Estados Unidos, una fecha expresada 6.9.94 no quiere decir el 6 de septiembre, sino el 9 de junio; es decir, que la primera cifra hace referencia al mes y no al día como en español.

HORA La mayor parte de Florida se rige por la hora oficial del este, cinco horas anterior a la de Greenwich en invierno. Sin embargo, la zona del Panhandle al oeste del río Apalachicola, sigue la hora central (una hora más que en el resto de Florida). El horario de verano europeo corresponde (con la diferencia horaria) al de Estados Unidos, que entra en vigor el último domingo de abril y dura hasta el último domingo de octubre.

HURACANES A pesar de la gran publicidad dada a la virulencia del huracán *Andrew* en agosto de 1992, en términos estadísticos es bastante improbable que el visitante se encuentre con un huracán durante su visita y, si ocurre así, comprobará que es anunciado con mucho tiempo, ya que los boletines meteorológicos de todas las televisiones siguen al minuto cualquier posible huracán en formación en el golfo de México y el Caribe desde junio a noviembre, la temporada de los huracanes. Los servicios de protección civil locales están bien equipados, la mayor parte de los edificios se construyen a prueba de huracanes, las rutas de evacuación están señaladas e incluso las guías telefónicas incluyen indicaciones para la supervivencia. Y desde el efecto causado por los huracanes *Andrew* y *Donna* en 1996, los habitantes de Florida han perdido gran parte de la indiferencia que tenían respecto a este fenómeno. Una fuente de peligro más probable son las tormentas (véase más adelante).

IDENTIFICACIÓN Debe tenerla a mano en todo momento. Basta con llevar encima dos elementos de identificación (como el pasaporte o una tarjeta de crédito), uno de los cuales debe incluir una fotografía.

IMPUESTOS El visitante debe tener en cuenta que a todas las compras que haga debe añadir un 6 % en concepto de impuesto, que no aparece incluido en el precio marcado del artículo.

LAVABOS PÚBLICOS En las ciudades no existen como tales. Se puede ir a un bar, restaurante o establecimiento de comida rápida, aunque en teoría están reservados para los clientes.

LAVANDERÍAS Todos los hoteles menos los más sencillos ofrecen servicio de lavandería, pero sale mucho más barato (alrededor de 1,5 dólares) lavar la ropa en las lavanderías públicas que se encuentran por todas partes, incluso en muchos hoteles, moteles y cámpings. Hay que llevar suficientes monedas para las máquinas.

LOTERÍA Cada equis semanas, el estado tira la casa por la ventana y celebra el sorteo de la Florida Lottery. Al igual que millones de personas, el visitante puede comprar tantos boletos como quiera (a 1 dólar cada uno) en cualquier tienda con el letrero de lotería. El premio a veces asciende a los 17 millones de dólares.

MERCADILLOS En casi todos los cruces de las calles principales hay mercadillos que se anuncian como «el mayor mercadillo de Florida». En realidad, los auténticamente importantes se instalan los viernes y fines de semana, con cientos de puestos que venden muebles, electrodomésticos, adornos o ropa (a menudo bastante fea y siempre barata).

PISOS El *first floor* (primer piso) en Estados Unidos es lo que se conoce en la cultura hispana como planta baja; el *second floor* será el primer piso y así sucesivamente.

PROPINAS No se recomienda marcharse de un bar o restaurante sin dejar una propina de cómo mínimo el 15 % de la cuenta (a menos que el servicio haya sido horrible). De no dejar propina el visitante puede verse en una situación muy embarazosa, además de recibir miradas de desdén,

sin olvidar el hecho de que el/la camarero/a verá muy reducida su paga semanal. La misma cantidad debe añadirse en el caso de los viajes en taxi (hay que redondear siempre a los 50 centavos o dólar siguientes). Un botones de hotel suele recibir 1 dólar de propina por llevar el equipaje a la habitación. Cuando el visitante pague con tarjeta de crédito, lo habitual es añadir la propina a la cantidad total de la cuenta.

TALLAS Y MEDIDAS En Estados Unidos todavía no se utiliza el sistema métrico decimal. Las medidas de longitud se cifran en pulgadas, pies, yardas y millas, y las de peso en onzas, libras y toneladas. Las medidas de capacidad para líquidos también son diferentes. Una pinta estadounidense equivale a 0,473 l y un galón, a 3,785 l. Las tallas se pueden calcular restando 2 a la europea. Para averiguar la talla de calzado, hay que añadir 1,5 a la europea.

TASA DE SALIDA Ninguna, las tasas de aeropuerto están incluidas en el precio del billete.

TORMENTAS En el sur de Florida, por su clima subtropical, son frecuentes las tormentas muy localizadas durante todo el verano. Como es natural, siempre que sea posible, hay que resguardarse en el interior de un edificio para evitar los rayos (un fenómeno que por término medio mata a 11 personas todos los años). Si la tormenta lo sorprende en un espacio abierto, debe alejarse de los objetos metálicos y no correr hacia el automóvil (la mayoría de personas alcanzadas por un rayo murieron en esas circunstancias). Como nota positiva hay que decir que después de una tormenta, la atmósfera se refresca y desaparece la humedad.

VÍDEOS El formato estándar de vídeo empleado en Estados Unidos es diferente al de Europa. No hay cintas de vídeo compatibles con las videocámaras europeas.

ALGUNAS PALABRAS Y EXPRESIONES TÍPICAS DE FLORIDA

Barrier Island Isla larga y estrecha que protege gran parte del litoral de Florida de la erosión costera; su composición incluye playas arenosas y manglares (su paisaje ha sido destrozado a menudo por la construcción de edificios de apartamentos).

Condo Abreviatura de *condominium*, edificio alto y generalmente antiestético de pisos caros, muy habitual a lo largo de toda la costa y en áreas de moda de las ciudades; muchos son alquilados durante las vacaciones o se comparten.

Cracker Apodo que recibían los granjeros de Florida del siglo XIX, procedente del sonido producido por el látigo utilizado en rodeos de ganado (o quizá del crujido que hace el maíz al molerlo). Hoy es un término aplicado con frecuencia a los granjeros conservadores floridanos, seguramente tipos de miras estrechas que prefieren la compañía de jabalíes a la de personas que no conocen.

Crackerbox Término arquitectónico coloquial empleado para designar la sencilla casa de madera donde habitaban los primeros *crackers*, ingeniosamente diseñada para permitir que la más mínima brisa refrescara toda la vivienda.

Florida Ice Mezcla de aceite y agua (muy peligrosa), que queda en la carretera después de una tormenta.

Hammocks No son hamacas, sino masas de árboles. En el sur, sobre todo en los Everglades, los *hammocks* suelen aparecer como «islas de árboles» por encima de las tierras pantanosas planas. En el norte son más grandes y se dan en elevaciones entre pantanos y pinares. Constituyen estupendos hábitats para la fauna y flora del lugar, y en el sur se componen de árboles tropicales muy difíciles de encontrar en otras partes de Estados Unidos.

Intracoastal Waterway Para reforzar las defensas costeras durante la Segunda Guerra Mundial, se aumentó la profundidad y longitud de las vías fluviales naturales que separan tierra firme de las *barrier islands*. La extensión total a lo largo de las costas este y sudoeste se denomina *Intracoastal Waterway*.

Key (cayo) Derivado del término *cay*, literalmente una isla o banco formado por fragmentos de coral.

No see'ems Insectos diminutos parecidos al mosquito, casi imposibles de detectar hasta que pican.

Snowbird Término aplicado a un visitante del norte de Estados Unidos que viaja a Florida durante el invierno, para escapar de las temperaturas bajo cero (reconocibles por tener la piel quemada por el sol).

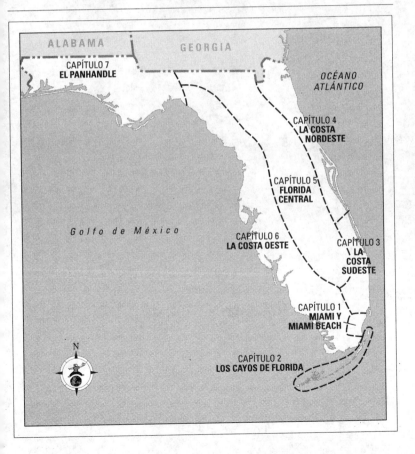

ALABAMA   GEORGIA

CAPÍTULO 7
EL PANHANDLE

OCÉANO
ATLÁNTICO

CAPÍTULO 4
**LA COSTA
NORDESTE**

CAPÍTULO 5
**FLORIDA
CENTRAL**

Golfo de México

CAPÍTULO 6
LA COSTA OESTE

CAPÍTULO 3
**LA
COSTA
SUDESTE**

CAPÍTULO 1
**MIAMI Y
MIAMI BEACH**

N

CAPÍTULO 2
LOS CAYOS DE FLORIDA

MIAMI Y MIAMI BEACH

Dices que eres de Miami y la gente te evita.

Carl Hiaasen

Miami, sin duda la ciudad más emocionante de Florida, es un lugar sorprendente y hermoso. Situada junto a las azules y frías aguas de la bahía Biscayne (Vizcaíno) y con una exuberante vegetación a lo largo de sus calles, el principal centro urbano del estado está inundado de colores naturales intensificados por la luz solar e impregnado de un delicioso perfume de jazmín. Aunque se trata de una ciudad emergente de un estilo marcado y contemporáneo (con serios problemas sociales), hay momentos, como cuando el horizonte del centro brilla en las noches calurosas y las palmeras en la playa se balancean con la brisa del atardecer, en que es difícil imaginar un lugar más bonito.

El clima y el paisaje pueden rozar la perfección, pero es la gente la que hace de Miami una ciudad única. En la antítesis de la tradicional metrópoli de Estados Unidos en la que dominan los angloamericanos, la mitad de su población de 2 millones de personas es hispana, la mayoría de ellos cubanos, que forman el grupo étnico más visible y dinámico de una ciudad donde viven muchísimos latinoamericanos y caribeños. El español es la lengua principal en casi todas las zonas y las noticias de La Habana, Caracas o Bogotá suelen captar más la atención de la gente que el último comunicado desde Washington. Sin embargo, la ciudad no es un crisol. Las divisiones y tensiones étnicas a menudo se hacen demasiado evidentes. Desde que surgieron los primeros guetos negros en los años sesenta, las violentas manifestaciones de ira, de los últimos tiempos entre haitianos y puertorriqueños, han pasado a formar parte de la vida cotidiana de Miami.

Algunos barrios son todavía muy peligrosos, pero Miami se ha regenerado considerablemente desde 1980, cuando llegó a alcanzar el mayor índice de homicidios del país. También se ha enriquecido por ser un punto clave para el mercado entre Estados Unidos y América Latina, y prueba de ello son los numerosos bancos de diseño lujoso e instituciones financieras. Por extraño que parezca, otro factor que ha contribuido al resurgimiento de Miami es la serie policíaca de mediados de los años ochenta *Corrupción en Miami (Miami vice)*, en la que había menos crímenes que ropa de diseño y paisajes subtropicales; además, presentaba el barrio **Art Déco** de Miami Beach, lo que lo convirtió en un famoso lugar de rodaje de películas de moda.

La historia de Miami es muy reciente. Hace un siglo era un pantanoso puesto avanzado donde 1.000 colonos, torturados por los mosquitos, iban y venían cada día en barco de una factoría a un par de plantaciones de cocos. La llegada del ferrocarril en 1896 proporcionó a Miami su primer enlace por tierra con el resto del continente y allanó el terreno literalmente para el auge de la propiedad de la década de los veinte; durante aquella época aparecían comunidades enteras casi de un día para otro, lo que fue formando la base de la ciudad moderna.

Durante los años cincuenta, **Miami Beach** se afirmó como un punto de veraneo frecuentado por celebridades, mientras que, al mismo tiempo (y con menos comité de bienvenida), miles de cubanos empezaron a llegar a la tierra firme de Miami, huyendo de los sucesivos regímenes de Batista y Castro. Las décadas de los sesenta y setenta llevaron a la decadencia porque la categoría de celebridades disminuyó y se

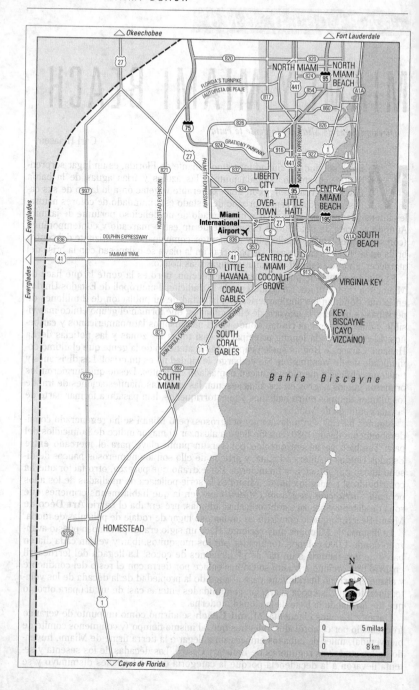

El código del área de Miami y Miami Beach es el ☎305

convirtió en un paraíso para los jubilados; la industria turística de la ciudad quedó aún más afectada por la revuelta de Liberty City de 1980, que constituyó un momento crítico en las relaciones entre blancos y negros.

Desde entonces, con la consolidación de los lazos económicos latinoamericanos y el flujo de visitantes más jóvenes y cosmopolitas que animan Miami Beach, la ciudad goza de una oleada de optimismo y prosperidad y, puesto que la inmigración hispana altera de forma drástica la demografía de la nación, la Miami actual podría ser un anticipo de los Estados Unidos del futuro.

Llegada e información

Cualquiera que sea el medio por el que el visitante llegue a Miami o el momento en que lo haga, no le será difícil deducir las primeras pautas para orientarse. Todos los puntos de entrada se encuentran a pocos kilómetros del centro y los enlaces de los transportes públicos suelen ser eficaces. Hay muchas oficinas por toda la ciudad que proporcionan información turística general y recomendaciones.

En avión

Todos los **vuelos** de pasajeros aterrizan en el Miami International Airport (☎876-7000), un complejo caótico situado casi 10 km al oeste del centro de Miami. En cuanto el visitante salga por la puerta principal, no le resultará difícil llegar hasta la ciudad.

Algunas de las principales empresas de **alquiler de automóviles** (véase «Alquiler de automóviles y conducción», pág. 22) tienen mostradores junto a la zona de recogida de equipajes y proporcionan transporte gratuito para ir a recoger un vehículo. Si no, el viajero tendrá que recoger su equipaje, salir de la terminal y parar un autobús que pertenezca a su compañía de alquiler. Si va a llegar a Miami después del anochecer, sobre todo tras un vuelo largo, considere la posibilidad de pasar la noche en el hotel del aeropuerto, los aparcamientos de automóviles de alquiler se encuentran en una zona no muy segura y quizá resulte complicado para los turistas primerizos llegar hasta las autopistas en dirección a la ciudad o la playa. Los **autobuses locales** salen de varios puntos de la explanada del aeropuerto; el 7 (cada 40 min.; lun.-vier., 5.30-20.30 h; sáb. y dom., 7-19 h) va al centro de Miami (tarda media hora) y el «J» (cada 30 min.; todos los días, 5.30-23.30 h) para ir a Miami Beach, que está un poco más lejos. Los letreros de «City Bus and Tri-Rail Shuttle» que hay ante las puertas de salida «E» del aeropuerto indican dónde se encuentra la parada del autobús. Un corto trayecto en taxi desde el aeropuerto llevará al viajero a la estación Greyhound de Miami West, que ofrece enlaces con otras partes de la ciudad (véase más abajo) y con el exterior.

Más rápidos, aunque más caros que el transporte público, el **Airporter**, el **SuperShuttle** y el **Red Top** (que suelen llamarse «limos») circulan durante todo el día y van a cualquier dirección de Miami o sus alrededores por unos 8-15 dólares. Sus representantes son fáciles de localizar al salir de la zona de recogida de equipajes. Hay muchos **taxis** fuera del edificio del aeropuerto; las tarifas se miden por la distancia y cuestan unos 15 dólares hasta el centro de Miami y unos 20 hasta Miami Beach.

En autobús

De las diversas estaciones **Greyhound** de Miami (☎1/800-231-2222), la más activa es la de **Miami West**, cerca del aeropuerto, en 4111 NW 27th Street (☎871-1810). Sin embargo, la mayoría de autobuses Greyhound, incluidos los que van y vienen de Key West

(Cayo Hueso), también paran en la estación del **centro de la ciudad**, 700 Biscayne Boulevard (☎379-7403). Pocos servicios utilizan las otras estaciones Greyhound de la ciudad: en **Homestead**, 5 NE Third Avenue (☎247-2040); en **Central Miami Beach**, 7101 Harding Avenue (☎538-0381); y en **North Miami Beach**, 16250 Biscayne Boulevard (☎945-0801). Los detalles sobre los servicios locales se encuentran en la página 64.

En ferrocarril y Tri-Rail

La estación de **ferrocarril**, en 8303 NW 37th Avenue (☎1-800/872-7245), se encuentra casi 10 km al noroeste del centro de Miami, y dispone de una parada de **Metrorail** que permite el acceso al centro de la ciudad y otros lugares más lejanos; el autobús «L» para allí de camino a Central Miami Beach. El **Tri-Rail** (☎1-800/TRI-RAIL), el económico servicio de cercanías que circula entre Miami y West Palm Beach (véase Lo Básico), enlaza directamente con el Metrorail en 1149 E 21st Street, también a unos 11 km del centro de Miami. Las tarifas oscilan entre 3,50-9,25 dólares. (Para más información sobre el Metrorail, véase pág. 63.)

En automóvil

La mayoría de las **carreteras** principales que van a Miami son autopistas elevadas que, si los accidentes y las horas punta lo permiten, llevan a la ciudad rápidamente. Desde el norte, la **I-95** (también llamada la **North South Expressway**) pasa sobre las calles del centro antes de unirse a la **Hwy-1**, una autopista convencional que continúa hasta South Miami. Atravesando los Everglades desde la costa occidental, la **Hwy-41** (también llamada **Tamiami Trail**) entra a Miami por la SW Eighth Street; el viajero tendrá tiempo cuando se desvíe hacia el norte por **Florida's Turnpike** (autopista de peaje que viene del norte y pasa por la periferia occidental de la ciudad) para llegar a la **Dolphin Expressway (Hwy-836)**, que se encuentra con la I-95 justo al sur del centro de Miami. La **Hwy-27**, la principal arteria desde el centro de Florida, se convierte en la **Robert Frost Expressway** cerca del aeropuerto y se cruza con la I-95 al norte del área del centro. La ruta costera, más lenta y pintoresca, la **Hwy-A1A**, entra a la ciudad por el extremo norte de Miami Beach.

Información

Aunque en Miami no hay una oficina concreta dedicada exclusivamente a la **información turística**, sí hay varios centros útiles por toda la ciudad, donde reparten folletos, revistas turísticas gratuitas y dan recomendaciones prácticas. En el **centro de Miami**, en el exterior de Bayside Marketplace, hay un puesto de información abierto entre 11.30-20 h; en Miami Beach, la **Chamber of Commerce** (cámara de comercio), 1920 Meridian Avenue (lun.-vier., 9-18 h; sáb.-dom., 10-16 h; ☎672-1270), es un buen lugar donde acudir, con un quiosco situado en la intersección de Lincoln Road Mall y Washington Avenue (lun.-vier., 9.30-16 h). También en **Miami Beach** se encuentra el Art Déco Welcome Center, en 1001 Ocean Drive, que dispone de información sobre el histórico barrio Art Déco de South Beach y organiza visitas (todos los días, 9-17 h; ☎672-2014). En esta guía se habla de las útiles **Chamber of Commerce** de los demás barrios. Si el visitante va a quedarse algún tiempo en **Homestead** o solamente está de paso, se recomienda ir al excelente centro de información de la zona, en 160 Hwy-1 (todos los días, 8-18 h; ☎1-800/388-9669).

La mayoría de **mapas** gratuitos sólo son útiles para las rutas más sencillas; vale la pena invertir 2,50 dólares en el mapa de Miami *Trakker* con índice de calles, disponible en la mayoría de quioscos y en muchas tiendas.

La edición de los viernes del único **periódico** diario de Miami, el acreditado *Miami Herald* (días laborables, 35 centavos; dom., 1 dólar), que lleva el suplemento en español *El Nuevo Herald*, incluye una guía del ocio para el fin de semana muy completa.

MEDIOS DE COMUNICACIÓN DE MIAMI

Publicaciones

Las siguientes publicaciones son revistas y periódicos gratuitos que disponen de información sobre la diversión en el área de Miami. Todos pueden encontrarse en los centros de información turística, en las máquinas de la calle u hoteles:

Art Deco Tropical ☎534-3884.

Entertainment News & Views ☎576-8566.

El Nuevo Herald ☎376-3535.

Fashion Spectrum ☎534-0084. Revista de moda en papel satinado.

New Times ☎372-0004. Guía del ocio semanal.

Ocean Drive Magazine ☎532-2544. Revista de moda en papel satinado.

Miami Metro Magazine ☎445-4500. Revista en papel satinado con guía del ocio local.

Sun Post ☎538-9700. Periódico de acontecimientos políticos y actuales con un suplemento «Hype» sobre los clubes.

Sun Sentinel ☎954/356-4500.

Travel Host ☎866-5850.

Tropical Tribune ☎868-9118.

TWN The Weekly News ☎757-6333. Periódico para gays y lesbianas.

Cadenas de televisión

6 WTVJ NBC
4 WFOR CBS
7 WSVN FOX
10 WPLG ABC
2 WPBT y 17 WLRN PBS

23 WLTV Independiente, de habla hispana (Univision)

33 WBFS Independiente (UPN)

34 MDTV Televisión de Metro-Dade

Cadenas de radio

WIOD 610 AM. Sólo palabras: coloquios, espectáculos, deportes, noticias.

WINZ 940 AM. Sólo noticias con magazines, información meteorológica y deportiva y espectáculos.

WVUM 90.5 FM. Radio universitaria donde predomina el rock indie.

WLRN 91.3 FM. Noticias exhaustivas de la National Public Radio (NPR), con programas educativos, políticos y de arte.

WTMI 93.1 FM. Música clásica durante el día y jazz después de medianoche.

WLVE 93.9 FM. Pop, jazz y rock.

WZTA 94.9 FM. Rock clásico de los años sesenta.

WFLC 97.3 FM. Rock contemporáneo veterano.

WEDR 99.1 FM. Música soul, con rap y disco.

WMXJ 102.7 FM. Melodías de ayer.

WHQT 105.1 FM. Música dance negra.

WQBA 107.5 FM. Española contemporánea.

WKIS 99.9 FM. Música country.

WXDJ 95.7 FM. Salsa y merengue.

WPOW 96.5 FM. Música dance/house.

Medios de transporte

Aunque está pensada para el coche, Miami es una ciudad que se recorre fácilmente y ofrece un completo sistema de transporte público que constituye una buena alternativa para los desplazamientos diarios.

Conducción y alquiler de automóviles

Conducir por Miami es muy práctico y sencillo, sobre todo cuando el visitante ya se ha habituado al sistema de red de calles de un sentido. El tráfico de salida y entrada a Miami puede ser denso, pero las **autopistas** de la ciudad (véase el apartado «Llegada e información») conducen rápidamente de un área a otra. Antes de iniciar cualquier viaje se recomienda trazar cuidadosamente la ruta que va a seguir para no acabar de manera accidental en una zona desagradable y, si aun así el visitante se pierde, se aconseja pedir ayuda en una gasolinera. Hay que utilizar las calles y avenidas convencionales sólo para los trayectos cortos porque a menudo se encuentran atascadas por el tráfico local y puede haber sistemas de un solo sentido que despisten. También se debe evitar las **horas punta** (7-9 h y 16-18 h). El desplazamiento desde Miami hasta Miami Beach resulta sencillo si se utiliza una de las seis carreteras elevadas; todas están bien señalizadas y se accede a ellas enseguida por las principales arterias.

Hay muchas zonas de aparcamiento en las calles de Miami, aunque realmente es difícil encontrar un hueco vacío, sobre todo por las noches en Coconut Grove y en South Beach. Abundan los parquímetros y suelen costar 50 centavos la media hora; se recomienda guardar las monedas de cuarto de dólar, pues serán útiles en estos casos. Aparcar en parques y playas públicos cuesta unos 2 dólares al día; los **aparcamientos** suelen cobrar 3 dólares la hora, 10 dólares al día. Los que se encuentran en el barrio de tiendas del centro tienen unas tarifas desorbitadas y si ha de aparcar en la ciudad, se aconseja ir al pequeño aparcamiento de precio razonable situado ante la Gesu Church (en NE 1st Ave entre la 2nd y la 3rd; 6 dólares al día). Excepto el Bayside Marketplace, los aparcamientos del centro comercial son gratuitos, pero pueden tener un límite de tiempo de 2 horas.

Casi todas las principales empresas de **alquiler de automóviles** disponen de mostradores para reservas en el aeropuerto y ponen a disposición del cliente medios de transporte desde las terminales hasta sus oficinas donde le esperará el coche: Alamo, 3355 NW 22nd Street (☎1-800/327-9633); Avis, 2330 NW 37th Street (☎1-800/331-1212); Budget, 3901 NW 38th Street (☎1-800/527-0700); Hertz, 3755 NW 21st Street (☎1-800/654-3131) y Thrifty, 2701 Le Jeune Road (☎1-800/367-2277).

Todas cobran alrededor de 25 dólares al día, 150 dólares a la semana. Para alquilar un automóvil en otra parte de la ciudad, se recomienda telefonear y preguntar por la sucursal más cercana o mirar en la guía telefónica. Dependiendo de la letra pequeña, las empresas menos importantes pueden ser más baratas. En cualquier compañía, hay que tener cuidado si es menor de 25 años, pues la mayoría de agencias cargan una tarifa descomunal por minoría de edad (25 dólares al día) además del alquiler. Hay que informarse primero.

Transporte público

En Miami hay una completa red de **transporte público** de autobuses, ferrocarriles y monorraíl dirigida por Metro-Dade Transit, que hace que moverse por la ciudad durante el día resulte sencillo (aunque lento). Por la noche es más difícil, sobre todo en South Beach.

Los **recorridos de los autobuses** cubren toda la ciudad y la mayoría de ellos comienzan en el centro de Miami; funcionan de 4-2.30 h diariamente. La **tarifa** fija del viaje en **autobús** es de 1,25 dólares, que se pagan una vez dentro introduciendo la cantidad exacta en monedas (no billetes) en una máquina situada junto al conductor. Si el visitante necesita hacer transbordo a otro autobús, debe decirlo al subir; el conductor le dará un billete gratuito de transbordo que luego tendrá que dar al conductor del otro autobús. Los billetes de transbordo van marcados con la ruta y la hora para evitar que el viajero se demore demasiado en el cambio o bien aproveche para hacer un recorrido turístico (si lo hace, le cobrarán el billete entero de nuevo).

DIRECCIONES DE MIAMI Y ORIENTACIÓN

El **sistema de nombre y numeración** de las calles de Miami requiere acostumbrarse a él. La ciudad se divide en cuadrantes, partidos por la Flagler Street y la Miami Avenue (que corta el centro). Las «**Streets**» van de este a oeste y las «**avenues**», de norte a sur; sus números van subiendo a medida que se alejan del centro de Miami. Las «**roads**» son menos usuales y van de noroeste a sudeste. Las calles y avenidas cambian su prefijo de punto cardinal cuando pasan a otro cuadrante. Por ejemplo, SE First Street se convierte en SW First Street después de cruzar Miami Avenue y NW Second Avenue se convierte en SW Second Avenue después de cruzar Flagler Street.

En algunas zonas el patrón varía, sobre todo en Coral Gables, donde las calles tienen nombres en lugar de números y las avenidas están numeradas a partir de la Douglas Avenue.

El **Metrorail** es algo más rápido: se trata de una vía única y elevada de ferrocarril que enlaza los suburbios del norte con South Miami; los trenes pasan cada 5 o 15 minutos entre las 5.30-24 h. Las paradas más prácticas son Government Center (para ir a la zona del centro), Vizcaya, Coconut Grove y Douglas Road o University (para ir a Coral Gables). Sin embargo, las estaciones no están muy bien situadas y a menudo el visitante tendrá que usar los servicios de Metrorail en combinación con el autobús. La **tarifa** de un viaje de **Metrorail** es de 1,25 dólares; hay que comprar un billete en las máquinas de la estación (con cinco cuartos de dólar) y usarlo para pasar por el torniquete. Los **transbordos entre autobuses y Metrorail** cuestan 25 centavos, que cobrará el conductor de autobús o una máquina de transbordo de la estación de Metrorail.

El centro de Miami está rodeado por el **Metromover** (a veces llamado «People Mover»), un circuito de monorraíl (6-24 h) que no recorre una gran distancia, pero ofrece observar el centro de Miami a vista de pájaro. Cuesta 25 centavos, que se pagan en las máquinas de las estaciones. Los transbordos del Metrorail al Metromover son gratuitos; para hacer transbordo del Metromover al Metrorail, hay que introducir 1 dólar en monedas en la máquina del torniquete situada entre ambos andenes.

La mejor manera de moverse por South Beach es mediante el **Electrowave**: un servicio rápido y continuo, gratuito y con aire acondicionado, que funciona solamente con electricidad. Va de norte a sur de la Washington Avenue, entre la Seventeenth Street y la Fifth Street (lun.-miér., 8-2 h; jue.-sáb., 8-4 h; dom. y festivos, 10-2 h; ☎843-9283).

Para las **estancias largas** y el uso continuado del transporte público, se recomienda comprar un **Metropass**, que proporciona viajes ilimitados en todos los servicios durante un mes seguido, cuesta 60 dólares en cualquier tienda con la señal de Metro-Dade Transit, y sale a la venta el día 20 de cada mes.

Para obtener más **información, mapas de recorridos y horarios gratuitos**, se recomienda ir al Transit Service Center (lun.-vier., 7-18 h) que hay dentro del Metro-Dade Center en el centro de Miami o telefonear al ☎770-31331 (lun.-vier., 6-22 h; sáb.-dom., 9-17 h). En los autobuses suele haber mapas de recorridos y horarios individuales.

Además de los servicios oficiales, hay **microbuses privados** (conocidos como «Jitneys») que cubren las áreas más céntricas por 1 dólar. Suelen detenerse en las paradas de autobuses, pero se les puede parar en prácticamente cualquier punto. Consulte los destinos en el cartel que llevan en la parte delantera. Hay que tener en cuenta que estos autobuses no están regulados y pocas veces asegurados para llevar pasajeros, es decir, que el que viaja en ellos, lo hace bajo su responsabilidad.

Taxis

Hay gran cantidad de **taxis** y muchas veces son la única forma de moverse por la noche si el visitante no dispone de automóvil. La **tarifa** media es de 1,80 dólares por mi-

---

PRINCIPALES RUTAS DE AUTOBÚS EN MIAMI

Desde el centro de Miami hasta:

Coconut Grove 48.

Coral Gables 24.

Little Havana 8.

Key Biscayne B.

Miami Beach C, K o S (por Alton Rd).

Aeropuerto Internacional de Miami 7.

Greyhound dentro de Miami, desde el centro de Miami hasta:

Homestead (3 diarios; 1 h 15 min.).

Miami Beach (18 diarios; 25-45 min.).

Miami West (18 diarios; 15-45 min.).

North Miami Beach (18 diarios; 20-45 min.).

---

lla (1,609 km), por tanto, el trayecto entre el aeropuerto y Miami Beach, por lo general el más largo que realizará, cuesta unos 24 dólares; para ir desde el centro de Miami, pagará unos 11 dólares hasta Coconut Grove y unos 15 hasta Miami Beach. Puede parar un taxi haciendo señas al conductor, pero es más habitual telefonear: Central Cab (☎532-5555), Metro Taxi (☎888-8888), Yellow (☎444-4444) y Flamingo Taxi (☎885-7000) son empresas serias.

Taxis acuáticos

Si el visitante no tiene prisa, una de las formas más agradables de moverse por la ciudad es mediante los **taxis acuáticos** (☎954/467-0008). Hay dos rutas enlazadas que forman una extensa red desde el centro de Miami Beach en el norte hasta Coconut Grove en el sur. El **Shuttle Service** (diario, 11-23 h, cada 15-20 min.; 3,50 dólares ida, 6 dólares ida y vuelta y 7,50 el bono para todo el día) va desde el Omni International Mall (al norte de Venetian Causeway) hasta puntos del río Miami (ideal para comer fuera en cualquiera de los muchos restaurantes de pescado de la orilla). En Bayside Marketplace puede hacer transbordo al **Beach Service** (7 dólares ida, 12 ida y vuelta y 15 el bono para todo el día), con puntos de amarre en la orilla occidental de Miami Beach, Virginia Key (Seaquarium), Key Biscayne (Crandon Park), Vizcaya y Coconut Grove.

Ir en bicicleta

Aunque el viajero no podrá ver toda Miami **en bicicleta**, Coral Gables y Key Biscayne están perfectamente preparadas para ello y hay un carril para bicicletas de casi 23 km que recorre Coconut Grove hasta South Miami. Para más información, se recomienda pedir el folleto *Miami on Two Wheels* en el Greater Miami Convention and Visitors' Bureau, en 701 Brickell Ave, Suite 2700 (☎539-3063).

El visitante puede **alquilar una bicicleta** por unos 12-25 dólares al día en varios lugares: en Coconut Grove, Dade Cycle Shop, 3216 Grand Avenue (☎443-6075); o en Key Biscayne, Mangrove Cycles, 260 Crandon Boulevard (☎361-5555). Para recorrer Miami Beach, puede evitar el desorbitado precio de alquiler de bicicletas del hotel optando por la Bike Shop, en 923 W 39th Street (5 dólares la hora, 20 dólares al día; ☎531-4161) o por Cycles on the Beach, en 713 Fifth Street (☎673-2055). El Miami Beach Bicycle Center, en 601 5th St (☎674-0150), ofrece visitas guiadas en bicicleta por el barrio Art Déco; los viajes parten el primer y tercer domingo de cada mes y cuestan 10 dólares por la visita y 5 dólares por la bicicleta. Se recomienda telefonear antes para reservar plaza.

Excursiones a pie y monopatín

Los habitantes de Miami ven el desplazarse **andando** como un hecho extraño, pero algunas de las zonas más atractivas se pueden recorrer a pie (aunque están demasiado alejadas como para ir de una a otra). Para hacer una excursión diverti-da y con la información suficiente, se recomienda apuntarse a las de **Dr Paul Geor-ge's Walking Tours** (☎375-1625), que incluyen también la visita al Histori-cal Museum of Southern Florida y a muchas zonas de la ciudad: el centro de Miami, Coconut Grove, Coral Gables, Little Havana, South Beach y el cementerio de Miami. Hay 25 itinerarios distintos, las excursiones duran de 2 a 3 horas y cuestan 15 dólares.

De especial interés es el **Art Deco Walking Tour** (90 min.), en South Miami Beach. La excursión, una introducción a la hermosa arquitectura de la zona, parte to-dos los sábados a las 10.30 h y los jueves a las 18.30 h desde el Art Deco Welcome Center, en 1001 Ocean Drive (☎672-2014), y cuesta 10 dólares.

Un medio más rápido de moverse es el **monopatín**, sobre todo popular en South Beach; para los detalles de alquiler o venta, véase «Direcciones prácticas».

Visitas en autobús, barco y helicóptero

Muchas agencias de viajes organizan **visitas guiadas en autobús** por los puntos de interés turístico más importantes de Miami, pero la mayoría son muy caras (25-40 dó-lares por un día) y no demasiado instructivas. Algunas de las mejores visitas en ve-hículo son las de Dr Paul George's Walking Tours (véase más arriba); hay visitas en barco (25 dólares), autobús (30 dólares) y bicicleta (15 dólares) entre septiembre y junio. Los folletos de estas y otras visitas pueden adquirirse en cualquier hotel o en la **Chamber of Commerce**.

Si el visitante prefiere el agua a la tierra firme (y el paisaje del centro es, sin duda, mucho más impresionante desde el agua), se ofrecen **excursiones en barco** por la bahía Biscayne, en pequeñas embarcaciones atracadas a lo largo del muelle de Bayside Marketplace; hay que comprobar los horarios de salida y los precios expues-tos (normalmente 22 dólares por persona por 1 hora) para elegir lo que más conven-ga. Una de las más populares es la de Blackbeard Cruises (☎888-3002), cuyos cruce-ros de 90 minutos parten todos los días a las 13, 15, 17, 19 y 21 h. Algunas otras son: Sea Kruz, 300 Alton Rd, Miami Beach Marina (☎538-8300), que ofrece cruceros de 4-5 h durante el día (13.30 h) y por la tarde (19.30 h), con casino y música en vivo; e Island Queen, Bayside Marketplace (☎379-5119), que dispone de un imponente barco de alta velocidad llamado *Bayside Blaster* que recorre el canal de Government Cut los fines de semana.

Alojamiento

Encontrar alojamiento en Miami sólo resulta problemático en Año Nuevo y los puen-tes importantes como el Memorial Day y el Labor Day (Día del Trabajo). Es difícil que el visitante se encuentre aislado dondequiera que se aloje, pero la gran concentración de **hoteles** y **moteles** se halla en **Miami Beach**; se trata de un lugar ideal para alo-

---

CÓDIGOS DE LOS PRECIOS DE ALOJAMIENTO

En esta guía, los precios de alojamiento se reseñan en una escala de ① a ⑧, indican-do el **precio más bajo** que puede esperar pagar por noche en un establecimiento por una **habitación doble** en temporada alta. Para más detalles, véase la página 27 en «Lo Básico». Los precios, señalados por los códigos, son los siguientes:

① menos de 30 dólares	③ 45-60 dólares	⑤ 80-100 dólares	⑦ 130-180 dólares
② 30-45 dólares	④ 60-80 dólares	⑥ 100-130 dólares	⑧ más de 180 dólares

jarse y disfrutar de la vida nocturna, la playa y la ciudad. Los precios varían entre 20-300 dólares, aunque lo normal es gastarse entre 40-75 dólares durante el verano y unos 60-100 dólares en invierno (o bien hasta 100 dólares por noche en hoteles de superlujo de South Beach). El **alojamiento económico** se reduce a dos **albergues de juventud**, un fabuloso **albergue/hotel** de Miami Beach y un **cámping** bastante alejado en el margen sudoeste de la ciudad.

Fuera de Miami Beach, no hay tanta oferta y el coste se incrementa. En el **centro de Miami** (interesante durante el día, pero apagado por la noche) dispone de pocos rivales de precios asequibles para sus hoteles económicos pertenecientes a cadenas; el carácter y la arquitectura exclusivos hacen que **Coral Gables** resulte atractivo, pero sus habitaciones no suelen ser baratas; los grandes y modernos hoteles de **Coconut Grove** están reservados para la *jet-set*; y en **Key Biskayne** cobran 100 dólares la noche por la habitación más sencilla junto al océano. Sólo en **South Miami**, no muy interesante en sí misma pero un buen lugar donde alojarse si el viajero va en automóvil, hay una amplia oferta de sencillos moteles por unos 40-60 dólares la noche. Los hoteles de la zona del **aeropuerto**, que sólo incluyen una ganga, únicamente son una buena opción si ha de tomar un avión a horas intempestivas o si el visitante llega tarde y no le apetece conducir hasta Miami de noche.

Durante el invierno, se aconseja **reservar habitación** sea directamente o mediante una agencia de viajes. Sin embargo, entre mayo y noviembre el viajero se ahorrará dinero si busca las mejores ofertas una vez allí (aunque reserve por anticipado la primera noche por si acaso). Se recomienda **regatear** porque tal vez consiga que le rebajen unos dólares respecto al precio anunciado. Las habitaciones **individuales** no suelen ser más baratas que las **dobles** y las pocas excepciones que hay se recogen en el apartado de «Direcciones prácticas». Los precios que se incluyen más abajo son de la temporada de invierno; en verano son más bajos.

Hoteles y moteles

Centro de Miami

Hampton Inn-Downtown, 2500 Brickell Ave (☎1-800/HAMPTON). Motel perteneciente a una cadena, sencillo pero adecuado, a poco más de medio kilómetro de pleno centro de Miami. ⑤

Howard Johnson, 110 Biscayne Blvd (☎1-800/654-2000). Hotel perteneciente a una cadena, de sencillas prestaciones, pero con los precios más ajustados, cerca del corazón de Miami. ⑤

Inter-Continental Miami, 100 Chopin Plaza (☎1-800/327-0200). Las sillas de mimbre y una escultura de Henry Moore mejoran el ambiente de este hotel, perteneciente a una cadena multinacional. Muy moderno y cómodo. ⑦-⑧

Best Western Marina Park, 340 Biscayne Blvd (☎1-800/528-1234). El sencillo exterior oculta un atractivo interior, con vistas del puerto de Miami y los parques colindantes. ⑥-⑦

Miami River Inn, 118 SW South River Drive (☎325-0045). La mayoría de edificios que forman la posada datan del 1908 y proporcionan un cómodo alojamiento en un ambiente único, a un paseo, cruzando el río Miami, del centro de la ciudad o del barrio comercial de Brickell. Desde las habitaciones se contemplan unas vistas impresionantes, tanto de la ciudad como del jardín y la piscina. ④

Omni International, 1601 Biscayne Blvd (☎1-800/843-6664). Uno de tantos hoteles dirigidos a la clase empresaria rica. Si el visitante no puede permitirse una habitación, se recomienda echar una ojeada al lujoso vestíbulo y al centro comercial subterráneo. ⑦-⑧

Coconut Grove

Doubletree at Coconut Grove, 2649 S Bayshore Drive (☎1-800/528-0444). Elegante edificio elevado con acogedoras habitaciones y hermosas vistas, sólo a un cuarto de hora andando de los cafés y bares de la zona. ⑥-⑧

Grand Bay, 2669 S Bayshore Drive (☎1-800/327-2788). Elegancia que se paga. ⑧

Mayfair House, 3000 Florida Ave (☎1-800/341-0809). Lujoso hotel de suites con una piscina en la azotea. ⑧

Coral Gables

Biltmore, 1200 Anastasia Ave (☎1-800/727-1926). Un destacado hotel al estilo mediterráneo, que ha pasado por buenos y malos tiempos desde que empezó a mimar a los ricos y famosos en 1926. Se recomienda recorrer sus pasillos con eco y hundirse en los sofás del vestíbulo, aunque no pueda permitirse alojarse allí. ⑦-⑧

Omni Colonnade, 180 Aragon Ave (☎1-800/533-1337). Suelos de mármol, alfombras orientales y lámparas de latón llenan esta joya de la arquitectura de estilo mediterráneo. ⑦-⑧

Gables Inn, 730 S Dixie Hwy (☎661-7999). Sencillo pero limpio y el menos caro de la zona. ③

Place St Michel, 162 Alcazar Ave (☎444-1666). Hotel pequeño y romántico justo saliendo de Miracle Mile, con decoración de Laura Ashley y muchas antigüedades europeas. El precio incluye el desayuno continental. ⑤-⑦

Riviera Courts, 5100 Riviera Drive (☎1-800/368-8602). Motel sencillo y casero equipado con una piscina, cerca de la University of Miami y de Miracle Mile. ③-④

Key Biscayne (Cayo Vizcaíno)

Sheraton Royal, 555 Ocean Drive (☎1-800/334-8484). Hotel de alta categoría junto a la playa, ofrece todos los servicios que el visitante pueda imaginar y grandes rebajas fuera de temporada. ⑧

Silver Sands Oceanfront Motel, 301 Ocean Drive (☎361-5441). No es que sea una ganga, pero las habitaciones individuales son las más baratas de la isla. ⑥

Sonesta Beach, 350 Ocean Drive (☎1-800/SONESTA). Complejo turístico con lujosas habitaciones, instalaciones deportivas, bares y una franja de playa privada de primera clase. ⑦-⑧

South Miami y Homestead

A1 Budget Motel, 30600 S Dixie Hwy (☎247-7032). Sencillo y limpio, con algunas habitaciones para no fumadores y una lavandería autoservicio. ②-③

Coral Roc, 1100 N Krome Ave (☎247-4010). Motel nada especial pero muy práctico. ③-④

Deluxe Inn Motel, 28475 S Dixie Hwy (☎248-5622). Quizá no tanto como «de lujo», pero con habitaciones limpias y a buen precio. ②-③

Everglades Motel, 605 S Krome Ave (☎247-4117). Un exterior algo estropeado, pero las habitaciones están bien y hay una lavandería que funciona con monedas para los huéspedes. ②-③

Best Western Gateway to the Keys, 1 Straus Blvd, Florida City (☎246-5100). Uno de los lugares más cómodos donde alojarse y bien situado entre los cayos, Miami y los Everglades. ⑤-⑥

Katy's Place B&B, 31850 SW 195th Ave (☎247-0201). Alojamiento y desayuno en un lugar agradable con piscina, jacuzzi, lavandería y desayunos caseros. ④-⑤

Super 8, 1202 N Krome Ave (☎1/800-800-8000). Pertenece a una sencilla pero barata cadena de hoteles; ofrece habitaciones limpias y a buen precio. ②-③

South Miami Beach

Blue Moon, 944 Collins Ave (☎1/800-724-1623). La última adquisición de Merv Griffith es un pequeño y lujoso hotel recientemente redecorado en piedra azul y blanca. ⑥-⑧

Brigham Gardens Guesthouse, 1411 Collins Ave (☎531-1331). Grandes habitaciones con cocinas sencillas o bien equipadas. Un jardín tropical y el ambiente agradable contribuyen a que éste sea uno de los mejores lugares donde alojarse en South Beach. ④-⑥

Cadet Hotel B&B, 1701 James Ave (☎1/800-43-CADET). Un original B&B en el corazón de South Beach. Clark Gable estuvo allí. ④

Cavalier, 1320 Ocean Drive (☎1/800-OUTPOST). Hotel estilo Art Déco de los años treinta abierto recientemente y renovado por completo, que ahora contiene decoración con motivos árabes. ⑤-⑥

Clay, 406 Española Way (☎534-2988). Excelente hotel que funciona como el único albergue de juventud de la ciudad (véase «Alojamiento económico» en pág. siguiente), pero también hay algunas habitaciones privadas. ①-②

Colony, 736 Ocean Drive (☎1/800-2-COLONY). Esta maravilla de estilo Art Déco bellamente restaurada es el hotel más fotografiado de South Beach. ⑤-⑥

Essex House, 1001 Collins Ave (☎1/800-553-7739). Ambiente agradable y uno de los hoteles de estilo Art Déco restaurados con más gusto. ④-⑥

Leslie, 1244 Ocean Drive (☎1-800/OUTPOST). Muy bien situado en la franja Art Déco junto a la playa; su diseño interior es impresionante (colores vivos y espejos en los curvados ángulos). Las habitaciones están equipadas con radiocasete y televisor. ⑤-⑥

Marlin, 1200 Collins Ave (☎1/800-OUTPOST). Once habitaciones caras pero modernas, decoradas con un tema de las islas caribeñas y un solarium en la azotea. Si el visitante no puede permitirse el alojamiento aquí, se recomienda tomar algo en el bar futurista. ⑥-⑧

Mermaid, 909 Collins Ave (☎538-5324). Habitaciones rentables, algunas con fogones, en una casa de campo. ③-⑤

Park Central, 640 Ocean Drive (☎538-1611). La opción estilo Art Déco más grande y una de las pocas con piscina. ⑥-⑦

Raleigh, 1775 Collins Ave (☎534-6300). La restauración realizada en la década de los ochenta imita el aspecto que tenía en los años cuarenta, pero añadió los aparatos eléctricos más modernos en las habitaciones. Probablemente el hotel mejor dirigido y en la actualidad el más lujoso de South Beach. ⑦-⑧

Shelley, 844 Collins Ave (☎1/800-414-0612). Un hotel estilo Art Déco original con habitaciones impecables, situado justo al otro lado de la calle de Ocean Drive y la playa. Se sirven pastas y zumos por las mañanas en el vestíbulo. ③-④

Villa Paradiso, 1415 Collins Ave (☎532-0616). Estudios bien equipados y apartamentos de un solo dormitorio con cocina, situados a una manzana de la playa. ④-⑥

Waldorf Towers, 860 Ocean Drive (☎531-7684). Otro conocido edificio estilo Art Déco con vistas al océano y en el centro de la famosa franja. ⑤-⑥

Central Miami Beach y Bay Harbor Islands

Alexander, 5225 Collins Ave (☎1-800/327-6121). Suites bien equipadas, champaña gratuito de bienvenida y colchones ajustados a la firmeza que quiera el cliente. No querrá salir de allí. ⑧

Eden Roc Resort & Spa, 4525 Collins Ave (☎1-800/327-8337). Un conocido punto en la playa desde los años cincuenta, ha sido renovado hasta el último detalle y también se encuentra entre los hoteles más lujosos de Miami. Desde la mayoría de habitaciones se contemplan vistas espectaculares. Además de dos piscinas, hay un balneario que ofrece desde shiatsu hasta masajes con algas y sal. ⑧

Bay Harbor Inn, 9660 E, Bay Harbor Drive, Bay Harbor Islands (☎868-4141). Elegancia moderada en un barrio residencial distinguido a pocos minutos a pie de la playa y a 15 minutos en automóvil del centro. Las habitaciones más bonitas son las que ofrecen vistas a Indian Creek, frente a la posada. ⑤-⑥

Fontainebleau Hilton, 4441 Collins Ave (☎538-2000). Fue el máximo de la elegancia y ahora ha sido cuidadosamente reformado y espera recuperar su estatus perdido; unos 2.000 empleados atenderán todos los caprichos del cliente. ⑦-⑧

The Golden Sands, 6910 Collins Ave (☎1-800/932-0333). Nada excepcional y frecuentado sobre todo por europeos en vacaciones con todos los gastos incluidos, pero conviene pasar por allí a mirar sus precios en una zona tan cara. ③-④

North Miami Beach

Blue Mist, 19111 Collins Ave (☎932-1000). El más barato de las islas Sunny; las habitaciones son sencillas, pero la mayoría ofrecen vistas al océano. ③-④

Days Inn, 7450 Ocean Terrace (☎1/800-325-2525). Hotel correcto perteneciente a una cadena, con una bonita piscina. ④-⑤

Paradise Inn, 8520 Harding Ave (☎865-6216). Estratégicamente situado en la calle principal de Surfside, es una de las mejores gangas del lugar. ③

Thunderbird Resort, 18401 Collins Ave (☎1-800/327-2044). Sin adornos, pero cerca tanto de Miami como de Fort Lauderdale. Como en la mayoría de los hoteles de los alrededores, el cliente puede salir de su habitación e ir directamente a la piscina o a la playa. ④-⑥

En el aeropuerto

Hampton Inn-Miami Airport, 5125 NW 36th St (☎1-800/HAMPTON). Perteneciente a una buena cadena hotelera, ofrece algunos de los mejores precios de la zona del aeropuerto. ④

MIA, Miami International Airport (☎1-800/327-1276). No hay excusa para perder el avión si se aloja aquí; este hotel de diseño moderno y de equipamiento completo se encuentra dentro del aeropuerto, pero se paga por la ventaja. ⑦

Miami Airways Motel, 5001 36th St (☎883-4700). Con mucho, el más barato de la zona. ②

Quality Inn, 2373 NW Le Jeune Rd (☎1-800/228-5151). Hotel perteneciente a una cadena; hay una bonita piscina. ④-⑤

Alojamiento económico: albergues y cámpings

Inmejorablemente situado en el corazón de South Beach, **el albergue de juventud** AYH de la ciudad, el *Hostel International of Miami Beach*, en el *Clay Hotel*, 406 Española Way (☎534-2988), ofrece camas en pequeños dormitorios comunes por 10 dólares (13 dólares para los no socios de IYHA), además de individuales y dobles privadas (25-35 dólares); véase «Hoteles y moteles». También en South Beach, en el *Ninth Street Hostel*, 236 Ninth Street (☎534-0268), hay camas en dormitorios comunes para cuatro personas por 12 dólares cada una. Lo último en alojamientos económicos ha llegado a South Beach en forma de *Banana Bungalow* (☎1-800-7-HOSTEL), un albergue/hotel con las comodidades y ventajas de ambos. Dispone de una gran piscina, filmes por las noches en una lujosa sala de vídeo, visitas organizadas por tierra y agua, y el Tiki Bar más barato de toda la franja; además, sus precios son comparables a los de los hoteles locales (40-55 dólares por las habitaciones privadas, 12-15 dólares por las camas en los dormitorios comunes); los huéspedes pueden pasar el rato junto a la piscina mientras juegan al tejo o charlan con los demás turistas.

Es mucho mejor alojarse en cualquiera de los lugares anteriores que **acampar** en *Larry & Penny Thompson Memorial Campground*, 12451 SW 184th Street (☎232-1049), casi 20 km al sudoeste del centro de Miami y lejos de las rutas de autobuses; 18 dólares la noche, 74 dólares una semana.

MIAMI

A pesar de su bajo índice de población, **Miami** es un lugar con ambientes variados. Muchos de sus barrios son oficialmente ciudades por sí mismos y cada uno posee características propias. Algunos son lo bastante compactos como para ser visitados a pie, aunque el visitante necesitará un coche o los autobuses locales para ir de uno a otro; a pesar de que la ciudad no se extiende mucho hacia el interior por la barrera natural que oponen los pantanos de los Everglades, las distancias entre los límites del norte y del sur son considerables. Hay que tener en cuenta que el ambiente dentro de un mismo barrio puede cambiar de manera radical de una manzana a otra, lo que hace que sea fácil adentrarse en un territorio hostil si no se está atento.

El clásico lugar de partida es el pequeño y bullicioso **centro de Miami**. En sus calles abundan las tiendas de llamativa decoración, frecuentadas por una gran variedad de personas, lo que aporta una viva dimensión humana a una zona dominada por edificios de oficinas futuristas. Junto a la **zona del centro** hay áreas de un marcado contraste. Las que hay al norte, con algunas excepciones, son descuidadas y peligrosas, con mala fama por sus estallidos de violentos conflictos raciales. Al sur se encuentran los bancos internacionales, que caracterizan la nueva riqueza de Miami y la moderna arquitectura que la acompaña.

Más allá de los alrededores del centro de Miami, la ciudad se extiende formando un ancho arco hacia el oeste y el sur. Los primeros cubanos de Miami, que han cambiado la forma de la ciudad de forma sustancial durante las últimas dos décadas, se asentaron unos cuantos kilómetros al oeste en lo que acabó siendo **Little Havana**. Todavía es una de las partes de Miami más atractivas, rica en imágenes y sonidos latinoamericanos, pero menos cubana que antes. Justo al sur, la red de calles de Little Havana da paso a los anchos bulevares de **Coral Gables**, cuya arquitectura de tipo mediterráneo delicadamente forjada, que incita a las imitaciones baratas por todas partes, resulta hoy tan impresionante como en los años veinte, cuando estableció un nuevo estándar de planificación de ciudades. Al sur del área del centro, **Coconut Grove** está apostando fuerte por convertirse en el barrio de moda de Miami; situado a lo largo de la bahía Biscayne, alberga numerosos cafés amueblados de forma elegante, además de mansiones y tiendas anticuadas.

Más allá de Coconut Grove y Coral Gables, se encuentra **South Miami**, una deslustrada extensión residencial sin nada especial, que termina en los terrenos de labranza en el límite sur de Miami y en la estéril extensión de los Everglades al oeste. **Key Biscayne** (Cayo Vizcaíno) es un destino más atractivo: una elegante y apartada comunidad isleña con algunas playas hermosas, a unos 8 km de tierra firme pero a la que se llega fácilmente por una carretera elevada.

El centro de la ciudad

El **CENTRO DE MIAMI** no es un lugar para ir a relajarse: oleadas de personas inundan sus cortas calles y mueven los llamativos toldos de incontables tiendas de aparatos electrónicos, ropa y joyerías con precios rebajados, deteniéndose sólo a comprar un periódico extranjero o tomar un tentempié picante y un zumo de mango en un puesto de comida rápida.

Desde principios de los años sesenta, cuando los recién liberados veteranos de la bahía de Cochinos llegaron para gastarse los atrasos de sueldo del Gobierno de Estados Unidos, los negocios de habla predominantemente hispana de los casi 3 km^2 han cosechado los beneficios de cualquier subida en los ingresos de América del Sur o Central. Los visitantes entran a raudales por el aeropuerto de Miami y se trasladan al centro en tropeles, buscando los productos que no pueden encontrar en casa. Las minorías entre la muchedumbre son turistas europeos con aspecto aturdido, elegan-

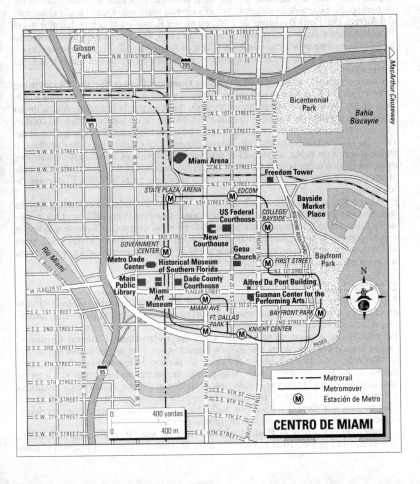

tes angloamericanos con empleos en el Gobierno local y gente de la calle que arrastra sus únicas pertenencias. Sólo la arquitectura pública de Estados Unidos y los osados guardias de tráfico recordarán al visitante que está en Florida y no en la calle mayor de una animada capital latinoamericana.

La bulliciosa selva de las calles (seguras durante el día) y el sentimiento que producen de estar en la encrucijada de las Américas son suficiente razón para pasar medio día en el centro de Miami; pero también hay otros atractivos: una excelente colección histórica, una completa biblioteca y, por extraño que parezca, un antiguo palacio de justicia lleno de obras de arte. Cuando la mezcolanza callejera resulte insoportable, el visitante podrá reanimar sus sentidos entrando en uno de los muchos cafés cubanos (véase «Comida», pág. 105).

Flagler Street y el Metro-Dade Cultural Center

Ningún otro lugar da mejor impresión del centro de Miami que **Flagler Street**, quizá la parte más ruidosa y agitada, además de la principal atracción de la zona desde hace tiempo. Se recomienda empezar por el extremo este, echar una ojeada al interior del **Alfred Du Pont Building** de 1938, en el 169 E, que en la actualidad alberga el Florida National Bank (hay que subir al primer piso); fantásticos enrejados de hierro forjado, voluminosos adornos de latón y frescos de paisajes de Florida resumen el estilo decorativo popular entre los arquitectos de Estados Unidos al final de la Gran Depresión.

Cerca de allí, el incluso menos comedido **Gusman Center for the Performing Arts**, en el 174 E, comenzó su vida en los años veinte como teatro de vodevil y contiene todos los adornos exquisitamente cursis que uno pueda imaginar, dentro de un edificio de 1 millón de dólares, diseñado a imitación de un palacio árabe. Se conservan los torreones, las torres y las columnas con numerosos detalles (escaparon al derribo de 1972) y una luna creciente todavía revolotea en el techo lleno de estrellas. La única manera de echar un vistazo al interior (el exterior es menos interesante) es comprando una entrada para un espectáculo; hay conciertos de música clásica y contemporánea y danza de octubre a junio; en la taquilla o en el ☎372-0925 informan de los detalles.

Más adelante, en la misma calle, en el 73 W, cuatro formidables columnas dóricas marcan la entrada al **Dade County Courthouse**. Construido en 1926 en el lugar donde se encontraba un antiguo palacio de justicia, en el que solían llevarse a cabo las ejecuciones en la horca, fue durante 50 años el edificio más alto de Miami y sus luces nocturnas proyectaban un característico perfil de pirámide escalonada que constituía un aviso para todos los malhechores de la ciudad.

El Metro-Dade Cultural Center

No vale la pena pasar el registro de seguridad (los casos más interesantes se tratan en el nuevo tribunal de justicia; véase «Al norte de Flagler Street») para ver el palacio de justicia. En lugar de esto, se recomienda cruzar la SW First Avenue hacia el enorme edificio con aspecto de refugio antiaéreo del **Metro-Dade Cultural Center**, al que se accede por una rampa que sale de Flagler Street. Fue un ambicioso intento del famoso arquitecto Philip Johnson por crear un pórtico de tipo mediterráneo posmoderno, un lugar de reunión donde Miami pudiera mostrar su lado cultural. La teoría casi funcionó: en el patio suele haber espectáculos artísticos, colecciones históricas y una importante biblioteca, pero Johnson no tuvo en cuenta el fuerte sol del sur de Florida. Más que pararse a descansar y charlar, la mayoría de gente cruzan corriendo el espacio abierto en busca de la sombra más cercana.

Enfrente del pórtico, el **Historical Museum of Southern Florida** (lun.-miér., vier.-sáb., 10-17 h; jue., 10-21 h; dom., 12-17 h; 4 dólares; ☎375-1492) muestra el pasado polifacético del sur de Florida. La sección dedicada a los indios semínolas incluye una importante colección de fotografías y objetos que revelan muchos aspectos sobre el estilo de vida de los indios americanos (los indios creek empezaron a llegar a lo que entonces era una Florida de dominio español durante el siglo XVIII, huyendo de la persecución del norte). Otra exposición trata los juicios y tribulaciones de los primeros colonos de Miami, permitiendo que se le pongan caras a nombres como Tuttle y Brickell, que dan nombres a parques y puentes de toda la ciudad. También están bien testimoniadas las fluctuantes fortunas de Miami Beach: desde sus inicios como centro de veraneo de las celebridades, con fotografías de los grandes de Hollywood de los años veinte, hasta la reciente renovación de la franja Art Déco. Asimismo, se incluye la historia reciente, con un espacio considerable dedicado a la llegada de los refugiados e inmigrantes cubanos.

A unos metros del museo histórico, el **Miami Art Museum** (mar.-miér. y vier., 10-17 h; jue., 10-21 h; sáb.-dom., 12-17 h; 5 dólares; jue., 18-21 h; entrada gratuita) monta importantes exposiciones internacionales ambulantes, con una particular incidencia en las obras latinoamericanas. Justo enfrente se encuentra la **Main Public Library** (lun.-sáb., 9-18 h; jue., 9-21 h; dom., 13-15 h; verano, cerrado dom.) que, además de las habituales secciones de préstamo, monta exposiciones temporales de arte y temas literarios, al igual que una gran colección de revistas y libros de Florida.

Junto al Cultural Center, el **Metro-Dade Center** (también llamado Government Center) contiene principalmente las oficinas del Gobierno del condado, pero en el **Transit Service Center** (todos los días, 7-18 h; ☎770-3131), junto a la entrada del Metrorail en el lado este del edificio, se ofrecen prácticos horarios de autobuses y trenes.

Al norte de Flagler Street

El ritmo se ralentiza y los escaparates se van haciendo menos chillones a medida que el visitante va hacia el **norte de Flagler Street**. Una bulliciosa procesión hispana entra y sale de la católica **Gesu Church** de 1925, en 118 NE Second Street, cuyo exterior estilo colonial y cuyo interior son impresionantes. A partir de aquí, no hay nada que merezca la pena ver hasta llegar al neoclásico **US Federal Courthouse**, en 300 NE First Avenue (lun.-vier., 8.30-17 h), unos minutos más adelante. Terminado en 1931, el edificio funcionaba en un principio como oficina de correos; el insignificante índice de criminalidad que tenía entonces Miami requería sólo una sala en el segundo piso para las actividades judiciales. Sin embargo, la sala recibió un **mural** monumental: *Law Guides Florida's Progress* (La ley guía el progreso de Florida), de Denman Fink (el diseñador que hay detrás de muchas obras de Coral Gables, véase pág. 80), una representación de más de 8,5 m de la evolución de Florida desde las apartadas regiones pantanosas hasta el estado moderno; si la sala de justicia está cerrada con llave, se recomienda hablar con el guarda de seguridad para entrar a mirar. En 1985, le encargaron al artista de frescos David Novros decorar el **patio** interior de estilo medieval del edificio; sus pintadas atrevidas y llenas de color añadieron vida al edificio.

A finales de los años sesenta, los niveles de criminalidad de Miami aumentaron demasiado y el antiguo palacio de justicia se quedó pequeño. Se empezó a construir a su lado un edificio de 22 millones de dólares, el **New Courthouse** (entrada principal por North Miami Ave; lun.-vier., 8.30-17 h). Se trata de una horripilante creación de hormigón y vidrio cuya mayor ventaja, además del tamaño, es que los miembros del jurado pueden entrar y salir sin ser vistos: «Sacarlos sin matarlos», comentó un juez en una ocasión.

Alrededores del centro de la ciudad

Hay algunos discretos parques y recintos de tiendas a poca distancia a pie, pero el viajero necesitará ir en automóvil o autobús para moverse algo más **por el centro de Miami**. Al norte se encuentra Little Haiti, una de las zonas étnicas más definidas de la ciudad, que limita con un barrio desolado y azotado por la pobreza que se recomienda evitar. En total contraste, si se dirige hacia el sur, una extraordinaria fila de modernos bancos y espectaculares apartamentos revelan la recién estrenada prosperidad de Miami. Al oeste, la zona entre el centro de Miami y Little Havana (véase pág. 77) está repleta de varios kilómetros de casas poco inspiradas.

El norte del centro

Los años ochenta supusieron la destrucción de algunos edificios deteriorados pero muy queridos junto a **Biscayne Boulevard** (parte de la Hwy-1) para dar cabida a **Bayside Marketplace**, en 401 N Biscayne Boulevard (lun.-sáb., 10-22 h; dom., 11-21 h; los restaurantes y los bares abren hasta más tarde), un centro comercial grande y de color rosa desde donde se contemplan agradables vistas del océano. Animado por músicos callejeros y algunos puestos de comida internacional, el lugar es menos horrible de lo que cabría esperar, pero está pensado para el turismo. Muchos viajes de placer por la bahía empiezan aquí (véase «Visitas en autobús, barco y helicóptero» y «Taxis acuáticos», págs. 64-65) y, por si el viajero se lo pregunta, justo al sur, en el puerto deportivo lleno de yates de Bayfront Park of the Americas, donde Sonny Crockett de *Corrupción en Miami (Miami vice)* tenía amarrada su casa flotante.

Al norte de Bayside Marketplace, las filas interminables de camiones contenedores que entran a Port Boulevard dan fe de la importancia del **puerto de Miami**, en la actualidad una de las mayores terminales de barcos de carga y de pasajeros del mundo. Más allá, la perpetua llama de la John Kennedy Memorial Torch of Friendship simboliza las buenas relaciones entre los Estados Unidos y sus vecinos del sur, y guarda la entrada al Bicentennial Park, lleno de señales de varias eminencias centroamericanas reconocidas por Estados Unidos.

Entre el Bicentennial Park y Bayside Marketplace se encuentra el lugar de la sede del equipo de baloncesto Miami Heat, la **American Airlines Arena**, con restaurantes y tiendas comunicadas a Bayside mediante un puente peatonal.

Al otro lado de Biscayne Boulevard, la **Freedom Tower**, que originalmente era el ahora desaparecido *Miami News*, recibió su nombre actual por albergar el Cuban Refugee Center, que empezó a funcionar en 1962. La mayor parte de los que dejaron Cuba en los «viajes de libertad»* tuvieron allí su primer encuentro con la burocracia estadounidense. El edificio de 1925, basado en un campanario español, ha estado cerrado durante años debido a las obras de restauración, y en la actualidad no hay perspectivas de reapertura; de todas formas, sus elementos mediterráneos son más impresionantes desde lejos.

Más allá de la Freedom Tower, hay poco más que ver en una distancia que se pueda recorrer a pie. El visitante se encontrará en el margen de algunos de los barrios más empobrecidos y peligrosos de la ciudad. Puede aventurarse unas cuantas manzanas más adelante hasta el **cementerio de la ciudad de Miami**, en la esquina de

---

* Entre diciembre de 1965 y junio de 1972, Castro permitió salir de la isla a un total de 250.000 cubanos. Mientras que la propaganda de Estados Unidos los calificó de «combatientes de la libertad», la mayoría de ellos sólo llegaron para aprovecharse simplemente de los frutos del capitalismo. Como Castro reconoció astutamente, cualquiera que fuera una molestia para su régimen, lo sería mucho menos fuera de Cuba.

North Miami Avenue y NE Eighteenth Street, aunque sólo si lo hace acompañado, en una **visita organizada**; 15 dólares (☎375-1625 para los detalles). Hay muchas historias en este lugar, pero las tumbas están llenas de jeringuillas usadas, todo lo de valor ha sido robado y los panteones de las familias adineradas de Miami tienen las puertas rotas porque los vagabundos buscan cobijo en ellos.

Más hacia el norte: Little Haití y el Police Museum

En Miami viven unos 170.000 **haitianos**, que forman uno de los mayores grupos étnicos de la ciudad, aunque sea mucho menor que la población cubana. Aproximadamente un tercio de ellos vive en lo que se ha terminado llamando **LITTLE HAITÍ**, un área de 200 manzanas con centro en NE Second Avenue, al norte de 42nd Street (autobuses 9 o 10 desde la zona del centro). Además de escuchar criollo haitiano por la calle (casi todos los haitianos de Miami hablan inglés como tercera lengua, después de criollo y francés), el visitante también verá tiendas, oficinas y restaurantes llenos de colorido. Para tener una idea de la cultura, se recomienda visitar el **Caribbean Marketplace**, en 5927 NE Second Avenue (mar.-dom., 9-20 h), un gran edificio de estilo haitiano con puestos y pequeñas tiendas donde se vende artesanía de Haití, libros y comida como cocido de cabra. Creado en 1990 para animar a los empresarios locales y formar un foco comercial para la comunidad, el Marketplace no ha tenido éxito en absoluto y la mayor parte del espacio no se utiliza. En el **Haitian Refugee Center**, en 32 NE 56th Avenue, el visitante obtendrá información sobre el porqué los haitianos continúan siendo uno de los grupos inmigrantes más oprimidos de Miami y sobreviven trabajando como taxistas o camareras de hotel, con una educación y un uso de la lengua inglesa pobres, y de actitudes a menudo racistas de los estadounidenses blancos, cubanos y negros.

Junto a Little Haití (autobuses 3, 16 o 95 desde el centro de Miami), el **American Police Hall of Fame & Museum**, en 3801 Biscayne Boulevard (todos los días, 10-17.30 h; 6 dólares; ☎573-0070), ocupa la antigua sede central local del FBI, un monumento a la ley y el orden irónicamente situado cerca de Liberty City y Overtown, escenario de la vida más desesperada de Miami. El visitante puede pasar una hora de asueto allí; además de las gorras de béisbol de la CIA y del automóvil del filme *Blade Runner*, el primer piso está dedicado a un sombrío monumento conmemorativo de los oficiales de policía caídos. Arriba encontrará información sobre los gánsteres, un equipo de un adicto a las drogas, un arsenal de armas encontrado en las autopistas, los aparatos para encadenar a los prisioneros que todavía se usan en Tennessee; y momentos de humor, como una fotografía firmada por Keith Richards, un miembro de la junta consultiva de celebridades del museo. El mal gusto rezuma por todos lados, y el visitante incluso podrá hacerse una fotografía en la silla eléctrica o la cámara de gas.

Liberty City y Overtown

En diciembre de 1979, después de una serie de impunes asaltos realizados por oficiales de policía blancos contra miembros de la comunidad afroamericana, un respetado profesional negro, Arthur MacDuffie, fue tirado de su moto en **LIBERTY CITY** y golpeado hasta la muerte por un grupo de oficiales blancos. Cinco meses después, un jurado formado sólo por blancos absolvió a los acusados, haciendo estallar lo que se conoció como la «revuelta de Liberty City». El 18 de mayo de 1980, la noche después del juicio, todo Miami estaba en llamas, desde Carol City en el extremo norte hasta Homestead en el sur. Se extendieron los tiroteos, los ataques con piedras y los abordajes a blancos, que eran sacados de sus vehículos y atacados o incluso quemados vivos. La violencia empezó el sábado, las barricadas rodearon los barrios afroamericanos hasta el miércoles y el estado de sitio en toda la ciudad duró hasta el viernes.

En el recuento final, hubo 18 muertos (en su mayoría afroamericanos muertos a manos de la policía y la Guardia Nacional), y cientos de heridos, y los daños materiales se calcularon en más de 200 millones de dólares.

Sorprendentemente, el «peor paroxismo racial de la historia moderna americana» (no la primera ni quizá la última expresión violenta de las tensiones raciales de Miami) no causó daño alguno a las mayores fortunas de Miami, que llegaron justo cuando la ciudad se estaba estableciendo como centro de finanzas latinoamericanas y a punto de hacerse famosa gracias a *Corrupción en Miami (Miami vice)*. Incluso Liberty City se encontró pronto como un barrio de moda internacional chic (véase «Compras», pág. 123) surgiendo en los almacenes en desuso del límite occidental de Little Haiti. Sin embargo, los afroamericanos de Miami todavía son los últimos en la jerarquía de la sociedad. Desde el principio, «Coloredtown», como se conocía antes a **OVERTOWN**, estaba dividida por vías de ferrocarril de los blancos del centro de Miami y en los años treinta, cuando sus clubes de jazz divertían a un público multirracial, las condiciones eran tan malas y la superpoblación tan acusada que Liberty City se construyó en un área colindante para aliviar la tensión.

En las últimas décadas, las relaciones entre blancos y negros en Miami se han complicado debido al aumento de la inmigración de hispanos, que ha ocupado algunos de los empleos tradicionalmente desempeñados por los negros, situación de la que se quejó en junio de 1990 el líder del Congreso Nacional Africano, Nelson Mandela, al alcalde de Miami, Xavier Suárez. Este incidente, que partía del rechazo de Mandela a denunciar a Fidel Castro, estimuló la formación de un **boicot afroamericano** bien organizado de la lucrativa industria turística de la ciudad, lo que causó que las organizaciones afroamericanas profesionales de Estados Unidos cancelaran convenciones que se iban a celebrar en Miami. Se le llamó el *quiet riot* (revuelta silenciosa) y costó a la ciudad la pérdida de millones de dólares.

No hace falta decir que estas zonas (y algunas partes de Coconut Grove, North Miami Beach y South Miami) no sólo son deprimentes, sino también peligrosas y la sola presencia de un turista podría verse como una provocación, sobre todo si es blanco. Si el visitante se adentra con el automóvil en una de estas zonas, debe cerrar las ventanillas, las puertas, tener cuidado cuando pare en los semáforos y no salir del vehículo.

Si el visitante tiene mucho interés por la contribución afroamericana a Miami y Florida, puede ir a **Black Archives History and Research Foundation of South Florida**, en 5400 NW 22nd Avenue (lun.-vier., 9-17 h; entrada gratuita; ☎636-2390), un centro de recursos que también organiza visitas guiadas con un mínimo de diez personas por zonas históricas negras.

Al sur del centro de Miami

Caminando 15 minutos hacia el sur desde Flagler Street, se llega al **río Miami** que marca el límite sur del centro urbano. Si el visitante tiene que esperarse para cruzar porque están levantando el puente levadizo para que pase un barco, puede mirar hacia el oeste, al *Hotel Inter-Continental*, en la desembocadura del río, construido en el lugar donde a principios de siglo se encontraba el *Royal Palm Hotel* de Henry Flagler. Por orden de los terratenientes más importantes de Miami, Flagler, un magnate del petróleo cuya línea de ferrocarril abrió la costa este de Florida y llevó a ricas personalidades a su cadena de hoteles, extendió la vía férrea hasta allí desde Palm Beach. Su lujoso hotel y posterior dragado de la bahía Biscayne para dar cabida a cruceros contribuyeron a situar a Miami en el mapa.

Un terrateniente, William Brickell, dirigía una fábrica en el lado sur del río, una zona ocupada ahora por **Brickell Avenue**. Esta avenida, que empieza justo al otro lado del SE Second Avenue Bridge y se extiende hasta Coconut Grove (véase pág. 85), era *la* dirección en la Miami de la década de 1910, lo que explica que se la llame también *millionaires' row* (fila de millonarios). Aunque hace tiempo que desaparecieron las grandes casas originales, el dinero es el factor principal de Brickell: sobre el puente hay casi 1 km de **oficinas bancarias**, el mayor grupo de bancos internacionales de Estados Unidos, cuyas imponentes formas quedan suavizadas por los antepatios llenos de esculturas, fuentes y palmeras. Más que lugares donde los turistas cambian los cheques de viaje, estas instituciones son baluartes de las altas finanzas internacionales. Desde finales de los años setenta, Miami se erigió en centro bancario corporativo, gracias a los beneficios de la estabilidad política en América Central y del Sur, lo que contribuyó a que los financieros latinoamericanos depositaran allí su dinero. También había mucho dinero negro que necesitaba limpiarse; de hecho, corren muchas historias sobre hombres con traje negro que dejaban maletas llenas de dinero.

El auge repentino de los bancos de Brickell se acompañó de la construcción de nuevos apartamentos unas manzanas más adelante, de proporciones impresionantes y poco atractivo arquitectónico. Estas moradas de precios astronómicos, que aparecen mientras suena la sintonía de *Corrupción en Miami (Miami vice)*, acogen en medio de sus colores pastel el edificio moderno más impresionante de Miami: el **Atlantis**, en el 2025. Dibujado por primera vez en una servilleta de un restaurante cubano y terminado en 1983, el *Atlantis* completó varios años de construcción innovadora mediante una pequeña empresa arquitectónica llamada Arquitectonica, cuyo estilo, que se denominó *beach blanket Bauhaus* (Bauhaus general de la playa) y *ecstatic modernism* (modernismo extático), fundía el posmodernismo, aunque con un fuerte sentido de la herencia arquitectónica ecléctica de Miami. El punto central del edificio es un agujero cuadrado abierto en el medio donde hay una palmera, un jacuzzi y una escalera de caracol pintada de color rojo. El visitante no podrá pasar a no ser que conozca a alguien que viva allí, pero tampoco es demasiado importante; incluso sus diseñadores admiten que su interior no hace justicia a la exuberancia del exterior, y creen que el edificio es «arquitectura de 90 km/h», es decir, hecha para ser admirada desde un automóvil que pasa a gran velocidad.

Little Havana

Sin duda, el impacto de los **cubanos**, el mayor grupo étnico de Miami, en las últimas cuatro décadas ha sido muy fuerte. A diferencia de la mayoría de inmigrantes hispanos que han llegado a Estados Unidos, que cambian una forma de pobreza por otra, los cubanos que llegaron a Miami a finales de los años cincuenta ya habían probado la prosperidad. Subieron rápidamente en la escala social y hoy en día ejercen una influencia considerable en la ciudad.

Los primeros cubanos de Miami se establecieron unos cuantos kilómetros al oeste del centro, en lo que más tarde se llamó **LITTLE HAVANA**. Según los folletos turísticos, las calles están llenas de ancianos con guayaberas (amplias camisas de algodón) que juegan al dominó y exóticos restaurantes cuyas paredes vibran con los palpitantes ritmos de la isla. Pero la realidad es más apagada: parques, monumentos conmemorativos, tiendas y puestos de comida de Little Havana reflejan la experiencia cubana y, por tanto, vale la pena ir, pero las calles son más tranquilas que las del centro de Miami (excepto durante el festival de Little Havana a principios de marzo; véase «Festivales», pág. 120). Lo mismo que sus iguales de Estados Unidos, en cuanto sus primeros colonos consiguieron suficientes dólares, dejaron las modestas y agrupadas casas de Little Havana por la completa vida suburbana.

A pesar de las emociones suscitadas por sus políticos, no hay mucho que ver en Little Havana; el encanto del lugar reside en el ambiente. En las calles con pintadas, la impresión que predomina es la de una comunidad que lleva a cabo sus quehaceres diarios y, aunque objetos, olores y sonidos son puramente cubanos, muchas de las personas con quienes se cruzará el visitante (al menos las menores de 50 años) es más probable que sean nicaragüenses o colombianos, los últimos grupos de inmigrantes de Miami que eligieron este barrio para asentarse.

Sólo en la principal vía del barrio, la SW Eighth Street o **Calle Ocho**, hay puestos callejeros donde se venden tazas de dulce café cubano; el aire está impregnado del olor a tabaco y pan recién horneado, mientras que en las tiendas venden objetos de santería (una religión de origen africano como el vudú), además de estatuas de santos católicos de 2 m de alto. Asimismo hay una tienda de *Dunkin' Donuts*, que aquí no ofrecen incluso rellenos de guayaba.

La Calle Ocho

La mejor introducción a Little Havana es el **Brigade 2506 Memorial**, entre las avenidas Twelfth y Thirteenth en la Calle Ocho. Coronada con la bandera cubana y rodeada de balas esculpidas, esta sencilla piedra recuerda a los que murieron en la ba-

---

LOS CUBANOS EN MIAMI: INFORMACIÓN GENERAL

La proximidad con la isla caribeña ha convertido Florida en refugio de activistas cubanos. Desde José Martí en la década de 1890 hasta Fidel Castro, a principios de los años cincuenta, los radicales del país llegaron para luchar, y muchos políticos cubanos destituidos han pasado su exilio en Florida. Sin embargo, hasta hace relativamente poco tiempo, era Nueva York y no Miami el centro de la vida inmigrante cubana de Estados Unidos.

A mediados de los años cincuenta, cuando la oposición al dictador Batista y el papel de país subordinado a Estados Unidos empezó a afirmarse, unos cuantos cubanos comenzaron a llegar a la sección de Miami predominantemente judía llamada Riverside, aunque se mudaron a propiedades de renta baja a medida que fueron enriqueciéndose. Esos pocos se convirtieron en muchos cuando Fidel Castro asumió el poder y los negocios cubanos se extendieron por la SW Eighth Street; los cubanos empezaron a dejar su huella en la vida de Miami y la zona pronto fue conocida como **Little Havana**.

Los que dejaron Cuba no eran campesinos, sino clase media que tenía mucho que perder con la llegada del comunismo. Hay muchas historias sobre capitalistas cubanos de altos vuelos que llegaron sin un céntimo a Little Havana, trabajaron en empleos de baja categoría y, durante dos décadas (ayudados por una gran red de viejos expatriados), trabajaron, prosperaron y alcanzaron poco a poco posiciones de poder e influencia (y no sólo localmente, los líderes cubanos de Miami también ejercen un dominio considerable sobre la política del gobierno de Estados Unidos hacia Cuba).

El segundo gran flujo cubano hacia Miami fue de una naturaleza social y composición racial bastante distinta: en mayo de 1980, los **barcos de Mariel** llevaron a 125.000 isleños, sobre todo de raza negra, del puerto cubano de Mariel hasta Miami. A diferencia de sus astutos predecesores, estos recién llegados eran pobres y analfabetos, y una quinta parte de ellos acababa de salir de la cárcel (presos por delitos comunes más que por motivos políticos). Castro había engañado a la Administración de Estados Unidos para deshacerse de ciudadanos inadaptados. Sólo una pequeña parte de ellos terminaron en Little Havana, pues la mayoría de los «marielitos» se establecieron en South Beach de Miami Beach, donde se convirtieron en una fuente de problemas para los cubanos de Miami establecidos hacía tiempo y que se habían ganado el respeto de la comunidad.

hía Cochinos el 17 de abril de 1961, cuando un grupo de exiliados cubanos entrenados por Estados Unidos intentó invadir la isla y derrocar a Fidel Castro.

Según quién cuente la historia, el resultado fue consecuencia de la falta de previsión o debido a la falta de compromiso de Estados Unidos con Cuba; desde ese día, algunos sectores de la comunidad cubana odian al entonces presidente de Estados Unidos, John Kennedy, casi tanto como a Fidel Castro. Todos los aniversarios, los veteranos vestidos con ropa de combate y rifles de asalto se reúnen allí para hacer promesas de patriotismo durante toda la noche.

Otro lugar de reunión con menos carga emotiva es el **Máximo López Dominó Park**, a unos metros de allí, en una esquina de la Fourteenth Avenue; el acceso a sus mesas al aire libre está restringido a hombres mayores de 55 años y es un lugar donde el visitante sí verá a ancianos con guayaberas jugando al dominó. Además de discutir sobre el destino de Cuba, los jugadores de dominó quizás opinen acerca del **Latin Quarter** (barrio latino), que sustituye a una fila de antiguos edificios en el lado norte de la Calle Ocho. Descrito por los urbanistas de la ciudad como un intento de «crear un escaparate famoso en el mundo de la cultura latinoamericana», el desarrollo parece estar destinado a ser una versión hispanizada de Bayside Marketplace

---

Política de exilio

No obstante, muchos de los cubanos de Miami han prosperado en Estados Unidos; para muchos, la «liberación» de su país está bastante lejos de su pensamiento. Algunos cubanos más mayores, dominados por su odio visceral hacia Fidel Castro y el comunismo, consideran que aún siguen en el exilio, aunque muy pocos estarían dispuestos a dejar su estilo de vida para volver, independientemente del régimen que gobierne en Cuba. Dentro de la complejidad de la política de exilio cubana, hay una clara escisión: algunos sostienen que Estados Unidos abandonó a Cuba y dejó paso a la Unión Soviética, cuando el presidente Kennedy* negó en 1961 el apoyo por aire a la invasora Brigada 2506 en bahía de Cochinos; está a favor del derrocamiento del régimen comunista y el retornar de una ética de supervivencia de lo mejor de los años pasados. La línea más pragmática opina que el reloj cubano no se puede detener e ir hacia atrás, y que la única forma de que los exiliados cubanos puedan ser útiles es enfrentándose a la situación actual y utilizar su poder económico para cambiar los hechos.

Estimuladas por una mezcla de machismo y el culto a los héroes de la independencia cubana, las pasiones crecen y la acción, por lo general violenta, se aprecia más que las palabras. En Miami, los cubanos que abogaban por el diálogo con Castro han sido asesinados; a uno le volaron las piernas por sugerir que la violencia en las calles era contraproducente y el Cuban Museum of Arts and Culture fue bombardeado por exponer obras de artistas apoyados por Castro.

Sin embargo, en 1995 hubo un cese de la violencia cuando las hostilidades entre las diferentes facciones en el exilio se dirigieron al presidente Clinton y su política de devolver a todos los futuros refugiados a Cuba; por primera vez desde que Castro llegó al poder, los cubanos habían perdido su estatus especial y eran tratados como cualquier otro emigrante económico que intentaba entrar en Estados Unidos de manera ilegal. Cuando el mando cubano en el exilio sea finalmente capaz de volver a Cuba, quizá la disputa violenta termine de verdad mientras los partidos luchen por el poder en la era poscastrista.

---

* En 1978, la House Select Committee on Assassinations del Gobierno de Estados Unidos afirmó que un «grupo de acción» cubano afincado en Miami (y todavía activo), el Alpha 66, tuvo la «motivación, capacidad y recursos» para haber matado al presidente Kennedy e hizo varias (aunque no de forma probada) referencias al supuesto asesino, Lee Harvey Oswald.

(véase «Alrededores del centro de la ciudad», pág. 74), a juzgar por la cerámica de estilo español, plazas y fuentes que decoran los caros restaurantes y tiendas de ropa destinados a los turistas. La mayoría de objeciones que ponen los cubanos al tema tiene que ver con el nombre, que, afirman, no hace justicia a la influencia cubana en la zona.

Más al oeste, la tranquila vegetación de **Woodlawn Cemetery**, entre las avenidas 32nd y 33rd (todos los días, amanecer-atardecer), contradice las intrigas y fechorías que se permitieron algunos ocupantes durante sus vidas. Allí están enterrados dos antiguos jefes de Estado cubanos: Gerardo Machado, destituido en 1933, se encuentra en su mausoleo, mientras que uno de los protagonistas de su caída, Carlos Prío Socarras, presidente entre 1948-1952 descansa justo fuera. También está enterrado en un mausoleo (marcado sólo con sus iniciales) **Anastasio Somoza**, dictador de Nicaragua hasta que fue derrocado por los sandinistas en 1979 y asesinado más tarde en Paraguay.

Alrededores de la Calle Ocho

Con las mediocres y baratas viviendas al norte y los modestos bungalós de estilo colonial de los años veinte al sur, hay poco donde detenerse en la Calle Ocho. Una de las excepciones es el **Cuban Museum of Arts and Culture**, en 1300 SW Twelfth Avenue (mar.-vier., 10-15 h; para otros horarios telefonear al ☎858-8006), creado por exiliados cubanos. Sus exposiciones de obras contemporáneas tienen que ser elegidas cuidadosamente para evitar susceptibilidades, pues el museo sufrió un atentado en 1989 por exponer obras de artistas que vivían en Cuba, y a quienes exiliados anticastristas extremistas consideraban colaboradores del régimen. En la actualidad se está formando una colección permanente, aunque todavía no hay espacio para exponerla.

El visitante también puede pasar por el restaurante *La Esquina de Tejas*, en 101 SW Twelfth Avenue, donde podrá ver las fotografías firmadas por Ronald Reagan, quien en 1983, en una de sus visitas durante las elecciones, tomó un almuerzo, en un intento de conseguir el poderoso voto cubano de Miami. Cuatro años después, George Bush pasó por allí para tomar un café cubano y someterse a una interminable sesión fotográfica. Aparte de su política interior de derechas, Reagan se hizo muy popular entre los cubanos de Miami por apoyar a los contras nicaragüenses, que eran vistos como espíritus afines en la lucha de los guerrilleros contra el comunismo (es de dominio público que los contras dirigían sus operaciones desde oficinas en Miami y que se entrenaban para luchar en los Everglades). El afecto de la comunidad quedó demostrado con el cambio de nombre de la Twelfth Avenue por «Ronald Reagan Boulevard». Pero no tiene mucho sentido ir allí (excepto por un acontecimiento deportivo; véase «Direcciones prácticas»); desde ese lugar se puede ver la joroba del estadio del **Orange Bowl** de 70.000 localidades, unas diez manzanas al norte, donde se encuentra la sede del equipo de fútbol de la University of Miami, los Hurricanes, aunque los cubanos lo recuerdan más porque allí una noche de diciembre de 1962, John Kennedy tomó la bandera de la Brigada 2506 y prometió en vano devolverla «en La Habana libre».

Coral Gables

Todas las ciudades que constituyen Miami se reafirman en su individualidad, pero ninguna como **CORAL GABLES**, al sur de Little Havana: más de 30 km^2 de anchos bulevares y frondosas calles flanqueadas por elaborada arquitectura de estilo mediterráneo, lo que hace que el más famoso barrio Art Déco (véase pág. 97) parezca vulgar.

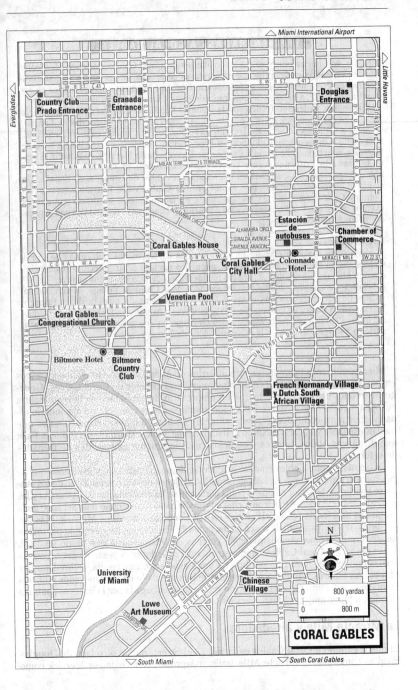

Miami International Airport

Everglades

Little Havana

SW 8 ST (41)

SW 8 ST (41)

Country Club Prado Entrance

Granada Entrance

Douglas Entrance

COUNTRY CLUB PRADO

RED ROAD

COLUMBUS BOULEVARD

GRANADA BOULEVARD

CORTEZ STREET

44 AVENUE

LE JEUNE ROAD

PONCE DE LEON BLVD

DOUGLAS ROAD

LIGHT

MILAN AVENUE

MILAN TERR

15 TERRACE

ALHAMBRA CIRCLE

Coral Gables House

ALHAMBRA CIRCLE
GIRALDA AVENUE
AVENUE ARAGON

Estación de autobuses

Chamber of Commerce

CORAL WAY

CORAL WAY

Coral Gables City Hall

Colonnade Hotel

MIRACLE MILE

SW 22 ST

Venetian Pool

SEVILLA AVENUE

SEVILLA AVENUE

Coral Gables Congregational Church

OLEDO

SEGOVIA STREET

UNIVERSITY DRIVE

Biltmore Hotel

Biltmore Country Club

GRANADA BOULEVARD

RIVIERA DRIVE

French Normandy Village y Dutch South African Village

SEGOVIA STREET

LE JEUNE ROAD

DOUGLAS ROAD

ALFRETE

DIXIE HIGHWAY

S DIXIE HIGHWAY

N

University of Miami

Lowe Art Museum

STANFORD DR

Chinese Village

| 0 | 800 yardas |
| 0 | 800 m |

CORAL GABLES

South Miami

South Coral Gables

LAS «ENTRADAS» A CORAL GABLES

Para dar una buena impresión a los visitantes de Coral Gables, Merrick ideó ocho grandes **entradas** en las principales carreteras de acceso, de las cuales sólo se completaron cuatro antes de que se estropeara todo. Las tres más impresionantes se encuentran al norte, a lo largo de una franja de unos 4 km de la SW Eighth Street.

La **Douglas Entrance** (cruce con la Douglas Road), de 1 millón de dólares, fue la más ambiciosa; consiste en una puerta y una torre con dos extensas alas de tiendas, oficinas y estudios de artistas. Durante los años sesenta, quedó casi arrasada para hacer sitio a un supermercado, pero sobrevivió y se convirtió en una limpia zona de negocios, que todavía defiende los temas mediterráneos de Merrick. Más hacia el oeste, la **Granada Entrance** (cruce con Granada Boulevard), de casi 20 m de alto y cubierta de parras, está inspirada en la entrada a la ciudad de Granada, en España. Un aperitivo mejor para Coral Gables es la **Country Club Prado Entrance** (cruce con Country Club Prado), la cara recreación de un jardín italiano bordeado con pilares exentos de estuco y ladrillo coronados por urnas y lámparas ornamentales con repisas de hierro forjado.

Las «Villages»

Si el visitante conduce o va en bicicleta por las partes menos bulliciosas de Coral Gables, vislumbrará varias **«Villages»**, pequeños núcleos de arquitectura residencial que intentan dar diversidad al aspecto mediterráneo de la zona. Éstos incluyen los tejados de vivos colores y los balcones decorados de la **Chinese Village**, en la manzana «5100» de Riviera Drive; las casas de pueblo con vigas de madera de la **French Normandy Village**, en la manzana «400» de Vizcaya Avenue, en Le Jeune Road; y, quizá, lo más extraño de todo, las torcidas chimeneas y los arcos de la **Dutch South African Village**, también en la manzana «400» de Vizcaya Avenue.

Mientras algunos promotores inmobiliarios de Miami construían edificios baratos en poco tiempo para enriquecerse rápidamente, el creador de Coral Gables, **George Merrick**, fue más un esteta que un empresario. Inspirándose en la arquitectura europea mediterránea, Merrick sacó los nombres de las calles de un diccionario español (por pura coincidencia, los residentes de hoy en día son ricos cubanos que hablan español) y encargó a su tío artista Denmar Fink y al arquitecto Phineas Paist que diseñaran plazas, fuentes y edificios cuidadosamente envejecidos de fachadas de estuco.

La tierra de Coral Gables empezó a venderse de un día para otro y los 5 años que siguieron a la primera venta en 1921 llevaron 150 millones de dólares, un tercio de los cuales se invirtió en la mayor campaña publicitaria que se ha conocido jamás. El trazado y los edificios de Coral Gables tomaron forma enseguida, pero el repentino final del auge de la propiedad de Florida (véase «Historia» en «El Contexto») hundió a Merrick. Más tarde, dirigió un campamento de pesca en los cayos de Florida, que fue destruido por un huracán; terminó como administrador de correos de Miami, hasta que murió en 1942.

Sin embargo, Coral Gables fue construido para perdurar. A pesar de las sucesivas crisis económicas, nunca ha perdido su buen aspecto y, hoy en día, estimulado por numerosas empresas multinacionales que se han instalado en los renovados edificios de oficinas, así como por una población residente preocupada por la imagen, continúa siendo un lugar muy agradable para visitar.

La Miracle Mile y alrededores

El mejor camino a Coral Gables es la SW 22nd Street, que al otro lado de Douglas Road se convierte en **Miracle Mile** (milla milagrosa), concebida por Merrick como la atracción principal de su distrito financiero y que aún es el lugar favorito de la población local para ir a comprar. Todavía tiene el sello de Merrick, aunque de vez en cuando la vulgaridad Art Déco se mezcle con adornos de tipo mediterráneo.

Dominado por grandes almacenes, agencias de viajes latinoamericanas y un número creciente de tiendas de artículos nupciales, la Miracle Mile (de casi 1 km de larga) se hace cada vez más cara y exclusiva a medida que se avanza hacia el oeste. Se recomienda al visitante fijarse en los arcos y balcones que hay a lo largo, y las espirales y picos del **Colonnade Building** (180 Aragon Avenue), que en la actualidad alberga un bonito hotel (véase «Alojamiento», pág. 65) y tiendas, y que fue terminado en 1926 (sólo unos meses antes del fracaso de la propiedad) para instalar allí la oficina de venta de tierra de Merrick.

Se aconseja girar para recoger información en la **Chamber of Commerce** (cámara de comercio), 50 Aragon Avenue (lun.-vier., 8.30-17 h; ☎446-1657) y terminar de ver Miracle Mile entrando en el **Coral Gables City Hall** (ayuntamiento) de grandes pilares, en 405 Biltmore Way (lun.-vier., 8-17 h), cuyos pasillos están adornados con pósteres de los años veinte que anuncian la «City Beautiful» y con recortes de periódicos que dan fe de la fiebre de la propiedad de aquella época. También hay una caja llena de varios artículos del *Biltmore Hotel* (véase en pág. siguiente), que no consigue resumir del todo la elegancia adinerada que caracterizó al balneario de Merrick. Desde el tercer piso, se puede ver el impresionante mural azul y dorado de las cuatro estaciones de Denman Fink, que decora el interior del campanario.

Casi 1 km hacia el oeste, en 907 Coral Way, una calle residencial de Coral Gables tranquila y flanqueada por árboles, se encuentra la casa donde vivió durante su infancia George Merrick, la **Coral Gables House** (dom. y miér., 13-16 h; 2 dólares); actualmente es un museo sobre la historia de su familia. En 1899, cuando George tenía 12 años, su familia llegó desde Nueva Inglaterra para mantener una granja de fruta y verdura de unas 65 Ha y, en el caso de su padre, para dar sermones en las iglesias locales. La granja fue tan próspera que la vivienda se convirtió enseguida en una elegante casa de roca de coral y ventanas a dos aguas (la inspiración del nombre de la ciudad, que más tarde creció alrededor de la granja familiar). Sin embargo, el fracaso del negocio de la propiedad y una plaga que afectó a los cítricos contribuyeron al paulatino deterioro de la casa, hasta que empezó a ser restaurada en los años setenta. Sólo se tarda media hora en ver lo que hay dentro, pero ofrece una excelente visión general del fundador de Coral Gables, que vivió allí hasta 1916.

El De Soto Boulevard

No hay razón para continuar por Coral Way, de modo que se recomienda retroceder hasta el cruce con De Soto Boulevard, que se extiende hacia el sur con tres de los logros más notables de Merrick.

Mientras que sus promotores inmobiliarios contemporáneos dejaron feas cicatrices por toda la ciudad tras levantar la piedra caliza local, Merrick tuvo la previsión, con la ayuda de Denman Fink, de convertir su mayor cantera en una suntuosa piscina. La **Venetian Pool**, en 2701 De Soto Boulevard (jun.-agos., lun.-vier., 11-19.30 h; sáb.-dom., 10-16.30 h; sept.-oct., abril-mayo, mar.-dom., 11-17.30 h; nov.-marzo, mar.-dom., 10-16.30 h; 5 dólares; ☎460-5356), es una serie de caminos sembrados de palmeras, puentes de estilo veneciano y cuevas de piedra de coral, que fue abierta en 1924. A pesar de su ornamentación, la piscina no estaba dirigida a una determinada elite social; la entrada era barata y abierta a todos, e incluso hoy los residentes locales tienen un descuento especial.

A unos minutos a pie hacia el sur, en tierra donada por Merrick, se encuentra la **Coral Gables Congregational Church**, en 3010 De Soto Blvd (lun.-vier., 8-16 h), de estilo colonial, coronada por un techo de cañón y embellecida con elementos barrocos. La excelente acústica del lugar lo convierten en un popular escenario donde se ofrecen **conciertos** de jazz y música clásica; el visitante puede informarse en la oficina de la iglesia, justo en la entrada.

El logro estético, no financiero, más importante de Merrick fue el **Biltmore Hotel**, en 1200 Anastasia Avenue (☎445-1926), que extiende sus grandes alas por el extremo sur de De Soto Boulevard. La torre de 26 pisos puede verse en casi todo Miami; se parece a la Freedom Tower (véase «Alrededores del centro de la ciudad», pág. 74), quizá porque ambas están inspiradas en la Giralda de Sevilla, en España. El *Biltmore* fue calificado como «lo último en la evolución de la civilización» y todo en él era escandaloso: muros con frescos de casi 8 m, techos abovedados, mármol y azulejos importados, grandes chimeneas y alfombras bordadas. Para celebrar su apertura en enero de 1926, los huéspedes más célebres fueron transportados en trenes de larga distancia alquilados, comieron faisán y trucha, y les ofrecieron el casino. Al día siguiente, pudieron cazar zorros, jugar al polo o nadar en la mayor piscina de Estados Unidos, cuyo primer instructor de natación fue Johnny Weissmuller, futuro campeón olímpico y el genuino Tarzán.

Aunque famosos como Bing Crosby, Judy Garland y Ginger Rogers solían ir al *Biltmore*, el final del auge de la tierra de Florida y el comienzo de la Depresión hicieron que el hotel no tuviera tanto éxito. En los años cuarenta, muchos de sus mejores muebles se perdieron al ser convertido en hospital militar y luego siguieron décadas de declive. Su futuro volvió a esclarecerse en 1986, cuando se invirtieron 55 millones de dólares en un programa de restauración, pero la empresa que debía realizarla quebró y el gran edificio permaneció cerrado. Finalmente se reabrió en 1993, tras otra reparación multimillonaria. En la actualidad funciona de nuevo como hotel; el visitante puede entrar para contemplar la elaborada arquitectura, tomar el té de la tarde por 15 dólares o, lo mejor de todo, unirse a las visitas históricas gratuitas que empiezan a las 13.30, 14.30 y 15.30 h todos los domingos en el vestíbulo.

Al vecino **Biltmore Country Club**, también abierto al público, le ha ido mejor. Puede entrar a ver más de cerca los refinados y restaurados elementos, pero la mayoría de personas van para darle a la bola por las calles del **Biltmore Golf Course**, donde en los días de gloria del hotel se celebraban los torneos de golf mejor pagados del mundo.

Al sur del Biltmore: el Lowe Art Museum

Una de las pocas zonas de Coral Gables donde la arquitectura mediterránea no prevalece es en el campus de la **University of Miami**, a unos 3 km al sur del *Biltmore*, cuyos sombríos edificios en forma de caja han sido tradicionalmente ocupados por estudiantes de padres ricos más que por valiosos intelectos. En los últimos años, la universidad ha pasado por una especie de renacimiento y ahora atrae a un profesorado de elite en muchos campos y un cuerpo estudiantil más académico.

La única razón para visitar el campus es el **Lowe Art Museum**, en 1301 Stanford Drive (mar.-miér., vier.-sáb., 10-17 h; jue., 12-19 h; dom., 12-17 h; 5 dólares; ☎284-3535). Creado en 1950, en el Lowe se llevaron a cabo grandes obras de restauración y ampliación en 1995, y ahora constituye el principal museo de arte de Miami. Su variada colección permanente contiene obras del Renacimiento y Barroco europeo, «grandes maestros» españoles, pinturas europeas del siglo XIX y numerosas obras americanas contemporáneas. El arte no occidental está bien representado: varias colecciones precolombinas, africanas y de Asia Oriental, telas guatemaltecas y una de las mejores colecciones de arte nativo americano del país. El Lowe alberga asimismo algunas excelentes exposiciones temporales nacionales e internacionales; hay que telefonear antes para saber lo que se expone en ese momento.

South Coral Gables

Así como la Venetian Pool fue un ingenioso disfraz para una mina, Merrick también convirtió las acequias que rodeaban la antigua Coral Gables en una red de canales; los llamó «Miami Riviera» y puso góndolas a navegar por ellos. Aunque la idea nunca cuajó, las vías de agua todavía se conservan y van del campus de la universidad a una apartada zona residencial de Biscayne Bay, justo al sur de Coconut Grove (descrito más abajo).

El **Matheson Hammock Park**, en 9601 Old Cutler Road (6-puesta del sol; aparcamiento, 3 dólares), que separa Coconut Grove de South Miami (véase pág. 89), era una plantación de cocoteros antes de convertirse en un parque público en 1930. Los fines de semana, van allí miles de personas para hacer una comida campestre, participar en el centro de deportes acuáticos y bañarse en el lago artificial, muy apropiado para los niños pequeños pero poco atractivo para los adultos; el resto del parque está menos concurrido y el visitante puede pasar unas horas paseando alrededor del estanque (frecuentado por los que cazan cangrejos) o por los tortuosos senderos sobre los manglares.

Prácticamente al lado, el **Fairchild Tropical Garden**, en 10901 Old Cutler Road (todos los días, 9.30-16.30 h; 8 dólares; ☎667-1651), convierte este mismo terreno accidentado en césped, flores y jardines decorados con lagos artificiales. Una buena manera de empezar a explorar el lugar de unas 33 Ha (el mayor jardín botánico tropical de Estados Unidos) es subir al tranvía gratuito (que sale cada hora y a la hora en punto del interior de la entrada del jardín) para recorrer durante 40 minutos los senderos escuchando un comentario en vivo de las especies de plantas. Los hábitats tropicales que se reproducen, con más o menos éxito, van desde el desierto a la selva tropical, aunque relativamente hay poco espacio dedicado a la fauna endémica del sur de Florida. Como institución de investigación, Fairchild trabaja con científicos de todo el mundo para conservar la diversidad del medio tropical; muchas de las especies de plantas se extinguieron de su ambiente original y aquí se hace un gran esfuerzo para conseguir devolverlas a su lugar de origen.

Unos dos tercios de las plantas de Fairchild fueron destruidas o quedaron seriamente dañadas el 24 de agosto de 1992 a causa del huracán «Andrew». Desde entonces una zona del jardín se ha dejado intacta para mostrar sus efectos devastadores. Si el visitante sigue uno de los caminos que pasan por esta zona, verá cómo se recupera el resto del jardín.

Está prohibido entrar comida, pero los fines de semana la **cafetería** está abierta. Si no, puede usar los lugares para picnic del vecino Matheson Hammonck Park (véase más arriba) o el café de Parrot Jungle (véase pág. 89), a unos minutos en coche de allí.

Coconut Grove

COCONUT GROVE, lugar predilecto de artistas, escritores e izquierdistas venidos a menos durante los años sesenta y setenta, es hoy en día un centro de reunión de celebridades del mundillo literario y artístico, gracias a la reanimación encabezada por el comercio. Galerías de arte, restaurantes de moda y altos apartamentos con vistas a la bahía dan carácter a su sección central, un claro signo de un barrio habitado por gente bien situada. Sin embargo, Coconut Grove, que se extiende a lo largo de la orilla de la bahía Biscayne, también conserva la herencia de su historia. Hace un siglo, una mezcolanza de gentes de las Bahamas (que vivía de lo que traía el mar, en su mayoría procedente de naufragios) e intelectuales de Nueva Inglaterra, construyeron los cimientos de una comunidad bastante idiosincrática, separada de la recién establecida ciudad de Miami por una densa extensión de follaje tropical. La distancia entre

Coconut Grove y el resto de Miami resulta todavía evidente: más limpia y rica que nunca, pero también más liberal, además, allí está la mejor oferta de **locales de copas y musicales** fuera de Miami Beach.

North Coconut Grove

En 1914, el empresario de maquinaria agrícola James Deering siguió a su hermano Charles (famoso por Deering Estate, véase «South Miami») al sur de Florida y se gastó 15 millones de dólares en recrear una villa italiana del siglo XVI en la franja de vegetación entre Miami y Coconut Grove. Mil trabajadores completaron su **Villa Vizcaya**, en 3251 South Miami Avenue (todos los días, 9.30-16.30 h; jardines abiertos hasta las 17 h; 10 dólares; ☎250-9133) en sólo 2 años. La impresión que el visitante tiene ante tan grandioso edificio es que tanto Deering como su diseñador (el loco Paul Chalfin, resuelto a convertirse en una leyenda de la arquitectura) tenían más dinero que buen gusto: la colección de arte ecléctico de Deering y su idea de que la villa tenía que parecer haber sido habitada durante 400 años, desembocó en una mezcla de adornos y muebles barrocos, renacentistas, rococós y neoclásicos e incluso los **jardines** paisajistas, con sus fuentes y esculturas, resultan pretenciosos. Sin embargo, Villa Vizcaya es uno de los puntos de interés más solicitados de Miami, ya que hay muchos detalles divertidos (figuras chinas que proyectan sombras en el salón de té y una biblioteca georgiana, por ejemplo) y uno de los más visitados. También es un punto de recepción para las bodas, por lo que es habitual ver a numerosas novias cubanas fotografiándose. Las **visitas guiadas** parten a menudo de la logia de entrada, dominada por una estatua del siglo II de Baco, y ofrecen una sólida información general después de la cual el visitante podrá explorar el lugar libremente.

Cruzando recto South Miami Drive desde Villa Vizcaya, el **Museum of Science and Space Transit Planetarium**, en 3280 S Miami Ave (todos los días, 10-18 h; última entrada, 17 h; 9 dólares; ☎854-4247), es un ambiente completamente diferente. Sus exposiciones interactivas ofrecen una diversión familiar de 2 horas, aunque se recomienda visitar la colección de la vida salvaje en la parte de atrás del museo. Hay buitres y búhos entre muchas otras aves heridas que terminan sus días allí, y se puede ver una variedad de serpientes en recintos cercanos, así como una tarántula. El **planetarium** contiguo (sesiones cada hora; ☎854-2222) ofrece una visión del cosmos y espectáculos de láser con estridente música rock (vier.-sáb., 21 h; 6 dólares). Para más información, se recomienda telefonear o preguntar en la taquilla de entradas en el interior del museo.

Donde South Miami Drive se convierte en Bayshore Drive, cerca del Mercy Hospital, la carretera que sale hacia la izquierda lleva a la **Ermita de la Caridad** (todos los días, 9-21 h), construida por cubanos de Miami. Un mural situado tras el altar muestra la historia de la isla, y la iglesia de forma cónica está orientada de manera que los fieles puedan mirar hacia la bahía en dirección a Cuba. De nuevo en Bayshore Drive, durante 3 km el visitante podrá ver trozos de piedra caliza sobresaliendo entre el follaje del lado de la isla. En su cresta, conocida como **Silver Bluff**, varios colonos establecieron su hogar y en la década del 1910 se asentaron numerosas personas adineradas; todavía se conservan algunas de sus casas pero ninguna está abierta al público. La zona continúa estando reservada a los ricos, cuyas opulentas moradas se esconden de los curiosos con árboles perfectamente cuidados.

Central Coconut Grove

Si en los alrededores de Silver Bluff se nota que hay dinero, la riqueza es evidente cerca del centro de Coconut Grove. Bayshore Drive continúa entre caros y altos edificios de apartamentos y parques frecuentados por deportistas. La Pan American

Drive lleva al **puerto deportivo** de **Dinner Key**, un lugar donde los colonos de principios del siglo XX hacían picnics y actualmente un embarcadero donde amarran yates de 100.000 dólares. Justo al lado, el **Coconut Grove Exhibition Center** es hoy en día un centro de reunión de coches último modelo. El precursor fue el Dinner Key Auditorium, donde en 1969 el rockero **Jim Morrison**, cantante de The Doors, se quitó los pantalones de piel durante el primer y último concierto de la banda en Florida, lo que provocó que la policía intentara acabar con los clubes de rock locales y que aumentara la fama del grupo.

El enorme Exhibition Center eclipsa el alegre **Miami City Hall**, en 3400 Pan American Drive (lun.-vier., 8-17 h), la pequeña y accidentada sede del Gobierno local. El edificio Art Déco adornado de azul y blanco era antiguamente una terminal de líneas aéreas; en los años treinta los pasajeros se registraban allí para subir al hidroavión de la Pan American Airways con destino a Latinoamérica y la visión del torpe aeroplano despegando solía atraer a cientos de personas a la zona del puerto. Ante el ayuntamiento, una pequeña placa recuerda el hecho de que Dinner Key fue el lugar donde los veteranos de bahía Cochinos desembarcaron después de su liberación de Cuba en 1962.

Si el visitante va desde el ayuntamiento a través del aparcamiento del Exhibition Center llegará al restaurante Havana Clipper, en cuyo primer piso hay una interesante exposición histórica (11.30-24 h; entrada gratuita) de fotografías y antiguos partes de radio de la época del hidroavión (que duraron hasta que las mejoras de las autopistas latinoamericanas hicieron innecesarios los amarajes).

Peacock Park, al final de Bayshore Drive junto a MacFarlane Road, fue un famoso centro de reunión hippy en los tiempos de las ofensas de Morrison en Coconut Grove. Recientemente, ha sido reformado para concordar con la actual imagen elegante y sofisticada de la zona, y ahora hay canchas de tenis y algunas esculturas abstractas de piedra. La **Chamber of Commerce**, en 2820 MacFarlane Road (lun.-vier., 9-17 h; ☎444-7270), en una esquina del parque, ofrece una gran selección de folletos y mapas gratuitos del lugar.

Main Highway

Al final de la MacFarlane Road, está la **Main Highway** y Coconut Grove como la mayoría de los habitantes la ven: varios bloques de cafés, galerías y tiendas de ropa de moda. Aunque es menos entretenido que South Beach de Miami Beach (véase «Miami Beach», pág. 95), es un buen lugar para dar un paseo, aunque sólo sea para ver las abundantes víctimas de la moda del barrio siguiendo su camino. El visitante podrá comer, beber y exhibirse (para ver dónde hacen todo esto, véase «Comida» y «Copas», págs. 105 y 113) en **CocoWalk**, una serie de restaurantes y bares al aire libre y tiendas de ropa aún más elegantes, situado entre la Main Highway y Virginia Street, en 3000 Grand Avenue. Si el viajero quiere conocer la exclusividad más absoluta, puede ir a **Streets of Mayfair** (lun., jue.-vier., 10-21 h; mar.-miér. y sáb., 10-19 h; dom., 12-17.30 h), en la esquina de MacFarlane Road y Grand Avenue, un centro comercial de diseño con pasarelas zigzagueantes, decoradas con fuentes, esculturas de cobre, parras y motivos románicos de cemento, a lo largo de tres pisos de tiendas caras.

Bajando hacia el sur por la Main Highway, en el 3500, está el **Coconut Grove Playhouse**, de color beige y blanco. Abierto en 1927, todavía ofrece una serie de ofertas alternativas y constituye uno de los mejores ejemplos de la zona de arquitectura de estilo mediterráneo, pero sólo merece echar un vistazo de camino al lugar histórico más perdurable de Coconut Grove, al final de un camino justo al otro lado de la Main Highway desde el teatro.

El sendero a la sombra de los árboles lleva a un tranquilo jardín junto a la bahía y una casa de un siglo de antigüedad conocida como el **Barnacle** (vier.-dom., 9-16 h; 1 dólar), construida por «Commodore» Ralph Middleton Munroe, marinero, brillante diseñador de yates y devoto del Movimiento Trascendentalista (que aboga por la confianza en uno mismo, el amor por la naturaleza y un estilo de vida sencilla). El Barnacle fue modificado en 1891 con materiales locales y elementos sacados del diseño náutico. El aumento de la estructura en casi 250 cm en 1908 mejoró la circulación del aire y evitó las inundaciones, una terraza cubierta permitió que se pudieran abrir las ventanas durante las tormentas y un tragaluz contribuyó a que el aire pasara a través de la casa; todas ellas, innovaciones importantes que aliviaron algunas de las incomodidades de vivir todo el año en el calor y la humedad del sur de Florida. Además, cuando Munroe necesitó más espacio para su familia alzó la estructura de un solo piso y añadió una planta debajo. Sólo con la visita guiada (10, 11.30, 13 y 14.30 h) el visitante podrá ver el interior de la casa donde se conservan muchos de los muebles originales junto con algunas de las intrigantes fotos de Munroe de los principios de Coconut Grove. Sin embargo, los jardines pueden ser explorados libremente. El césped se extiende hasta la orilla de la bahía Biscayne, mientras que detrás de la casa se encuentran los últimos restos de los árboles tropicales que se extendían por toda el área de Miami.

Charles Avenue y Black Coconut Grove

Los colonos de las Bahamas de finales de la década de 1800, quienes más tarde trabajaron en la construcción de Coconut Grove y las áreas vecinas, vivían en su mayoría en lo que después fue **Charles Avenue** (saliendo de la Main Highway, cerca del teatro), en pequeñas y sencillas casas de madera parecidas a las «casas de conchas» que hay en la Old Town de Key West (véase «Los cayos de Florida»).

El visitante encontrará tres de las que todavía se conservan en la manzana «3200», aunque debe tener en cuenta que están en el límite con **Black Coconut Grove** (que no es un nombre que encontrará en los mapas, aunque todos lo usan), un área empobrecida que se extiende hacia el oeste hasta los límites de Coral Gables. El hecho de que haya un barrio abandonado como éste a tan pocos metros de una de las áreas más ricas y de moda, es una prueba de las divisiones raciales existentes en Miami. Como todas las zonas negras de la ciudad, los blancos no deben acercarse si no es con mucha precaución y, desde luego, nunca sin automóvil.

South Coconut Grove

Al sur del teatro, el panorama en la Main Highway pronto se convierte en casas más grandes y antiguas apartadas de la calle. Las únicas razones para parar en su paso hacia South Miami son ver un par de lugares de interés menor fáciles de encontrar. Después de menos de 1 km, el visitante podrá ver la **Ransom Everglades School**, en 3575 Main Highway, fundada en 1903 para acoger a los muchachos que repartían el curso escolar entre las montañas de Adirondack de Nueva York y este lugar. Extrañamente, el aula principal era una **pagoda** al estilo chino (lun.-vier., 9-17 h; entrada gratuita), que todavía se encuentra en medio de lo que es hoy una escuela preparatoria de alta categoría. Dentro de la estructura de pino pintada de verde hay algunas interesantes reliquias del pasado de la escuela.

Un poco más adelante, cerca de la esquina con Devon Road, la **Plymouth Congregational Church** (lun.-vier., 9-16 h), de 1917, luce una impresionante fachada de piedra coralina cubierta por parras; aunque parezca increíble, este exterior tan elaborado es obra de un solo hombre. La puerta principal, de 375 años de antigüedad, está tallada a mano en nogal y no se estropeó a pesar de viajar desde un monasterio de principios del siglo XVII en los Pirineos españoles. Si la puerta de la iglesia que hay al lado del aparcamiento está cerrada con llave, se recomienda ir a la oficina de la iglesia, al otro lado de Devon Road.

South Miami

Al sur de Coral Gables y Coconut Grove, **SOUTH MIAMI** está formada casi por completo por monótonos suburbios de clase media, una extensión de casas familiares agradables pero sombrías que llegan hasta el límite de los Everglades, y sólo queda interrumpida por campos de golf y unas cuantas atracciones turísticas. Los protagonistas de esta sencilla vía pública, la Hwy-1, son los pequeños paseos, las gasolineras, concesionarios de camas de agua rebajadas y tráfico insoportable. No se puede evitar esta ruta, pero desde South Coral Gables una opción mejor es la Old Cutler Road, que forma un agradable desvío desde Coconut Grove a través de una espesa franja de bosque (véase también Matheson Hammock Park, y Fairchild Tropical Garden, pág. 85) entre la bahía Biscayne y la extensión suburbana. Cortar por el interior desde la Hwy-1 es inútil (e impensable sin automóvil), porque no hay ninguna parada importante.

Old Cutler Road: el Deering Estate

Mucho antes de que las autopistas modernas atravesaran la ciudad, la **Old Cutler Road** era la única carretera entre Coconut Grove y Cutler, un pequeño pueblo que decayó mucho durante la década de 1910, después de ser atravesada por la nueva vía ferroviaria de Flagler. Un rico industrial y botánico aficionado, Charles Deering (hermano de James, el dueño de Villa Vizcaya; véase «Coconut Grove»), quedó tan impresionado por la belleza natural de la zona que adquirió todo Cutler y, con una excepción, demolió sus edificios para dar cabida al **Charles Deering Estate**, en 16701 SW 72nd Avenue (☎235-1668), que se terminó en 1922. Deering mantuvo el *Richmon Inn*, el único hotel de Cutler y su propia vivienda. Su agradable forma de madera marca ahora un fuerte contraste con la mansión de piedra caliza que construyó al lado, en cuyo interior, de estilo mediterráneo, hay lámparas de araña polvorientas y suelos con azulejos blancos y negros, aunque con cierto toque barroco. Los jardines de unas 120 Ha, más impresionantes que los edificios, muestran signos de vida humana de hace 10.000 años encontrados entre los pinares, manglares y bosques tropicales.

El huracán «Andrew» destruyó o dañó gravemente los edificios, muchos de los cuales están cerrados en proceso de restauración. En el momento de esta publicación no se ha mencionado fecha de apertura alguna. Se recomienda telefonear previamente para más información.

Parrot Jungle, Metrozoo y el Gold Coast Railroad Museum

En **Parrot Jungle**, 11000 SW 57th Avenue (9.30-18 h; adultos, 11,67 dólares; niños 3-12 años, 8,47 dólares; ☎666-7834), hay loros, periquitos y guacamayos de plumaje multicolor que graznan mientras los visitantes pasean por los caminos sombreados ante sus jaulas. Los jardines están diseñados para proteger tanto a los residentes como a los visitantes del fuerte sol de Florida e incluyen cientos de variedades de

---

INFORMACIÓN TURÍSTICA

Mientras el visitante esté cerca de aquí, puede aprovechar el excelente **centro de información turística** (todos los días, 8-18 h; ☎1-800/388-9669 o ☎245-9180), situado en la Hwy-1, cerca del cruce con la Hwy-9336 (344th Street); ofrece mucha información, bastante completa sobre todo en el caso de los Everglades.

plantas, cascadas y un lago con flamencos rosa caribeños. Aparte de los pájaros, el parque alberga numerosas especies de caimanes y cocodrilos, tortugas gigantes, chimpancés y otros primates. Incluso si el visitante no tiene la intención de entrar a Parrot Jungle, el *Parrot Café* (8-17 h) ofrece vistas del parque y constituye una práctica parada si viene del cercano Fairchild Tropical Garden (véase pág. 85).

Una mayor muestra de vida salvaje, suponiendo que al visitante no le desagraden los zoos, es el **Metrozoo**, en 12400 SW 152nd Street (todos los días, 9.30-17.30 h; última entrada permitida, 16 h; adultos, 8 dólares; niños, 4 dólares; ☎251-0400), cuyo abundante follaje se recupera lentamente de los devastadores efectos del huracán «Andrew». No obstante, aunque se emplean barreras como fosos y pequeñas colinas en lugar de jaulas, resulta difícil creer que los animales lo pasen mejor que el público debido al calor y la humedad; en realidad, pasan todo el tiempo buscando sombra y bebida fresca. Si el visitante decide ir, debe saber que los tigres de bengala blancos son la atracción principal. Asimismo, no se aconseja ni ir al mediodía, debido a las altas temperaturas, ni cuando llueve, pues la mayor parte del zoo está al aire libre.

Compartiendo la entrada del zoo, el **Gold Coast Railroad Museum** (lun.-vier., 10-15 h; sáb.-dom., 10-17 h; adultos, 4 dólares; menores de 12 años, entrada gratuita; ☎253-0063) alberga una pequeña pero interesante colección de antiguas locomotoras, a las que el visitante puede subirse para verlas mejor. Entre ellas se encuentra el *Ferdinand Megellan*, un lujoso coche Pullman modelo exclusivo construido en 1928 para uso presidencial, con escotillas de escape y blindaje de acero. Harry S. Truman viajó unos 33.800 km en él durante su campaña de reelección de 1948 y pronunció tres discursos desde la parte trasera.

Key Biscayne y alrededores

KEY BISCAYNE (Cayo Vizcaíno), una comunidad impecablemente cuidada, situada a unos 8 km de la costa de Miami, es un buen lugar para vivir si se lo puede permitir. De hecho, los adinerados de Miami ocupan los apartamentos y casas de categoría, e incluso Richard Nixon tenía aquí su residencia presidencial de invierno y el cantante Sting eligió uno de los lujosos hoteles de primera línea para descansar entre una gira y otra. Para el visitante, Key Biscayne ofrece un par de hermosas playas, una tercera dentro del parque del estado y un fabuloso sendero para bicicletas que recorre toda la zona, pero debe tener en cuenta que gran parte de la vegetación que produce sombra quedó destruida tras el paso del huracán «Andrew» y los árboles recién plantados tardarán años en crecer. Como es de suponer, no hay muchos restaurantes y alojamientos.

Cómo llegar a Key Biscayne: Virginia Key y alrededores

Si el visitante no tiene yate privado, tendrá que llegar a Key Biscayne mediante la **Rickenbacker Causeway**, una continuación de aproximadamente 6,5 km de largo de la SW 26th Road, justo al sur del centro de Miami. Se eleva sobre la bahía Biscayne para permitir que los barcos pasen por debajo y ofrece una impresionante vista del panorama de Brickell Avenue (véase «Alrededores del centro de la ciudad», pág. 74). Si el visitante lleva automóvil, tendrá que pagar 1 dólar; otra manera es cruzar la carretera elevada en autobús (B), bicicleta e incluso a pie.

La primera zona con la que se encontrará es el poco poblado **VIRGINIA KEY**. El Miami Marine Stadium se halla a la izquierda, pero en la actualidad está cerrado debido a su descuido y desuso. Unos metros más allá se encuentra el principio de una calle de más de 3 km de largo que serpentea a través de una serie de pinos australianos hasta **Virginia Beach** (todos los días, de 8-atardecer; automóviles, 2 dólares).

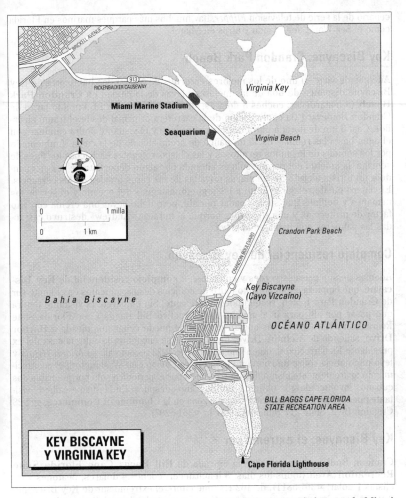

Durante los años de la segregación, fue apartada de la comunidad negra de Miami (elegida, según dicen los cínicos, por su proximidad a una gran estación depuradora). Más tarde, bandadas de hippies se relajaban en las retiradas calas, que ofrecen un área privada para practicar el nudismo.

En contraste, a la derecha de la carretera principal, el parque marítimo **Seaquarium** (todos los días, 9.30-18 h; adultos, 19,95 dólares; niños menores de 10 años, 14,95 dólares; el aparcamiento de pago aparte; ☎361-5705) es un bullicioso lugar donde el viajero puede pasar 3 o 4 horas mirando las habituales actuaciones de focas y delfines; una de las atracciones es *Lolita*, la orca de casi 4 toneladas que participa en uno de los espectáculos (todos los días, 12 h). La tarea más importante del parque, que incluye programas de reproducción para preservar la amenazada vida marina de Florida y sirve como punto intermedio para manatíes heridos y otras criaturas del mar, se lleva a cabo detrás del escenario. Aunque el parque es divertido y fue el escenario de la serie de televisión *Flipper*, hay muchos más parques marinos en Florida como el Sea World de Orlando y otros en Miami.

Key Biscayne: Crandon Park Beach

Además de vivir en uno de los mejores entornos de Miami, los habitantes de Key Biscayne disponen de una de las mejores playas de la ciudad en **Crandon Park Beach** (8 h-atardecer; coches 3 dólares; ☎361-5421), más de 1.5 km a lo largo de Crandon Boulevard (la continuación de la carretera principal desde el tramo elevado). Casi 5 km de dorada playa bordean el parque y el visitante podrá caminar con el agua hasta las rodillas hacia un banco de arena alejado de la costa. Ambientado por los sonidos de los niños revoltosos y las chisporroteantes barbacoas los fines de semana, la quietud del parque sólo es alterada por algún deportista de vez en cuando o un turista alejado de las playas privadas de los caros hoteles de las cercanías. El viajero puede relajarse junto a las juguetonas aguas del océano y observar los manatíes y delfines que suelen nadar por allí, pero debe llevar una crema con alto factor de protección y una sombrilla, porque el huracán «Andrew» destruyó casi todas las palmeras que había en la playa.

Complejo residencial de Key Biscayne

Además de sus paisajes verdes y cuidados, el **complejo residencial** de **Key Biscayne**, que empieza en un abrupto muro de edificios de apartamentos en el límite sur de Crandon Park Beach, resulta poco interesante. Sin embargo, el visitante tendrá que pasar por allí para ir al mucho más atractivo Bill Baggs Cape Florida State Recreation Area (véase más abajo), y mientras puede echar una ojeada a **Harbor Drive**, saliendo de McIntire Drive. En el 485 W se encuentra la antigua casa del ex presidente Richard Nixon, quien una mañana de 1972 recogió allí su *Miami Herald* y leyó una noticia sobre un robo en el *Watergate Complex* en Washington; el acontecimiento aparentemente insignificante (recogido por el periódico sólo porque había dos cubanos involucrados) le obligó a dimitir 2 años después. En la misma calle, el visitante puede obtener información sobre la zona en la **Chamber of Commerce**, en 328 Crandon Blvd, Suite 217 (lun.-vier., 9-17 h; ☎361-5207).

Key Biscayne: el extremo sur

Crandon Boulevard termina en la entrada de **Bill Baggs Cape Florida State Recreation Area** (todos los días, 8 h-atardecer; coches 4 dólares; peatones y ciclistas 1 dólar; ☎361-5811), de 162 Ha, que cubre el extremo sur de Key Biscayne. Antes albergaba una espesa vegetación, pero casi todos los árboles quedaron destruidos en 1992 a causa del huracán «Andrew»; sin embargo, se ha llevado a cabo un programa de reforestación, que incluye la introducción de fauna nativa de Florida. Hasta que los árboles crezcan, no hay sombra donde protegerse del sol abrasador; por tanto, hay que tomar las precauciones habituales. Una excelente **playa** bordea el lado del Atlántico del parque y un paseo entablado atraviesa las dunas de la arena azotadas por el viento hasta el **Cape Florida Lighthouse**, un faro construido en la década de 1820. Sólo se puede subir por la estructura de casi 3 m con una **visita** guiada por el guarda forestal (todos los días, excepto mar., a las 9, 10.30, 13, 14.30 y 15.30 h; 1 dólar); atacado por indios seminola en 1836 y tomado por soldados confederados para interrumpir el tráfico de barcos de la Unión durante la guerra civil, siguió utilizándose hasta 1878; en la actualidad funciona como baliza de navegación.

Stiltsville

Si el visitante mira desde el parque hacia la bahía, podrá ver los grupos de casas de aspecto frágil conocidas como **Stiltsville**. Levantadas sobre el agua con pilares, estas moradas de madera fueron construidas y ocupadas por pescadores en los años cuarenta y cincuenta, lo que disgustó a la Administración porque estaban fuera de la jurisdicción de los recaudadores de impuestos. Pero Stiltsville está condenada a morir tras la aprobación de una ley que prohíbe hacer obras de reparación en las desvencijadas casas, cuyo deterioro aumentó con el huracán «Andrew»; sólo una de ellas está habitada en la actualidad; las demás se utilizan de vez en cuando para organizar fiestas.

Homestead y alrededores

Si el visitante continúa hacia el sur por la Hwy-1, llegará a los barrios exteriores, donde se cultiva fruta y verdura en fértiles campos para los estados del norte del país. Además de ofrecer la mejor impresión de la vida agrícola de Florida, tan cerca de su principal ciudad (la región produce la mayor parte del volumen de tomates de invierno de América), el barrio puede ser un lugar donde alojarse (véase «Alojamiento») de camino a los cayos de Florida o del Everglades National Park.

HOMESTEAD, más cerca de *Los Walton (The Waltons)* que de *Corrupción en Miami*, es la principal población agrícola de la zona y la última galvanizada de la sección de Miami. La Krome Avenue, justo al oeste de la Hwy-1, cruza el centro, pero aparte de unos cuantos edificios restaurados de las décadas de 1910-1930 (como el antiguo ayuntamiento, en el 43 N), hay pocos puntos de interés, excepto el **Florida Pioneer Museum**, en el 826 (☎246-9531), donde dos edificios de la estación de ferrocarril pintados de color amarillo albergan una colección de fotografías y objetos de los primeros años de Homestead, población que fue diseñada por los ingenieros del ferrocarril de Flagler en 1904. En la parte posterior, un furgón de cola de 1926 trae recuerdos del ferrocarril. El museo sufrió graves daños a causa del huracán «Andrew» en 1992; por tanto, si el visitante tiene intención de visitarlo, debe telefonear primero para asegurarse de que está abierto.

Alrededores de Homestead

Es mejor pasar el tiempo en los **alrededores** que en Homestead, pues hay lugares para entretenerse a pocos minutos en automóvil de la ciudad. Asimismo, el viajero puede detenerse en los puntos señalados como *pick-your-own* (sírvase usted mismo), donde por unos pocos dólares podrá recoger del campo guisantes, tomates y una gran variedad de verduras.

El Coral Castle

La parada más importante es **Coral Castle**, en 28655 S Dixie Hwy (todos los días, 9-18 h; adultos, 7,75 dólares; niños, 5 dólares; ☎248-6344), cuyas esculturas de gruesa roca coralina pueden encontrarse casi 10 km al nordeste de Homestead, junto a la Hwy-1, en el cruce con 286th Street. Estas fantásticas creaciones, cuyos delicados acabados contrastan con sus impresionantes medidas, son obra de un solo hombre, el enigmático **Edward Leedskalnin**. Abandonado en 1913 por su amante de 16 años en Letonia, Leedskalnin pasó 7 años trabajando en Europa, Canadá y Estados Unidos; más tarde compró 0,5 Ha de terreno justo al sur de Homestead. Utilizando su autodidacta conocimiento de los pesos, levantó enormes bloques de roca coralina del suelo, usó un banco de trabajo fabricado con estribos de coches y herramientas hechas a mano con chatarra y convirtió los bloques en sillas, mesas y camas; unos muebles extraños que sugieren que el castillo era un nido de amor para atraer de nuevo a su amante (de la que se supo por última vez en 1980 y continuaba viviendo en Letonia).

El visitante podrá pasear por los bloques, sentarse en las duras pero cómodas sillas, girar una puerta de 9 toneladas con el meñique y admirar las numerosas representaciones en coral de la luna y los planetas, que reflejan el interés de Leedskalnin por la astronomía; también está expuesto su telescopio de más de 0,5 m de alto. Sin embargo, lo que no podrá hacer es averiguar cómo se hicieron las esculturas. Nadie vio nunca al misterioso Leedskalnin trabajando ni se sabe cómo pudo él solo cargar 1.100 toneladas de roca en el camión montado en la vía que llevó las piezas allí en 1936.

El Fruit and Spice Park y Monkey Jungle

Las sutiles fragancias del **Fruit and Spice Park**, en 24801 SW 187th Avenue (todos los días, 10-17 h; 3,50 dólares; ☎247-5727), acarician el olfato al entrar. Raras frutas exóticas como la carambola o el apropiadamente llamado vela de Panamá son las estrellas de una gran variedad de rarezas tropicales; los fines de semana, la visita guiada (13 y 15 h; 1 dólar) ofrece una buena introducción a las vidas secretas de las especias.

Al norte de Homestead, en 14805 SW 216th Street, la **Monkey Jungle** (todos los días, 9.30-17 h; última admisión, 16 h; adultos, 11,50 dólares; niños 3-12 años, 6 dólares; ☎235-1611) es uno de los pocos lugares de Estados Unidos donde se protege a los primates amenazados. Unos caminos cubiertos mantienen a los visitantes más encerrados que a los monos y llevan a través de una pasarela a un ambiente lleno de vapor donde varios cientos de mandriles, orangutanes, gorilas y chimpancés se mueven en la vegetación. A pesar de la gran libertad de que gozan, los animales no parecen estar muy felices, quizá debido a la superpoblación. Los monos pasan la mayor parte del tiempo pidiendo comida a los visitantes, que deben tener cuidado de que no les muerdan o bien se enfaden si no les dan algo para comer.

Biscayne National Park

Si el viajero no va a ir a los cayos de Florida, puede visitar el **Biscayne National Park** (todos los días, 8-atardecer; ☎230-1144), al final de Canal Drive (328th Street), al este de la Hwy-1. El parque se extiende por debajo de las claras aguas del océano, donde las impresionantes formaciones de coral constituyen el hábitat de bancos de peces de vivos colores y otras criaturas demasiado delicadas como para sobrevivir ellas solas. Si el visitante quiere una completa descripción del maravilloso mundo de los arrecifes de coral vivos, véase el apartado «John Pennecamp Coral Reef State Park» en el capítulo «Los cayos de Florida».

La manera más tranquila de verlo es durante el recorrido de 3 horas en **barco de fondo transparente** (todos los días, 10 h; adultos, 16,50 dólares; niños menores de 12 años, 8,50 dólares; reservas ☎230-1100), pero si el viajero prefiere un encuentro más completo, puede embarcar en una visita de buceo con tubo (28 dólares incluido todo el equipo). También puede alquilarlo en el **centro de información** (dic.-abril, lun.-vier., 8-17 h; sáb.-dom., 9-17.30 h; el resto del año, lun.-vier., 10-16 h; sáb.-dom., 10-18 h; ☎230-7275) cerca de la entrada en **Convoy Point**. Para los viajes y buceos, hay que telefonear al menos un día antes para hacer la reserva.

Otra opción es visitar las **barrier islands** del parque, a más de 11 km. Un barco de visita parte hacia **Elliot Key** desde Convoy Point a las 13.30 h los domingos entre diciembre y mayo. Una vez allí, además de ir al **centro de información** (sáb.-dom., 10-16 h) y de contemplar el sencillo sendero para excursiones de casi 10 km por el interior verde de la isla, no hay nada más que hacer en Elliot Key excepto tomar el sol tranquilamente.

MIAMI BEACH

A casi 5 km de la costa de Miami, protegiendo la bahía Biscayne del océano Atlántico, el largo y delgado brazo de **Miami Beach** era una granja frutícola poco próspera cuando su dueño cuáquero, John Collins, se asoció con un empresario llamado Carl Fisher. Con el dinero de éste se dragó la bahía Biscayne y el estiércol que se sacó de su turbio fondo ayudó a transformar la isla en el bello paisaje de palmeras, hoteles y canchas de tenis que es en la actualidad.

Vale la pena ver los casi 20 km de Miami Beach y su playa de roca coralina desmenuzada ideal para tomar el sol y nadar, aunque sólo **South Beach**, una zona bastante pequeña en el extremo sur, llamará la atención del visitante. Allí, filas de edificios de estilo Art Déco de los años treinta se han convertido en elegantes centros de reunión frecuentados por famosos de la ciudad y en lugar predilecto de los más creativos. No es casualidad que muchas de las principales galerías de arte y clubes nocturnos se encuentren en esta área. Más hacia el norte, **Central Miami Beach** era el lugar donde las estrellas de cine de los años cincuenta se divertían al sol y contribuían a fomentar la reputación internacional de Miami como lugar de vacaciones. Aunque parezca extraño, precisamente los monolíticos hoteles de aquella época proporcionan todavía cierto encanto a la zona. Más allá, **North Miami Beach**, a pesar de estar repartido en varias comunidades distintas, ofrece incluso menos elementos atractivos (en su mayor parte está lleno de turistas que realizan viajes con «todos los gastos pagados»), pero es una buena ruta de vuelta si el visitante va hacia el norte desde Miami hacia Fort Lauderdale.

South Beach

El área más atractiva de Miami es **SOUTH BEACH**, que ocupa los casi 5 km más al sur. Lleno de edificios estilo Art Déco de colores pastel, galerías de arte nuevas, modernos restaurantes y adictos a la playa bronceados por el sol, el lugar atrae a una multitud de fotógrafos y equipos de rodaje que filman lo que, gracias a *Corrupción en Miami (Miami vice)* y a la moderna fotografía de Bruce Weber (que inmortalizó la imagen de desnudos en la azotea de un hotel para la campaña

---

LLEGANDO A MIAMI BEACH: LAS CARRETERAS ELEVADAS Y LAS ISLAS

Las seis **causeways** o **carreteras elevadas** que cruzan la bahía Biscayne entre Miami y Miami Beach, escenario de innumerables persecuciones automovilísticas en *Corrupción en Miami (Miami vice)*, ofrecen unas vistas impresionantes de la ciudad, sobre todo por la noche, cuando las luces de los edificios del centro brillan sobre las oscuras aguas de la bahía. Algunas de estas carreteras también constituyen el único acceso por tierra a las islas residenciales artificiales que protegen a los ricos y famosos de los mirones.

Los mejores tramos se encuentran a lo largo de **MacArthur Causeway**, que va desde justo al norte del centro de Miami hasta South Beach de Miami Beach. Más de 1,5 km más allá, el **Watson Island Park** alberga el **Japanese Garden**, legado a la ciudad por un industrial japonés en 1961; el orgullo del lugar es una estatua de 8 toneladas de Hotei, el dios japonés de la prosperidad. En las siguientes islas se encuentran las antiguas casas del gánster Al Capone (Palm), el autor Damon Runyon (Hibiscus) y el actor Don Johnson (Star).

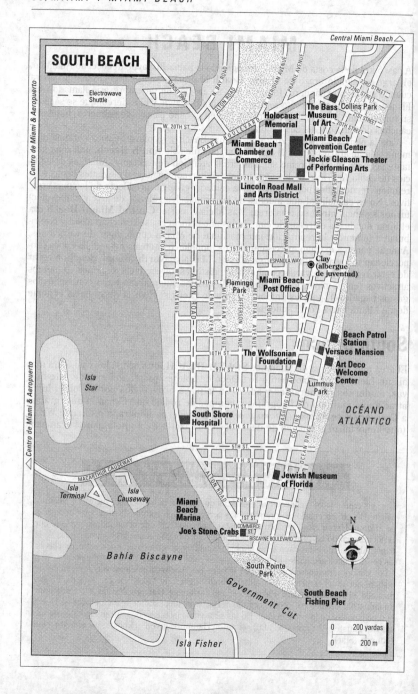

SOUTH BEACH

Electrowave Shuttle

Central Miami Beach

△ Centro de Miami & Aeropuerto

SUNSET DRIVE

N. BAY ROAD

DADE BOULEVARD

ALTON ROAD

N. MERIDIAN AVENUE

PRAIRIE AVENUE

23RD STREET
22ND STREET
21ST STREET
20TH STREET

Collins Park

The Bass Museum of Art

Holocaust Memorial

W. 20TH ST.

Miami Beach Chamber of Commerce

Miami Beach Convention Center

Jackie Gleason Theater of Performing Arts

17TH ST.

Lincoln Road Mall and Arts District

LINCOLN ROAD

16TH ST.

15TH ST.

ESPAÑOLA WAY

Clay (albergue de juventud)

14TH ST.

Flamingo Park

Miami Beach Post Office

BAY ROAD

WEST AVENUE

ALTON ROAD

LENOX AVENUE

MICHIGAN AVENUE

JEFFERSON AVENUE

MERIDIAN AVENUE

EUCLID AVENUE

PENNSYLVANIA AVE.

WASHINGTON AVE.

JAMES AVENUE

COLLINS AVE.

Beach Patrol Station

Versace Mansion

10TH ST.

The Wolfsonian Foundation

Art Deco Welcome Center

9TH ST.

8TH ST.

Lummus Park

7TH ST.

OCÉANO ATLÁNTICO

South Shore Hospital

6TH ST.

5TH ST.

4TH ST.

COLLINS DRIVE

OCEAN DRIVE

3TH ST.

Jewish Museum of Florida

2ND ST.

Isla Star

△ Centro de Miami & Aeropuerto

MACARTHUR CAUSEWAY

Isla Terminal

Isla Causeway

Miami Beach Marina

1ST ST.

COMMERCE ST.

Joe's Stone Crabs

BISCAYNE BOULEVARD

N

Bahía Biscayne

South Pointe Park

South Beach Fishing Pier

Government Cut

0   200 yardas
0   200 m

Isla Fisher

de *Obsession* de Calvin Klein en 1986), se ha convertido en uno de los telones de fondo más de moda del mundo.

Socialmente, South Beach es inmejorable. Durante el día, guapos muchachos se broncean en la playa, y por la noche, las diez manzanas de Ocean Drive son el corazón de la fiesta de Miami; los elegantes cafés con terraza se reparten por las aceras entre una procesión de modelos, existencialistas con camisetas tropicales, turistas boquiabiertos, echadores de cartas y marchosos de mediana edad. Hay una relación de los lugares que merece la pena frecuentar (véase «Vida nocturna», pág. 115). Ocean Drive es también el escenario del crucero de Miami Beach (véase recuadro, pág. 98).

No toda South Beach es tan atractiva. Sólo a unas cuantas manzanas de Ocean Drive, las calles aún conservan las cicatrices de los años setenta, azotados por la pobreza de la zona y la llegada en 1980 de los «marielitos», el regalo de Fidel Castro a Estados Unidos de «criminales e inadaptados cubanos» (véase «Little Havana», pág. 77), muchos de los cuales terminaron aquí. Sin embargo, si el visitante no se separa de las calles principales y toma las precauciones habituales, no hay ningún lugar en South Beach que resulte peligroso en extremo.

El distrito Art Déco

Junto con la playa y la vida social, destaca el **distrito Art Déco**, famoso por sus numerosos edificios de estilo Art Déco, sin duda, una de las muestras de este tipo de arquitectura más importante del mundo. No son edificios grandes, sino numerosos (se cuentan por cientos entre la 5th y la 23rd Street entre Ocean Drive y Lennox Avenue); construidos a finales de los años treinta, este estilo se conoció como «Miami Beach Art Deco».

Visita al distrito Art Déco

A pesar de la cuidadosa restauración a la que ha sido sometido, el barrio Art Déco no tiene el mismo aspecto que en los años treinta. Esto resulta evidente en los colores («una paleta de pasteles glaseados posmodernos que ahora se asocian a *Corrupción en Miami*», según el malhumorado cronista de arquitectura de Florida Hap Hatton), que aparecieron en 1980 cuando el diseñador local Leonard Horowitz empezó a adornar los edificios. Además, los detalles de la restauración reflejan los gustos de los dueños de los edificios más que la fidelidad histórica, pero el Art Déco de Miami Beach de la década de los noventa es algo que hay que ver por sí mismo.

Los ejemplos del estilo Art Déco son demasiados como para enumerarlos (o verlos) en su totalidad; se recomienda pasear por el lugar y abrir bien los ojos. Para una investigación más estructurada, puede unirse a la **visita a pie** de 90 minutos (sáb., 10.30 h; jue., 18.30 h; 10 dólares) desde el Art Deco Welcome Center, en 1001 Ocean Drive, o a la **visita en bicicleta** (dom., 10.30 h; 10 dólares incluido en el alquiler de la bicicleta; reservas ☎672-2014) desde Cycles on the Beach, en 713 Fifth Street.

El aspecto actual del barrio debe apreciarse desde Ocean Drive, donde una línea de renovados hoteles han explotado su herencia de diseño; el visitante puede entrar a los vestíbulos a echar una ojeada, y vale la pena visitar algunos por sus bares o restaurantes (véase «Comida» y «Vida nocturna»). Entre ellos, el *Park Central*, en el 640, una proeza geométrica, con ventanas octogonales, altas y escarpadas columnas, y una escalera decorada con hierro forjado que lleva al entresuelo, donde se exponen fotografías en blanco y negro de los años veinte. Cerca de allí, en el 850, una esquina de las *Waldorf Towers* está coronada por un faro decorativo. Justo al otro lado de la calle, en Lummus Park (el trozo verde que separa Ocean Drive de la playa), que recuerda más a aquellos años, se encuentra la **Beach Patrol Station**, en forma de barco, inconfundible por su descomunal señal que indica la fecha y la temperatura, y que aún es la base de los vigilantes locales.

EL ART DÉCO EN MIAMI BEACH

Las raíces del **Art Déco** se remontan al París de 1901, aunque en Estados Unidos empezó a imponerse como estilo arquitectónico en los años treinta. Con él, el país se liberó de las ataduras del neoclasicismo y del pesimismo de la Depresión. Muy renovadora, la arquitectura Art Déco aprovechó la tecnología, al tomar prestados contornos de los aerodinámicos diseños de automóviles, trenes y aviones futuristas. También incorporó temas de juego y humor, empleando adornos absurdos y vivos colores, además de nuevos materiales como aluminio, cromo y plástico. A menudo calificado de vulgar, el Art Déco se convirtió, no obstante, en el símbolo de un país que resurgía de la crisis económica para convertirse en la primera superpotencia moderna.

A finales de la década de los treinta, un pequeño grupo de arquitectos construyó numerosos edificios en Miami Beach. Utilizando el sello del Art Déco, emplearon piedra caliza local y estuco para construir edificios baratos (a veces incluso incómodos), pero que de inmediato se pusieron de moda, y definieron el aspecto de la meca de la diversión del país con un estilo que pronto se conoció como **Miami Beach Art Deco** (o **Tropical Deco**). Motivos de Florida fácilmente reconocibles como garzas, pelícanos, flores y amaneceres decoraban fachadas y porches. También eran importantes los temas náuticos: ventanas imitando a portillas, balcones extensos como lujosas cubiertas de transatlántico y cualquier saliente del tejado se disfrazaba de chimenea de barco. Muchos de los edificios se pintaron de color blanco, reflejando la fuerza del sol de Florida con gran intensidad.

Sin embargo, Miami Beach perdió casi todos estos magníficos edificios a finales de los años cincuenta, ya que los promotores inmobiliarios fueron reemplazándolos por elevados bloques de apartamentos. A mediados de la década de los setenta, la **Miami Beach Deco Preservation League** (Art Deco Welcome Center, 1001 Ocean Drive ☎531-3484), a cuya primera reunión sólo asistieron seis personas, nació con el fin de salvar los edificios y reivindicar su importancia arquitectónica e histórica. El éxito de esta organización ha sido espectacular; un punto decisivo era convencer a los promotores sedientos de dinero rápido del potencial económico que suponía un área única como ésta. Barbara Capitman, dirigente del movimiento, falló sin embargo al intentar una iniciativa similar en Opa-Locka, un barrio socialmente destruido en el noroeste de Miami, hoy más conocido por sus traficantes de crack que por su extravagante arquitectura de inspiración árabe.

Más adelante hay dos edificios en el centro de la controversia que azota en la actualidad a South Beach: ¿deben sus edificios Art Déco ser decorados sólo con colores pastel aprobados oficialmente o se puede permitir que surja un estilo particular de la South Beach de los años noventa y que se usen colores más vivos? La fachada de color púrpura y naranja del **Cardozo**, en el 1300, y el exterior de un amarillo intenso del **Leslie**, en el 1244, ha sido una obra reciente de Barbara Hulanicki, quien fundó la tienda de ropa Biba de Londres, que marcó estilo en la década los años sesenta. Los exuberantes tonos de Hulanicki han alarmado a muchos puristas de South Beach, pero parecen representar el aspecto que tendrá South Beach.

Se recomienda pasear al menos una vez después de anochecer por el lado de la playa de Ocean Drive. Esto liberará al visitante de la multitud y le proporcionará unas buenas vistas de las **luces de neón** de los hoteles Art Déco, que proyectan trémulos círculos y líneas de vivos tonos azules, rosas y verdes alrededor del contorno de los edificios.

Lejos de los adornos preocupados por la imagen de Ocean Drive, quizá la reliquia más perdurable del barrio, un ejemplo del estilo menos adornado denominado Depression Moderne (Depresión Moderna), es la **Miami Beach Post Office**, en 1300 Washington Avenue (vestíbulo, lun.-vier., 6-18 h; sáb., 6-16 h). En el interior, la luz del sol ilumina los murales alrededor de una rotonda; seguramente hay pocos lugares tan agradables donde comprar un sello.

EL CRUCERO DE MIAMI BEACH

Una procesión ininterrumpida de automóviles que hacen sonar el claxon e intercambian pasajeros por Ocean Drive entre las calles Fifth y Fourteenth, conforman el **crucero de Miami Beach**, en parte fiesta callejera no oficial y en parte ejercicio de reunión, que se lleva a cabo los viernes y sábados desde las 19 h hasta las 4 h y los domingos por la tarde desde las 12 h hasta las 19 h. El visitante puede unirse a él si se atreve.

Al sur de la Fifth Street: South Pointe Park y alrededores

Al sur de la Fifth Street, una pequeña y pobre área llamada **South Pointe** está siendo restaurada como parte de un importante proyecto de reorganización; al parecer, con el fin de explotar el potencial comercial de la zona más que para beneficiar a la comunidad. Se ha añadido un puerto deportivo y varios restaurantes, y las lujosas South Pointe Towers de 26 pisos se elevan hacia el cielo desde South Pointe Park (véase más abajo), haciendo así más pequeñas las viviendas con fachada de estuco donde vive la mayoría de gente del lugar. La mejor ruta hasta South Pointe es el paseo entablado de más de 1,5 km situado ante la orilla, que empieza cerca del extremo sur de Lummus Park y termina junto al muelle de casi 100 m de largo, lleno de pescadores saliendo de la **First Street Beach**, la única playa para practicar surf de Miami, frecuentada por cuerpos atléticos y morenos aunque no haya olas. También se puede nadar y bucear con tubo allí, pero hay que tener en cuenta que los grandes barcos de crucero pasan a menudo y forman corrientes.

South Pointe Park

En su lado interior, el paseo entablado rodea el **South Pointe Park** (todos los días, 8-atardecer), cuyo hermoso césped y mesas de picnic a la sombra de los árboles ofrecen un respiro de las bulliciosas playas. El parque es un buen lugar donde pasar las tardes de los viernes, ya que suele haber **actuaciones musicales** gratuitas (los detalles pueden verse en carteles por todo South Beach).

Los asientos del extremo sur del parque ofrecen una vista de **Government Cut**, un canal drenado por primera vez por Henry Flagler a principios del siglo XX, y en la actualidad bastante más profundo; es la ruta de grandes barcos de crucero que comienzan su viaje a las Bahamas y al Caribe. Quizá también el visitante presencie cómo las autoridades arrastran un barco capturado por contrabando de drogas. Tampoco debe sorprenderse si oye relinchos de caballos, pues los establos de los caballos de la policía de Miami Beach se encuentran en el lado este del parque.

Al norte por Washington Avenue

En **Washington Avenue**, que recorre South Beach paralela a Ocean Drive, hay pequeños supermercados de dueños cubanos, restaurantes y tiendas de ropa de moda, asilos descuidados y numerosos clubes nocturnos. Dos de los museos de Miami Beach se encuentran allí, mientras que un tercero se halla justo al oeste.

Ziff Jewish Museum of Florida

Durante las décadas de los veinte y treinta, South Beach se convirtió en un punto de destino habitual de los turistas judíos que escapaban de los duros inviernos del nordeste. Por ello, muchos de los hoteles pusieron avisos de «Sólo no judíos» en el mostrador de recepción y el eslogan *Always a view, never a jew* («Siempre vistas, nunca judíos») apareció en muchos folletos de hoteles. A pesar de ello, en los años cuarenta South Beach tenía una gran población judía y, aunque hoy en día el centro de la comunidad se ha trasladado hacia el norte hasta alrededor de las calles 40th y 50th, todavía queda un número considerable de judíos mayores. El **Ziff Jewish Museum of Florida**, en 301 Washington Avenue (mar.-dom., 10-17 h; 4 dólares; ☎672-5044), muestra no sólo la vida judía de Miami, sino la de toda Florida. Situado en un elegante edificio de estilo Art Déco, construido en 1936, que funcionó como sinagoga ortodoxa para la primera congregación judía de Miami Beach, el museo documenta la herencia judía de Florida desde el siglo XVIII hasta la actualidad. Aparte de su colección permanente, ofrece exposiciones temporales sobre los judíos en Florida, en el Caribe y otros lugares.

Wolfsonian Foundation

Mitchell Wolfson Jr ha reunido miles de objetos dedicados a las artes de diseño en la **Wolfsonian Foundation**, 1001 Washington Avenue (mar.-sáb., 11-18 h; dom., 12-17 h; 5 dólares; entrada gratuita jue., 18-21 h; ☎531-1001). A cualquiera que le interesen las artes decorativas, arquitectónicas o que puedan recibir alguna influencia de la política encontrará interesantes las galerías, que también proporcionan un refugio bastante fresco de la avenida sin sombra del exterior.

Española Way

Además de la oficina de correos de Miami Beach (descrita en «Visita al distrito Art Déco», pág. 97), no hay otros puntos de interés en Washington Avenue para detenerse hasta llegar a **Española Way**, entre las calles 14th y 15th. Aunque es famoso por el Art Déco, en Miami Beach hay varios ejemplos de la arquitectura de estilo mediterráneo de Miami; la mayoría de ellos están situados en esta pequeña calle con estrechos balcones y toldos de rayas.

Completada en 1925, la Española Way fue concebida como una «colonia de artistas», pero sólo la moda de la rumba de los años treinta, que se dice empezó aquí promovida por el músico cubano Desi Arnaz*, consiguió estar a la altura. Sin embargo, después de la mejora social de South Beach de los años ochenta, un grupo de curiosas galerías y tiendas de arte han contribuido a revivir el concepto original; ahora llenan las salas del primer piso, mientras que sobre ellas, pequeños apartamentos en el último piso se califican de forma optimista como «buhardillas para artistas».

Lincoln Road Mall y el Lincoln Road Arts District

Un poco más al norte, entre las calles 16th y 17th, el peatonal **Lincoln Road Mall** se consideraba el recinto de tiendas más de moda, fuera de Nueva York, durante los años cincuenta; incluso sus joyerías y tiendas de ropa eran conocidas como la «Quinta Avenida del Sur». Hoy en día, ordinarios distribuidores de artículos de equipo llenan la sección más cercana a Washington Avenue y el foco de interés se ha trasladado unas cuantas manzanas al oeste hasta el **Lincoln Road Arts District**, alrededor de la Lenox Avenue. Allí, entre numerosas galerías de arte que dan vida a lo que hace pocos años eran oficinas y tiendas feas, los estudios (los horarios están escritos en las puertas) y las salas de exposiciones del **South Florida Art Center, Inc.**, en 810 Lincoln Road, introducirán al visitante en el burgués mundo del arte de South Beach. El ambiente cada vez más culturizado de la zona se refleja en los muchos restaurantes y cafés del paseo (véase «Comida»), es un lugar muy frecuentado para deambular por la tarde.

---

* Arnaz (doblemente famoso tras su matrimonio con Lucille Ball) y su banda actuaron en numerosas ocasiones en la *Village Tavern*, en el interior del *Clay Hotel*, que en la actualidad es el albergue de juventud de la ciudad; véase «Alojamiento».

El Jackie Gleason Theater y el Miami Beach Convention Center

Los primeros dos edificios públicos justo al norte del Lincoln Road Mall, el **Jackie Gleason Theater of Performing Arts** con capacidad para 3.000 personas y presidido por la expresiva escultura *Mermaid* (sirena) del artista pop Roy Lichtenstein, ofrece espectáculos de Broadway y conciertos de música clásica. Sin embargo, es más conocido entre los estadounidenses de mediana edad por ser la casa de la popular serie de televisión *The Honeymooners*, del saludable artista Jackie Gleason, que empezó en la década de los cincuenta y duró 20 años.

En el lado más alejado del teatro, la luz del sol rebota en el blanco exterior del gran **Miami Beach Convention Center**, que ocupa una buena posición en la historia política de Estados Unidos. En la convención republicana celebrada allí en agosto de 1968, Richard Nixon ganó el nombramiento que le llevaría a la Casa Blanca. Nixon contó sus votos sin saber que los primeros disturbios de la Liberty City de Miami habían empezado (véase «Alrededores del centro de la ciudad»).

El Holocaust Memorial

Es difícil no sentirse conmovido por el **Holocaust Memorial** de Kenneth Treister, de 1933-1945, en Meridian Avenue (9-21 h); terminado en 1990 y dedicado a Elie Wiesel, representa un brazo tatuado con un número de Auschwitz que intenta llegar al cielo, con figuras de tamaño natural de personas demacradas que intentan subir por él. La conmovedora estatua se alza sobre un estanque en el centro de una plaza, y alrededor de ellos hay imágenes gráficas que recuerdan el genocidio nazi contra los judíos.

El Bass Museum of Art

Un poco más al norte, en un jardín donde hay estatuas, se encuentra el bonito edificio de piedra coralina del **Bass Museum of Art**, en 2121 Park Avenue (mar.-sáb., 10-17 h; dom., 13-17 h; 2.º y 4.º miér., 13-21 h; 5 dólares; mar., donaciones; ☎673-7530), cuya importante ampliación, terminada en 1995, fue supervisada por el famoso arquitecto japonés Arata Isozaki. La colección permanente del museo, dominada por valiosas obras europeas en su mayoría de los siglos XV-XVII (sobre todo de Rubens, Rembrandt y Durero) destaca por encima de las de otros museos del estado. Para cualquiera, aunque no sea un aficionado a las bellas artes, las exposiciones temporales contemporáneas ofrecen gran interés.

Central Miami Beach

La energía de South Beach decae cuando se sigue hacia el norte de la 23rd Street hasta **CENTRAL MIAMI BEACH**. La Collins Avenue traza una trayectoria de unos 8 km por la zona, entre Indian Creek (donde se encuentran los campos de golf, los clubes campestres y las apartadas casas de los ricos de Miami Beach) y los hoteles alrededor de los cuales se desarrollaba la vida social de los famosos durante los años cincuenta. Estos establecimientos, a menudo demasiado ostentosos, son la principal atracción de Central Miami Beach; la playa es frecuentada por familias y ancianos y está rodeada por un largo y agradable paseo entablado que se extiende a lo largo de más de 1,5 km desde la 21st Street.

La Collins Avenue

El límite sur de Central Miami Beach queda definido por el **Collins Canal**, atascado con desechos y construido en la década de 1910 para acelerar el transporte de los productos agrícolas a través de los manglares que llenaban la bahía Biscayne. El canal es una visión triste, pero mejora mientras fluye hacia el lujoso **Indian Creek** lleno de yates; el visitante verá a lo largo de la Collins Avenue los primeros apartamentos y hoteles que caracterizan la zona.

A diferencia de sus pequeños hermanos Art Déco de South Beach, los últimos **hoteles** de Central Miami Beach son enormes monumentos a los años cincuenta. Cuando lo grande era lo bello, estos modernos palacios del placer atraían a la *jet-set* internacional y ofrecían algo más que alojamiento, ya que sus astronómicos precios daban acceso a bares, restaurantes y salones exclusivos donde las estrellas del cine y la televisión se divertían para mayor envidia del resto de Estados Unidos. Sin embargo, los buenos tiempos duraron poco. Como todo el mundo quería beneficiarse, pronto empezaron a surgir imitaciones baratas de hoteles que formaron un feo muro de hormigón a lo largo de Collins Avenue; pero la calidad cayó en picado, el servicio se deterioró y los famosos se marcharon. En los años setenta, muchos de los hoteles tenían el aspecto de lo que realmente eran: monstruos de otra época. La década de los ochenta vio resurgir una vez más la estrella social de Miami. Muchos de los hoteles reformados están hoy en día ocupados por turistas latinoamericanos adinerados y estadounidenses canosos, por los que Miami Beach nunca ha perdido su categoría.

El Fontainebleau Hotel

Antes de que Central Miami Beach se convirtiera en un centro de celebridades, los ricos y poderosos del país mandaron construir laberínticas mansiones en primera línea. Una de ellas, la casa de invierno del rey de los neumáticos, Harvey Firestone, fue derribada en 1953 para dar cabida al **Fontainebleau Hotel**, en 4441 Collins Avenue, «el reino del *kitsch* y el consumismo» que definió a la Miami Beach de finales de los años cincuenta y sesenta. Habituales de la *prensa del corazón* como Joan Crawford, Joe DiMaggio, Lana Turner y Bing Crosby iban asiduamente al *Fontainebleau*, al igual que el cantante Frank Sinatra quien, además de empezar una pelea de huevos en la cafetería, rodó allí muchas escenas interpretando al detective privado del filme de los años sesenta *Hampa dorada (Tony Rome)*. Se recomienda echar una ojeada por el curvo vestíbulo con pesadas lámparas de araña y entre los jardines llenos de árboles hasta la piscina con grutas en la roca y cascadas.

Si el visitante no puede enfrentarse a los botones que hay al acecho en el vestíbulo, puede fijarse en un muro exterior: acercándose desde el sur, la Collins Avenue gira hacia la izquierda ante el hotel y pasa por debajo del mural de *trompe l'oeil* de 1.000 m² de Richard Haas. Descubierto en 1986, crea la ilusión de un gran agujero en el muro que muestra el hotel justo detrás, uno de los mayores peligros de la conducción de Miami.

Más hoteles y casas lujosas

Sin embargo, no hay muchos más puntos de interés en Central Miami Beach. Por su lugar en el folclore local, el *Fontainebleau* es el hotel más tentador, aunque el visitante también puede echar una ojeada al *Shawnee*, en el 4343, y al *Castle Beach Club*, en el 5445, ambos supervivientes de la década de los años cincuenta que han pasado por una profunda restauración, con suelos de mármol, fuentes interiores y vidrios grabados al aguafuerte. Entretanto, el *Alexander* de superlujo, en el 5225, se ha convertido en el centro de reunión de la *jet-set* actual de Miami.

Muchos de los ricos que viven en Miami Beach poseen casas elegantemente amuebladas en paseos flanqueados por pinos al otro lado de Indian Creek. Se recomienda cruzar el agua en Arthur Godfrey Road y conducir (o pedalear) por la exclusiva La Gorce Drive y Alton Road para ver todo lo que el dinero puede comprar.

Desde más abajo de la Collins Avenue hasta North Miami Beach, los hoteles dominan el panorama. En 1968, Norman Mailer describió la zona así: «Castillos árabes en forma de molde para hacer gofres, de deflector de las calefacciones eléctricas de plástico blanco y de cilindros como licuadoras Waring; edificios que parecen pinturas gigantes de op-art y pop art, y dulces pasteles de boda, algodones *kitsch* y montones de sucio estuco de algodón...»

North Miami Beach y el interior

La Collins Avenue continúa más de 11 km sin nada llamativo hasta **NORTH MIAMI BEACH**, atractivo sólo por unas cuantas playas y parques de interés. Sorprendentemente, debido a las maquinaciones de los primeros especuladores de la propiedad, las cuatro pequeñas comunidades que forman esta sección norte de Miami Beach no tienen un nombre común y la zona llamada de manera oficial «North Miami Beach» se encuentra en el interior, al otro lado de la bahía Biscayne.

Surfside y Bal Harbour

Inalterado durante años desde que las caras urbanizaciones surgieron por todas partes, los bajos edificios de **Surfside** (el agradable North Shore Park marca el límite sur de la comunidad), conserva un atractivo ambiente pasado de moda, aunque la comunidad está cada vez más aburguesada y sólo la **playa** del barrio, entre las calles 91st y 95th, retendrán al visitante; casualmente, es una de las pocas en Miami Beach que permiten el *top-less*.

Justo al norte, **Bal Harbour** (las aspiraciones de la elegancia de los viejos tiempos se reflejan en su nombre inglés) es parecido en el tamaño a Surfside, pero distinto en esencia; se trata de una zona elegante llena de casas donde viven algunas de las personas más ricas del país. Las exclusivas Bal Harbour Shops, en 9700 Collins Avenue, acompañadas de almacenes de diseñadores muy caros, marcan el carácter del lugar. Un sitio mejor donde pasar el tiempo, sobre todo si es capaz de desinhibirse fácilmente, es **Haulover Beach Park**, justo al norte, cuya reputación de playa nudista no eclipsa la espesa vegetación que se extiende a lo largo de más de 1,5 km de limpia arena. También se pueden contemplar unas hermosas vistas del horizonte de Miami Beach desde el extremo del paseo.

Sunny Isles y Golden Beach

Más allá del Haulover Park, **Sunny Isles** son tan sosas como parecen: un lugar donde las agencias de viajes europeas envían a los turistas con «todos los gastos pagados» que no saben dónde van y, debido a los precios de ganga, los francocanadienses regresan un año tras otro, y vuelven a llenar los restaurantes de comida rápida y las vulgares tiendas de recuerdos de la Collins Avenue. El visitante se pondrá moreno enseguida en las playas de Sunny Isles, pero todo gira en torno al turismo barato y, si se aloja aquí sin automóvil quizá llegue a sentirse atrapado. Sin embargo, hay algunos edificios de interés arquitectónico construidos durante los años cincuenta: en Collins Avenue, destacan los camellos y jeques que guardan el *Sahara*, en el 18335; y el estilo entre árabe, polinesio, Art Déco, *kitsch* y vulgar del *Marco Polo*, en el 19200.

Cuando se llega a **Golden Beach**, la comunidad más al norte de Miami Beach, gran parte del tráfico que inunda Collins Avenue ha girado ya hacia el interior por la 192nd Street Causeway y los anacrónicos hoteles dan paso a las tranquilas casas en primera línea. Hay muy pocas playas públicas allí y, a no ser que el visitante pretenda marcharse de Miami (la Collins Avenue, como la Hwy-A1A, continúa hacia el norte hasta Fort Lauderdale), hacia el interior encontrará más atracciones.

El interior: el Ancient Spanish Monastery

La Sunny Isles Causeway (163rd Street) llega hasta «North Miami Beach», en tierra firme. A pesar de su nombre, esta zona es la continuación de los empobrecidos suburbios al norte del centro de Miami y no es un lugar para estar mucho tiempo a no ser que el visitante vaya al **Ancient Spanish Monastery** (lun.-sáb., 10-17 h; dom., 12-17 h; 4 dólares). El magnate de la prensa William Randolph Hearst vio el monasterio del siglo XII en España en 1925, lo compró por 500.000 dólares, lo mandó desmontar en bloques y trasladarlo en barco hasta Estados Unidos. Las fotografías de la entrada del monasterio muestran las 11.000 cajas que contenían los bloques y un trabajador portuario sobre ellas, rascándose la cabeza.

Las demandas de los recaudadores de impuestos dejaron a Hearst sin fondos y el monasterio permaneció en un almacén de Nueva York hasta 1952, cuando se llevaron allí las piezas y se volvieron a montar como atracción turística. Se tardó un año y medio en finalizar el trabajo, que se llevó a cabo mediante un sistema de tanteo debido al incorrecto embalaje de las piezas. Paseando por los claustros, como lo hicieron los monjes cistercienses durante 700 años, el visitante podrá ver la forma desigual de los techos reforzados y los duros muros de color miel. Utilizado en la actualidad como iglesia episcopal, el monasterio es un modelo de tranquilidad y su situación en un frondoso jardín realza la paz del lugar. Si el visitante no conduce, le resultará fácil **llegar hasta el monasterio** con los autobuses E, H y V desde Sunny Isles y el 3 desde el centro de Miami; también hay servicios desde la estación Greyhound de North Miami Beach, en 16250 Biscayne Boulevard (☎945-0801). Sin embargo, todas estas rutas le obligarán a caminar unos 10 minutos por algunas calles algo peligrosas.

Más al norte: hacia Fort Lauderdale

La ruta costera, Hwy-A1A (Collins Avenue) y la Hwy-1 (Biscayne Boulevard) continúan hasta Hollywood, en el extremo sur de la zona de Fort Lauderdale, que se describe en «La Costa Sudeste». Puede viajar hacia el norte con **transporte público**, con los autobuses de Broward County Transit (☎954/357-8400) desde el gran centro comercial de Aventura, en la esquina de Lehman Causeway (192nd Street) y Biscayne Boulevard.

ASPECTOS PRÁCTICOS

Quizá debido a la fresca brisa nocturna que arrastra la humedad fuera del calor subtropical, parece como si nadie en Miami pudiera dejar de salir a divertirse. La guía del ocio es la sección más popular de cualquier periódico y el solo pensamiento de no salir por la tarde y los fines de semana a pasárselo bien pondría los pelos de punta a más de uno.

Las **bebidas** se sirven normalmente para empezar la noche y pocas veces afectan a las horas de la **comida**. Los locales consideran algo muy normal comer fuera todos los días y las tres veces al día; la variedad de comida que se ofrece abarca numerosos estilos y se adapta a todos los presupuestos. El descubrimiento de la cocina cubana es una de las alegrías de la ciudad. Además, el visitante no debe sorprenderse si el lugar donde está cenando es también un local con **música en vivo**, pues las salas traseras de los restaurantes tienen su importancia en una red local de música en vivo, donde predomina el reggae. Hay muchos **clubes** situados alrededor de la franja de edificios Art Déco de South Beach; allí se encuentran algunos de los locales nocturnos más *hippies* del país. Los amantes del **arte** en todos sus aspectos pueden elegir entre varias orquestas, tres respetados clubes de baile y una gran oferta de obras en varios teatros. Si todo esto no gusta al visitante, puede quemar la energía que le sobre recorriendo las **tiendas**, que no son el mayor monumento al consumismo del país, pero sí suficientes como para apagar la sed de compras.

Es casi imposible **moverse** por Miami por la noche sin automóvil o taxi, aunque la mayoría de bares, locales de música en vivo y clubes de South Beach se encuentran lo suficientemente cerca uno de otro como para ir a pie, Si se aloja en esa zona, no tendrá que preocuparse por el aparcamiento o inquietarse por la falta de autobuses nocturnos; si no, puede usar el «Electrowave Shuttle» para ir y volver del centro de Miami (véase pág. 63).

Para enterarse de **lo que ocurre** en la ciudad, se recomienda leer la guía del ocio del *New Times* (que sale los jueves) o la sección de «Friday Weekend» del *Miami Herald*.

Comida

En Miami, hay una amplia variedad de lugares para **comer**, desde el puesto de perritos calientes más grasiento hasta el mejor restaurante. Por toda la ciudad, puestos callejeros, cafés y cafeterías ofrecen buenos y completos **desayunos** y **menús económicos** durante todo el día (por unos 5 dólares) y muchos restaurantes sirven grandes **almuerzos** generosos y muy baratos; la media es de unos 7-10 dólares. La cena también puede ser de buena calidad y no suele costar más de 10-15 dólares; el visitante no necesitará mucho dinero para comer bien. Se recomienda buscar los **especiales para madrugadores**, en los que algunos restaurantes rebajan unos cuantos dólares de una cena completa sólo por ocupar asientos entre las 17-19 h. Asimismo se aconseja aprovechar las **happy hours** (véase «Copas») y los completos bufés que constituyen los **brunch** de los domingos (véase pág. 113).

Todos los lugares donde se sirven desayunos suelen abrir entre 6-7 h, y la mayoría de restaurantes funcionan entre las 12 h-medianoche o 1 h, aunque algunos cierran entre el almuerzo y la cena, y otros están abiertos las 24 h (véase recuadro, pág. 108).

Las grandes cadenas de comida rápida y pizzerías abundan como en cualquier otro lugar del país y la comida «típica» **norteamericana**, como las gruesas y sabrosas hamburguesas y los grandes bocadillos, es lo más habitual. En los últimos años se ha desarrollado un estilo de cocina llamado **new floridian**, que combina con éxito los métodos y la presentación de la *nouvelle cuisine* con los ingredientes caribeños. Sin embargo, Miami es demasiado cosmopolita como para que domine un solo estilo de comida y sólo el **marisco**, tan abundante y sabroso como cabría esperar de un lugar tan cercano a las aguas tropicales llenas de peces, es un elemento común entre la gran variedad de platos que se ofrecen.

La comida **cubana**, tan habitual en toda la ciudad que no parece una cocina étnica en absoluto, es lo mejor de Miami. Un gran almuerzo o cena en uno de los numerosos restaurantes cubanos familiares (siempre dispuestos a mostrar sus habilidades culinarias a los clientes) cuesta sólo 4-7 dólares; los más lujosos (sobre todo los de Little Havana y Coral Gables) cuestan un poco más y actualmente son frecuentados a menudo por críticos culinarios del país gracias al desarrollo de un estilo **nuevo cubano** más ligero y atractivo. La cocina **haitiana** va ganando popularidad poco a poco y los restaurantes de Little Haiti, justo al norte del centro de Miami, son sólo algunos lugares donde se pueden probar sus platos. Los restaurantes **argentinos, jamaicanos, nicaragüenses** y **peruanos** dan testimonio de los fuertes elementos caribeños y latinoamericanos de la ciudad; aparte de la comida cubana, cuya calidad se corresponde con el precio, sólo destacan en este aspecto los establecimientos **japoneses**, la mayoría situados al norte del centro de Miami y unos pocos en South Miami (todos más baratos que los europeos). También abundan los **chinos** y **tailandeses**, al igual que los **italianos**. En contraste, la comida **india** no ha conseguido establecerse fácilmente, excepto un par de restaurantes recomendables en Coral Gables, y la comida **mexicana** es menos común que en otras zonas de Estados Unidos.

El centro y alrededores

Big Fish, 55 SW Miami Ave Rd (☎373-1770). Lugar agitado en el río Miami, con sillas plegables, bancos y mesas de picnic. El menú incluye sándwiches caseros de pescado y sopa o estofado de marisco fresco. Cerrado domingos; almuerzos sólo entre junio y noviembre.

Café del Sol, *Crowne Plaza Hotel*, 1601 Biscayne Blvd (☎374-0000). Una buena introducción a las variadas cocinas de Latinoamérica y el Caribe para los que no quieran arriesgarse a ir a Little Havana. Precios moderados.

Cisco's Café, 5911 NW 36th St (☎871-2764). Comida mexicana típica con extraordinarios aperitivos apilados en platos multicolores. Se recomienda probar el guacamole de mantequilla y las tortitas de maíz caseras.

Dick Clark's American Bandstand Grill, en Bayside Marketplace, 401 Biscayne Blvd (☎381-8800). Gran colección de recuerdos del rock'n'roll, desde Fabian hasta The Beatles, para ir mirándolos mientras mastica una hamburguesa hecha a la leña.

East Coast Fisheries, 360 W Flagler St (☎372-1300). El pescado va directamente de los barcos a la cocina en este bullicioso restaurante del río Miami, pero la cocina es sencilla y bastante cara.

Edelweiss, 2655 Biscayne Blvd (☎573-4421). Abundante comida alemana y suiza con tradicionales schnitzel, bratwurst y excelentes postres de strudel.

Fishbone Grille, 650 S Miami Ave (☎530-1915). Un bullicioso pero agradable restaurante que sirve el mejor marisco barato de Miami. Situado junto a la *Tobacco Road* (véase «Copas» y «Música en vivo»), donde se trasladan muchos de los restaurantes económicos.

Gourmet Diner, 13951 Biscayne Blvd (☎947-2255). Para menús diarios continentales.

Hiro, 17516 Biscayne Blvd (☎948-3687). El único bar sushi de Miami abierto hasta tarde y donde los chefs del sushi de la ciudad van después del trabajo. Abierto hasta las 4 h.

Joe's Seafood Restaurant, 2771 NW 24th St (☎638-8602). Su situación junto al muelle mejora su sencilla comida. No hay que confundirlo con *Joe's Stone Crabs* (véase «Miami Beach»).

Rita's Italian Restaurant, 7232 Biscayne Blvd (☎757-9470). Restaurante italiano familiar con manteles de cuadros; sirve raciones abundantes, tiene buenos precios y a su dueño le gusta cantar.

S & S Sandwich Shop, 1757 NE Second Ave (☎373-4291). Sus dueños son los mismos de hace 50 años; sirven platos de rollos de carne picada cocida, pavo, repollo estofado, guisado de ternera, camarones criollos o costillas de cerdo por menos de 6 dólares. Sólo servicio en el mostrador. Cerrado los domingos.

Shagnasty's Saloon & Eatery, 638 S Miami Ave (☎381-8970). Sección de restaurantes de *Tobacco Road* (véase «Copas» y «Música en vivo») que ofrece hamburguesas, pescadito frito y sándwichs; frecuentado por *yuppies* relajados.

Las Tapas, en Bayside Marketplace, 401 Biscayne Blvd (☎372-2737). Bar y restaurante español en el centro comercial más animado de Miami. Las tapas se sirven con sangría y una cesta de pan.

Tark's Clam House, 13750 Biscayne Blvd (☎944-8275). Marisco fresco: camarones, cangrejos de Alaska, patas de cangrejo, almejas y ostras, todo muy barato.

Little Havana

Ayestaran, 706 SW 27th Ave (☎649-4982). Desde hace tiempo uno de los restaurantes cubanos favoritos. Sobre todo vale la pena por sus platos del día de 5 dólares.

El Bodegón de Castilla, 2499 SW Eighth St (☎649-0863). Los sabores ibéricos embellecen los platos locales de mero, habichuelas verdes y marisco. Un poco caro.

La Carreta, 3632 SW Eighth St (☎444-7501). La caña de azúcar de verdad que crece alrededor de la rueda del vagón en el exterior es una buena señal: en el interior, se sirve comida cubana casera a precios increíbles.

Casa Juancho, 2436 SW Eighth St (☎642-2452). Resulta algo caro, pero las tapas valen la pena por 6-8 dólares y hay un ambiente alegre cuando los músicos ambulantes tocan para la rica clientela cubana.

El Cid, 117 NW 42nd Ave (☎642-3144). Un castillo colosal de estilo árabe donde el personal parece vestido de sota de la baraja, en la puerta dan la bienvenida aves recién cazadas. Mucha bebida, comida y canciones con manjares españoles y cubanos asequibles.

Covadonga, 6480 SW Eighth St (☎261-2406). Especialidades de marisco cubano en este restaurante de ambiente náutico frecuentado por clientela local.

La Esquina de Tejas, 101 SW Twelfth Ave (☎545-0337). Aquí fue donde Reagan y Bush solicitaron el voto hispano. Una dirección segura para almuerzos y cenas cubanas.

Hy-Vong, 3458 SW Eighth St (☎446-3674). Pequeño restaurante vietnamita que sólo sirve cenas; favorito entre *yuppies* y veteranos del Vietnam. Sin adornos, servicio lento pero comida excelente. Cerrado lunes.

Las Islas Canarias, 285 NW 27th Ave (☎649-0440). Escondido dentro de un triste centro comercial. Sabrosa comida cubana sin pretensiones a precios inmejorables.

Málaga, 740 SW Eighth St (☎858-4224). Barata cocina española y cubana, especializado en platos de pescado fresco, servidos dentro o en el patio.

El Padrinito, 3494 SW Eighth St (☎442-4510). Excelentes entrantes dominicanos, como filetes de mero cubierto de salsa de coco, en un lugar muy casero.

El Palacio de los Jugos, 5721 W Flagler Ave (☎264-1503). Un conjunto de mesas en la parte de atrás de un mercado de productos cubanos; los sándwiches de cerdo y la sopa de marisco del puesto de comida para llevar son los mejores en muchos kilómetros.

Versailles, 3555 SW Eighth St (☎444-0240). Lámparas de araña, espejos en las paredes, un buen ambiente y comida cubana increíblemente barata.

Coral Gables

Café Kolibri, 6901 Red Rd (☎665-2421). Panadería con entrantes de gourmet, bajos en grasas y vegetarianos. También es restaurante, con deliciosas especialidades toscanas.

Caffe Abbracci, 318 Aragon Ave (☎441-0700). Platos originales como pasta estofada con calabaza llaman la atención de una multitud moderna mientras sorbe vino añejo.

Canton, 2614 Ponce de León Blvd (☎448-3736). Centro de sabores orientales como cantonés, mandarín y szechuán, conocido por las grandes raciones de pollo con miel y ajo. También hay un buen bar sushi.

Darbar, 276 Alhambra Circle (☎448-9691). Restaurante indio que intenta deleitar las papilas gustativas locales con una completa sección de clásicos y algunas especialidades. Cerrado domingos.

Doc Dammers' Bar & Grill, dentro del *Colonnade Hotel*, 180 Aragon Ave (☎441-2600). Restaurante asequible en un espacioso salón antiguo; sirve desayunos, almuerzos y cenas y ofrece una *happy hour* en su piano bar. Véase el recuadro «Happy Hours», pág. 111.

RESTAURANTES DE 24 HORAS

Los cinco lugares siguientes, todos en South Beach, son restaurantes donde puede adquirir **comida** a precios razonables **durante toda la noche**. Para más detalles, véase «Comida».

David's Coffe Shop, esquina de la Eleventh St con Collins Ave (☎534-8736).

Eleventh Street Diner, 1065 Washington Ave (☎534-6373). Sólo viernes y sábado.

News Café, 800 Ocean Drive (☎538-6397).

Ted's Hideaway South, 124 Second St (no hay teléfono).

Wolfie's, 2038 Collins Ave (☎538-6626).

Hofbrau Pub & Grill, 172 Giralda Ave (☎442-2730). Tres platos del día, pero se recomienda ir los miércoles por la noche a la oferta de pescadito frito por 9 dólares. Cerrado domingos. Véase «Copas».

House of India, 22 Merrick Way (☎444-2348). Comida india de buena calidad, que incluye algunos menús de precios excelentes.

Mykonos, 1201 Coral Way (☎856-3140). Comida griega en un ambiente sencillo, sirven spinakopita, sopa de pollo al limón, gyros, souvlaki y generosas ensaladas griegas.

Picnics at Allen's Drug Store, 4000 Red Rd (☎665-6964). Cocina casera en un antiguo establecimiento completado con una gramola con éxitos antiguos.

Restaurant St Michel, en el *Hotel Place St Michel*, 2135 Ponce de Leon Blvd (☎446-6572). Excepcional cocina francesa y mediterránea entre antigüedades y flores. No es barato, pero resulta muy tentador.

Victor's Café, 2340 SW 32nd Ave (☎443-1313). Los músicos de mambo hacen agradable la comida, pero los platos cubanos, aunque muy ricos, son algo caros.

Wrapido, 2334 Ponce de León Blvd (☎443-1884). Se recomienda entrar a tomar un refresco y un sándwich de las sabrosas tortillas que preparan.

Yoko's, 4041 Ponce de León Blvd (☎444-6622). Restaurante japonés íntimo, normalmente frecuentado por estudiantes de la vecina University of Miami.

Coconut Grove

Le Bouchon du Grove, 3430 Main Hwy (☎448-6060). No hay que dejarse engañar por su extravagante nombre. Sirven comida francesa sin pretensiones, con fabulosos kir royales y postres recién hechos a precios razonables.

Café Med, 3015 Grand Ave (☎443-1770). Deliciosa cocina mediterránea en una excelente situación para que la gente mire, se recomienda el carpaccio tropical con palmitos, aguacate y virutas de queso parmesano.

Café Tu Tu Tango, dentro de CocoWalk, 3015 Grand Ave (☎529-2222). Un lugar estrafalario y divertido decorado como la buhardilla de un artista; sirven un menú variado de buena calidad, servido en porciones tamaño tapa y con rapidez.

Cheesecake Factory, dentro de CocoWalk, 3015 Grand Ave (☎447-9898). El visitante necesitará mucho tiempo para elegir un plato de la amplia carta, un abanico de comida norteamericana, aperitivos innovadores y 33 variedades de tarta de queso.

Fuddruckers, 3444 Main Hwy (☎442-8164). Un local típicamente estadounidense con un toque de clase; los lujosos asientos de madera son un bonito escenario para comerse la hamburguesa con patatas.

Greenstreet Café, 3110 Commodore Plaza (☎567-0662). Curioso café con una ecléctica variedad de comida, que va desde Oriente Próximo hasta Jamaica.

Grove Café, 3484 Main Hwy (☎445-0022). Suculentas hamburguesas que el visitante puede comer mientras ve a la gente vagabundear.

Hungry Sailor, 3064 Grand Ave (☎444-9359). Pub pseudobritánico que sirve patatas fritas y pescado rebozado, así como un plato a base de carne picada y puré de patatas bastante bueno, aunque es mejor su sopa de pescado. Véase «Copas» y «Música en vivo».

Mandarin Garden, 3268 Grand Ave (☎446-9999 o ☎442-1234). Comida china muy sabrosa y barata. El aparcamiento gratuito es una gran ventaja durante los fines de semana llenos de tráfico.

Paulo Luigi's, 3324 Virginia St (☎445-9000). Centro de reunión favorito de los jugadores locales de la NBA que van por su imaginativa (y barata) pasta y sus platos de carne.

Scotty's Landing, 3381 Pan American Drive (☎854-2626). Sabroso marisco, pescado rebozado y patatas fritas que se consume en mesas de picnic en el paseo.

Señor Frog's, 3480 Main Hwy (☎448-0999). Gran selección de comida mexicana a precios razonables, pero la mayoría de personas va a tomar margaritas.

Taurus Steak House, 3540 Main Hwy (☎448-0633). El paraíso de los carnívoros. La carne es el plato principal en esta chirriante parrilla abierta hace años.

Key Biscayne

Bayside Hut, 3501 Rickenbacker Causeway (☎361-0808). Agradable bar tiki lleno de gatos extraviados. Los mejores platos son el marisco fresco y las patatas fritas sazonadas.

Beach House, 12 Crandon Blvd (☎361-1038). Lugar de reunión para enterarse de los últimos cotilleos; se sirven tres comidas al día.

The Sandbar, en *Silver Sands Motel & Villas*, 301 Ocean Drive (☎361-5441). Marisquería algo escondida que ofrece almuerzos y cenas asequibles a un paso de donde rompen las olas del océano.

South Fork Grill & Bar, 3301 Rickenbacker Causeway (☎365-9391). Especialidades tex-mex en un magnífico lugar al aire libre en el agua. Se recomienda la sangría helada.

Sundays on the Bay, 5420 Crandon Blvd (☎361-6777). Restaurante de marisco en el paseo que sirve a los barcos y lugar para tomar una cerveza. Muy despreocupado. Véase «Música en vivo».

South Miami

Akashi, 5830 S Dixie Hwy (☎665-6261). El sushi y un tierno teriyaki de pollo hacen que valga la pena el viaje hasta este restaurante.

Chifa Chinese Restaurant, 12590 N Kendall Drive (☎271-3823). Quizás el único restaurante de Florida especializado en cocina peruana-cantonesa. Sabrosos aperitivos fritos, platos ordinarios y una variedad de cervezas chinas y peruanas, que se sirven a buen precio.

Fountain & Grill, en *Sunset Drugs*, 5640 Sunset Drive (☎667-1807). Versión grande, limpia y moderna del tradicional restaurante económico de pueblo. Famoso por sus sándwiches con queso fundido, las hamburguesas y la carne.

JJ's American Diner, 5850 Sunset Drive (☎665-5499) y 12000 N Kendall Drive (☎598-0307). Grandes hamburguesas y sándwiches en un establecimiento de bebidas no alcohólicas, con estrepitosa música rock'n'roll de fondo.

Old Cutler Inn, 7271 SW 168th St (☎238-1514). Taberna situada en un barrio famoso por sus bistés, camarones y deliciosos postres.

Pars, 10827 SW 40th St (☎551-1099). Buena comida iraní en un sencillo establecimiento.

Sakura, 8225 SW 124th St (☎238-8462). Pequeño bar de sushi de buena calidad; siempre está a rebosar.

Shorty's Bar-B-Q, 9200 S Dixie Hwy (☎670-7732). El visitante puede sentarse en una mesa de picnic, ponerse una servilleta en forma de babero y disfrutar de costillas, pollo y mazorcas de maíz a la barbacoa, parando sólo para echar una ojeada a los recuerdos de vaqueros que hay en las paredes.

Su Shin, SW 88th St, Kendall (☎271-3235). Buen teriyakis, platos del día y chefs de sushi con sentido del humor.

El Toro Taco, 1 S Krome Ave (☎245-8182). Excelente restaurante mexicano familiar. Una joya en el centro de Homestead que constituye un buen lugar donde detenerse de camino a los cayos.

Tropical Delite, 12344 SW 117th Ct (☎235-5111). Cocina jamaicana casera; se recomienda el pollo jerk y la cabra al curry.

Wagons West, 1131 S Dixie Hwy (☎238-9942). Desayunos que producen colesterol se consumen en este monumento a los vaqueros y al Lejano Oeste, siempre a rebosar; el visitante puede sentarse en unos asientos en forma de vagón y admirar los recuerdos del Oeste que hay en las paredes.

South Beach y alrededores

Las Americas, 450 Lincoln Rd Mall (☎673-0560). Comida cubana barata y sencilla en un ambiente al estilo de las cafeterías.

Casona de Carlitos, 2232 Collins Ave (☎534-7013). Abundante comida argentina y música en vivo; se sirve pasta al estilo latino y carne roja a la brasa.

Chrysanthemus, 1256 Washington Ave (☎531-5656). Excelente cocina de Pekín y Szechuán de precios moderados; una sorpresa en una ciudad en la que no abunda la comida china de calidad.

Cielito Lindo Mexican Restaurant, 1626 Pennsylvania Ave (☎673-0480). Comida mexicana barata que se sirve con una sonrisa en este acogedor restaurante, bien situado justo saliendo de Lincoln Road.

Da Leo Trattoria, 819 Lincoln Rd (☎674-0354). Un buen restaurante italiano que sirve comida auténtica a precios económicos.

Davis's Coffee Shop, esquina de Eleventh St y Collins Ave (☎534-8736). Comida latina a buen precio que se sirve durante todo el día y la noche a una multitud algo desaliñada pero perspicaz. Véase «Restaurantes de 24 horas».

Eleventh Street Diner, 1065 Washington Ave (☎534-6373). Comida norteamericana las 24 horas los viernes y sábados; se puede comer dentro en los acogedores asientos o fuera en la terraza.

Joe's Stone Crabs, 227 Biscayne St (☎673-0365). Sólo abierto entre octubre-mayo, cuando es la temporada de los cangrejos de roca de Florida; hay que tener en cuenta que habrá largas colas de gente dispuesta a pagar 20 dólares por un suculento plato de ellos.

Larios on the Beach, 820 Ocean Drive (☎532-9577). Más conocido por pertenecer a la cantante Gloria Estefan que por su sofisticada y asequible comida «nuevo cubano», servida en un ambiente de club nocturno latino; en cuanto aparece la banda de música en vivo, los comensales se ponen a bailar.

Lucky Chaeng's, 600 Lincoln Rd (☎672-1505). Comida china moderada servida por camareros travestidos.

Lulu's, 1053 Washington Ave (☎532-6147). Comida casera del sur: pollo frito, verduras y guisantes, entre otros platos, pero el visitante pagará por los recuerdos de Elvis Presley que hay en las paredes.

Maiko Japanese Restaurant, 1255 Washington Ave (☎531-6369). Las imaginativas creaciones sushi hacen que este restaurante sea tan popular, además de por sus precios moderados.

Moe's Cantina, 616 Collins Ave (☎532-6637). El sabor del Sudoeste en Miami; ofrece sabrosos burritos y la mejor salsa dulce a este lado de Río Grande.

News Café, 800 Ocean Drive (☎538-6397). Café totalmente moderno en el paseo, con un variado menú de desayuno, comida y cena y asientos en primera fila en el paseo de South Beach.

Norma's On the Beach, 646 Lincoln Rd (☎532-2809). Comida jamaicana de las más sofisticadas, sabrosas y caras.

Pacific Time, 915 Lincoln Rd (☎534-5979). Cocina norteamericana moderna con fuertes influencias de Extremo Oriente, que producen excelentes resultados a precios moderados.

Palace Bar & Grill, 1200 Ocean Drive (☎531-9077). Uno de los pocos lugares de moda para desayunar que abre a las 8 h. Comida sencilla y barata, como buenas hamburguesas.

Puerto Sagua, 700 Collins Ave (☎673-1115). Aquí los cubanos locales se mezclan con los gringos entre café exprés, judías y arroz. Desayunos abundantes y baratos, almuerzos y cenas.

Rolo's, 1439 Alton Rd (☎535-2220). Las rubias de la playa y los surfistas latinos desayunan aquí antes de irse a la playa. También sirven almuerzos y cenas de estilo

---

HAPPY HOURS

Casi todos los restaurantes de Miami tienen **happy hour**, normalmente los fines de semana entre 17-20 h, cuando las bebidas son baratas y se sirven acompañadas de generosas raciones de comida gratuita (desde alitas de pollo fritas a patatas fritas y palomitas de maíz). Se aconseja leer los letreros que hay fuera o revisar los numerosos anuncios de los periódicos para buscar las mejores ofertas o bien probar uno de los siguientes, que se encuentran entre los más recomendables de la ciudad:

Smith & Wollensky's, 1 Washington Ave, Miami Beach (☎673-1708). Ostras, camarones y bebidas rebajadas en la *happy hour* más agradable de Miami.

Coco Loco's, en el *Sheraton*, 495 Brickell Ave, cerca del centro de Miami (☎373-6000). No hay mejor lugar para terminar el día en el centro; las bebidas son caras, pero por un dólar el cliente tiene acceso a un gran bufé.

Doc Dammers's Bar & Grill, dentro del *Colonnade Hotel*, 180 Aragon Ave, Coral Gables (☎441-2600). Donde los jóvenes y no tan jóvenes, y los solteros de Coral Gables, van después del trabajo al compás de un pianista. Véase «Comida».

Monty's Raw Bar, 2550 S Bayshore Drive, Coconut Grove (☎858-1431). Las baratas bebidas ayudan a bajar el marisco y la música tropical complementa la vista de la bahía en la mejor *happy hour* de Coconut Grove.

Shagnasty's Saloon & Eatery, 638 S Miami Ave, cerca del centro de Miami (☎381-8970). El lugar de reunión de *yuppies* para la *happy hour*; ofrecen aperitivos gratuitos y muchas bebidas a un precio excelente.

Sloppy Joe's, 3131 Commodore Plaza, Coconut Grove (☎446-0002). Especiales de bebidas durante toda la noche en este joven y animado bar.

cubano y americano; asimismo ofrece una importante variedad de cervezas. Véase «Copas».

The Strand, 671 Washington Ave (☎532-2340). Un lugar donde dejarse ver; ofrece nueva y tradicional comida norteamericana a los modernos habituales y a las celebridades de los barrios bajos.

Sushi Hana, 1131 Washington Ave (☎532-1100). Grandes raciones de comida japonesa muy bien presentada y a precios asequibles.

Tantra, 1445 Pennsylvania Ave (☎672-4765). Los sensuales sabores indios que se ofrecen aquí no son un error: el tema del restaurante, acompañado por la poca iluminación y el servicio, se basa en las filosofías tántricas. Se recomienda disfrutarlo.

Tap Tap Haitian Restaurant, 819 Fifth St (☎672-2898). La comida haitiana más sabrosa y mejor presentada de todo Miami a precios muy razonables. Se recomienda pasear por el restaurante para admirar los murales haitianos y visitar la galería del piso de arriba, donde se celebran exposiciones sobre temas haitianos.

Ted's Hideaway South, 124 Second St (no hay teléfono). Bar apagado que ofrece pollo frito, bisté, judías y arroz; véase «Copas».

Thai Toni, 890 Washington Ave (☎538-8424). Comida tailandesa a precios moderados en un lugar de moda.

Wok & Roll, 1451 Collins Ave (☎672-0911). Comida japonesa moderna; se recomienda probar el enorme plato de dim sum. Los asientos en la barra de cara a Collins Avenue proporcionan unas entretenidas vistas de la gente.

Wolfie's, 2038 Collins Ave (☎538-6626). Establecimiento antiguo frecuentado por una divertida mezcla de retirados neoyorkinos y marchosos nocturnos, con generosas raciones servidas por camareras que lucen extraños peinados. Abierto las 24 horas, sirve «desayuno del día» por 1,99 dólares durante todo el día.

World Resources, 719 Lincoln Rd (☎535-8987). Comida tailandesa excelente y barata servida en un café informal en el paseo. Cada noche hay música asiática, africana y otras en vivo.

Yuca, 501 Lincoln Rd (☎532-9822). Es todavía favorito de los críticos de todo el país y sirve cocina «nuevo cubano» en un restaurante de categoría; buen servicio, pero cuesta unos 50 dólares por persona.

Northern Beaches y alrededores

Al Amir, 12953 Biscayne Blvd (☎892-6500). Auténtica cocina del Próximo Oriente a buen precio.

Bangkok Orchid, 5563 NW 72nd Ave (☎887-3000). Deliciosas comidas tailandesas en una zona donde no hay ningún otro restaurante exótico.

Café Prisma Pasta, 414 71st St (☎867-0106). Uno de los mejores restaurantes italianos de Miami y uno de los menos caros. El lugar es pequeño, por lo que se aconseja llegar pronto.

Chef Allen's, 19088 NE 29th Ave (☎935-2900). Excelente cocina *new floridian* creada por Allen Susser, reconocido por todos como uno de los mejores chefs de América. Sólo se recomienda ir si el dinero no es problema.

Rainforest Café, 19575 Biscayne Blvd (☎792-8001). Restaurante con ambientación de sonidos de la jungla, tormentas y sabrosa comida *new world*.

Rascal House, 17190 Collins Ave (☎947-4581). El más auténtico, ruidoso y mayor del tipo Nueva York de la ciudad; grandes raciones y ambiente de cafetería.

BRUNCH

El **brunch** (desayuno-almuerzo) en Miami es una cuestión más elegante que su equivalente en Nueva York o Los Ángeles; en un lugar de moda se sirve comida de bufé de alta calidad y se acompaña sólo ocasionalmente con bebidas baratas. Se sirve desde las 11-14 h y cuesta entre 5-30 dólares, dependiendo de la cantidad de comida; se recomienda consultar el periódico para saber cuáles son las mejores ofertas o bien elija uno de los establecimientos que aparecen a continuación (todos en Miami Beach, si no se especifica lo contrario):

Beach Villa Chinese Restaurant, en el *Beach Paradise Hotel*, 600 Ocean Drive (☎532-8065). Excelente *brunch* de dim sum los sábados y domingos.

Colony Bistro, 736 Ocean Drive (☎673-6776). Brunch de gourmet en un pequeño pero elegante café; para distraerse mirando a la gente.

The Dining Galleries, en el *Fontainebleau Hotel*, 4441 Collins Ave (☎538-2000). Bufé muy variado y buen servicio; también una forma de ver el interior de este importante hotel de los años cincuenta.

Grand Café, en el *Grand Bay Hotel*, 2669 Bayshore Drive, Coconut Grove (☎858-9600). Buena comida y abundantes raciones en un restaurante muy elegante, que atrae a los adinerados con apetito.

Il Ristorante, en el *Biltmore Hotel*, 1200 Anastasia Ave, Coral Gables (☎445-1926). El brunch más caro de Miami en el hotel más histórico de la ciudad; resulta caro, pero vale la pena.

Sundays on the Bay, 5420 Biscayne Blvd, Key Biscayne (☎361-6777). El *brunch* más agradable de Miami; se recomienda reservar mesa para evitar la cola.

Copas

En Miami, se suele ir de **copas** más en los restaurantes, clubes nocturnos y discotecas que en los sórdidos bares tan admirados por los directores de cine. Sin embargo, hay uno o dos locales débilmente iluminados que sí contienen la esencia del típico bar de Estados Unidos, así como bastantes pubes irlandeses y británicos que ofrecen cervezas de importación.

Emborracharse en los salones de los restaurantes, en las salas de atrás de los locales musicales o en los bares de los hoteles de la costa va más con el espíritu de la ciudad. La mayoría de lugares donde el visitante puede beber abren de las 11-12 h hasta medianoche o las 2 h y las horas más activas son entre las 22 y la 1 h. Entre los siguientes locales, algunos son mejores para una copa por la tarde, antes de cenar, mientras que otros, sobre todo los de Coconut Grove y Miami Beach, son lugares privilegiados para ver ir y venir a la gente. Los precios son parecidos en todos los sitios, aunque los más divertidos a veces resultan algo más caros que la media.

El centro y alrededores

Churchill's Hideaway, 5501 NE Second Ave (☎757-1807). Un enclave británico dentro de Little Haiti, con partidos de fútbol y rugbi en vídeo y cervezas del Reino Unido de barril. Véase también «Música en vivo».

Tobacco Road, 626 S Miami Ave (☎374-1198). Agradable establecimiento R&B (véase «Música en vivo») que soporta muchas borracheras en su bar del piso de abajo.

Coral Gables

The Crown and Garter Pub, 270 Catalonia Ave (☎441-0204). La comida sencilla del bar, además de la Guinness, Bass y sidra de barril contribuyen a convertirlo en un lugar popular entre los británicos y anglófilos de todas las nacionalidades.

Duffy's Tavern, 2108 SW 57th Ave (☎264-6580). Torneos de cartas y una gran pantalla de televisión que ofrece los acontecimientos deportivos para los bebedores amantes del deporte.

Hofbrau Pub & Grill, 172 Giralda Ave (☎442-2730). Establecimiento de bastante categoría con ambiente de taberna.

John Martin's, 253 Miracle Mile (☎445-3777). Restaurante y pub irlandeses donde a veces actúan cantantes de folk y arpistas acompañando a una buena oferta de cervezas importadas. Véase «Música en directo».

Coconut Grove

Fat Tuesdays, dentro de Coco Walk, 3015 Grand Ave (☎441-2992). Parte de una cadena de bares famosa por sus fríos daiquiris con sabor a fruta, que puede paladear mientras observa a la multitud.

Hungry Sailor, 3064 Grand Ave (☎444-9359). Un aspirante a pub británico con carísima Bass y Watneys de barril, aunque el ambiente queda definido por el reggae en vivo de cada noche; véase «Música en vivo».

Monty's Bayshore Restaurant, 2550 S Bayshore Drive (☎858-1431). Los bebedores superan en número a los comensales (véase «Comida»), atraídos allí por su ambiente gregario y las vistas de la bahía.

Taurus, 3540 Main Hwy (☎448-0633). Una antigua institución de la bebida de Coconut Grove; sirve hamburguesas los fines de semana y es frecuentado por una nostálgica clientela amante de los años sesenta.

Tavern in the Grove, 3416 Main Hwy (☎447-3884). Establecimiento práctico para los locales, con una bulliciosa gramola y un ambiente agradable.

Virtual Café, 2911 Grand Ave (☎567-3070). Bar temático que parece de otro mundo; incluye juegos de realidad virtual que revuelven el estómago y un interior decorado de forma siniestra que recuerda el ambiente de la *Guerra de las galaxias (Star wars)*.

Key Biscayne

Bayside Hut, 3501 Rickenbacker Causeway (☎361-0808). Frecuentado por una agradable multitud que bebe cerveza junto a la bahía. Véase «Comida» y «Música en directo».

The Sandbar, en el *Silver Sands Motel & Villas*, 301 Ocean Drive (☎361-5441). El bar junto a la piscina es un lugar privilegiado para tomar un cóctel mientras se contempla el océano.

South Beach

Banana Cabana, en el *Banana Bungalow Hostel*, 2360 Collins Ave (☎1-800-7-HOSTEL). Bar tiki junto a la piscina, donde todas las bebidas cuestan sólo 2 dólares.

Clevelander, 1020 Ocean Drive (☎531-3485). El último bar deportivo junto a la piscina, con mesas de billar, televisores para ver los deportes y atléticos bebedores parcialmente vestidos dándole a la cerveza.

Club Deuce Bar & Grill, 222 Fourteenth St (☎531-6200). Estridente bar de barrio abierto hasta las 5 h, con una máquina de CDs, mesa de billar y una clientela que incluye policías, travestidos, artistas y modelos.

Irish House, 1430 Alton Rd (☎534-5667). Antiguo bar de barrio con dos usadas mesas de billar.

Marlin Hotel, 1200 Collins Ave (☎604-5000). Bar de hotel pulcro y futurista en el centro de la zona Art Déco. Quizá vea a Arnold Schwarzenegger o Silvester Stallone detrás de un martini.

Rebar, 1121 Washington Ave (☎672-4788). El bar de South Beach para grungies.

Ted's Hideaway South, 124 Second St (no hay teléfono). Latas de cerveza por 1 dólar y ofertas especiales en las de barril cuando llueve; sirve comida sencilla de bar las 24 horas. Véase «Comida» y «Restaurantes de 24 horas».

Vida nocturna

La **vida nocturna** ha cambiado mucho desde la época en que los espectáculos de cabaré con chicas de piernas atractivas eran el mayor centro de atención. En la actualidad, en todos los sentidos menos en el literal, Miami es un lugar muy fresco para bailar, beber o sencillamente pasar el rato en **clubes** calificados por los entendidos como los más al día del mundo. El encanto de los pubes más a la moda, pocos en número y secretos en South Beach de Miami Beach (cambian de nombre y localización a menudo), pueden decaer en cuanto se pasa la novedad y son demasiado frecuentados, pero hasta ese momento un aire de emoción y vitalidad flota en el aire, y hay muchas ideas nuevas para excitar al noctámbulo más hastiado. Se recomienda leer el *New Times* para estar al día o, mejor todavía, preguntar a cualquier marchoso de buen aspecto que se encuentre por los cafés y bares de South Beach. Si al visitante no le importa la moda y sólo quiere bailar hasta el amanecer, hay muchas **discotecas** corrientes (parecidas a todas las del mundo) para ello. Si prefiere más aventura, puede ir a uno de los clubes de **salsa** o **merengue** de la ciudad (una seductora música de baile para los caribeños), presentados por disc-jockeys de habla hispana.

Como era de esperar, viernes y sábados son los días más bulliciosos, pero todas las noches hay una amplia oferta y algunas de las principales discotecas obsequian a sus clientes entre semana con bebidas más baratas, entrada gratuita a las mujeres y otras actividades como espectáculos de aerobic y luchas con desnudos de amateurs. La mayoría de sitios abren a las 21 h, pero se recomienda ir después de las 23 h porque no se llenan hasta las 2 h, aunque algunos continúan hasta las 7 u 8 h y reparten el desayuno gratuito a los supervivientes. Normalmente hay un **precio de entrada** de 4-10 dólares y una **edad mínima** de 21 años (se suele pedir el carné). Hay que ir vestido en concordancia con el estilo del club, pero sólo existe la posibilidad de que no le dejen entrar si viste de manera inadecuada en el lugar más elegante. Los siguientes locales se encuentran en South Beach de Miami Beach a no ser que se especifique lo contrario (para la vida nocturna gay y lesbiana, véase pág. 121).

Clubes y discotecas

Amnesia, 136 Collins Ave (☎531-5535). Club encantador al aire libre; popular entre los más jóvenes.

Bash, 655 Washington Ave (☎538-2274). Muchos juerguistas no pasan del jardín, aunque hay un bar íntimo y una atractiva pista de baile en este club que pertenece al ex marido de Madonna, Sean Penn, y a Mick Hucknall de Simply Red; no hay entrada.

Chaos, 743 Washington Ave (☎674-7350). Club frecuentado por celebridades, baile a la última moda.

Groove Jet, 323 23rd St (☎532-20020). Muy de moda y cada vez más un lugar donde va bien ser visto. Arréglese y llegue tarde.

Liquid, 1437-9 Washington Ave (☎532-9154). La chica del club local, Ingrid Cassares, tiene el club más caliente de la playa. Frecuentado por las estrellas (Madonna es una habitual) para una marcha salvaje y espectáculos de moda.

Living Room, 671 Washington Ave (☎532-2340). Aspira a convertirse en un centro de reunión de modelos, con cómodos sofás por los que tiene que pagar para sentarse. La pequeña pista de baile mantiene a la gente apretada mientras no está posando en la barra en forma de bumerán.

Mango's, 900 Ocean Drive (☎673-4422). Siga el ruido del bajo hasta este escandaloso club junto al océano, donde bailarines poco vestidos prefieren la barra al suelo.

Red Square, 411 Washington Ave (☎672-9252). Club nocturno ambientado en Rusia, con una apropiada oferta de vodka y caviar. Focos que aturden giran alrededor de los jóvenes bailarines atrapados en este local loco por los comunistas.

Shadow Lounge, 1532 Washington Ave (☎531-9411). Un interior enorme para un club de South Beach; es popular entre los más jóvenes y ofrece acontecimientos semanales y exposiciones de arte.

Warsaw Ballroom, 1450 Collins Ave (☎531-4555). El local nocturno más sombrío y bullicioso de la ciudad; los viernes es exclusivamente gay (véase «Miami para gays y lesbianas»), pero los sábados es «noche heterosexual» y los miércoles «noche de *strip-tease*».

Zanzibar, 615 Washington Ave (☎538-6688). Noches de ambientación de safari tan salvajes como los bailarines, y las colas dan la vuelta a la manzana.

Clubes de salsa y merengue

Bonfire Club, 1060 NE 79th St, Little Haiti (☎756-0200). Sonidos de salsa suaves y muy bailables entre miércoles y domingo; 2-5 dólares.

Club Típico Dominicano, 1344 NW 36th St, Litle Havana (☎634-7819). Los mejores disc-jockeys de merengue dirigen las sesiones de viernes a domingo; 5 dólares.

Club Tropigala, en el *Fontainebleau Hilton*, 4441 Collins Ave (☎672-7469). Vibre con los ritmos de los sonidos latinos calientes en el encantador y conocido *Fontainebleau Hotel*.

El Inferno, 981 SW Eighth St, Little Havana (☎856-5523). Discoteca popular local con ritmos latinos viernes y sábado.

Música en vivo

En una ciudad que todavía se vuelve loca con el pop latino de estudio de Gloria Estefan, el visitante quizá no espere encontrar un amplio panorama de **música en vivo**. De hecho, un número impresionante de **locales**, muchos de ellos pequeños clubes o las salas traseras de restaurantes y hoteles, presentan bandas durante toda la semana. Sin embargo, es una cuestión de calidad más que de cantidad. Ya sean glam, goth, indie o metal, las **bandas de rock** de la ciudad tienden a ser meras imitaciones de grupos estadounidenses y europeos más conocidos, que periódicamente añaden Miami en sus giras. Los fans del **jazz** lo tienen mejor, pues hay una presencia **rythm and blues** bastante buena más una escena **folk** más reducida. No obstante, lo que más vale la pena buscar es **reggae**; aparte de los grupos que llegan de Jamaica, los músicos que hay entre la considerable población jamaicana de Miami tocan a menudo en varios locales pequeños. Hay muy pocas oportunidades de escuchar música **haitiana** en vivo en Miami, pero para los sonidos **country** el visitante tendrá que dejar la ciudad.

Aparte de las superestrellas (véase más abajo), para escuchar a una banda de la que haya oído hablar, tendrá que pagar unos 6-15 dólares; en las actuaciones locales,

GRANDES LOCALES DE ACTUACIONES

James L. Knight Center, 400 SE Second Ave, en el centro de Miami (☎372-4633).

Pro Player Stadium, 2269 NW 199th St, casi 26 km al noroeste del centro de Miami (☎623-6100).

Miami Arena, 721 NW First Ave, en el centro de Miami (☎374-5057).

la entrada será de 2-5 dólares o gratuita. La mayoría de lugares abren a las 20 o 21 h y la banda principal empieza a tocar sobre las 23 o 24 h.

La **guía** más completa de música se encuentra en el *New Times*, pero si el visitante no sabe adónde ir un viernes por la noche, puede pasear por South Pointe Park (véase «Miami Beach»), donde hay diversión y muchas veces **conciertos gratuitos**; mire los carteles que hay colgados por todo South Beach. Miami también ofrece **grandes actuaciones** en los locales que se relacionan a continuación (ninguno de ellos tiene un ambiente especial); allí acuden grandes figuras del rock, soul, jazz, reggae y funk. Las entradas cuestan entre 18-35 dólares en un Ticketmaster (hay puestos repartidos por toda la ciudad; se recomienda telefonear al ☎358-5885 para saber dónde se encuentra el más cercano) o por teléfono con tarjeta de crédito.

Rock, jazz y rythm and blues (R&B)

Cameo Theater, 1445 Washington Ave (☎673-9787). El lugar para los actos, lecturas de poesía e interesantes bandas de pseudoarte izquierdista. La entrada varía.

Churchill's Hideaway, 5501 NE Second Ave, Little Haiti (☎757-1807). Un buen lugar para escuchar prometedoras bandas de rock e indie locales; 10-15 dólares. Véase «Copas».

The Grind, 12573 Biscayne Blvd, N Miami (☎899-9979). Noches de estudiantes y rock indie con bandas electrónicas locales.

Jazid, 1342 Washington Ave, Miami Beach (☎673-9372). Próximo al panorama de los clubes, este local presenta tranquilos vocalistas y tonos calientes.

Les Deux Fontaines, 1230 Ocean Drive, Miami Beach (☎672-2579). Jazz swing del sur; jueves a domingo y los miércoles.

Mango's Tropical Café, 900 Ocean Drive (☎673-4422). Es difícil quedarse quieto cuando aparecen las bandas brasileñas y cubanas que tocan en esta terraza. Normalmente no hay entrada.

Scully's Tavern, 9809 Sunset Drive, South Miami (☎271-7404). Bandas de rock y blues tocan para los habituales bebedores de cerveza y jugadores de billar; entrada gratuita.

Studio One 83, 2860 NW 183 St, Overtown (☎621-7295). Potente rap, soul y reggae, pero situado en una zona peligrosa al norte del centro de Miami; 5-15 dólares.

Tobacco Road, 626 S Miami Ave, centro de Miami (☎374-1198). Práctico R&B de algunos de los mejores exponentes del país. Véase «Copas». La entrada de gratuita a 6 dólares.

Zeke's Road House, 625 Lincoln Rd, Miami Beach (☎532-0087). Lugar ambientado con temas de la televisión, que ofrece lo último en música rock.

Reggae

Bayside Hut, 3501 Rickenbacker Causeway, Key Biscayne (☎361-0808). Conciertos de reggae en Bayside los viernes y sábados; entrada gratuita.

CENTROS DE MÚSICA CLÁSICA Y ARTES TEATRALES

Colony Theater, 1040 Lincoln Rd, Miami Beach (☎673-1026).

Dade County Auditorium, 2901 W Flagler St, centro de Miami (☎547-5414).

Gusman Center for the Performing Arts, 174 E Flagler St, centro de Miami (☎372-0925 o ☎374-8762).

Gusman Concert Hall, 1314 Miller Drive, Universidad de Miami (☎284-2438 o ☎284-6477).

Jackie Gleason Center of the Performing Arts, 1700 Washington Ave, Miami Beach (☎673-7300).

Lincoln Theater, 541 Lincoln Rd, Miami Beach (☎673-3331).

Hungry Sailor, 3064 Grand Ave, Coconut Grove (☎444-9359). Las bandas de reggae llenan el pequeño escenario en una esquina de este pub pseudoinglés casi cada noche; la entrada de gratuita a 3 dólares. Véase «Comida» y «Copas».

Sundays on the Bay, 5420 Crandon Blvd, Key Biscayne (☎361-6777). Original pero activo lugar para el reggae en vivo de jueves a domingo; entrada gratuita. Véase «Comida».

Folk

John Martin's, 253 Miracle Mile, Coral Gables (☎445-3777). Espacioso bar irlandés (véase «Copas») y restaurante que ofrece música folk irlandesa varias tardes a la semana; entrada gratuita.

Luna Star Café, 775 NE 125th St, N Miami (☎892-8522). Noches de micro abierto y lecturas de poesía.

World Resources, 719 Lincoln Rd, Miami Beach (☎673-5032). Danza del vientre e interpretaciones de percusión.

Música haitiana

Tap Tap, 819 Fifth St, South Beach (☎672-2898). Más conocido por su excelente restaurante (véase «Comida»), la interesante galería y frecuente música haitiana en vivo; se recomienda telefonear antes para más detalles.

Música clásica, danza y ópera

La New World Symphony Orchestra, con sede en Miami, en 541 Lincoln Rd (☎673-3331), proporciona experiencia en conciertos a algunos de los músicos **clásicos** mejor graduados de Estados Unidos. Su temporada va de octubre a abril y la mayoría de las actuaciones se llevan a cabo en el Lincoln Theater o en el Gusman Center for the Performing Arts; las entradas cuestan entre 10-30 dólares. Para los nombres más conocidos, se recomienda buscar los solistas más sobresalientes que actúan con la Miami Chamber Symphony (☎858-3500), normalmente en el Gusman Concert Hall; entradas 15-30 dólares.

Las dos principales compañías de **danza** de la ciudad, la Miami City Ballet, en 905 Lincoln Rd (☎532-7713), y la Ballet Theater of Miami (☎442-4840), actúan en el Gusman Center for Performing Arts; las entradas cuestan entre 15-45 dólares, pero la Miami City Ballet también ofrece espectáculos de ensayo general rebajados en el Colony Theater por menos de 10 dólares. Un tercer grupo es el Ballet Flamenco La Rosa, en 555 17th St (☎757-8475), cuyas producciones de danza latina tienen lugar en el Colony Theater; entradas entre 10-20 dólares.

La **ópera** es la menos representada en la música clásica, a pesar de los esfuerzos de la Greater Miami Opera, en 1200 Coral Way (☎854-1643), que atrae a grandes nombres en programas variados en el Dade County Auditorium; entradas entre 10-60 dólares.

Comedia

Ya sea por la dificultad de encontrar chistes para la multicultural población de Miami o sencillamente por la distancia geográfica de los más importantes focos de comedia de Nueva York y Los Ángeles, no hay muchos **clubes de humor** en la ciudad, aunque los que hay atraen a una multitud y a menudo presentan, en comparación, a grandes nombres. La entrada cuesta entre 5-10 dólares; se recomienda telefonear para saber los horarios de las actuaciones.

Clubes de humor

Coconut's Comedy Club, en el *Howard Johnson Hotel*, 16500 NW Second Ave, North Miami (☎461-1161). Busca talentos del humor que están empezando (o terminando). Sólo los jueves.

Improv Comedy Club, dentro de *Streets of Mayfair*, 3399 Virginia St, Coconut Grove (☎441-8200). Perteneciente a la cadena de clubes de humor Improv de todo el país y el mejor lugar de Miami para la comedia, a pesar de su ambiente formal. Reservas por anticipado.

New Theater, 65 Almeira Ave (☎461-1161). Las noches de los viernes y sábados ofrecen las actuaciones de los divertidos talentos de la *Laughing Gas Comedy Improv Company*.

Teatro

Quizá sea pequeño, pero el **teatro** de Miami tiene un nivel alto. El invierno es el período más activo, aunque casi cada semana hay algo que merece la pena ver en el circuito alternativo. Existen **teatros en lengua española** en la ciudad, cuyos programas vienen en *El Nuevo Herald* de los viernes (un suplemento del periódico *Miami Herald*): Bellas Artes, 1 Herald Plaza (☎350-2111), Teatro Martí, 420 SW Eighth Ave (☎545-7866) y Teatro Trail, 3717 SW Eighth St (☎448-0592) son tres de los mejores; entradas entre 12-15 dólares.

Teatros principales y alternativos

Coconut Grove Playhouse, 3500 Main Hwy, Coconut Grove (☎442-4000). Teatro principal cómodo y conocido que anima su programa con muchos e interesantes esfuerzos experimentales; 10-35 dólares.

New Theater, 65 Almeira Ave, Coral Gables (☎443-5909). Entre principal y alternativo, es un buen lugar para pasar una tarde relajado; 8-18 dólares.

Ring Theater, en la University of Miami, 1380 Miller Drive (☎284-3355). Ofertas variadas durante todo el año de obras representadas por estudiantes de arte dramático de la University of Miami; 5-18 dólares.

Cine

Miami es un territorio estéril para los cinéfilos, excepto por el **Miami Film Festival** (información en el ☎888-FILM), en el que se proyectan durante 10 días filmes nuevos de diversos lugares todos los años en febrero, en el Gusman Center for Performing Arts.

Quizás en un momento de la historia de América, Florida pudo haber competido con Hollywood por los derechos de la capital mundial del cine (para más información, véase «El Contexto»). Pero hoy en día, la mayoría de **salas de cine** se hallan dentro de centros comerciales, y en ellos se proyectan estrenos estadounidenses. Se recomienda leer la sección «Weekend» del *Miami Herald* de los viernes para ver la cartelera o telefonear a Movie Hotline (☎888-FILM). Las principales salas son Omni 6 AMC Theater (☎448-2088), en el Omni Mall, 1601 Biscayne Blvd; Cinema 10, en el Miracle Center Mall, 3301 Coral Way; el AMC de 8 salas en CocoWalk, 3015 Grand Avenue; y Movies at the Falls, en el The Falls Mall, SW 136th St (☎255-2500); entradas, 4-8 dólares.

Para los filmes **de autor**, de **lengua extranjera** o **clásicos** en blanco y negro, se aconseja mirar lo que se proyecta en el Alliance Film/Video Coop., 924 Lincoln Rd

---

FESTIVALES DE MIAMI Y MIAMI BEACH

Las fechas exactas de los **festivales** que se relacionan a continuación varían de un año para otro; se aconseja comprobar los detalles en cualquier oficina de información turística o **Chamber of Commerce** (cámara de comercio).

Enero

Mediados *Art Deco Weekend*: en Ocean Drive, en South Beach; charlas y acontecimientos de entrada gratuita relacionados con la arquitectura de la zona (☎672-2014).

Taste of the Grove: el visitante puede aprovechar la comida y música gratuita en el Peacock Park de Coconut Grove.

Finales *Homestead Frontier Days*: comida casera, arte y artesanía local en Harris Field, Homestead.

Key Biscayne Art Festival: el visitante puede disfrutar de la música, el arte y la artesanía, además del sabroso marisco fresco en Crandon Blvd.

Febrero

Principios *Miami Film Festival*: últimos filmes de Estados Unidos y otros países que se estrenaron en el Gusman Center for the Performing Arts del centro de Miami (☎377-3456).

Mediados *Coconut Grove Arts Festival*: cientos de desconocidos, en su mayoría con talento, presentan sus obras en el Peacock Park de Coconut Grove y calles colindantes.

Marzo

Principios *Calle Ocho Festival*: gran festival de arte, artesanía y cocina cubanos por las calles de Little Havana.

Carnival Miami: un descendiente del festival de la Calle Ocho, con acontecimientos de temas hispanos por toda la ciudad, que culminan en un desfile en Orange Bowl (☎644-8888).

Homestead Championship Rodeo: vaqueros profesionales del rodeo compiten en los concursos de doma, monta de toro, echar el lazo al becerro y monta a pelo (☎372-9966).

Lipton International Players Championships: hombres y mujeres compiten en uno de los torneos de tenis más importantes del mundo, que se celebra en el Crandon Park Tennis Center de Key Biscayne (☎446-2200).

Abril

Principios *Miracle Mile Festival*: desfiles y carrozas por Miracle Mile, cantando las alabanzas de Coral Gables.

Coconut Grove Seafood Festival: una excusa para comer marisco en el Peacock Park de Coconut Grove.

South Beach Film Festival: directores de cine locales y de otros lugares estrenan cortos en el Colony Theater, 1040 Lincoln Road.

Mayo

The Great Sunrise Balloon Race & Festival: celebrado en la Homestead Air Force Base.

(☎538-8242). Las **bibliotecas** locales ofrecen proyecciones, al igual que el Bass Museum of Art, en 2121 Park Ave (☎673-7530), los martes; en los periódicos se publican los detalles.

Miami para gays y lesbianas

Las comunidades gays y lesbianas de Miami disfrutan del auge de la ciudad como muchas otras; por todo Miami hay un número creciente de negocios, bares y clubes dirigidos por gays. El panorama, que tradicionalmente tenía su foco en Coconut Grove, ha tomado impulso hace poco también en South Beach. En cualquiera de es-

Junio

Principios *Goombay Festival*: una animada fiesta en honor de la cultura de las Bahamas en el Peacock Park de Coconut Grove y alrededores (☎372-9966).

Art in the Park: puestos y exposiciones pseudoartísticos en el Charles Deering Estate de South Miami.

Julio

America's Birthday Bash: el 4 de julio llega la música, los fuegos artificiales y el espectáculo de luces en el Bayfront Park del centro de Miami (☎358-7550).

Tropical Agriculture Fiesta: una excelente ocasión para disfrutar de mangos frescos además de frutas exóticas y otras comidas étnicas en el Fruit and Spice Park (☎247-5727).

Agosto

Primer domingo *Miami Reggae Festival*: celebración del Día de la Independencia de Jamaica; actúan docenas de importantes bandas jamaicanas, que tocan música reggae por toda la ciudad.

Septiembre

Mediados *Festival Miami*: tres semanas de eventos teatrales y visuales organizados en la University of Miami, que se celebran en su mayoría en Coral Gables (☎284-3941).

Octubre

Hispanic Heritage Festival: dura todo el mes e incluye innumerables eventos relacionados con la historia y la cultura latinoamericanas.

Principios *Caribbean-American Carnival*: una divertida cabalgata de bandas de soca y calipso en el Bicentennial Park.

Columbus Day Regatta: la mayor competición de deportes de agua de Florida para conmemorar el viaje histórico de Colón (☎876-0818).

Noviembre

Mediados *Miami Book Fair International*: montones de libros de todo el mundo repartidos por el campus del Miami-Dade Community College del centro de Miami (☎237-3258).

Harvest Festival: una celebración de las tradiciones agrícolas del sur de Florida, como artesanía, música y reconstrucciones históricas, en Dade County Fairgrounds en West Dade (☎375-1492).

Diciembre

26-1 de enero *Indian Arts Festival*: artesanos indios de todo el país se reúnen en Miccosukee Village para exponer sus obras.

30 *King Mango Strut*: una celebración de la Noche Vieja muy alternativa, con travestidos y payasos por horas desfilando por Coconut Grove.

31 *Orange Bowl Parade*: culminación de las fiestas de Año Nuevo por toda la ciudad; hay carrozas, marchas de bandas y la coronación de la Reina de Orange Bowl en el estadio de Orange Bowl.

tas zonas, la mayoría de lugares públicos acogen bien a gays y lesbianas, aunque las actitudes en otros lugares de Miami pueden ser a veces algo menos satisfactorias. La principal fuente de información es el gratuito *TWN (The Weekly News)*, que se encuentra en los lugares que se muestran a continuación y en muchos de los bares y clubes mixtos de Coconut Grove y South Beach.

Fuentes de información

Gay Community Book/Video Store, 7545 Biscayne Blvd (☎754-6900). Muchos libros, revistas, periódicos y vídeos de interés para gays y lesbianas.

Gay and Lesbian Community Hotline, se recomienda telefonear al ☎759-3661 para acceder a un mensaje grabado que remite (mediante el dial) a más información sobre bares y acontecimientos gays, establecimientos, médicos y abogados para gays y mucho más.

Clubes y discotecas

Cheers, 2492 SW 17th Ave, South Miami (☎857-0041). Bar predominantemente de gays con sala de vídeo y mesas de billar bajo las estrellas; los lunes es la noche de las damas, aunque las mujeres también van allí los viernes a la discoteca.

Ozone, 6620 SW 57th Ave y Red Rd (☎667-2888). Ofrece «Adorable Wednesdays» (miércoles adorables): dos copas por toda una noche. Sin entrada.

Salvation, 1771 West Ave (☎673-6508). Enorme almacén convertido en un club frecuentado por toda clase de gente, con una multitud de fiesta al son de los ritmos tecno.

Twist, 1057 Washington Ave (☎538-9478). Más un gran bar cómodo que un ruidoso club nocturno, aunque se disfruta de un energético tecno en las pequeñas pistas de baile del piso superior. Atrae a gente elegante, aunque no falta una clientela musculosa acodada a la barra.

Warsaw Ballroom, 1450 Collins Ave, Miami Beach (☎1-800/9-WARSAW). Aunque no es exclusivamente gay (véase «Vida nocturna»), es la mayor y más bulliciosa discoteca gay de la ciudad.

Miami para mujeres

Aunque no hay una red tan extensa como en Los Ángeles o Nueva York, Miami se está convirtiendo poco a poco en un lugar mejor para las **mujeres** que buscan el apoyo y la solidaridad de otras mujeres en los negocios, tentativas artísticas o sencillamente que quieren una fuente eficaz y barata de cuidados médicos.

Organizaciones de mujeres

Woman's Caucus for Art Miami Chapter, 561 NW 32nd St (☎576-0041). Organización benéfica que lucha por mejorar el perfil de las mujeres en las artes visuales; los hombres también pueden ser miembros.

Women's Chamber of Commerce of Dade County, 7700 SW 88th St, suite 310 (☎446-6660). Promueve los negocios de mujeres dirigidos por mujeres por todo el sur de Florida.

Asistencia sanitaria y centros de asesoramiento

Eve Medical Center, 3900 NW 79th Ave (☎591-2288). Asistencia sanitaria y abortos a buen precio en un ambiente sereno y comprensivo.

Miami Women's Healthcenter, en North Shore Medical Center, suite 301, 1100 NW 95th St (☎835-6165). Grupos de educación, información, apoyo y discusión, referencias médicas, mamografías, seminarios y talleres.

Planned Parenthood of Greater Miami, 656 NE 125th St, N Miami (☎895-7756). Asistencia sanitaria económica para hombres y mujeres; incluye medios para el control de la natalidad, test de embarazo, tratamiento de enfermedades de transmisión sexual y asesoramiento.

Women's Community Health Center, 12550 Biscayne Blvd, N Miami (☎895-1274). Asistencia sanitaria para mujeres.

Women's Resource & Counseling Center, 111 Majorca Ave, Coral Gables (☎448-8325). Clínica agradable que proporciona asesoramiento individual, matrimonial, de grupo o familiar, psicoterapia y autoafirmación.

Compras

Comprar por el placer de comprar en Miami no es tan buena idea como en algunas ciudades estadounidenses, aunque los consumidores impacientes tendrán muchas oportunidades para sacar sus tarjetas de crédito. Por extraño que parezca, Miami lidera el campo de la arquitectura de los **centros comerciales** y se gasta millones de dólares en crear ambientes que intentan suavizar el gran consumismo de sus tiendas; hay varios centros comerciales que vale la pena ver sólo por esta razón. Hoy en día, los antiguos **grandes almacenes**, como los serios Macy's y Sears Roebuck & Co, se hallan también dentro de los centros comerciales, aunque Burdines está separado.

Cuanto más se acerque el visitante a la playa, más absurdas se vuelven las tiendas de **ropa** de Miami, como demuestran los bikinis de rayas de cebra y las camisetas Art Déco. Sin embargo, los mejores lugares para comprar ropa de calidad a buen precio son las tiendas de diseño del **distrito de la moda**, en la Fifth Avenue, entre las calles 25th y 29th, justo al norte del centro de Miami; allí hay trajes clásicos, en su mayoría de origen latinoamericano, a precios ridículos. Si el visitante no es tan exigente, puede encontrar algo que le interese entre los vestidos que llenan las **thrift stores** (tiendas económicas) de la ciudad.

A no ser que el viajero tenga un presupuesto muy limitado o que prepare un picnic, no tendrá que comprar **comida y bebida**, aunque los supermercados como Publix y Winn-Dixie, por lo general abiertos hasta las 22 h, tienen de todo; se recomienda buscar en la guía telefónica para ver dónde se encuentra el más cercano. Puede comprar bebidas alcohólicas en el supermercado y, por supuesto, en las numerosas **liquor stores** (licorerías) que hay, pero si busca comida o bebida de calidad, sólo lo encontrará en los supermercados más grandes y unas cuantas tiendas especializadas.

Las tiendas de armas han superado en número a las **librerías** de Miami desde hace tiempo, pero también se han instalado grandes cadenas como B. Dalton's y Waldenbooks, con sucursales en los centros comerciales, así como varias tiendas locales que venden buen material de lectura. Algunas de las tiendas de discos de la ciudad son también un buen lugar adonde ir a mirar y disponen de material que va desde rarezas doo-wop hasta los más seductores éxitos de salsa.

Centros comerciales y grandes almacenes

Aventura Mall, 19501 Biscayne Blvd, North Miami Beach (☎935-1110). Uno de los mayores centros comerciales con aire acondicionado del estado; en él se encuentran prácticamente todos los grandes almacenes más importantes: Macy's, Sears, J C Penney. Tome un mapa a la entrada o le será difícil encontrar la salida.

Bal Harbor Shops, 9700 Collins Ave, Miami Beach (☎866-0311). No vaya a comprar, sino a mirar las tiendas de diseño en este elegante templo del consumismo.

Bayside Marketplace, 401 N Biscayne Blvd, cerca del centro de Miami (☎577-3344). Dirigido directamente a los turistas, pero hay una buena muestra de tiendas donde se vende de todo, desde ceniceros Art Déco hasta chicles; junto a la bahía, con algunos puestos de comida excelentes.

Burdines, 22 E Flagler St, centro de Miami (☎577-2312). Ropa, muebles y electrodomésticos muy normales, pero son los grandes almacenes más antiguos de Miami (1936) y un lugar divertido para pasear.

CocoWalk, 3015 Grand Ave, Coconut Grove (☎444-0777). Situado en el corazón de Coconut Grove, este complejo ofrece una variedad de tiendas relativamente pequeña, aunque hay algunos lugares excelentes para comer y varias salas de cine.

Dadeland Mall, 7535 N Kendall Drive, South Miami (☎665-6226). Grandes almacenes más elegantes y tiendas especializadas con aire acondicionado que invitan a comprar.

The Falls, Hwy-1 y SW 136th St, South Miami (☎255-4570). El visitante puede sentarse en un cenador, y contemplar las cascadas y selva tropical que adornan las tiendas más elegantes de la Miami suburbana.

Florida Keys Factory Shops, 250 E Palm Drive, Florida City/Homestead (☎248-4727). Situado donde la autopista de peaje Florida's Turnpike se encuentra con la Hwy-1 y bien localizado para la gente que va a los cayos o los Everglades. Los compradores expertos encontrarán rebajas en las mejores marcas.

Lincoln Road Mall, South Beach (☎673-7010). No es un centro comercial en el sentido estricto de las palabras, pero sí una calle peatonal llena de tiendas, entre Washington Ave y Alton Road. Muchas están cedidas a galerías, pero también hay mucha oferta de ropa de moda y numerosos cafés y restaurantes.

Streets of Mayfair, 2911 Grand Ave, Coconut Grove (☎448-1700). Las caras tiendas pasan a segundo plano por el trazado follaje tropical y las esculturas clásicas discretamente situadas.

Tiendas de ropa

Coral Gables Congregational Church Thrift Shop, 3010 De Soto Blvd, Coral Gables (☎445-1721). Después de ver la iglesia (véase «Coral Gables»), el visitante puede entrar en la interesante tienda que hay junto a ella.

Details at the Beach, 2087 NW 2nd Ave (☎573-8903). Interesante ropa y muebles en una tienda que encantará a los diseñadores de interiores.

Miami Twice, 6562 SW 40th St (☎666-0127). Grandes almacenes especializados en ropa clásica, accesorios y algunos muebles.

One Hand Clapping, 7165 SW 47th St, Miami Beach (☎661-6316). Entre una enorme cantidad de trastos viejos, hay sombreros, vestidos y bufandas para deleite de los jóvenes amantes de la moda de los años veinte.

Comida y bebida

Epicure Market, 1656 Alton Rd, Miami Beach (☎672-1861). Sabrosos bocados para los que tengan un paladar fino; deliciosa variedad de comida caliente para comer en el momento.

Estate Wines and Gourmet Foods, 92 Miracle Mile, Coral Gables (☎442-9915). Además de la buena comida, hay una exquisita oferta de vinos bien elegidos.

Perricone's Marketplace & Café, 15 SE 10th St, Downtown Miami (☎374-9693). Mercado italiano donde se vende carne y quesos importados; también hay una panadería casera y un café.

Libros

Books & Books, 296 Aragon Ave, Coral Gables (☎442-4408) y una pequeña sucursal en 933 Lincoln Rd, Miami Beach (☎532-3222). Excelente oferta de títulos generales pero sobre todo de arte y diseño de Florida, viajes y nueva novelística; también ofrece la presencia de autores y charlas (☎444-POEM para enterarse de los últimos actos).

Downtown Book Center, 247 SE First St, centro de Miami (☎377-9939). Gran selección que va desde los últimos éxitos hasta tomos esotéricos y académicos.

Grove Anticuarian Books, 3318 Virginia St, Coconut Grove (☎444-5362). Un relajante oasis en el corazón de Coconut Grove, que ofrece libros usados de calidad y algunas valiosas primeras ediciones de todos los temas.

The 9th Chakra, 817 Lincoln Rd (☎538-0671). Regalos para el alma, sueños y una serie de materiales de lectura que van desde la meditación hasta el reiki y la instrucción espiritual.

Discos, CDs y cintas

Lily's Records, 1260 SW Eighth St, Little Havana (☎856-0536). Una oferta sin igual de salsa, merengue y otros ritmos latinos.

Spec's Music, 501 Collins Ave (☎534-3667). Mezcla de música contemporánea y de música difícil de encontrar.

Revolution Records & CD, 1620 Alton Rd (☎673-6464). Discos cubanos, además de rock clásico y moderno.

Yesterday & Today Dance Music, 1614 Alton Rd, Miami Beach (☎534-8704). Montones polvorientos de rarezas de blues, jazz, R&B e indie de los años sesenta.

Curiosidades cubanas

Ba-Balú!, 500 Española Way, South Beach (☎538-0679). Toallas de playa, tazas de café y camisetas con eslóganes anticastristas o banderas cubanas, CDs y cintas de música cubana, guayaberas y puros, todos ellos originales recuerdos del sur de Florida.

Coral Way Antiques, 3127 SW 22nd St, Coral Gables (☎567-3131). Postales antiguas, objetos militares y otros «coleccionables» cubanos.

Direcciones prácticas

Aeropuerto Miami International Airport, casi 10 km al oeste del centro de Miami (☎876-7000). Hay que tomar el autobús local 7 desde el centro de Miami (un viaje de 30 min. aprox.), el autobús local J desde Miami Beach (unos 40 min.) o un autobús rápido y que pasa a menudo: Airporter (☎247-8874); Red Top (☎526-5764); Super Shuttle (☎871-2000). Más detalles en la página 59.

Alquiler de barcos El visitante puede recrear las imágenes de la presentación de *Corrupción en Miami (Miami vice)* pasando sin tocar el agua por la bahía Biscayne en un barco a motor. Equipado con motores de 50 CV, las embarcaciones se pueden alquilar por horas (desde 45 dólares por 1 hora) en Beach Boat Rentals, 2380 Collins Ave, Miami Beach (☎534-4307).

Alquiler de bicicletas Véase página 64.

American Express Línea principal (☎1/800-528-4800). Oficinas por toda la ciudad: en el centro de Miami, Suite 100, 330 Biscayne Blvd (☎358/7350); en Coral Gables, 32 Miracle Mile (☎446-3381); en Miami Beach, en Bal Harbor Shops, 9700 Collins Ave (☎865-5959).

Amtrak 8303 NW 37th Ave (☎1-800/872-7245).

Bancos Véase «Cambio de moneda».

Biblioteca La mayor es Miami-Dade County Public Library, 101 W Flagler St (lun.-sáb., 9-18 h; jue., hasta 21 h; oct.-mayo, también dom., 13-17 h; ☎375-2665); véase página 73.

Cambio de moneda Se recomienda llevar en cheques de viaje o en metálico, pero si necesita cambiar dinero, puede hacerlo en el aeropuerto y los siguientes lugares: Barnett Bank, 701 Brickell Ave (con 42 sucursales por todas partes; telefonee al ☎350-7143 para saber cuál es el más cercano); First Union National Bank, 200 S Biscayne Blvd (☎599-2265); SunTrust Bank, 777 Brickell Ave (☎592-0800); NationsBank, 1 SE 3rd Ave (☎350-6350) y 1300 Brickell Ave (☎372-0800); Chequepoint, 865 Collins Ave (☎538-5348); Citibank International, 201 S Biscayne Blvd (☎347-1600).

Canguros Central Citting Agency: ☎856-0550.

Código territorial ☎305.

Consigna En el aeropuerto, algunas terminales Greyhound (hay que telefonear para asegurarse) y en la estación de Amtrak.

Consulados Véase recuadro de la página 12.

Correos En el centro de Miami, 500 NW Second Ave; en Coral Gables, 251 Valencia Ave; en Coconut Grove, 3191 Grand Ave; en Homestead, 739 Washington Ave; en Key Biscayne, 59 Harbor Drive; en Miami Beach, 1300 Washington Ave y 445 W 40th St. Todas abiertas lunes-viernes, 8.30-17 h; sábado, 8.30-12.30 h o más.

Crisis Hotline ☎358-4357.

Dentistas ☎667-3647 (para que le envíen a un dentista).

Deportes Miami Dolphins (☎620-2578), el equipo de fútbol más antiguo de Florida, y los Florida Marlins (☎626-7400), el equipo de béisbol profesional más reciente del país, juegan en el Pro Player Stadium, 2269 NW 199th St, más de 25 km al noroeste del centro de Miami: taquilla abierta de lunes a viernes entre 10-18 h; la mayoría de localidades cuesta 30 dólares las de fútbol y 10-15 dólares las de béisbol. La temporada de fútbol es de agosto a diciembre y la de béisbol de abril a septiembre. El equipo de baloncesto Miami Heat juega partidos de la NBA en el Miami Arena, 701 Arena Blvd, casi 5 km al norte del centro de Miami (información en el ☎577-HEAT; entradas, 14-21 dólares). La temporada de baloncesto es de noviembre a abril. Miami Freedom juega al fútbol *(soccer)* en el Milander Park de Hialeah, unos 11 km al noroeste del centro de Miami (información en el ☎888-0838; entradas, 9,50 dólares). El hockey sobre hielo profesional está representado por los Florida Panthers (☎954/768-1900), que juegan en el Miami Arena entre octubre y abril. Los equipos de fútbol, baloncesto y béisbol de la University of Miami se llaman Miami Hurricanes; información sobre el juego y las entradas (normalmente 5-13 dólares) de lunes a viernes, 8-18 h en el ☎1-800/GO-CANES.

Emergencias Hay que marcar el ☎911 y preguntar por el servicio de urgencias.

Estado de la carretera ☎470-5277.

Excursiones de un día a los Everglades A causa de la falta de transporte público, casi cada operador de viajes de Miami organiza excursiones de medio día o un día entero (20-35 dólares) a los Everglades, pero pocas veces incluyen más que una mirada rápida a un caimán y una vuelta en barco o entrar al Everglades National Park. Sólo All Florida Adventure Tours (☎1-800/33T-OUR3) organiza excursiones ecológicas (80 dólares por un día) al parque y las zonas de los alrededores; desgraciadamente, pocas veces tienen plazas para viajeros individuales. En el capítulo 6 se explican los Everglades.

Farmacias Abiertas normalmente entre 8-21 h o medianoche. Farmacias de 24 horas de Eckerd en el 1825 Miami Gardens Drive (☎932-5740); 1549 SW 107th Ave (☎220-0147); 2235 Collins Ave (☎673-9514); 200 Lincoln Rd (☎673-9502).

Guardacostas ☎535-4313.

Hospitales con salas de urgencias en Miami: Jackson Memorial Medical Center, 1611 NW Twelfth Ave (☎585-1111); Mercy Hospital, 3663 S Miami Ave (☎854-4400). En Miami Beach: Mt Sinai Medical Center, 4300 Alton Rd (☎674-2121); South Shore Hospital, 630 Alton Rd (☎672-2100).

Información meteorológica/de surf ☎324-8811 o 229-4522.

Lavanderías Consulte las *Yellow Pages* para saber cuál es la más cercana; las que están más cerca de South Beach son: Wash Club of South Beach, 510 Washington Ave (☎534-4298) y Lolita's Laundromat, 405 15th St (☎538-8303).

Líneas aéreas American Airlines, 150 Alhambra Plaza (☎1-800/433-7300); British Airways, 354 SE First St (☎1-800/247-9297); Continental, Airport Concourse «C» (☎1-800/525-0280); Delta, 201 Alhambra Circle (☎1-800/221-1212); Iberia, 6100 Blue Lagoon Dr, Suite 200 (☎1-800/772-4642; *www.iberia.com/ibusa/home.html*); Northwest Airlines/KLM, 150 Alhambra Plaza (☎1-800/225-2525); TWA, Airport Concourse «G» (☎1-800/221-2000); United, 178 Giralda Ave (☎1-800/241-6522); US Airways, 150 Alhambra Plaza (☎1-800/428-4322); Virgin Atlantic, 225 Alhambra Circle (☎1-800/862-8621).

Médicos ☎324-8717 (para encontrar un médico).

Monopatín Muy popular en Miami, sobre todo en South Beach. Rollertech, en 221 7th St, South Beach (☎538-8408) y Fritz Skates en 726 Lincoln Rd (532-1954), ambas venden y alquilan monopatines y equipo de protección, además de ofrecer lecciones. El alquiler cuesta unos 8 dólares la hora, 24 al día o 15 toda la noche (18.30-12 h); por la compra, los precios oscilan entre 55-250 dólares.

Multas de aparcamiento 18 dólares y hasta 45 dólares si no se paga en 30 días (☎673-PARK).

Objetos perdidos Si el viajero ha perdido algo en el Metro-Dade Transit, tendrá que telefonear al ☎375-3366 (lun.-vier., 8.30-16.30 h). También puede telefonear a la policía.

Policía No urgente: ☎595-6263; emergencias: ☎911.

Teléfono de la comunidad de gays y lesbianas ☎759-3661.

Teléfono de violaciones ☎549-7273.

Thomas Cook En el centro de Miami: 155 SE Third Ave (☎381-9525) y 80 Biscayne Blvd (☎379-8077); en Coral Gables: Suite 102, 901 Ponce de León Blvd (☎448-0269); en Miami Beach: en el *Fountainebleau*, 4441 Collins Ave (☎674-1907).

Tiketmaster Entradas para acontecimientos artísticos y deportivos, se puede pagar con tarjeta: ☎358-5885.

Western Union Oficinas por toda la ciudad; hay que telefonear al ☎1-800/325-6000 para saber dónde está la más cercana.

transportes

Ferrocarriles (AMTRAK 1/800-USA-RAIL)

Miami a: Nueva York (3 diarios; 26 h 25 min.-28 h 40 min.); Ocala (diario; 7 h 36 min.); Sebring (3 diarios; 3 h 15 min.); St Petersburg (1 diario; sale a las 19.20 h hacia Orlando 5 h 33 min. y los autobuses salen de Orlando hacia St Petersburg a las 13.05 h; 2 h 40 min.; y 16.30 h; 3 h 25 min.; Tampa (1 diario; sale a las 17 h y tarda 5 h 13 min.); Washington D.C. (3 diarios; 22 h 20 min.-24 h 11 min.); Winter Haven (3 diarios; 4 h).

Tri-Rail (5-15 diarios)

Miami a: Boca Ratón (1 h); Delray Beach (1 h 7 min.); Fort Lauderdale (31 min.); Hollywood (16 min.); West Palm Beach (1 h 34 min.).

Autobuses (GREYHOUND 1/800-231-2222)

Miami a: Daytona Beach (6 diarios; 7 h 5 min.-7 h 55 min.); Fort Lauderdale (25 diarios; 55 min.); Fort Myers (7 diarios; 4 h-4 h y 45 min.); Fort Pierce (16 diarios; 2 h 45 min.-4 h 4 min.); Jacksonville (13 diarios; 7 h 5 min.-14 h 5 min.); Key West (3 diarios; 4 h 40 min.); Orlando (12 diarios; 5 h 29 min.-11 h 5 min.); Sarasota (5 diarios; 6 h 5 min.-10 h); St Petersburg (6 diarios; 6 h 20 min.-10 h 14 min.); Tampa (9 diarios; 6 h 55 min.-9 h 40 min.); West Palm Beach (15 diarios; 1 h 40 min.-3 h 5 min.).

LOS CAYOS DE FLORIDA

La ficción, los filmes y el folclore han proporcionado a los **Florida Keys*** o «**cayos de Florida**» (una franja de unos 160 km de pequeñas islas que se extienden desde la esquina sudeste del estado hasta menos de 150 km de Cuba) una imagen romántica y de intriga que no siempre se merecen. En toda su extensión, sobre todo en los primeros 100 km, se practica (y se reconoce que de manera justificada) la pesca, el buceo con tubo y el submarinismo profesional. La mayor atracción es el **Florida Reef**, una gran barrera de coral a sólo unos cuantos kilómetros de la costa. Su abanico de colores y la gran variedad de vida submarina crean unas vistas excepcionales. Sin embargo, si el visitante no tiene intención de practicar deportes acuáticos, no será fácil encontrar otra actividad para pasar el tiempo. La idiosincrásica historia de las islas se hace patente en las casas construidas por los primeros colonos de las Bahamas y en los sórdidos bares de refugiados del norte que hay en la orilla. Aunque existen algunas áreas naturales impresionantes y se pueden hacer visitas, toda la franja es un anticipo de la belleza de **Key West** (cayo Hueso), la verdadera joya de las islas.

Uno de los mejores lugares para visitar el arrecife es el **John Pennecamp State Park**, uno de los pocos lugares interesantes de **Key Largo** (cayo Largo), el mayor, aunque no el más bello, de los cayos. Como **Islamorada**, más al sur, Key Largo está siendo poblado por personas procedentes de los suburbios de Miami, que se mudan allí por la navegación y la pesca, pero que no pueden sobrevivir sin los centros comerciales. Islamorada es el mejor lugar para pescar y también ofrece algunos puntos de importancia natural e histórica, al igual que la siguiente gran colonia, **Marathon**, que se encuentra en el centro de una cadena de cayos y, por lo tanto, es un buen lugar para alojarse durante unos días. Unos 50 km más allá, los **Lower Keys** reciben menos visitantes y son menos conocidos que los otros. No obstante, se recomienda visitarlos; en muchos aspectos, son los más originales y atractivos. Cubiertos de una densa vegetación, en ellos vive una pequeña y amenazada especie de ciervo y Looe Key es un importante punto de partida para los viajes al Florida Reef.

Key West, el último punto del subcontinente norteamericano antes de más de 1.500 km de océano, es el final del camino en todos los sentidos. Lugar pequeño pero muy trepidante, con cierta aura de abandono y un ambiente de *laissez-faire* único que impregna la isla y hace casi imposible resistirse a su atractivo. Key West, la única parte de los cayos que posee un verdadero significado histórico, fue en una época la ciudad más rica de Estados Unidos y la mayor colonia de Florida. El visitante podrá visitar numerosas casas antiguas y museos, y pasar el rato en alguno de sus bares.

En Key West también hay un par de pequeñas **playas**, algo que no se encuentra en ningún otro lugar debido al arrecife. Pero la escasa arena se compensa con las es-

---

El código de la zona para todos los números de este capítulo es el ☎305.

---

* Variación de la palabra *cay*, un *key* (cayo) es una isla o banco compuesto por fragmentos de coral. Los cayos de Florida son el grupo mayor, pero los cayos son comunes en todas las líneas costeras del sur del estado.

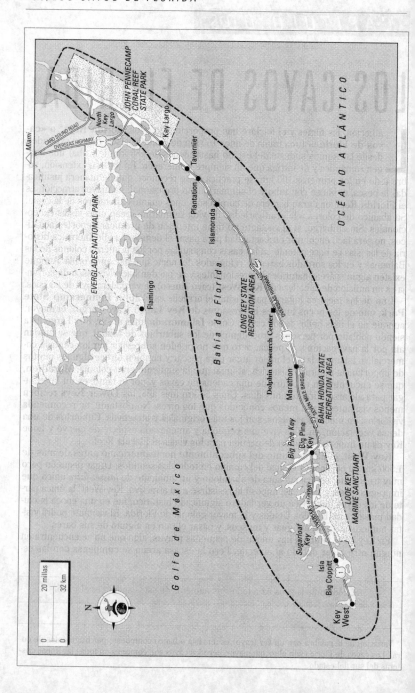

pectaculares **puestas de sol** de los cayos. Como señaló el ornitólogo del siglo XIX John James Audubon: «Un resplandor de gloria refulgente mana de la puerta del oeste y las masas de vapor adoptan el aspecto de montañas de oro fundido.»

Aspectos prácticos

Moverse por los cayos no resulta complicado, ya que hay una sola ruta por todos ellos hasta Key West: la **Overseas Highway (Hwy-1)**. Está señalada con **marcadores de millas (MM)**, es decir, postes en los que se marcan las millas; empieza con MM127 justo al sur de Homestead (véase «Miami y Miami Beach») y acaba con MM0 en Key West. Casi todos los lugares y comercios utilizan los marcadores de millas como dirección y en todo el capítulo aparecen con «MM» (por ejemplo, «*el Holiday Inn*, en MM100»). Debe tener en cuenta que en la Overseas Highway no siempre se puede cambiar de sentido, por tanto, hay que permanecer atento para no pasarse las salidas.

Si el visitante viaja desde Miami, hay dos opciones: tomar la **I-95** hacia el sur hasta la Hwy-1 o, si prefiere una ruta más corta, tomar la **Florida's Turnpike Extension** de peaje hacia el sur y luego la Hwy-1 en Florida City. La mayoría de **moteles y restaurantes** se encuentran en la autopista y a menudo usan los marcadores de millas como dirección. El **transporte público** consta de tres autobuses Greyhound diarios entre Miami y Key West, que pueden pararse en cualquier punto de la ruta (véase «Transportes», al final de capítulo) y un pobre servicio local de autobuses en Key West.

Hay mucho **alojamiento**, pero resulta más caro que en el continente. Durante la temporada alta, entre noviembre y abril, suele costar como mínimo unos 50-85 dólares por noche (35-55 dólares, resto del año), como alternativa, los numerosos **cámpings** son mucho más baratos.

En este capítulo se ofrece una información mínima sobre el **buceo**. Se aconseja al visitante que pida siempre recomendaciones en el lugar antes de meterse en el agua (para informarse sobre la seguridad en el exterior, véase «Acampada libre», pág. 39).

CÓDIGOS DE LOS PRECIOS DE ALOJAMIENTO

En esta guía, los precios de alojamiento se reseñan en una escala de ① a ⑧, indicando el **precio más bajo** que puede esperar pagar por noche en un establecimiento por una **habitación doble**, en temporada alta. Para más detalles, véase la página 27 en «Lo Básico». Los precios, señalados por los códigos, son los siguientes:

① menos de 30 dólares	③ 45-60 dólares	⑤ 80-100 dólares	⑦ 130-180 dólares
② 30-45 dólares	④ 60-80 dólares	⑥ 100-130 dólares	⑧ más de 180 dólares

---

North Key Largo

Si el viajero va en automóvil, llegará a los cayos por la Card Sound Road (Hyw-905A; peaje de 1 dólar), con ramificaciones que salen de la Hwy-1 unos cuantos kilómetros al sur de Homestead. Esto evita las aglomeraciones de tráfico turístico y, después de pasar por la desolada sección sudeste de los Everglades, se aprecian hermosas vistas de las aguas llenas de mangles de la bahía de Florida (donde si el visitante espera un rato quizá verá algún extraño cocodrilo americano) y se vislumbran los cayos con el aspecto que debían de tener hace tiempo, antes de que fueran explotados para el turismo.

La mole de **North Key Largo**, donde la Hwy-905 toca tierra firme, aún no está muy desarrollada, y sólo se ven unas chabolas entre la espesa arboleda. A pesar de que había un proyecto para convertir la zona en una ciudad llamada Port Bougainvillea, con bloques altos y un monorraíl (un proyecto que terminó en banca-

NADAR CON LOS DELFINES

Mucho antes de que la serie de televisión, *Flipper*, de los años sesenta, les proporcionaran popularidad, los **delfines**, mamíferos marinos más pequeños que las ballenas y que se diferencian de las marsopas por su hocico puntiagudo, fueron durante siglos sujetos de especulación y mitología. Según algunas creencias, vivían en tierra firme pero quedaron tan desilusionados con el curso de la civilización en los tiempos de Aristóteles y Platón que se fueron al mar, jurando hacer tiempo hasta que la humanidad estuviera preparada para recibir su sabiduría. Cualquiera que sea la verdad, es sabido que los delfines son muy inteligentes y que el tamaño de su cerebro es similar al de los humanos. Se comunican mediante un **lenguaje** de chasquidos y silbidos, y usan una técnica de sonar llamada ecolocación para detectar la comida en las aguas oscuras y, quizá, para crear «dibujos sonoros».

La población de delfines del mundo ha disminuido por culpa de varios factores, incluidas las redes de los pescadores de atunes, pero suelen verse por los cayos de Florida y son la atracción estrella de muchos parques marinos del estado, aunque verlos dar saltos mortales respondiendo a las órdenes humanas sólo da una vaga idea de su potencial. En contraste, en el **Dolphin Research Center** (dirección abajo; miér.-dom., 9-16 h; cerrado lun. y mar.) se usan en programas terapéuticos para los enfermos de cáncer y los niños con deficiencias mentales; la excepcional paciencia y amabilidad que muestran estos animales (que son libres de salir al mar cada vez que quieran) en esta tarea sugiere que su sistema de sonar quizá les permite hacer un examen como de rayos X de un cuerpo para detectar las anormalidades o tal vez incluso que pueden «ver» las emociones. Se recomienda hacer una **visita** (miér.-dom., 10, 12.30, 14 y 15.30 h; adultos 7,50 dólares; menores de 13 años, 4,50 dólares) al centro de investigación para informarse mejor sobre este eminente y todavía poco comprendido mamífero. El Dolphin Research Center también es uno de los tres lugares de los cayos de Florida donde, reservando con antelación, el visitante podrá **nadar con los delfines** (80 dólares por unos 20 min.). De una media de más de 2 m de largo, los delfines parecen muy largos de cerca y perderán el interés si el visitante se cansa de su compañía, pero si el viajero tiene la oportunidad de estar con ellos, es una experiencia inolvidable.

- En Key Largo: Dolphins Plus, MM100 (☎451-1993).
- En Islamorada: Theater of the Sea, MM84,5 (☎664-2431).
- En Marathon: Dolphin Research Center, MM59 (☎289-1121).

rrota), gran parte de la tierra de allí es propiedad del estado y está protegida. Corren algunas historias sobre traficantes de droga y practicantes de vudú que parecen creadas para ahuyentar al turismo, pero en realidad ya no hay tráfico de drogas allí ni en ninguna zona de los cayos y los mercaderes no van a sacrificar a turistas inocentes, sino a recoger extrañas y maravillosas hierbas para sus rituales. Probablemente hay más peligro en el exclusivo Ocean Reef Club, cuyo campo de golf se ve a unos cuantos kilómetros si gira a la izquierda donde se divide la Hwy-905; el FBI lo ha considerado el refugio de gente influyente más seguro del país. Basta con fijarse en los hombres de traje negro, armados y nerviosos. Si el visitante quiere explorar North Key Largo, tendrá que comer y dormir en Key Largo o Tavernier (véase pág. 136).

Más al sur, la Hwy-905 se une con la Hwy-1 cerca de la MM109. Conocida desde allí como la **Overseas Highway**, la Hwy-1 es la principal y única carretera que va a Key West.

John Pennecamp Coral Reef State Park

La única parada esencial al llegar a Key Largo es el **JOHN PENNECAMP CORAL REEF STATE PARK**, en la MM102,5 (todos los días, 8-atardecer; automóviles y conductores, 3,75 dólares más 50 centavos por pasajero; peatones y ciclistas, 1,50 dólares). Se trata de una sección protegida de unos 200 km² de arrecife de coral que forma parte de la cadena que va desde allí hasta Dry Tortugas, a más de 8 km de Key West (véase pág. 164). Hace sólo algunas décadas, grandes secciones del arrecife fueron voladas con dinamita o levantadas con grúa para ser divididas en trozos y vendidas como recuerdos. Hoy, recoger coral en Florida es ilegal y las muestras que se exponen en las tiendas turísticas son importadas de Filipinas.

A pesar del daño causado por el turismo, los expertos todavía lo consideran uno de los más bellos sistemas de arrecifes del mundo. Se recomienda visitar el arrecife, ya sea allí (uno de los mejores lugares) o en cualquier otra parte de los cayos (como Looe Key, véase «Los Lower Keys»); seguramente no quedará decepcionado.

Visita del arrecife: aspectos prácticos

Como la mayor parte del parque se encuentra bajo el agua, la mejor manera de verlo es uniéndose a una **visita de buceo con tubo** (9, 12 y 15 h; adultos, 24 dólares; menores de 16 años, 19 dólares) o, si está cualificado, **buceo con escafandra autónoma guiado** (9.30 y 13.30 h; 37 dólares sin incluir el equipo; se requiere el certificado de buceador). Si el visitante prefiere no mojarse, puede disfrutar de una parte importante del arrecife en la **visita en barco de fondo transparente** de dos horas y media (9.15, 12.15 y 15 h; adultos, 13 dólares; menores de 12 años, 8,50 dólares). Otra posibilidad es alquilar un barco, desde un kayac de una sola persona hasta un barco con motor de 6,5 m: las canoas cuestan 8 dólares la hora (28 por medio día), los barcos de vela de 3,5 m, 16 dólares la hora (48 por medio día) y los barcos de motor, 25 o 35 dólares la hora. Hay que tener en cuenta que, durante el verano, quizá pueda conseguir plaza en estas visitas u obtener un barco sin hacer la reserva previamente. Para asegurarse, se recomienda telefonear al ☎451-1621 para hacer la reserva o ir al Sundiver Station, en MM103 (☎451-2220). Si no hay plazas libres, se aconseja acercarse a una de las numerosas tiendas locales de buceo: la American Diving Headquartes, en MM106 (☎1-800/322-3483), y la Captain Slate's Atlantis Dive Center, en la MM106,5 (☎451-1325), son dos de las que organizan visitas en barco por el arrecife (y cubren una superficie mayor que las visitas del parque) y cobran más o menos los mismos precios.

En el arrecife

Sólo cuando el visitante se encuentra **en el arrecife** puede apreciar una multitud de peces de raro colorido y la exótica vida submarina. Incluso desde el barco de fondo transparente seguramente verá langostas, angelotes, anguilas y delgadas medusas que brillan con la corriente, bancos de pececillos perseguidos por barracudas y muchas otras curiosidades acuáticas.

Aunque parece una gran masa informe de roca, el **arrecife** es también un delicado ser vivo, compuesto por millones de diminutos pólipos coralinos que extraen el calcio del agua marina y crecen de 0,30 m a 4,87 m cada 1.000 años. El coral adquiere muchas formas, desde cornamentas de ciervo hasta cubos, y una gran gama de colores debido a las plantas, *zooxanthellae*, que viven en los tejidos de coral. Desgraciadamente, resulta más fácil identificar señales de muerte que de vida en el arrecife, pues los trozos blancos muestran el sitio donde un ancla o la mano de un buceador han retirado la capa protectora de mucosidad y han dejado el coral expuesto a la muerte. Esta destrucción adquirió tales dimensiones en el **Molasses Reef**, en forma de herradura y a unos 11 km, que la Administración mandó hundir dos patrulleras obsoletas de los guardacostas cerca de allí para atraer a los buceadores. El plan funcionó, ya que la destrucción se ha ralentizado, y hoy el visitante puede disfrutar del buceo con tubo por el arrecife y las patrulleras. Si prefiere el buceo y los **buques naufragados**, puede ir al **Elbow**, una sección del arrecife unos cuantos kilómetros al nordeste de Molasses, donde hay muchos de ellos; pertenecen al siglo XIX y están cubiertos de percebes, como la mayoría de buques naufragados de los cayos donde se puede bucear, pero fueron transportados hasta allí para atraer al turismo en los años setenta, lo cual le resta atractivo y, además, no hay tesoro alguno.

Lo más extraño del arrecife es el *Cristo de las profundidades*, una estatua de Cristo, realizada en bronce y de casi 3 m, que intenta ser un homenaje a los marineros fallecidos. La creación, cubierta de algas y a más de 6 m de profundidad en Key Largo Dry Rocks, es una réplica del *Cristo del abismo* de Guido Galletti, sumergido de forma similar en la costa de Génova, en Italia, y es el último grito en la antigua fijación de Florida por el arte y la arquitectura mediterráneos. La visita en el barco de fondo transparente no pasa ni por Elbow ni por la estatua.

De nuevo en tierra: el centro de información

Si el viajero visita el arrecife temprano, dispondrá de mucho tiempo para disfrutar del parque. Las exposiciones ecológicas del **centro de información** (todos los días, 8-17 h) constituyen una buena introducción a la flora y fauna de los cayos y ofrece una visión práctica de las zonas de transición de la región: la vegetación cambia de manera espectacular en una elevación de pocos metros. Los **senderos de los hammock***, formaciones de árboles coducifolios tropicales, serpentean entre los mangles, pimenteros y frangipani. Por todas partes hay huellas de mapaches, garzas y cangrejos violinistas, y las arañas doradas de patas peludas cuelgan de las ramas. El parque también alberga algunas playas artificiales (no hay otra, ni natural ni artificial, hasta Key West), pero el visitante debe tener en cuenta que el coral es implacable con los pies descalzos. Otra opción para explorar el parque es alquilar una **canoa** (6 dólares la hora; 30 dólares al día) y deslizarse por los canales interiores de agua rodeados de mangles.

Key Largo

Gracias al filme de 1948 en el que Humphrey Bogart y Lauren Bacall luchaban contra los elementos más conocidos de Florida (el crimen y los huracanes), casi todo el mundo ha oído hablar de **KEY LARGO (CAYO LARGO)**. Sin embargo, el título del filme se eligió únicamente porque sugería un lugar cálido y, aunque estaba ambientado allí, fue rodado en Hollywood casi en su totalidad, lo que indujo erróneamente a millones de personas a pensar que el paraíso era una ciudad en los cayos de Florida.

Previendo el potencial éxito turístico, se cambió el nombre de Rock Harbor por el de Key Largo o «Cayo Largo» (un nombre que hasta entonces se había aplicado a toda la isla y que le pusieron los primeros exploradores españoles) y hoy en día todavía se mantienen algunos contactos con Hollywood. El barco de vapor que conducía Bogart en *La reina de África (The African Queen)* está amarrado (aunque no realiza viajes de promoción) en el muelle del *Holiday Inn*, MM100, y en el vestíbulo del hotel se expone una selección de fotogramas de Bogart y Katharine Hepburn en Gran Bretaña y África.

Aferrado a una imagen basada más en el cine que en la realidad, Key Largo es realmente una mezcla de estaciones de servicio, plazas comerciales y puestos de comida rápida. Hay una o dos atracciones poco importantes y sólo las islas a escasa distancia de la costa pueden convencer al visitante a pasar una noche o dos allí. Si tiene prisa y está allí por la zona al atardecer, se recomienda salir de la Overseas Highway para disfrutar de la puesta de sol.

---

* Aflorando por todo el estado de Florida, los **hammocks** son formaciones boscosas que aparecen sobreelevadas respecto a los humedales que las circundan. Para más información, véase el apartado «Historia natural» en «El Contexto».

Información y alojamiento

Si el visitante no se ha detenido ante el centro de información situado cerca de Homestead (véase «Miami y Miami Beach»), puede ir al nuevo **Florida Keys Visitor Center**, 106000 Overseas Highway, en MM106 (todos los días, 9-18 h; ☎1-800/822-1088). El centro, de estilo colonial, proporciona folletos, cupones de descuento e información sobre reservas hoteleras. No hay que confundirlo con **Key Largo Tourist Center**, en 103360 Overseas Highway (todos los días, 9-19 h; ☎453-0066; fax 453-9197), que sólo presenta los hoteles más lujosos de la zona.

Además de camas, muchos **moteles** ofrecen equipos de buceo. Se recomienda fijarse en los letreros o ir a: *Economy Efficiency* (también conocido como *Ed & Ellen's*), 103365 Overseas Highway (☎451-4712; ②), que es sencillo pero limpio; *Largo Lodge*, 101740 Overseas Highway (☎451-0424; ⑤), ofrece cómodos apartamentos en un precioso jardín justo en la playa; y aunque nada lujoso, el *Seafarer*, MM97,6 (☎852-5349; ③), ofrece limpias casas de campo y todos los días visitas a las 8.30 y 13.30 h a las reservas marinas locales. Justo al lado, los precios suben en el *Kona Kai Resort* (MM98), 97802 Overseas Highway (☎852-7200; ⑦), pero los chalés son grandes y modernos, una docena de plátanos crecen en el jardín y hay incluso una galería de arte. Muy caro pero único, el *Jule's Undersea Lodge*, en 51 Shoreland Drive (☎1-800/858-7119 o ☎451-2353; ⑧), es un pequeño «hotel» que está a más de 9 m por debajo del océano. Más un parque temático que un lugar donde alojarse, se recomienda hacer la reserva con antelación. Los alojamientos de dos habitaciones son perfectamente seguros y están conectados con tierra firme por un sistema de intercomunicadores. La opción de lujo para dos personas de una noche (100 dólares) incluye toda clase de detalles como caviar y flores. El visitante no debe olvidar su permiso de buceador, porque si no tendrá que realizar el curso acelerado de 3 horas del hotel (75 dólares) antes de que le permitan deshacer las maletas.

De los **cámpings** que hay en Key Largo y los alrededores, el más limpio y barato es el *John Pennecamp Coral Reef State Park* (☎451-1202; véase pág. 132). El *Key Largo Kampground*, MM101 (☎451-1431), de precio razonable, no posee parcelas con hierba.

Alrededores de Key Largo

Las pequeñas **islas** deshabitadas que hay más allá de Key Largo constituyen un buen lugar para explorar en barco o catamarán. Hay señales para alquilar barcos, pero la opción más segura y fácil para el usuario es Wild Willie's Watersports, en 103360 Overseas Highway (☎451-1633 o ☎453-4017), donde el dueño, Alan Gosney, ofrece catamaranes con motor por 35 u 80 dólares por medio día. Los precios aumentan en verano y, además, Gosney incluso lleva al visitante personalmente. Si decide ir solo, deberá tener en cuenta sus advertencias sobre los diversos tonos de las aguas poco profundas para no varar el barco. Si el visitante prefiere las visitas en barco con fondo transparente, tendrá que ir a los muelles del *Holiday Inn*, en la MM100 (☎451-4655), de donde parten los cruceros de 2 horas a las 10, 13 y 16 h; cuestan 17 dólares.

Una nueva atracción que vale la pena es **Dolphin Cove** (todos los días, 8-17 h; ☎451-4060), un centro de investigación del medio ambiente marino de más de 2 Ha en el sur de la MM102.

Si el viajero reúne los requisitos (es decir, tener traje de baño, toalla y 100 dólares), podrá disfrutar de un «encuentro con los delfines». Las sesiones son a las 9, 13 y 15 h. Pero si no puede permitírselo, por 8 dólares (5 dólares los menores de 16 años) podrá acceder como observador fuera del agua. Dolphin Cove es también el punto de partida para los Crocodile Tours de Captain Sterling (☎853-5161), uno de los mejores de la zona.

El **Maritime Museum of the Florida Keys**, MM102 (10-17 h; cerrado jue.;

5 dólares; menores de 13 años, 3 dólares), que ocupa un falso castillo cuyo cartel reza: «Caribbean Ship Wreck Museum», también merece una visita. El museo atrae a sus visitantes exagerando la reputación de los cayos como lugar donde los piratas enterraban tesoros y muestra una interesante, aunque pequeña, colección de objetos recuperados de los buques naufragados.

Comida y copas

Lo suficientemente lejos hacia el sur de la buena cocina caribeña, pero lo bastante cerca de los Everglades para probar el cocodrilo, éste es un buen lugar para **comer**. Los mejores desayunos se encuentran en *Ballyhoo's*, MM98 (☎852-0822), ante el hotel *Seafarer* (véase pág. anterior). Abierto hace 20 años por dos pescadores, ofrece panqueques, tortillas, cruasanes bañados en naranja y huevo, y una amplia selección de asados a la parrilla. En el *Ganim's Kountry Kitchen*, 99696 Overseas Highway (☎451-2895), sirven desayunos y almuerzos baratos. Se recomienda la ensalada «sea-legs supreme» de carne de cangrejo, atún y fruta con miel y mostaza, y las grandes raciones de tartas. El *Frank Keys Café*, en 100211 Overseas Highway (☎453-0310), en una atractiva casa de campo oculta entre los árboles al salir de la autopista, ofrece marisco y otros platos algo más sofisticados y caros. El *Crack'd Conch*, en MM105 (☎451-0732), especializado en marisco y caimán frito, es muy conocido pero algo caro. Si al visitante le apetece probar el caimán, se aconseja el *Snappers Raw Bar*, MM94, en Ocean View Boulevard (☎852-5956). Se trata de un lugar junto al agua iluminado con velas donde se ofrece caimán como entrante y los domingos hay brunch (10-14 h). *Mrs Mac's*, MM99 (☎451-3722), sirve cuencos de chile bastante fuerte y otras golosinas caseras y el *The Fish House*, MM102,4 (☎451-4665), es un lugar muy adecuado para los aficionados al pescado.

En Key Largo hay un **supermercado** Winn-Dixie, el más grande y barato de los cayos (MM105), ideal para comprar comida.

Si el visitante no teme a los ciclistas con chaquetas de piel y pantalones cortos, se recomienda ir al *Caribbean Club*, MM104 (☎451-9970), para tomar una **copa** (también se pueden alquilar motos acuáticas a buen precio durante el día). Los más maduros, pueden visitar el *Coconuts*, el bar de la *Marina del Mar Resort*, MM100 (☎451-4107). Pero a los que les apetezca relajarse con unos entrantes fritos y una cerveza, nada mejor que el *Alabama Jack's*, situado al norte de la cabina de peaje de la Card Sound Road (Hwy 905A). Este antiguo burdel es hoy en día casi una institución (para comer).

Tavernier

Sólo a unos 16 km de Key Largo en la Overseas Highway se encuentra **TAVERNIER**, una pequeña y acogedora ciudad que en una época era la primera parada de la red ferroviaria de Flagler (el primer enlace con el continente de los cayos, véase «Al sur de Marathon»). No hay muchos puntos de interés allí, pero los edificios históricos y los bonitos cafés cubanos de Tavernier (véase «Aspectos prácticos», pág. siguiente) sí merecen ser visitados.

Justo antes de cruzar hasta Tavernier, en MM93,6, se encuentra el **Florida Keys Wild Bird Rehabilitation Center** (todos los días, 8.30-17.30 h; entrada gratuita, pero se aceptan donaciones; ☎852-5339), un lugar donde los voluntarios rescatan y curan a los pájaros que han chocado contra los automóviles o los cables de la corriente. Hay una pasarela de madera llena de grandes recintos y letreros que explican la historia de los pájaros.

Si el visitante va al **Harry Harris Park** (saliendo de la Overseas Highway por Burton Drive), durante el fin de semana, encontrará una fiesta improvisada y música en vivo gratuita; los lugareños van allí a menudo con instrumentos y se instalan en las mesas de picnic para actuar. Otra razón para detenerse allí son los edificios antiguos (únicos en los cayos, aparte de Key West) del **distrito histórico**, entre la MM91 y la MM92. Además de los muros de tablas y los techos de estaño de la iglesia metodista de principios del siglo XX (que ahora sirve de pequeño centro de información) y de la oficina de correos, el visitante verá algunos de los edificios de la Cruz Roja construidos después del huracán del *Labor Day* (Día del Trabajo) de 1935, que dejó restos en buena parte de los cayos. Construidos con muros de 30 cm de ancho de hormigón y acero, supuestamente eran resistentes al azote más fiero de la naturaleza. Pero el uso del agua de mar en la construcción hizo que los muros se desmoronaran, y sólo quedaron marcos de acero oxidados. Para encontrar el centro histórico, hay que girar por el *Tavernier Hotel* y luego tomar la primera a la derecha por Atlantic Circle Drive. Más curioso que espectacular, es la clase de lugar donde se hubieran refugiado los Walton.

Aspectos prácticos

A pesar del sombrío exterior, el *Sunshine Café*, en MM91,8 (no hay teléfono y sólo se habla español), es una auténtica joya escondida. Sirven café cubano de primera clase por 1 dólar y bandejas de comida cubana como tamales (tortas de maíz estofadas con cerdo y servidas con plátano frito) y las típicas judías negras y arroz. Si el visitante quiere comida realmente barata y sabrosa, se recomienda el *Sunshine Supermarket*, situado junto a la cafetería, donde venden sándwiches cubanos calientes y cerdo asado. Al lado, *The Copper Kettle* es un lugar agradable para cenar camarones cajún y otras delicias regionales a la luz de las velas. El restaurante pertenece al *Tavernier Hotel*, MM91,8 (☎852-4131; ④-⑤), un singular y clásico hotel pintado de color rosa que fue construido originalmente para ser un teatro al aire libre, pero que ha funcionado como hotel durante los últimos 65 años.

Islamorada

Una vez en Tavernier Creek, el visitante se encontrará en el principio de una hilera de islas de unos 32 km: Plantation, Windley, y Upper y Lower Matecumbe, que se conocen en conjunto como **ISLAMORADA**. Más que cualquier otra sección de los cayos, aquí corren historias sobre monstruosos tarpones y marlines capturados a poca distancia de la costa; también se habla de las piezas más pequeñas que suelen pescar los novatos. Incluso el ex presidente George Bush consiguió pescar algún ejemplar en estas aguas.

Si el viajero decide echarse a la mar, no tendrá problemas. Es posible alquilar barcos pesqueros o, por mucho menos, compartir uno de ellos desde cualquiera de los puertos deportivos locales. Los muelles más grandes se encuentran en Holiday Island, 84001 Overseas Highway (☎1-800/327-7070), y Bud 'n' Mary, MM80, donde también hay un modesto **Museum of Fishing** (lun.-sáb., 10-17 h; entrada gratuita).

BACKCOUNTRY

Si el visitante tiene acceso a un barco o el dinero suficiente (unos 200 dólares al día) para alquilar uno con un guía, Islamorada es un buen lugar para explorar las aguas con múltiples peces y los cielos llenos de pájaros del **backcountry**. Este término se utiliza para denominar a las incontables pequeñas islas deshabitadas que llenan la bahía de Florida, que empiezan a casi 30 km al oeste y constituyen la orilla del Everglades National Park, que se describe en «La costa oeste». Pregunte en cualquier puerto deportivo de Islamorada para más información.

Asimismo existe la posibilidad de practicar **buceo con tubo** y **submarinismo**. Los arrecifes de Crocker y Alligator, a unos pocos kilómetros de la costa, conforman paredes casi verticales, cuyas grietas y hendiduras dan cobijo a una gran variedad de cangrejos, camarones y otras pequeñas criaturas que, a su vez, atraen a peces más grandes. Cerca de allí, los buques naufragados *Eagle* y *Cannabis Cruiser* albergan familias de casabes y meros. En los puertos deportivos hay numerosos lugares donde informan sobre el buceo con tubo y el submarinismo (Holiday Island o Bud 'n' Mary) o bien en cualquier tienda de buceo de Overseas Highway.

De nuevo en tierra firme, quizás el viajero quiera pasar un par de horas en el **Theater of the Sea**, MM84,5 (todos los días, 9.30-16 h; adultos, 14,95 dólares; menores de 13 años, 8,50 dólares; ☎664-2431), pero sólo si el precio no le desanima y si no prefiere visitar cualquiera de los demás parques marinos de Florida, que son mejores. El personal, muy entendido, presenta a leones marinos, delfines y media docena de tanques llenos de peces y crustáceos y, si se hace la reserva por anticipado, podrá nadar con los delfines (95 dólares; véase pág. 132).

Si al visitante no le gusta la pesca, hay poco más que ver en Islamorada. En la **Chamber of Commerce** (cámara de comercio), en la MM82 (lun.-vier., 9-17 h; ☎664-9767; fax ☎664-4289), informan ampliamente sobre las ofertas de alojamiento (véase pág. siguiente), y a 1 km más al sur, un **monumento** Art Déco señala la tumba de las 425 víctimas del huracán del *Labor Day* (Día del Trabajo) de 1935, que murieron cuando una gigantesca ola chocó contra su tren de evacuación. El descuidado aspecto de la piedra es quizás una muestra de la actitud indiferente de los moradores actuales de los cayos ante la amenaza de que se repita el desastre.

Los parques estatales de Islamorada

Indian Key, **Lignumvitae Key** y **Long Key**, tres parques estatales en el extremo sur de Islamorada, ofrecen algo más que pesca y buceo. Las **visitas guiadas** a Indian Key y Lignumvitae Key son encantadoras y muestran, respectivamente, un capítulo casi olvidado de la historia de los cayos de Florida y un bosque virgen. La visita de Indian Key (jue.-lun., 8.30-12.30 h) parte de Robbie's Marina, en MM77,5 (☎664-4196; 15 dólares; niños, 10 dólares), al igual que la Lignumvitae Tour (9.30-12.30 h más un crucero por la tarde una hora después de la puesta de sol; 15 dólares). Como alternativa, hay una visita a los dos cayos que va desde la Papa Joe's Marina, en MM80 (todos los días para dos o más personas, 8.30 h; 24 dólares; niños, 14 dólares; ☎664-5005).

Indian Key

Desde la autopista nadie diría que **Indian Key**, una de las muchas pequeñas islas cubiertas de manglares a poca distancia de Lower Matecumbe Key, fue en una época un importante punto comercial, famosa gracias a un neoyorquino del siglo XIX llamado Jacob Houseman que, tras robar uno de los barcos de su padre, navegó hasta Key West para participar en el lucrativo negocio de recuperación de mercancías de los buques hundidos. La homogénea comunidad de Key West desconfiaba de él, pero compró Indian Key en 1831 como base para sus negocios. El primer año, Houseman ganó 30.000 dólares y la isla se llenó de casi 4,5 Ha de calles, una tienda, almacenes, un hotel y una población permanente de unas cincuenta personas. Sin embargo, sus ingresos se debían a trabajos no muy honestos, ya que se sabía que Houseman llevaba burros con una linterna por la orilla para atraer a los barcos hacia los arrecifes peligrosos y acabó perdiendo su licencia por «recuperar» los objetos de los barcos naufragados.

En 1838, Indian Key fue vendido al médico y botánico Henry Perrine, que cultivaba allí plantas tropicales. No obstante, tras un ataque seminola en 1840 los edificios quedaron arrasados por completo y ya no hubo más población en la isla, pero las plantas de Perrine sobrevivieron y hoy en día forman una ringlera de vivo follaje que incluye pitas, plantas de café, té y mango. Además de constituir una oportunidad para observar la flora, la **visita** de 2 horas llevará al visitante por las antiguas calles hasta la torre de observación y la tumba de Houseman, pues su cuerpo fue trasladado allí después de morir cuando trabajaba en un buque naufragado a poca distancia de Key West.

Lignumvitae Key

Cuando el viajero termine la **visita** de 3 horas de **Lignumvitae Key**, distinguirá un copey de un gumbolumbo y será capaz de reconocer enseguida muchas de las más de aproximadamente 100 especies de árboles tropicales en este *hammock* de casi 81 Ha. Asimismo llaman la atención las grandes arañas, como el orbe dorado, cuya plateada red corta a menudo el camino. El sendero del bosque fue creado por un rico de Miami, W. J. Matheson, cuya **casa** de piedra caliza de 1919 es el único vestigio de vida humana de la isla y muestra las privaciones de los primeros habitantes de la isla, incluso los más pudientes. La casa voló a causa del huracán de 1935, pero la encontraron y volvieron a colocarla en su sitio.

Long Key State Recreation Area

Muchas de las especies arbóreas que se encuentran en Lignumvitae pueden verse en **Long Key State Recreation Area**, MM67,5 (todos los días, 8-atardecer; automóviles, 3,75 dólares más 1 dólar por pasajero; peatones y ciclistas, 1,50 dólares). Hay un sendero que lleva por la playa y por una pasarela de madera sobre la laguna rodeada de mangles. Una opción mejor es alquilar una canoa (4 dólares por hora) y seguir el sencillo **sendero para canoas** a través de las lagunas de marea en compañía de las curiosas aves zancudas. **Acampar** en el parque cuesta 25,75 dólares. Para más información, se recomienda telefonear al ☎664-4815.

Aspectos prácticos

Es difícil que el visitante encuentre **alojamiento** en Islamorada por menos de 70 dólares la noche, aunque la guerra de precios entre los grandes hoteles puede proporcionar buenas ofertas. El popular *Holiday Isle Resort*, en 84001 Overseas Highway, MM84 (☎1-800/327-7070; ⑤), es un centro turístico que luce una decoración psicodélica, con sus plásticos de color amarillo limón y las cabañas tiki. El ambiente es joven y agradable y el hotel en sí resulta muy cómodo. Como alternativa, las mejores ofertas son *Drop Anchor*, MM85 (☎664-4863; ④-⑥), *Key Lantern*, MM82 (☎664-4572; ③) y el *Islamorada Inn Motel*, MM87,8 (☎852-9376; ④-⑤). Para informarse sobre otros establecimientos, se recomienda preguntar en el centro de información (dirección en pág. anterior). Si el viajero tiene una tienda de campaña, se aconseja ir al Long Key State Recreation Area (véase más arriba) o al **cámping** *KOA* de autocaravanas en Fiesta Key, MM70 (☎664-4922).

Si el visitante evita las obvias trampas para turistas, podrá **comer** bien y bastante barato. Se recomienda la excelente calidad de *Islamorada Fish Company*, MM81 (☎664-9271), cuyo marisco fresco se exporta a todo el mundo. A pesar de estar lleno siempre (intente llegar allí antes de las 18 h), el personal es muy agradable. *Manny & Isa's*, MM81,5 (☎664-5019), sirve comida cubana barata y de calidad; *Whale Harbor*, MM84 (☎664-4959), hace justicia a su nombre, ya que ofrece generosos bufés de marisco para los que tengan más apetito; el destartalado pero barato *Green Turtle Inn*, MM81 (cerrado lun.; ☎664-9031), ofrece una excelente sopa de pescado; y el *Hungry Tarpon*, en la MM77,5 Lower Matecumbe Key (☎664-0535), sirve excelente pescado con recetas locales en una antigua tienda de cebos. Si el visitante prefiere algo más elegante, se aconseja el *Grove Park Café* en la MM81,7, en cuyo menú europeo/caribeño hay primeros platos desde 8 dólares.

BUCEO CON TUBO Y ESCAFANDRA AUTÓNOMA, PESCA Y NAVEGACIÓN

La elección del escenario para los pasatiempos del **buceo con tubo** y **el buceo con escafandra autónoma** se encuentra en los alrededores de **Sombrero Reef**, marcado por un faro de más de 43 m de alto, cuyos rincones constituyen un refugio seguro para miles de peces tropicales de vivos colores. El mejor momento para salir es a primera hora de la tarde, cuando el arrecife está más activo, porque la mayoría de sus criaturas son nocturnas. El lugar donde hay más tiendas de submarinismo es Hall's Dive Center (☎1-800/331-4255), en los jardines de *Faro Blanco Marina Resort*, MM48,5. Los cursos de 5 días del Basic Open Water Scuba Certificate (385 dólares) se ofrecen a los buceadores novatos y los cursos de buceo nocturno, buceo en buques naufragados y de Instructor's Certificate (carné de monitor) se ofrecen a los ya experimentados. Una vez el visitante tenga el carné, puede alquilar el equipo (55 dólares) y unirse a una excursión de buceo (9, 13, 17.30 h; 40 dólares).

En los alrededores de Marathon, se permite la **pesca con arpón** a 1,6 km de la costa (hay un límite de casi 5 km en todas partes) y en la ciudad se celebran cuatro principales **torneos de pesca** cada año: a principios de mayo (para tarpón); a finales de mayo (lampugas; no confundir por su nombre inglés de *delphin fish* con el delfín); a principios de octubre (macabíes), y a principios de noviembre (pez vela). Es posible consultar las fechas concretas en el **centro de información** (véase «Aspectos prácticos», pág. siguiente), 3330 Overseas Highway (lun.-vier., 9-17 h; ☎1-800/842-9580). Puede arriesgarse, pero apuntarse cuesta varios cientos de dólares y sólo participan los grandes pescadores. Sin embargo, sólo con estar por allí durante un torneo, podrá ver la mentalidad de Big Time Fishing (el gran mundo de la pesca) y, si se siente inspirado para echarse a la mar usted mismo, pase por uno de los puertos deportivos y pregunte por el alquiler de un barco. En los barcos caben hasta seis personas y cuesta entre 400-850 dólares por un día entero de pesca (7-16 h), incluido el cebo y el equipo. Si el visitante no puede crear un grupo, puede unirse a uno de los muchos existentes por 40 dólares por persona un día completo de pesca; sin embargo, es más fácil pescar con menos gente a bordo.

Aunque la mayoría de barcos de los puertos deportivos locales son embarcaciones de gran potencia diseñadas para los pescadores, Marathon es también una gran base de **venta de barcos** y ofrece barcos de alquiler (con o sin capitán), además de cursos de navegación. Una buena fuente es A-B-Sea Charter (☎289-0373), en Faro Blanco Marina Resort, MM48,5.

En lo que respecta a la **vida nocturna**, mucha gente no pasa del gran bar tiki en *Holiday Isle* (véase dirección pág. anterior), que los fines de semana vibra con el sonido de insípidas bandas de rock.

Como alternativa, se recomienda probar los especiales de copas en *Lor-e-lei's*, MM82 (☎664-4656), donde las celebraciones de la puesta de sol de cada día reúne a una multitud. Para escuchar blues y beber, se aconseja el *Woody's*, MM82 (☎664-4335), mucho menos turístico, que se anima a partir de las 23 h.

Los Middle Keys: Marathon y alrededores

El Long Key Bridge (junto al antiguo Long Key Viaduct, véase «El sur de Marathon», en pág. 130) apunta hacia el sur desde Long Key y lleva hasta los **Middle Keys** (cayos medios). La mayor de estas islas, que se extiende desde Duck Key hasta Bahia Honda Key, es Key Vaca (antes un barrio de chabolas de trabajadores del ferrocarril), que incluye la mayor colonia de la zona, **MARATHON**. A primera vista, ésta es una ciudad tan comercial y poco sorprendente como Key Largo, pero hay algunos elementos interesantes, al salir de la Overseas Highway.

Si el visitante no vio bastantes árboles tropicales en Lignumvitae Key (véase «Islamorada», pág. 137), puede girar a la derecha por la 55th Street en la MM50,5 (ante el K-Mart), que lleva a más de 25 Ha de bosque subtropical en **Crane Point Hammock** (lun.-sáb., 9-17 h; dom., 12-17 h; 7,50 dólares). Hay un folleto gratuito que informa sobre los árboles que encontrará a lo largo de 1,5 km de **sendero de interés natural**; también pasará por uno de los ejemplos de arquitectura de las Bahamas en Estados Unidos: una casa construida en 1903 por inmigrantes de las Bahamas.

El excelente **Museum of Natural History of the Florida Keys** muestra un interesante resumen sobre la historia de la zona, empezando por los indios caloosas (que tenían una colonia en este lugar hasta que fueron exterminados por las enfermedades que llevaron los colonos europeos en la década de 1700) y continuando con la historia de los primeros asentamientos en las Bahamas y el continente. Se recomienda ver la variada colección de objetos expuestos cerca de la tienda del museo, que incluye una balsa hecha de tubos que llevó a cuatro refugiados cubanos a lo largo de casi 150 km de océano a principios de la década de los noventa.

Una gran sección del museo muestra exposiciones interactivas pensadas para introducir a los más pequeños en las maravillas de los ecosistemas subtropicales de los cayos, incluidos los *hammocks* de frondosas y los arrecifes. Al lado, el **Florida Keys Children's Museum** trata más o menos el mismo tema y alberga un acuario tropical, un terrario y un lago artificial de agua salada donde el visitante podrá dar de comer a los peces. Los mosquitos que viven en los *hammock* son una gran molestia, por tanto, se aconseja llevar un repelente, que podrá adquirir en la farmacia situada justo al cruzar la autopista.

Para ver más de cerca la vida natural de los cayos, se recomienda unirse a la **visita de interés ecológico** en barco (sólo los días elegidos, 10 y 14 h; 15 dólares; ☎743-7000) del puerto deportivo del *Hawks Cay Resort* de 200 dólares la noche en Duck Key, adonde se llega mediante una carretera elevada en la MM61. Dirigido por un naturalista local muy radical, la visita de 2 horas a una isla desierta proporciona mucha información sobre la naturaleza de los cayos y las criaturas que viven allí.

Si el visitante quiere estar tranquilo, Marathon tiene un par de pequeñas playas. La **Sombrero Beach**, a lo largo de la Sombrero Beach Road (saliendo de la Overseas Highway cerca de la MM50), es una estrecha franja de arena con unas agradables aguas y mesas de picnic a la sombra. Unos 6,5 km al norte, la playa de **Key Colony Beach**, una isla artificial creada en los años cincuenta para construir casas caras, es más bonita y tranquila.

Justo al este de Marathon se encuentra el **Dolphin Research Center**, MM59 en Grassy Key (miér.-dom., 9-16 h). Por 95 dólares, el visitante podrá aprender sobre los delfines y nadar con ellos en un «programa de encuentro», pero tendrá que reservar la entrada con antelación. Menos caro, pero no tan divertido, es la visita guiada (10 y 11 h y 12.30, 14 y 14.30 h; 9,50 dólares).

Aspectos prácticos

Para recibir información completa sobre los alrededores y el alojamiento, se recomienda ir al **centro de información** en la MM53,5, 12222 Overseas Highway (☎743-5417; fax ☎289-0183).

Si el visitante quiere tranquilidad, puede pasar una o dos noches en uno de los completos **centros turísticos** de Marathon, como el *Faro Blanco Marine Resort*, 1996 Overseas Highway (☎1-800/759-3276; ④-⑦), cuyas pequeñas casitas de campo y casas flotantes ofrecen hermosas vistas de los mangles. El *Sombrero*, 19 Sombrero Boulevard (☎1-800/433-8660; ⑤-⑦), o el *Banana Bay*, 4590 Overseas Highway (☎1-800/488-6636; ⑤-⑦), ofrecen alojamiento similar. Los más baratos de la gran oferta de **moteles** económicos son el *Sea Dell*, 5000 Overseas Highway (☎1-800/

648-3854; ③) y el *Seaward*, 8700 Overseas Highway (☎743-5711; ③-④). El *Flamingo Inn*, MM59 en Grassy Key (☎289-1478), ofrece camas muy cómodas, habitaciones grandes y limpias, una piscina y buenas ofertas; ④. El único **cámping** que permite las tiendas de campaña (los demás son para remolques y caravanas) es el *Knights Key Park*, MM47 (☎743-9954).

A pesar del carácter comercial de la principal calle de Marathon, hay varios lugares agradables donde **comer**. La gente del lugar se reúne en *The Seven Mile Grill*, 1240 Overseas Highway (☎743-4481), justo al este del Seven Mile Bridge (véase más abajo), para comer estofados de almejas y pescado, y camarones a la cerveza. El *Castaway*, una joya escondida en la 15th Street, en la MM48 (☎743-6247), sirve sabroso marisco a un precio excelente y riquísimos bollos con miel. De más categoría es el *Crocodiles on the Water* (☎743-9018), justo enfrente del *Castaway* y parte del elegante *Faro Blanco Marine Resort*. Las especialidades son el pescado cubano y las ostras, y entre los postres destaca una tarta de tortuga helada, que no es más que helado de praliné, servido en un ambiente agradable y animado. Si el visitante está harto de marisco, el *Crocogator's* es un buen reclamo para los carnívoros, aunque el dueño resulta a veces algo desagradable y las mesas suelen estar juntas. Se ofrece buena comida cubana en el *Don Pedro Restaurant*, MM53 (☎743-5247); *Herbie's*, 6350 Overseas Highway, MM50,5 (☎743-6373), está siempre lleno por su marisco barato; *Porky's Too BBQ*, MM48 (☎743-6637), sirve platos de ternera y pollo; y el visitante puede disfrutar de platos italianos en el sencillo *Village Café*, en la Village Plaza junto al Golfo, 5800 Overseas Highway (☎743-9090).

En Marathon, la gente se va a dormir temprano; el único lugar con algo de **vida nocturna** es el bar tiki de *Shuckers Restaurant*, 725 11th Street (☎743-8686), también un sitio privilegiado para tomar algo mientras se pone el sol.

El sur de Marathon: el Seven Mile Bridge

En 1905, Henry Flagler, cuyo ferrocarril abrió la costa este de Florida, se comprometió a extender las vías hasta Key West. La Overseas Railroad, como fue denominada (aunque muchos la llaman «Flagler's folly», la locura de Flagler), fue un trabajo monumental que duró 7 años.

El tender un puente sobre los Middle Keys constituyó uno de los mayores quebraderos de cabeza de los ingenieros de Flagler. Al norte de Marathon, el Long Key Viaduct de más de 3 km de largo, una elegante estructura de casi 200 arcos individuales, era el favorito de Flagler; de hecho, fue muy fotografiado para las campañas publicitarias. Un logro técnico aún mayor fue el **Seven Mile Bridge**, al sur, que unía Marathon con los Lower Keys. En aquel momento, se alquilaron todos los buques de carga con bandera de Estados Unidos que navegaban por el Atlántico para llevar material, incluido el cemento especial de Alemania, mientras que grúas flotantes, dragas y otras embarcaciones emprendieron un trabajo que costó la vida a 700 empleados. Cuando los trenes empezaron por fin a circular (arrastrándose por los puentes a poco más de 24 km/h), los pasajeros pudieron disfrutar de unas vistas increíbles: una amplia extensión de mar y cielo, a veces iluminada por bellas y rojas puestas de sol u oscurecida por nubes de tormenta.

Los puentes de Flagler eran lo suficientemente fuertes como para soportar todo lo que el variable tiempo de los cayos pudiera echarles encima, excepto el huracán del *Labor Day* (Día del Trabajo) de 1935, que destruyó la vía. Después, los puentes se adaptaron para poder incluir una carretera, la original Overseas Highway. Las historias sobre espeluznantes cruces (la carretera sólo tenía unos 7 m de ancho), interminables caravanas cuando se atascaban los puentes levadizos y las reuniones al borde de la carretera forman parte del folclore de los cayos. Los últimos puentes, como el nuevo **Seven Mile Bridge**, entre Key Vaca y Bahia Honda Key, que costó 45 millones de dólares y se abrió a principios de los años ochenta, mejoró de manera considerable el flujo de tráfico, pero ya no se puede ir por la carretera antigua, y sus muros son lo suficientemente altos como para ocultar las hermosas vistas.

Los puentes antiguos, intactos excepto por los cortes realizados para permitir el paso a los barcos, constituyen en la actualidad embarcaderos para la pesca y caminos para practicar footing. Una sección del antiguo Seven Mile Bridge también constituye el único acceso a **Pigeon Key**, que sirvió de campo de trabajo del ferrocarril de 1908 a 1935 y hasta hace poco era utilizado por la University of Miami para las clases de ciencias marinas. Sus siete originales edificios de madera han sido restaurados y un nuevo **museo ferroviario** (5 dólares; ☎289-0025) ayuda a los visitantes a comprender los apuros por los que pasaban los trabajadores. No está permitido el acceso a Pigeon Key a los automóviles, lo que contribuye a crear un ambiente relajado. Un autobús rápido y que parte cada hora (9-16 h; 4 dólares) del centro de información de Pigeon Key en la MM48.

Los Lower Keys

Muy distintos de sus vecinos del norte, los **LOWER KEYS** (cayos bajos) son tranquilos, con muchos árboles y sobre todo residenciales. Alineados de norte a sur y sobre una base de piedra caliza más que de coral, estas islas poseen una exclusiva flora y fauna, gran parte de ella a muchos kilómetros de la Overseas Highway. La mayoría de visitantes pasan por la zona de camino a Key West, unos 65 km más allá, pero la falta de turismo generalizado y la posibilidad de encontrar tranquilidad los convierten en un buen lugar para pasar un día o dos. La principal colonia es **Big Pine Key**, donde la **Lower Keys Chamber of Commerce**, en la MM31 (lun.-vier., 9-17 h; sáb., 9-15 h; ☎1-800/872-3722) ofrece mucha información sobre la zona.

Bahia Honda State Recreation Area

Aunque oficialmente no forma parte de los Lower Keys, el primer lugar de importancia con el que el visitante se encontrará al cruzar el Seven Mile Bridge es **Bahia Honda State Recreation Area** (todos los días, 8-atardecer; automóviles con una persona, 2,50 dólares; con dos, 5 dólares y luego 50 centavos por cada persona más; peatones y ciclistas, 1,50 dólares; ☎872-2353), de más de 120 Ha, y uno de los lugares más hermosos de los cayos. En la sección nordeste del parque hay un lago con una **playa** natural y bellas aguas oceánicas de dos colores.

Mientras el viajero esté allí, se recomienda pasear por los **senderos naturales**, que serpentean desde la orilla por un *hammock* de palmeras, árboles de satín y que pasan junto a extrañas plantas como ipomeas enanas y catesbaeas espinosas. Se recomienda echar una ojeada a las palomas de corona blanca, y otras aves como grandes garzas blancas, espátulas rosadas y enormes águilas pescadoras (cuyos voluminosos nidos abundan por los Lower Keys y a menudo se encuentran en los postes telegráficos). Los programas de interés natural comienzan a las 11 h y puede apuntarse a las **excursiones** especiales como la Flagler Story Walk, aunque incluso es lo suficientemente agradable sin guía.

Las aguas del extremo sur del parque invitan a bañarse (sin embargo, el visitante debe tener en cuenta que las corrientes pueden ser fuertes) y a practicar buceo con tubo, submarinismo y, sobre todo, surf; es posible alquilar el equipo en la tienda de submarinismo del puerto deportivo de Bahía Honda. El visitante también verá el **Flagler Bridge**, de dos pisos. Las aguas inusualmente profundas de Bahía Honda (de ahí su nombre) hizo que éste fuera el puente de ferrocarril más difícil de construir, su ensanchamiento para dar cabida a la carretera fue imposible, por lo que se construyó la autopista en un nivel superior. En realidad es mucho más seguro de lo que parece y se contemplan hermosas vistas desde el puente sobre el canal de Bahía Honda hacia los Lower Keys cubiertos de bosque.

Las **instalaciones** del parque incluyen un cámping y bungalós, una cafetería y una tienda de submarinismo, donde se organizan excursiones de buceo con tubo por el arrecife, buceo con escafandra autónoma y se alquilan barcos.

Big Pine Key y alrededores

Los pinos gigantes que dan nombre a **Big Pine Key** son menos interesantes que sus **ciervos del cayo**, criaturas muy dóciles que gozan de la libertad de la isla; está prohibido darles de comer y hay que tener cuidado al conducir (unas señales a los lados de la carretera indican el número de los que mueren durante el año). Los ciervos, no mayores que un perro grande, llegaron hace tiempo, cuando los cayos todavía seguían unidos al continente; de ellos se alimentaban marineros y residentes de Key West durante muchos años, pero la caza y la destrucción de su hábitat natural los llevó al borde de la extinción a finales de los años cuarenta. El **National Key Deer Refuge** se construyó en 1954 para proteger a estos animales (un dirigente del refugio llegó incluso a quemar los automóviles y hundir los barcos de los cazadores furtivos) y su población actual es de unos 250-300 ejemplares. El visitante puede obtener información objetiva sobre los ciervos en la **oficina central del refugio** (lun.-vier., 8-17 h; ☎872-2239), en el extremo oeste de Watson Boulevard, saliendo de Key Deer Boulevard. Para verlos, hay que conducir por el Key Deer Boulevard o girar al este hasta No Name Key. Seguramente, verá unos cuantos; a veces se distraen en los jardines interiores, aunque hay más posibilidades de verlos a primera hora de la mañana o al atardecer.

También en Key Deer Boulevard hay un lago de agua dulce, **Blue Hole**, donde vive una población de tortugas de caparazón blando y al menos un caimán, que de vez en cuando emerge de las frescas profundidades para tomar el sol, y por ello algunas partes del camino del borde del lago pueden estar cerradas si se ha apoderado de un trecho ese día. Como el caimán le hará subir la adrenalina, se recomienda pasear por el corto **sendero natural**, casi medio kilómetro más al sur por Key Deer Boulevard.

Otros recorridos: el resto de los Lower Keys

En los Lower Keys, al sur de Big Pine Key, hay un ambiente incluso más tranquilo, a pesar de los promotores inmobiliarios. Los **Torch Keys**, denominados así por sus bosques de madera resinosa, que utilizaban como leña los primeros colonos, se pueden rodear de camino a **Ramrod Key**, donde se halla el Looe Key Marine Sanctuary, un lugar hermoso para contemplar el arrecife de coral.

Quizá lo más caro de los cayos, si no de toda Florida, sea el aerostato suspendido sobre **Cudjoe Key**. Con un presupuesto de 16 millones de dólares, fue utilizado por el Gobierno de Estados Unidos para emitir imágenes de televisión que reflejaban el estilo de vida americano y su libertad (béisbol, comedias de situación y telenovelas, entre otras) para Cuba. Se la llamó TV Martí, por el combatiente independentista cubano de fines del siglo XIX, José Martí; pero en julio de 1993, la Administración de Clinton decidió no emitir más y el futuro del aerostato es incierto.

Looe Key Marine Sanctuary

Se recomienda a los aficionados a la exploración submarina que vayan al **Looe Key Marine Sanctuary**, bien señalizado en la Overseas Highway en Ramrod Key. Llamada así por el *HMS Looe*, una fragata británica que naufragó allí en 1744, este área de casi 13 km² de arrecife protegido es idéntico al John Pennecamp Coral Reef State Park (véase pág. 132). Sus aguas cristalinas y las formaciones coralinas crean un espectáculo inolvidable; rayas, pulpos y numerosos peces de vivos colores nadan entre corales de formas y colores de gran variedad.

La **oficina de la reserva** (lun.-vier., 8-17 h; ☎872-4039) ofrece mapas gratuitos e información. El arrecife puede ser visitado con una salida organizada por una de las muchas tiendas de submarinismo de los cayos; la más cercana se encuentra en el vecino Looe Key Dive Center (☎1-800/942-5397).

Perky's Bat Tower

En Sugarloaf Key, a unos 24 km de Ramrod Key, se erige la **Perky's Bat Tower** de poco más de 10 m, como testimonio de las ideas de un hombre sobre los murciélagos. Un libro publicado en los años veinte, *Bats, Mosquitoes and Dollars* (Murciélagos, mosquitos y dólares), llevó a Richter C. Perky, un especulador de la propiedad que había adquirido la isla, a pensar que los murciélagos podían ser la solución al problema de los mosquitos en los cayos. Con mucho revuelo, mandó construir la torre de listones de ciprés de color marrón y encargó el costoso cebo para murciélagos que, según le dijeron, los atraería a cientos. Pero el experimento no funcionó, ya que jamás apareció por allí un murciélago; los mosquitos siguieron sanos e incordiando y Perky se arruinó poco después. La historia de fondo es mucho más interesante que la torre en sí, pero si la historia despierta la curiosidad del visitante, podrá verla desde la accidentada carretera justo más allá del descuidado *Sugarloaf Lodge*, en MM17.

Aspectos prácticos

Para lo que ofrecen, los **moteles** de los Lower Keys son caros. El *Looe Key Reef Resort*, en MM27,5 (☎872-2215; ④-⑤), es ideal para visitar la reserva marina; también está *Parmer's Place*, MM28,5 (☎872-2157; ④-⑥). Si el visitante quiere derrochar, puede alojarse en el idílico *Little Palm Island*, MM28,5, Little Torch Key (☎872-2524; ⑧), cuyas casitas de techo de paja están situadas en exuberantes jardines a unos metros de la playa. Abundan las **zonas de acampada**, entre ellas, *Big Pine Key Fishing Lodge*, del Bahia Honda State Recreation Area, MM33 (☎872-2351), *Seahorse*, MM31 (☎872-2443), y *Sugar Loaf Key KOA*, MM20 (☎745-3549). Hay tres **hostales tipo bed and breakfast** en Big Pine Key que constituyen una cómoda alternativa, pero se debe reservar plaza por anticipado: *Deer Run*, 1985 Long Beach Drive, MM33 (☎872-2015; ④-⑥); *Barnacle*, 1557 Long Beach Drive, MM33 (☎872-3298; o ☎1-800/465-9100; ⑥), y *Casa Grande*, 1619 Long Beach Drive, MM33 (☎872-2878; ⑤).

El mejor lugar para **comer** se encuentra en los Lower Keys; se trata de *Mangrove Mama's*, MM20, en Sugarloaf Key (cerrado sept.; ☎745-3030), y sirve un excelente marisco y pan casero. Un lugar de reunión frecuentado por los lugareños es el *Big Pine Coffee Shop*, MM30 (☎872-2790). El visitante podrá sentarse en mesas de formica y saborear ensaladas de cangrejo y camarones por poco dinero. Como alternativa, en Big Pine Key, está el *Island Jim's*, MM31,3 (☎872-2017), que sirve buena comida desde el desayuno a la cena, o bien se puede comer un sándwich en *Dip N'Deli*, MM31, situado en *Big Pine Motel* (☎872-3030).

La **vida nocturna** no es muy animada; cuando los lugareños quieren salir, van a Key West. El visitante puede tomar un trago en el *No Name Pub*, en el extremo este de Watson Boulevard, Big Pine Key (☎872-9115), donde ofrecen cervezas variadas y a menudo actúan grupos en vivo; el *Looe Key Reef Resort* (véase más arriba) resulta adecuado para las copas del fin de semana o, si están desesperados, el salón del *Cedar Inn*, MM31 (☎872-4031).

Key West

Mucho más cerca de Cuba que de Florida, **KEY WEST** (CAYO HUESO) puede parecer muy alejado del resto de Estados Unidos. Famoso por la actitud tolerante y el estilo de vida relajado de sus 30.000 habitantes, parece estar a la deriva en una gran extensión de mar y cielo. A pesar del millón de turistas que llega cada año, hay en el lugar cierto espíritu anárquico que embargará al visitante en cuanto llegue. Los lugareños (conocidos como *conchs*, por los grandes caracoles de mar que comían los primeros colonos, si residen desde hace años en Key West, o *freshwater conchs* si han llegado hace poco tiempo) van en bicicleta, charlan en las esquinas de las calles y sonríen a los extraños.

Aunque es tan salvaje como parece, Key West está hoy en día lejos de ser la meca de inadaptados que era hace sólo una década. Poco a poco a ido perdiendo su mala fama, a medida que se llevaban a cabo numerosas restauraciones y se producía una reactivación económica (ahora resulta caro comprar una casa allí), lo que allanó el camino para crear una importante industria turística, aunque da la sensación de estar centrada sobre todo en los barcos de fiesta y las juergas a base de alcohol. No es que Key West esté a punto de perder su identidad especial, sino que aún reina cierto espíritu inconformista. Las actitudes liberales han atraído a un gran flujo de gays (una de cada cinco personas de la población, aproximadamente), que desempeñan un papel esencial en la actividad del lugar e invierten millones de dólares en su futuro.

La sensación de aislamiento del continente, mucho más fuerte en Key West que en otros cayos, y la camaradería de los lugareños se aprecian mejor cuando el visitante se adapta a su ritmo y se une a ellos. Se recomienda pasear lentamente por las aceras, comer despacio y entrar en los bares para hacer un alto en el camino. Quizás el turismo en Key West parezca excesivo y en cierto sentido vulgar, pero dependiendo de lo que quiera el visitante, se pueden evitar las trampas comerciales y descubrir una isla única, tanto por su sociedad actual como por su pasado.

Descubrir lo mejor de Key West es sencillo: basta pasear por las zonas que, hasta hace poco, constituían el llamado corazón de la isla, pero que son frecuentadas por los turistas que van allí a comprar camisetas y beber algo.

El epicentro turístico se encuentra en **Duval Street**, cuyo extremo norte está marcado por la Mallory Square, un lugar histórico donde en la actualidad hay una gran cadena de bares que ignoran por completo el espíritu liberal de la isla. Pero sólo a unos metros hacia el este se encuentra la **sección histórica**, una red de calles alegradas por el follaje y las flores, que cubren la curiosa arquitectura. En esta zona hay algunas de las mejores casas de huéspedes, restaurantes y galerías; por no mencionar las calles en sí, por las que se pueden ver personajes muy curiosos.

Al oeste de Duval Street, saliendo de Whitehead Street, se halla **Bahama Village**, una zona de callejuelas polvorientas por donde pasean los gallos y los pájaros cantan por la noche. Este enclave único alberga algunos de los restaurantes más escondidos de la isla, aunque los promotores inmobiliarios ya están especulando con el futuro del lugar.

Breve historia

La piratería era la principal actividad de Key West, colonizada en 1822, antes de que Florida se uniera a Estados Unidos y la marina estableciera allí una base. Esto allanó el camino del rentable negocio de los **buques naufragados**, y muchos ganaron millones de dólares sacando la carga de los barcos que naufragaban en el arrecife de Florida; de hecho, a mediados del siglo XIX, Key West era la ciudad más rica de Estados Unidos.

La construcción de los faros del arrecife terminó con este negocio, pero Key West

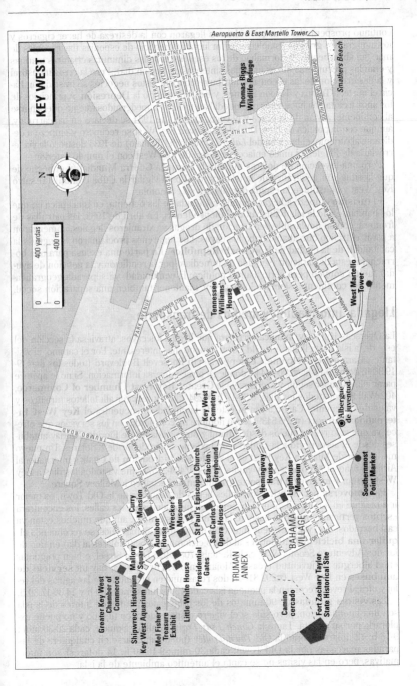

KEY WEST

Aeropuerto & East Martello Tower △

Thomas Riggs Wildlife Refuge

Smathers Beach

West Martello Tower

Tennessee Williams' House

Key West Cemetery

Albergue de juventud

Southernmost Point Marker

Hemingway House

Lighthouse Museum

BAHAMA VILLAGE

St Paul's Episcopal Church

San Carlos Opera House

Estación Greyhound

Curry Mansion

Wrecker's Museum

Audubon House

Presidential Gates

Little White House

Mel Fisher's Treasure Exhibit

Shipwreck Historium
Key West Aquarium

Greater Key West Chamber of Commerce

Mallory Square

TRUMAN ANNEX

Camino cercado

Fort Zachary Taylor State Historical Site

N

400 yardas
400 m

continuó prosperando. Muchos **cubanos** llegaron con la destreza de hacer cigarros y los inmigrantes **griegos** establecieron un lucrativo negocio de esponjas (las esponjas de mar, tan absorbentes, se formaban de los esqueletos de las diminutas criaturas marinas y eran las precursoras de las esponjas sintéticas de hoy en día). Pero la crisis industrial y la desaparición de las esponjas contribuyeron a que estos negocios se trasladaran hacia el norte, a Tampa y Tarpon Springs, y Key West sufrió la **Depresión**. A principios de los años treinta, los habitantes que quedaban (*conchs* empedernidos que no querían irse al continente) vivían de la pesca y el coco. En julio de 1934 se declaró en bancarrota y, aunque con la política de New Deal de Roosevelt Key West se recuperó y empezó a dedicarse al turismo, el huracán del *Labor Day* (Día del Trabajo) de 1935 destrozó la vía ferroviaria de Flagler, el único enlace por tierra de Key West con el mundo exterior.

Pero una inyección de dólares durante la Segunda Guerra Mundial (y el hecho de que la situación geográfica de la isla era ideal para vigilar la Cuba comunista) salvó Key West y constituyó la espina dorsal para su economía.

El **turismo** empezó a llegar durante la década de los ochenta, en una época en que los habitantes de la isla hablaban de independencia. En abril de 1982, las patrullas de frontera, con su implacable persecución de drogas y extranjeros ilegales, comenzaron a parar el tráfico que abandonaba los cayos. Los lugareños proclamaron enseguida la capitalidad de la ciudad de la «**Conch Republic**». En parte una excusa para una borrachera, esta declaración (seguida de inmediato por la rendición y la petición de ayuda) fue un cómico pero serio asunto político: la comunidad, ya separada geográficamente del continente, siempre luchará por mantener también una separación social.

Llegada, información y medios de transporte

La Overseas Highway, la única carretera que llega a los cayos, atraviesa la sección del este de la isla hasta llegar a la Old Town, mucho más interesante. Por el camino, el visitante pasará por el **Welcome Center** en North Roosevelt Boulevard (todos los días, 9-19.30 h; dom., 9-18 h; ☎296-4444), donde se ofrece diversa información. Si no le apetece parar allí, es mejor seguir y acercarse a la **Greater Key West Chamber of Commerce**, 402 Wall Street (todos los días, 8.30-17 h; ☎294-2587) y recoger allí folletos turísticos y vales de descuento. Casi 6,5 km al este de la ciudad se encuentra el **Key West International Airport** (☎296-5439), cuyo nombre no concuerda con los servicios que ofrece, ya que sólo recibe vuelos desde Miami y otras ciudades de Florida. No hay autobuses desde el aeropuerto a la ciudad y un taxi cuesta alrededor de 8 dólares. Un nuevo medio de ir de Miami a Key West es el servicio de **hidroavión** de Chalk's International Airlines (unos 190 dólares ida y vuelta; ☎1-800/424-2557), que va todos los días a Key West Harbor e incluye un transporte gratuito en taxi acuático a Mallory Square.

Para **moverse** por las estrechas calles llenas de peatones de la Old Town, es mejor ir a pie que en automóvil. Si no hay señales o indicadores en las calles, los encontrará escritos verticalmente en la base de la farola en los cruces, aunque muchos están ya casi borrados. Si el visitante tiene intención de aventurarse más lejos, se recomienda **alquilar una bicicleta** (7-10 dólares al día) o ciclomotor (25-30 dólares al día) en uno de los dos Adventure Scooter & Bycicle Rentals: 708 y 925 Duval Street, o bien preguntar en el albergue de juventud (véase «Alojamiento»). Por fortuna, hay un **servicio de autobuses** en Key West (☎292-8164); dos rutas, una en el sentido de las agujas del reloj y otra al revés, recorren la pequeña isla cada 15 minutos entre 7-9 h y 14.30-17.30 h.

Las **visitas guiadas** de 90 minutos de los principales puntos de interés de la isla son una buena opción, pero sólo si el viajero dispone de poco tiempo y no puede explorarla por su cuenta. Tanto la *Conch Tour Train* (Mallory Square; cada 20-30 min.; 9-16 h; 12 dólares) como la *Old Town Trolley* (puede apuntarse en cualquiera de las paradas marcadas por la Old Town; cada 30 min.; 9-16.30 h; 14 dólares) son informativas, pero en las visitas no se capta el auténtico ambiente de la isla.

FESTIVALES DE KEY WEST

Enero-abril *Old Island Days*. Excursiones, charlas, conciertos, exposiciones de flores y festivales de arte para celebrar la historia de Key West.

Abril *Conch Shell Blowing Contest*. Música ensordecedora tocada con las conchas de las criaturas de las que toman su nombre los habitantes de Key West.

Fines de abril *Conch Republic Celebration*. Una fiesta en Mallory Square con el izamiento simbólico de la bandera de la Conch Republic, para conmemorar la declaración de la independencia de los cayos en 1982.

Julio *Hemingway Days*. Seminarios literarios, talleres de escritores, competiciones triviales, concursos de pulsos y similares para conmemorar a Ernest Hemingway, el más famoso ex residente de la isla.

Fines de octubre *Fantasy Fest*. Una versión gay del Mardi Gras (martes lardero), con trajes estrafalarios desfilando toda la noche por Duval Street.

Compruebe las **fechas exactas** de todos los festivales en la **Chamber of Commerce** o en el Welcome Center (direcciones, pág. anterior).

Hay bastantes **publicaciones gratuitas** para informarse sobre los acontecimientos del momento: *Solares Hill* (mensual) es la mejor, pero consulte también la *Island Life* (semanal), *The Conch Republic* (mensual) y la hoja de sociedad para gays *What's Happening* (semanal).

Alojamiento

A no ser que viaje con niños o con un grupo, es mucho más divertido alojarse en una de las excelentes casas de huéspedes/bed and breakfast que en un hotel; la mayoría de hoteles se encuentran en la carretera que va a la isla o bien resultan bastante caros.

Los **precios del alojamiento** en Key West son siempre elevados, sobre todo entre noviembre y abril, cuando la habitación de motel más sencilla cuesta unos 90 dólares por noche. En otros momentos, los precios suben, pero se suele pagar unos 70 dólares en casi todos los sitios. Las opciones económicas se limitan a las tiendas de campaña o al alquiler de una sencilla casita de campo en *Jabour's Trailor Court*, 223 Elizabeth Street (☎294-5723) o en *Boyd's Campground* (☎294-1465). El *Key West Hostel*, 718 South Street (socios, 17 dólares; no socios, 20 dólares; ☎296-5719), ofrece pequeños dormitorios comunes a buen precio. Sirve comidas muy baratas y el recorrido en taxi entre el albergue y la estación de Greyhound cuesta unos 5 dólares.

Independientemente de dónde se aloje el visitante, es imprescindible reservar habitación entre noviembre y abril, algo que se aconseja hacer también si va a quedarse un fin de semana en cualquier otra época del año. Si el viajero llega en octubre durante el **Fantasy Fest**, un Mardi Gras (martes lardero) de gays y lesbianas muy popular, deberá tener en cuenta el aumento en el precio de la habitación (si es que encuentra alguna).

Muchas de las casas de campo restauradas que funcionan como casas de huéspedes en el barrio histórico pertenecen a estos colectivos y, aunque la mayoría aceptan a cualquier adulto, hay muy pocas que acepten niños. Muchas (aparecen a continuación) son sólo para gays, mientras que sólo hay una exclusivamente para lesbianas.

Casas de huéspedes

Angelina Guest House, 302 Angela St (☎294-4480). Habitaciones a buen precio en un antiguo burdel restaurado con una gran terraza a la sombra. Justo en Bahama Village. ④

Blue Parrot Inn, 916 Elizabeth St (☎1-800/231-BIRD; fax 296-5697). Los agradables dueños de esta hermosa casa (construida en 1884) situada en el corazón del barrio histórico sirve excelentes desayunos en un exuberante jardín en el patio. No se admiten niños. ⑥

Caribbean House, 226 Petronia St (☎1-800-543-4518; fax 296-9840). En el centro de Bahama Village, esta bonita casa ofrece habitaciones sencillas a buen precio. ④-⑤

Crocodile & Mermaid, 729 Truman Ave (294-1894 o ☎1-800/773-1894; fax 295-9925). Una joya de casa con una impresionante decoración interior. Los fabulosos jardines, piscina y el vino que se sirve cada tarde hacen posible una estancia relajada. No se admiten niños menores de 16 años. ⑥-⑧

Curry Mansion Inn, 511 Caroline St (☎1-800/253-3466 o 294-5349; fax 294-4093). Es caro pero merece la pena pasar una noche en esta destacada casa victoriana (véase pág. 157). Disfrute de sus antigüedades, soberbios desayunos, cócteles y piscina, así como las duchas sin límite después de inscribirse. ⑥-⑧

Duval Hose, 815 Duval St (☎294-1666; fax 292-1701). Las habitaciones más baratas son de una excelente calidad y por un poco más el viajero tendrá una cama grande y un balcón que da a los jardines. Uno de los pocos lugares con un amplio aparcamiento. ⑤-⑦

Eden House, 1015 Fleming St (☎1-800/533-KEYS; fax 294-1221). Uno de los escondites más tranquilos de Key West. Las habitaciones rodean la piscina donde Goldie Hawn protagonizó el filme *CrissCross* (Entrelazado), en 1990. Hay una tranquila zona de *hammocks* bajo un enorme árbol. Grandes rebajas en temporada baja. ⑦

Island City House, 411 William St (☎1-800/634-8230). Esta gran mansión, construida en la década de 1880 para una familia comerciante de Charleston, ofrece estudios y apartamentos de una o dos habitaciones con vistas a la piscina y los jardines tropicales. ⑦-⑧

Key Lime Village, 727 Truman Ave (☎294-6222 o 1-800/201-6222). El visitante puede elegir entre las pequeñas casitas de campo o las habitaciones estilo motel de la casa del siglo XIX. Muchos árboles y una piscina compensan la falta de espacio. ⑥

La Terraza de Martí, 1125 Duval St (☎296-6706). Conocido allí como «La-Te-Da», esta casa de interior de colores pastel es un centro de la vida social gay. El complejo de tres partes incluye varios bares, discotecas y el elegante restaurante *Geofrey's* (véase «Vida nocturna»). Aunque es muy popular entre los gays, la clientela es mixta. Los precios bajan hasta la mitad cuando no es temporada alta. ⑥-⑦

Marquesa Hotel, 600 Fleming St (☎292-1919 o 1-800/869-4631; fax 294-2121). Una gran casa de huéspedes (construida en 1884) con una clientela formal. El restaurante roza la pomposidad. Se recomienda ver las antiguas fotografías del pasado de Key West. ⑦-⑧

Simonton Court, 320 Simonton St (☎1-800/944-2687; fax 293-8446). Una antigua fábrica de cigarros restaurada, la casa principal posee una gran selección de habitaciones y casas de campo bien equipadas repartidas por este histórico recinto. No se admiten niños. ⑤-⑦

Tropical Inn, 812 Duval St (☎294-9977). Habitaciones amplias y luminosas en una casa *conch* restaurada en el centro. En la mayoría de habitaciones pueden dormir tres personas y las más caras tienen balcón. Pregunte por las casitas de campo vecinas, con piscina climatizada y cocina. ④-⑤

Wicker House, 913 Duval St (☎296-2475 o 1-800/880-4275). Una de las casas de huéspedes más baratas de Key West. Consta de cuatro casas *conch* restauradas. Las habitaciones más baratas no tienen televisor ni aire acondicionado (pero sí ventiladores de techo). Hay un jacuzzi comunal, una piscina y buenos desayunos que se sirven en el jardín. ④-⑤

Casas de huéspedes exclusivamente gays

Attitudes, 410 Fleming St (☎1-800/459-6212; fax 292-9030). Antes conocida como *Colors*, esta casa restaurada del siglo XIX posee grandes habitaciones y un vestíbulo cubierto de hojas de tabaco de papel maché. ⑥-⑦

Big Ruby's, 409 Appelrouth Lane (☎296-2323 o 1-800/477-7829; fax 296-0281). Agradable, tranquilo pero concurrido. Hay muchos extras, como el brunch de los sábados, bebidas gratuitas, habitaciones de diseño y un personal amable. Hay que reservar con antelación. La suite del ático de 300 dólares la noche es excepcional y dentro de poco van a ampliar el lugar. ⑥-⑦

Curry House, 806 Fleming St (☎294-6777 o 1-800/633-7439; fax 294-5322). La casa de huéspedes sólo para gays más antigua de la zona. Limpia, bien cuidada y cómoda. ⑥-⑦

Lighthouse Court, 902 Whitehead St (☎294-9588). Una dirección muy concurrida a la sombra del faro justo ante la casa de Hemingway. No resulta barata y el servicio puede variar, pero es muy popular entre la gente que está a la última moda. ⑦-⑧

New Orleans House, 724 Duval St (☎294-8719 o 1-800/648-3780; fax 294-9298). Las amplias y limpias habitaciones con cocina son las protagonistas de esta nueva y céntrica (aunque no demasiado acogedora) casa de huéspedes. La fachada da a Duval St, por tanto, se recomienda pedir una habitación en la parte de atrás si el visitante quiere dormir antes de la 3 h. Grandes descuentos fuera de temporada alta. ⑥

Pilot House, 414 Simonton St (☎294-8719; fax 294-9298). Con los mismos dueños que la *New Orleans House* (arriba), esta casa de huéspedes ofrece suites en una clásica, aunque muy renovada, casa victoriana. La casa perteneció a Joseph Otto, un eminente cirujano que resulta que tiene la tumba más llamativa del cementerio de Key West (véase pág. 156). Grandes piscinas, desayunos, y una tranquila y adecuada situación. ⑦-⑧

Rainbow House, 525 United St (☎292-1450 o 1-800/749-6696). La única casa de huéspedes sólo para lesbianas de la isla, esta atractiva antigua fábrica de cigarros sirve desayunos y posee dos piscinas, una normal y otra de hidromasaje. ⑥-⑦

Hoteles y moteles

Atlantic Shores Resort, 510 South St (☎296-2491 o 1-800/526-3559). Abierto a todo el mundo, este centro turístico de estilo Art Déco está muy de moda entre la población gay por sus *tea-dances* del sábado (véase «Ambiente gay», pág. 162). Un ambiente liberal con vistas al océano. ④-⑧

La Concha Holiday Inn, 430 Duval St (☎1-800/745-2191 o 296-2991; fax 294-3283). Hoy perteneciente a la cadena *Holiday Inn*, este alegre hotel se abrió en 1925 y ha sido reformado para recuperar su estilo de los años veinte. Un importante atractivo para la mayoría de los huéspedes es la gran piscina. ⑥-⑦

Hampton Inn, 2801 N Roosevelt Blvd (☎1-800/426-7866). Perteneciente a la buena y normalmente barata cadena hotelera, ofrece habitaciones espaciosas, un bar y un jacuzzi; sin embargo, los precios son mucho más elevados que en la mayoría de los restantes *Hampton Inn*. ⑦

Sea Shell Motel, 718 South St (☎296-5719). Si el albergue de juventud vecino está lleno o no le gusta al viajero, éste ofrece habitaciones estándar estilo motel con los precios más bajos del barrio. ④

Southern Cross, 326 Duval St (☎1-800/533-4891). El hotel más antiguo de Key West ofrece habitaciones sencillas; se recomienda elegir una de la parte de atrás para evitar el bullicio nocturno de Duval St. ⑤

Southernmost Motel, 1319 Duval St (☎1-800/354-4455). Las habitaciones en el hotel más meridional de Estados Unidos se encuentran engalanadas a la sombra tropical; su bar tiki al borde de la piscina es el lugar ideal para conocer a otros huéspedes antes de recorrer los 10 minutos de distancia hasta el corazón de Key West. ⑤

Tilton Hilton, 511 Angela St (☎294-8697). El hecho de que éste sea el hotel más barato de Key West es su mejor y única virtud. Las habitaciones son muy sencillas; se recomienda verlas antes de pagar. ③

La Old Town

En los más de 2,5 km² de la **Old Town** hay gran parte de lo que el visitante querrá ver y es realmente el mejor lugar para conocer lo mejor de Key West: su ambiente. Los turistas frecuentan las calles principales, pero el carácter relajado y hedonista afecta a todos, independientemente de si lleva allí 20 minutos o 20 años. Se puede ver todo lo que hay en la Old Town a pie en un par de días, aunque sería mejor pasar 3 días, ya que ir de un lado a otro deprisa no es la mejor manera de disfrutar del lugar.

Duval Street

Cualquiera que haya conocido Key West hace dos décadas, apenas reconocería en la actualidad el paseo principal, **Duval Street**, que corta una franja de más de 1,5 km de largo justo a través de la Old Town, lo que ayuda a recuperarse antes de explorar las calles laterales. Durante muchos años, sus calles fueron seguras pero descuidadas; ahora, muchas de ellas están flanqueadas por elegantes tiendas de ropa; los trajes de baño y las tiendas de camisetas israelíes sirven a los turistas de mediana edad de América Central. Sus curiosos «personajes locales» y el ajetreo durante el día convierten a Duval Street en un lugar interesante adonde ir.

Hay pocos puntos de interés en la Duval Street, aparte de tiendas y bares, que merezcan dejar la acera. Sin embargo, uno de ellos es el **Wrecker's Museum** (todos los días, 10-16 h; 4 dólares; ☎294-9502), en el 322, una de las casas más antiguas de Key West. Allí se ofrece información general sobre la industria en la que se basó la economía del lugar en una época: rescatar objetos de los barcos hundidos. Antes de que existiera la radio y el radar, la tripulación se echaba al mar antes de naufragar y navegaban todo lo cerca que podían de los amenazadores arrecifes, esperando ver un buque hundido. A juzgar por la selección de muebles que hay en el museo, el capitán Watlington, que provocó muchos naufragios y vivió allí durante la década de 1830, hizo un buen trabajo. En el último piso, dibujos modernos muestran varias historias populares de Key West, incluido el baño en el mar de un pastor que hacía demasiado hincapié en los males de la bebida.

Numerosos niños pasean por el **Ripley's Believe It Or Not Odditorium** (todos los días, 9-11 h; 9,95 dólares; 4-12 años, 6,95 dólares), un museo donde se muestran trivialidades con hechos y figuras imaginarios sobre un sinfín de temas sin relación entre sí. Un holograma del fundador Robert Ripley expone el mantra de «lo crea o no lo crea» por todo el museo, lo que provoca los bostezos de los mayores de 10 años.

Unas manzanas más adelante, se encuentra la **St Paul's Episcopal Church**, en el 401; destacan sus ventanas de vidrios de colores. Si el visitante dobla la esquina verá la **Old Stone Methodist Church**, en 600 Eaton Street. Se trata de la iglesia más antigua de Key West, construida en 1877 y que recibe la sombra de un enorme árbol de laurel español que hay en su patio anterior.

La San Carlos Opera House y el punto más meridional

En el 516 de Duval Street, la **San Carlos Opera House** (todos los días, 9-17 h; 3 dólares) ha desempeñado un papel crucial en la vida de los exiliados cubanos desde que fue inaugurado en 1871 (en otro lugar) como el San Carlos Institute. Financiado por una subvención del Gobierno cubano, el actual edificio data de 1924. El suelo de sus jardines es de las seis provincias de Cuba y hay una piedra angular que se sacó de la tumba del legendario líder cubano de la independencia José Martí.

Tras la ruptura de relaciones diplomáticas entre Estados Unidos y Cuba en 1961, el edificio pasó una mala época (y se usó durante un tiempo como cine, para escarnio de los cubanos locales), hasta que fue restaurado gracias a un proyecto de un millón de dólares. En la actualidad, además de representar óperas en su auditorio de excelente acústica y de mantener la bien organizada biblioteca de investigación (incluidos los archivos del consulado cubano de 1886-1961), ofrece una exposición permanente de primera clase sobre la historia de los cubanos en Estados Unidos, en concreto, de Key West.

El visitante sabrá cuándo se acerca al extremo sur de Duval Street porque, ya sea una casa, un motel, una estación de servicio o un restaurante, todo se anunciará como «the southernmost». En caso de que esté interesado, el **punto realmente más meridional** de Key West y, en consecuencia, del continente de Estados Unidos, se halla en la intersección de las calles Whitehead y South.

Mallory Square y alrededores

A principios de la década de 1800, numerosos objetos rescatados del mar por valor de miles de dólares llegaron a los embarcaderos, se guardaron en almacenes y se vendieron en las casas de subastas de la **Mallory Square**, justo al oeste del extremo norte de Duval Street. Sin embargo, el comercio actual de la plaza se basa en el turismo y aquellos tiempos quedan lejos. Durante el día, la plaza es un sencillo mercado donde se venden recuerdos, como baratijas y camisetas. Pero por las noches se transforma para **celebrar la puesta de sol**. Malabaristas, tragafuegos y una variedad de curiosos personajes crean un alegre telón de fondo mientras se contempla la puesta de sol. La celebración se remonta a los años sesenta, y era más bien una excusa de los *hippies* para fumar; resulta una fiesta curiosa y divertida, aunque también está sucumbiendo al consumismo.

Key West Aquarium y Mel Fisher's Treasure Exhibit

Más entretenido que la plaza durante el día es el pequeño centro de vida marina dentro del contiguo **Key West Aquarium**, en 1 Whitehead Street (todos los días, 10-19 h; adultos, 8 dólares; menores, de 15 años, 4 dólares), donde feas criaturas como el pez puerco espín y el pez soldado miran con malicia a través del vidrio, y los tiburones (las especies más pequeñas como el limón, el de aletas negras y el martillo) son famosos por saltar fuera de sus tanques abiertos durante las **visitas guiadas** de media hora (11, 13, 15 y 16.30 h). Si el visitante quiere comer *conch*, un gomoso crustáceo que se vende en buñuelos o en sopa de pescado por todo Key West, será mejor que lo haga antes de verlos vivos allí, ya que no son precisamente las criaturas más agradables del mundo.

En libertad, los peces del acuario pueden vivir en los restos de los galeones hundidos que navegaban por la ruta comercial entre España y sus colonias del Nuevo Mundo durante los siglos XVI y XVII. En **Mel Fisher's Treasure Exhibit**, 200 Greene Street (todos los días, 9.30-17 h; adultos, 6,50 dólares; 13-18 años, 4 dólares), el visitante podrá ver piezas decorativas de artesanía, una impresionante cruz de esmeraldas, un lingote de oro que se puede tocar, además de numerosas vasijas y dagas junto con el cañón de rigor, todo recuperado de dos buques naufragados del siglo XVII. Igual de interesante es la historia de Mel Fisher, considerado el gurú de los buscadores de tesoros de Florida; Fisher era propietario de una tienda de surf en California antes de llegar a Florida con antiguas cartas de navegación españolas. En 1985 después de años de búsqueda, descubrió el *Nuestra Señora de Atocha* y el *Santa Margarita*, ambos hundidos durante el huracán de 1622, casi 65 km al sudeste de Key West; se dice que el botín que llevaban tenía un valor de varios millones de dólares. Pero el visitante no verá en la exposición documento alguno acerca de la lucha entre Fisher y los gobiernos estatal y federal sobre a quién pertenece el tesoro, ni los problemas ecológicos que la búsqueda del tesoro ha supuesto para los cayos.

En las calles Greene y Front, la impresionante **Customs House** (☎296-3913), construida en 1891, se utilizaba como oficina de correos, aduana y palacio de justicia federal. Abandonado desde hace tiempo, el edificio está siendo restaurado para convertirlo en museo de historia local; se recomienda telefonear antes para informarse sobre más detalles de la exposición y los horarios.

Sólo una manzana más arriba de Wall Street desde la Mallory Square (ante el Playhouse Theater junto a la playa) se encuentra el recién abierto **Historic Sculpture Garden** (abierto todo el día; ☎294-4192), un extraño cementerio simbólico lleno de esculturas de bustos de personas que han ejercido influencia en Key West, aunque parece más una cámara de los horrores de figuras de cera en un austero tributo; no obstante, en los letreros informativos se puede leer los interesantes orígenes de los nombres de las calles de la isla y el visitante recibe así una lección de historia muy divertida. Los jardines están construidos con ladrillos grabados, y por 60 dólares puede ayudar a conservar la zona y saber que miles de turistas pisarán o incluso leerán su nombre en el futuro.

El Truman Annex y Fort Zachary Taylor

El antiguo depósito naval donde se halla el tesoro encontrado por Fisher formaba parte del **Truman Annex** (todos los días, 8-18 h; entrada gratuita), una sección desmantelada de una base naval establecida en 1822 para acabar con la piratería en el nuevo territorio de Estados Unidos. Algunos de los edificios construidos después en la base, que ocupa unas 40 Ha entre Whitehead Street y el mar, se encuentran (todavía es así) entre los más característicos de Key West. Por ejemplo, la hermosa Customs House, al otro lado de la Front Street desde el Mel Fisher Treasure Exhibit.

Sin embargo, el más famoso de ellos es el sencillo **Little White House** (todos los días, 9-17 h; adultos, 7,50 dólares; menores de 13 años, 3,75 dólares), situado en el cruce de las calles Caroline y Front. La casa se llama así porque era el lugar favorito del presidente Harry S. Truman para pasar las vacaciones (de ahí el nombre del Annex), quien lo visitó por primera vez en 1946 y, según se afirma, pasó las vacaciones jugando al póquer, recorriendo Key West buscando buñuelos y nadando. Pero la fontanería estaba en tan mal estado que nadie podía tirar de la cadena del retrete durante sus visitas. La casa es hoy en día un **museo** que muestra los años de Truman con una gran variedad de objetos de recuerdo.

En 1986, el Annex fue comprado por 17,25 millones de dólares por un joven promotor de la propiedad que dejó abiertas las pesadas **Presidential Gates** (puertas presidenciales) en Caroline Street (que antes sólo se abrían para los jefes de Estado) y animó al público para que paseara o fuera por el complejo en bicicleta. Si al visitante le apetece, puede tomar la **guía** gratuita de la oficina de ventas y empezar la visita; desgraciadamente, el interior de los edificios está cerrado al público.

El Annex también permite el acceso, por un camino cercado, por la base naval en operaciones, al menos interesante **Fort Zachary Taylor State Historical Site** (todos los días, 8-atardecer; automóviles 3,25 dólares más 1 dólar por persona; peatones y ciclistas 1,50 dólares), que fue construido en 1845 y luego se utilizó en el bloqueo de los barcos confederados durante la Guerra Civil. Durante las décadas siguientes, el fuerte desapareció bajo la arena y las malas hierbas. Los trabajos de excavación han ido descubriendo poco a poco gran parte de su valor histórico, aunque resulta difícil comprender toda su importancia sin unirse a la **visita guiada** de 45 minutos (todos los días, 12 y 14 h). Muchos lugareños pasan por el fuerte de camino a la mejor **playa** de Key West, un lugar que aún no han descubierto los turistas, situada unos metros más allá.

La Whitehead Street

Una manzana al oeste de la bulliciosa Duval Street, la **Whitehead Street** es mucho más tranquila, y en ella hay varios puntos de interés turístico; además, su mezcla de casas señoriales junto a otras más sencillas revela un lado más realista de Key West.

En el cruce de Whitehead y Wall St se encuentra el **Shipwreck Historium** (todos los días, cada 30 min., 9.45-16.45 h; 8 dólares; ☎292-8990). Los entusiastas guías intentan en vano despertar el interés del público mientras explican la historia de los naufragios en Key West antes de dejar que los visitantes se adentren en el museo. La colección muestra algunos bellos objetos del *Isaac Allerton*, que naufragó en 1856 y permaneció oculto hasta 1985. Pero aún mejor es la vista panorámica que se contempla desde la cima de la reconstruida torre de vigilancia. En la esquina con Greene Street, la **Audubon House and Tropical Gardens** (todos los días, 9.30-17 h; 7,50 dólares; 6-12 años, 3,50 dólares) fue la primera de las elegantes propiedades victorianas de Key West que fue restaurada por completo; esto animó a otros a hacer lo mismo, contribuyó a que subiera mucho el precio de la vivienda. El nombre viene de un hombre que realmente no tenía nada que ver con el lugar, el famoso ornitólogo John James Audubon, que pasó unas cuantas semanas en Key West en 1832, adentrándose en los manglares (hoy en día protegidos como el Thomas Riggs Wildlife Refuge, véase pág. 158), en busca de las aves que más tarde incluiría en su reconocido trabajo *Birds of America* (Pájaros de América). Sin embargo, la relación de Audubon con esta casa se limita a las litografías que decoran las paredes y la escalera. Sus grabados coloreados a mano se venden desde unos pocos dólares hasta unos cuantos miles.

El dueño de la propiedad era John Geiger, quien había causado varios naufragios. Además de tener doce hijos, Geiger y su esposa adoptaron a muchos más procedentes de naufragios y matrimonios rotos. Las **visitas** sin guía de la casa requieren que el visitante lleve un equipo de sonido que imita las voces fantasmagóricas de la señora Geiger y los niños, explicando cómo era la vida en aquella época.

La Hemingway House

Quizá sea la mayor atracción turística de Key West, pero para disgusto de los admiradores de Ernest Hemingway, las visitas guiadas de la **Hemingway House**, en 907 Whitehead Street (todos los días, 9-17 h; adultos, 6,50 dólares; niños, 4 dólares), tienen más de fantasía que de realidad. Aunque el famoso escritor fue el dueño de esta gran casa con elementos de estilo morisco durante 30 años, sólo vivió en ella 10 años, y la autenticidad de los muebles (una diversidad de mesas, sillas y camas muy comentadas por el guía) ha sido puesta en duda por el antiguo secretario de Hemingway.

Convertido en uno de los principales escritores del país, bebedor y obsesionado con la caza y la pesca, Hemingway compró la casa en 1931, con los 8.000 dólares que heredó su mujer de entonces, Pauline, de un tío rico. Se trataba de una de las mayores casas de Key West, que había sido construida para un rico comerciante del siglo XIX, estaba muy deteriorada cuando llegó Hemingway. Sin embargo, pronto dispuso de lujos como un baño interior y una piscina, y se llenó de numerosos sirvientes y amas de llaves.

Hemingway escribió algunas de sus obras más aclamadas en el estudio decorado con cabezas de ciervo, situado en una casa exterior, al que Hemingway entraba mediante un puente de cuerda casero. Allí escribió las novelas cortas *La vida corta y feliz de Francis Macomber* y *Las nieves del Kilimanjaro*, así como las novelas *¿Por quién*

doblan las campanas? y *Tener y no tener*, que describe la vida en Key West durante la
Depresión.

Destacan los retratos de las cuatro mujeres del autor y una preciosa escultura de
un gato de Picasso. El estudio de Hemingway resulta espartano; el suelo es de bal-
dosas y las cabezas de ciervo miran hacia su antigua máquina de escribir Royal. En el
jardín, un hoyo con agua para los gatos es supuestamente un urinario del *Sloppy Joe's*
(véase «Vida nocturna»), donde los grandes hombres se beben una pinta de un trago.
Tras divorciarse de Pauline en 1940, Hemingway puso sus manuscritos en unas cuantas cajas y se los llevó a una habitación trasera en el *Sloppy Joe's* antes de mudarse a
una casa en Cuba con su nueva mujer, la periodista Martha Gellhorn.

Para ver el interior de la casa y el estudio el visitante tendrá que unirse a una **visita guiada** de media hora (10 diarias), pero después podrá ir a su aire y jugar con alguno de los más de cincuenta gatos. La historia de que son descendientes de una familia felina que vivió allí en la época de Hemingway es otra afirmación dudosa pues la
gran colonia de gatos engendrados por endogamia que describió Hemingway se encontraba en su casa de Cuba.

El Lighthouse Museum y la Bahama Village

Desde la Hemingway House, el visitante podrá ver fácilmente el **Lighthouse Museum**, en 938 Whitehead Street (todos los días, 9.30-17 h; adultos, 6 dólares; menores de 12 años, 2 dólares), sencillamente porque es un faro de más de 26 m; se trata
de uno de los primeros de Florida, fue construido en 1847 y todavía funciona. Hay
una pequeña colección de objetos y dibujos del faro en el primer nivel y se puede
(pero es pesado) subir hasta arriba de la torre, aunque las vistas de Key West son mejores desde el bar del último piso del hotel *La Concha* (véase «Alojamiento»). La mayoría de fotografías que se toman allí no son del faro, sino de la gran higuera de
Bengala de su base. Pero el visitante puede admirar las grandes lentes del faro (ins-
taladas en 1858): un impresionante panal de vidrio de casi 4 m.

Las estrechas calles de alrededor del faro y al oeste de la Whitehead Street constituyen la **Bahama Village**, una atractiva zona poco frecuentada por los turistas y donde se están llevando a cabo obras de restauración. La mayoría de casas, bajas y hu-
mildes (algunas de ellas eran antes pequeñas fábricas de cigarros), están habitadas
por descendientes de personas de las Bahamas y por afrocubanos. Esta zona, no sólo
alberga algunos de los mejores y más auténticos restaurantes de los alrededores, sino
que además ofrece el mítico ambiente de Key West, que está en decadencia en las demás partes de la isla. Por desgracia, los pequeños trayectos de ferrocarril pasan cerca y los promotores de la propiedad ya han pensado igualar a Bahama Village con las
áreas turísticas del este. Sin embargo, por ahora el lugar está más o menos intacto;
los lugareños todavía se visten de gala los domingos para ir a la iglesia y el pueblo
está lleno de energía día y noche. Una atracción más moderna es la **piscina de la
comunidad** en la esquina de Catherine y Thomas Streets, una piscina olímpica con
fantásticas vistas al océano.

Las calles Caroline y Greene, la zona del muelle y el Key West Cemetery

En el extremo norte de Duval Street, el visitante puede girar a la derecha por
Caroline o **Greene Street** y verá numerosos ejemplos de **casas** *conch* de finales de
la década de 1800, construidas con un estilo que fusiona elementos de la arquitectura
victoriana, colonial y tropical. Fueron construidas con piedra coralina y se completaron con alegres adornos de madera de «pan de jengibre». Levantadas en poco tiempo, las casas *conch* casi no se pintaron, pero hay muchas que lucen vivos colores, un

testimonio de su reciente transformación de viviendas corrientes a casas de invierno de 100.000 dólares.

En fuerte contraste con las casas *conch*, la gran **Curry Mansion** de tres pisos, en 511 Caroline Street (todos los días, 10-17 h; adultos, 5 dólares; menores de 12 años, 1 dólar), que en la actualidad es una casa de huéspedes (véase pág. 150), era uno de los domicilios de William Curry, el primer millonario de Florida. En el interior, entre un montón de cristal de Tiffany y sensacionales paneles de arce, hay numerosos objetos como una antigua taza de retrete china y una lámpara diseñada por Frank Lloyd Wright.

Lo que hace especial este museo es que se trata de la casa actual de Al y Edith Amsterdam. Dueños del lugar desde hace 25 años, los Amsterdam son huéspedes agradables si no están en una mansión similar del interior de Nueva York. Muchos de los objetos y fotografías son de su juventud, como una pistola Westley Richards, que perteneció a Hemingway y que una de las mujeres del autor regaló a la señora Amsterdam. Explorar esta sensacional casa resulta muy agradable por la política de total apertura de los Amsterdam. Si el visitante sube al ático podrá contemplar numerosos muebles antiguos, como una extravagante cama cubierta de lentejuelas. Si sube todavía más hasta la bella **Widows Walk** (una pasarela en la azotea desde donde las esposas de los marineros esperaban ver el barco de sus maridos), disfrutará de fantásticas vistas del pueblo. Otros elementos importantes de la casa son el ascensor Doverlift de 1940, todavía en uso, y los muebles del siglo XVIII de la sala de música.

El visitante puede pasar asimismo 1 o 2 horas en el encantador **Heritage House Museum**, 410 Caroline Street (todos los días, 10-17 h; 6 dólares; menores de 12 años, entrada gratuita; ☎296-3573). Esta casa de doble terraza y estilo colonial ha pertenecido a la misma familia durante siete generaciones y el actual propietario, Jean Porter, vive en un edificio anexo. La madre de Jean, Jessie Porter, que murió en 1979, era la tataranieta de William Curry (véase más arriba) y la señorita Jessie, como se la conocía, luchaba para conservar la sección histórica de Key West. Entre los que ella consideraba sus amigos se encontraban Taleulah Bankhead, a quien visitó con Tennessee Williams, Gloria Swanson y Thornton Wilder; sus fotografías están expuestas en el vestíbulo. Robert Frost también vivió en una casita del jardín. El visitante puede pasear por el jardín, pero la casita en sí está cerrada. Otros elementos interesantes son una bonita sala de música, donde el visitante podrá tocar el piano francés de 1865, una biblioteca de libros raros y un comedor que brilla con el cristal y las sillas de vivos colores rescatadas del naufragio de un barco español. En el exterior, es posible escuchar las grabaciones de Robert Frost recitando su poesía en los exuberantes jardines.

La zona del muelle

Entre las calles Williams y Margaret, la **zona del muelle** ha sido arreglada y se ha convertido en una franja de tiendas y restaurantes llamada **Land's End Village**; hay dos bares (véase «Vida nocturna»); uno que ofrece algo más que bebida, es el *Turtle Kraals*, donde antes había una empresa de conservas de tortuga que funcionó hasta los años setenta, cuando la captura de estos animales fue declarada ilegal. Hay tanques de vida marina que se puede tocar dentro del restaurante y, justo en el corto paseo, hay unas cuantas máquinas que se usaban para trocear y desmenuzar las tortugas verdes, capturadas más allá de la costa nicaragüense, y convertirlas en una delicia conocida como *granday's fine turtle soup*. Aparte de los cruceros de placer y los barcos de camarones, podrá ver algún aerodeslizador naval, de gran velocidad, y que se usan en las operaciones contra el narcotráfico desde su base a unos 2 km de la costa.

Key West Cemetery

Si el visitante deja la costa y se adentra hacia el interior por Margaret Street unas cinco manzanas, llegará al **Key West Cemetery** (todos los días, amanecer-18 h; entrada gratuita), que se remonta al 1847 y cuyos residentes están enterrados en tumbas sobre el suelo (una capa freática y la sólida roca de coral evita la tradicional profundidad de casi 2 m). A pesar de la falta de cadáveres célebres, las numerosas inscripciones chistosas («Te dije que estaba enfermo») sugieren que la actitud relajada de la isla ante la vida también se extiende a la muerte. La mayoría de visitantes pasean por allí por su cuenta, pero se recomienda telefonear a la historiadora y conservacionista **Sharon Wells** (☎294-8380). Su visita informativa incluye la tumba de E. Lariz, cuya lápida reza: «Fan entusiasta de Julio Iglesias» y la última morada de Thomas Romer, un habitante de las Bahamas nacido en 1789, que murió 108 años después y fue «un buen ciudadano durante 65 de ellos». Se recomienda fijarse en la tumba cercada del doctor Joseph Otto. Incluida en el terreno está la tumba de su mascota *Elphina* y de tres de sus yorkshire terriers, uno de los cuales se describe como «un reto al amor».

A un paseo de 15 minutos del cementerio, en 1431 Duncan Street, se encuentra la modesta **casa** de tablilla que tenía **Tennessee Williams**. A diferencia de sus más extravagantes homólogos, Williams (la eminencia literaria que más tiempo vivió en Key West, y que se hizo famoso por sus evocaciones de la vida del Sur Profundo en obras como *Un tranvía llamado deseo* y *La gata sobre el tejado de cinc*), intentó pasar inadvertido durante los 34 años que vivió allí (llegó en 1941 y murió en 1985).

El resto de Key West

No hay muchos puntos interesantes de Key West más allá de la compacta zona de la Old Town. La mayor parte de la **sección este** de la isla, rodeada por las secciones norte y sur de Roosevelt Boulevard, es residencial, pero la playa más larga de Key West se encuentra allí y hay varios lugares de menor interés botánico, natural e histórico.

En el extremo sur de White Street se halla **West Martello Tower**, uno de los dos puntos de vigilancia de la Guerra Civil que complementan Fort Zachary Taylor (véase pág. 154). Lejos ya de su propósito militar, ahora está llena de embriagadores colores y olores de un **jardín tropical** (miér.-dom., 9.30-15.30 h; entrada gratuita). Aunque constituye un buen lugar para descansar, el fuerte hermano de la torre, el East Martello (véase más abajo) es un objetivo mucho mejor.

Desde la torre, la Atlantic Avenue cruza con South Roosevelt Boulevard, que rodea por un lado a la larga pero estrecha **Smathers Beach** (la pasarela de fin de semana de musculosos más en forma de Key West y un centro de reunión de surfistas y navegantes) y por el otro lado, las descuidadas charcas de agua salada del **Thomas Riggs Wildlife Refuge**. Desde una plataforma elevada sobre las alambradas de mangles del refugio, el visitante verá una variedad de aves zancudas merodeando por la hierba en busca de cangrejos y camarones. Excepto por el sonido de los aviones que entran y salen del aeropuerto vecino, el refugio es un lugar tranquilo y apacible; para poder visitarlo, hay que telefonear a la Audubon House (☎294-2116) para que le comuniquen la combinación de la puerta cerrada.

Casi 1 km más allá, pasado el aeropuerto, el **East Martello Museum and Gallery** (todos los días, 9.30-17.30 h; adultos, 3 dólares; menores de 13 años, 1 dólar) es el segundo de los puestos de vigilancia que se utilizaban durante la Guerra Civil. Sus sólidas ventanas abovedadas forman hoy parte de la historia local, así como las estatuas de hierro del legendario chatarrero de Key Largo, Stanley Papio, y las escenas de Key West creadas en madera por un artista cubano llamado Mario Sánchez. También hay exposiciones de escritores locales y objetos de los filmes rodados en

Key West. Las casas antiguas de la isla y su clima lo han convertido en un lugar popular; en los últimos años, las escenas finales del filme *Habana (Havana)*, de Sidney Pollack, se rodaron allí.

Comida

A pesar de algunos lugares excelentes para deleitar al paladar, y de los numerosos **restaurantes** y **puestos de tentempiés** que hay en las calles principales, es difícil comer por poco dinero en Key West. No faltan establecimientos elegantes de cocina francesa, italiana y asiática, pero si el visitante prefiere la comida sabrosa y barata sin tener que recurrir a las cadenas de comida rápida, puede ir a cualquiera de las **tiendas cubanas de bocadillos**, que también ofrecen abundantes y deliciosas comidas por menos de lo que cuesta una porción de pizza en cualquier calle principal. Se recomienda explorar las calles que salen del camino trillado y hacerse a la idea de que cuanto menos lleno está un sitio, mayor calidad suele ofrecer. La mayoría de menús contienen **marisco**, y se aconseja probar los **buñuelos de conch** (una especialidad de Key West) por lo menos una vez.

Cafés

Blue Heaven Bake Shop, 309 Petronia St (☎296-0867). El local está a punto de cambiar de dueño, pero si continúan con la misma fórmula, seguirá siendo el café más funky de la isla; sirven bollos, pasteles dulces, tartas y panes. El aire hedonista de los años sesenta impregna la Bahama Village.

Camile's, 703 Duval St (☎296-4811). Almuerzos y cenas tranquilas, pero famoso por sus desayunos, su ambiente agradable y suculenta comida. Se recomienda probar un brunch de tartas de camarones, panqueques de arándanos o una tostada francesa con salsa de crema de coco y mango por 6 dólares. Seguro que volverá.

Conch Shop, 308 Petronia St, cerca de *Johnson's Grocery* (☎294-4140). Mesas sencillas de formica y un personal que suda ante el aceite hirviendo convierte este práctico restaurante (que sirve «soul y marisco» desde 1953) en uno de los más animados. Los buñuelos, servidos con ensalada de patata y té helado o ponche tropical son excelentes y muy baratos.

Croissants des France, 816 Duval St (☎294-2624). Conocido durante un tiempo por sus tartas y pastas de crema recién horneadas, este establecimiento es todavía muy popular.

Dalton's, 802 Duval St (☎293-0550). Una excelente cafetería que sirve cafeína de todas las maneras posibles. Hay una oferta limitada de tartas y los bancos están situados de manera que se pueda observar a la gente.

Dennis Pharmacy, 1229 Simonton St (☎294-1890). Una comida en una auténtica farmacia; se sirve café con leche y bocadillos cubanos. El servicio es sencillo, pero el visitante podrá oír chismorreos de los lugareños mientras come. Abierto hasta las 17 h.

Dining In The Raw, 800 Olivia St (☎295-2600). No hay mucho espacio para sentarse, pero los exquisitos platos vegetarianos (en su mayoría vegetarianos estrictos) pueden prepararse para llevar. Los postres son deliciosos e incluyen la tarta de cuscús de banana, tarta de patata dulce y cruda, y un delicioso té helado de arándanos. Puede llamar con antelación para hacer encargos para llevar.

Five Brothers Grocery, South St con Grinnel St (☎296-5205). Suele haber largas colas en esta antigua tienda de comestibles, perfecta para tomar un café cubano muy cargado y un bocadillo cubano. El mayor hallazgo del vecindario; prueba de ello es que a la gente de allí les encanta.

Johnson's Grocery, 800 Thomas St en Bahama Village (☎294-8680). Esta tienda de comestibles ofrece cerveza helada y los sándwiches más frescos de la ciudad. Su pequeño café también hace generosos desayunos y almuerzos. Cerrado los domingos.

Sandy's Cafe, 1026 White St (☎295-0159). Sombrío establecimiento que sirve ricos bocadillos cubanos. Se recomienda el *Cuban-mix sandwich* por 3,25 dólares.

Restaurantes

A&B Lobster House, 700 Front St (☎294-2536). Con vistas al puerto de la ciudad, no puede haber un lugar más bello para disfrutar del marisco fresco o probar los ofrecimientos del sencillo bar.

Alice's On Duval, 114 Duval St (☎292-4888). Este lugar ofrece buenos buñuelos de *conch* y un ecléctico menú que va de la ensalada de fruta de la pasión hasta cordero. Sin embargo, deje que otra persona pida el trozo de carne.

Antonia's, 615 Duval St (☎294-6565). Excelente cocina del norte de Italia servida en un ambiente formal pero agradable; sólo sirve cenas, y aunque sale caro merece la pena.

Around the World, 627 Duval St (☎296-2115). Platos originarios de todos los rincones del mundo; si al visitante no le gustan, se recomienda las ensaladas y la gran selección de vinos y cervezas.

Blue Heaven Cafe, esquina de las calles Thomas y Petronia (☎296-0867). El visitante puede sentarse en este sucio patio de Bahama Village, observar los gallos ir de una mesa a otra y disfrutar de los soberbios platos locales recién hechos. No puede faltar.

BO's Fish Wagon, 801 Caroline St (☎294-9272). El pescado rebozado, las patatas fritas y los buñuelos de *conch* son los más baratos de la ciudad.

Cafe des Artistes, 1007 Simonton St (☎294-7100). Caro pero buena cocina francesa tropical; sirve el marisco más fresco, langosta y bistés.

Cafe Marquesa, 600 Fleming St (☎292-1244). Agradable y pequeño café que ofrece un imaginativo menú a base de platos vegetarianos de nuevo estilo americano a precios moderados.

Crab Shack, 908 Caroline St (☎294-7192). Los cangrejos del menú vienen de tan lejos como Maryland y Alaska, lo que es extraño, porque allí abundan. La comida y el precio son moderados.

Dim-Sum, 613 Duval St (☎294-6230). Especialidades indonesias y birmanas son el centro de un menú asiático exótico; no espere cenar por menos de 20 dólares.

Duffy's Steak & Lobster House, 1007 Simonton St (☎296-4900). Suele estar lleno. Como indica su nombre, hay una gran selección de platos a base de bisté y langosta, todo a módicos precios.

El Siboney, 900 Catherine St (☎296-4184). Platos tradicionales cubanos baratos servidos en un ambiente distendido.

Jose's Cantina, 800 White St (☎296-4366). Excelente comida cubana. Se recomienda la lampuga (en inglés *dolphinfish*; no confundir con el delfín) con arroz y plátano por 12 dólares. Un restaurante local reconocido, con una decoración pasada de moda, pero bien atendido.

Mangoes, 700 Duval St (☎292-4606). Coma en el interior o el exterior bajo grandes parasoles; marisco y bistés de gran calidad servidos con suntuosas salsas y una variedad de platos vegetarianos creados con un toque caribeño. Excelente servicio.

Seven Fish Restaurant, 632 Olivia St (☎296-2777). No es barato pero tampoco está afectado por el mercado turístico. La comida, sobre todo pescado, es excelente y muy fresco.

Siam House, 829 Simonton St (☎292-0302). Auténtica cocina tailandesa servida de manera delicada en un lugar casi auténticamente tailandés. Buena comida, servicio agradable y precios muy razonables.

South Beach Seafood & Raw Bar, 1405 Duval St (☎294-2727). Selecciones de marisco en un lugar a la orilla del océano; también sirven generosas raciones de pollo, ternera y costillas. Un buen lugar para desayunar.

Yo Sake, 722 Duval St (☎294-2288). El visitante puede elegir entre una gran variedad de platos tradicionales japoneses; se recomienda el bar sushi o uno de los platos del día (que suelen ser excelentes).

Vida nocturna

El lema de «todo sirve» de Key West se ejemplifica en los **bares** que constituyen el centro de la **vida nocturna** de la isla. Locales gregarios e improvisados, a menudo abiertos hasta las 4 h, que ofrecen cócteles variados, turistas acelerados y (a menudo) música country, folk o rock, los principales bares se agrupan en los alrededores del extremo norte de Duval Street. La mejor vida nocturna de Key West, sin embargo, se encuentra en sus restaurantes y los mejores se hallan lejos de los típicos caminos de Mallory Square.

Bares y locales con música en vivo

Bull & Whistle Bar, 224 Duval St (sin teléfono). Ruidoso y desordenado, este bar ofrece lo mejor de los músicos locales cada noche. Se recomienda comprobar la lista de la puerta para ver quién toca, o sencillamente ir a tomar algo.

Captain Tony's Saloon, 428 Greene St (☎294-1838). Este rústico salón era el original *Sloppy Joe's* (véase pág. siguiente), un famoso local frecuentado por Ernest Hemingway (allí conoció a su tercera mujer, Martha Gellhorn). Música en vivo de varias clases.

Full Moon Saloon, 1200 Simonton St (☎294-9090). Otro relajado bar que ofrece música en vivo, blues, jazz, reggae o rap. Jueves a sábado, hasta las 4 h.

Green Parrot Bar, 601 Whitehead St (☎294-6133). Un lugar destacado en Key West desde 1890, este bar atrae a los lugareños a sus mesas de billar, los dardos y la máquina del millón, y ofrece música en vivo los fines de semana.

Havana Docks, en el *Pier House Hotel*, 1 Duval St (☎296-4600). Un bar de categoría que ofrece hermosas vistas de la puesta de sol y los melodiosos compases de una banda tropical de la isla. En el interior, hay más música en vivo, por lo general jazz o latina. Entre miércoles y sábado.

Hog's Breath Saloon, 400 Front St. Muy popular debido a la gran publicidad, es un lugar para beber hasta hartarse y luego comprar una camiseta para demostrarlo.

Louie's, Vernon St con Waddell St. Lejos de Duval Street, éste es un local elegante y sofisticado. Se recomienda el bar en el exterior («The Afterdeck»). Abierto hasta las 2 h.

Margaritaville, 500 Duval St (☎292-1435). El dueño es Jimmy Buffet, una leyenda de Florida por sus baladas de rock que ensalza la vida relajada bajo el sol, y que se pasa de vez en cuando para unirse a las bandas en vivo que tocan allí cada noche.

Rumrunners, 200 Duval St. Local multibar con música reggae a todas horas. Comida barata y sabrosa.

Schooner Wharf, en el puerto deportivo al final de William St. Una pista de baile grande y oscura, estilos musicales inusuales y muchos cócteles caracterizan este distendido bar.

Sloppy Joe's, 201 Duval St (☎294-5717). A pesar de los recuerdos que cuelgan de las paredes y la multitud de turistas, este bar que ofrece música en vivo cada noche, no es el que se hizo famoso gracias a Ernest Hemingway. El auténtico es *Captain Tony's Saloon*, en página anterior.

Turtle Kraals, Lands End Village, al final de Margaret St (☎294-2640). Un centro de reunión de los lugareños que ofrece la música tranquila de un dúo los viernes y sábados por la noche.

Two Friends, 512 Front St (☎296-3124). Un pequeño y agradable bar que ofrece jazz en vivo todas las noches, menos los lunes.

Viva Zapata, 903 Duval St (☎296-3138). Puede comenzar la velada con el *happy hour* de este agitado restaurante mexicano, popular entre los lugareños como lugar para beber y comer nachos.

Ambiente gay: bares y locales

El **ambiente gay** en Key West siempre es agitado y atrae a una multitud, tanto de América del Norte como de Europa. El entorno es relajado, a veces incluso escandaloso, y hay un gran nivel de integración entre las comunidades heterosexuales y gays. A diferencia de otros centros gays de Florida como South Beach, Key West consigue mantenerse en primera línea.

La tragedia del sida ha azotado fuerte a Key West desde mediados de la década de los ochenta. Muchos de los afectados han llegado para beneficiarse de su excelente clima y camaradería de los lugareños.

Un sombrío pero importante viaje al océano al final de White Street muestra un impresionante monumento del sida, donde bloques de granito negro están grabados con los nombres de los que han fallecido.

Casi todos los bares gays, todos en la manzana 800 de Duval Street, están orientados a los hombres, aunque también aceptan mujeres.

Atlantic Shores Beach Club, 511 South St (☎296-2491). Debido a sus extravagancias, es el lugar donde se recomienda ir cada sábado. La multitud (tanto hombres como mujeres) se broncean al sol y más o menos el 30 % de ellos van desnudos. Si no se aloja en el hotel contiguo (véase «Alojamiento», pág. 149), pagará una cuota de 3 dólares por una toalla. Perfecto para observar.

Bourbon St Pub, 724 Duval St (☎296-1992). Bar agradable y animado con una gran barra de cócteles donde chicos modelos desnudos bailan hasta que reciben bastantes dólares.

Divas, 711 Duval Street. Popular por su baile y espectáculos de *drags*, se está convirtiendo en uno de los principales del circuito.

Donnie's Club, 422 Appelrouth Lane, ante la Big Ruby's Guesthouse (véase «Alojamiento», pág. 149). Un pequeño bar de vecindario donde el personal de la casa de huéspedes va a tomar algo tranquilamente y a jugar en la piscina.

Eight-O-One Bar, 801 Duval St (☎296-4737). Conocido por sus estrafalarios espectáculos de *drags* con Margo, «la *drag queen* más vieja de la tierra», en el bar del piso de arriba. El del piso de abajo es más de ligue.

Epoch, 623 Duval St (☎296-8521). En el lugar del legendario *Copa*, que se quemó en 1995, este bar de música tecno ofrece sofisticadas luces y una gran pista de baile.

La-Te-Da, 1125 Duval St (☎294-8435). Hace tiempo que los bares y discotecas de este complejo hotelero son un punto de reunión favorito de locales y visitantes. Muy agradable y de más categoría que sus vecinos.

One Saloon of Key West, 1 Appelrouth Lane (☎296-8118). Un pequeño y oscuro bar de cuero, ahora lleno de hombres bastante jóvenes que ven vídeos pornográficos, una atracción secundaria de los desfiles de carne de los bares.

Direcciones prácticas

Aeropuerto 6,5 km al este de la Old Town, en South Roosevelt Boulevard (☎296-5439). No hay enlace de transporte público para ir a la Old Town; un taxi cuesta unos 8-9 dólares.

Alquiler de automóviles Sólo vale la pena si el visitante va a salir para ver los demás cayos. Todas las empresas se encuentran en el aeropuerto: Alamo (☎294-6675); Dollar (☎296-9921); Hertz (☎294-1039); Thrifty (☎296-6514).

Alquiler de bicicletas En Adventure Scooter & Bicycle Rentals, en 708 y 925 Duval St, y en el *Youth Hostel*, 718 South St (☎296-5719).

Autobuses Información local ☎292-8164.

Biblioteca 700 Fleming Ave; venta de libros el primer sábado de cada mes.

Cigarros Key West era un importante productor de cigarros. En la actualidad sólo pueden comprarse en La Tabaquería, en el vestíbulo del *Southern Cross Hotel*, en el 326 de Duval St; de viernes a domingo podrá ver cómo los lían.

Deportes acuáticos Motos acuáticas, esquí acuático y navegación, todo es posible en las condiciones adecuadas, usando equipos adquiridos en Smathers Beach. Para más detalles, telefonee a Sunset Watersports (☎296-5545) o Watersports on the Atlantic (☎294-2696).

Excursiones al arrecife El *Fireball*, con fondo transparente, hace 6-7 viajes al día desde el extremo norte de Duval St hasta el Florida Reef; 17,12 dólares por 2 h (☎296-6293). Para practicar buceo con tubo y submarinismo, véase «Tiendas de submarinismo» en página siguiente.

Greyhound 615 1/2 Duval St (☎296-9072); para encontrarlo, hay que girar a la derecha en el parque de bomberos saliendo de la Simonton Street.

Hospitales Departamento de urgencias en Lower Florida Keys Health System, 5900 Junior College Rd, Stock Island (☎294-5531).

Librerías La mejor de todas es la Key West Island Bookstore, 513 Fleming St (todos los días, 10-18 h); ofrece obras de autores de Key West y literatura sobre los cayos, además de una excelente selección de libros raros y de segunda mano. Blue Heron en 1014 Truman Ave (lun.-sáb., 9-21 h; dom., si les apetece a los dueños; ☎296-3508) es muy interesante y agradable. Especializada en estudios gays y obras de autores locales, también hay una buena colección general. Flaming Maggies, 830 Fleming St (todos los días, 10-18 h), ofrece libros de interés para gays y lesbianas, y también sirve un excelente café. En Bargain Books, 1028 Truman Avenue (☎294-7446), hay una gran variedad de libros de segunda mano y una enorme caja de madera con novelas por 25 centavos.

Oficina de correos 400 Whitehead St (lun., 8.30-17 h; mar.-vier., 9.30-17 h; sáb., 9.30-12 h; ☎294-2257; código postal 33040).

Periódicos L. Valladares & Son, 1200 Duval St, ofrece periódicos europeos y una gran selección de revistas de Estados Unidos y todo el mundo.

Supermercado Fausto's Food Palace, 522 Fleming St (lun.-sáb., 8-20 h; dom., 8-18 h).

Taxi No es probable que lo necesite excepto para llegar al aeropuerto (véase más arriba); se recomienda Five (☎296-6666) o Friendly Cab (☎292-0000).

Tiendas de comestible abiertas hasta tarde Owls, 712 Caroline St, todos los días hasta las 23 h; Sunbeam Market, 500 White Street, nunca cierra.

Tiendas de submarinismo Las excursiones de submarinismo y buceo con tubo y alquiler de equipos pueden encontrarse por todo Key West. Se recomienda Captain Corner's, en Zero Duval St (☎296-8865), o Reef Raiders, en 109 Duval St (☎294-3635). Véase también «Excursiones por el arrecife» y «Visitas de interés ecológico», más abajo.

Visitas de interés ecológico Dan McConnell, en Mosquito Coast Island Outfitters, 1107 Duval St (☎294-7178), ofrece excursiones en kayac de 6 horas por los mangles del lugar (48,15 dólares por persona), llenos de hechos sobre la ecología y la historia de los cayos; también ofrece una oportunidad para bucear con tubo en este ambiente único. Para explorar el arrecife en barco, se recomienda unirse a las visitas informativas de medio día o un día a bordo de la goleta de casi 20 m *Reef Chief* (☎292-1345 para más detalles).

Más allá de Key West: Dry Tortugas

Más de 11 km al oeste de Key West en el golfo de México hay un pequeño grupo de islas que el español del siglo XVI Ponce de León llamó **Dry Tortugas** por la cantidad de tortugas que encontró allí (lo de *dry*, «seco», se añadió después para advertir a los marineros de la falta de agua dulce en la isla). Compuesta por Garden Key y sus islas de arrecife vecinas, toda la zona ha sido designada reserva natural para proteger las áreas de anidación de la golondrina de mar, un pájaro de cuerpo negro y caperucha blanca que es inusual entre las golondrinas porque pone sus huevos en la espesa vegetación y los arbustos. Desde principios de enero, esta y muchas otras rarezas aladas pueden verse en Bush Key y se pueden divisar fácilmente con prismáticos desde Fort Jefferson en Green Key (véase más abajo).

Fort Jefferson

Green Key es el último lugar donde el visitante esperaría encontrar la mayor fortificación costera estadounidense del siglo XIX, pero **Fort Jefferson** (todos los días, mientras haya sol), que se alza como un espejismo en la distancia a medida que el viajero se aproxima, es justamente eso. Se empezó a construir en 1846 para que protegiera los intereses de Estados Unidos en el Golfo, pero el fuerte nunca fue acabado, a pesar de los 30 años que se invirtieron en su construcción. En lugar de ello, funcionó como prisión, hasta que el calor, la falta de agua dulce, las enfermedades y el clima hicieron imposible su estancia allí; en 1874, después de un huracán y el último brote de fiebre amarilla, fue abandonado.

No se tarda más de 1 hora en seguir el **camino** señalizado alrededor del fuerte y ver todo lo que hay en el pequeño **museo**; el visitante puede **nadar y bucear con tubos**, aunque se recomienda recoger un mapa gratuito de los mejores lugares en la oficina del guardabosque.

Es posible **llegar al fuerte** por aire en media hora con el *Key West Seaplane* desde Sunset Marina, 5603 Junior College Road, Stock Island (139 dólares medio día; 239 dólares todo el día; ☎294-6978), una bella excursión que adentrará al viajero en las aguas de color azul turquesa. Menos caro y más relajado es el **transbordador** de alta velocidad de Tortugas, *Yankee Freedom*, que sale del Key West Sea Port los lunes, miércoles y sábados a las 8 h (85 dólares; menores de 15 años, 50 dólares; ☎294-7009 o ☎1-800/634-0939). Después de 4 o 5 horas de tranquilidad en el fuerte, el transbordador vuelve a las 19 h. Los aficionados a observar las aves pueden **acampar** en Fort Jefferson hasta por 20 días, aunque dada la falta de recursos, tendrá que ir bien preparado con sus propias reservas de agua y comida; sólo en caso de emergencia podrá contar con la ayuda del guardabosques. El billete de ida y vuelta del transbordador, que incluye la acampada con tienda, cuesta 94 dólares.

transportes

Autobuses

Tres autobuses **Greyhound** al día realizan el recorrido entre Miami y Key West. A continuación, se incluyen las paradas, aunque es posible parar el autobús en cualquier punto de la ruta; se recomienda ponerse a un lado de la Overseas Highway y adelantarse cuando se aproxime el autobús.

El **horario de paradas** se encuentra en North Key Largo (Central Plaza, 103200 Overseas highway; ☎451-6280); Islamorada (*Burger King*, MM82; ☎852-4266); Marathon (6363 Overseas highway; ☎743-3488); Big Pine Key (MM30,2; ☎872-4022); y Key West (615 ½ Duval St; ☎296-9072).

Desde Miami hasta Big Pine Key (3 h 50 min.); Islamorada (2 h 20 min.); Key West (4 h 30 min.); Marathon (3 h 20 min.); North Key Largo (1 h 55 min.).

Transbordadores

Un **servicio de transbordador** dirigido por Key West Excursions Friendship 1V (☎1-800/650-5397) lleva desde Key West hasta el continente,

en el golfo de México de Florida (véase capítulo de «La costa oeste»). El transbordador sale de los puntos deportivos (Marina) A y B de Front Street y es una buena forma de llegar a la costa oeste de Florida sin moverse en zigzag por los cayos y los Everglades. Los destinos se alternan cada año entre isla Marco (salida mar.-jue., a las 18 h, llegada a las 22 h) y Fort Myers (funciona de vier.-lun., sólo a las 18 h). Los precios de los billetes son 75 dólares ida, 95 dólares ida y vuelta el mismo día y 115 dólares si vuelve otro día. Los transbordadores no transportan automóviles y sólo se puede alquilar un vehículo en Fort Myers.

Vuelos

Una opción más atractiva es volar en un **island hopper**. Cape Air (☎1-800/572-0714) vuela hasta Naples desde Key West todos los días a las 9.30, 12.30, 14.45, 17 y 19 h. El vuelo dura sólo 45 minutos y cuesta 91 dólares ida, 157 dólares ida y vuelta. Las vistas desde el avión de ocho plazas son sensacionales.

CAPÍTULO TRES

LA COSTA SUDESTE

Con una extensión de 200 km que recorre casi la mitad del litoral atlántico floridano desde el límite norte de Miami, la **costa sudeste** representa por excelencia la Florida del sol y la imagen de cuerpos bronceándose en playas llenas de palmeras mientras las olas del cálido océano acarician la arena. Sin embargo, tan paradisíaca visión queda oscurecida debido a que casi la mitad de esta región es el área residencial que más rápidamente se ha desarrollado de todo el estado, cuya consecuencia más inmediata ha sido que muchas de las primitivas y espectaculares franjas oceánicas han sido inundadas por torres de apartamentos y hoteles de estética muy discutible. Aunque no hay problema a la hora de encontrar un sitio donde colocar la toalla en las playas, no se recomienda al visitante pasar toda la estancia en la costa sudeste intentando ponerse moreno. Se aconseja dedicar algún tiempo a explorar algunas de las ciudades y buscar las zonas protegidas adonde aún no ha llegado el turismo masivo y en las que podrá contemplar la costa de Florida en su estado más salvaje.

Los primeros 80 km de la costa sudeste, la **Gold Coast** (Costa de Oro), se sitúan en la órbita de Miami y comprenden aglomeraciones urbanas continuas sin apenas separación. La primera y mayor de ellas es **Fort Lauderdale**, famosa por sus bulliciosas fiestas playeras (surgidas a raíz de ser durante muchos años destino estudiantil para pasar el Spring Break o vacaciones de primavera). En los últimos tiempos, la ciudad ha hecho un esfuerzo por dar una imagen más sofisticada, lo que se ha traducido en la creación de un excelente museo y un ambicioso proyecto de mejora del centro. Más al norte se halla la pequeña **Boca Ratón**, también un enclave con estilo propio, pues desde los años veinte su sello distintivo han sido los edificios de estilo mediterráneo, y allí se encuentran algunas de las mejores playas de la Gold Coast. Boca Ratón fue diseñada por el original arquitecto Addison Mizner, aunque es más recordado por su obra en **Palm Beach**, ciudad habitada casi exclusivamente por multimillonarios pero accesible incluso al más modesto excursionista.

Al norte de Palm Beach, disminuyen los centros urbanos y empieza a imponerse con fuerza la Florida natural a lo largo de la **Treasure Coast** (Costa del Tesoro): playas poco concurridas flanquean extensas *barrier islands* cubiertas de pinos como **Júpiter** y **Hutchinson**, con kilómetros de inmaculadas playas lo bastante tranquilas como para que las tortugas marinas se acerquen a la orilla a depositar sus huevos.

Si el visitante viaja en automóvil, la ruta para disfrutar del paisaje de la costa sudeste es la **Hwy-A1A** que, siempre que es posible, discurre pegada a la banda del mar de la **Intercoastal Waterway**. Adorado por los propietarios de barcos, este tramo se formó cuando los ríos que separaban tierra firme de las *barrier islands* se unieron y se les

---

CÓDIGOS DE LOS PRECIOS DE ALOJAMIENTO

En esta guía, los precios de alojamiento se reseñan en una escala de ① a ⑧, indicando el **precio más bajo** que puede esperar pagar por noche en un establecimiento por una **habitación doble** en temporada alta. Para más detalles, véase la página 27 en «Lo Básico». Los precios, señalados por los códigos, son los siguientes:

① menos de 30 dólares	③ 45-60 dólares	⑤ 80-100 dólares	⑦ 130-180 dólares
② 30-45 dólares	④ 60-80 dólares	⑥ 100-130 dólares	⑧ más de 180 dólares

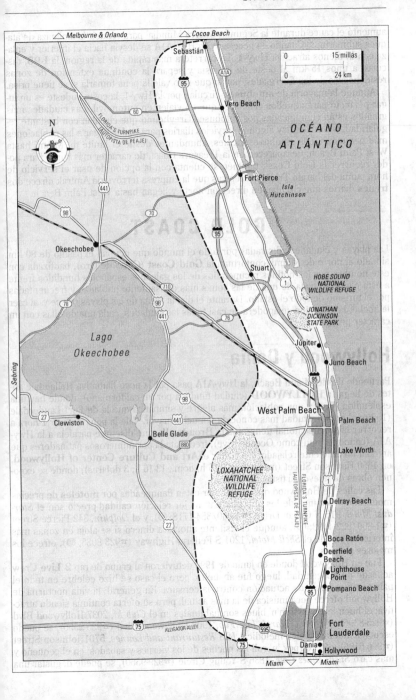

Melbourne & Orlando   Cocoa Beach

Sebastián

A1A

95

60

Vero Beach

1

N

FLORIDA'S TURNPIKE (AUTOPISTA DE PEAJE)

OCÉANO
ATLÁNTICO

0   15 millas
0   24 km

98

70

Fort Pierce

Isla
Hutchinson

Okeechobee

95

Stuart

1

HOBE SOUND
NATIONAL
WILDLIFE REFUGE

710

JONATHAN
DICKINSON
STATE PARK

78

98

441

76

Lago
Okeechobee

Jupiter

Juno Beach

95

98

West Palm Beach   Palm Beach

27

441

Sebring

Clewiston

Belle Glade

880

Lake Worth

LOXAHATCHEE
NATIONAL
WILDLIFE
REFUGE

AUTOPISTA DE PEAJE

Delray Beach

Boca Ratón

27

Deerfield
Beach

Lighthouse
Point

Pompano Beach

95

Fort
Lauderdale

595

75

ALLIGATOR ALLEY

Dania   Hollywood

Miami   Miami

aumentó el cauce durante la Segunda Guerra Mundial para reducir la amenaza de ataques submarinos. Cuando es necesario, la Hwy-A1A se desvía hacia el interior y enlaza con la menos atractiva **Hwy-1**. La carretera más rápida de la región, la **I-95**, discurre a unos 15 km al oeste de la costa y separa la continua extensión de zonas residenciales de los Everglades, por lo que sólo vale la pena tomarla si se tiene prisa.

Aunque la mayoría de **autobuses** circulan por la Hwy-1, la costa sudeste es un lugar perfecto para aquellos visitantes que no viajen en automóvil. Las ciudades más grandes están comunicadas por autobuses Greyhound que circulan con bastante regularidad, y también hay algunos servicios diarios para poder llegar a las poblaciones más pequeñas. Los autobuses locales, abundantes desde el límite de Miami hasta West Palm Beach, desaparecen en la Treasure Coast, de carácter más rural. Para poder recorrer la Gold Coast, también se cuenta con la opción de usar el servicio de hora punta del barato Tri-Rail, mientras que la empresa ferroviaria Amtrak ofrece dos **trenes** diarios que circulan en dirección norte y llegan hasta West Palm Beach.

GOLD COAST

Las playas y ciudades admiradas por todo el mundo que ocupan el pasillo de 80 km situado al norte de Miami, conforman la **Gold Coast** (Costa de Oro), bautizada con este nombre por los botines recuperados de los galeones españoles hundidos frente a esta costa; se trata de una de las zonas más densamente pobladas y frecuentadas por el turismo de todo el estado. Durante el día, la arena de las playas reluce y, al caer la noche, la diversión se apodera de casi todas las ciudades, cada una de ellas con un carácter propio.

Hollywood y Dania

Partiendo desde Miami Beach, la Hwy-A1A pasa por la poco llamativa Hallandale antes de llegar a **HOLLYWOOD** (ciudad fundada por un californiano), donde hay una espléndida playa y una población más alegre y simpática que la de Fort Lauderdale (15 km al norte), ciudad más conocida y mucho mayor. Vale la pena dedicar 1 hora a recorrer la zona peatonal denominada **Broadwalk**, que discurre paralela a la Hwy-A1A (conocida aquí como Ocean Drive), frecuentada por numerosos patinadores que animan un ambiente relajado, y a visitar el **Art and Culture Center of Hollywood**, en 1650 Harrison Street (mar.-sáb., 10-16 h; dom., 13-16 h; 3 dólares), donde se exponen obras de nuevos artistas floridanos.

Las calles de Hollywood que dan al mar están flanqueadas por **moteles** de precios moderados. Algunos de los que guardan mejor relación calidad-precio son el *Stardust Motel*, 915 N Ocean Drive (☎1-800/354-1718; ②), y el *Dolphin*, 342 Pierce Street (☎1-800/922-4498; ③), aunque el visitante ahorrará dinero si se aloja en zonas más interiores, donde el *Shell Motel*, 1201 S Federal Highway (☎923-8085; ②), ofrece los mejores precios.

Fue en Hollywood donde en junio de 1990 detuvieron al grupo de rap **2 Live Crew** acusado de obscenidad; luego fue absuelto, pero el caso se hizo célebre en todo el país como ejemplo de actuación contra la censura. En general, la vida nocturna de Hollywood ofrece poca música de la más actual, pero su oferta continúa siendo atractiva; el buen jazz y rythm'n' blues son habituales en el *Club M*, 2037 Hollywood Blvd (☎925-8396), y en el *O'Hara's Jazz Pub*, 1903 Hollywood Blvd (☎925-2555), se puede escuchar buena música melódica. *J&S Restaurant and Lounge*, 5701 Johnson Street (☎966-6196), ofrece rock 'n' roll las noches de los viernes y sábados; en el pequeño y más caro *Sushi Blues Café*, 1836 S Young Circle (☎929-9560), se puede degustar una

El código de área para Hollywood, Dania y Fort Lauderdale es ☎954.

buena cena amenizada con blues, y si lo que le apetece al visitante es tomarse una copa en la playa acompañada de música y comida jamaicana, se recomienda el *Sugar Reef*, 600 N Surf Road (cerrado mar. en verano; ☎922-1119). Otro lugar acogedor y barato para comer (pero sin música) es *Try My Thai*, 2003 Harrison Street (☎926-5585). Asimismo el viajero puede comer algo rápido y barato en *Eighty-Eight's Café Society*, 1716 Harrison Street (☎925-1775), o probar la buena comida norteamericana a precios muy asequibles en *Dave & Busters*, 13000 Oakwood Blvd (☎923-5505), o bien acudir a *Revolution 2029*, 2029 Harrison Street (☎920-4748) si quiere degustar platos bien presentados pero a precios más elevados.

Ocean Drive continúa hacia al norte hasta llegar a **DANIA**, cuyo principal atractivo no es la serie de tiendas de antigüedades pseudobritánicas dispuestas a lo largo de la Hwy-1, sino las pinedas y arenas de la **John U Lloyd Beach State Recreational Area**, 6503 N Ocean Drive (todos los días, 8 h-atardecer; automóviles, 4 dólares; peatones y ciclistas, 1 dólar). Situado sobre una península que sobresale de la entrada de la terminal de embarque de Port Everglades, el parque cuenta con un agradable recorrido natural de 45 minutos rodeado de mangles, uverales y guayabas. Si el visitante va en junio o julio (miér. y vier., 21 h), puede aprender mucho acerca de la observación de las tortugas marinas. Las excursiones incluyen una presentación con diapositivas de 20 minutos y una visita a un nido si es posible, pero debe tener presente que hay que reservar plaza con un mes de antelación aproximadamente, ya que estas salidas son muy populares (se recomienda llevar también repelente de insectos). En la oficina del guardabosques (☎923-2833) puede informarse en detalles sobre esta y otras actividades programadas.

Si el visitante dispone de más tiempo, puede visitar el **Graves Museum of Archaology and Natural History**, 481 S Federal Highway (mar.-sáb., 10-16 h; jue., hasta 20 h; dom., 13-16 h; 5 dólares); lugar idóneo para convencer a cualquiera de que Florida estaba habitada mucho tiempo antes de *Corrupción en Miami (Miami vice)*. Muestra una amplia colección de objetos (incluidos muchos procedentes de África y Egipto), de la que destaca una excelente sección precolombina compuesta por abundantes objetos pertenecientes a los indios tequesta descubiertos en la zona.

En dirección a Fort Lauderdale: en barco, automóvil o autobús

Para seguir hacia el norte sin viajar en automóvil se recomienda tomar el **autobús local 1** de BCT que el viajero puede tomar en cualquier parada BCT de las que hay en la Hwy-1, o los de la empresa Greyhound (un poco más caros), cuya estación central se encuentra en 1707 Tyler Street de Hollywood (☎922-8228). Si no va cargado de equipaje, una alternativa es llamar al Water Taxi (☎467-6677), un taxi acuático que permite ir desde el parque hasta cualquier punto de atraque de Fort Lauderdale (para más detalles, véase «Fort Lauderdale»).

INSTALACIONES DEPORTIVAS PROFESIONALES

Los entusiastas del **deporte** encontrarán en el área metropolitana de Fort Lauderdale un importante centro de actividad deportiva profesional, ya que es posible ver los entrenamientos de pretemporada (en marzo) del equipo de béisbol Baltimore Orioles y, durante el campeonato, a los Florida Marlins. En agosto acude a la cercana Davie el equipo de fútbol americano Miami Dolphins a realizar la pretemporada, y no muy lejos, en Miami, juega el equipo de baloncesto profesional Miami Heat. Además, la reciente construcción del Sunrise Civic Center ha permitido crear un equipo de hockey, el Florida Panthers.

Fort Lauderdale

FORT LAUDERDALE ha pasado de ser el campamento ribereño dedicado al comercio con escasa población de principios del siglo XX, a convertirse en la «Venecia de América», desde que sus pantanos de manglares fueron convertidos en delgados canales durante los años veinte. A partir de la década de los treinta, las competiciones de natación interuniversitarias atrajeron a la juventud estadounidense, y en 1960 otro hecho aumentó este interés, la película *Playas de Florida (Where the boys are)*, cuyo tema central gira en torno a los adolescentes, y que inmediatamente convirtió Fort Lauderdale en el lugar favorito de los jóvenes estadounidenses para pasar el Spring Break. En esos años, a lo largo de un período fijo de 6 semanas cargado de excesos juveniles etílico-lascivos previo a los exámenes finales, cientos de miles de estudiantes se congregaban a lo largo de los 12 km de playa; el lugar adquirió así fama internacional como punto imprescindible para los amantes de la diversión sin límites. Pero a finales de los años setenta, las hordas de estudiantes suponían también el caos del tráfico y una seria amenaza para el turismo habitual. La Administración local contraatacó e inició una campaña publicitaria negativa por todos los campus universitarios del país, además, se dictaron leyes estrictas para restringir el desmesurado consumo de alcohol y el descontrol en las playas. Como consecuencia, los estudiantes empezaron a dirigirse a Daytona Beach (véase «La costa nordeste»). Fort Lauderdale resurgió entonces como un próspero centro comercial, histórico y cultural dominado por una mezcla de ricos jubilados y pudientes yuppies deseosos de acabar con la imagen de «juerga playera» y realzar los valores históricos del lugar relacionados con la etapa de colonización. No es un lugar desagradable en absoluto (con una floreciente comunidad gay, véase «Fort Lauderdale gay» más adelante), pues dista mucho del infierno social que quizás el visitante espere encontrar.

Llegada, transporte e información

Conocida como la Federal Highway, la Hwy-1 se abre paso a través del **centro de Fort Lauderdale** hasta adentrarse 5 km en el interior desde la costa. Justo al sur del centro de la ciudad, la **Hwy-A1A** vira en dirección al océano y deja la Hwy-1 mientras recorre la SW Seventeeth Street y atraviesa la **fachada litoral de Fort Lauderdale**. Todas las terminales de transporte público de larga distancia se encuentran en el centro o cerca de éste: la **parada de autobús** Greyhound está en 515 NE Third Street (☎764-6551), mientras que las del **ferrocarril** y Tri-Rail se hallan a unos 3 km al oeste de 200 SW 21st Terrace (Amtrak ☎1-800/872-7245; Tri-Rail ☎1-800-TRI-RAIL), enlazadas con el centro mediante los autobuses regulares 9, 10, 22 y 81.

El servicio más cómodo ofrecido por la completa red de **autobuses locales** (BCT ☎357-8400) es el que proporciona el autobús 11, que recorre dos veces cada hora Las Olas Boulevard, entre el centro de la ciudad y la playa; se pueden conseguir sus **horarios** en el Governmental Center (centro gubernamental), situado en la esquina de Andrews Avenue y Broward Boulevard, o en la terminal de autobuses que se encuentra enfrente. También hay un servicio gratuito del **Downtown Trolley** (tranvía del centro) que cubre dos rutas y pasa cada 10 minutos: la que une la Courthouse (tribunales), en SE Sixth Street y la terminal BCT (lun.-vier., 7.30-17.30 h), y la del expreso que circula al mediodía y recorre todo Las Olas Boulevard (lun.-vier., 11.30-14.30 h). Y si el visitante quiere disfrutar de un recorrido llano (1 dólar), puede tomar el **Wave Line Trolley** (cada 30 min., 10.15-22 h; ☎429-3100) que circula a lo largo de la playa (Hwy-A1A entre NE 41st Street y 17th Street Causeway).

Más caros que los autobuses (pero más divertidos) son los **taxis acuáticos** (servicio diario 10-24 h; ☎467-6677), una serie de pequeñas embarcaciones que recogen al pasajero y lo dejan casi en cualquier punto de los muchos kilómetros de costa que

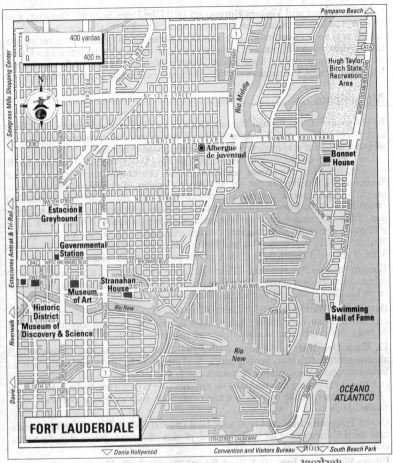

FORT LAUDERDALE

hay en Fort Lauderdale. Aunque sin duda estos taxis son la mejor forma de ver la ciudad, se recomienda averiguar primero si circulan hasta la madrugada y, si es así, el usuario tendrá que llamar bastante antes de medianoche para asegurarse de que alguien le llevará a casa (si está cenando fuera, habrá que decirle al camarero que pida un taxi para después de la cena). Existen pases de todo un día que permiten el uso ilimitado por 15 dólares (los billetes normales cuestan 7 dólares).

Si el viajero prefiere hacer una **visita acuática** de la ciudad que esté organizada, en la zona existen numerosos operadores turísticos, como *Jungle Queen* (☎462-5596), que ofrece la posibilidad de pasear en barco mientras cena o come, además de excursiones en canoa a Millionaire's Row, las islas Venetian y las New River Jungles; la oferta del *Cyclone* (☎467-7433) tiene que ver más con la diversión que con el turismo, pues baja por la Intercoastal y luego acelera y pasa a toda velocidad por Port Everglades (una advertencia: seguro que se mojará). La empresa SunCruz Casinos (☎929-3800) organiza viajes a bordo de un yate de lujo convertido en casino ambulante.

El **Convention and Visitors Bureau**, en 1850 Eller Drive, Suite 303 (lun.-vier., 8.30-17 h; ☎765-4466), se halla en un punto remoto de Port Everglades, casi imposible de encontrar si no va en automóvil. Se recomienda conseguir un ejemplar de la revista gratuita *CityLink* (disponible en toda la ciudad) para informarse sobre las actividades y acontecimientos que se vayan a llevar a cabo. También existe una **línea de información sobre espectáculos y atracciones** (☎527-5600), que es atendida en cinco idiomas.

Alojamiento

En el Convention and Visitors Bureau (véase más arriba) se puede obtener un folleto gratuito, el *Superior Small Lodgings Guide*, donde el visitante encontrará una lista de **alojamiento** de precio moderado que es inspeccionado cada año.

Las opciones de alojamiento en el centro de Fort Lauderdale son relativamente limitadas, pero los numerosos **moteles** que se concentran entre la Intercoastal Waterway y el océano pueden ser una buena elección. Si el viajero tiene un presupuesto ajustado, puede recurrir al *International House Hostel*, 3811 N Ocean Blvd (☎568-1615; a), un buen establecimiento que ofrece aparcamiento gratuito y camas por 12 dólares, aunque cuenta con pocas habitaciones privadas (los autobuses 11, 62 y 72 pasan cerca). El **cámping** más cercano es *Easterlin*, en la esquina de 1000 NW 38th Street y 10th Avenue, Oakland Park (1 dólar por persona; ☎938-0610), a unos 5 km al norte del centro de la ciudad; para ir se puede tomar el autobús 14.

Banyan Marina Apartments, 111 Isle of Venice (☎1-800/524-4431). La atractiva localización de estos apartamentos, sobre un canal a escasa distancia de la playa y cerca de Las Olas Boulevard, explica su elevado precio. ④

Bermudian Waterfront, 315 N Birch Rd (☎467-0467). Al norte del centro pero cerca del mar. Además de ofrecer habitaciones económicas estándar, cuenta con varias de una y dos camas con cocinas totalmente equipadas. ①-⑦

La Casa Del Mar, 3003 Granada Blvd (☎467-2037). Aunque este atractivo B&B atiende sobre todo a una clientela gay, todo el mundo es bienvenido para disfrutar de tardes de vino y queso junto a la piscina, con la ventaja de que el taxi acuático puede recoger al visitante a una manzana de distancia. Se recomienda pedir la habitación «Judy Garland», donde durmió la actriz durante un festival de cine celebrado en la ciudad. ④-⑤

Ocean Hacienda Inn, 1924 N Atlantic Blvd (☎1-800/562-8467). Un gran hotel orientado hacia el océano con un jardín tropical, piscina climatizada frente al mar y habitaciones muy económicas. ③

Pillars Waterfront Inn, 111 N Birch Rd (☎1-800/800-7666). Motel tranquilo con piscina, situado muy cerca del mar. ③

Riverside Hotel, 620 E Las Olas Blvd (☎1-800/325-3280). Hotel elegante, cómodo y bien situado en el centro de la ciudad, pero con precios excesivos. ④

Royal Saxon Apartments, 551 Breakers Ave (☎566-7424). Flores naturales y fruta en cada habitación. Situado a 10 minutos a pie de la zona de restaurantes y tiendas. Una de las mejores opciones económicas de Fort Lauderdale. ②

Shell Motel at the Ocean, 3030 Bayshore Drive (☎463-1723). Motel alegre y bien equipado, y muy cerca de la playa. ④

Centro de Fort Lauderdale

A primera vista los edificios altos e impersonales con fachadas de vidrio no llaman la atención, pero el **centro de Fort Lauderdale** cuenta con un museo de arte moderno y varios edificios antiguos restaurados cuya visita quizá precisa varias horas. A raíz de la inversión millonaria llevada a cabo para embellecer el barrio, parques y paseos han quedado comunicados por el **Riverwalk**, una vía peatonal de 2,5 km que se extiende a lo largo de la ribera norte del río New y que acaba en el moderno Museum of Discovery and Science.

Museum of Art

Gracias a su estructura posmoderna que recuerda a una porción de pastel, el **Museum of Art**, 1 E Las Olas Boulevard (mar., 11-21 h; miér.-sáb., 10-17 h; dom., 12-17 h; 5 dólares; visitas guiadas mar., jue.-vier., 13.30 h, entrada gratuita; ☎525-5500), ofrece amplios espacios y luz abundante para disfrutar de la mejor colección de arte del estado, con especial énfasis en la pintura y escultura modernas. Las exposiciones más importantes son las que se organizan con las innumerables obras de artistas pertenecientes al movimiento artístico denominado **CoBrA**, iniciado en 1948 por un grupo de pintores de Copenhague, Bruselas y Amsterdam (de ahí el acrónimo) y que se caracteriza por sus brillantes pinturas expresionistas que combinan la alegre inocencia con una intensa fuerza emotiva. Destacan sobre todo Asger Jorn, Carl Henning-Pedersen y Karel Appel, aunque muchos otros partidarios del género también crearon magníficas obras, muchas de ellas expuestas en el museo.

Distrito histórico y Stranahan House

Los edificios modernos del centro de Fort Lauderdale no son una muestra muy representativa del pasado de la ciudad. Para ver alguno que tenga historia, el visitante tendrá que caminar varias manzanas en dirección oeste desde el Museum of Art hasta llegar al **distrito histórico**, en cuyo centro está la **Historical Society**, en el Riverwalk, 219 SW Second Avenue (mar.-vier., 10-16 h, aunque el horario puede variar; 2 dólares; ☎463-4431). Aquí el visitante puede obtener información sobre recorridos a pie que pasan (a veces incluyen la visita del interior) por tres de los edificios más antiguos de Fort Lauderdale situados a corta distancia entre ellos y que están siendo restaurados: la **King-Cromartie House**, de 1907, entre cuyos elementos más destacados figura el primer cuarto de baño interior de Fort Lauderdale; la **New River Inn** (1905) de tres pisos, el primer hotel de la ciudad, y la **Philomen Bryan House** (1905), en otro tiempo hogar de la familia Bryan, que construyó muchos otros edificios en esta área. Para ofrecer una perspectiva de los edificios antiguos y de la historia de la ciudad en general, la Historical Society monta exposiciones informativas temporales y cuenta con un gran número de libros históricos y folletos a disposición del público.

A unos minutos caminando en dirección este se encuentra un vestigio más completo de la vida de Fort Lauderdale en el pasado: la **Stranahan House** (visitas con audio disponibles miér., vier.-sáb., 10-16 h ininterrumpidamente; cerrado jul.-agos.; 5 dólares), que ha sido cuidadosamente restaurada y está situada detrás del mercado Hyde Park en Las Olas Boulevard. Construida en 1901, con techos altos, ventanas estrechas y amplias galerías, el edificio es un notable ejemplo del estilo fronterizo floridano y sirvió de hogar y punto de intercambios comerciales a Frank Stranahan, un colono de principios del siglo XX. Una grabación (que a veces suena fatal) cuenta la próspera historia de este comerciante de pieles de nutria y caimán y plumas de garceta, que compraba a los indios seminolas asentados a lo largo del río. De forma irónica, Stranahan, arruinado a causa de la crisis económica de Florida a finales de los años veinte, pereció ahogado en el mismo río.

Museum of Discovery and Science

Situado al oeste del distrito histórico como señal donde termina el Riverwalk, el **Museum of Discovery and Science** (lun.-sáb., 10-17 h; dom., 12-18 h; 6 dólares) es uno de los museos de ciencias más nuevos y mejor orientados al público infantil de

SAWGRASS MILLS

El consumismo alcanza una nueva dimensión a unos 20 km al oeste de Fort Lauderdale, en 12801 W Sunrise Boulevard, donde **Sawgrass Mills** (lun.-sáb., 10-21.30 h; dom., 11-20 h), una agrupación de más de 270 tiendas de diseño que ofrecen mercancías a precios inferiores a los de mercado, atrae a miles de comerciantes del sur de Florida y turistas a la caza de gangas. Se pueden tomar los autobuses 22, 36 o 72.

Aunque el visitante no vaya a comprar, el solo hecho de explorar este centro comercial de ambiente tropical con una longitud de 1,5 km (donde figuran grandes marcas como Saks Fifth Avenue, Levis y Last Call! Neiman Marcus) puede resultar increíble.

Florida. Sin embargo, los adultos sin hijos no deben dudar en acudir (aunque se aconseja evitar los fines de semana y los períodos de vacaciones escolares, pues el museo está lleno) porque las exposiciones presentan los fundamentos de la ciencia de manera ingeniosa y entretenida. El visitante puede incluso simular que es un astronauta subiéndose en una silla aeropropulsada para realinear un satélite en órbita, o hacer un viaje simulado a la Luna. El museo también cuenta con un espectacular cine IMAX 3D (pases diarios, consulte horarios en la taquilla; 9 dólares o 12,50 dólares si compra un billete combinado que permite la entrada al museo y al cine IMAX; ☎467-6637).

Broward Center for the Performing Arts

Siguiendo en dirección oeste desde el Museum of Discovery and Science se encuentra el **Broward Center for the Performing Arts**, en 201 SW Fifth Avenue (información de entradas ☎462-0222), un agradable y moderno edificio ribereño que ofrece espectáculos de Broadway y producciones menos convencionales en su acogedor Amaturo Theater.

Las Olas Boulevard y la playa

El centro de la ciudad está comunicado con la playa por **Las Olas Boulevard** (donde está lo último en moda, arte y una buena y variada oferta gastronómica, desde restaurantes hasta cafés) y por las **Isles**, una zona bien cuidada junto a la orilla del canal donde los residentes aparcan sus automóviles en un lado de sus mansiones y amarran sus lujosos yates en el otro. Una vez cruzado el puente arqueado sobre la Intercoastal Waterway (vía fluvial intercostera, de unos 3 km de longitud), se empieza a ver el océano y el estado de ánimo cambia sensiblemente: en cuanto termina Las Olas Boulevard empieza el **barrio marítimo de Fort Lauderdale** y, de pronto, por todas partes se ven camisetas, bronceadores de protección total y tiendas de ropa.

Situado a lo largo de la fachada marítima, el **Ocean Boulevard** era el lugar donde se concentraba el ambiente festivo del Spring Break, hasta que en los años ochenta se emprendió una campaña de cambio de imagen. Toda el área se ha beneficiado de mejoras multimillonarias y hoy en día sólo quedan unos cuantos bares playeros con vestigios del pasado, aunque el ambiente de la playa, flanqueada por palmeras cocoteras y un atractivo y nuevo paseo, no es en absoluto aburrido: corredores, patinadores y ciclistas componen una típica estampa playera, sin olvidar que cada primavera aparecen numerosos estudiantes escandalosos.

Casi toda la oferta de alojamiento de Fort Lauderdale se concentra en esta zona, de modo que el visitante no tendrá problema para explorar la playa, los bares y demás elementos de interés que surjan a ambas direcciones de la franja costera.

Hacia el sur por Ocean Boulevard

A poca distancia hacia el sur del cruce de Las Olas Boulevard está el **International Swimming Hall of Fame**, en 501 Seabreeze Boulevard (lun.-sáb., 9-19 h; dom., 11-

16 h; 3 dólares), donde se muestra una colección sobre deportes acuáticos de la que incluso disfrutarán los que no sean aficionados a la natación. Los dos pisos están llenos de medallas, trofeos y recortes de periódico amarillentos pertenecientes a los musculosos campeones de natación, submarinismo y otros deportes acuáticos.

Si el visitante quiere pasar unas horas en soledad, se recomienda avanzar por las calles residenciales unos 2 km hacia el sur hasta llegar a **South Beach Park**, un tranquilo lugar situado en el extremo de la costa de Fort Lauderdale.

Hacia el norte por Ocean Boulevard

Por si no hubiera bastantes superficies comerciales en la ciudad, justo al norte del cruce de Las Olas Blvd se encuentra el centro comercial **BeachPlace**. Hay tres plantas con las tiendas habituales (*Banana Republic, Gap, Speedo*, etc.), junto a un buen número de bares y restaurantes que incluyen *Howl at the Moon, Sloppy Joe's,* y *Hooters*, un bar pintado de color naranja chillón. Lo bueno de BeachPlace es que está junto a la playa, el visitante puede tomar el sol y cerca hay lugares para comer algo, comprar los inevitables recuerdos o ir al lavabo. Aparte de esta ventaja, no deja de ser otro centro comercial, eso sí muy bien situado frente al mar.

Un poco más al norte, en medio de altos hoteles y bloques de apartamentos que ahora dominan la zona de la playa, se puede contemplar un ejemplo de cómo era el paisaje de Fort Lauderdale antes de la especulación: se trata de **Bonnet House**, en 900 N Birch Road (visitas fijas miér.-vier., 10.15, 11.30, 12.15 y 13.30 h; sáb.-dom., 12.30, 13.15, 13.45 y 14.30 h; 9 dólares; ☎563-5393), a unos minutos caminando desde Ocean Boulevard, rodeada de 14 Ha de tierra selvática. Se recomienda presentarse 15 minutos antes del inicio de la visita que el visitante haya elegido para conseguir un buen sitio. La casa y sus alrededores (incluidos un estanque con cisnes y una población permanente de monos) fueron diseñados por el muralista de Chicago Frank Clay Bartlett y se terminó de construir en 1921. Las visitas de la casa, cuyo estilo recuerda vagamente el de las grandes plantaciones del Sur, permiten apreciar la pasión de Bartlett por el arte y la arquitectura, y su afición por coleccionar animales ornamentales, muchos de ellos presentes en la treintena de habitaciones.

Muy cerca hay otra zona verde: junto a Sunrise Boulevard está **Hugh Taylor Birch State Recreation Area** (todos los días, 8-atardecer; automóviles, 3,25 dólares; peatones y ciclistas, 1 dólar) cuyos elevados pinos australianos forman un sombreado telón de fondo para pasear en barca por la laguna del parque rodeada de mangles, una buena manera de cobrar ánimo después de pasar una mañana tumbado en la playa.

Comida

En Fort Lauderdale hay numerosos **lugares donde comer** asequibles y agradables que ofrecen desde exóticos platos asiáticos hasta el estofado casero de almejas y pescado. Sin embargo, los restaurantes están agrupados en diferentes secciones de la ciudad, por lo que su visita puede ser difícil si el visitante no cuenta con un vehículo. Debe tener en cuenta que si va a tomar un taxi acuático (recomendable sobre todo si piensa tomar alguna bebida alcohólica; véase pág. 170), es mejor que se lo diga al camarero para que pase a recogerlo.

Café Europa, 726 E Las Olas Blvd (☎763-6600). Café con música funky, siempre lleno, con una tentadora carta de postres, pizzas de sabores especiales y una pared llena de imágenes de distintas ciudades para que los viajeros sientan menos nostalgia.

Casablanca Café, cruce de Alhambra y Ocean Blvd, situado frente al mar (☎764-3500). Piano bar estadounidense con ambiente marroquí; ofrece un buen menú ecléctico y sirven raciones generosas.

Coconuts, 429 Seabreeze Blvd, directamente sobre la Intercoastal Waterway (☎467-6788). El mejor lugar de Fort Lauderdale para contemplar la puesta de sol; sirven generosas raciones de costillas de primera clase, las famosas y premiadas vieiras de la bahía y un delicioso pan de coco.

Ernie's BBQ Lounge, 1843 S Federal Hwy (☎523-8636). Situado al sur del centro de la ciudad, *Ernie's* es uno de esos lugares algo dejados pero agradables, convertido en leyenda local gracias a su estofado de almejas y pescado al que le puede añadir un chorrito de jerez para darle más sabor.

The Floridian, 1410 E Las Olas Blvd (☎463-4041). Cafetería del centro de la ciudad de agradable estilo *diner* (restaurante económico) donde muchos clientes acuden atraídos por sus generosos desayunos. El almuerzo y la cena tampoco se quedan atrás; no olvide sacar un *roll tootsie* (caramelo) de la pecera gigante que hay a la salida.

Franco & Vinny's Mexican Cantina, 2870 E Sunrise Blvd (☎565-3839). Típicos platos mexicanos a precios de ganga servidos cerca de la playa.

Japanese Village, 716 E Las Olas Blvd (☎763-8163). Buena comida japonesa en un emplazamiento céntrico.

Lester's Diner, 250 State Rd 84 (☎525-5641). Estupendo lugar para tomar el primer bocado del día, donde sirven además grandes tazas de café.

Mangos, 904 E Las Olas Blvd (☎523-5001). Buenas raciones servidas en una terraza perfecta para escuchar la música en directo del interior y observar la gente que pasa por Las Olas Blvd.

Mistral, 201 S Atlantic Blvd (☎463-4900). Generosos platos de cocina mediterránea, que el visitante puede degustar frente al mar.

Shooters Waterfront Café, 3033 NE 32nd Ave (☎566-2855). Popular restaurante de playa frecuentado por clientes que acuden en busca de sus generosas raciones de marisco, hamburguesas y ensaladas.

Southport Raw Bar, 1536 Cordova Rd (☎525-CLAM). Bar bullicioso que ofrece suculentos crustáceos y platos de pescado bien preparados.

Sukhothai, en *Gateway Plaza*, 1930 E Sunrise Blvd (☎764-0148). Sabrosa cocina tailandesa ligeramente picante.

Copas, música en vivo y vida nocturna

Algunos de los restaurantes anteriores, en particular *Shooters* y *Southport Raw Bar*, también son buenos lugares para **tomar una copa**. Otros centros recomendables cerca de la playa son *Parrot Lounge*, 911 Sunrise Lane (☎563-1493), un bar de ambiente relajado especializado en las grandes jarras de cerveza; *Kim's Alley Bar*, 1920 E Sunrise Blvd en Gateway Plaza (☎763-7886), donde una barra de caoba africana de 7 m de largo domina este conocido local; y *Elbo Room*, 241 S Atlantic Boulevard (☎463-4615), en otro tiempo favorito de los estudiantes durante el Spring Break y ahora ideal para tomar una copa por la noche y sentir la brisa del mar. Para los amantes de los pubes, se recomienda *Shakespeare's Pub & Grille*, 1015 NE 26th Street (☎563-7833), y a continuación *Tudor Inn*, 5782 Power Lane (☎491-3697).

La **música en vivo** es habitual en muchos locales. Para averiguar dónde hay actuaciones y quiénes son los artistas, se recomienda telefonear a la línea gratuita Entertainment Hotline (☎527-5600); también hay una revista gratuita, *CityLink*, disponible en quioscos de la calle, y una sección, «Showtime», que aparece en la edición de los viernes del periódico local *Sun-Sentinel*. Los mejores sitios son *Bierbrunnen*, 425 S Ocean Boulevard (☎462-1008), donde se puede escuchar una variedad de estilos musicales mientras se toma cerveza alemana y un buen bratwurst; *O'Hara's Pub*,

722 E Las Olas Boulevard (☎524-1764), un elegante club de jazz; *Cheers*, 941 E Cypress Creek Rd (☎771-6337), local que acaba vibrando con las actuaciones de rock & roll hasta las 4 h; *Poor House*, 110 SW 3rd Ave (☎522-5145), que ofrece blues en un ambiente lleno de humo y alguna que otra banda de swing; y *Desperado's Nightclub*, 2520 S Miami Rd (☎463-BULL), un garito para amantes empedernidos del country donde incluso hay un toro mecánico en un rincón.

La vibrante **oferta de baile** de Fort Lauderdale cuenta con un **club** para cada gusto musical. Entre los favoritos del público figuran *The Chili Pepper*, 200 W Broward Blvd (☎525-5996), que ofrece una mezcla de tecno y rock, o *Café Iguana*, 17 S Atlantic Blvd (☎763-7222). Si, por el contrario, lo que busca el visitante es el hedonismo etílico típico del Spring Break, quizá prefiera los habituales cócteles y concursos de bikinis de *Baja Beach Club*, 3200 N Federal Highway (☎561-2432).

Fort Lauderdale gay

Durante años, Fort Lauderdale ha sido uno de los destinos vacacionales de Estados Unidos preferidos por la comunidad **gay**. Este interés ha disminuido de forma considerable en los últimos tiempos, aunque todavía es un lugar muy frecuentado por los gays. Para obtener más información, se recomienda telefonear al Gay and Lesbian Community Center (☎563-9500), o consultar las revistas gratuitas *Scoop* y *Hot Spots* disponibles en toda el área.

Alojamiento

Fort Lauderdale cuenta con tres cómodas **casas de huéspedes** para homosexuales: *Midnight Sea*, 3016 Alhambra Street (☎463-4827; ④), *The Palms on Las Olas*, 1760 E Las Olas Boulevard (☎1-800/550-7656; ⑤), y *Royal Palms Resort*, 2901 Terramar Street (☎564-6444). De los demás moteles **mixtos**, se recomienda *La Casa Del Mar* (véase «Alojamiento», pág. 172) y *Oasis*, 1200 S Miami Road (☎523-3043; ③), cuya localización en el interior permite ofrecer precios bajos.

Bares y clubes

En Fort Lauderdale los **clubes** y **bares gay** ganan y pierden el favor del público con suma facilidad por lo que, para saber cuáles son los lugares de moda, se recomienda leer *TWN*, el periódico semanal gratuito de tirada estatal o la revista *CityLink*. Entre los que suelen marcar la pauta están *Cathode Ray*, 1105 E Las Olas Boulevard (☎462-8611), bar de videoclips que se anima a medida que avanza la noche; *The Copa*, 2800 S Federal Highway (☎463-1507), una discoteca abierta hasta altas horas de la madrugada que atrae a un público de todas las edades; y *The Hideaway*, 2022 NE 18th Street (☎566-8622), conocido bar para flirtear. Para **comer** o tomar una copa, puede acudirse a *Legends Café*, 1560 NE Fourth Avenue (☎467-2233), bar-restaurante al que acude gente con su propia bebida y que se llena rápidamente (es mejor hacer una reserva), y a *Chardees*, 2209 Wilton Drive (☎563-1800), con un animado piano bar y un excelente brunch que se sirve los domingos.

Tierra adentro desde Fort Lauderdale

A medida que el viajero se aleje de la playa y del centro de Fort Lauderdale, comprobará que las afueras y su continuación hasta llegar a los Everglades son feas. La mayoría de personas que pasan por esta zona lo hacen sólo para tomar el «Alligator Alley», nombre familiar con el que se conoce la **I-75**, la autopista que baja derecha hacia la costa oeste de Florida, a unos 160 km de distancia (véase «La costa oeste»).

Una excepción al dominio de fábricas, urbanizaciones y cruces de autopistas es **DAVIE**, población situada a unos 32 km de la costa en Griffin Road (hay que tomar el autobús 9 en el centro de la ciudad), rodeada de campos de cítricos y caña de azúcar y pastos. Los 40.000 habitantes de Davie están obsesionados con el Lejano Oeste: los vaqueros, las camisas de cuadros y los Stetsons están a la orden del día, e incluso hay un poste para atar los caballos ante el *McDonald's*. Los orígenes vaqueros de Davie se remontan a la década de 1910, cuando varios grupos de colonos llegaron para criar ganado y cultivar la fértil y oscura tierra. Si el viajero se siente atraído por esta indumentaria, puede ir a Grifs Western, 6211 SW 45th Street (☎587-9000), uno de los principales proveedores de botas, sombreros y sillas de montar; también puede limitarse a acudir al **rodeo** que se celebra la mayoría de los sábados a las 20 h dentro del Davie 5 Star Rodeo, en el Davie Arena (☎384-7075). Asimismo, se celebra un rodeo más pequeño casi todos los miércoles por la tarde.

Como el resto de enclaves indios del estado, la **Native Village** de la Reserva Seminola (todos los días, 9-16 h; 5 dólares la visita sin guía; 8 dólares con guía; 10 dólares con guía más el espectáculo de lucha con caimán; ☎961-4519), situada a 1,5 km al sur de Davie por la Hwy-441, es un lugar deprimente, con puestos donde se venden *tomahawks* de plástico y se montan números de lucha con caimanes para los turistas. Sin embargo, se aprecia cierta sensibilidad en las pinturas de Guy LaBree, un hombre blanco del lugar que pasó parte de su niñez en reservas seminolas y cuya obra intenta enseñar las leyendas e historia de este pueblo a las nuevas generaciones seminolas. Como era de esperar, lo que más atrae a los turistas blancos es el bingo situado ante el Village: las leyes que prohíben grandes apuestas en los bingos no se aplican en las reservas indias, así que quizás el visitante gane hasta 100.000 dólares o más. También se puede comprar tabaco libre de impuestos.

La Reserva Seminola ofrece una atracción más entretenida, el **Billie Swamp Safari** (todos los días, 8.30-18.30 h; ☎1-800/949-6101). Parecido a un jeep del ejército hinchado de aire, el hidroavión permite a los turistas volar sobre los Everglades y divisar caimanes, garcetas y búfalos americanos. El visitante también podrá pasar una noche tradicional en una *chickee* india (cabaña de laterales abiertos y con techo de palmas), donde podrá escuchar antiguas historias seminolas.

A unos 20 km al nordeste de Davie, en Coconut Creek, se encuentra **Butterfly World**, 3600 W Sample Road (lun.-sáb., 9-17 h; dom., 13-17 h; última admisión a las 16 h; 10,95 dólares; ☎977-4400), un lugar que, como indica su nombre, alberga una impresionante colección de mariposas. En el laboratorio es posible ver cómo nacen las larvas y empiezan a aletear por plantas productoras de néctar que hay dentro de diversos recintos. Entre las exposiciones que se pueden contemplar destacan la del hábitat del colibrí por su colorido y el fragante jardín de rosas. La observación de mariposas ecuatorianas, malayas y otras de procedencia igualmente exóticas, mantendrán al aficionado a los lepidópteros entretenido durante horas.

Al norte de Fort Lauderdale

Si el visitante viaja en automóvil, tendrá que ir por la Hwy-A1A **en dirección norte desde Fort Lauderdale**. Se trata de una ruta mucho mejor que la Hwy-1 y pasa por varias poblaciones costeras bastante tranquilas. Una de ellas, **LAUDERDALE-BY-THE-SEA**, se encuentra a unos 7 km subiendo por la costa, y es uno de los mejores lugares para practicar el submarinismo y explorar los arrecifes.

En esta ciudad hay dos B&B agradables: *Blue Seas Courtyard*, 4525 El Mar Drive (☎772-3336; ②) y, si el viajero se siente algo extravagante, *A Little Inn by the Sea*, 4546 El Mar Drive (☎1-800/492-0311; ⑤), cuya suntuosa ropa de cama y desayunos de gourmet justifican su elevado precio. Entre los mejores **restaurantes** figuran

Aruba Beach Café, 1 E Commercial Blvd (☎776-0001), donde el viajero podrá saborear platos de la cocina caribeña y americana.

El autobús 11 sigue este trayecto hasta llegar a Atlantic Avenue, en **POMPANO BEACH** y deja a los usuarios en Pompano Square, unos 3 km más allá de Lauderdale-By-The-Sea. Se trata de una de las mayores poblaciones costeras que cuenta con una playa moderadamente buena. Si el visitante dispone de automóvil, debe pasar de largo, a no ser que sienta predilección por las carreras de galgos. El Pompano Harness Track, 1800 SW Third St (☎972-2000), es el único canódromo de Florida y ofrece carreras desde noviembre hasta principios de abril.

Unos 5 km más adelante, la Hwy-A1A cruza Hillsboro Inlet, cuyo faro de 1907 da su nombre a la lujosa población de **LIGHTHOUSE POINT** situada junto al canal. En este lugar no hay puntos de interés, excepto *Cap's Place*, 2765 NE 28th Court (☎941-0418), accesible sólo desde el lado interior de la Intercoastal Waterway; se recomienda seguir las indicaciones desde NE 24th Street. La comida (marisco fresco a precio moderado) es uno de sus atractivos pero no el único, ya que este restaurante también fue un garito de juego ilegal durante la Ley Seca. Franklin D. Roosevelt, Winston Churchill y el duque de Windsor (recordados por viejas fotografías) son sólo tres de los muchos que se han relajado en este lugar, atendidos por el dueño, Cap Knight, un comerciante de ron cuya familia regenta el restaurante.

Más insólita es la historia que se relaciona con **DEERFIELD BEACH**, unos 7 km más adelante. Cuando la Hwy-A1A gira a la derecha, se ve durante unos breves instantes el **Deerfield Island Park** en forma triangular dentro de la Intercoastal Waterway. Durante los años treinta, la isla estuvo a punto de ser adquirida por Al Capone quien, junto con otros gánsteres, frecuentaba el casino de *Riverview Restaurant*, situado bajo la Hillsboro Boulevard Causeway, en 1741 Riverview Road. Pero la compra no llegó a hacerse efectiva porque Al Capone fue arrestado por evasión de impuestos, y la isla, vetada al desarrollo urbanístico, está habitada hoy en día por mapaches y armadillos. Sus dos **senderos** sólo son accesibles con el transbordador gratuito desde *Riverview* los miércoles y sábados por la mañana; para averiguar los horarios disponibles, hay que telefonear al ☎360-1320.

Boca Ratón y alrededores

Directamente hacia el norte de Deerfield Beach, la Hwy-A1A y la Hwy-1 entran en el condado de Palm Beach. La Hwy-1 se ha convertido en la **Blue Memorial Highway** decorada con barras y estrellas, motivos de la bandera estadounidense: «un tributo a las fuerzas armadas que han servido a los Estados Unidos de América», señal inequívoca del conservadurismo reinante. Casi se puede oler el dinero al entrar en la ciudad más meridional de la región, **BOCA RATÓN**, donde asistentes vestidos de manera elegante aparcan el coche en el supermercado y donde hibernan todo el año jubilados amantes del golf y ejecutivos de numerosas empresas de alta tecnología (la más famosa, IBM, el gigante de la informática). La característica más destacada de Boca Ratón es la abundancia de edificios de estilo mediterráneo, que ha predominado en la ciudad desde los años veinte y se ha conservado gracias a una estricta normativa sobre construcción. Siempre que sea posible, las nuevas edificaciones de la ciudad deben incorporar entradas con un arco, falsos campanarios y tejas rojas. Aparte de la arquitectura (donde mejor se aprecia es en el centro alrededor de la Hwy-1), en la población hay algunas playas y parques no muy conocidos.

El código de área para Boca Ratón y Delray Beach es ☎561.

Centro de Boca Ratón

La arquitectura de sabor español del **centro** de Boca Ratón se debe a **Addison Mizner**, el «Aladino de los arquitectos» (un apodo asignado por el aire casi mágico de sus diseños, influidos por el estilo árabe del sur de España), quien se dedicó a hacer realidad las fantasías de las clases acomodadas (véase pág. 186) de Boca Ratón durante los años veinte. Incapaz de dar rienda suelta a sus deseos megalómanos en otras partes, Mizner llegó a Boca Ratón a raíz del auge económico de Florida, compró 640 Ha de tierra y empezó a vender la idea de una futura comunidad «ideal y fuera de lo común». Después de imaginar canales llenos de góndolas, un hotel de lujo y una gran catedral dedicada a su madre, el plan de Mizner quedó frustrado por la crisis económica, lo que le obligó a regresar a Palm Beach con el rabo entre las piernas.

Los pocos edificios que Mizner consiguió acabar dejaron una huella indeleble en la ciudad. Su multimillonario *Cloister Inn* se convirtió en el actual **Boca Ratón Resort and Club**, un palacio de color rosa con columnas de mármol, fuentes con esculturas y madera cuidadosamente envejecida (el efecto de varios siglos de antigüedad se consiguió gracias a las botas con clavos de los trabajadores de Mizner) que todavía la calle Camino Real (que sirve de unión entre la Hwy-A1A y el centro de Boca Ratón), de 50 m de ancho, reclama como su entrada privada.

Se trata de un centro turístico de lujo con habitaciones de 200 dólares la noche, que se puede contemplar siguiendo una de las **visitas guiadas** (dic.-abril, mar., 13.30 h; 5 dólares; ☎395-6766) organizadas por la Boca Ratón Historical Society; se recomienda telefonear primero para averiguar los horarios y hacer una reserva con bastante antelación. La sede de la Historical Society se halla en una obra de Mizner más accesible, el **Old Town Hall** (acabado en cúpula), en 71 N Federal Highway (lun.-vier., 10-16 h), construido en 1927. Se aconseja ver la biblioteca de la sociedad, donde se muestra la época de Mizner y el pasado de Boca Ratón. Se recomienda girar a la izquierda después de seguir por el pasillo al entrar en el edificio. Cerca de ahí se encuentra la **antigua estación de ferrocarril**, en la confluencia de Dixie Highway y SE Eighth Street, otro edificio de la época de Mizner pero sin demasiado atractivo; este lugar (denominado Count Adolph de Hoernle Pavilion) sólo se abre para celebrar bodas y reuniones, y en el exterior pueden verse dos locomotoras aerodinámicas posteriores a Mizner.

Los habitantes adinerados de Boca Ratón pueden rendir homenaje a Mizner en el **Mizner Park**, al dejar la Hwy-1 entre Palmetto Park Road y Glades Road. No es un parque, sino uno de los elegantes centros comerciales al aire libre que han mejorado el centro de Boca Ratón en los últimos años. Decorado con palmeras y cascadas, hay numerosas tiendas de moda, así como varios establecimientos asequibles donde comer (véase «Aspectos prácticos», pág. 182), Mizner Park cuenta con un anfiteatro para celebrar conciertos al aire libre, y es también sede del recién creado (y denominado con grandilocuencia) **International Museum of Cartoon Art**, 201 Plaza Real (mar.-sáb., 10-18 h; dom., 12-18 h; adultos, 6 dólares; estudiantes, 4 dólares; ☎391-2200).

Si el visitante quiere evitar la influencia de Mizner a toda costa, puede ir a la playa o en dirección oeste por la Palmetto Park Road para visitar el **Singing Pines Children's Museum**, 498 Crawford Boulevard (mar.-sáb., 12-16 h; 1 dólar; ☎368-6875). Instalado dentro de una cabaña hecha con madera de playa (la humilde morada de los primeros granjeros de Florida, véase «El Contexto»), el museo alberga curiosos vestigios de la época de los pioneros junto con exposiciones dirigidas al público infantil. Unos 2 km más adelante está el **Museum of Art**, en 801 W Palmetto Park Road (mar., jue.-vier., 10-16 h; sáb.-dom., 12-16 h; cerrado miér.; donativo sugerido de 3 dólares; ☎392-2500), que se ha beneficiado de gene-

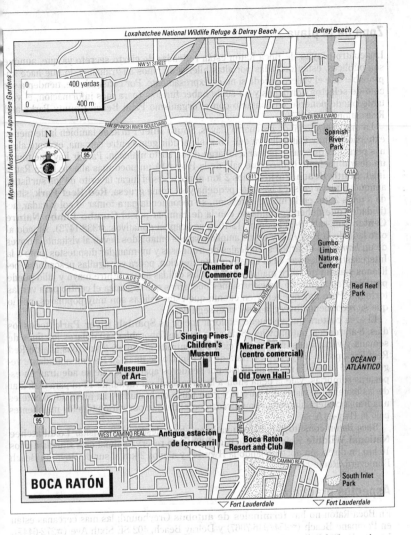

Loxahatchee National Wildlife Refuge & Delray Beach △   Delray Beach △

Morikami Museum and Japanese Gardens △

NW 51 STREET

0   400 yardas
0   400 m

N

NW SPANISH RIVER BOULEVARD   NE SPANISH RIVER BOULEVARD

95

811

OLD DIXIE HIGHWAY

A1A

Spanish River Park

Gumbo Limbo Nature Center

Red Reef Park

GLADES ROAD

NE 5th AVENUE

OCEAN WAY BOULEVARD

OCÉANO ATLÁNTICO

Chamber of Commerce

Singing Pines Children's Museum

Mizner Park (centro comercial)

Museum of Art

PALMETTO PARK ROAD   **Old Town Hall**

95   N 5th AVENUE

WEST CAMINO REAL   **Antigua estación de ferrocarril**

Boca Ratón Resort and Club

EAST CAMINO REAL

South Inlet Park

BOCA RATÓN

▽ Fort Lauderdale   ▽ Fort Lauderdale

rosos mecenas y una buena dirección, y se ha convertido en uno de los mejores museos de arte de pequeñas dimensiones. Además de sus exposiciones temporales sobre prominentes artistas de Florida, el museo cuenta con una colección permanente que incluye la Mayers Collection, de dibujos realizados por maestros modernos como Degas, Matisse, Picasso y Seurat, sin olvidar la fabulosa colección de arte africano.

Los amantes del deporte se deleitarán en el **Sports Immortals Museum**, 6830 N Federal Hwy (lun.-sáb., 10-18 h; verano, sólo dom.; 5 dólares; ☎997-2575), en cuyo interior se puede ver una gran variedad de recuerdos deportivos, desde el cinturón de campeón de Mohamed Alí hasta la mortífera bola de béisbol que mató a Ray Chapman en 1920.

Zona de la playa

Las cuatro **playas** de Boca Ratón están rodeadas de cierto secreto ya que, aunque son públicas, están cerradas por altas hileras de pinos australianos, lo que hace improbable que el viajero acceda si no es expresamente. Por consiguiente, tienden a ser coto de selectos floridanos y no suele haber turistas (para más información, el visitante puede ponerse en contacto con el organismo Palm Beach County Parks and Recreation; ☎966-6600).

La más meridional de las cuatro playas, **South Inlet Park**, es también la de menor extensión y muy tranquila, ya que no suele acudir gente entre semana, excepto algunas personas que van a pescar a lo largo de su corto malecón. Para ir hay que tomar un desvío bastante brusco que sale de la Hwy-A1A un poco más allá de Boca Ratón Inlet. **South Beach Park**, a unos 2 km al norte, es el lugar favorito de los surfistas, aunque la playa en sí es bastante pequeña y su arena gruesa. **Red Reef Park**, situada a unos 2 km en la misma dirección, se recomienda para tomar el sol y nadar, actividades que deben combinarse con la de caminar por el **Gumbo Limbo Nature Center** (lun.-sáb., 9-16 h; dom., 12-16 h; se aceptan donativos; ☎338-1473), situado al otro lado de la Hwy-A1A y cuyos amplios paseos entablados llevan al visitante a través de un *hammock* de árboles tropicales de frondosas y un manglar dispuestos junto a la Intercoastal Waterway. Si el viajero presta atención, podrá ver águilas pescadoras, pelícanos y algún que otro manatí oculto en las cálidas aguas. Entre mayo y julio puede participar en alguna de las excursiones nocturnas que organiza el centro para ver las tortugas. Pero hay que tener en cuenta que estas salidas son muy populares, por lo que se recomienda hacer la reserva enseguida.

El área costera que se puede explorar mejor es **Spanish River Park** (todos los días, 8-atardecer; automóviles, 8 dólares los días laborables; 10 dólares los fines de semana y vacaciones; peatones y ciclistas, entrada gratuita), 2 km más allá de Red Reef Park por la Hwy-A1A. Se trata de un espacio de unas 20 Ha con abundante vegetación al que sólo se puede llegar por senderos apartados que se adentran en espesuras sombrías. Vale la pena subir a la torre de observación de 13 m para disfrutar de las excelentes vistas del parque y gran parte de la ciudad. La playa adyacente es una franja costera alargada comunicada con el parque por varios túneles malolientes bajo la Hwy-A1A.

Boca Ratón constituye también una buena base desde donde visitar **Loxahatchee National Wildlife Refuge** (véase pág. 192). Esta reserva animal está situada a unos 16 km en dirección norte dejando la Hwy-441 y a unos 2 km al sur de Boynton Beach Boulevard/Route 804.

Aspectos prácticos

En Boca Ratón no hay **terminales de autobús** Greyhound; las más cercanas están en Pompano Beach (☎954/946-7067) y Delray Beach, 402 SE Sixth Ave (☎272-6447). La estación Tri-Rail se encuentra próxima a las Embassy Suites, junto a Yamato Road y la I-95 (☎1-800/TRI-RAIL) y cuenta con autobuses lanzadera que comunican con el centro de la ciudad. El autobús 91 denominado Palm Tran (☎233-4BUS) circula de lunes a sábado y cubre el trayecto que va desde Mizner Park pasando por el centro hasta el Sandalfoot Shopping Center; el billete de ida cuesta 1 dólar.

La **Chamber of Commerce** (cámara de comercio), en 1800 N Dixie Highway (lun.-jue., 8.30-17 h; vier., 8.30-16 h; ☎395-4433), facilita la información habitual pero no proporciona una larga lista de restaurantes y moteles económicos, ya que en esta ciudad no hay nada barato. Los **moteles**, situados cerca de la playa más asequibles, son *Shore Edge*, 425 N Ocean Boulevard (☎395-4491; ④), y *Ocean Lodge*, 531 N Ocean Boulevard (☎395-7772; ④), que también cuenta con algunas habitaciones equipadas con cocina. En temporada baja, el visitante puede ahorrar dinero durmiendo en establecimientos del interior como *Paramount Hotel*, 2901 N Federal Highway (☎395-6850; ② en temporada baja, pero ⑥ en temporada alta).

En cuanto a **lugares donde comer**, está *Prezzo*, 7820 Glades Rd (☎451-2800), oculto dentro del Arvida Parkway Center, restaurante que ofrece suculentos platos de pasta casera y variadas pizzas hechas a la leña. Para disfrutar de un buen desayuno, se recomienda *Tom Sawyer's*, 1759 NW Second Avenue (☎368-4634), donde sirven platos abundantes. En Mizner Park vale la pena probar la comida de *Bavarian Colony Deli*, 435 Plaza Real (☎393-3989), *Mozzarella's American Café*, 351 Plaza Real (☎750-3580) y *Ruby Tuesday's*, 409 Plaza Real (☎392-5705). *Max's Grille*, 404 Plaza Real (☎368-0080), es de categoría algo superior y ofrece una mezcla única de cocina norteamericana que incluye diversos manjares étnicos. Unos 3 km hacia el norte por la N Federal Highway hay más sitios donde elegir: cocina norteamericana tradicional en el *Boca Diner*, en el 2801 (☎750-6744); costillas y filetes a la barbacoa en *Tom's Place*, en el 7251 (☎997-0920); delicioso pescado y marisco en *The Seafood Connection*, en el 6998 (☎997-5562); y cocina inglesa tradicional en *The Ugly Duckling*, en el 5903 (☎997-5929).

Hacia el interior desde Boca Ratón: Morikami Museum and Japanese Gardens

El sur de Florida es quizás el último lugar donde el visitante esperaría encontrar un auténtico jardín japonés completo, con una capilla sintoísta, un salón de té y un museo para preservar la historia de los Yamoto. Sin embargo, estos tres elementos se hallan a unos 16 km al noroeste de Boca Ratón, en **Morikami Museum and Japanese Gardens**, 4000 Morikami Park Road (mar.-dom., 10-17 h; 4,25 dólares; ☎495-0233). Constituyen el legado que dejó un grupo de colonos japoneses que llegaron a este lugar con el propósito de cultivar té, arroz y criar gusanos de seda, pero que acabaron vendiendo piñas hasta que una plaga acabó con la cosecha en 1908.

Cada uno de los edificios más antiguos de Morikami guarda objetos y fotografías que recuerdan cómo era la colonia. Al otro lado del terreno convertido en hermoso parque está el edificio nuevo del museo, donde suele haber exposiciones montadas a partir de un enorme fondo de objetos y obras de arte japoneses, y donde se pueden consultar ordenadores interactivos que facilitan información sobre diversos aspectos de Japón y la vida japonesa. También hay un **salón de té** tradicional construido por un artesano japonés afincado en Florida, a menudo empleado para realizar ceremonias del té.

En esta zona es posible ver los Everglades a bordo de un **hidroavión**. Para más información sobre estas excursiones, se recomienda ir a **Loxahatchee Everglades Tours**, West End Lox Road, al oeste de Boca Ratón saliendo de la State Road 7/Route 441 (todos los días, 9-17 h; ☎1-800/683-5873).

Al norte hacia Palm Beach

En la mayoría de ciudades contiguas situadas **al norte de Boca Ratón** hay una buena franja de playa y, aunque algunas cuentan con exposiciones sobre su modesta historia, ninguna de ellas debe entretener al viajero por mucho tiempo. Si confía en el transporte público, puede tomar el **autobús** local 1S CoTran que pasa cada hora por las ciudades entre Boca Ratón y West Palm Beach.

Delray Beach

A unos 8 km al norte de Boca Ratón está **DELRAY BEACH**, un lugar que merece una visita de medio día, ya que hay una **playa** municipal de arena muy fina situada al pie de la Atlantic Avenue, realmente popular, pues es una de las pocas de Florida que permite observar la corriente del golfo de México: una raya azul cobalto que se puede ver a unos 8 km de la playa.

Desde la Atlantic Avenue, el visitante puede avanzar **hacia el interior**, donde encontrará más entretenimientos. En la esquina con Swinton Avenue se halla la majestuosa escuela de 1913 que forma parte de la **Old School Square** (mar.-sáb., 11-16 h; dom., 13-16 h; entrada gratuita); ☎243-7922), un grupo de edificios restaurado y convertido en centro cultural. En la espaciosa planta baja de la antigua escuela suele haber exposiciones de arte temporales, aunque si el visitante echa una ojeada al piso de arriba podrá ver varias clases de aquella época todavía equipadas con pupitres y paredes pintadas de color negro, usadas para evitar el exorbitante coste de las pizarras de tiza. A unos metros, justo al otro lado de NE First Street, está la **Cason Cottage** (mar.-vier., 10-15 h; entrada gratuita), construida en 1920 por el doctor John Cason, miembro de una ilustre familia local. Vale la pena observar su estructura de madera sencilla basada en la arquitectura de los pioneros de Florida.

Delray Beach es un buen lugar donde **almorzar**. En la playa municipal, *Boston's on the Beach*, 40 S Ocean Boulevard (☎278-3364), sirve un marisco muy fresco. Entre los establecimientos baratos que ofrecen **alojamiento** junto a la playa, se recomienda *Bermuda Inn*, 64 S Ocean Boulevard (☎276-5288; ⑤) y *Wright By the Sea*, 1901 S Ocean Boulevard (☎278-3355; ⑤-⑧).

Lake Worth

Si el visitante continúa avanzando en automóvil, es mejor tomar la Hwy-A1A, una ruta mucho más sugestiva que la Hwy-1. En su recorrido, la Hwy-A1A ofrece la posibilidad de contemplar un paisaje de unos 32 km compuesto por alargadas *barrier islands*, con vistas oceánicas a un lado y la vía fluvial Intercoastal Waterway (surcadas sus aguas por lujosos yates y ocupadas las orillas por opulentas mansiones) al otro. Sea cual sea la ruta que elija, se recomienda hacer un alto en **LAKE WORTH** (no debe confundirse con el lago homónimo que divide Palm Beach de West Palm Beach), enclave urbano situado a unos 16 km al norte de Delray Beach, y visitar el desordenado **Historical Museum** situado en el Utilities Department Buildings, 414 Lake Avenue (mar.-vier., 10-14 h; entrada gratuita). Bañeras llenas de plantas, herramientas oxidadas dispuestas de manera artística y muchos picos de épocas pasadas están expuestos con mimo.

Aparte de lo mencionado, no hay otros puntos de interés y el viajero puede seguir su camino hacia Palm Beach (por la Hwy-A1A) o West Palm Beach (por la Hwy-1), situadas ambas a sólo unos cuantos kilómetros al norte.

Palm Beach

Ciudad insular de reducido tamaño donde se asientan numerosas casas suntuosas, jardines cuidados con esmero y calles tan limpias que se podría comer en ellas, **PALM BEACH** ha sido durante casi un siglo sinónimo de un estilo de vida que sólo los inmensamente ricos podían permitirse. Baluarte de descarada riqueza cuya ostentación (manifestada en medidas como prohibir los tendederos de ropa, por ejemplo) no conoce límite, Palm Beach es, pese a todos sus defectos, un lugar único.

La clase alta de Estados Unidos empezó a pasar los inviernos aquí en la década de 1890, cuando Henry Flagler, magnate de la Standard Oil, llevó el ferrocarril de la costa este floridiana hacia el sur desde St Augustine, y construyó dos hoteles de lujo en esta isla por aquel entonces apartada y llena de palmeras. Durante los años veinte, Addison Mizner inició la moda por la arquitectura mediterránea, cubrió el lugar de arcadas, patios y plazas, y construyó las primeras mansiones de un millón de dólares. Desde entonces, han acudido en tropel magnates, campeones deportivos, aristócratas

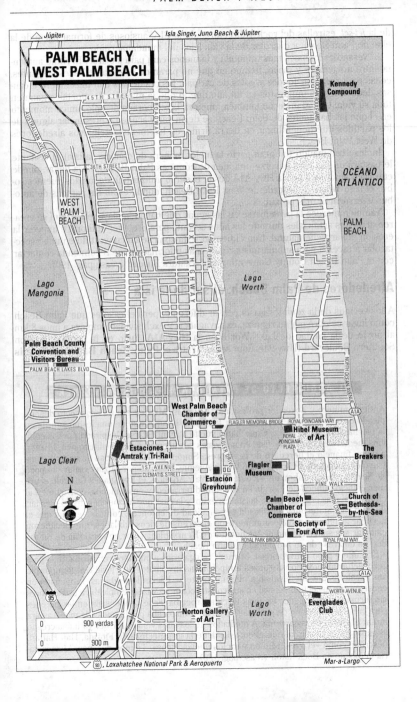

△ Júpiter   △ Isla Singer, Juno Beach & Júpiter

PALM BEACH Y
WEST PALM BEACH

45TH STREET

36TH STREET

WEST
PALM
BEACH

OCÉANO
ATLÁNTICO

PALM
BEACH

Kennedy
Compound

25TH STREET

Lago
Mangonia

Lago
Worth

Palm Beach County
Convention and
Visitors Bureau

PALM BEACH LAKES BLVD

West Palm Beach
Chamber of
Commerce

FLAGLER MEMORIAL BRIDGE   ROYAL POINCIANA WAY

Hibel Museum
of Art

ROYAL
POINCIANA
PLAZA

Estaciones
Amtrak y Tri-Rail

Lago Clear

The
Breakers

1ST AVENUE
CLEMATIS STREET

Flagler
Museum

N

Estación
Greyhound

PINE WALK

Palm Beach
Chamber of
Commerce

Church of
Bethesda-
by-the-Sea

Society of
Four Arts

ROYAL PARK BRIDGE

ROYAL PALM WAY

95

Norton Gallery
of Art

Lago
Worth

Everglades
Club

WORTH AVENUE

0   900 yardas
0   900 m

de la *jet-set*, estrellas del rock y directores de la CIA, ansiosos de formar parte de la elite de Palm Beach y disfrutar de la vida lejos del mundanal ruido.

El verano es la época más tranquila y la menos cara para alojarse. El ritmo aumenta entre noviembre y mayo, tiempo en que no paran de celebrarse bailes elegantes, cenas para recaudar fondos y galas de caridad: los residentes dan más dinero a causas deducibles de impuestos en un año que lo que la mayoría de mortales gana en toda su vida. Con el invierno también empieza la temporada de polo, único momento en el que los habitantes de Palm Beach se dejan ver y acuden a presenciar alguno de los partidos que tienen lugar en tierra firme, en los menos exclusivos alrededores de West Palm Beach.

Incluso caminando (en gran parte la mejor manera de conocer la isla) al visitante le bastará un día para hacerse una idea de cómo es Palm Beach. Para llegar, puede entrar en automóvil por la Hwy-A1A desde el sur, o utilizar uno de los dos puentes sobre el lago Worth si procede de West Palm Beach, donde están las paradas de autobús y ferrocarril más próximas.

También merece la pena fijarse en las aguas que bañan la playa, pues aquí se crearon arrecifes artificiales durante los años sesenta para proteger el litoral e impedir la erosión del arrecife natural. Con el tiempo, esta zona se ha convertido en una espectacular atracción para submarinistas; para más información, se recomienda contactar con el Palm Beach County Convention and Visitors Bureau (véase pág. 190).

Alrededores de Palm Beach: el sur de la isla

A los vecinos de la zona les gusta pensar diferente, pero el caso es que Palm Beach como lugar célebre por su riqueza, extravagancia y exclusividad empieza a unos 8 km al norte de la ciudad de Lake Worth en la Hwy-A1A, justo en la confluencia con Southern Boulevard (Hwy-98). Aquí se encuentra el **Palm Beach Bath and Tennis**

EL ARQUITECTO DE PALM BEACH: ADDISON MIZNER

Antiguo minero y boxeador profesional, **Addison Mizner** era un arquitecto desempleado cuando llegó a Palm Beach en 1918 para recuperarse de una lesión sufrida en la pierna durante su niñez, y que había vuelto a manifestarse. Inspirado por los edificios medievales que había visto en sus viajes por los países del Mediterráneo, Mizner, a quien financió el heredero de la empresa Singer (de las máquinas de coser), construyó el **Everglades Club**, en 356 Worth Avenue. Descrito por Mizner como «un poco de Sevilla y la Alhambra, un poco de Madeira y Argelia», el Everglades Club fue el primer edificio público de Florida en estilo mediterráneo, y enseguida se convirtió en el club social más prestigioso de la isla. Su éxito, y la casa que Mizner construyó más tarde para Eva Stotesbury, destacada personalidad de entonces, contribuyeron a que el peculiar arquitecto recibiera numerosos encargos de ricos jubilados, que decidieron cambiar sus suites en uno de los hoteles de Henry Flagler por una «cabaña de un millón de dólares» de su propiedad en Palm Beach.

Brillante y poco convencional, Mizner creó galerías e interiores en forma de U para aprovechar al máximo las suaves temperaturas invernales de Florida, al tiempo que sus escaleras que no llevaban a ninguna parte se hacían legendarias. Empeñado en conseguir un aspecto medieval en sus construcciones, Mizner empleaba a trabajadores sin formación para poner las tejas torcidas, rociaba leche condensada en las paredes para crear la impresión de suciedad de siglos y disparaba perdigones a la madera para imitar el efecto de la carcoma. A mediados de los años veinte, Mizner ya había creado el estilo Palm Beach, al que el entusiasta de la arquitectura de Florida, Hap Hattan, describió como «el Viejo Mundo para los nuevos ricos». Tiempo después, Mizner haría lo mismo en Boca Ratón (véase pág. 180).

Club, el primer club marítimo estrictamente reservado a socios que hay en la ciudad. Sus ventanales arqueados ofrecen maravillosas vistas del océano, pero los transeúntes sólo pueden ver la entrada vigilada del club. Siguiendo unos 3 km por esta concurrida autopista de dos carriles (un mal sitio para ir en bicicleta o caminar, o incluso detener el automóvil), se suceden mansiones que están protegidas de los fisgones por tapias de setos. Sin embargo, el viajero reconocerá enseguida la torre de estilo italiano con tejas rojas que corona la mansión denominada **Mar-a-Largo.** Terminada de construir en 1926, costó 8 millones de dólares y sirvió como residencia de invierno a Marjorie Merriweather-Post, heredera de una inmensa fortuna conseguida con la venta de cereales para el desayuno, y reina de la alta sociedad de Palm Beach durante casi 40 años. Tras la muerte de Merriweather-Post en 1973, Mar-a-Largo (con sus 118 habitaciones y 7 Ha de terreno) fue legada al Gobierno de Estados Unidos, pero éste no pudo hacerse cargo del mantenimiento. Finalmente, «la residencia privada más sibarita de Florida» fue vendida al magnate Donald Trump.

Siguiendo por la misma dirección, cerca del giro de Via La Selva, se vislumbra la propiedad algo dejada que en otro tiempo perteneció a John Lennon y Yoko Ono, aunque el lugar dice poco de la actitud antisistema del ex Beatle; antes perteneció a Cornelius Vanderbilt, multimillonario de principios del siglo XX. Un kilómetro más al norte, la Hwy-A1A se convierte en Ocean Boulevard al entrar en Palm Beach.

Palm Beach: la ciudad

Seguramente el visitante pasará la mayor parte del tiempo en la zona residencial principal de Palm Beach (la verdadera **ciudad**). Un buen lugar donde empezar el paseo es **Worth Avenue,** recorrida por automóviles clásicos y flanqueada por boutiques de diseño y lujosas galerías de arte; un lugar interesante, aunque lo único que pueda permitirse es mirar escaparates.

Aparte de poder comprar a crédito, el aspecto más llamativo de la calle es su arquitectura: paredes estucadas, fachadas de estilo románico y estrechos pasajes que llevan a pequeños patios donde puentes en miniatura cruzan canales inexistentes y escaleras de caracol ascienden a las plantas superiores. En el piso más alto de uno de estos edificios con patio, *Via Mizner,* situado en la esquina con Hibiscus Avenue, se halla la antigua residencia del hombre responsable de que Palm Beach tenga aspecto mediterráneo: el arquitecto **Addison Mizner.**

Después de dirigirse hacia el extremo occidental de Worth Avenue para mirar los barcos atracados en el lago Worth (hileras de yates de alta gama con más espacio habitable que las casas de la mayoría de personas), conviene explorar el resto de la ciudad recorriendo Cocoanut Row o County Road.

Cocoanut Row

Cuatro manzanas al norte de su confluencia con Worth Avenue, **Cocoanut Row** cruza Royal Palm Way cerca de los edificios estucados de la **Society of the Four Arts** (lun.-sáb., 10-17 h; dom., 14-17 h; donativo sugerido de 3 dólares; ☎655-7227). Entre principios de diciembre y mediados de abril, se celebran aquí espectáculos artísticos y conferencias de alto nivel, y cuenta con una **biblioteca** (mayo-oct., lun.-vier., 10-17 h; nov.-abril, lun.-vier., 10-17 h; sáb., 9-13 h) que se recomienda ver.

Aproximadamente a 1 km siguiendo por Cocoanut Row, el visitante verá las columnas blancas dóricas de la fachada de **Whitehall,** también conocido como Henry Flagler Museum (mar.-sáb., 10-17 h; dom., 12-17 h; la última visita empieza entre las 15.15 y las 15.30 h; 7 dólares; ☎655-2833). Sin duda la residencia más ostentosa de la

El código de área para Palm Beach es ☎561.

isla, Whitehall fue un regalo de boda de 4 millones de dólares que Henry Flagler hizo a su tercera esposa, Mary Lily Kenan, con quien se casó en 1901, no sin antes haber creado polémica al convencer al cuerpo legislativo de Florida para que modificara la ley estatal sobre el divorcio.

Al igual que muchas de las primeras residencias lujosas de Florida, el interior de Whitehall fue diseñado tras expoliar muchos edificios de Europa: entre sus 73 habitaciones hay una biblioteca italiana, un salón francés, una sala de billar suiza, un vestíbulo copiado del de San Pedro del Vaticano y un salón de baile de Luis XV. Todas las estancias poseen una rica ornamentación pero (aparte de compartir un aire decadente) carecen de cohesión estética. Flagler tenía 70 años cuando mandó construir Whitehall, por tanto era 37 años mayor que su mujer y no le volvían loco los banquetes y bailes que ella organizaba. A menudo desaparecía de las fiestas y se iba a su habitación por una escalera oculta, quizá para cavilar cómo iba a extender el ferrocarril hasta Key West (en su antigua oficina se puede ver una exposición con estos proyectos). Del vestíbulo de 33 m de altura, parten continuamente **visitas guiadas gratuitas** de 45 minutos que dejarán al visitante algo mareado con tantas historias (y la contemplación) de los excesos vividos durante los primeros años de Palm Beach. No se pierda el auténtico vagón de tren que hay fuera, en dirección a la tienda de recuerdos, y las espectaculares vistas de West Palm Beach que se divisan desde el enorme jardín trasero de la mansión.

Whitehall fue erigida junto a la primera residencia de vacaciones que tuvo Flagler en Palm Beach, el *Royal Poinciana Hotel*, un edificio de estilo colonial de seis plantas que, cuando fue acabado en 1894, con sus 2.000 habitaciones se convirtió en el mayor edificio de madera del mundo. Aparte de una plaquita que indica el lugar, sólo quedan los restos de un gran salón de baile como señal del hotel, cuyo terreno de 40 Ha se extiende hasta lo que hoy es Royal Poinciana Way. Aquí, en la esquina con Cocoanut Row, el visitante encontrará Royal Poinciana Plaza, una serie de agencias inmobiliarias y tratantes de arte, así como el **Hibel Museum of Art**, en 150 Royal Poinciana Plaza (mar.-sáb., 10-17 h; dom., 13-17 h; nov.-abril, abierto lun., 10-17 h; entrada gratuita; ☎833-6870). Ni Warhol ni Rothko, el artista de más éxito comercial de Estados Unidos es **Edna Hibel**, una septuagenaria residente en la isla Singer (al norte de Palm Beach, véase pág. 193), cuyas obras abarrotan esta galería de tupidas alfombras. Inspirada por el «amor», Hibel produce en serie elegantes retratos sentimentales, por lo general de serenas mujeres asiáticas y mexicanas, desde finales de los años treinta, y a menudo trabaja siete días a la semana para atender los encargos. Sin embargo, vale la pena hacer una visita, aunque sólo sea para admirar la imperturbable entrega de los guías y para imaginarse por qué los originales de Hibel se cotizan a 50.000 dólares.

County Road

Si se compara todo lo que se puede contemplar, **County Road** tiene poco que ver con Cocoanut Row (con la que discurre paralela) pero aun así merece la pena recorrerla a pie. En esta calle, a dos manzanas al norte de Worth Avenue, se pueden ver muestras del estilo mediterráneo de Mizner en los diferentes edificios ocupados por bancos y oficinas de la Administración local. En cambio, la **Church of Bethesda-by-the-Sea** de 1926 (a unos 15 minutos caminando) es un pilote estético cuyo estilo imita al gótico y que ha sustituido a la primitiva iglesia de la isla (véase «El norte de la isla»); en sus grandes vidrieras hay plasmadas escenas cristianas de todo el mundo, pero se recomienda al visitante que pase por los claustros con eco hasta los **Cluett Memorial Gardens** (todos los días, 9-17 h; entrada gratuita), un lugar apacible donde podrá sentarse en un banco de piedra y disfrutar de un buen picnic.

Un poco más al norte, County Road lleva hasta el campo de golf del hotel **The Breakers**, construido en 1926 y el último de los centros de veraneo ostentosos de

Palm Beach. En su interior se puede admirar un vestíbulo lleno de tapices, lámparas de arañas, enormes chimeneas y techos con pinturas; los miércoles a las 15 h hay una **visita guiada gratuita** del lugar.

El norte de la isla

Los puntos de interés que hay más allá de Royal Poinciana Way se divisan mejor desde el **Lake Trail**, un sendero de 5 km para bicicletas y peatones que sigue la orilla del lago Worth y llega casi hasta el límite norte de la isla. El mejor modo de recorrerlo es en bicicleta; es posible alquilar una en Palm Beach Bicycle Trail Shop, 223 Sunrise Avenue (☎659-4583) por 18 dólares medio día.

La mayoría de habitantes de la ciudad usan este sendero para correr y la verdad es que la posibilidad de practicar ejercicio y las buenas vistas del lago son lo único destacable. Sin embargo, vale la pena fijarse en Duck's Nest, la casa más antigua que se conserva en Palm Beach, que data de 1891, y la original **Church of Bethesda-by-the-Sea**, de 1889. Construida para atender a una congregación de granjeros que ocupaban una extensión de costa de 200 km, que tenían que acudir en barca, hoy en día se ha convertido en una residencia privada, fácil de distinguir por el reloj que pende de su pequeña torre. Tras pedalear unos minutos más, el camino del lago acaba al sur de Lake Worth Inlet, una estrecha franja de tierra que separa Palm Beach de la elevada isla Singer. Para llegar a la ensenada (desde aquí se puede divisar la isla contigua y el visitante tendrá la sensación de haber logrado una pequeña proeza), hay que avanzar por las calles residenciales cortas.

Para variar el camino, es posible volver al centro de Palm Beach por Ocean Drive (hay que tener cuidado, pues el camino no está señalizado), que pasa por la residencia llamada en primer lugar **Kennedy Compound** (1 Ha), situada en 1095 N Ocean Boulevard, y que fue adquirida por Joe Kennedy —padre de John, Robert y Edward— en 1933. Los Kennedy nunca se integraron en la ultraconservadora vida de Palm Beach; además, al sentirse rechazado en el Everglades Club, Joe irritó a la dirección de este establecimiento y se hizo socio de su rival, el Palm Beach Country Club. Se dice que pocos lloraron en Palm Beach cuando John (por entonces presidente de Estados Unidos) fue asesinado en 1963. Por si fuera poco, un escándalo protagonizado por los Kennedy sacudió Palm Beach: el arresto en abril de 1991 de William Kennedy Smith, sobrino del senador Edward Kennedy, acusado de violación, aunque más tarde fue absuelto del cargo.

Aspectos prácticos

En una ciudad donde la gente suele evitar a los turistas, la **Chamber of Commerce**, en 45 Cocoanut Row (invierno, lun.-vier., 9-16.30 h; verano, 10-16.30 h; ☎655-3282), ofrece mapas gratuitos e **información** muy útil para el viajero.

Para poder **alojarse** en Palm Beach necesitará disponer de mucho dinero: la comodidad y la elegancia son aquí las palabras clave y los precios pueden variar dependiendo de la época del año, por lo que se incluyen los precios de temporada alta y baja. Se recomienda *Palm Beach Historic Inn*, 365 S County Road (☎832-4009; ④-⑥), un B&B con los mejores precios de la ciudad, pero es necesario reservar habitación con tiempo. La otra opción para ahorrar dinero es ir entre mayo y diciembre, cuando se pueden encontrar los precios más bajos en estos establecimientos: *The Chesterfield*, 363 Cocoanut Row (☎1-800/CHESTR-1; ④-⑧); *Colony*, 155 Hammon Avenue (☎1-800/521-5525; ⑤-⑧); *Heart of Palm Beach*, 160 Royal Palm Way (☎1-800/523-5377, ⑥-⑧); y *The Plaza Inn*, 215 Brazilian Avenue (☎1-800/233-2632; ④-⑥). Obviamente, resulta mucho más económico hospedarse fuera de Palm Beach y visitarla por el día, algo posible desde West Palm Beach incluso sin automóvil.

Por fortuna, no todo está pensado para los ricos, ya que también es posible **comer** a precios relativamente baratos. *TooJay's*, 312 Royal Poinciana Plaza (☎659-7232), una panadería y tienda de comida precocinada de primera clase permanece abierta desde la mañana, y se puede elegir entre una amplia selección de platos, incluidas unas sabrosas tortillas por menos de 6 dólares; *Green's Pharmacy*, 151 N County Road (☎832-4443), ofrece platos económicos tanto para desayunar como para almorzar, y *Hamburger Heaven*, 314 S County Road (☎655-5277), sirve deliciosas hamburguesas de auténtica carne de vaca. Entre las opciones más caras figuran *Testa's*, 221 Royal Poinciana Way (☎832-0992), donde se puede comer exquisito marisco y pasta por 10-15 dólares la ración, y *Charley's Crab*, 456 S Ocean Boulevard (☎659-1500), con vistas a las dunas, ofrece un cóctel de gambas entre otras suculencias de marisco. Si el dinero no es problema para el visitante (cuesta como mínimo 50 dólares el cubierto) y se ha puesto sus mejores galas, se aconseja el elegante restaurante francés *Café L'Europe*, 331 S County Road (☎655-4020). Como alternativa está el supermercado Publix, 265 Sunset Avenue, un lugar adecuado si los anteriores locales están cerrados o se quiere hacer un picnic.

Thrift stores

En las **thrift stores** (tiendas de artículos baratos) de Palm Beach el visitante puede encontrar ropa de primera calidad (algunos vestidos han sido usados una sola vez), aunque los precios están por encima de los habituales en esta clase de tiendas. Entre las que merecen la pena destacar están The Church Mouse, 374 S County Road (abierto sólo entre oct.-mayo; ☎659-2154); Goodwill Embassy Boutique, 210 Sunset Avenue (☎832-8199); Thrift Inc, 231 S County Road (cerrado sept.; ☎655-0520;); Hab Center Boutique & Consignment, 212 Sunset Avenue (☎655-7825), o Deja Vu, 219 Royal Poinciana Way (☎833-6624). No hay que olvidar, sin embargo, que muchas tiendas de Palm Beach cierran en verano o reducen su horario (se recomienda telefonear antes de ir).

West Palm Beach y alrededores

Fundada para albergar a los trabajadores de los centros turísticos de Palm Beach propiedad de Flagler, **WEST PALM BEACH** ha estado durante mucho tiempo a la sombra de su elegante vecina situada en la otra orilla del lago. Sólo durante las dos últimas décadas la ciudad ha empezado a tener vida propia, con nuevos y vistosos edificios de oficinas y un camino que bordea el lago de gran atractivo paisajístico, además del crecimiento industrial (fruto de la especulación) experimentado en la orilla occidental. Lo más interesante de West Palm Beach es que ofrece alojamiento y comida a mejor precio que Palm Beach, y es el punto más cercano a la isla accesible con transporte público; aquí paran los autobuses CoTran procedentes de Boca Ratón y los de Greyhound (detalles más adelante); además, Palm Beach queda a unos minutos a pie cruzando uno de los puentes del lago Worth.

Información, transporte y alojamiento

La **Chamber of Commerce**, 401 N Flagler Drive, en la esquina de Fourth Street (lun.-vier., 8.30-17 h; ☎833-3711), tiene a disposición del público numerosos folletos gratuitos e informa sobre el condado de Palm Beach. El **centro de información turística**, situado en Indiantown Road (directamente entre la I-95 y el cruce de la Florida's Turnpike), es de difícil acceso si el visitante no va en automóvil, pero en el pantano que hay detrás del edificio se puede obtener información más completa y quizás el visitante tenga oportunidad de ver alguno de los caimanes que habitan allí. Las estaciones de **fe-**

rrocarril de West Palm Beach (☎1-800/872-7245), de Tri-Rail (☎1-800/TRI RAIL) y de Greyhound (☎833-8534) se hallan las tres en 201 S Tamarind Avenue, y enlazan con el área del centro mediante un servicio regular de autobuses lanzadera. La mayoría de rutas del **autobús** local CoTran (☎233-1111) convergen en Quadrille Road.

Casi todos los precios de las cadenas de **moteles** económicos en West Palm Beach son excesivos. El viajero encontrará las mejores opciones en *Queens Lodge*, 3712 Broadway (☎842-1108; ②); *Parkview Motor Lodge*, 4710 S Dixie Highway (☎1-800/523-8978; ①); *Mt Vernon Motor Lodge*, 310 Belvedere Road (☎1-800/545-1520; ②), o *Knights Inn*, 2200 45th Street (☎1-800/843-5644; ①). Si quiere un excelente lugar pero sin salirse del presupuesto, se recomienda el encantador *Hibiscus House*, 501 30th Street, junto a Flagler Street (☎863-5633; ④). Cargado de antigüedades cursis pero bonitas (incluido un piano de media cola), hay balcones en casi todas las habitaciones y una piscina donde se sirven desayunos caseros. El dueño es una auténtica enciclopedia ambulante de Palm Beach, y no duda en hacer público su conocimiento.

Centro de West Palm Beach

Aparte de cubrir las necesidades básicas, una de las pocas razones para permanecer en este punto son las interesantes colecciones del **Norton Museum of Art**, 1451 S Olive Avenue (mar.-sáb., 10-17 h; dom., 13-17 h; donativo sugerido, 5 dólares; ☎832-5194), situado a unos 2 km al sur del centro. Junto con algunas pinturas y dibujos característicos de Gauguin, Klee, Picasso y otros artistas, la galería posee un fondo completo de obras producidas por pintores estadounidenses del siglo XX: las más impresionantes son *The Street* (La calle), de Mark Tobey, un estudio de la frenética actividad urbana y *New York Mural* (Mural de Nueva York), de Stuart Davis. También cuenta con salas llenas de piezas de Extremo Oriente, como unos budas esculpidos del siglo VII, varias tallas color ámbar elaboradas de gran interés y una colección de jades funerarios fechados entre los años 1500 y 500 a.C.

A finales de los años cincuenta, el auge de centros comerciales en Palm Beach prácticamente acabó con las pequeñas boutiques y cafés de **Clematis Street** y convirtió esta calle en otra área del centro de West Palm Beach sin apenas vida. En la actualidad, gracias a un importante proyecto de renovación, Clematis Street ha vuelto a ser un espacio donde se ha instalado una mezcla de restaurantes, tiendas, galerías de arte y una interesante oferta de actividades culturales. La zona ha recuperado la vida de antaño con los conciertos al mediodía, los actos que se celebran los jueves por la noche dentro del programa «Clematis by Night» y un continuo desfile de vendedores ambulantes de comida y artesanía. El segundo martes de cada mes se celebra el «Clematis Backstage», acontecimiento que puede incluir desde conciertos hasta actos durante las vacaciones en el amplio Meyer Amphitheater, y los sábados por la mañana, la calle se viste de verde con el mercado de productos agrícolas. Diseñada con gran colorido, Clematis Street se extiende desde la Intercoastal Waterway hasta el corazón del centro, y acaba en la **fuente** interactiva de Centennial Square, que lanza chorros de agua al aire mientras adultos y niños gritan al rociarles el agua.

Comida, copas y vida nocturna

La mayoría de los buenos lugares para **comer** se concentran en Clematis Street. Se recomienda *Bimini Bay Café*, en el 104 (☎833-9554), un restaurante informal con decoración tropical y hermosas vistas de la Intercoastal; *My Martini Grille*, en el 225 (☎832-8333), sirve especialidades norteamericanas a la parrilla y una variedad de creativos martinis; *Daddy O's*, en 313 (☎833-1444), es el único local con «duelos» de pianistas de rock 'n' roll; sus músicos tocan cualquier petición, desde Rod Stewart hasta la banda sonora de *Barney*; *Dax*, en el 300 (☎833-0449), refresca al cliente con sus cócteles helados y las vistas que se divisan desde la segunda planta; las cenas en *Zazu City Grille*, en 313 (☎832-1919), suelen acabar en baile en el bar de decoración industrial. Si el visitante sólo quiere tomar un bocado, se aconseja el *Robinson's Pastry Shop*, en el 215 (☎833-4259), donde sirven excelentes tentempiés y sándwiches recién hechos durante el día; asimismo, se recomienda el *Respectable Street Café*, en el 518 (☎832-9999), un lugar ideal para tomar **una copa** y escuchar **música en vivo**.

Fuera ya de Clematis Street, vale la pena hacer una visita a *Margarita y Amigas*, 2030 Palm Beach Lakes Boulevard (☎684-7788), para disfrutar de buena comida mexicana; y para comer mientras ve un número cómico, nada mejor que *The Comedy Corner*, 2000 S Dixie Highway (cerrado entre 28 jun.-6 jul.; ☎833-1812), local con un bar y actuaciones de humoristas (10 dólares la entrada).

Hacia el interior desde West Palm Beach

Si el visitante viaja en automóvil, West Palm Beach es un buen punto de acceso al **Loxahatchee National Wildlife Refuge**, 10119 Lee Road, en Boynton Beach (todos los días, 6-19.30 h; automóviles 3,25 dólares; ciclistas y peatones 1 dólar; el centro de información abre entre miér.-dom.; ☎734-8303). Para ir hay que dirigirse hacia el oeste por la Hwy-80 unos 8 km, luego girar en dirección sur por la Hwy-441 y la entrada principal se ve a unos 20 km. La extensión de 500 km² de pantanos cubiertos de juncias (la zona norte de los Everglades, véase pág. 356) sólo es accesible de forma parcial desde dos **senderos** fácilmente transitables que parten desde el **centro de información**. Uno de ellos serpentea por una zona boscosa de cipreses, y el otro es un paseo entablado que pasa por encima del pantano y llega hasta una torre de observación. En ambos puede haber algunas serpientes y caimanes; además, el visitante podrá conocer de primera mano la Florida interior y salvaje, y se sorprenderá de ver lo llana que es. También hay rutas de piragua con guía, excursiones en hidroavión, rutas de observación de aves y «rondas nocturnas». En el ☎732-3684 facilitan más información.

La fauna africana y asiática constituye la principal atracción de **Lion Country Safari** (todos los días, 9.30-17.30 h; últimos vehículos admitidos a las 16.30 h; 14,95 dólares; ☎793-1084), situado en Southern Boulevard W (a unos 30 km al oeste de la I-95 y antes del cruce de la Hwy-98 con la 441). Leones, jirafas, chimpancés, cebras y avestruces vagan libremente por una extensión de 200 Ha donde los visitantes deben permanecer en sus automóviles. Su acceso resulta difícil y la entrada sale cara, pero si el visitante no puede marcharse de Florida sin fotografiar un flamenco, Lion Country Safari puede ser la solución.

Si el viajero quiere **adentrarse** aun más hasta llegar a la zona del lago Okeechobee (descrita en «Florida central»), debe tomar la Hwy-80 en West Palm Beach, que le llevará hasta la ciudad ribereña llamada Belle Glade, una ruta recorrida por el autobús 10 CoTran, aunque no es un lugar para estar sin automóvil.

TREASURE COAST

West Palm Beach marca el límite norte de la parte interior de Miami y el final de las zonas muy turísticas de la costa sudeste. Aparte de algunas ciudades pequeñas y poco interesantes, los siguientes 130 km (conocidos con el nombre de **Treasure Coast** o Costa del Tesoro, sencillamente para distinguirla de la Gold Coast) quedaron por completo al margen de la expansión hacia el sur y el norte, y dejaron enormes espacios abiertos y algunas extensiones de playa que atraen a los amantes de la naturaleza de Florida y pequeños grupos de bañistas.

Isla Singer y Juno Beach

Al norte de West Palm Beach, la Hwy-A1A cambia de dirección y se dirige a la costa hasta llegar a la **ISLA SINGER**, un nombre familiar para quien haya leído la novela *Sideswipe* de Charles Willeford, cuyo protagonista, Hoke Moseley, policía de homicidios de Miami, se oculta aquí durante varias semanas hasta que se aburre y regresa al sur. Las playas son bastante buenas pero al lugar le falta vida, ya que predominan las zonas residenciales; además, la oferta de alojamiento económico es limitada, aunque el visitante puede intentarlo en *The Sands Hotel Resort*, 2401 Beach Court (☎842-2602; ③). A poca distancia por la Hwy-A1A está el **John D. MacArthur Beach State Park** (todos los días, 8-atardecer; centro de información, miér.-dom., 9-17 h; automóviles, 3,25 dólares; peatones y ciclistas, 1 dólar; ☎624-6950), uno de los pocos parques estatales marítimos con buenos senderos y zonas de baño.

Los siguientes kilómetros están ocupados en su mayoría por campos de golf y comunidades de jubilados, pero una parada interesante es **JUNO BEACH**, donde la Hwy-A1A recorre un peñasco elevado y, si tiene suerte, el visitante podrá encontrar uno de los caminos sin señalizar que bajan hasta las playas poco frecuentadas.

Como alternativa, el viajero puede seguir la carretera hasta llegar al **Loggerhead Park** (situado junto al mar), donde también se encuentra el **Marine Life Center** (mar.-sáb., 10-15 h; entrada gratuita), dirigido al público infantil pero que permite a los adultos refrescar sus conocimientos sobre la vida marina en general y las tortugas marinas en particular (hay incluso un vivero de tortugas y una exposición sobre su ciclo vital). Las tortugas sólo abandonan la seguridad del océano entre junio y julio, cuando se deslizan hacia la playa para poner los huevos, protegidas por la oscuridad de la noche. Éste es uno de los lugares de la Treasure Coast donde se organizan excursiones para verlas; el visitante puede informarse en el museo o telefonear al ☎627-8280. Las reservas se pueden hacer a partir de mayo.

Júpiter e isla Júpiter

Dividida en varios distritos anodinos dispuestos alrededor de la desembocadura del río Tequesta, **JÚPITER**, situada a unos 10 km al norte de Juno Beach, sirvió de refugio a los traficantes de ron durante la Ley Seca. Pero hoy en día es más conocida por ser la ciudad natal del actor Burt Reynolds, hijo predilecto de Florida. La mayoría de símbolos identificativos del actor han desaparecido, como el restaurante Backstage y el Jupiter Theater, y se rumorea que va a deshacerse de su rancho. Sin embargo, si el viajero es un gran admirador de todo lo que tenga que ver con el actor, puede atravesar a pie el Burt Reynolds Park, junto a la Hwy-1 cerca del centro de la ciudad, para ir al **Florida History Center and Museum**, en 805 N Hwy-1 (mar.-vier., 10-16 h; sáb.-dom., 13-16 h; 4 dólares; ☎747-6639), donde se describe la vida de los pioneros en el río Tequesta y sus alrededores mucho antes de la época de Burt Reynolds. Para conocer más detalles sobre cómo vivían los colonos, el viajero puede visitar un hogar de aquella época montado en los bajos del museo (miér. y dom., 13-16 h; 2 dólares). Y, si está en la ciudad el día 8 de octubre, podrá pasárselo en grande en el festival de country estadounidense donde se baila, se comen costillas y chile y se bebe abundante cerveza, además de visitar el **Burt Reynolds Ranch**, a 3 km al sur de la ciudad, en el 16133 de Jupiter Farms Road (☎747-5390).

La única atracción que resta de Júpiter con algún interés es el **faro** (☎747-8380) de ladrillos rojos, que data del siglo XIX y fue construido en la orilla norte de la ensenada de Júpiter, con un pequeño **museo** situado en el Jupiter Lighthouse Park (dom.-miér., 10-16 h; 5 dólares; dom. por la tarde, entrada gratuita; última visita a las 15.15 h; ☎746-

3101). El faro puede verse desde Beach Road, la calle que la Hwy-A1A sigue para volver a la costa después de serpentear por la ciudad. Esta ruta rodea la **Jupiter Inlet Colony**, una zona residencial de personas adineradas cuyas calles están vigiladas por rayos fotoeléctricos (lo que permite a la policía comprobar cualquier tráfico sospechoso que circule por los callejones sin salida) antes de seguir hacia el norte a lo largo de isla Júpiter. Si el visitante tiene hambre, hay un local estupendo para comer **marisco**, aunque algo caro (se recomienda pedir la carta de aperitivos, ya que las raciones son igual de abundantes): *Charley's Crab*, 1000 N Hwy-1 (☎744-4710), en la cala de Júpiter.

La isla Júpiter

Cuando el visitante haya entrado en la **isla Júpiter** unos 3 km siguiendo por la Hwy-A1A, puede detenerse en la **Blowing Rocks Preserve** (todos los días, 9-17 h; donativo sugerido de 3 dólares), donde un afloramiento de piedra caliza cubre gran parte de la playa y se producen intensas mareas; el agua entra primero en los huecos de las rocas y luego sale despedida al aire en ráfagas de espuma. Cuando la marea está baja, a veces es posible caminar por el afloramiento y mirar dentro de las cavidades que el mar ha perforado en las rocas. Un nuevo centro educativo (para todas las edades) incluye una sala de exposiciones, un jardín de mariposas y un paseo entablado.

A unos 11 km más al norte, la playa cubierta de conchas llamada Hobe Sound Beach, marca el límite del **Hobe Sound National Wildlife Refuge**, cuya extensión ocupa el resto de la isla. Tras conseguir un gran éxito como zona de anidamiento para tortugas marinas durante el verano (excursiones disponibles en jun.-jul.; telefonear al ☎546-2067), el refugio también es rico en aves cantoras, entre las que destaca el arrendajo de monte bajo. Para conocer más detalles sobre la fauna y flora del lugar, se recomienda visitar el pequeño **centro de información** (lun.-vier., 9-11 h y 13-15 h; ☎546-2067) que se halla en tierra firme, donde la Hwy-A1A enlaza con la Hwy-1.

La punta norte de la isla Júpiter alberga la **St Lucie Inlet State Preserve** (todos los días, 8-atardecer; automóviles, 3,25 dólares; peatones y ciclistas, 1 dólar; ☎744-7603), cuyas 370 Ha de terreno incluyen arroyos flanqueados de mangles y más de 3 km de playas. De vez en cuando se puede ver algún manatí alimentándose en los lechos de hierba al norte del muelle, y el paseo entablado es interesante sobre todo por el aroma parecido al de la mofeta que despide el llamado *shite-stopper* (literalmente, huelemierda), un árbol tropical de nombre inglés muy apropiado.

Hacia el interior: el Jonathan Dickinson State Park

Situado a 3 km al sur del centro de visitantes de Hobe Sound por la Hwy-1 está el **Jonathan Dickinson State Park** (todos los días, 8-atardecer; automóviles, 3,25 dólares; peatones y ciclistas, 1 dólar; ☎546-2771), que conserva un paisaje natural muy diferente del de la costa. Se recomienda subir a la plataforma de observación que hay en lo alto de la **Hobe Mountain**, una duna de 26 m de alto, desde donde se contemplan pinos, palmitos (una palmera achaparrada tropical), llanos y el curso flanqueado de mangles del sinuoso río Loxahatchee. Los intrépidos pueden obtener mapas de exploración en la oficina de la entrada y caminar por el **Kitchen Creek Trail**, que empieza en la entrada al parque y acaba en un *hammock* de cipreses, donde hay varias zonas de acampada sencillas; las parcelas para acampar deben reservarse con antelación (☎546-2771). También es posible alquilar bungalós a 50 dólares la noche; telefonee con antelación al ☎1-800/746-1466.

Si el visitante no tiene tanto espíritu aventurero, puede alquilar una piragua en el mismo lugar donde alquilan los bungalós y remar por el río Loxahatchee (no hay que desanimarse por la abundancia de caimanes) hasta el **centro de información Trapper Nelson**, cuyo nombre se debe a un cuáquero encontrado cerca de este lugar en 1697. Otra forma de llegar es a bordo del **Loxahatchee Queen II**, un crucero de 2 horas de duración, (4 diarios, miér.-dom., 9-15 h; 10 dólares; reservas en el teléfono ☎746-1466).

Stuart y la isla Hutchinson

Justo al norte de isla Júpiter hay otra *barrier island* alargada. Para llegar a ella (por la Hwy-1 o la Hwy-A1A), se debe pasar primero por **STUART**, una bonita ciudad, aunque algo aburrida, situada en la orilla sur del río St Lucie. En Stuart hay varios edificios de madera de un siglo de antigüedad en Flagler Avenue o alrededores (se recomienda conseguir una **guía gratuita** en la **Chamber of Commerce**, 1650 S Kanner Highway (lun.-vier., 9-17 h; ☎287-1088), y una estación Greyhound en 757 SE Monterey Road (☎287-7777), pero no mucho más que pueda detener al viajero. Sin embargo, hay un establecimiento donde se **alquilan bicicletas**, Pedal Power, en 1211 SE Port St Lucie Boulevard (☎335-1310), que irá muy bien si el viajero no tiene automóvil para hacer el recorrido de 6 km por la Hwy-A1A, que cruza por encima del Intercoastal Waterway y llega hasta la isla Hutchinson (aunque el camino de bicicleta sólo empieza en Jensen Beach, véase más adelante). Para **comer** en el centro de Stuart, se aconseja *Riverwalk Café*, 201 SW St Lucie Avenue (☎221-1511) o *The Flagler Grill*, 47 SW Flagler Avenue (verano, sólo jue.-sáb.; ☎221-9517).

La isla Hutchinson

Ocultas en gran parte tras unas hileras frondosas de pinos australianos, varias playas hermosas se extienden a lo largo de la **isla Hutchinson**, de 32 km de largo, situada al este de Stuart por la Hwy-A1A (también conocida como Ocean Boulevard). Se recomienda mantener los ojos bien abiertos para encontrar los puntos de acceso público. De todos modos, es bastante difícil no ver **Stuart Beach**: se trata de una extensión de playa de arena marrón que se encuentra frente a la Hwy-A1A; los habitantes del lugar superan en número a los turistas, por tanto resulta un lugar idóneo para tomar el sol durante un buen rato.

Cerca de allí, en 825 NE Ocean Boulevard, está el **Elliott Museum** (todos los días, 11-16 h; 4 dólares; ☎225-1961), que expone una serie de objetos y decoraciones mecánicos; algunos de ellos pertenecieron a Sterling Elliott, en memoria de quien se fundó el museo. Inventor durante la década de 1870, las creaciones de Elliott expuestas aquí incluyen una anudadora automática y la primera etiquetadora, además de un cuadriciclo (una bicicleta de cuatro ruedas) que resolvió muchos de los problemas técnicos que impedían el desarrollo del automóvil. Por tal razón, resulta incomprensible el hecho de que gran parte del museo esté dedicado a tiendas de principios de siglo reconstruidas, complementos de estilo victoriano y un hangar lleno de coches de época. Este batiburrillo se completa con una colección de objetos autografiados por miembros del Baseball Hall of Fame.

Aproximadamente a 1,5 km al sur del 301 SE MacArthur Boulevard se halla el **Gilbert's Bar House of Refuge** (mar.-dom., 11-16 h; 2 dólares; ☎225-1875), un lugar más interesante para el viajero. Se trata de un refugio restaurado para marineros víctimas de un naufragio, uno de los cinco que se construyeron a lo largo de la costa este de Florida durante la década de 1870. Amueblado de manera espartana con muebles victorianos, las habitaciones del refugio pueden conocerse mejor con la **visita guiada gratuita** (se inicia cuando el viajero lo pide, cada día excepto sáb.). En la zona de la entrada hay más pruebas de la importancia del refugio: equipo de salvamento, troncos de barcos y una estación meteorológica moderna, junto con recuerdos de uso más reciente del edificio como vivero de tortugas marinas.

El código de área para las zonas de la Treasure Coast citadas en este capítulo es ☎561.

Si se avanza un poco más hasta la mitad de la isla aproximadamente, se llega a **JENSEN BEACH**, donde está la única carretera que va al continente entre Stuart y Fort Pierce y una playa pequeña pero agradable. Si el visitante decide parar a comer, debe seguir un poco más adelante, pues aquí la oferta es bastante limitada. En cuanto al alojamiento, se recomienda *Dolphin Motor Lodge*, 2211 NE Dixie Highway (☎334-1313; ③). En Jensen Beach también empieza un **camino de bicicletas** que sigue (y pasa por una de las dos centrales nucleares de Florida, con un centro de información que ofrece exposiciones interactivas; para saber el horario telefonee al ☎468-4111 o ☎466-1600; entrada gratuita) hasta Fort Pierce Inlet, que divide la isla Hutchinson en dos mitades. Para ir a la parte norte (conocida como North Hutchinson), el viajero tendrá que atravesar Fort Pierce, la mayor ciudad de la zona.

Fort Pierce

La primera impresión que el viajero tiene de **FORT PIERCE** es bastante favorable debido a los moteles, bares y restaurantes rústicos que se agrupan a lo largo de la Hwy-A1A y una playa bastante apacible. La mayor parte de la ciudad (atravesada por la Hwy-A1A) se encuentra unos 3 km más allá de la Intercoastal Waterway, donde el turismo desempeña un papel secundario en beneficio de la industria de elaboración y transporte de productos cítricos procedentes de las granjas de Florida. La animada zona costera sirve de base para explorar la isla, pero en el área de la ciudad en tierra firme no hay muchos puntos de interés. Sin embargo, la práctica del submarinismo en la costa es una experiencia totalmente diferente, ya que permite explorar arrecifes y naufragios que se remontan a la época de los galeones españoles (para más detalles, véase «Aspectos prácticos», pág. 198).

El Historical Museum

Situado junto a la Hwy-A1A, a escasa distancia del puente que cruza la Intercoastal Waterway, en 414 Seaway Drive, el **St Lucie County Historical Museum** (mar.-sáb., 10-16 h; dom., 12-16 h; 2 dólares; ☎462-1795) posee un interesante fondo de reliquias. Entre ellas destacan una *chickee* (una piragua hecha a mano) de los indios seminolas y una buena descripción de las guerras contra los seminolas que incluye una réplica del fuerte de 1835 (del que toma su nombre Fort Pierce) y una recreación de la tienda de P. P. Cobb, punto neurálgico de la ciudad a principios del siglo XX. Fuera del museo se halla la **Gardner House**, una cabaña de granjeros de 1907 a la que vale la pena echar un vistazo. Se recomienda fijarse en los techos altos y las numerosas ventanas que permitían que circulara el bochornoso aire de Florida. El museo también contiene una galería de exposiciones y una bomba de incendios de 1919 totalmente restaurada.

Centro de Fort Pierce y alrededores

Al entrar en el **centro de Fort Pierce**, lo primero que se ve es una depuradora de aguas residuales y las torres de una fábrica de cemento, lo que supone un brusco contraste con la exuberante vegetación de la isla Hutchinson. De todos modos, si el viajero tiene tiempo, puede seguir por la Hwy-A1A, que lleva en dirección al océano hasta la isla North Hutchinson. En el centro no hay puntos de interés, por lo que se aconseja tomar la Hwy-1 y hacer una excursión hacia el norte. Desde mediados de no-

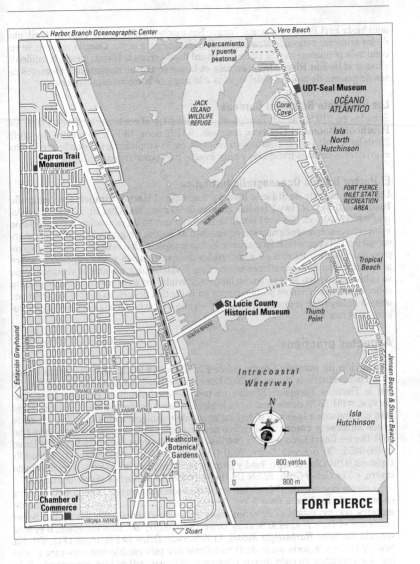

viembre hasta principios de abril es posible ver manatíes en la Indian River Lagoon. Hay una zona de observación situada en Moore's Creek en el puerto deportivo, donde confluyen Avenue C y North Indian River Drive.

Capron Trail Monument e Indian River Drive

A unos 3 km al norte del centro de Fort Pierce, la Hwy-1 cruza St Lucie Boulevard; si el visitante gira aquí a la izquierda llegará a un monumento (en la intersección con 25th Street) en memoria de los soldados del siglo XIX que avanzaron palmo a palmo desde aquí hasta Fort Brooke, la actual Tampa. Sus machetes abrieron el **Capron Trail**, una de las primeras rutas que atravesaron Florida de este a oeste. Cuando regrese, se recomienda permanecer en St Lucie Boulevard donde cruza la Hwy-1, girar a la izquierda y tomar el **Indian River Drive**, avenida en la que se alinean numerosas y elegantes casas de madera de principios del siglo XX a lo largo de la Intercoastal Waterway.

Los Heathcote Botanical Gardens

Situados en 210 Savannah Road, junto a la Hwy-1 y al norte de Jefferson Plaza, los **Heathcote Botanical Gardens** (mar.-sáb., 9-17 h; dom., 13-17 h, sólo entre nov.-abril; 2,5 dólares; ☎464-4672) constituyen un oasis en un emplazamiento donde predomina el gris; unos jardines tranquilos y muy frescos para pasar un par de horas.

El Harbor Branch Oceanografic Institution

Unos 8 km al norte de St Lucie Boulevard se halla el **Harbor Branch Oceanografic Institution**, 5600 N Hwy-1 (visitas guiadas de 90 min., lun.-sáb., 10, 12 y 14 h; 5 dólares; ☎465-2400, ext. 328 o ☎1-800/333-4264), un centro de educación e investigación sobre el océano magníficamente equipado. Las visitas, de gran contenido informativo, parten del centro de información e incluyen aspectos interesantes, como por ejemplo modelos a escala real de sumergibles de investigación y una exposición sobre acuicultura con demostraciones interactivas y vídeos para mostrar al visitante cómo se cultiva el marisco para consumo humano y ayudar así a reducir la creciente presión sobre el mar. También es posible comer en la cantina del centro de investigación por unos 5 dólares (se aconseja el *meatloaf* —rollo de carne picada cocida— y, por supuesto, el marisco).

Aspectos prácticos

La **estación de autobús** Greyhound de Fort Pierce (☎461-3299) se encuentra a unos 10 km del centro de la ciudad, en 7005 Okeechobee Road, cerca del cruce de la Hwy-70 con la Florida's Turnpike. El viaje en **taxi** (se recomienda la empresa Grey Taxi Service, ☎461-7200) desde aquí hasta la playa no suele costar más de 12 dólares. En el área circundante a la estación, hay un grupo de establecimientos sencillos y baratos donde **alojarse y comer**. Si el viajero necesita una habitación, se aconseja *Days Inn*, 6651 Darter Court junto a la I-95 (☎466-4066; ④), *Hampton Inn*, 2831 Reynolds Drive (☎460-9855; ③) o *Econo Lodge*, 7050 Okeechobee Road (☎465-8600; ③). *Piccadilly Cafeteria*, 4194 Okeechobee Road y Orange Blossom Mall (☎466-8234), ofrece comida casera, y *The Galley Grille*, 927 N US Hwy-1 (☎468-2081), buenos platos de marisco.

La oferta restante de alojamiento y restauración que merece la pena se concentra en la zona de la playa, a unos 3 km al este del centro de Fort Pierce. La mayoría de **moteles** aceptan estancias de varios días y en muchas habitaciones hay cocina. Se recomienda el *Days Inn*, 1920 Seaway Drive (☎461-8737; ⑤), bien equipado, o el más sencillo *Dockside Harborlight Resort*, 1160 Seaway Drive (☎1-800/286-1745; ③). En Seaway Drive y la parte norte de Ocean Drive hay más establecimientos para elegir; hay que preguntar en cada uno de ellos para averiguar cuál es más conveniente. Si lo que busca el visitante es un **cámping**, tendrá que ir tierra adentro unos 11 km al sur del centro de Fort Pierce por la Route 707 hasta llegar a *Savannah's* (☎464-7855), un antiguo pantano cuadrado bastante grande que ha sido recuperado; se halla junto a la Intercoastal Waterway y plantar una tienda cuesta 10 dólares. Para explorar este paisaje todavía en estado salvaje, el viajero tendrá que tomar uno de los senderos naturales o alquilar una piragua.

Entre los establecimientos para **comer** en Fort Pierce destacan *Captain's Galley*, 825 N Indian River Drive (☎466-8495), un local sencillo y económico cuyos desayunos tradicionales, así como los almuerzos y cenas consistentes le han valido la categoría de cuatro estrellas otorgada por el *Miami Herald*; y *Mangrove Matties*, 1640 Seaway Drive (☎466-1044), restaurante más refinado especializado en sabrosos bistés y platos de marisco.

En la **Chamber of Commerce**, 2200 Virginia Avenue (lun.-vier., 8.30-17 h; ☎595-9999), el visitante podrá obtener **información** general sobre la zona. Las empresas Dixie Divers, 1717 S Hwy-1 (☎461-4488), y Deep Six Dive, 2323 S Hwy-1 (☎465-4114), ofrecen un programa de submarinismo de 24 horas por 20 dólares.

Port St Lucie

Contiguo a la zona sur de Fort Pierce se halla **PORT ST LUCIE**, cuya principal atracción es el St Lucie County Sport Complex, 527 NW Peacock Loop (☎340-1721), lugar elegido por el equipo de béisbol de los New York Mets para acabar su pretemporada. También es el estadio donde juegan los St Lucie Mets, un equipo de béisbol de categoría inferior cuya temporada se inicia en abril. Al acabar la novena *inning* (entrada), puede darse un merecido descanso en *Best Western*, 7900 S Hwy-1, Port St Lucie (☎878-7600; ⑤).

La isla North Hutchinson

En el extremo sur de la **isla North Hutchinson**, se encuentra **Fort Pierce Inlet State Recreation Area** (todos los días, 8-atardecer; automóviles, 3,25 dólares; peatones y ciclistas, 1 dólar; ☎468-3985), en 905 Shorewinds Drive, junto a la Hwy-A1A, con una extensión de 136 Ha. Su situación (mirando Fort Pierce Inlet y su playa) lo convierte en un marco de gran belleza paisajística, ideal para disfrutar de un picnic, así como punto de partida de los surfistas de la zona. A unos 2 km al norte por la Hwy-A1A, hay una pasarela que parte del aparcamiento del **Jack Island Wildlife Refuge** (mismo horario y precio de entrada que el anterior espacio natural) y lleva hasta el Marsh Rabbit Run, un paseo entablado de 1,5 km de longitud que atraviesa un pantano de frondosos mangles hasta llegar a una torre de observación situada en la orilla del río Indian. Entre las aves que se pueden contemplar desde allí figuran las garzas reales azules y las águilas pescadoras.

El **UDT-SEAL Museum** (mar.-sáb., 10-16 h; dom., 12-16 h; 2 dólares; ☎595-5845), 3300 N Hwy-A1A entre el área recreativa y el refugio de animales, no muestra gran interés por el medio ambiente, ya que está dedicado a los equipos de demolición compuestos por submarinistas de la Marina de Estados Unidos que han hecho explotar minas marinas y defensas de playa desde el desembarco de Normandía. Durante la Segunda Guerra Mundial, los equipos de demolición submarina UDT se entrenaron en la isla Hutchinson (como casi todas las *barrier islands* de Florida, en aquella época estaba vetada a los civiles). Durante los años sesenta, se formó aquí el cuerpo de elite SEAL (Sea Air Land). El museo ofrece los detalles técnicos del establecimiento de cabezas de playa, aunque, como era de esperar, el patriotismo es manifiesto.

Vero Beach y alrededores

A lo largo de los 23 km siguientes, los pinos australianos estropean las vistas del océano que se divisan desde la Hwy-A1A hasta que la isla Hutchinson se convierte, de forma imperceptible, en la **isla Orchid** y se llega a **VERO BEACH**, la única población importante del área, con una acusada imagen de clase alta. No obstante, constituye un agradable escondite con un buen grupo de playas dispuestas alrededor de Ocean Drive, que discurre paralelo a la Hwy-A1A. Aparte de la playa, no hay muchos puntos de interés para el viajero, pero vale la pena visitar el *Driftwood Resort*, 3150 Ocean Drive (☎231-0550), un hotel de los años treinta, convertido en la actualidad en un bloque de apartamentos, que fue construido con madera de deriva, objetos de mercadillo y partes de mansiones de Palm Beach demolidas para evitar pagar impuestos.

Vero Beach: aspectos prácticos

A unos 5 km de la costa, en la **parte interior de Vero Beach** hay una terminal de autobuses Greyhound situada en la gasolinera Texaco, 1995 Hwy-1 (☎562-6588) y una **Chamber of Commerce** en 1216 21st Street (lun.-vier., 9-17 h; ☎567-3491). En la zona de la playa se encuentran varios lugares para **alojarse**: *Riviera Inn*, 1605 S Ocean Drive (☎234-4112; ④), y *Sea Spray Gardens*, 965 E Causeway Boulevard (sólo ofrece servicio de autoabastecimiento; ☎231-5210; ②), ambos con grandes ofertas en temporada baja. Los **restaurantes** más económicos son *Beachside Restaurant*, enfrente del *Driftwood Resort*, en 3125 Ocean Drive (☎234-4477), *Nino's Café*, 1006 Easter Lily Lane (☎231-9311) y *Tangos*, 925 Bougainvillea Lane (entre Ocean Drive y Cardinal Drive; ☎231-1550).

Al norte de Vero Beach: Sebastian Inlet

El resto de la isla está ocupado por pueblos situados junto al mar, pero la mayor actividad (y los cámpings; mayo-nov., 15 dólares; dic.-abril, 17 dólares) se concentra en torno a **Sebastian Inlet State Recreation Area**, 9700 S Hwy-A1A (abierto 24 h; automóviles, 3,25 dólares; peatones y ciclistas, 1 dólar; ☎407/984-4852), a unos 25 km al norte de Vero Beach. Se trata de un lugar con grandes olas rompientes que atrae a numerosos surfistas, sobre todo en Semana Santa, cuando se celebran competiciones, y los pescadores de caña abarrotan los muelles en busca del mejor pescado de la costa este. Pero si al viajero no le atraen ni las tablas ni las cañas, puede pasar un buen rato contemplando la actividad de las aves en peligro de extinción partiendo de la cercana isla Pelican, el refugio de vida animal más antiguo de Estados Unidos vetado al hombre. Si el visitante quiere observar las evoluciones de delfines y manatíes, el *Inlet Explorer* (situado dentro de Inlet Marina; 15 dólares adultos; 10 dólares niños menores de 12 años; ☎407/724-5424 o 1-800/952-1126) ofrece recorridos de 2 horas por la Indian River Lagoon. Como alternativa, puede avanzar unos 3 km hacia el sur de la cala hasta llegar al **McLarty Treasure Museum**, 13180 N Hwy-A1A (todos los días, 10-16.30 h; 1 dólar; ☎589-2147), donde podrá contemplar tesoros recuperados de una flota española del siglo XVIII que fue hundida por un huracán.

Pasado Sebastian Inlet se entra en los aledaños de la **Space Coast** (Costa del Espacio), zona descrita en «La costa nordeste».

transportes

Ferrocarriles

Hollywood a: Boca Ratón (14 diarios; 39 min.); Delray Beach (51 min.); Fort Lauderdale (15 min.); West Palm Beach (1 h 16 min.)

Autobuses

Fort Lauderdale a: Delray Beach (2 diarios; 1 h 10 min.); Fort Pierce (12 diarios; 2 h 50 min.); Stuart (4 diarios; 3 h 15 min.); Vero Beach (5 diarios; 3 h 55 min.); West Palm Beach (14 diarios; 2 h).

Hollywood a: Fort Lauderdale (11 diarios; 10-30 min.); Orlando (8 diarios; 5-6 h).

West Palm Beach a: Belle Glade (1 diario; 55 min.); Fort Pierce (7 diarios; 1 h); Stuart (4 diarios; 45 min.); Tampa (5 diarios; 7-8 h 30 min.); Vero Beach (4 diarios; 2 h 30 min.)

CAPÍTULO CUATRO

LA COSTA NORDESTE

Menos enfocados al turismo que otros lugares de Florida los casi 306 km de la **costa nordeste** son ideales para explorarlos con detenimiento. El viajero a menudo tendrá la sensación de no hacer más que mirar el océano; sin embargo, algunos de los elementos y hechos que han forjado la historia de Florida, desde los asentamientos de los indios americanos hasta la rampa de lanzamiento de la lanzadera espacial, resultan muy interesantes. Cuando el viajero organice su viaje, deberá tener en cuenta que las **temporadas** turísticas de la costa nordeste son las contrarias a las de la costa sudeste: la época más bulliciosa es el verano, cuando el alojamiento resulta más caro y no es tan fácil encontrar hotel como en los meses de invierno.

Aparte de compartir una línea de costa, las poblaciones de la costa nordeste tienen pocos puntos en común. La **Space Coast** (Costa del Espacio), el área más al sur, recibe sobre todo a la multitud que va a ver el nuevo y mejorado **Kennedy Space Center**, todavía plataforma de lanzamiento de naves y lanzaderas espaciales. Vale la pena visitarla, al igual que la reserva natural que lo rodea. Todos los años, en marzo y abril, se produce un acontecimiento muy diferente a casi 113 km al norte de la Space Coast, en **Daytona Beach**, una pequeña población con una playa que, hasta hace poco, recibía a legiones de adolescentes que celebran el Spring Break. Aunque la Administración local desaprueba el acontecimiento, todavía pueden verse adolescentes de juerga por esas fechas; pero el resto del año, en Daytona reina la tranquilidad.

A lo largo de la sección norte de la costa, se encuentra **St Augustine**, un lugar donde pueden verse más indicios de los primeros asentamientos europeos; allí, en el siglo XVI, se establecieron los españoles, los primeros europeos que lo hacían en América del Norte. Además de las atracciones que ofrece la población, destaca la costa que lo rodea, parte de una maravillosa playa que se extiende hasta las **Jacksonville Beaches**, más de 32 km al norte, donde el visitante perderá unos cuantos días tomando el sol y entregándose a la animada vida nocturna local. Justo en el interior, la ciudad de **Jacksonville**, que lucha por desprenderse de su imagen industrial, no ofrece puntos de interés de camino hacia el extremo nordeste del estado. Allí, dominando la costa de Georgia, en la pequeña **isla Amelia**, rodeada de arena plateada, hay un centro de la era victoriana, que se encuentra en el punto de mira de los promotores inmobiliarios. Se recomienda ir antes de que acaben con la belleza del lugar.

La **red de carreteras** es en gran parte una continuación del sistema de la costa

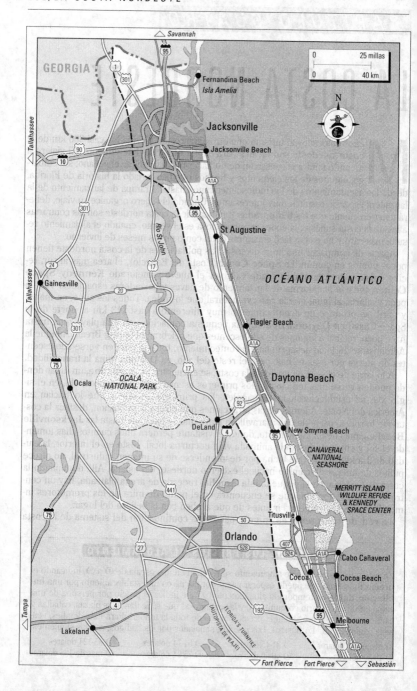

El código de área de Cocoa Beach y la Space Coast es el ☎407.

sudeste: la **Hwy-A1A** abraza la línea de la costa, mientras que la **Hwy-1** recorre una ruta menos atractiva en el continente y resulta más lenta que la **I-95**, que divide la zona costera desde el límite este de Florida central. Los **autobuses** Greyhound son frecuentes en la Hwy-1 entre las poblaciones principales, aunque los únicos **servicios locales de autobuses** se encuentran en Daytona Beach y Jacksonville. No se aconseja viajar en **tren**, ya que sólo hay estación en Jacksonville.

La Space Coast

Las *barrier islands* que dominan la Treasure Coast (véase «La costa sudeste») continúan hacia el norte hasta la llamada **SPACE COAST** (Costa del Espacio), núcleo donde se desarrolla el programa espacial del país, y lugar en el que se encuentra el Kennedy Space Center, que ocupa una isla llana y pantanosa que sobresale en el Atlántico más de 80 km al este de Orlando. Muchos de los visitantes que van allí se sorprenden de que el territorio desde el que despegan las lanzaderas espaciales sea también una gran reserva natural, rodeada de varios kilómetros de línea de costa desigual. Excepto las comunidades con playa, las poblaciones de la Space Coast no ofrecen otro interés que la posibilidad de alojarse una noche por poco dinero o detenerse para comer.

El Kennedy Space Center

El **Kennedy Space Center**, la mayor atracción de la zona, es el centro donde se desarrolla el programa espacial de Estados Unidos, y en el que se prueban y ponen en órbita los vehículos espaciales. Los primeros lanzamientos se produjeron al otro lado del océano, en la base de las Fuerzas Aéreas de Cape Canaveral (Cabo Cañaveral) al que se le cambió el nombre en 1963 por el de Cape Kennedy (Cabo Kennedy), aunque en

EL KENNEDY SPACE CENTER: INFORMACIÓN PRÁCTICA

Los únicos **accesos públicos** para entrar en el Kennedy Space Center son la Hwy-405 de Titusville, y la Route 3 que parte de la Hwy-A1A, entre Cocoa Beach y Cocoa: en cualquier caso, siga las indicaciones hacia el **Kennedy Space Center Visitor Complex** (todos los días, 9-anochecer; entrada gratuita), que ha experimentado una importante remodelación y alberga un museo, una reproducción a tamaño natural de la lanzadera espacial, una rampa de lanzamiento, salas de exposiciones, un monumento al astronauta, jardines y un cine IMAX.

Llegue temprano para evitar las colas, que son más abundantes los fines de semana y durante los meses de mayo y septiembre. Para tomar el autobús turístico o asistir a una de las salas de cine IMAX, deben adquirirse las **entradas nada más llegar** (autobús: adultos, 14 dólares; niños, 10 dólares; IMAX: adultos, 7,50 dólares; niños, 5,50 dólares; entrada combinada: adultos, 19 dólares; niños, 15 dólares). Para poder **asistir a un lanzamiento,** hay que telefonear al ☎407/867-4636, para solicitar información, o al ☎407/452-2121 (ext. 260) para adquirir un pase de 10 dólares (ha de comprarse con 5 días de antelación y en persona en el Visitor Complex). Consulte el **calendario de lanzamientos** telefoneando al ☎1-800-KSC-INFO. Hay que tener en consideración, sin embargo, que es posible disfrutar de una vista magnífica de un lanzamiento en un radio de 60 km **alrededor del centro espacial**.

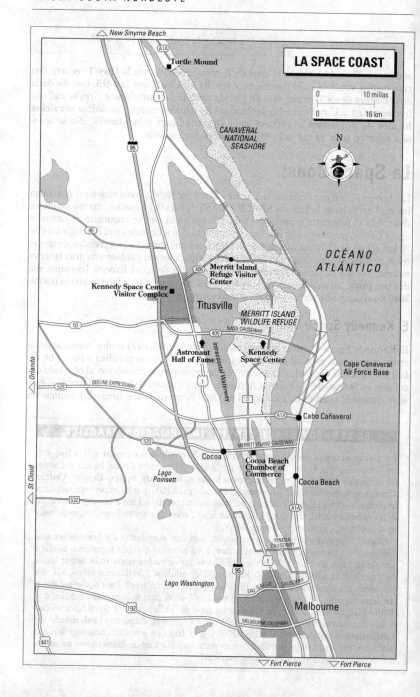

LA SPACE COAST

New Smyrna Beach

Turtle Mound

CANAVERAL NATIONAL SEASHORE

0 ——— 10 millas
0 ——— 16 km

N

OCÉANO ATLÁNTICO

Merritt Island Refuge Visitor Center

Kennedy Space Center Visitor Complex

Titusville

MERRITT ISLAND WILDLIFE REFUGE

NASA CAUSEWAY

Astronaut Hall of Fame

Kennedy Space Center

Cape Canaveral Air Force Base

Orlando

BEELINE EXPRESSWAY

Intracoastal Waterway

Cabo Cañaveral

St Cloud

Cocoa

MERRITT ISLAND CAUSEWAY

Cocoa Beach Chamber of Commerce

Cocoa Beach

Lago Poinsett

PINEDA CAUSEWAY

Lago Washington

EAU GALLIE CAUSEWAY

MELBOURNE CAUSEWAY

Melbourne

Fort Pierce

Fort Pierce

1973 se le devolvió su nombre original), desde donde despegan todavía satélites no tripulados. Sin embargo, cuando el programa espacial se ampliaba en 1964 y se comprobó que los cohetes *Saturn V* eran demasiado grandes para ser lanzados desde allí, el centro de actividad se trasladó a la isla Merritt, situada entre Cabo Cañaveral y el continente, justo al norte de Cocoa Beach.

Se recomienda visitar el Space Center por su completa documentación sobre los logros de Estados Unidos, que revela hasta qué punto se relaciona el éxito de las misiones espaciales con el bienestar del país.

El Kennedy Space Center Visitor Complex

Todo lo que hay en el **Kennedy Space Center Visitor Complex** (KSC), se encuentra a poca distancia a pie del aparcamiento, al igual que el punto de salida de la visita en autocar (véase pág. siguiente). El **museo** mantendrá entretenido al visitante durante 1 hora. Excepto el asunto del *Challenger* y otras misiones que fracasaron, el visitante verá todo lo relativo a los lanzamientos espaciales: cápsulas de misión reales, trajes espaciales, módulos lunares, una maqueta de tamaño real de la lanzadera espa-

---

LOS AMERICANOS EN EL ESPACIO

El crecimiento de la Space Coast empezó con la «**carrera espacial**», después de la declaración del presidente John F. Kennedy en mayo de 1961 de «lograr el objetivo, antes de que termine la década, de poner un hombre en la Luna y devolverlo sano y salvo a la Tierra». Esta afirmación llegó en el momento álgido de la Guerra Fría, cuando la URSS, que acababa de enviar al primer hombre al espacio después del lanzamiento de un satélite artificial en 1957, parecía ir por delante de Estados Unidos en el aspecto científico, lo que hirió el orgullo de los estadounidenses y proporcionó mucha propaganda a los soviéticos.

Se destinó mucho dinero y recursos humanos a la **NASA** (Administración Nacional para la Aeronáutica y el Espacio), así como a las comunidades de los alrededores de Cabo Cañaveral, que se expandieron con la llegada de científicos y aspirantes a astronautas. El famoso programa Mercury ayudó a recomponer el prestigio y las últimas imágenes del *Apollo* en la Luna atrajeron la atención de todo el mundo. El alunizaje del *Apollo* el 11 de julio de 1969 no sólo hizo realidad los sueños de los escritores de ciencia ficción, sino que significó que, por primera vez y de una forma espectacular, Estados Unidos se había adelantado a la URSS.

Durante los años setenta, cuando el astronómico gasto del programa espacial era evidente y no guardaba proporción alguna con sus beneficios, se aumentó la presión sobre la NASA para que fuera más rentable. El país entró en un período de recesión económica y los fondos de este organismo se redujeron de manera drástica; el desempleo, impensable en los años sesenta, amenazó a muchas personas en la Space Coast.

Tras el programa de la estación espacial *Skylab* financiado internacionalmente, la NASA dio con una solución para el problema que suponían los caros cohetes de un solo uso: la **lanzadera espacial** *(space shuttle)*, que fue empleada por primera vez en abril de 1981, y era capaz de desplegar las cargas inútiles y reparar los satélites en órbita. El éxito de la lanzadera silenció a muchos críticos, pero el desastre del *Challenger* en enero de 1986 (toda la tripulación murió durante el despegue), puso en duda la seguridad del programa espacial después de muchos años sin incidentes.

Más recientemente, a pesar de las numerosas misiones llevadas a cabo con éxito, diversos problemas técnicos y la puesta en marcha de fuertes medidas de seguridad han causado serios retrasos en el programa de la lanzadera espacial, lo que demuestra el gran mérito del alunizaje en los años sesenta. De igual importancia será la primera estación espacial alrededor de la Tierra.

cial, por la que se puede pasear y una exposición interactiva sobre la misión del *Pathfinder* de 1997 a Marte, en la que los científicos descubrieron vida en forma de bacterias incrustadas en las rocas. Los cohetes que hay en el exterior del museo en el **Rocket Garden** son sencillos en apariencia, pero mucho más delicados que el enorme *Saturn V* (que sólo es posible ver en la visita en autobús, véase más abajo), que lanzó las misiones del programa Apollo.

Al lado del museo, el **Galaxy Theater** muestra tres filmes IMAX, que usan película de 70 mm proyectada en una pantalla de cinco pisos. Mediante las espectaculares imágenes de un transbordador espacial en órbita, *The Dream is Alive* (El sueño está vivo), que dura 37 minutos transmite las sensaciones del vuelo espacial, al igual que la vida en el espacio; *Mission to Mir* (Misión a la Mir), de 40 minutos, reúne a los dos rivales de la Guerra Fría cuando Estados Unidos y Rusia se unen en la estación espacial rusa Mir; *L5: First City in Space* (5: La primera ciudad en el espacio), de 35 minutos, es un filme en 3-D que muestra cómo se llevaría a cabo un futuro asentamiento espacial utilizando imágenes y datos de la NASA; además, explica los planes para crear una estación espacial internacional en la que colaboran una quincena de países y puede ver en la visita en autobús.

En cuanto a la **comida**, hay cuatro comedores y varios puestos de tentempiés repartidos por el Visitor Complex, que ofrecen pizzas y perritos calientes muy caros. Aunque están bien para tomar tentempiés y bebidas (el visitante podrá comerse un helado futurista en forma de bolitas llamado *space dots*), será mejor que lleve una nevera portátil y coma en el *Lunch Pad*.

El Kennedy Space Center Tour

La **visita en autocar** (todos los días, salidas continuas, 9.30-17 h; 14 dólares; niños, 10 dólares) por el resto del complejo de la isla Merrit ofrece la oportunidad de contemplar el lugar donde se lleva a cabo el programa espacial. Después de entrar por la puerta principal y pasar ante varios caimanes a los lados de la carretera, el visitante verá el **Vehicle Assembly Building** (VAB), de 52 plantas, donde se construyen y llenan de cargas útiles los transbordadores espaciales, como el *Apollo* y el *Skylab* antes que ellos. Desgraciadamente, está prohibida la entrada, pero si hay alguna puerta abierta podrá atisbar el interior de una de las mayores estructuras del mundo. Equivalente en volumen a tres edificios como el Empire State Building, el VAB es la primera parada de los *crawlerway*, los grandes camiones en los que se trasladan las lanzaderas hasta la rampa de lanzamiento.

Con un poco de suerte, habrá una lanzadera espacial colocada para despegar cuando el autobús pase por la **rampa de lanzamiento**, no muy diferente de como se ve en la televisión, y no más interesante que cualquier andamio si no hay una (obviamente, cuando se está llevando a cabo la cuenta atrás no se permiten las visitas en autobús; para poder ver un lanzamiento, véase recuadro, pág. 203). Hace poco se ha añadido a la visita una mirada a los preparativos de la **International Space Station** (ISS), un proyecto conjunto de una quincena de países que permitirá crear la primera estación espacial habitada. El visitante podrá ver el lugar donde la NASA procesa los componentes de la estación espacial y enterarse de jugosas noticias como, por ejemplo, que serán necesarios 38 viajes espaciales y 5 años para transportar toda la estación y ponerla en órbita.

Además de poder ver de cerca un cohete *Saturn V*, la parte más impresionante del resto de la visita es una cuenta atrás y un despegue simulado del *Apollo*, que se observa desde detrás de las pantallas de una sala de control muy bien reproducida.

Air Force Space Museum

Si el visitante todavía no se ha hartado de viajes espaciales en el KSC Visitor Complex, una atracción más de la zona es el **Air Force Space Museum** (lun.-vier., 10-

14 h; sáb.-dom., 10-16 h; entrada gratuita), situado a más de un 1,5 km hacia el interior de la puerta de Cabo Cañaveral (en la rampa de lanzamiento 26A) y una prueba de la habilidad de la NASA para sacar provecho de su material antiguo. El museo consta de una gran extensión de terreno semejante al Rocket Garden del KSC Visitor Complex (véase pág. anterior) y dos edificios donde hay exposiciones e información sobre el desarrollo de los cohetes; algunas de ellas resultan fascinantes, como la que muestra la evolución del programa espacial, desde que los cohetes V2 empezaron a ser lanzados durante los últimos años de la Segunda Guerra Mundial, por el ejército nazi, hasta que en 1950 fueron puestos en órbita por Estados Unidos.

Si el visitante quiere saber más sobre los viajes espaciales, se recomienda visitar el **Astronaut Hall of Fame** (véase Titusville, pág. 210), justo bajando la carretera desde el Kennedy Space Center.

Merritt Island National Wildlife Refuge

La NASA comparte su territorio con el **Merritt Island National Wildlife Refuge** (todos los días, amanecer-anochecer; entrada gratuita), al que se entra por la Route 402 desde Titusville. Allí hay caimanes, armadillos, mapaches, linces y una de las mayores concentraciones de aves de Florida, que viven junto al lugar donde se desarrolla la tecnología punta.

Se recomienda al visitante que aunque pase el día en el Space Center, no se pierda este lugar. No obstante, a primera vista la isla Merritt no parece tan espectacular; está formada por hectáreas de estuarios y marismas semisaladas intercaladas con algunos *hammocks* de robles, palmeras y pinos, donde unas cuantas águilas construyen nidos de 3 m de diámetro. El invierno es la **mejor época para ir**, ya que entonces la isla es frecuentada por miles de aves migratorias procedentes del frío norte; además, no suele haber mosquitos. En cualquier otra estación del año, sobre todo en verano, la laguna Mosquito hace honor a su nombre, por lo que se recomienda llevar repelente de insectos.

Visita del refugio

Más de 11 km al este de Titusville en la Route 406, el **Black Point Wildlife Drive**, de casi 10 km, ofrece una buena introducción a los aspectos más destacados del ecosistema de la isla. En la entrada el visitante podrá tomar un folleto gratuito muy informativo, que describe paradas concretas en la ruta. Desde una de ellas, podrá divisar un par de nidos de águila, mientras que otra, junto a las marismas, constituye un lugar estratégico para observar la gran variedad de aves zancudas y de la ribera buscando comida.

Asimismo, se recomienda pasear por el refugio. Además, resulta muy interesante el **sendero Cruickshank**, de más de 8 km, que bordea el curso del río Indian. Si la distancia es demasiado larga para el visitante, hay una torre de observación a unos minutos a pie del aparcamiento.

Si prefiere un paisaje más variado, puede conducir unos kilómetros más hacia el este por la Route 402 (que sale de la Route 406 justo al sur del paseo de vida salvaje), pasando por el **centro de información** (lun.-vier., 8-16.30 h; sáb., 9-17 h; ☎861-0667) y tomar el sendero **Oak Hammock**, de casi 1 km, o el **Palm Hammock**, de más de 3 km, ambos accesibles desde el aparcamiento.

La Canaveral National Seashore

La **Canaveral National Seashore** (invierno, 6-18 h; verano, 6-20 h; entrada gratuita), una delgada playa de más de 40 km de largo que divide la laguna Mosquito de la isla Merritt desde el océano Atlántico, empieza en **Playalinda Beach** en la Route 402, más de 11 km al este del centro de información del refugio. Toda la National Seashore es de primera calidad, tanto para pasear como para practicar surf y nadar. Excepto cuando la mar está brava o hay marea alta, es posible hacer una excursión, mientras sopla el viento, por el camino flanqueado de palmeras hasta la salvaje **Klondike Beach**, al norte de Playalinda Beach, a menudo cubierta de curiosas conchas y marcada en verano por los surcos que dejan las tortugas al salir del mar para poner sus huevos.

En el extremo norte de la National Seashore, en **Apollo Beach** (sólo accesible por carretera desde New Smyrna Beach, casi 13 km al norte del Apollo, véase «Hacia el norte: New Smyrna Beach», pág. 211), se encuentra **Turtle Mound**. Este montón de casi 11 m de conchas de ostra constituyó el hogar de los indios timucua durante varias generaciones y fue marcado en el mapa por los primeros exploradores españoles de Florida porque se veía a varios kilómetros desde el mar. Se recomienda subir hasta la cima del montículo, desde donde se divisa la isla Merritt.

Cocoa Beach

Unos pocos kilómetros al sur del Kennedy Space Center, la **COCOA BEACH** comprende sólo una franja de más de 16 km de orilla y unas cuantas casas residenciales algo alejadas de la Atlantic Avenue (Hwy-A1A). Además de ser indudablemente el mejor lugar donde alojarse para ver la Space Coast, también es un punto frecuentado por surfistas, atraídos por las grandes olas. Durante abril y mayo se celebran competiciones de surf, y durante todo el año hay en el lugar un aire alegre y juvenil. También se practica mucho voleibol y existen cuatro lugares fijos para ello. Los fines de semana suelen realizarse actuaciones en vivo por los parques del malecón y de la playa, y para hacerse una idea de las principales preocupaciones de la comunidad, el visitante sólo tiene que dar un paseo por la original Ron Jon Surf Shop, en 4151 N Atlantic Avenue (☎799-8820), y sus dos sucursales muy cerca de allí (la Water Sports Store y la Outpost Discount Store). Todas están abiertas las 24 horas y llenas de tablas de surf (alquiler por un día, 10 dólares una tabla de espuma; 20 dólares una de fibra de vidrio), bicicletas (3 dólares la hora o 40 dólares la semana), cometas y trajes de baño.

Información y transporte

La **Chamber of Commerce** de Cocoa Beach se encuentra en la isla Merritt, en el 400 de Fortenberry Road (lun.-vier., 9-17 h; ☎459-2200), aunque también hay mostrador de información en la Ron Jon Surf Shop. Un servicio local de **autobuses** (*SCAT*; ☎633-1878) va y vuelve de Cabo Cañaveral a Cocoa Beach (9) y el 6 parte desde el centro de Cocoa Beach; ambas rutas cuestan 1 dólar el billete sencillo. El *Cocoa Beach Shuttle* (☎784-3831) va y vuelve del aeropuerto de Orlando por 18 dólares; se recomienda telefonear si el visitante quiere que lo recojan en cualquier hotel de la Hwy-A1A. Para ir a la zona de la playa, se aconseja alquilar una **bicicleta** en la Ron Jon Surf Shop (detalles más arriba). La estación de Greyhound más cercana se encuentra en el continente, en Cocoa, en 302 Main Street (☎636-6531).

Alojamiento

No suele haber **alojamiento** barato en Cocoa Beach. El visitante debe tener en cuenta que los precios son más altos en febrero, julio y agosto y cuando hay un lanzamiento. Entre los moteles que cobran mejor precio se encuentran *Fawlty Towers*, 100 E Cocoa Beach Causeway (☎784-3870; ②); *Motel 6*, 3701 N Atlantic Avenue (☎783-3103; ③); *Best Western Ocean Inn*, 5500 N Atlantic Avenue (☎784-2550; ④); y, de los B&B destaca *Luna Sea*, 3185 N Atlantic Avenue (☎1-800/586-2732; ②). Para una estancia más larga, se recomienda el *Econo Lodge Cape Colony*, 1275 N Atlantic Avenue (☎1-800/795-2252; ⑤), sobre todo si viajan varias personas juntas. Para relajarse con estilo, nada mejor que el *Sea Esta Beachside Villas*, 686 S Atlantic Avenue (☎1-800/872-9444; ⑨), cuyo precio incluye desayuno y cena caseros. El **cámping** más adecuado para las tiendas es el *Jetty Park*, 400 Jetty Drive (14,85 dólares; ☎783-7111), situado a más de 8 km al norte de Cabo Cañaveral.

Comida y vida nocturna

Muchos restaurantes de la isla compiten por vender más barato que el otro, lo que contribuye a que haya competencia y, por tanto, buenos precios en la **comida**, si el viajero cuenta con vehículo (véase «El interior» más abajo para sugerencias y revistas gratuitas, que se encuentran en los moteles y en la Chamber of Commerce como *Restaurant Dining Out* con cupones de descuento). Pero cerca de la playa hay menos opciones. Para una comida sencilla se aconseja *Roberto's Little Havana*, 26 N Orlando Avenue (☎784-1868), y para degustar excelentes ostras y un menú al mediodía por 5 dólares, el *Rusty's Raw Bar*, 2 S Atlantic Avenue (☎783-2401). Para cenar, se recomienda *The Pier Restaurant*, en el malecón (☎783-7549), que ofrece un menú de calidad y algo caro especializado en marisco; el más barato es *Old Fish House*, en 249 W Cocoa Beach Causeway (☎799-9190).

La **vida nocturna** resulta mucho más divertida si el visitante va pronto a uno de los establecimientos de la playa que ofrecen **happy hours**, como *Marlins' Good Time Grill*, también parte del complejo del malecón (☎783-7549) o *Desperados*, en 301 N Atlantic Avenue (☎784-3363).

Mientras avanza la tarde, el *Pig and Whistle*, 801 N Atlantic Avenue (☎799-0724), que ofrece fútbol por televisión y cerveza amarga bastante cara, es un refugio para los británicos nostálgicos; y *Coconuts*, 2 Minuteman Causeway (☎784-1422), ofrece bebida y **música en vivo** en la playa.

El interior: Palm Bay, Melbourne, Cocoa y Titusville

Las principales atracciones de las soporíferas **poblaciones del interior** de la Space Coast, situadas a lo largo de la Hwy-1, son alojamiento y comida más baratos que en la playa, además de zonas de interés histórico que proporcionan un descanso del bullicio turístico.

Palm Bay

La población situada más al sur es **PALM BAY**, casi 50 km al norte de Vero Beach (véase pág. 199). A pesar de que hay más habitantes que en las poblaciones vecinas, no está tan proyectada al turismo y allí viven muchos de los empleados de la Space Coast. No hay muchos puntos de interés, excepto el pequeño **Turkey Creek Sanctuary**, en 1502 Port Malabar Boulevard (todos los días, 7-puesta de sol; entrada gratuita), cuyo pequeño sendero del paseo lleva a través de tres hábitats del lugar que se han reproducido (*hammock* caducifolio, arena, pinedas y bosque húmedo de frondosas), que apoyan a las especies de flora y fauna en peligro.

Melbourne

Sólo unos pocos kilómetros al norte de Palm Bay se extiende la hermosa pero aburrida población de **MELBOURNE**. Las colecciones de su **Brevard Museum of Art and Science**, 1463 Highland Avenue (mar.-sáb., 10-17 h; dom., 13-17 h; 5 dólares; ☎242-0737), no retendrán al viajero por mucho tiempo, pero quizá sí lo hagan los **restaurantes**; se recomienda el *Shooter's*, 707 S Harbour City Boulevard (☎725-4600) para comer buenos sándwiches y disfrutar de las vistas del río Indian; *Mac's Diner*, 2925 Kingston Lane (☎254-8818), por su menú durante la semana o el desayuno los fines de semana; *Durango Steakhouse*, 6767 N Wickham Rd (☎259-2934), sirve jugosos bistés al estilo del sudoeste; *Stacey's Buffet*, 1439 S Babcock St (☎725-6436), ofrece cocina sureña abundante; *New England Eatery*, 5670 Hwy A1A (☎723-6080), sirve marisco fresco a buen precio; y el *Conchy Joe's*, 1477 Pineapple Avenue (☎253-3131), ofrece marisco y reggae en vivo por las tardes. Después de comer, se aconseja pasear por **Crane Creek**, una extensión de agua entre el puente de la carretera Hwy-1 y el puente del ferrocarril, una zona donde se ven **manatíes**. Un camino por la orilla, flanqueado por robles y palmeras, ofrece un atractivo lugar desde donde observar a estas tímidas criaturas amenazadas.

Si el visitante va a **quedarse hasta el día siguiente**, se recomienda el *Holiday Inn*, 420 S Harbor City Boulevard (☎723-5320; ②-③) o el *Melbourne Harbor Suites*, 1207 E New Haven Avenue (☎1-800/242-4251; ④), en el puerto, a un corto paseo de Crane Creek. A la hora de irse, se aconseja tomar el **autobús** Greyhound, en 460 S US 1 (☎723-4323).

Cocoa

En **COCOA**, casi 50 km al norte de Melbourne y casi 13 km hacia el interior desde Cocoa Beach, las aceras de guijarros y los edificios de principios del siglo XX de la **Old Cocoa Village** llenan varias pequeñas manzanas al sur de King Street (Hwy-520) y constituyen un relajante paseo. Entre las antiguas tiendas y boutiques, se halla la *Porcher House*, en 434 Delannoy Avenue (lun.-vier., 9-17 h; entrada gratuita; ☎639-3500), una gran morada neoclásica de 1916.

Para introducirse más en los orígenes de la población se recomienda ir unos pocos kilómetros hacia el oeste hasta el **Brevard Museum of History and Natural Science**, en 2201 Michigan Avenue (lun.-sáb., 10-16 h; 4 dólares; ☎632-1830), cuyas exposiciones muestran el nacimiento de Cocoa como factoría cuando llegaron los primeros colonos en la década de 1840 en barcos de vapor y mulos. También hay una importante exposición sobre la vida salvaje de Florida y algunos folletos informativos que son bastante útiles si el viajero quiere visitar el Merritt Island National Wildlife Refuge (véase pág. 207). Vale la pena hacer una corta parada en el **Astronaut Memorial Hall and Planetarium**, 1519 Clearlake Road (mar., vier.-sáb., 6.30-21.30 h; 7 dólares; ☎634-3732), no por sus ordinarias exposiciones científicas, sino por el **Space Shuttle Park** (entrada gratuita) junto al aparcamiento. Entre los fragmentos de material espacial se encuentra, sorprendentemente, un módulo de comando del *Apollo* con el interior cubierto de telarañas y lleno de cables y enchufes, extraño destino para algo que en su tiempo era lo último en ciencia espacial.

Si el visitante se **aloja** en Cocoa, hay algunos pequeños y poco atractivos moteles en el Cocoa Boulevard. La mejor opción es el *Econo Lodge*, 3220 N (☎632-4561; ③). Para **comer**, se aconseja el *Norman's Food and Spirits*, 3 Forrest Avenue (☎632-8782), que ofrece buenos platos del día para el almuerzo y karaoke por las tardes; como alternativa, el *Café Margaux*, 220 Brevard Avenue (☎639-8343), es un lugar elegante para comer pasta.

Si el viajero no cuenta con vehículo para llegar a **Cocoa Beach**, tendrá que tomar un taxi (☎723-1234), que cuesta entre 15-20 dólares. La estación de **autobuses** Greyhound se encuentra en 302 Main Street (☎636-6531).

Titusville

Si el viajero no visita el Kennedy Space Center, por lo menos disfrutará de una buena vista desde el Vehicle Assembly Building de **TITUSVILLE**, situado a más de 32 km al norte de Cocoa. Si tiene tiempo suficiente, se recomienda visitar el **Valiant Air Command Museum** (VAC), en 6600 Tico Road (todos los días, 10-18 h; 6 dólares; ☎268-1941), una exposición de aviones más sencillos que los del Kennedy Space Center. Creado originalmente para conmemorar la decisión de las Fuerzas Aéreas de Estados Unidos de evitar la invasión japonesa de la China interior en 1941, el museo expone en la actualidad aviones restaurados, y hay ejemplares de todas las guerras desde esa fecha. El mejor momento para verlos es en mayo, cuando el VAC ofrece un espectáculo aéreo y la mayoría de veteranos de la Segunda Guerra Mundial salen a volar.

Aparte de esto, todos los puntos de interés de Titusville son accesibles desde el Kennedy Space Center (por la Hwy-405) y el Merritt Island National Wildlife Refuge (por la Hwy-402). De camino a cualquiera de los dos, se recomienda visitar el **Astronaut Hall of Fame** (todos los días, 9-18 h; 13,95 dólares; niños, 9,95 dólares; ☎269-6100), uno de los museos interactivos más divertidos de Florida. Las simulaciones permiten a los visitantes experimentar la fuerza de la gravedad, la ingravidez y las vueltas de 360°, que hacen que a uno se le encoja el estómago. También hay una reproducción de la lanzadera espacial y es posible hacer visitas al **SpaceCamp USA**, donde los jóvenes aspirantes a astronautas pasan varias semanas practicando en los artilugios diseñados para simular las extremas fuerzas de gravedad de los viajes espaciales.

Para **comer**, se aconseja el marisco y los bistés del *Janet's Café Orleans*, 605 Hopkins Avenue (☎269-6020), o el marisco del *Dixie Crossroads*, 1475 Garden Street (☎268-5000). Hay muchos **moteles** baratos en Washington Avenue (Hwy-1): *South Wind*, en el 1540 S (☎267-3681; ③) y *Siesta*, en el 2006 (☎267-1455; ③), son sólo dos de ellos. Como alternativa, se recomienda el *Best Western Space Shuttle Inn*, 3455 Cheney Highway (☎269-9100; ④), que también ofrece viajes turísticos centrados en la ecología para explorar la flora y la fauna autóctonas. Para viajar desde allí, el visitante tendrá que ir a la estación de **autobuses** Greyhound, situada en 212 S Washington Avenue (☎267-8760).

Hacia el norte: New Smyrna Beach

Después de las hermosas vistas del Canaveral National Seashore, los altos hoteles de la playa de **NEW SMYRNA BEACH**, casi 50 km al norte de Titusville en la Hwy-1, dan la impresión de ser una simpática comunidad costera de baja categoría, donde el mar, protegido de las peligrosas corrientes por filas de rocas a poca distancia de la orilla, resulta perfecto para **nadar**. Para llegar a la playa (o a la sección norte de la Canaveral National Seashore, véase pág. 207), el visitante tendrá que atravesar la parte interior de la población, antes de girar hacia el este por la Hwy-A1A.

La población en sí tiene una **historia** peculiar. Un rico médico escocés, Andrew Turnbull, compró tierra allí a mediados de la década de 1700 y se propuso crear una colonia mediterránea reclutando griegos, italianos y menorquines para trabajar durante 7 años en su plantación a cambio de más de 20 Ha de tierra para cada uno. Pero la colonia no tuvo éxito debido a los malos tratos, la barrera del idioma, las enfermedades y la quiebra financiera, factores que aceleraron su desaparición; muchos de los colonos se fueron hacia el norte, en concreto a St Augustine (véase pág. 220). Sin embargo, los inmigrantes trabajaron mucho (la mayoría no tenía otra elección), pues construyeron canales de regadío, un ingenio azucarero y empezaron las obras de lo que más tarde sería una lujosa casa para Turnbull. Cerca de la Hwy-1, las **ruinas** del ingenio azucarero (en el cruce de Canal Street y Mission Road) y su casa inacabada (en Riverside Drive y Julia Street) son lo suficientemente interesantes como para echarles una ojeada, y el vecino **Visitor Center and Chamber of Commerce**, en 115 Canal Street (lun.-vier., 9-17 h; sáb., 9-12 h; ☎1-800/541-9621), ofrece folletos sobre la historia, además de información local.

Los **autobuses** Greyhound dejan a los pasajeros en la Steils Gas Station, 600 Canal

El código de área de Daytona Beach y New Smyrna Beach es el ☎904.

AUTOBUSES ENTRE DAYTONA BEACH Y EL AEROPUERTO DE ORLANDO

Si el viajero se está divirtiendo en la playa pero tiene que volver a casa desde Orlando, puede sacar partido del **Daytona-Orlando Transit Service** (DOTS ☎1-800/231-1965), cuyos autocares de servicio rápido y continuo salen cada 90 minutos (4.30-21.30 h) desde la esquina de Nova Road y la 11th Street hasta el aeropuerto de Orlando. Si se solicita, los autocares también paran en Deland y Sanford. El billete sencillo cuesta 26 dólares (46 dólares ida y vuelta). Hay que telefonear antes para consultar los detalles y hacer las reservas.

Street (☎428-8211); si el viajero quiere quedarse, los dos **moteles** más baratos se encuentran en la Hwy-1 (llamada localmente Dixie Freeway): *Smyrna Motel*, en el 1050 N (☎428-2495; ②), que tiene un nido de águilas en su propiedad, y *Shangri-La*, en el 805 N (☎428-8361; ①).

Continuando hacia el norte desde New Smyrna Beach, la Hwy-A1A se une con la Hwy-1 durante 16 km antes de separarse hacia el océano cerca de Ponce Inlet, más de 8 km al sur del interior de Daytona Beach.

Daytona Beach

DAYTONA BEACH, la población costera de Florida por excelencia, llena de tiendas de camisetas y con numerosos moteles, debe su fama a los más de 32 km de arena, donde la única obligación es relajarse y divertirse. La zona del centro estuvo amenazada durante el verano de 1998 por fuertes incendios que afectaron a gran parte del estado, y que se acercaron lo suficiente como para forzar la evacuación de la población, pero afortunadamente las llamas se extinguieron antes de llegar al centro. Sin embargo, los daños causados son evidentes en los suburbios occidentales de Daytona.

Durante décadas, Daytona Beach fue invadida por medio millón de estudiantes para cumplir el ritual del **Spring Break**. Sin embargo, la población tomó la polémica decisión de no recibir más estudiantes juerguistas y, siguiendo el ejemplo de Fort Lauderdale (véase «La costa sudeste») intentó cambiar su imagen, algo que sólo ha conseguido en parte. La **MTV** todavía hace de la playa su lugar favorito de veraneo, e invita a los que van ligeros de ropa a divertirse mientras los presentadores del país anuncian los mejores vídeos del momento.

Hoy en día, este pequeño y práctico centro turístico, con puntos de interés, aparte de la playa, que pueden verse en un solo día, acoge tres importantes acontecimientos anuales: la reunión de stock-cars de **Daytona 500**, famosa en todo el mundo, que se celebra en la Daytona International Speedway; la **Bike Week**, en la que miles de motociclistas con trajes de cuero hacen carreras en la Speedway, y el relativamente nuevo **Biketoberfest**, que es más o menos lo mismo (para más información sobre los tres acontecimientos, véase recuadro, pág. 216).

Incluso antes de ser frecuentada por estudiantes y ciclistas, esta playa era la favorita de los primeros entusiastas del automóvil, como Louis Chevrolet, Ransom Olds y Henry Ford, que llegó allí a principios de la década de 1900 para probar sus prototipos junto al océano. El récord de velocidad por tierra fue batido en muchas ocasiones, cinco veces por el velocista millonario británico Malcolm Campbell, que en 1935 rodó a más de 444 km/h. Como legado de aquella época, Daytona Beach es una de las pocas poblaciones de Florida donde se permite **conducir por la playa**; para ello, hay que pagar 5 dólares en cualquier entrada a la playa, ir sólo por el camino señalizado, respetar el límite de 16 km/h, aparcar en ángulo recto respecto al océano y tener cuidado con la marea.

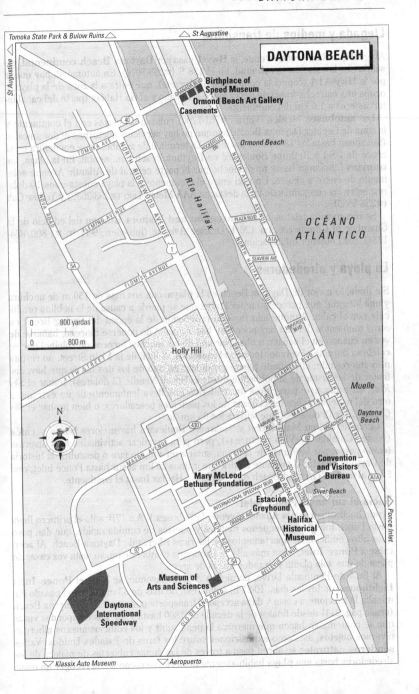

Tomoka State Park & Bulow Ruins △

△ St Augustine

St Augustine

DAYTONA BEACH

Birthplace of
Speed Museum
Ormond Beach Art Gallery
Casements

40

Ormond Beach

TOMOKA AVE

NOVA ROAD

NORTH RIDGEWOOD AVENUE

ROCKEFELLER DR

FLEMING AVENUE

Río Halifax

NORTH ATLANTIC AVENUE

1

5A

PLAZA BLVD

NORTH HALIFAX AVENUE

OCÉANO
ATLÁNTICO

FLOMISH AVENUE

SEAVIEW AVE

A1A

0   800 yardas
0   800 m

RIVERSIDE DRIVE

Holly Hill

UNIVERSITY BLVD

11TH STREET

SEABREEZE BLVD

Muelle

NORTH BEACH STREET

MAIN STREET

SOUTH ATLANTIC AVENUE

Daytona
Beach

N

FAIRVIEW AVE

430

82

BROADWAY

MASON AVENUE

CYPRESS STREET

SOUTH RIDGEWOOD AVENUE

SOUTH BEACH STREET

Convention
and Visitors
Bureau

A1A

Mary McLeod
Bethune Foundation

INTERNATIONAL SPEEDWAY BLVD

Silver Beach

Ponce Inlet ▷

Estación
Greyhound

ORANGE AVE

NOVA ROAD

Halifax
Historical
Museum

92

5A

BELLEVUE AVENUE

Museum of
Arts and Sciences

OLD DE LANO ROAD

1

Daytona
International
Speedway

▽ Klassix Auto Museum   ▽ Aeropuerto

Llegada y medios de transporte

Al igual que Ridgewood Avenue, la **Hwy-1** pasa por **Daytona Beach continental**, pasando por la estación Greyhound, en el 138 S (☎255-7076). En automóvil, hay que ir por la **Hwy-A1A** (conocida como Atlantic Avenue), que entra a la zona de la playa, y ocupa una estrecha franja de tierra entre el océano y el río Halifax (parte del canal intercostero) a 1,6 km del continente.

Los **autobuses locales** (Votran ☎761-7700) enlazan las playas con el continente y la zona de Greater Daytona Beach, aunque no hay servicios nocturnos ni dominicales (funcionan hasta las 18 h todos los días). La terminal de autobuses se encuentra en el cruce de US-1 y Bethune Boulevard en Daytona Beach continental. En la playa, los **tranvías** funcionan hasta medianoche por la parte central de Atlantic Avenue solamente de enero a agosto. Un **taxi** entre el continente y la playa cuesta unos 10 dólares; entre las compañías de taxis destacan AAA Metro Taxi (☎253-2522) y Yellow Cab (☎255-5555).

Se recomienda telefonear al **Convention and Visitors Bureau** del edificio de la Chamber of Commerce, en 126 E Orange Avenue (lun.-vier., 9-17 h; ☎1-800/854-1234), para obtener información.

La playa y alrededores

Sin duda, lo mejor de Daytona Beach es la **playa**: con sus más de 150 m de anchura y una longitud que parece no tener límite, que se pierde a causa de la neblina producida por el calor. Aunque aún tiene la reputación de la época del Spring Break en otros momentos del año hay poco que hacer aparte de ponerse moreno, bañarse de vez en cuando en el océano u observar uno de los muchos torneos de voleibol que se celebran durante el verano. Incluso el **malecón**, el final de la Main Street, no resulta muy interesante; el visitante puede gandulear en uno de los dos bares que hay, disfrutar de las vistas de la población desde el Space Needle (2 dólares); tomar el *Sky Ride*, un transporte parecido a un teleférico que lleva lentamente de un extremo a otro del malecón sobre las cabezas de los pacientes pescadores; o bien probar el *Sky Coaster Ride* (2 dólares), que supera los 95 km/h.

Cerca de allí, en Main Street y Seabreeze Boulevard hay mejores **bares y cafés** (véase «Comida» y «Vida nocturna»), pero para practicar actividades más diversas (como pasear por las dunas de la arena, subir a un antiguo faro o descubrir la historia de Daytona Beach), el visitante tendrá que ir unos 20 km al sur hasta Ponce Inlet, casi 5 km al norte a Ormond Beach o cruzar el río Halifax hasta el continente.

Hacia el sur hasta Ponce Inlet

Yendo hacia el sur por la Atlantic Avenue (autobuses 17A o 17B; sólo el primero llega hasta Ponce Inlet), hay pequeños moteles y puestos de comida rápida, que dan paso a los altos edificios de apartamentos de las ricas riberas de Daytona Beach. Al acercarse a **Ponce Inlet**, 6 km más allá, el panorama cambia de nuevo, esta vez casas de playa de una sola planta y grandes dunas de arena.

Al final de Peninsula Drive, paralela a Atlantic Avenue, se halla el **Ponce Inlet Lighthouse** (todos los días, 10-21 h; 4 dólares), de más de 53 m que en el pasado iluminaba la traicionera costa y daba acceso al transporte por mar a New Smyrna Beach (véase pág. 211) desde finales de la década de 1800 hasta 1970. Las estupendas vistas que se contemplan hacen que merezca la pena subir y los edificios anexos albergan diversos objetos, así como exposiciones sobre los faros de Estados Unidos. Varios **senderos naturales** se abren paso a través de las dunas cubiertas de maleza de los alrededores hasta una **playa** habitualmente desierta; se recomienda recoger un mapa en el **puesto del guardabosques** al final de Riverside Drive. Para comer se recomienda el excéntrico *Lighthouse Landing* (véase «Comida»), junto al faro, que ofrece marisco fresco a buen precio.

Al norte: Ormond Beach

En 1890, el magnate del petróleo Henry Flagler, que quería llevar el ferrocarril de la costa este desde St Augustine, compró el hotel local, construyó una pista de golf en la playa y ayudó a dar a **ORMOND BEACH**, casi 5 km al norte de la Main Street (autobuses 1A o 1B; el último sólo llega hasta Granada Blvd), cierto aire distinguido que todavía hoy conserva. Millonarios como John D. Rockefeller pasaban allí el invierno y los automóviles de Ford, Olds y Chevrolet eran puestos a punto en el garaje de Flagler antes de correr por la playa.

Frente al río Halifax al final de Granada Boulevard, se encontraba el **Ormond Hotel** de Flagler, hasta que en 1993 fue derribado. Sin embargo, los **Casements** (lun.-vier., 10-14.30 h; sáb., 10-11 h; entrada gratuita), una villa de tres plantas al otro lado de Granada Boulevard, que fue adquirida por Rockefeller en 1918, se conserva todavía en buenas condiciones (no obstante, todos los muebles originales fueron vendidos y lo que queda fue donado por los vecinos).

Hay **visitas guiadas** a la casa (que, sorprendentemente, alberga ahora exposiciones de folclore húngaro y curiosidades de los Boy Scouts de América) que salen cada 30 minutos desde las 10 h; el visitante conocerá muchos detalles sobre Rockefeller y la época que vivió allí, aunque pasaba el tiempo jugando al golf y dando monedas de 10 centavos a los que pasaban.

También se recomienda detenerse en 160 Granada Boulevard, en el **Birthplace of Speed Museum** (mar.-dom., 13-17 h; 1 dólar) lugar donde sólo hay recuerdos pictóricos de las carreras en los inicios de Daytona Beach y unas cuantas réplicas de los automóviles, que alcanzaban una gran velocidad. Cerca de allí, en el 78, el **Ormond Memorial Art Museum and Gardens** (lun.-vier., 10-16 h; sáb.-dom., 12-16 h; entrada gratuita), de estilo polinesio, ofrece buenas muestras artísticas, pero si al visitante no le atrae, queda la opción de los exuberantes **jardines** de la galería, con pasarelas a la sombra que pasan por viveros hasta una cenador.

El continente

Cuando el viajero se canse de tanta arena y de estar bajo el sol para ponerse moreno, puede atravesar el río hasta la **Daytona Beach continental**, donde varios parques y pasarelas junto al agua contribuyen a cambiar el escenario; además, hay cuatro museos que mantendrán al visitante ocupado durante unas horas.

Cerca del mejor parque, en Beach Street, unas cuantas viviendas de principios del siglo XX han sido restauradas y transformadas en espacio para oficinas. En el 252 se encuentra el **Halifax Historical Museum** (mar.-sáb., 10-16 h; 3 dólares; sáb., entrada gratuita), que muestra, mediante una interesante serie de objetos, maquetas y fotos, el delirante crecimiento de Daytona Beach y Halifax County. Llaman la atención las enormes pinturas de paisajes locales ya desaparecidos.

Un antiguo residente de Daytona Beach, de quien se habla en el museo, se recuerda mejor en el **Mary McLeod Bethune Foundation**, situado a unos 3 km hacia el norte, en el 640 de la Second Avenue. Nacida en 1875 e hija de unos esclavos liberados, Mary McLeod Bethune fue una defensora de la igualdad racial y sexual toda su vida; fundó el National Council of Negro Women y fue consejera presidencial. En 1904, tras superar numerosos obstáculos, creó la primera escuela para chicas negras con unos ahorros de 1,50 dólares y cinco alumnas. La blanca **casa** (lun.-vier., 9-16 h; entrada gratuita), donde vivió Bethune desde 1914 hasta su muerte en 1955, contiene muchos galardones y reconocimientos además de muebles y efectos personales y se encuentra en el campus de la facultad universitaria de la comunidad que ha ido creciendo alrededor de la escuela original.

Si al visitante le gusta la prehistoria, se recomienda ir al **Museum of the Arts & Sciences**, 1040 Museum Boulevard (mar.-vier., 9-16 h; sáb.-dom., 12-17 h; 4 dólares; sáb., entrada gratuita), situado a 1,5 km al sur del International Speedway Boulevard (los autobuses 6 y 7 pasan cerca de allí), para observar los huesos y fósiles hallados en los numerosos yacimientos arqueológicos de la zona. Éstos incluyen los restos reconstruidos de un perezoso gigante de casi 4 m de largo y un millón de años de antigüedad. También hay un **Planetarium** para el que el personal intentará venderle una entrada conjunta, pero sólo vale la pena si el viajero quiere echarse un sueñecito bajo las estrellas virtuales. Las demás secciones del museo en constante ampliación son muy diversas: una serie de pinturas y muebles americanos del siglo XVII en adelante muestran los gustos de los primeros angloamericanos. Una gran colección africana contiene objetos domésticos y ceremoniales de trece de las culturas del continente, incluidas piezas donadas, sorprendentemente, por actores como Dirk Benedict, del *Equipo A (A-Team)*, o Linda Evans, de *Dinastía (Dinasty)*. Por último, las pinturas cubanas de 2 siglos (donadas por el antiguo dictador cubano Batista, quien pasó muchos años en el exilio en una confortable casa de Daytona Beach) constituyen un testimonio de los importantes movimientos artísticos del país en la isla.

Daytona International Speedway

Casi 5 km al oeste por el International Speedway Boulevard (autobuses 9A y 9B) hay una desgarbada construcción de hormigón y acero que ha contribuido a promover el nombre de Daytona Beach por todo el mundo: la **Daytona International Speedway**, donde se celebra la reunión de stock-cars de Daytona 500 y otras carreras menos famosas. Cuando las grandes velocidades hicieron peligrosas las carreras en la playa de Daytona, se decidió construir este templo con capacidad para 150.000 personas, que se inauguró en 1959.

Si el visitante no puede asistir a una carrera, se recomienda ir a **Daytona USA** (todos los días, 9-19 h; 12 dólares; 6 dólares, visitas a la autopista; 16 dólares, entrada conjunta; ☎947-6800), situada junto a la autopista. Aunque no ofrece la emoción de una carrera, la **visita guiada en tranvía** (cada 30 min.; todos los días, 9.30-17 h; excepto los

---

SEMANAS DE LA VELOCIDAD EN DAYTONA

La Daytona Speedway da cabida a varias carreras importantes cada año, que empiezan en febrero con la **Rolex 24**: una carrera de 24 horas para prototipos de coches deportivos GT. Aproximadamente una semana después comienzan las carreras eliminatorias para el acontecimiento más importante del año, la carrera de stock-cars de **Daytona 500** a mediados de febrero. Las entradas para ello (véase más abajo) son tan difíciles de encontrar como la nieve en Florida, pero muchos de estos conductores compiten en el **Pepsi 400**, el primer sábado de julio, para el que es más fácil conseguir entradas. Además, el circuito también se usa para carreras de motocicletas: la **Bike Week**, a finales de febrero y principios de marzo, ofrece competiciones con aparatos de gran potencia; la **Biketoberfest**, que se celebra la tercera semana de octubre, está protagonizada por el campeonato AMA; y las carreras de **Daytona Pro-Am**, a finales de octubre, incluyen numerosos sprints y pruebas de resistencia de 3 horas.

Las **entradas** (las más baratas son de 20-25 dólares para los coches, 10-15 dólares para las motos) para las carreras más importantes se venden por anticipado y también se recomienda reservar alojamiento para esos días por lo menos 6 meses antes. Para más **información** y detalles sobre las entradas: telefonee al ☎904/253-RACE.

días de carrera) ofrece a los visitantes la oportunidad de ver el gran tamaño del lugar y la increíble pendiente de las curvas, que contribuyen a convertir éste en el circuito de carreras más rápido del mundo, ya que se suele alcanzar 322 km/h.

En el interior, las exposiciones interactivas de Daytona USA ponen al visitante en el lugar del conductor: muestra a los espectadores la velocidad a la que se puede levantar del suelo un coche de carreras durante una parada en boxes de 16 segundos. Es posible sentir los motores vibrar en el pecho mientras se observa el ensordecedor filme para pantalla panorámica o asistir a una carrera en la cabina interactiva del comentarista. Otros objetos expuestos muestran la historia de la NASCAR* (National Association of Stock Car Auto Racing) y la evolución del coche de carreras.

Klassix Auto Museum

Más de 1,5 km al oeste de la Speedway, el **Klassix Auto Museum**, en el 2909 International Speedway Boulevard (todos los días, 9-18 h; 7,50 dólares), muestra ejemplos originales de todos los diseños de Corvette desde 1953 hasta la actualidad en marcos históricos cuidadosamente diseñados. El museo alberga también otros automóviles de coleccionista, además de motocicletas clásicas, todo compensado por un Woody Wagon de 1938 que alcanzaba una velocidad de 80 km/h. Hay que tomar el autobús 9A o 9B para llegar allí.

Hacia el norte: Tomoka State Park y las Bulow Ruins

En el punto donde se encuentran los ríos Halifax y Tomoka, justo saliendo de la Hwy-1, casi 10 km al norte del International Speedway Boulevard (hay que tomar el autobús 1B y luego caminar durante más de 1,5 km), se halla el **Tomoka State Park** (todos los días, 8-atardecer; automóviles, 3,25 dólares; ciclistas y peatones, 1 dólar; ☎676-4050), que comprende varios cientos de hectáreas de marismas y riachuelos, bordeados de magnolias y robles cubiertos de musgo; es posible explorarlo en canoa (3 dólares la hora o 15 dólares al día) o a pie por los numerosos caminos.

El pequeño **Fred Dana Marsh Museum** (9.30-16.30 h; entrada incluida en el precio del parque), añadido al parque en 1972, muestra la vida y obra del artista que, en la década de 1910, fue el primero de Estados Unidos en crear murales a gran escala representando «el drama y la importancia del hombre en el trabajo». En la década de los veinte, Marsh diseñó una casa entonces (y todavía en algunos aspectos) futurista para él y su esposa en Ormond Beach, que se encuentra al norte del Granada Boulevard en la Hwy-A1A, aunque no está permitida la entrada. Dentro del parque, se recomienda observar la enorme escultura de Marsh, *The Legend of Tomokie* (La leyenda de Tomokie).

Se recomienda acampar una noche (véase «Alojamiento»), para así poder visitar las **Bulow Plantation Ruins** (todos los días, 9-17 h; entrada gratuita), las ruinas cubiertas con una espesa vegetación de una plantación del siglo XVIII que fue destruida por los indios seminolas (más de 8 km al norte de la Route 201).

Alojamiento

De mediados de mayo a noviembre, los numerosos y pequeños **moteles** de la Atlantic Avenue rebajan sus precios hasta 20-30 dólares por una habitación doble (es más barato que dos personas compartan habitación que alojarse en el albergue de juventud; véase pág. siguiente). Los precios se incrementan en 10-15 dólares de diciembre a febrero y a 60 dólares durante marzo y abril (aunque la caída del Spring Break puede

* El último espectáculo de NASCAR le permite convertirse en conductor, por un precio acorde a la diversión (para más información sobre el **Richard Petty Driving Experience**, véase pág. 269).

servir para estabilizar los precios entre diciembre y mediados de mayo). Se recomienda pedir la *Superior Small Lodging Guide*, gratuita, en el Convention and Visitors Bureau para orientarse bien sobre dónde alojarse.

Hay numerosos establecimientos, aunque se aconseja el espacioso y costero *Tropical Manor Motel*, en el 2237 S (☎1/800-253-4920; ②). Habitaciones ambientadas en el cine reciben a los visitantes en el *Travellers Inn*, en el 735 N (☎253-3501; ②); los demás ofrecen una cómoda estancia a buen precio: *Ocean Hut*, en 1110 N (☎258-0482; ②); *Robin Hood*, 1150 N (☎252-8228; ②); *Cove*, 1306 N (☎1/800-828-3251; ②); *Cypress Cove Motel*, 3245 S (☎761-1660; ②) y *Seascape Motel*, 3321 S (☎767-1372; ②).

Los precios van subiendo hacia el norte por la Atlantic Avenue hacia Ormond Beach, pero el *Econo Lodge-on-the-Beach*, 295 S Atlantic Avenue (☎1-800/847-8811; ③), *Driftwood Beach Motel*, 657 S Atlantic Avenue (☎677-1331; ②) y *Atlantic Waves Motel*, 1925 S Atlantic Avenue (☎1/800-881-2786; ②), ofrecen precios económicos.

Si el viajero quiere alojarse en un **bed and breakfast** en Daytona Beach tendrá que darle la espalda al océano e ir hacia el interior. Se recomienda el acogedor *Coquina Inn*, 544 S Palmetto Avenue (☎254-4969; ③), el *Live Oak Inn*, 444-448 S Beach Street (☎252-4667; ⑤-⑥), con jacuzzi, y *The Villa*, 801 N Peninsula Drive (☎248-2020; ④-⑤).

El albergue de juventud y el cámping

El **albergue de juventud** *Streamline*, 140 S Atlantic Avenue (☎258-6937), ha recibido numerosas críticas de los viajeros; algunos opinan que está bien y otros que es horrible. Como cuesta 25 dólares, el visitante se sentirá mejor en uno de los moteles pagando el mismo precio. Los **cámpings** más cercanos no están bien situados: *Nova Family Campground*, 1190 Herbert Street (☎767-0095), 16 km al sur de la Daytona Beach continental (autobús 17A y 17B o 7; 16 dólares poner una tienda de campaña) y *Tomoka State Park* (☎676-4050), más de 11 km al norte de la Daytona Beach continental (el autobús 1B para a 1,6 km por la carretera; 8-16 dólares una tienda, pero los precios se incrementan en febrero).

Comida

Las personas que suelan tener buen apetito podrán comer por un módico precio en varios **restaurantes** de menú: el *Shoney's*, en 2558 N Atlantic Avenue (☎673-4288), ofrece desayunos, almuerzos y cenas; *Checkers*, 219 S Atlantic Avenue (☎239-0010), sirve desayunos y cenas muy abundantes.

El marisco es el plato más habitual de estos lugares, y dos restaurantes baratos que no decepcionarán al viajero son *Clocktower Restaurant*, dentro del *Adams Mark Resort*, en 100 N Atlantic Avenue (☎254-8200), y *Shells*, 200 S Atlantic Avenue (☎258-0007). Asimismo se recomiendan *St Regis Restaurant and Patio Bar*, 509 Seabreeze Blvd (☎252-8743); los fuertes sabores mexicanos del *Rio Bravo Cantina*, 1735 International Speedway Blvd (☎255-6500) y las sabrosas hamburguesas del *McK's Tavern*, en 218 S Beach St (☎238-3321). Algo más caro, aunque ofrece buenas opciones para el almuerzo o la cena es el *Julian's*, en 88 S Atlantic Avenue (☎677-6767), un establecimiento poco iluminado, a imitación tahitiana, que sirve un excelente menú. También valen la pena el *Lighthouse Landing*, junto al faro de Ponce Inlet (☎761-9271), que ofrece un rico marisco, y *Down the Hatch*, en 4894 Front Street, Ponce Inlet (☎761-4831), situado ante el océano y con bar al aire libre. El *Aunt Catfish's*, 4009 Halifax Drive, unos cuantos kilómetros al sur de Daytona Beach en Port Orange (☎767-4768), sirve generosas raciones de costillas y marisco preparadas con recetas tradicionales sureñas. Si el viajero quiere probar la cocina japonesa, se recomienda el *Sapporo*, 3340 S Atlantic Avenue (☎756-0480).

Vida nocturna

Incluso sin la invasión de estudiantes juerguistas durante el Spring Break, Daytona Beach tiene fama de ser uno de los mejores lugares de la costa este de Florida para divertirse en cuanto se pone el sol. El núcleo de la **vida nocturna** de la playa es el *HoJo's Party Complex*, 600 N Atlantic Avenue (3-10 dólares; ☎255-4471), donde hay bares, discotecas, rock y reggae en vivo, y numerosos concursos de camisetas mojadas. En *Razzles*, 611 Seabreeze Boulevard (☎257-6236), no cesa el espectáculo. *Ocean Deck*, 127 S Ocean Avenue (☎253-5224), ofrece música en vivo; *Kokomos on the Beach* y *Waves*, ambos en el 100 N Atlantic Avenue dentro del Adams Mark Daytona Beach Resort (☎254-8200), son famosos por su diversión. Los **clubes nocturnos** de baile frecuentados por una multitud más madura son *Checkers Café* (véase pág. anterior) y *Coliseum*, 176 N Beach Street (☎258-1500).

Para ir a tomar una **copa**, se recomienda el *Boot Hill Saloon*, situado al otro lado del cementerio, en 310 Main Street (☎258-9506), pero si hay moteros y el visitante se encuentra incómodo tiene la opción de *The Oyster Pub*, 555 Seabreeze Boulevard (☎255-6348), donde sirven cerveza y baratas ostras, mientras suenan los discos de la máquina, o *The Spot*, un bar de deportes y parte del complejo *Coliseum* (véase más arriba). Para escuchar **música en vivo**, se aconseja el *Café Bravo Coffee Bar*, esquina de las calles Beach y Bay (☎252-7747) que ofrece jazz; el *Rockin' Ranch*, en el centro comercial Ellinor Village, 801 S Nova Road (☎673-0904); la ostentosa línea de baile del *Billy Bob's Race Country USA*, 2801 S Ridgewood Avenue (☎756-0448) o el *Clocktower Lounge* en el Adams Mark Daytona Beach Resort (véase más arriba), un elegante piano bar con vistas al océano.

El norte de Daytona Beach

Si el viajero no quiere cortar 32 km hacia el interior por la I-4 o la Hwy-92 hasta DeLand y la zona de Orlando (véase «Florida central»), puede seguir en la Hwy-A1A **hacia el norte** por la costa hasta St Augustine; como es habitual, los autobuses Greyhound toman la menos interesante Hwy-1.

La primera comunidad con la que se encontrará es **FLAGLER BEACH**, a más de 22 km de Daytona Beach, que está formada por unas cuantas casas y tiendas, un malecón y una bonita playa. Cerca de allí, en la **Flagler Beach State Recreation Area** (todos los días, 8-atardecer; automóviles, 3,25 dólares; ciclistas y peatones, 1 dólar), se puede observar numerosas aves costeras, sobre todo con la marea baja, cuando las playas al descubierto les ofrecen un festín.

Más adelante, después de pasar la brillante floración de los **Washington Oaks State Gardens** (todos los días, 8-atardecer; automóviles, 3,25 dólares; peatones y ciclistas, 1 dólar), aparece la aerodinámica arquitectura de **Marineland** (todos los días, 9-17.30 h; 14,95 dólares; ☎1/800-824-4218), el genuino parque temático de la vida marina de Florida. Aunque era la mayor atracción turística del estado cuando fue inaugurado en 1938, su reputación ha empeorado últimamente debido a las imitaciones como el Sea World (véase «Florida central»), mucho mejor que él. Establecido como centro marino para la investigación y fotografía submarina, los elementos más destacados del parque son los tiburones, los espectáculos de las marsopas y un filme en 3-D que muestra una aventura submarina, aunque todo esto no justifica la carísima entrada.

La Hwy-A1A cruza una estrecha ensenada casi 5 km más allá de Marineland hasta la **isla Anastasia**, cerca de **Fort Matanzas**, construido por los españoles en el siglo XVII, en la isla Rattlesnake. El fuerte, nunca conquistado debido a sus muros de casi 5 m y por el foso que lo rodea, sólo es accesible mediante el **transbordador** (sale cada

15 min., todos los días, excepto mar., 9-16.30 h; entrada gratuita), pero es una atracción menor en comparación con St Augustine, cuya historia resulta más interesante.

St Augustine Alligator Farm (todos los días, 9-18 h; 11,95 dólares), unos cuantos kilómetros más al norte por la Hwy-A1A, puede ser una parada mejor. Los gritos de un tucán de vivos colores dan la bienvenida a los visitantes, quienes pueden realizar un paseo por una marisma llena de vida salvaje. Se recomienda planear la visita para que coincida con el «espectáculo de los caimanes» (4 espectáculos diarios; telefonee al ☎904/824-3337 para saber las horas exactas), en los que un cuidador da vueltas a un caimán tomándolo de la cola para demostrar cómo expresa ira la criatura: ruge, arquea la espalda y muestra su mandíbula abierta. Resulta sobrecogedor, sobre todo cuando el domador, sentado en la espalda de la criatura, pone los dedos entre los dientes del caimán.

Una vez pasada la Alligator Farm, el viajero se encontrará muy cerca de St Augustine, cuyo casco antiguo se encuentra justo al otro lado de la bahía Matanzas, casi 5 km más adelante.

St Augustine

Con un tamaño e incluso algunos rasgos semejantes a una pequeña ciudad mediterránea, hay pocos lugares en Florida tan atractivos como **ST AUGUSTINE**, el asentamiento permanente más antiguo de Estados Unidos, que todavía conserva muchos elementos intactos de sus inicios. Las estrechas calles, apropiadas para pasear, están flanqueadas por edificios que han sido cuidadosamente restaurados, y cuya arquitectura es una prueba de la herencia europea de Florida y de las luchas de poder que lo convirtieron en estado. Hay muchos puntos de interés, que ocuparán uno o dos días al visitante; asimismo se recomienda visitar dos encantadores tramos de playa situados justo al otro lado de la pequeña bahía en la que se encuentra la población.

Ponce de León, el español que dio nombre a Florida, desembarcó allí en la Pascua Florida de 1513, pero el asentamiento se inició cuando Pedro Menéndez de Avilés llegó el día de San Agustín de 1565, con la intención de dominar a los hugonotes situados en el norte, en Fort Caroline (véase «Las playas de Jacksonville», pág. 227). Cuando los barcos de sir Francis Drake arrasaron St Augustine en 1586, hubo varias batallas contra los británicos, pero los españoles sólo se fueron al ser Florida cedida a Gran Bretaña en 1763; en aquella época la población constituía un importante centro social y administrativo, cerca de convertirse en la capital del este de Florida.

España recuperó la posesión 20 años después y la mantuvo hasta 1821, cuando Florida se unió a Estados Unidos. Más tarde, Tallahassee se convirtió en la capital de una Florida unificada y las fortunas de St Augustine menguaron. Una vía de ferrocarril y un hotel elegante estimularon el auge turístico a principios del siglo xx, pero St Augustine quedó fuera de cualquier otra clase de expansión, lo que hizo posible que se llevara a cabo un programa de restauración, que empezó en los años treinta. Y así, la tranquila comunidad residencial se ha convertido en un magnífico escaparate histórico.

Llegada e información

Desde la isla Anastasia, la **Hwy-A1A** atraviesa la bahía Matanzas hasta el corazón de St Augustine; la **Hwy-1** pasa a más de 1,6 km por Ponce de León Boulevard. El **autobús** de Greyhound deja a los pasajeros en 100 Málaga Street (☎829-6401), a un paseo de 15 minutos del centro.

El código de área para St Augustine y Jacksonville es el ☎904.

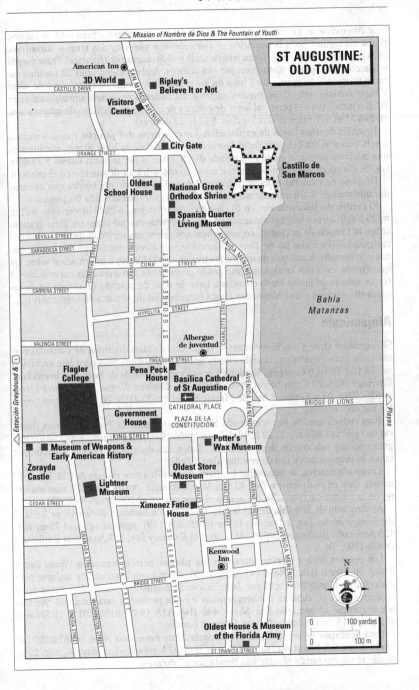

△ Mission of Nombre de Dios & The Fountain of Youth

ST AUGUSTINE: OLD TOWN

American Inn

3D World

CASTILLO DRIVE

Ripley's Believe It or Not

Visitors Center

SAN MARCO AVENUE

City Gate

ORANGE STREET

Castillo de San Marcos

Oldest School House

National Greek Orthodox Shrine

Spanish Quarter Living Museum

SEVILLA STREET

SARAGOSSA STREET

SPANISH STREET

CORDOVA STREET

CUNA STREET

AVENIDA MENENDEZ

CARRERA STREET

HYPOLITA STREET

Bahía Matanzas

VALENCIA STREET

ST GEORGE STREET

CHARLOTTE STREET

Albergue de juventud

TREASURY STREET

Flagler College

Pena Peck House

Basilica Cathedral of St Augustine

CATHEDRAL PLACE

BRIDGE OF LIONS

Playas ▷

Government House

PLAZA DE LA CONSTITUCIÓN

AVENIDA MENENDEZ

KING STREET

Museum of Weapons & Early American History

Potter's Wax Museum

Zorayda Castle

Oldest Store Museum

MARINE STREET

Lightner Museum

Ximenez Fatio House

AVILES STREET

CHARLOTTE STREET

CEDAR STREET

AVENIDA MENENDEZ

GRANADA STREET

CORDOVA STREET

ST GEORGE STREET

Kenwood Inn

BRIDGE STREET

WASHINGTON STREET

ONEIDA STREET

N

Oldest House & Museum of the Florida Army

0   100 yardas

0   100 m

ST FRANCIS STREET

◁ Estación Greyhound & ①

St Augustine no cuenta con un sistema de transporte público, pero esto no supone problema alguno, pues la población se visita mejor **a pie**. Hay dos **trenes turísticos**, el *St Augustine Sightseeing Train* (rojo y azul) y el *St Augustine Historical Train* (verde y blanco), que sólo se distinguen por sus colores. Ambos hacen unas 20 paradas durante un recorrido guiado de 1 hora en los principales puntos de interés; puede subir y bajar cuando quiera. Se pueden adquirir los **billetes** en prácticamente cualquier B&B o motel, pero el principal lugar de compra de billetes es el centro de información, en San Marco Avenue (todos los días, 8-17 h; 12 dólares).

Después de unas horas de exploración, los **cruceros del puerto**, que salen cinco o seis veces al día del City Yacht Pier, cerca del final de la King Street, constituyen una relajante pausa; la excursión guiada de 75 minutos por la bahía cuesta 8,50 dólares. Si el viajero paga también el tren turístico obtendrá un descuento en el crucero.

Después de explorar el valor histórico del pueblo, el visitante tendrá que caminar durante más de 3 km o llamar un **taxi** (☎824-8161) para llegar hasta las playas.

El **centro de información**, en 10 Castillo Drive (lun.-jue., 8-19.30 h; vier.-sáb., 8-21 h; ☎825-1000), ofrece folletos turísticos y vales de descuento, así como un filme gratuito sobre la historia de la ciudad, recomendaciones sobre una variedad de visitas históricas guiadas (incluidas las de *Tour St Augustine*, que ofrece visitas a pie bien organizadas e informativas, además de itinerarios trazados; ☎471-9010) e información sobre los numerosos festivales locales, que van desde procesiones con antorchas encendidas (el tercer sábado de junio) hasta comidas a base de sopa de pescado (el último fin de semana de octubre) y una Menorcan Fiesta (segundo fin de semana de septiembre).

Alojamiento

St Augustine atrae a muchos visitantes; la mayoría de ellos disfrutan de estancias cortas entre mayo y octubre, cuando cuesta unos 10-20 dólares más caro que en invierno. La Old Town (véase pág. siguiente) posee varias posadas de **bed and breakfast**: *Carriage Way*, 70 Cuna Street (☎829-2467; ③), *Cordova House*, 16 Cordova Street (☎825-0770; ④) y *Kenwood Inn*, 38 Marine Street (☎824-2116; ④), son los que tienen los mejores precios.

Para reducir gastos, se recomienda *St Augustine Hostel*, 32 Treasury Street (horario de reservas 8-10 h y 17-22 h; 12 dólares; ☎808-1999), bien situado y que posee una gran cocina y sala común llena con guías locales. Los dueños sólo hablan francés, por tanto, la comunicación puede resultar algo difícil.

Como alternativa, se aconsejan los baratos **moteles** que rodean la Old Town. El menos caro es el *American Inn*, 42 San Marco Avenue (☎829-2292; ③); más adelante, en la misma carretera, se encuentra el *Equinox*, en el 306 (☎829-8569; ③).

Al otro lado de la bahía desde la Old Town pero a bastante distancia, se halla el *Anchorage Motor Inn*, 1 Dolphin Drive (☎829-9041; ③), junto al agua, el *Royal Inn*, 420 Anastasia Boulevard (☎824-2831; ②) y el *Rodeway Inn*, 107 Anastasia Boulevard (☎826-1700; ④).

Los precios suelen incrementarse **en las playas**, pero el tranquilo *Vilano Beach Motel*, 50 Vilano Beach Road (☎829-2651; ③), es un buen lugar donde alojarse para disfrutar de North Beach; al sur, la bulliciosa St Augustine Beach ofrece más apartamentos (que se alquilan por una semana y están pensados para familias) que moteles, aunque el pequeño *Sea Shore*, 480 Hwy-A1A (☎471-3101; ②) y el *Seaway*, 481 Hwy-A1A (☎471-3466; ③), son bastante buenos.

Para **acampar** se recomienda el *Anastasia State Recreation Area* (☎461-2033), situado a casi 6,5 km al sur, saliendo de la Hwy-A1A (véase «Las playas», pág. 226), donde el viajero puede plantar una tienda por 17 dólares.

La Old Town

En el casco antiguo de St Augustine u **Old Town**, en la St George Street y al sur de la plaza central, hay numerosos edificios de la época en que perteneció a los españoles. También merece la pena ver los lujosos edificios de la King Street, al oeste de la plaza, prueba de los buenos tiempos de principios del siglo XX.

Aunque St Augustine es pequeño, hay mucho que ver; si el visitante empieza pronto, sobre las 9 h, evitará la multitud de turistas y, si puede, es mejor que dedique unos 3 días a explorar la ciudad.

El castillo

El **castillo de San Marcos** (todos los días, 8.45-16.45 h; 4 dólares), en el límite norte de la Old Town junto a la bahía, está tan bien conservado que es difícil creer que la fortaleza empezó a construirse a finales de la década de 1600. Su buen estado se debe al diseño: la muralla en forma de diamante en cada esquina aumentaba la potencia de fuego y los muros de coquina (una especie de piedra caliza blanda que se encuentra en la isla Anastasia) de más de 4 m reducían la vulnerabilidad al ataque, como pudieron comprobar las tropas británicas cuando en 1702 libraron un infructuoso asedio durante 50 días. Los horarios de las **charlas** gratuitas de 20 minutos sobre el fuerte y la historia local están indicados en el patio.

En el interior, no hay mucho que admirar, aparte de un pequeño museo y salas con eco, algunas con objetos militares y cotidianos; pero si el visitante se aventura por las murallas de más de 10 m de alto disfrutará de una excelente vista de la ciudad y sus accesos por agua, que el castillo protegió con tanto éxito. Asimismo, hay misteriosos escritos en los muros, grabados por los prisioneros en la década de 1600.

La St George Street

Al dejar el castillo, la pequeña **City Gate** (puerta de la ciudad) del siglo XVIII marca la entrada a **St George Street**, que fue la principal vía pública y en la actualidad es una franja peatonal atestada de turistas, pero que alberga mucha historia. En el 14, la **Oldest Wooden School House** (todos los días, invierno, 9-17 h; verano, 9-20 h; 2 dólares; ☎824-0192) todavía conserva los muros de cedro rojo y ciprés originales del siglo XVIII y el suelo atigrado (una mezcla de conchas de ostra trituradas y cal, común en su tiempo). Estos puntos resultan muy interesantes, ya que el edificio fue usado como escuela unos años después, convirtiéndose por equivocación, como se apresuraban a decir sus empleados, en la escuela de madera más antigua de Estados Unidos. Los alumnos y el maestro están retratados poco convincentemente en estatuas de cera que hablan.

Más adelante, en el 41, una puerta lleva hasta el pequeño **National Greek Orthodox Shrine** (todos los días, 9-17 h; entrada gratuita), donde las cintas de los coros bizantinos resuenan en las paredes y los iconos, y las velas se encuentran junto a los contundentes relatos que explican las experiencias de los inmigrantes griegos en Estados Unidos, algunos de los cuales se asentaron en St Augustine provenientes de New Smyrna Beach (véase pág. 211) en 1777.

Más importante para la población, en la esquina de las calles St George y Cuna, se halla el **Spanish Quarter Living Museum** (dom.-jue., 9-18 h; vier.-sáb., 9-21 h; 6 dólares; ☎825-6830), que incluye seis casas y talleres reconstruidos. Los voluntarios disfrazados de colonos españoles realizan sus tareas diarias en ruecas, yunques y tornos de madera. Se recomienda visitar el museo a primera hora del día o en temporada baja, pues los numerosos turistas con sus cámaras y los ruidosos grupos de estudiantes hacen disminuir el encanto del lugar. La entrada principal se encuentra en la Triay House, en N St George Street.

Si el viajero quiere observar la vida local puede ir a la **Pena Peck House**, en el 143 (lun.-sáb., 10-16.30 h; dom., 12.30-16.30 h; 2 dólares; ☎829-5064). Aunque en una época albergó la tesorería de los españoles, cuando los británicos tomaron posesión en 1763 era la casa de un médico y su gregaria esposa, que la convirtió en el lugar donde se reunía la alta sociedad. Los muebles y las pinturas de Peck, y el entusiasta discurso del guía hacen que la visita sea divertida.

La plaza

En el siglo XVI, el rey de España decretó que todas las ciudades coloniales tenían que ser construidas alrededor de una plaza y St Augustine no fue una excepción: St George Street va hasta la **plaza de la Constitución**, que data de 1598, y que hoy en día atrae a los que buscan la sombra. En el lado norte de la plaza, la **Cathedral of St Augustine** (todos los días, 7-17 h; se aceptan donaciones) aporta cierto aire de grandeza, aunque en su mayor parte es una remodelación realizada en los años sesenta a partir del original de fines del siglo XVIII, con murales de Hugo Ohlms que representan la vida en St Augustine. Las **visitas guiadas** periódicas (los horarios están colgados a veces en la puerta) revelan los laboriosos detalles de la reconstrucción y las deslucidas ventanas de color. Más digno de consideración es el primer piso de **Government House** (lun.-jue., 9-19 h; vier.-sáb., 9-21 h; 3 dólares; ☎825-5033), situado en el lado oeste de la plaza, que alberga pequeñas muestras de objetos de varios proyectos de renovación de la ciudad y de las excavaciones arqueológicas. En contraste, en el lado sur de la plaza, se halla el mediocre **Potter's Wax Museum** (verano, todos los días, 9-21 h; invierno, 9-17 h; 5 dólares), lleno de efigies de gente de la que quizás el visitante haya oído hablar, pero que probablemente no reconocerá.

El sur de la plaza

El número de turistas disminuye al cruzar hacia el sur de la plaza hasta una red de tranquilas y estrechas calles tan antiguas como St George Street. En el 4 Artillery Lane, el **Oldest Store Museum** (lun.-sáb., 9-17 h; dom., 12-17 h; 5 dólares) muestra la recreación de una tienda de la década de 1880, llena de productos de aquella época: curiosas comidas y bebidas, fuertes pociones médicas, aparatos para pelar manzanas, moldeadores de cigarros y máquinas de lavar la madera.

Cerca de allí, en 20 Aviles Street, se encuentra la **Ximenez Fatio House** (lun.-jue., 11-16 h; dom., 13-16 h; entrada gratuita; ☎829-3575), que fue construida en 1797 para un comerciante español y se hizo popular entre los viajeros que precedieron al primer auge turístico de la población; se caracteriza por los aireados balcones añadidos a la estructura original, y aunque el piso de arriba es un poco inseguro, no pasa nada si se recorre rápidamente y con un guía que resalta los detalles más importantes. En 3 Aviles Street, el visitante puede pasar unos interesantes 15 minutos en el pequeño **Spanish Military Hospital** (dom.-jue., 9-19 h; vier.-sáb., 9-21 h; 2 dólares), construido en 1791, que muestra los espartanos cuidados que recibían los soldados heridos.

En la **Oldest House**, 14 St Francis Street (todos los días, 9-17 h; 5 dólares; última admisión, 16.30 h; ☎824-2872), a unos 10 minutos a pie, se ofrece un despliegue más importante de la historia; estuvo ocupada desde principios de la década de 1700 (y, por tanto, es la casa más antigua del pueblo) por la familia de un artillero del castillo. El segundo piso fue añadido durante el período británico, hecho que se hace evidente en la vajilla de porcelana china que pertenecía a una tal Mary Peavitt, cuyo desastroso matrimonio con un jugador proporcionó la base para una popular novela histórica, *María*, de Eugenia Price (hay copias en la tienda de regalos). Una sala más pequeña muestra el estilo que se hizo popular con la llegada del ferrocarril de Flagler: sus franjas de pino copian el aspecto de un vagón de tren.

Entrando por el jardín trasero de la casa, el **Museum of the Florida Army** (entrada incluida en la de la Oldest House; mismo horario) muestra, sobre todo mediante antiguos uniformes, los numerosos conflictos que han dividido a Florida durante años. Quizás el visitante vea a algunos soldados dando zancadas y luciendo un uniforme moderno; se trata de miembros de la Guardia Nacional de Florida, cuya sede se encuentra al otro lado de la calle.

Al oeste de la plaza: la King Street

Un paseo hacia el oeste desde la plaza por la **King Street** llena el vacío entre la antigua St Augustine y su auge turístico de principios de siglo. El visitante verá, en el cruce con Cordova Street, las agujas, arcos y el techo de tejas rojas del **Flagler College**. Utilizado en la actualidad por estudiantes de artes liberales, hace 100 años era, al igual que el *Ponce de León Hotel*, una residencia de verano exclusiva de ricos y poderosos del país. El hotel fue un primer intento del empresario Henry Flagler por explotar el clima y la costa de Florida, pero cuando estableció propiedades más al sur y extendió la vía del ferrocarril, el *Ponce de León* dejó de gozar de su favor, a lo que contribuyó además un par de inviernos helados. Hay visitas guiadas gratuitas en verano. El viajero puede **pasear** por el campus y el primer piso del edificio principal (todos los días, 10-15 h) para admirar los vidrios de color de Tiffany y el techo pintado del comedor, que ha sido restaurado a conciencia.

Para hacerle la competencia a Flagler, el excéntrico arquitecto de Boston, Franklin W. Smith, al parecer obsesionado con el hormigón y el diseño árabe (véase el Zorayda Castle más abajo), mandó construir un hotel de similar extravagancia justo enfrente del *Ponce de León*. Finalmente se lo vendió a Flagler, quien lo llamó el *Alcázar*. Con un patio de palmeras y fuentes en la fachada, el edificio alberga en la actualidad el **Lightner Museum** (todos los días, 9-17 h; última admisión, 16.30 h; 6 dólares), donde el visitante puede pasar 1 hora observando el vidrio tallado victoriano, las lámparas de Tiffany, las antiguas cajas de música, etc. Gran parte de estos objetos fueron adquiridos por el magnate de las publicaciones Otto C. Lightner durante la época de la Depresión.

Una visión bastante incongruente en St Augustine es la recreación de la Alhambra de Franklin W. Smith (véase más arriba). El arquitecto se había quedado tan impresionado tras contemplar la arquitectura árabe en España que mandó construir una copia de una de las alas del palacio del siglo XIII, pero más pequeña. En 1913, 40 años después de completarse el **Zorayda Castle**, situado en 83 King Street (todos los días, 9-17 h; 5 dólares; ☎824-3097), un rico cónsul egipcio lo compró para almacenar alfombras y tesoros de todos los puntos de Oriente; destaca la Sacred Cut Rug, de 2.300 años de antigüedad, que al parecer hechiza a todos los que la pisan (por ello quizás está colgada en la pared) y una mesa de juego incrustada de sándalo y madreperla. Sin embargo, el Zorayda Castle es fascinante, aunque la máquina de medir el encanto personal que funciona con 25 centavos y situada en el exterior estropea su atractivo.

Justo al otro lado del aparcamiento de Zorayda, se halla el **Museum of Weapons and Early American History** (todos los días, 9.30-17 h; 4 dólares). Si el visitante lee la pequeña colección de diarios de la Guerra Civil, tendrá una interesante visión de la lucha; no obstante, este lugar de una sola sala únicamente gustará a las personas obsesionadas por las catástrofes, ya que está lleno de herramientas para disparar, apuñalar y herir al enemigo hasta la muerte.

Al norte de la Old Town: San Marco Avenue y alrededores

Al alejarse de las agrupadas calles de la Old Town, la bulliciosa **San Marco Avenue**, que empieza en el otro lado de la puerta de la ciudad desde St George Street, pasa por los lugares de los primeros desembarcos y asentamientos españoles, y por algunos restos de los indios timucua que los recibieron. Hay un par de paradas más no tan importantes, pero que pueden servir para reírse un rato. La gente que las ve las ama o las odia, pero si el visitante nunca ha visto una de las colecciones de **Ripley's Believe It Or Not** del país, no debería perderse esta oportunidad. Ésta, en 19 San Marco Avenue (todos los días, 9-22 h; 8,95 dólares; ☎824-1606), a pesar de no ser la mejor, muestra una colección de rarezas reunidas por Ripley durante sus viajes en los años veinte y treinta. Ya sea un reloj de pie hecho de pinzas, el padrenuestro impreso en la cabeza de un alfiler o una maqueta de la Torre Eiffel construida con palillos, cada objeto parece más extraño que el anterior y quizás al visitante le interese.

Justo al otro lado de la calle de Ripley se encuentra el **3-D World**, en 28 San Marco Avenue (todos los días, 10-22 h; 9 dólares por los tres espectáculos), que proyecta tres filmes que van desde las aclamadas aguas de *Blue Magic* (Azul mágico), donde cientos de bancos de peces de colores pasarán ante los ojos del espectador, hasta los filmes de aventuras donde un frenético simulador de movimiento le llevará primero al *Castle of Doom* (el castillo maldito) y luego al *Curse of King Tut* (la maldición de Tutankamon), que no se recomienda a los que tengan propensión a marearse.

Casi 1 km más adelante por la San Marco Avenue, se halla la sombría iglesia moderna que en la actualidad se encuentra en el lugar de **Mission of Nombre de Dios** (verano, todos los días, 7-20 h; resto del año, 8-18 h; 4 dólares; se aceptan donaciones). Esta misión del siglo XVI fue una de las muchas establecidas por los colonos españoles para convertir a los indios americanos al cristianismo, además de explotarlos en el trabajo y buscar su apoyo ante posibles confrontaciones con potencias coloniales rivales.

Hay un camino que lleva a la cruz de acero inoxidable de más de 63 m de alto que brilla al sol junto al río, en el lugar donde desembarcó Menéndez en 1565. Poco después, el padre Francisco López de Mendoza Grajales celebró la primera misa en América del Norte, y constató que «un gran número de indios observaban los procedimientos e imitaban todo lo que veían», lo que significó el principio del fin de los indios. Un camino lateral hace un recorrido por el resto del césped frecuentado por ardillas y pasa por unas cuantas reliquias de la misión de camino a una pequeña recreación cubierta de hiedra de la capilla original.

Además de la esperanza de encontrar oro y plata, se dice que Ponce de León llegó a Florida atraído por la creencia de que allí estaba la «fuente de la juventud». De manera sutil, este hecho se conmemora en la fuente mineral llamada **The Fountain of Youth** (todos los días, 9-17 h; 4,75 dólares) en un parque al final de la Williams Street (saliendo de San Marco Avenue), muy cerca del punto donde desembarcó en 1513 y casi 1 km al norte del lugar de la antigua misión; sin embargo, no es probable que viva eternamente después de beber el agua dulce de la fuente. Las hectáreas del parque son mucho más importantes como yacimiento arqueológico. Además de los restos del asentamiento español, se han descubierto muchas reliquias de los indios timucua; el visitante también se encontrará con las fuertes plantas que eran la base de la «bebida negra», un brebaje denso y muy potente que utilizaban estos indios para alcanzar un estado místico.

Las playas

Si el viajero ha llegado a St Augustine por la Hwy-A1A, no necesitará introducción alguna a las bellas **playas** que se extienden a poco más de 3 km de la Old Town. Poca gente hace algo distinto, sobre todo los fines de semana, cuando los bañistas, fanáticos de los deportes acuáticos, llegan a montones. El **Lighthouse Museum**, en 81 Lighthouse Avenue (todos los días, 9-18 h; 2,50 dólares sólo el museo; 5 dólares si quiere subir hasta arriba; ☎829-0745), ofrece bellas vistas de St Augustine y las playas, además de mostrar la historia de los vigilantes y las luces que cuidaban.

Al otro lado de la bahía, en la isla Anastasia, se halla **St Augustine Beach**, adecuada para familias; pero allí se encuentra también la **Anastasia State Recreation**

Area (todos los días, 8-atardecer; automóviles, 3,25 dólares; ciclistas y peatones, 1 dólar), donde hay más de 400 Ha protegidas de dunas, marismas, maleza y un grupo de robles vivos azotados por el viento, unidas por senderos naturales, aunque la mayoría de gente va allí a cenar tras pescar en el lago. En la otra dirección (hay que tomar la May Street, saliendo de San Marco Avenue), la **Vilano Beach** recibe a una multitud más joven y marca el comienzo de una playa deslumbrante que continúa durante más de 32 km hasta Jacksonville Beach (véase abajo).

Comida

La multitud de turistas que frecuentan St George Street y sus alrededores hacen que comer en el casco antiguo resulte caro, sobre todo la cena. Sin embargo, a primera hora del día se recomienda el *Cuzzin's Sandwich Shoppe*, 124 St George Street (☎829-8697), para tomar un café o **desayunar**; asimismo se aconseja *The Bunnery*, 35 Hypolita Street (☎829-6166), para desayunos , almuerzos y especialidades económicas que incluyen rollos blandos de canela, pasteles dulces de pacana y pastelillos de chocolate y nueces. También son excelentes como almuerzo las combinaciones de ensaladas y la cerveza casera del *Monk's Vineyard*, 56 St George Street (☎829-2329); las sabrosas sopas y ensaladas del *Scarlett O'Hara's*, 70 Hypolita Street (☎824-6535); y las ricas hamburguesas de *The Oasis*, 4000 Ocean Trace Road (también Hwy-A1A), con acceso desde la playa (☎471-3424), que sirve el rico «Gonzo Burguer», con tres clases de queso y varias guarniciones.

La mayoría de restaurantes señalados más arriba no abren a la hora de **cenar** (aunque el *Scarlett O'Hara's* ofrece excelentes cenas de cigalas fritas) y es difícil cenar por menos de 15 dólares en la Old Town. *O.C. Whites*, 118 Avenida Menéndez (☎824-0808), está bien como alternativa, y se encuentra al otro lado de la bahía. *Matanzas Bay Café*, 8805 Hwy A1A South (☎461-6824), está en primera línea de mar. El *Gypsy Cab Company*, 828 Anastasia Blvd (☎824-8244), sirve comida griega, italiana y cajún en un lugar Art Déco.

Vida nocturna

St Augustine no se caracteriza precisamente por tener mucha **vida nocturna**. El visitante puede tomarse una **copa** en la Old Town, en el *White Lion*, 20 Cuna Street (☎829-2388), estilo taberna; asimismo se recomienda ir durante las *happy hours*, entre 17-19 h, a *Scarlett O'Hara's* (véase «Comida»); o junto a la rueda de molino del *Milltop*, 19 1/2 St George Street (☎829-2329), desde donde se contemplan hermosas vistas del castillo y el puerto. También es posible tomar un cóctel mientras se ve el océano desde el bar del *Panama Hatties*, 361 S Beach Boulevard (☎471-2255), o tomar un buen oporto y fumar un puro en *Stogie's Coffee House*, 36 Charlotte Street (☎826-4008), en el que los lugareños van a chismorrear y escuchar a excéntricas bandas locales.

Si al viajero no le apetece beber, se aconseja adentrarse en «A Ghostly Experience», una **excursión guiada** a pie más histórica que misteriosa a lugares donde se dice que hay espectros; las visitas empiezan a las 20 h ante el bar de Milltop (para las entradas, telefonee al ☎471-9010; 6 dólares).

Las playas de Jacksonville

Las bonitas playas de los alrededores de St Augustine, son sólo el comienzo de una franja costera que se extiende durante más de 32 km a lo largo de la Hwy-A1A; a un lado está el océano y, al otro, las marismas y los pantanos del río Talamato (la sección local del canal intercostero). El panorama empieza a cambiar a medida que el viajero

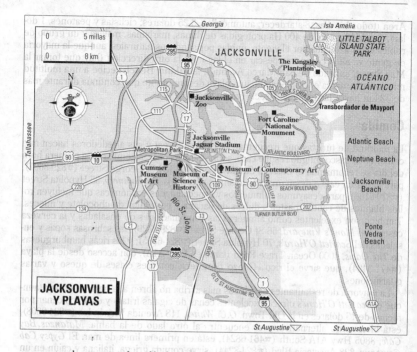

JACKSONVILLE Y PLAYAS

se acerca a los campos de golf y las casas de medio millón de dólares de **PONTE VE-DRA BEACH**, una de las comunidades más exclusivas del nordeste de Florida. A pesar de que las leyes obligan a lo contrario, sólo hay un punto de acceso público a la playa de Ponte Vedra (saliendo de Ponte Vedra Boulevard, que se divide desde la Hwy-A1A cerca de Mickler Landing), pero vale la pena encontrarlo. Las solitarias arenas constituyen una playa maravillosa, y la marea, al retirarse, deja a menudo dientes de tiburón tras la resaca.

Casi 6,5 km más adelante, la menos elegante **JACKSONVILLE BEACH** es una agradable comunidad junto a la playa, cuyos residentes se relajan y van a trabajar a la ciudad de Jacksonville, casi 20 km al interior. El daño producido por un huracán en 1976 quizás explique que no sea tan frecuentado por los turistas cuando acaba el verano. El **malecón** constituye el centro de actividad; un sándwich de pescado frito en la cafetería es el acompañamiento más adecuado mientras se observa a los surfistas principiantes.

Si el visitante quiere más acción, puede acudir al **Adventure Landing**, en 1944 Beach Boulevard (todos los días, 10-atardecer; ☎249-1044). La entrada es gratuita pero tendrá que pagar las atracciones en las que quiera subirse: las más importantes son un parque acuático (16,95 dólares), un recorrido en kart (4,50 dólares), un juego de láser con piratas en la oscuridad (5 dólares) y juegos de béisbol (1 dólar), donde uno puede sentirse Babe Ruth, el gran campeón de béisbol. Una entrada válida para todas las atracciones cuesta 34,95 dólares y la entrada reducida «Nightflash», 10 dólares, de lunes a viernes, 16-20 h.

En cuanto el visitante cruce la Seagate Avenue, más de 2 km al norte del malecón, Jacksonville Beach surge con la más comercial **NEPTUNE BEACH**, que a su vez se confunde (en Atlantic Boulevard) con **ATLANTIC BEACH** de idéntico aspecto. Estos

Caseta de salvavidas (Miami Beach)

Ocean Drive (South Beach, Miami)

Detalle de Art Déco (South Beach, Miami)

South Beach (Miami)

Jugadores de dominó (Little Havana, Miami)

Cardozo Hotel (Ocean Drive, Miami)

Hotel Webster (South Beach, Miami)

Starlite Hotel (South Beach, Miami)

Wave Wall Promenade (Fort Lauderdale)

Cachas musculosos (South Beach, Miami)

Señal callejera (Key West)

Pelícanos (Key West)

Burt Reynolds Ranch (Júpiter)

La venganza de Arnold (Universal Studios Escape)

MGM Studios (Orlando)

Garzas reales azules (isla Sanibel)

Playa de Fort Lauderdale

Serpiente corredora negra del sur de Florida

Planta aérea (Everglades)

Caimán (Everglades)

Corkscrew Swamp Sanctuary

Spring Break (Daytona Beach)

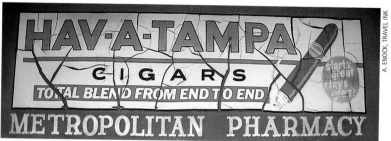

Anuncio de cigarros (Ybor City)

Pantanos (Florida central)

dos últimos lugares se recomiendan para ir a comer o hacer vida social. Justo al norte de Atlantic Beach, el mediocre **MAYPORT** está dominado por un puerto, amarradero de algunos de los mayores portaaviones de la Marina de Estados Unidos. Se ve mejor desde la ventanilla del automóvil de camino al embarcadero de Mayport, al otro lado del río St John, y las islas de más allá (véase «Hacia la isla Amelia», pág. 233).

En contraste con el puerto de la marina se encuentra el **Kathryn Hanna Park**, en 500 Wonderwood Drive (50 centavos; ☎249-2316), justo al sur de Mayport. Además de sus casi 3 km de bonita playa, en el parque hay más de 182 Ha de bosque que rodean un gran lago y alrededor de ésta, 16 km de senderos para hacer excursiones a pie o en bicicleta. También hay un cámping (véase «Dormir, comer y vida nocturna», más abajo).

Alrededores de las playas

Sólo hay dos puntos de interés además de las playas: el **American Lighthouse Museum**, en 1011 N Third Street (mar.-sáb., 11-16 h; entrada gratuita), que muestra colecciones más o menos interesantes de pinturas, dibujos, fotografías, planos y maquetas de faros y barcos, y unos kilómetros hacia el interior por la Girvin Road (saliendo del Atlantic Boulevard), el **Fort Caroline National Monument** (todos los días, 9-17 h; entrada gratuita; ☎641-7155), un pequeño museo donde se detalla la importancia del fuerte hugonote del lugar, que atrajo al primer asentamiento español en Florida (véase «St Augustine», pág. 220). Otra razón para ir es la gran vista que se puede contemplar desde el fuerte al otro lado del río St John, de más de 1,6 km de ancho, y de los buques de carga que viajan por el océano.

Dormir, comer y vida nocturna

En invierno suele haber muchas ofertas en la costa, pero durante el verano lo normal es gastar entre 40-55 dólares por una sencilla habitación de **motel**; además, hay que hacer la reserva con antelación. El *Sea Horse Oceanfront Inn*, 120 Atlantic Boulevard, Neptune Beach (☎246-2175; ③), *Surfside*, 1236 N First Street, Jacksonville Beach (☎246-1583; ②) y *Golden Sands*, 127 S First Avenue, Jacksonville Beach (☎249-4374; ①-②), ofrecen los precios más bajos. Si al viajero no le importa alojarse casi 10 km hacia el interior, se ahorrará unos dólares en el *Scottish Inn*, 2300 Phillips Highway (☎1-800/251-1962; ①), cerca del cruce de la I-95 y la Hwy-90. Entre las opciones más caras, se encuentran *Sea Turtle Inn*, 1 Ocean Boulevard, Atlantic Beach (☎1-800/874-6000; ⑤). Con una tienda, es posible **acampar** en el Kathryn Hanna Park (véase más arriba) por 10 dólares.

Para **comer**, en la S Third Street de Jacksonville Beach hay dos establecimientos sencillos y baratos: el *Beach Hut Café*, en el 1281 (sólo almuerzos; ☎249-3516) y *Ellen's Kitchen*, en el 1824 (☎246-1572). Algo más caros son los elegantes delicatessen del *Sun Dog Diner*, 207 S Atlantic Boulevard, Neptune Beach (☎241-8221).

Hay mucha **vida nocturna** en la playa. Si al visitante le interesa el hedonismo de los concursos de camisetas mojadas puede ir al *H2O*, 2500 Beach Boulevard (☎249-6992), hacia el interior desde Jacksonville Beach, en el canal intercostero. Para un ambiente diferente y un poco más tranquilo, está el *The Fly's Tie Irish Pub*, 177 E Sailfish Drive, Atlantic Beach (☎246-4293), donde el viajero disfrutará de música irlandesa en vivo y de cerveza.

Jacksonville

Debido a sus industrias madereras y cafeteras establecidas en la población desde hace tiempo y al profundo río St John, que la convierten en un punto importante del tráfico marítimo, **JACKSONVILLE** siempre se ha mostrado contraria a variar sus tradiciones de duro trabajo; por ello, los visitantes que quieren divertirse se quedan en las playas, casi 20 km al este. Incluso la industria cinematográfica de Estados Unidos decidió no establecerse allí en la década de 1910, y se fue a California. En los últimos tiempos, un sector de oficinistas cada vez mayor intenta arreglar los desperfectos causados por la industria pesada, y se han hecho muchos esfuerzos para mejorar el encanto de Jacksonville; se han creado parques y pasarelas al borde del río, pero el gran tamaño de la ciudad (más de 2.178 km², la mayor de Estados Unidos) diluye su carácter y la convierte en un lugar imposible de recorrer sin vehículo. Sin embargo, Jacksonville no es un lugar desagradable y el viajero tardará un día en recorrerlo, aunque la mayor parte del tiempo esté paseando por el centro a la orilla del río.

Información y transporte

En el centro de Jacksonville, el **Convention and Visitors Bureau**, 201 E Adams St (lun.-vier., 8-17 h; ☎798-9148), ofrece muchos folletos turísticos y vales de descuento (también hay un mostrador de información en el centro comercial de Jacksonville Landing) y se encuentra a poca distancia de la estación de **autobuses** Greyhound, en 10 N Pearl Street (☎356-9976). Algunos servicios Greyhound también paran en los grises barrios exteriores de South y West Jacksonville, pero no se recomienda bajar en ninguna de las paradas. La estación de **ferrocarril** se halla a casi 10 km del centro, en 3570 Clifford Lane (☎1-800/872-7245), desde donde un **taxi** (☎645-5466) hasta el centro cuesta unos 8 dólares. El servicio **local de autobuses** (☎630-3100) está pensado para llevar a los lugareños al trabajo y llevarlos de vuelta a casa, ya que no se detiene en muchos lugares interesantes y deja de funcionar pronto.

En **autobús**, el viaje entre las playas y el centro de Jacksonville dura unos 50 minutos con el BS 1 (por Atlantic Boulevard), BS 2 (por Beach Boulevard) o BS 3 (desde Mayport). También está el *Beaches Flyer*, un servicio más rápido que pasa cada hora por Beach Boulevard.

Alojamiento

El extenso trazado de la ciudad contribuye a que el **alojamiento** más barato se encuentre en los moteles situados alrededor del perímetro, a los que resulta difícil llegar sin automóvil. Los mejores precios los ofrecen las **cadenas de hoteles** cerca del aeropuerto, casi 14,5 km al norte del centro de Jacksonville: *Days Inn*, 1181 Airport Road (☎741-4000; ②); *Holiday Inn*, 14670 Duval Road (☎741-4404; ③); *Red Roof Inn*, 14701 Airport Entrance Road (☎741-4488; ②-③), *Super 8 Motel*, 10901 Harts Road (☎751-3888; ②), y *ValuLodge*, 1351 Airport Road (☎741-0094; ①). En el centro, cuesta más caro y sólo se recomienda a los que no tengan problemas de presupuesto: el *Parkview Inn*, 901 N Main Street (☎355-3744; ③), es el más barato. Situado en la ribera sur del río, el *Radisson*, 1515 Prudential Drive (☎396-5100; ⑤), merece una visita. Otra elegante opción es el **B&B** *The House on Cherry Street*, 1844 Cherry Street (☎384-1999; ④), casi 5 km al sur del centro.

El centro de Jacksonville

La Administración de la ciudad ha aprovechado algunos beneficios de negocios locales para mejorar la zona, sobre todo en proyectos que intentan evitar que el **centro de Jacksonville** sea una selva de altos edificios. Para tener una visión del centro de Jacksonville, se recomienda tomar el **monorraíl Skyway** (lun.-vier., 6.30-19.30 h; 25 centavos; ☎630-3181) desde el Convention Center hasta el Hemming Park, un viaje de 10 minutos para echar una ojeada a las elevadas oficinas. Otra forma de ver la ciudad es en un globo de aire caliente, en Outdoor Adventures, 1625 Emerson Street (☎393-9030; véase pág. 232), cuesta 225 dólares ida y vuelta. Si no, el visitante puede pasear por las riberas del río St John, que serpentea por el centro de la ciudad dividiéndola en dos.

La ribera norte

A cuatro manzanas de Bay Street en la **ribera norte** del río, el viajero encontrará las pocas estructuras que sobrevivieron al incendio de 1901 (que revelaban mucho de los orígenes de Jacksonville), además de algunos de los edificios más característicos de las décadas siguientes. Los visitará mejor con la ayuda del folleto gratuito *Downtown Walking*, que proporcionan en el Convention and Visitors Bureau. Uno importante es el **Florida Theater**, 128 E Forsyth Street, totalmente restaurado, que abrió en 1927 y se convirtió en un centro de controversia 30 años después cuando los movimientos pélvicos de Elvis Presley dejaron atónitos a los burgueses de la ciudad. Otro es el **Morocco Temple**, en 219 N Newman Street, construido por Henry John Klutcho, arquitecto clásico que llegó para reconstruir Jacksonville tras el incendio de 1901, pero luego siguió la línea de Frank Lloyd Wright y erigió esta obra de arte decorada con una esfinge en 1912.

La ribera sur

Para cruzar a la **ribera sur** del río, hay que tomar el *River Taxi* (2 dólares ida o vuelta; 3 dólares ida y vuelta) en el muelle junto al centro comercial Jacksonville Landing, entre la Water Street y el río. Deja a los pasajeros junto a un camino de más de 1,6 km de largo denominado Riverwalk, al oeste del cual se encuentra el **Jacksonville Historical Center** (lun.-sáb., 10-17 h; dom., 12-17 h; entrada gratuita; ☎398-4301), una breve pero interesante muestra sobre los orígenes y el crecimiento de la ciudad. Más adelante, se halla la enorme **Friendship Fountain**, que se ve mejor por la noche, cuando las luces de color iluminan sus efusivos chorros. Finalmente, el **Museum of Science and History**, en 1025 Museum Circle (lun.-vier., 10-17 h; sáb., 10-18 h; dom., 13-18 h; 6 dólares; ☎396-7062) muestra exposiciones educativas dirigidas especialmente a los niños, además de un planetario que ofrece viajes de alta tecnología por el cosmos.

Cerca de San Marco, en Atlantic Boulevard, pequeña en comparación con las torres de oficinas colindantes, la pequeña **St Paul's Episcopal Church** es un ejemplo centenario del estilo gótico americano, en madera. No se recomienda entrar (la iglesia se usa ahora para fines seculares), pero sí leer la placa del exterior que recuerda al naturalista William Bartram, quien pasó por allí en la década de 1750 y describió brevemente «Cow-ford», como se conocía antes a Jacksonville, en su diario (véase el apartado «Libros», en «El Contexto»).

Más allá del centro

Con automóvil resulta fácil ir de uno a otro de los puntos de interés repartidos por la ciudad, pero es mucho más difícil (y no vale la pena) hacer lo mismo en autobús. El viajero dedicará quizás una tarde a observar las colecciones de arte, pero si prefiere estar al aire libre, se recomienda el Metropolitan Park, la extensa superficie del zoo o Adventure Landing (véase pág. 228).

El Museum of Contemporary Art and Cummer Museum

En esta ciudad centrada en el comercio y la industria, el visitante no puede esperar mucho del **Museum of Contemporary Art de Jacksonville** (mar., miér.-vier., 10-16 h; jue., 10-22 h; sáb.-dom., 13-17 h; 3 dólares; ☎398-8336), que se encuentra en el 4160 Boulevard Center Drive, a unos 5 km del centro de Jacksonville y a casi 1 km de

OUTDOOR ADVENTURES

Si el viajero está interesado en explorar zonas apartadas de esta región, **Outdoor Adventures**, 1625 Emerson Street, Jacksonville (☎393-9030), dirige una serie de excursiones en canoa, kayac, bicicleta o a pie a precios razonables en una extensa zona, que va desde Okefenokee Swamp y el río Suwanee hasta las islas Talbot y los ríos y parques de los alrededores de Jacksonville.

la parada del autobús BH 2 (desde la zona del centro, hay que tomar el autobús «Riverside Shuttle», que funciona los días laborables). Sin embargo, la gran colección de antigua porcelana china y coreana llama la atención a muchos entendidos y no debe perderse la pequeña selección de objetos precolombinos. No obstante, el objetivo principal del museo es proporcionar apoyo y estudios para los artistas locales, y por ello los espacios de trabajo están a menudo abiertos al público; hay más detalles en el mostrador de la recepción.

Justo al sur del puente del río Fuller Warren (I-95), se halla el **Cummer Museum of Art and Gardens**, 829 Riverside Drive (mar.-vier., 10-16 h; sáb., 12-17 h; dom., 14-17 h; 5 dólares), en la antigua posesión de la rica familia Cummer. Las espaciosas salas y los pasillos flanqueados por estatuas contienen obras de importantes maestros europeos de los siglos XIII-XIX, pero el arte americano es el elemento principal: el paisaje lleno de humo de la ciudad de *Brooklyn Bridge East River*, obra de Edmund Greacen y el *St John's River*, de Martin Heade son evocadores. Después, el visitante puede pasear por los **jardines** de estilo inglés e italiano llenos de flores, que llegan hasta la orilla del río y ofrecen una buena perspectiva del duro carácter industrial de Jacksonville.

El Jaguar Stadium y el Metropolitan Park

En 1994, Jacksonville fue designada una de las sedes de la nueva National Football League, y lo que era el Gator Bowl (sede del fútbol universitario) es ahora la guarida de los Jaguars. Desde toda la ciudad se pueden ver los focos del **Jacksonville Jaguar Stadium** de 73.000 localidades, todavía escenario de los partidos de fútbol universitario entre Florida y Georgia todos los años en noviembre (una excusa para beber y unirse a la fiesta por toda la ciudad durante 48 horas; las entradas para el partido son muy difíciles de conseguir), además de los partidos locales igualmente emocionantes de los Jaguars. Cuando no hay partido, la principal razón para hacer una visita es el vecino **Metropolitan Park**, una extensión verde a la orilla del río que constituye un punto de reunión para divertidos acontecimientos la mayoría de fines de semana, además de algunos grandes conciertos de rock gratuitos en primavera y otoño. Entre semana está a menudo desierto y es un buen lugar para hacer un picnic a la orilla del río. El **autobús** «Northside Connector» para cerca de allí.

El zoo de Jacksonville

Antes era un lugar triste con jaulas restrictivas y espacio mal aprovechado; pero ahora el **zoo de Jacksonville**, en Hecksher Drive, saliendo de la I-95 al norte del centro de Jacksonville (todos los días, 9-17 h; 6,50 dólares), se está convirtiendo en uno de los mejores de los alrededores, ya que los animales cuentan con mucho espacio para merodear, posar y pavonearse. El orgullo del zoo son los rinocerontes blancos, que en raras ocasiones se crían en cautividad, y que viven en el «African Veldt» de casi 4,5 Ha. Sin embargo, gran parte del zoo está en obras, lo que deja grandes espacios vacíos entre las exposiciones de animales y relega la experiencia a una cara excursión por la naturaleza. El **autobús** NS 10 se detiene en el exterior, pero sólo los fines de semana.

Anheuser Busch Brewery

Después de viajar por la mayor ciudad de Estados Unidos, tendrá sed; la **Anheuser Busch Brewery**, en 111 Busch Drive (lun.-sáb., 10-16 h; entrada gratuita; ☎751-8118), proveedor de Budweiser, es ideal para ello. Después de hacer la visita gratuita, que sigue las raíces germánicas de la cerveza más popular del país, incluidas exposiciones informativas como un mural sobre la evolución de los abrelatas, los visitantes se abandonan a la principal atracción: beber cerveza gratuita.

Comida

En la ribera norte del centro de Jacksonville, *Akel's Deli*, 130 N Hogan Street (☎356-5628), sirve **tentempiés** y **almuerzos** rápidos. Comer en el centro comercial Jacksonville Landing es un poco más caro, aunque tentador: *The Mill Bakery*, un pub preocupado por la salud, ofrece grandes bollos; *Fat Tuesday* (☎353-1229) almuerzos cajún picantes, y *Harry's Oyster Bar* (☎353-4927), un generoso menú a base de marisco. En la ribera sur, *The Loop*, 4000-21 St John's Avenue (☎384-7301), ofrece menús sencillos a buen precio, aunque los almuerzos sanos de *Filling Station*, 1004 Hendricks Avenue (☎398-3663), son mejores. Para beber los refrescos de gran calidad, comer marisco y bistés, se recomienda el *River City Brewing Co*, 835 Museum Circle (☎398-2299), donde además podrá probar cerveza casera mientras escucha **música en vivo**. El mejor de los elegantes restaurantes de **cenas** de la ciudad es el *Wine Cellar*, 1314 Prudential Drive (☎398-8989), donde una comida bien preparada a base de pescado o carne cuesta como mínimo 15 dólares.

Vida nocturna

La **vida nocturna** en Jacksonville es una sombra de las juergas que se arman en la playa (véase «Las playas de Jacksonville», pág. 227); no obstante, se recomienda *Milk Bar*, 128 W Adams Street (☎356-MILK), que quizás ofrezca lo que el visitante busca, desde sonidos house y reggae hasta grupos punk y noches de conciertos a 25 centavos; y el *Havana-Jax*, 2578, Atlantic Blvd (☎399-0609), que ofrece grupos de rock en vivo y una banda latina de vez en cuando para acompañar la cocina cubano-americana.

Hacia la isla Amelia

A unos 50 km de Jacksonville se encuentran las *barrier islands* que marcan la esquina nordeste de Florida, aunque sin duda, la isla **Amelia** es la más hermosa. Para llegar hasta allí, el viajero puede tomar la Hwy-105, que le llevará desde Jacksonville por el lado norte del río St John, aunque la Hwy-A1A desde las playas de Jacksonville, que cruza el río con el pequeño **transbordador de Mayport** (cada 30 min. aprox.; 6.20-22 h; automóviles, 2,50 dólares; ciclistas y peatones, 50 centavos) es una ruta mejor. Durante el corto trayecto, los pelícanos pasan rozando para alimentarse en los barcos de pesca de camarones que hay cerca.

La Kingsley Plantation

Cerca del puerto de amarre del transbordador, la Hwy-A1A se une con la Hwy-105. Continuando hacia el norte en la Hwy-A1A, el viajero se encontrará en la isla Fort George, y enseguida verá la entrada al **Huguenot Memorial Park** (todos los días, 6-atardecer; 50 centavos por persona) en el lado este de la carretera. Allí hay una **zona de acampada** (☎251-3335), donde podrá plantar la tienda por 5 dólares, y el **Natural**

State Bird Sanctuary. La Hwy-A1A continúa más allá del interminable camino de entrada bordeado de árboles de la **Kingsley Plantation** (todos los días, 9-17 h; entrada gratuita; charlas del guardabosques, lun.-vier., 13 h; sáb.-dom., 13 y 15 h); la protagonista del lugar es la elegante casa situada al borde del río, que fue adquirida en 1817 por un escocés llamado Zephaniah Kingsley. La casa y sus más de 120 Ha fueron compradas con los beneficios procedentes de la esclavitud, de la que Kingsley era un defensor y tratante, y por ello amasó una gran fortuna. Como buen pragmático, estaba interesado en los derechos de los esclavos liberados y escribió un tratado sobre las virtudes de un sistema de esclavitud patriarcal más en concordancia con el enfoque español que con los métodos extremadamente brutales utilizados en Estados Unidos; creía que los esclavos bien alimentados, más felices y libres (aunque no del todo) eran mejores trabajadores. Sin embargo, la plantación revela muchos detalles sobre aquella época y la esposa de Kingsley, una senegalesa que dirigía la plantación y vivía con un estilo extravagante, quizás en compensación por los años al servicio de Kingsley.

Las islas Talbot

Aproximadamente 1,6 km más allá de la Kingsley Plantation, la Hwy-A1A pasa por el **Little Talbot Island State Park** (todos los días, 8-atardecer; automóviles, 3,25 dólares; ciclistas y peatones, 1 dólar), que ocupa casi toda una *barrier island* de 1.214 Ha aproximadamente de espesa vegetación, habitada por 194 especies de aves. En el parque hay dos áreas de picnic a la sombra de los árboles y frente al océano, así como un **sendero para excursiones** de casi 6,5 km, que serpentea entre un paisaje de robles y magnolios, dunas de arena azotadas por el viento y una parte de la playa de más de 8 km de largo. Es posible alquilar **canoas** por 4 dólares la hora (15 dólares al día) y **bicicletas** por 2 dólares la hora (10 dólares al día). Si al viajero le gusta observar la naturaleza y quiere ahorrarse la molestia de encontrar alojamiento en la isla Amelia (véase más abajo), puede ir a la **zona de acampada** (☎251-2321) en el lado oeste del parque junto a Myrtle Creek (14 dólares).

Como alternativa, puede seguir por la ensenada hasta la pequeña isla Long y luego hasta la **isla Big Talbot**, donde hay dos puntos de interés: la **Bluffs Scenic Shoreline** (señalizada en la carretera), donde los riscos se han erosionado, depositando árboles enteros en la playa, algunos de los cuales todavía siguen en pie con las raíces intactas, y el **Black Rock Trail**, un sendero de casi 2,5 km a través del bosque hasta la costa atlántica, con rocas que antaño fueron de turba. De nuevo en la Hwy-A1A, la carretera continúa hasta la isla Amelia.

La isla Amelia

La mayoría de personas que visitan Florida por primera vez no saben localizar la **ISLA AMELIA** en el extremo norte del mapa, lo que quizás explique por qué este dedo de tierra de casi 21 km de largo y poco más de 3 km de ancho, es tan tranquilo y no está tan explotado, a pesar de la ininterrumpida franja de playa atlántica que hay en su orilla este. Con el mismo encanto que las playas, Fernandina Beach, la única población de la isla, era un lugar frecuentado por piratas antes de transformarse en centro de reunión de la alta sociedad victoriana, algo que queda patente en su casco antiguo, que ha sido restaurado.

Algunos lugares de la isla se han convertido en centros turísticos de alta categoría (gran parte de la mitad sur está ocupada por el *Amelia Island Plantation*, un centro de golf y tenis con senderos privados para excursiones a pie y en bicicleta, restaurantes caros y habitaciones de 200 dólares la noche), pero vale la pena ir allí si el visitante dispone de automóvil. En Fernandina, por lo menos, se preocupan más por el tamaño del camarón que se pesca que por complacer a los turistas.

Fernandina Beach

La Hwy-A1A llega hasta **FERNANDINA BEACH**, que se puede recorrer a pie y cuyo apogeo victoriano es evidente en los edificios restaurados que flanquean la corta vía principal, Centre Street. Los nombres de lugares y calles son un reflejo de su historia, pues los españoles dieron nombre al pueblo, mientras que los británicos lo hicieron con las calles. Junto al puerto deportivo, en el extremo oeste de la Centre Street y al lado de un antiguo vagón de tren, se encuentra el **centro de información** (mar.-vier., 9-17 h; sáb., 10-14 h; lun., 10-17 h; ☎261-3248), donde el visitante obtendrá un folleto del Museum of History con las visitas en automóvil y a pie, además de los lugares de interés histórico.

El presidente James Monroe describió en una ocasión Fernandina como un «amargante lugar de lujo» después del embargo de Estados Unidos en 1807 de los barcos extranjeros que provocó que la población, perteneciente a los españoles, se convirtiera en un semillero de contrabando y otras actividades ilegales. Cuando Estados Unidos adquirió Florida en 1821 no disminuyó la importancia de Fernandina, esta vez como terminal de ferrocarriles para la libre circulación entre el Atlántico y el golfo de México.

El Museum of History, la visita de Centre Street y alrededores

El lugar más adecuado para percibir la esencia de Fernandina es el **Museum of History**, en 233 S Third Street (lun.-vier., 11-15 h; se aceptan donaciones), que en su época fue la cárcel del condado, cuya exposición de recuerdos se complementa con fotografías y mapas. La **visita guiada** de 45 minutos (lun.-sáb., 11 y 14 h; donación recomendada, 2,50 dólares) del museo es excelente, al igual que las **excursiones históricas** (jue.-vier., a las 15 h desde el centro de información; suspendidas jun.-agos., si no es con cita previa; 5 dólares) más largas, que incluyen muchos de los edificios antiguos de Centre Street y sus alrededores.

Incluso aunque el viajero se pierda las visitas guiadas, no resulta aburrido **recorrerlo** por su cuenta. En la Centre Street y sus alrededores hay numerosos torreones, vueltas y torres de estilo victoriano, además de otros edificios posteriores importantes. Entre ellos, la **St Peter's Episcopal Church**, en la esquina con la Eighth Street, fue completada en 1884 por el arquitecto neoyorquino Robert S. Schuyer, cuyo nombre se relaciona con muchos otros edificios locales y que nunca usó el mismo estilo dos veces. El gótico utilizado para la iglesia está muy lejos del torpe estilo italiano de la **Fairbanks House**, también de Schuyer, situada en la esquina de las calles

---

LA HISTORIA DE LA ISLA AMELIA: LAS OCHO BANDERAS

La isla **Amelia** es el único lugar de Estados Unidos que ha estado bajo el gobierno de **ocho banderas**. Tras el asentamiento de los hugonotes en 1562, llegaron los españoles y fundaron allí una misión. Ésta fue destruida por los británicos en 1702, quienes volvieron 50 años después para gobernar la isla (que llamaron Amelia en honor de la hija del rey Jorge II). La siguiente administración española fue interrumpida por los «patriotas de la isla Amelia», respaldados por Estados Unidos, que gobernaron durante un día en 1812; la cruz verde de la República de Florida ondeó brevemente en 1817 y, lo más extraño, la bandera rebelde mexicana apareció sobre isla Amelia ese mismo año. El Gobierno de Estados Unidos sólo ha sido interrumpido por la ocupación confederada durante 1861.

Estos cambios reflejan el ir y venir de las fidelidades entre las grandes potencias del comercio marítimo, además de la envidiable localización geográfica del lugar: durante muchos años ofreció amarre para los barcos que navegaban por el océano fuera del control de Estados Unidos, pero muy cerca de la frontera estadounidense.

Seventh y Cedar. Fue encargada por un editor de periódicos para dar una sorpresa a su esposa, a quien no le gustó y no quiso ni atravesar el umbral. Hoy en día, se ha transformado en un suntuoso **B&B** (☎1/800-261-4838; ⑥); se recomienda la suite nupcial del último piso con torreta privada.

La playa

Adecuada para nadar y practicar deportes acuáticos, la **playa** más hermosa de la isla se encuentra en el extremo este de la Atlantic Avenue de Fernandina, a más de 1,6 km del centro de la población. Si al visitante no le importa caminar un buen rato con arena entre los dedos de los pies, puede bordear la playa hasta Fort Clinch State Park, casi 5 km al norte (véase más abajo). En otoño, quizá tenga la suerte de divisar algunas **ballenas** en las aguas, a poca distancia de la isla Amelia. La ballena franca, una especie en peligro de extinción, entra en los canales del interior para tener sus crías.

Hacia el norte hasta Fort Clinch State Park

Cuando Florida cayó en manos de Estados Unidos, se construyó un fuerte en el extremo norte de Amelia a unos 5 km de Fernandina para proteger el acceso por mar a Georgia. Hoy en día, forma parte del **Fort Clinch State Park** (todos los días, 8-atardecer; automóviles, 3,25 dólares; peatones y ciclistas, 1 dólar) y constituye un centro de reunión para los entusiastas de la Guerra Civil que creen ser soldados de la Unión de 1864, el único momento en que el fuerte entró en acción. La entrada al fuerte cuesta 1 dólar y la mejor forma de verlo es en la **visita con vela guiada por un soldado** (verano, mayoría vier. y sáb.; 2 dólares; imprescindible la reserva; ☎277-7274). Con la pseudoguarnición de la Guerra Civil quejándose por el trabajo y las raciones pobres, la visita puede parecer demasiado exagerada, pero de hecho resulta 1 hora bien aprovechada, informativa y bastante misteriosa.

El resto del parque casi no se ve desde lejos; por carretera, el visitante tendrá que recorrer casi 5 km hasta llegar al fuerte, pasando por una reserva de animales (de la que a menudo salen enormes caimanes; si le apetece hacer una excursión a pie, no debe salir de los **senderos naturales** señalizados de 30 y 45 min.) y por la salida a la impresionante **playa** de poco más de 4 km de larga, donde numerosos pescadores de cangrejos se deshacen de sus cestas en un largo muelle de pesca. Desde éste y el fuerte hay una increíble vista de la isla Cumberland (sólo accesible en transbordador desde St Mary's, en la Georgia continental, o en canoa o kayac en excursiones organizadas dirigidas por Outdoor Adventures; ☎393-9030; véase pág. 232), una reserva natural de Georgia famosa por sus caballos salvajes; si el viajero tiene suerte, habrá unos cuantos galopando por las playas de la isla. Quizá también vea un submarino nuclear deslizándose hacia Cumberland Sound y la gran base naval de la bahía Kings. Es posible **acampar** en el parque por 17 dólares.

Alojamiento

El **alojamiento** más barato se encuentra en los cuatro moteles que hay en la Fletcher Avenue, unos pocos kilómetros al sur de Fernandina: *D.J.'s*, en el 3199 (☎261-5711; ④), *Seaside Inn*, en el 1998 (☎261-0954; ④), *Ocean View*, 2801 Atlantic Ave (☎261-0193; ④) y *Beachside*, en el 3172 (☎261-4236; ④). Si estuvieran completos, el siguiente más barato es el *Shoney's Inn*, 2707 Sadler Road (☎277-2300; ④).

Con un poco más de presupuesto, el visitante disfrutará del ambiente histórico de Fernandina alojándose en uno de los **B&B** llenos de antigüedades de la población; *Bailey House*, 28 S Seventh Street (☎261-5390 o ☎1/800-251-5390; ④), *1735 House*, 584 S Fletcher Avenue (☎261-4148 o ☎1/800-872-8531; ④), y *Florida House Inn*, 22 S Third

Street (☎261-3300 o ☎1/800-258-3301; ④). Si la reserva con mucha antelación, el visitante podrá tener una habitación en el *Lighthouse*, 748 Fletcher Avenue (☎261-5878), de 196 dólares por noche, un pequeño faro con espacio para cuatro personas.

Comida y vida nocturna

Por su tamaño, en la isla hay numerosos establecimientos para **comer**; la mayoría de ellos se encuentran en la Centre Street de Fernandina y sus alrededores. *The Marina*, 101 Centre Street (☎261-5310), es uno de los restaurantes más antiguos de la isla, y ofrece un menú a base de marisco. Es famoso por su «Fernandina Fantail Fried Shrimp» y como lugar para **desayunar**, con su pescado frito y su sémola de huevo y queso. Es posible probar la comida china por poco dinero en el bufé del **almuerzo** *Bamboo House*, 614 Centre Street (cerrado dom; ☎261-0508); también se sirve un almuerzo muy abundante en el *Cousin's Pizza & Pasta*, 927 S 14th Street (☎277-4611). Un restaurante evocador, de estilo tradicional de los años cincuenta, el *Maggie's*, 18 N Second Street (☎261-9976), ofrece bufés de almuerzo entre semana y los domingos.

Un poco más caro, el *Brett's Waterway Café*, en el Fernandina Harbor Marina, al final de la Centre Street (☎261-2660), sirve generosas raciones de comida americana, y el *D.J.'s*, 3199 S Fletcher Avenue (☎261-5711), sabroso marisco junto al océano. Si el viajero prefiere una **cena** de lujo, nada mejor que el elegante *Beach Street Grill*, situado en la esquina de las calles Eighth y Beach (☎277-3662).

También hay un menú limitado de sencillos platos en el *Palace Saloon*, 117 Centre Street (☎261-6320), aunque quizá prefiera visitar el que se dice que es el **bar** más antiguo de Florida (construido en 1878, con una barra de caoba tallada a mano de más de 12 m) para tomar una copa, porque pocos otros lugares merecen una visita nocturna. Ésta fue la última taberna que se cerró en el país tras empezar la Ley Seca, y tardó dos años en terminar sus reservas de bebidas. Si el viajero es valiente, puede probar el «Pirate's Punch» a base de limón, lima, naranja y piña con ginebra y ron (muy fuerte).

transportes

Ferrocarriles (AMTRAK ☎1-800/872-7245).

Jacksonville a: Miami (3 diarios; 9-10 h); Orlando (2 diarios; 3 h 15 min.); Pensacola (1 diario; mar., jue. y vier.; 8 h 50 min.); Tallahassee (el mismo que el tren de Pensacola; 3 h 15 min.); Tampa (1 diario; 4 h 51 min.).

Autobuses (GREYHOUND ☎1-800/231-2222).

Cocoa a: Daytona Beach (4 diarios; 1 h 45 min.); Jacksonville (5 diarios; 4-5 h); Melbourne (5 diarios; 30 min.); New Smyrna Beach (4 diarios; 1 h 15 min.); Titusville (4 diarios; 30 min.).

Daytona Beach a: Jacksonville (9 diarios; 1 h 40 min.-2 h 45 min.); Orlando (6 diarios; 1 h 5 min.-1 h 40 min.); St Augustine (6 diarios; 1 h).

Jacksonville a: Miami (15 diarios; 7 h-14 h 55 min.); Orlando (10 diarios; 2 h 30 min.-4 h); St Petersburg (8 diarios; 6 h 25 min.-7 h 50 min.); Tallahassee (5 diarios; 2 h 40 min.-3 h 50 min.); Tampa (11 diarios; 5 h 20 min.-6 h 44 min.).

St Augustine a: Jacksonville (5 diarios; 55 min.).

CAPÍTULO CINCO

FLORIDA CENTRAL

La mayor parte de la vasta y fértil **Florida central**, que se extiende entre las costas este y oeste, eran campos de cultivo cuando empezaron a llegar los turistas para pasar las vacaciones en las playas. Los visitantes comenzaron a adentrarse en barco de vapor por los ríos y a recorrer los abundantes manantiales de la región. Pero durante las dos últimas décadas, este paisaje, antes un remanso, ha quedado alterado; de hecho, ninguna otra parte del estado ha cambiado tanto debido al turismo como ésta.

En el centro de la región, por muy contradictorio que parezca, la parte más visitada de Florida es también una de las más feas: una confusión de cruces de autopista, moteles, vallas publicitarias y lugares de interés turístico alteran la pequeña ciudad de **Orlando**, lo que le resta encanto. La culpa de tal vulgaridad la tiene **Walt Disney World**, que desde los años setenta atrae a millones de personas al mayor y más ingenioso parque temático que se ha creado jamás, lo que implica un flujo incesante de turistas. Los parques de Disney son bonitos, pero sus alrededores no constituyen la mejor muestra de Florida, y es una pena que muchos visitantes no vean más allá del consumismo.

El resto de Florida central es más sencillo. Las tranquilas poblaciones del **sur de Florida central** son excelentes lugares para alojarse y explorar el circuito de Orlando (suponiendo que el viajero conduzca) y ofrecen mucha diversión en sus proximidades, donde abundan los lagos. Se puede decir más o menos lo mismo del **norte de Florida central**, donde pequeños pueblos albergan casas de un siglo de antigüedad que pertenecieron a los primeros colonos de Florida. Sin embargo, la mayor sorpresa es **Gainesville**, donde se encuentra una de las dos universidades más importantes del estado.

Desde que el Walt Disney World redefinió la geografía de la región, **moverse** por Florida central en **automóvil** resulta fácil, aunque hay que dejar a un lado las feas autopistas y tomar algunas de las rutas menos importantes que unen las aldeas y pueblos más pequeños. Los que no conduzcan comprobarán que el **sistema de autobuses** de Orlando se extiende un poco más allá del centro; en muchos de los lugares pequeños hay varias combinaciones de **autobuses** Greyhound, e incluso en algunos pasan dos **trenes** diarios. Los visitantes que no dispongan de automóvil y quieran llegar a los parques de Disney dependen de los **autobuses de enlace directo** (véase «Medios de transporte», pág. 241).

CÓDIGOS DE LOS PRECIOS DE ALOJAMIENTO

En esta guía, los precios de alojamiento se reseñan en una escala de ① a ⑧, indicando el **precio más bajo** que puede esperar pagar por noche en un establecimiento por una **habitación doble** en temporada alta. Para más detalles, véase la página 27 en «Lo Básico». Los precios, señalados por los códigos, son los siguientes:

① menos de 30 dólares   ③ 45-60 dólares   ⑤ 80-100 dólares   ⑦ 130-180 dólares
② 30-45 dólares   ④ 60-80 dólares   ⑥ 100-130 dólares   ⑧ más de 180 dólares

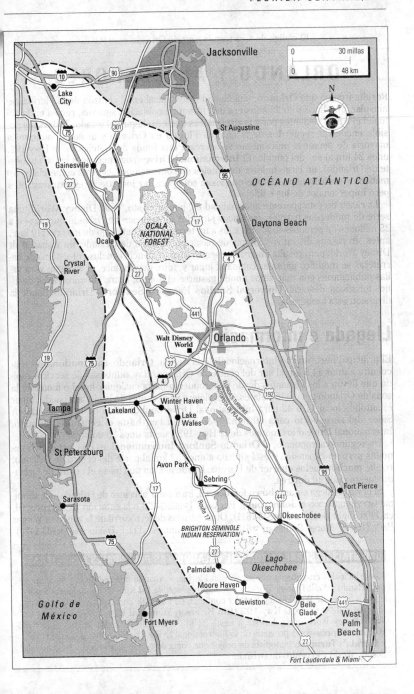

El código de área para la zona de Orlando es el ☎407.

ORLANDO Y ALREDEDORES

Resulta irónico que **Orlando**, una ciudad insustancial en el corazón de la Florida peninsular, que hace sólo 25 años era una tranquila población agrícola, reciba en la actualidad a más visitantes por sus alrededores que otro lugar del estado. Todavía es posible encontrar recuerdos de la antigua Florida en Orlando y al norte, aunque la mayoría de personas únicamente se acerca a una franja de moteles de la Hwy-192, unos 24 km al sur del pueblo. El **International Drive** (poco más de 8 km al sudoeste de Orlando), un largo bulevar de hoteles de convenciones, centros comerciales temáticos y restaurantes, merece una visita sólo para ver los exteriores extravagantes pero impersonales de los edificios.

La razón de esta aparente anormalidad es, por supuesto, **Walt Disney World**, una serie de modernos parques temáticos situados al sudoeste de Orlando que atraen a 35 millones de personas todos los años a un terreno de monte bajo de más de 110 km², antes sin rasgos distintivos. Se puede pasar por la zona de Orlando sin visitar Walt Disney World, pero resulta imposible escapar a su influencia e incluso el sistema de carreteras se modificó para dar cabida al lugar y, mire donde mire, el visitante verá vallas publicitarias con más sitios donde gastarse el dinero. Entre los numerosos destinos turísticos, destacan **Universal Studios Escape** y **SeaWorld Orlando**, donde la diversión está asegurada.

Llegada e información

El principal **aeropuerto** internacional de la región, **Orlando International**, se encuentra a unos 14,5 km al sur del centro de Orlando. Hay autobuses de servicio rápido que llevan a los visitantes desde el aeropuerto hasta cualquier hotel o motel de la zona de Orlando por 10-15 dólares. Si el viajero va al centro de la ciudad, puede tomar el autobús local 11 o 42 para International Drive (ambos salen de la explanada «A Side» del aeropuerto cada 60 min., 6-21 h). Un taxi hasta el centro de Orlando, International Drive o los moteles de la Hwy-192, cuesta unos 25 dólares.

Un segundo aeropuerto, el **Orlando Sanford International**, es una instalación pequeña pero en expansión y está situada a unos 32 km al norte del centro de Orlando; recibe muchos vuelos chárter de Europa. Desde allí, un taxi hasta el centro de Orlando cuesta unos 40 dólares.

Si el viajero llega en **autobús** o **ferrocarril**, irá a parar al centro de Orlando, a la terminal Greyhound, 555 N **John Young Parkway** (☎292-3422) o la **estación de ferrocarril**, en 1400 Slight Boulevard (☎843-7611). Otras paradas de ferrocarril de la zona son Winter Park (150 W Morse Boulevar; ☎645-5055) y Kissimmee (111 E Dakin Ave; ☎933-1170).

ORIENTACIÓN SOBRE LA ZONA DE ORLANDO: LAS PRINCIPALES CARRETERAS

Las principales **carreteras** que atraviesan Florida, formando una red de intersecciones en Orlando y Walt Disney World y alrededores, son: la **I-4**, que va de sudoeste a nordeste a través de Walt Disney World y continúa, en forma de carretera elevada, a través del centro de Orlando; la **Hwy-192 (Irlo Bronson Memorial Highway)** cruza la I-4 en Walt Disney World y va de este a oeste 24 km al sur de Orlando; la **Hwy-528** (la **Beeline Expressway**) proviene de la International Drive y se dirige hacia la costa este; y **Florida's Turnpike** (autopista de peaje) que corta de noroeste a sudeste, y evita Walt Disney World y el centro de Orlando.

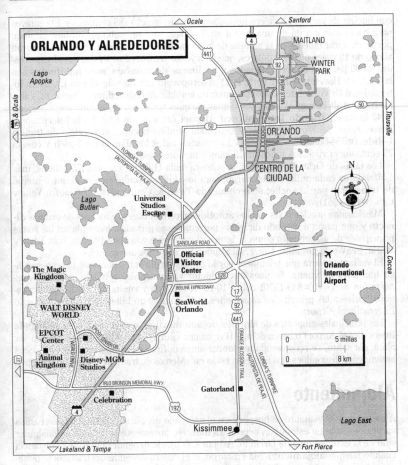

ORLANDO Y ALREDEDORES

El mejor lugar para obtener **información** es el **Official Visitor Center**, en 8723 International Drive, Suite 101 (todos los días, 8-20 h; ☎363-5872), donde se recomienda pedir la *Official Visitors Guide to Orlando*, gratuita, y numerosos folletos y vales de descuento. Si el visitante se aloja en los moteles de la Hwy-192, se recomienda ir al **Kissimmee-St Cloud CV**, 1925 Billbeck Blvd en Kissimmee (todos los días, 8-17 h; ☎1-800/327-9159 o ☎407/847-5000; *www.floridakiss.com*). La guía más divertida de la zona es la sección «Calendar», que se publica los viernes en el periódico *Orlando Sentinel*.

Medios de transporte

La mayoría de líneas funcionan entre 6.30-20 h los días laborables, 7.30-18 h los sábados y 8-18 h los domingos, y las **líneas de autobuses locales** (☎841-8240) convergen en la terminal del centro de Orlando, entre las calles Central y Pine. El sistema se conoce como «Lynx» y las señales de parada de autobús están ingeniosamente marcadas con huellas de zarpas. El viajero necesitará **cambio exacto** (85 centavos y 10 centavos para hacer transbordo de una ruta a otra) si paga una vez suba al autobús; también puede comprar billetes en la taquilla de información de la terminal. Puede adquirir un abono de 10 viajes por 8,50 dólares, que incluye los transbordos. El sistema «Lynx» realiza 4.000 paradas en tres condados y las **líneas de autobús más habituales** son la 1 a Loch Haven y Winter Park; la 11 al aeropuerto (un viaje de 45 min.); y la 8 a International Drive, donde es posible tomar un autobús de enlace directo (véase más abajo) hasta Walt Disney World y los demás parques turísticos de la zona o enlazar con el 42 hasta el **Orlando International Airport** (un viaje de 1 h). En la International Drive, entre SeaWorld Orlando y Universal Studios Escape, el servicio de tranvía **I-Ride** (☎354-5656) funciona cada 15 minutos todos los días entre 7-24 h y cuesta 75 centavos el viaje; los niños de 12 años o menores no pagan.

Los **taxis** de Orlando son caros; la primera milla (1,6 km) cuesta 2,75 dólares, más 1,50 dólares cada milla. Sin embargo, para los que no conducen son el único medio de transporte por la noche; se recomienda Town & Country (☎827-6350) o Yellow Cab (☎422-4561).

Más baratos que los taxis son los **autobuses**, camionetas y autocares de **enlace directo** y que pasan a menudo dirigidos por empresas privadas, que enlazan las zonas principales de alojamiento como la International Drive y la Hwy-192 con Walt Disney World, SeaWorld Orlando, Universal Studios Escape y los aeropuertos.

El visitante tendrá que telefonear por lo menos un día antes para que lo recojan y fijar una hora de vuelta. Se paga al conductor ya dentro del vehículo. *Mears Transportation Service* (☎839-1570) cobra 10-13 dólares ida y vuelta del centro o International Drive a las principales atracciones, y 15 dólares un billete sencillo al Orlando International Airport.

Las principales empresas de **alquiler de automóviles** poseen oficinas en el Orlando International Airport o cerca de allí. Hay mucha competencia y los precios pueden ser altos, por tanto, se recomienda telefonear antes porque en temporada alta hay pocos automóviles disponibles (los números están en «Medios de transporte» en «Lo Básico»).

Alojamiento

A menos que el visitante se hospede en el complejo del parque Disney y planee unas vacaciones sólo en este lugar, necesitará moverse libremente si se aloja en cualquier sitio de la extensa zona de Orlando. Así pues, el precio dependerá más de la distancia cuando busque **alojamiento**. Sin embargo, si el viajero depende del transporte público, el mejor lugar donde alojarse es el centro de Orlando.

El alojamiento más barato se encuentra en los económicos moteles que flanquean la **Hwy-192**, entre Walt Disney World y Kissimmee; muchos ofrecen tarifas especiales que el visitante puede aprovechar tomando un cupón de descuento de una de las oficinas de información nombradas anteriormente. En **International Drive**, donde hay numerosos hoteles caros que pertenecen a cadenas hoteleras suelen alojarse los que compran un paquete de viaje, pero suele haber gangas durante los tranquilos períodos invernales. Los hoteles de la zona del lago Buena Vista, justo en el exterior de Disney World, son caros, pero también ofrecen un excelente acceso a los parques temáticos. Aunque caro, también es posible alojarse dentro de Disney World (para más detalles, véase pág. 260). Hay muchos **cámpings** en la Hwy-192 y sus alrededores, cerca de Kissimmee.

Si el viajero dispone de automóvil, una excelente opción es **alquilar un chalé** de *Sunsplash Travel*, 125 Hilltop Street, Davenport, Florida 33837 (desde 560 dólares a la semana; ☎941/424-6193). Estas casas de tres a cuatro habitaciones cuentan con su propia piscina, garaje, cocina, lavadora, etc., y están situadas en una elegante área residencial a 40 minutos del aeropuerto Orlando International, a 9 minutos de Walt Disney World y a 15 minutos del pueblo más cercano, Haines City. El servicio puede proporcionar vales de descuento para Disney World y otras atracciones de la zona de Orlando, e incluso trazan un posible itinerario para el viajero. Se recomienda telefonear cuanto antes.

El centro de Orlando

Harley Hotel, 151 E Washington St (☎841-3220). Un hotel histórico, que ha sido completamente modernizado, hay unas estupendas vistas al lago Eola. ⑤

The Veranda Bed & Breakfast Inn, 115 N Summerlin Ave (☎1-800/420-6822 o 849-0321). B&B de nueve habitaciones; situado en cuatro edificios históricos en el distrito de Thorton Park de Orlando. ⑤

Winter Park

The Fortnightly Inn, 377 E Fairbanks Ave (☎645-4440). Una noche o dos en su atractivo B&B de 5 habitaciones constituye una relajante pausa ante el consumismo de la zona de Orlando. ⑤

Langford Resort, 300 E New England Ave (☎644-3400). Los precios son adecuados en este hotel con buenas instalaciones y servicios; está bien situado en una calle lateral de Winter Park. ③

Park Plaza, 307 Park Ave (☎647-1072). Un hotel de los años veinte, decorado con muebles de mimbre y accesorios de bronce; hay que reservar habitación con antelación. Está incluido el desayuno continental. ⑤

International Drive y alrededores

Days Inn Lakeside, 7335 Sand Lake Rd (☎351-1900). Perteneciente a una gran cadena, está situado junto al lago, cuenta con una pequeña playa y tres piscinas. ②

The Floridian, 7299 Republic Drive (☎1-800/445-7299 o 351-5009). Un hotel de tamaño medio con un ambiente distendido y bonitas habitaciones. ④

Gateway Inn, 7050 Kirkman Rd (☎351-2000). Habitaciones grandes, dos piscinas y el autobús de enlace directo hasta los principales parques temáticos convierte éste en un buen alojamiento para los que no conducen y se concentran en las atracciones. ③

Heritage Inn, 9861 International Drive (☎1-800/447-1890). Habitaciones sencillas a precios modestos, una piscina y desayuno de bufé son las razones para alojarse en un templo algo kitsch; también ofrece jazz en vivo algunas tardes. ④

The Peabody Orlando, 9801 International Drive (☎1-800/PEABODY). Hay 27 plantas de lujosas habitaciones dirigidas principalmente a delegados que asisten al gran Orange County Convention Center al otro lado de la calle. Si el dinero no es un problema para el visitante y le gustan los lujos, el acceso a un centro de fitness y a pistas de tenis, éste es el lugar adecuado. Los patos desfilan por el vestíbulo dos veces al día. ⑧

Radisson Barceló Hotel, 8444 International Drive (☎345-0505). En la piscina olímpica de allí se han batido récords, aunque los que busquen tranquilidad encontrarán espaciosas habitaciones; situado justo ante los restaurantes del Mercado Mediterranean Shopping Village (véase «Comida», pág. 227), muy adecuados. ⑤

Red Roof Inn, 9922 Hawaiian Court (☎352-1507). Hotel sencillo pero muy completo y barato; hay piscina y lavadoras que funcionan con monedas. ③

Westgate Lakes Family Resort, 10000 Turkey Lake Rd (☎352-8051). Todas las habitaciones son suites con cocina completa, el centro turístico se extiende junto al lago y ocupa casi 36,5 Ha. ⑦

SENDERISMO Y PICNICS

Justo al norte de Universal Studios Escape, saliendo de la Hiawassee Road y cerca de Conroy Windermere Road, se encuentra **Turkey Lake Park** (adultos, 2 dólares; niños, 1 dólar), un lugar tranquilo donde es posible almorzar junto al lago, hacer una pequeña excursión a pie o dejar que los niños corran por un fabuloso parque. Unos 24 km al oeste del centro de Orlando, saliendo de la Hwy 50, se encuentra **West Orange Trail**, casi 7,5 km de preciosas pasarelas pavimentadas que van del histórico Winter Garden hasta las colinas de Lake County. En West Orange Trail Bike y Blades Co. (☎877-0600) se pueden alquilar bicicletas (5 dólares) y monopatines (6 dólares).

Lake Buena Vista

Embassy Suites, 8100 Lake Ave (☎1-800/257-8483 o 239-1144). Suites de dos habitaciones, que incluyen desayuno gratuito, nevera y microondas en las habitaciones. ⑥

Marriot Residence Inn, 8800 Meadow Creek Drive (☎1-800/244-4070 o 239-7700). Un motel tipo suite cerca de Disney; aloja a grandes grupos en habitaciones múltiples equipadas con cocina. Desayuno y periódicos gratuitos; hay varias piscinas. Otras dos localizaciones en 7975 Canada Dr (☎1-800/227-3978 o 345-0117) y 4768 Hwy-192 (☎1-800/468-3027 o 396-2056). ⑦

Perri House, 10417 Centurion Court (☎876-4830). Un B&B de ocho habitaciones situado en medio de 1,5 Ha arboladas justo en el exterior de Disney, saliendo de la State Road 535. Las habitaciones son limpias y luminosas y el ambiente es agradable (los apellidos y el origen de los huéspedes están escritos en una pizarra en la sala de desayuno). Lejos de todo, menos de Disney. ⑤

En la Hwy-192

Best Western Kissimmee, 2261 E Hwy-192/E Irlo Bronson Memorial Hwy (☎1-800/944-0062). Un buen lugar para ir con niños; hay una sala de juegos y una zona de diversión, además de dos piscinas. ③

Casa Rosa, 4600 W Hwy-192, Kissimmee (☎1-800/432-0665). Un motel generalmente tranquilo de estilo mediterráneo. ①

Flamingo Inn, 801 E Hwy-192/E Vine St (☎1-800/780-7617). El visitante puede confiar en este lugar barato porque es limpio, ordenado y organizado; los que quieran comer dentro de las habitaciones, disponen de microondas. ②

Golden Link, 4914 W Hwy-192 (☎1-800/654-3957). Motel relativamente grande; hay piscina climatizada, lavandería de autoservicio y frigoríficos. ②

Holiday Inn Hotel & Suites, Main Gate East, 5678 Hwy-192 (☎1-800/FON-KIDS). El mejor hotel para los niños, con servicios completos para atenderlos, como «Camp Holiday». ⑥

Howard Johnson, 4647 W Hwy-192 (☎396-1340). Agradables habitaciones equipadas con televisión por cable; hay piscina y lavandería, que funciona con monedas. ②

Larson's Lodge Maingate, 6075 W Hwy-192 (☎1-800/327-9074). Otro buen lugar para los niños. Los precios pueden ser un poco más caros pero los menores de 18 años pueden alojarse gratuitamente en la habitación de sus padres y las instalaciones incluyen una sala de juegos, un pequeño patio y un jacuzzi. ⑤

Thrift Lodge, 4624 W Hwy-192 (☎1-800/648-4148). Habitaciones económicas con café gratuito; 10 dólares extra por la cocina. ②

Villager Lodge, 4669 W Hwy-192 (☎396-1890). Uno de los mayores hoteles de la zona; hay piscina, lavandería que funciona con monedas, televisión por cable y tarifas especiales, incluso en temporada alta. ②

Cámpings: Kissimmee

Hay muchos **cámpings** en funcionamiento junto a la Hwy-192, cerca de Kissimmee. Adecuado para las tiendas de campaña (23,95 dólares con agua y electricidad; 21,95 dólares sin ellas) es el *KOA*, 4771 Hwy-192 (☎1-800/331-1473), que también ofrece cabañas por 32,95 dólares y autobuses de enlace directo hasta Disney World. Si el viajero prefiere algo más tranquilo, se recomienda un lugar junto al lago Tohopekaliga, donde el ritmo es más pausado y se preocupan más por la pesca que por ver a Mickey Mouse; puede poner la tienda de campaña en el *Merry «D» RV Sanctuary*, 4261 Pleasant Hill Road (12 dólares; ☎933-5837) o el Richardson's Fish Camp, 1550 Scotty's Road (15 dólares; ☎846-6540).

Orlando

A pesar de la gran expansión que ha experimentado durante la última década, **ORLANDO** continúa manteniéndose al margen del consumismo que lo rodea. Aparte del pequeño grupo de altos edificios de oficinas del centro, el conjunto de la población comprende elegantes áreas residenciales realzadas por parques y lagos. El viajero tardará un día en visitar los edificios históricos y las colecciones de arte que hay diseminadas por toda la ciudad; además, los que pensaban que el estado empieza y acaba con los parques temáticos, pueden tomar el autobús 1 desde el centro de Orlando, que enlaza con las zonas clave de la ciudad.

El centro de Orlando

Aparte de probar los encantos artificiales de la *Church Street Station* (véase «Vida nocturna», pág. 253), pocos visitantes llegan hasta el **centro de Orlando**, que a pesar de la media docena de torres en su centro, todavía recuerda, en su tamaño y carácter, al pueblucho mascador de tabaco que era. Todo lo importante que hay en el pequeño centro se puede visitar a pie en una hora.

Se recomienda empezar con un tranquilo paseo por la **Orange Avenue**, transitada sobre todo por trabajadores de oficinas que salen a almorzar. Luego, el **First National Bank**, de influencia egipcia y construido a finales de los años veinte, situado en la esquina de la Church Street, y continuar unas cuantas manzanas hacia al norte hasta el edificio de estilo Art Déco **Five and Dime de McCrory** y el **Kress Building**.

Algunas de las casas de madera construidas por los primeros colonos blancos de Orlando se encuentran alrededor del **lago Eola**, a 10 minutos a pie hacia el este de Orange Avenue. Muchas de ellas están siendo restauradas porque sus dueños las quieren convertir en B&B. Desde el parque lleno de robles que rodea el plácido lago se contempla una hermosa vista de las casas. Se recomienda pasear por allí para contemplar los primeros 100 años de la ciudad y enterarse de que los primeros habitantes negros de Orlando no vivían en tan frondosos alrededores, sino en un barrio mucho menos pintoresco situado al oeste de la línea de ferrocarril, paralela a Orange Avenue; todavía hoy es, en cierto modo, el lado feo de la vía.

Loch Haven Park y Harry P. Leu Gardens

En el **Loch Haven Park**, una gran extensión de césped entre dos pequeños lagos a unos 5 km al norte del centro de Orlando, hay tres edificios de interés. El **Orlando**

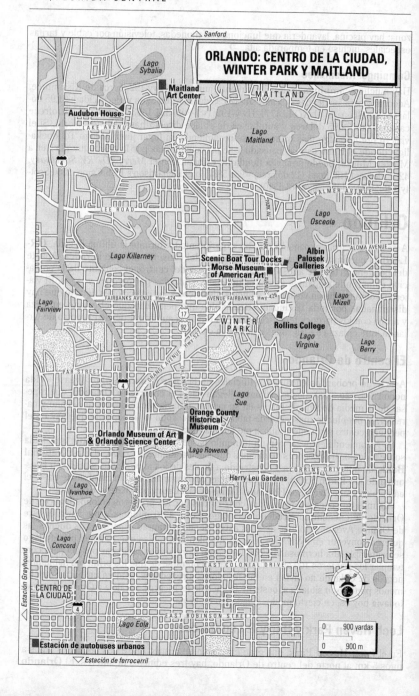

△ Sanford

ORLANDO: CENTRO DE LA CIUDAD, WINTER PARK Y MAITLAND

Lago Sybalia

Maitland Art Center

MAITLAND

Audubon House

LAKE AVENUE

Lago Maitland

17 92

PALMER AVENUE

LEE ROAD

Lago Osceola

Lago Killarney

ALOMA AVENUE

Scenic Boat Tour Docks
Morse Museum of American Art

Albin Palosek Galleries

AVENUE OSCEOLA

Lago Fairview

FAIRBANKS AVENUE Hwy 424

AVENUE FAIRBANKS Hwy 426

Lago Mizell

17 92

WINTER PARK

Rollins College

Lago Virginia

Lago Berry

PAR STREET

Lago Sue

ORANGE AVENUE

Orange County Historical Museum

Orlando Museum of Art & Orlando Science Center

Lago Rowena

CORRINE DRIVE

Harry Leu Gardens

EDGEWATER DRIVE

Lago Ivanhoe

92

VIRGINIA DRIVE

BENNET ROAD

Lago Concord

N

△ Estación Greyhound

EAST COLONIAL DRIVE

CENTRO DE LA CIUDAD

4

Estación de autobuses urbanos

EAST ROBINSON STREET

Lago Eola

0   900 yardas

0   900 m

▽ Estación de ferrocarril

Museum of Art, en 2416 N Mills Ave (mar.-sáb., 9-17 h; dom., 12-17 h; donación habitual 4 dólares), que el visitante tardará quizás 1 hora en ver, alberga una exposición permanente de pintura moderna americana procedente de las mejores colecciones del mundo.

Al otro lado del parque, el pequeño **Orange County Historical Museum**, en 812 E Rollins St (lun.-sáb., 9-17 h; dom., 12-17 h; 4 dólares), tiende más a estimular la memoria de los ancianos locales que a emocionar a los extranjeros. Sin embargo, los objetos, desde fotos hasta reproducciones de vestíbulos de hotel y tiendas de ultramarinos, consiguen revivir una época en que Orlando era el típico pueblo fronterizo estadounidense, mucho antes de la llegada del turismo. A los niños les encantará recorrer el cercano **Orlando Science Center**, en 777 E Princeton St (lun.-jue., 9-17 h; vier., 9-21 h; sáb., 12-21 h; dom., 12-17 h; 8-14 dólares), un complejo nuevo de 44 millones de dólares donde los objetos expuestos, que se pueden tocar, muestran los fundamentos de materias como la física, biología, agricultura, astronomía, etc.

Harry P. Leu Gardens

Aproximadamente 1,6 km al este del Loch Haven Park, se hallan los **Harry P. Leu Gardens**, en 1920 N Forest Avenue (todos los días, 9-17 h; 4 dólares, incluido la visita de la Leu House), que fueron adquiridos por un diestro jardinero y hombre de negocios de Orlando en 1936 para exponer plantas de todo el mundo. Después de ver y oler orquídeas, rosas, azaleas y la mayor colección de camelias del este de Estados Unidos, se recomienda visitar la **Leu House** (visitas guiadas solamente; todos los días, 10-15.30 h), una granja del siglo XIX que compraron y en el que vivieron Leu y su esposa; en la actualidad se conserva en el estilo sencillo pero elegante de su época y aún hay muchos recuerdos familiares.

International Drive

El **International Drive** (unos 8 km al sudoeste de Orlando, entre Disney World, Universal Studios Escape y SeaWorld Orlando), aunque desprovisto del encanto que hay en el centro de Orlando, merece una visita, por lo menos para conocer el turismo de alto presupuesto. Hay una tienda de juguetes FAO Schwartz, en el 9101 (☎352-9900), cuya localización está marcada por el Raggedy Ann de casi 116 m. Otras maravillas son el **Ripley's Believe It or Not Museum**, en el 8201, situado en un edificio espectacularmente desproporcionado, y el **Skull Kingdom**, una mansión fantasmagórica que parece un castillo y de cuya fachada sobresale un esqueleto. Asimismo se puede ver un complejo de tiendas Belz, situadas en el extremo norte de International Drive, que ofrece descuentos en productos Disney, Levi's y otras marcas importantes.

Winter Park

Unos 3 km al nordeste de Loch Haven Park, se encuentra el **Winter Park**, creado en la década de 1880 como «un bello refugio invernal para gente acomodada». En Winter Park hay un ambiente de nuevos yuppies y familias ricas con solera, que tienen un profundo sentido de la comunidad, y en el lugar se respira cierto aire *new age* de estilo californiano.

En Fairbanks Avenue, que lleva el tráfico desde Loch Haven hasta Winter Park, se encuentran los edificios de estilo mediterráneo del **Rollins College**, construidos hace unos 100 años y la universidad más antigua del estado, además de una reconocida sede donde se imparten humanidades. Aparte del paisaje, el campus sólo tiene un punto a su favor: el **Cornell Fine Arts Center** (mar.-vier., 10-17 h; sáb.-dom., 13-17 h; entrada gratuita), que muestra una colección de pinturas europeas y estadounidenses del siglo XIX, y una excéntrica colección de cuerdas de relojes, además de ofrecer espectáculos temporales bastante más interesantes.

Hay una exposición de arte más completa a 1,6 km al este de la escuela en Osceola Avenue, en la **Albin Palosek Galleries**, en el 633 (sept.-jun., miér.-sáb., 10-16 h; dom., 13-16 h; entrada gratuita); se trata de la antigua casa del escultor checo Albin Palosek que en 1901 llegó sin dinero a Estados Unidos y pasó la mayor parte de los siguientes 20 años ganando grandes comisiones. Los beneficios se destinaron a crear esta casa y estudio, que contiene más de 200 de sus piezas realistas.

En Park Avenue: el Morse Museum y los paseos en barco

El alto estatus del Winter Park se complementa con su calle de escaparates, **Park Avenue** (que se encuentra con Fairbanks Avenue cerca de Rollins), una selección de las mejores joyerías, tiendas de camisas y restaurantes. Se recomienda visitar la Scott Laurent Galleries, en 348 N Park Ave (lun.-vier., 10-18 h; dom., 12-17 h), una tienda con una impresionante colección de arte, vidrio, cerámica y joyería.

Si al viajero no le apetece mirar escaparates, se recomienda ir al **Charles Hosmer Morse Museum of American Art**, al salir de Park Avenue, en el 133 E Wolborne Avenue (mar.-sáb., 9.30-16 h; dom., 13-16 h; 3 dólares), que alberga la colección de su homónimo, uno de los padres fundadores del Winter Park. Los principales objetos expuestos provienen de la producción de Louis Comfort Tiffany, una leyenda por sus innovadoras lámparas y ventanas estilo Art Nouveau que decoraban las casas de la alta sociedad a principios del siglo XX. En la obra de Tiffany había una gran creatividad y artesanía, pues moldeaba el vidrio mientras aún estaba blando y lo llenaba de imágenes de nenúfares, hojas e incluso de pavos reales con las plumas desplegadas. Su obra es tan impresionante que el resto de objetos del museo, incluidas pinturas de Norman Rockwell, palidecen a su lado.

Para descubrir la razón por la cual los que podían permitirse vivir en cualquier lugar eligieron Winter Park, el visitante deberá dar un **bello paseo en barco** desde el embarcadero del 312 E Morse Boulevard (sale cada hora, todos los días, 10-16 h; 6 dólares). Durante la hora que dura el paseo a través de lagos rodeados de bosque y canales cubiertos de musgo, el viajero podrá contemplar unas hermosas vistas que, por lo general, sólo pueden ver los propietarios de las caras casas situadas en la orilla.

Eatonville

Junto a Winter Park se encuentra la pequeña población de **Eatonville**, el primer municipio afroamericano de Estados Unidos. Fundada por tres hombres negros en 1875 para que los negros estadounidenses pudieran «resolver el gran problema de la raza asegurándose una casa... en una ciudad negra gobernada por negros», según una nota publicada en el periódico local en 1889. La tierra se vendió a 5-10 dólares el acre (0,40 Ha) y el famoso autor Zora Neale Hurston, nacido en Eatonville, utilizó la población como escenario en novelas como *Sus ojos miraban a Dios*. Merece la pena detenerse un rato para ver el **Zora Neale Hurston National Museum of Arts**, en 227 E Kennedy Blvd (lun.-vier., 9-16 h; entrada gratuita), que muestra obras de artistas de origen africano.

Maitland

Las hermosas puestas de sol sobre el lago Sybelia en **Maitland**, justo al norte de Winter Park, inspiraron a un joven artista llamado André Smith, que compró casi 2,5 Ha en sus riberas durante los años treinta. Con el asesoramiento financiero de Mary Bok (viuda rica de Edward Bok; véase «El sur de Florida central»), Smith estableció lo que en la actualidad constituye el **Maitland Art Center**, en 231 W Packwood Avenue (lun.-vier., 10-16.30 h; sáb.-dom., 12-16.30 h; entrada gratuita), una serie de estudios, oficinas y apartamentos de estuco decorados con murales aztecas y mayas, y agrupados alrededor de unos patios con jardín. Smith invitó a otros artistas estadounidenses a pasar allí el invierno trabajando, pero su carácter difícil ahuyentó a muchos posibles huéspedes. La colonia continuó en varias formas hasta la muerte de Smith en 1959, pero nunca fue la comuna de estetas que él esperaba. Hay exposiciones temporales y una permanente, pero lo único que merece la pena es el diseño del lugar. Allí, el fantasma de Smith, que según muchos pintores y escultores ronda por el lugar, hace que no se necesite una guía.

A unos pasos del centro de arte se encuentran el **Maitland Historical Museum** y el **Telephone Museum**, en 221 W Packwood Avenue (jue.-dom., 12-16 h; donación habitual, 1 dólar). Las salas delanteras de los dos museos unidos albergan una típica colección de fotografías antiguas y objetos cotidianos, pero en la sala trasera hay teléfonos antiguos, que conmemoran el día de 1910 en que un tendero de Maitland instaló varios de ellos en las casas de sus clientes, lo que les permitió hacer los pedidos desde sus butacas.

También es interesante el **Florida Audubon Society's Center for Birds of Prey**, en 1101 Audubon Way (mar.-dom., 10-16 h; donación habitual, 5 dólares; niños, 4 dólares), la sede de la Florida Audubon Society, la mayor y más antigua organización para la conservación del estado. La casa es sobre todo un centro de educación y una tienda de regalos, pero la instalación contigua es la mayor del sudeste donde se trata a pájaros heridos y huérfanos, como quebrantahuesos, búhos, gavilanes, águilas y halcones.

Comida: Orlando y alrededores

Debido a la gran competencia que hay entre restaurantes para atraer a los turistas, **comer** en Orlando no es difícil y, si el visitante evita hacerlo en los parques temáticos, no tiene por qué resultarle caro. En el **centro de Orlando**, la elección es, en comparación, limitada, aunque la necesidad de satisfacer a una clientela habitual de trabajadores de oficinas durante la hora del almuerzo mantiene los precios bajos. Si el viajero va en automóvil puede investigar cuáles son los establecimientos favoritos de los lugareños situados en el centro. El próspero **Winter Park** ofrece más variedad, por lo general de más alta categoría y precios, aunque también hay algunos establecimientos baratos.

International Drive, dominado por los turistas, dispone de una mayor oferta, pero de menos intimidad. Los locales más populares son los sofisticados restaurantes étnicos; no obstante, los turistas que viajen con un presupuesto ajustado preferirán comer generosas raciones en uno de los bufés, todos más baratos de lo que se gastarían en la propina en cualquier otro lugar. Los bufés alcanzan su máxima expresión en la **Hwy-192**, donde prácticamente todas las cadenas de esta clase de restaurantes poseen por lo menos un local.

Los **cupones de descuento** que hay en las revistas turísticas ofrecen grandes reducciones en muchos establecimientos, incluidos los *show restaurants* (restaurantes con espectáculo), donde por 30 dólares, el visitante no sólo disfrutará de una comida de varios platos y de (normalmente) toda la cerveza, vino y refrescos que quiera, sino también de diversión, que va desde guerreros ninjas haciendo cabriolas hasta caballeros medievales luchando a caballo.

Orlando

Bubbalou's Bodacious Bar-B-Q, 5818 Conroy Rd (☎295-1212). Sándwiches caseros de carne ahumada y platos muy baratos; situado al norte de Universal Studios Escape.

Coq au Vin, 4800 S Orange Ave (☎851-6980). El ambiente en este restaurante francés es tan sencillo, el servicio tan normal y los precios tan bajos que sus platos son una agradable sorpresa.

Dexters of Thornton Park, 808 E Washington St (☎648-2777). Comida barata y de moda y una gran oferta de cervezas, que atrae a una clientela joven y urbana.

El Bohio Café, 5756 Dahlia Drive (☎282-1723). Uno de los establecimientos (junto a *Vega's*, véase más abajo) que ofrece raciones generosas y baratas de comida cubana.

Jungle Jim's, dentro de Church Street Market, 55 W Church St (☎872-3111). Establecimiento de una cadena en expansión donde los camareros surgen de la decoración de jungla con grandes hamburguesas, generosas ensaladas y platos de estilo mexicano.

Lilia's Grilled Delights, 3150 S Orange Ave (☎851-9087). Una buena selección de platos filipinos, aunque la calidad puede variar. Si el visitante tiene muchísima hambre, se recomienda el cerdo entero.

Número Uno, 2499 S Orange Ave (☎841-3840). Restaurante cubano pequeño que sirve platos de buena calidad.

Le Provence, 50 E Pine St (☎843-1320). Cocina francesa bien presentada, pero no muy original; abierto sólo para cenar. Se recomienda el plato de queso de postre.

Thai House, 2101 E Colonial Drive (☎894-0820). Sabrosa comida tailandesa por menos de 10 dólares.

Too-Jay's, 2624 E Colonial Drive (☎894-1718). Lugar de estilo judío.

Vega's Café, 1835 E Colonial Drive (☎898-5196). Comida cubana con almuerzos de gran calidad.

Vihn's, 1231 E Colonial Drive (☎894-5007). Restaurante vietnamita con mostrador que ofrece buena comida para llevar a la hora del almuerzo y la cena.

White Wolf Café, 1829 N Orange Ave (☎895-5590). Práctico café/tienda de antigüedades, conocido por sus originales sándwiches y generosas ensaladas.

Winter Park

Brazilian Pavilion, 140 W Fairbanks Ave (☎740-7440). Suntuosos platos brasileños; se recomienda *el peixe à brasileira* (filete de pescado con tomates, cebolletas y leche de coco) o el *frango à francesca* (pollo con ajos tiernos y perejil).

The Briar Patch, 252 N Park Ave (☎628-8651). Almuerzos y cenas bien preparados. Las ensaladas son bastante grandes. Se puede comer dentro o en la terraza.

East India Market, 610 W Morse Blvd (☎647-7520). Pizzas exquisitas y sabrosas ensaladas servidas en mesas rodeadas de flores en un vivero al aire libre.

The Hutch Coffee Shop, 109 E Lyman Ave (☎644-5948). Una cafetería formal y barata justo saliendo de la moderna Park Ave.

La Venezia Cafe, 142 S Park Ave (☎647-7557). Elegante lugar para almorzar que sirve originales sándwiches y ensaladas y ofrece la mayor oferta de cafés del pueblo.

Maison des Crêpes, Hidden Garden Shops, 348 N Park Ave (☎647-4469). Algunas personas van allí por las finas crepes, pero los almuerzos y las cenas son originales y sabrosos.

Park Avenue Grill, 358 N Park Ave (☎647-4556). Sirven un menú americano bastante normal, pero los asientos junto a la ventana son un buen lugar para observar a la gente.

Power House, 111 E Lyman Ave (☎645-3616). El visitante puede tomarse un zumo de frutas o probar una de las sabrosas sopas.

Winnie's Oriental Garden, 1346 Orange Ave (☎629-2111). Considerado por los locales el mejor restaurante chino de la población.

Winter Park Diner, 1700 W Fairbanks Ave (☎644-2343). En funcionamiento desde hace tantos años que mucha gente no sabe cuándo fue inaugurado; todavía sirve generosas raciones de comida clásica a muy buen precio.

International Drive y alrededores

Bahama Breeze, 8849 International Drive (☎248-2499). Buena comida caribeña en un ambiente elegante.

Bergamo's, Mercado Mediterranean Shopping Village, 8445 International Drive (☎352-3805). Pasta y platos de marisco de buena calidad y algo caros. Sólo cenas.

Butcher Shop Steakhousse, Mercado Mediterranean Shopping Village, 8445 International Drive (☎363-9727). Grandes bistés y costillas, un auténtico paraíso para los carnívoros.

Café Tu Tu tango, 18625 International Drive (☎248-2222). Para tomar un aperitivo en un local animado.

Christini's Ristorante Italiano, 7600 Dr Phillips Blvd (☎345-8770). Uno de los mejores establecimientos del sudoeste de Orlando. Comida y servicio excelentes, aunque los precios son algo elevados.

Cricketers Arms, Mercado Mediterranean Shopping Village, 8445 International Drive (☎354-0686). Patatas fritas y pescado rebozado, tartas y empanadas pueden acompañarse con una gran variedad de cervezas en este barato lugar.

Italianni's, 8148 International Drive, Pointe Orlando (☎345-8884). Buena comida italiana. Las pizzas al gusto tienen mucho éxito entre los niños.

Hard Rock Cafe, en Universal Studios Escape, 5800 S Kirkman Rd (☎351-7625). Forma parte de la cadena internacional conocida tanto por sus camisetas y recuerdos musicales como por sus hamburguesas.

Johnny Rockets, 9101 International Drive (☎903-0630). Restaurante pasado de moda que sirve buenas hamburguesas y batidos.

José O'Days, Mercado Mediterranean Shopping Village, 8445 International Drive (☎363-0613). No ofrece la mejor comida mexicana que haya probado nunca, pero las raciones son abundantes y el ambiente es agradable.

La Grille, 8445 International Drive (☎345-0883). Cocina francesa algo cara, que vale la pena.

Ming Court, 9188 International Drive (☎351-9988). Cocina china de una calidad excepcional que hace de éste un buen lugar; menos caro de lo que cabría esperar.

Morrison's Cafeteria, 7440 International Drive (☎351-0051). Restaurante autoservicio barato; llene su bandeja con una gran variedad de platos, postres y bebidas.

Passage to India, 5532 International Drive (☎351-3456). Comida india no muy picante; el *thali* es una especialidad de la casa, pero se recomienda el menú de almuerzo.

Ponderosa Steakhouse, 6362, 8510 & 14407 International Drive (☎352-9343, 354-1477 o 238-2526). Los generosos menús, con muchas opciones para los vegetarianos, se sirven para el desayuno, el almuerzo y la cena.

Sizzler, 9142 International Drive (☎351-5369), 6308 International Drive (☎248-9711). Abundante desayuno entre 7-11 h; el almuerzo y la cena incluyen bistés y marisco, así como numerosas ensaladas al gusto del cliente.

Western Steer, 6315 International Drive (☎363-0677). Menús de desayuno, almuerzo y cena; esta última incluye platos calientes, además de sopas, ensaladas, verduras, fruta y helado al gusto del cliente.

Lake Buena Vista

Bongo's Cuban Café, Downtown Disney's West Side, 1498 E Buena Vista Drive (☎828-0999). Cocina cubana de Gloria y Emilio Estefan. La decoración es fabulosa y hay espectáculos cada noche.

California Grill, dentro del Disney's Contemporary Resort (☎WDW-DINE). La joya culinaria de Disney, ya que en el menú se incluye desde sushi hasta estofados preparados en una cocina abierta y servida en un comedor concurrido. Hay 100 variedades de vino que se sirve en copas.

Crab House, 8496 Palm Parkway, en el Vista Center (☎239-1888). Animada marisquería especializada en varias clases de cangrejos.

Flying Fish Café, en el Disney's BoardWalk Inn (☎WDW-DINE). Marisco excelente pero caro; se recomienda el menú del almuerzo.

House of Blues, Downtown Disney's West Side, 1490 E Buena Vista Drive (☎934-2583). Buena comida de inspiración criolla y cajún. Puede ir durante el popular brunch Gospel de los domingos.

India Palace, en Vista Center, 8530 Palm Parkway (☎238-2322). Auténticas comidas indias en un lugar tranquilo. Vale la pena el menú del almuerzo.

Pebbles Restaurant, en Crossroads, 12551 SR535 (☎827-1111). Cocina americana creativa con precios adecuados. A los lugareños les encanta.

Planet Hollywood, Disney's Pleasure Island (☎827-7827). Uno de los restaurantes más famosos, que sirve hamburguesas en el interior de un enorme planeta.

Rainforest Café, dos ubicaciones: Dowtown Disney's West Side y Disney's Animal Kingdom (☎827-8500 y ☎938-9100). Restaurantes temáticos de safaris donde hay animales moviéndose entre los árboles. Se recomienda ir para ver la creativa decoración y comer barato.

Tony Roma's Famous for Ribs, 12167 Apopka-Vineland Rd (☎239-8040). Tal como indica el nombre, sirven buenas costillas ahumadas.

Wolfgang Puck Café, Dowtown Disney's West Side, 1482 E Buena Vista Drive (☎938-9653). Menús de precios moderados y muy creativos en un lugar de muchos niveles. Los platos que se sirven en el comedor del piso de arriba son más refinados, pero mucho más caros.

Wolfgang Puck Express, dos ubicaciones: Dowtown Disney's West Side y Disney's Marketplace (☎938-9653 y ☎828-0107). Restaurante de comida rápida que sirve las famosas pizzas de gourmet *Spago*, además de pollo rustido, buenos sándwiches y otros platos americanos a buen precio.

En la Hwy-192

Black-Eyed Pea, 5305 W Hwy-192 (☎397-1500). Grandes raciones de cocina sureña (siluro, pollo frito, etc.), servidos en el almuerzo y la cena.

Cracker Barrel Old Country Store, 5400 W Hwy-192 (☎396-6521). Desayunos y almuerzos completos en un ambiente americano; hay una tienda.

Key W Kool's, 7225 W Hwy-192 (☎396-1166). Para variar de menús, se recomienda probar el marisco y los bistés que se sirven para el almuerzo y la cena en este restaurante de tema tropical, o bien aprovechar el desayuno de 2 dólares.

New Punjab, 3404 W Vine St/Hwy-192 (☎931-2449). La cena vegetariana de este establecimiento es de una excelente calidad.

Ponderosa Steakhouse, 5771 & 7598 Hwy-192 (☎397-2477 y ☎396-7721). Un generoso menú que se ofrece cada día. Hay otras tres sucursales en International Drive (véase pág. 251).

Sizzler, 7602 W Hwy-192 (☎397-0997). El desayuno más abundante que se sirve en la zona; también en International Drive (véase pág. 251).

Restaurantes con espectáculo

American Gladiators Orlando Live!, 5515 W Hwy-192 (☎390-0000). Cenas con teatro basado en un ridículo programa de televisión.

Arabian Nights, 6225 W Hwy-192 (☎239-9223). Considerado por los lugareños de Orlando como el mejor local de cena y teatro. Cincuenta caballos ayudan a explicar una versión cómica de la historia clásica.

Capone's Dinner & Show, 4740 Hwy-192 (☎397-2378). El visitante deberá decir la contraseña para entrar en esta taberna clandestina de la época de la Ley Seca y disfrutar de las canciones y el baile al estilo de los años veinte, así como el menú de comida italiana, ambos de calidad mediocre.

Hoop De Doo Musical Revue, Disney's Fort Wilderness Resort (☎939-3463). Teatro con cena con el tema de los vaqueros, simple pero divertido. Hay que hacer la reserva con bastante antelación.

King Henry's Feast, 8984 International Drive (☎351-5151). Duelo de caballeros y bufones mientras se ofrece una comida de cinco platos y se sirven las bebidas en jarras. Es mejor que el visitante se lo piense.

Mark Two Dinner Theater, 3376 Edgewater Dr (☎843-6275). Hay actuaciones de espectáculos ambulantes de Broadway, mientras los clientes degustan un menú de cinco platos principales.

Medieval Times Dinner & Tournament, 4510 Hwy-192 (☎1-800/229-8300 o 239-8666). Los caballeros van a caballo cuando se entra en esta réplica de un castillo del siglo XI.

Sleuth's Mystery Dinner Theater, 7508 Republic Drive (☎363-1985). Si el visitante sabe que el arenque no es un plato de marisco, está en el buen camino para poder resolver el misterio del asesinato que se desarrolla en este lugar, al estilo de las novelas de Agatha Christie, mientras come.

Wild Bill's Wild West Dinner Extravaganza, 5260 Hwy-192 (☎351-5151). Cena con espectáculo en un elegante restaurante basado en el Oeste y situado en un bungaló de troncos; actúan bailarines comanches y lanzadores de cuchillos, entre otros.

Vida nocturna

Con el reciente desarrollo de centros de diversión como el *Church Street Station* (véase pág. siguiente), la **vida nocturna** de Orlando está adquiriendo poco a poco una buena reputación. La diversión, como todo lo demás, se centra alrededor de Disney World y, con todos los chiquillos pululando por la zona, el panorama de bares y pubes puede resultar infantil. Aun así, Orlando alberga más convenciones de negocios que cualquier otro lugar del mundo y la edad media de los juerguistas nocturnos se ha desplazado considerablemente hacia la madurez.

El centro de Orlando

Bonkers, 25 S Orange Ave (☎629-2665). Un improvisado teatro de comedias abierto cinco noches a la semana.

Church Street Station, 129 W Church St (☎422-2434). El visitante no debe dejarse engañar por la multitud que va cada noche a este complejo de bares, restaurantes con revista musical al estilo de la década de 1890, *Rosie O'Grady's*, y que pagan una entrada de 17,95 dólares. Una vez dentro, también hay que pagar mucho por las bebidas.

Howl at the Moon Saloon, 55 W Church St (☎841-9118). Es difícil concentrarse en la bebida mientras los pianistas compiten en una selección de clásicos del rock y otras melodías.

Sapphire Supper Club, 54 N Orange Ave (☎246-1419). Jazz tradicional y contemporáneo de gran calidad. Véase el «Calendar» del *Orlando Sentinel* para leer el programa.

Zuma Beach, 46 N Orange Ave (☎648-8363). Con una gran variedad de música, desde acid jazz hasta latinoamericana, seguro que el visitante encuentra allí algo que le guste.

Winter Park

Comedy Zone, en el *Holiday Inn*, 6515 International Drive (☎624-5233). Una variada lista de cómicos actúan a las 20.30 y 22.30 h.

International Drive, Hwy-192 y alrededores

Bennigan's, 6324 International Drive (☎351-4435). Bar de deportes que ofrece *happy hours* y 100 clases de cervezas.

Crazy Horse Saloon, 7050 Kirkman Rd (☎363-0071). Ruidosa música country y bluegrass; mucha bebida y ambiente animado.

Cricketers Arms, Mercado Mediterranean Shopping Village, 8445 International Drive (☎354-0686). Sirve cervezas europeas y se pueden ver los últimos resultados de fútbol; a veces incluso los partidos en unas enormes pantallas de televisión.

Embassy, 5100 Adanson St (☎629-4779). Complejo de discoteca de alta tecnología, que también incluye un club de música donde hay actuaciones nacionales y locales.

Fat Tuesday, 41 W Church St (☎843-6104). Un lugar para iniciarse en la diversión del daiquiri helado, disponible en muchos sabores distintos. La mayoría de las tardes también hay música en vivo.

Sullivan's, 1108 S Orange Blossom Trail (☎843-2934). Música country en vivo y baile; atrae a una multitud agradable y entusiasta.

El norte de Orlando

Las áreas residenciales contiguas se convierten en campos de árboles frutales y verdura al **norte de** los límites de la ciudad de **Orlando**. En los alrededores, en las tranquilas poblaciones que recuerdan a los tiempos de la Florida de frontera, la agricultura todavía supera al turismo. Aunque es fácil recorrer la I-4, hay mucho más ambiente en otras carreteras locales más antiguas que enlazan las principales poblaciones.

Sanford y Mount Dora

Su posición en la orilla sur del lago Monroe, 24 km al norte de Maitland en la Hwy-92 (también conocida como Hwy-17), permite a **SANFORD** sacar partido de los cruceros de turistas en embarcaciones fluviales, que (desde 35 dólares; ☎1-800/423-7401) salen del puerto deportivo de N Palmetto Avenue. Para conocer mejor la población de modesto tamaño (así como el abogado y diplomático de principios de siglo que lo fundó), se recomienda visitar el **Shelton Sanford Memorial Museum**, en 520 E First Street (mar.-vier., 11-16 h; entrada gratuita). Llamada antes «Celery City» por su importante actividad agrícola, Sanford no era muy importante hasta principios de la década de 1900, un período que se muestra bien en el museo. Si al viajero le interesa conocer más detalles de aquella época, puede tomar un mapa de visita sin guía en la **Chamber of Commerce**, 400 E First Street (lun.-vier., 9-17 h; ☎352/322-2212) y visitar 22 edificios de distintos tipos de arquitectura clásica en los barrios contiguos del centro, que en su mayoría son ahora comercios y oficinas de seguros.

De regreso hacia la Hwy-92, en la esquina sudoeste de Sandford se encuentra el **Seminole County Historical Museum**, en 300 Bush Boulevard (lun.-vier., 9-13 h; sáb.-dom., 13-16 h; entrada gratuita), que expone numerosos objetos de todo el condado, incluida una curiosa selección de botes de medicinas. El visitante también puede pasear por **Flea World** (vier.-dom., 8-17 h; entrada gratuita), al final del Bush Boulevard, en el cruce con la Hwy-92 es un intento a gran escala de vender objetos que nadie en su sano juicio compraría. Si al viajero le interesa ver un típico y pintoresco pueblo de Florida de la época victoriana, se recomienda tomar la Route 46 al oeste de Sanford y recorrer unos 27 km; el visitante verá vallas de estacas puntiagudas, balcones de hierro forjado y elegantes edificios adornados de madera de **MOUNT DORA**. La **Chamber of Commerce**, en 341 Alexander Street (lun.-vier., 9-17 h; ☎352/383-2165), ofrece una visita guiada a las antiguas casas y las típicas tiendas que ahora hay en muchas de ellas; se recomienda visitar The Jeweler Studio (☎352/383-1883) y Double Creek Pottery (☎352/735-5579). También merece una parada la pequeña Old City Jail en Royellou Lane, en la que se muestran las celdas donde la policía encerraba a los borrachos del lugar hace años.

Cassadaga

Un pueblo poblado por espiritistas hace pensar en imágenes de bichos raros en imponentes mansiones, pero los pocos cientos de residentes de **CASSADAGA**, situado al este de la I-4, unos 16 km al norte de Sanford, son ciudadanos muy normales que viven en casas normales, que se comunican con el mundo espiritual a cambio de un precio muy realista (de 25 a 60 dólares por una sesión de media hora). Un grupo de médiums norteños compró este lugar de más de 14 Ha en 1875 y despertó la imaginación de los primeros colonos, para quienes contactar con el Más Allá resultaba mucho más sencillo que comunicarse con el resto de Estados Unidos.

Durante todo el año, hay seminarios y conferencias sobre temas que van desde los ovnis hasta los viajes astrales. Para más detalles se recomienda visitar la **Cassadaga Camp Bookstore** en el Andrew Jackson Davis Building, en la esquina de la Route 4139 con la Stevens Street (lun.-vier. 9.30-17.30 h; sáb., 9.30-18 h; dom., 12-18 h; ☎904/228-2880), que es a la vez centro de información y librería de temas de psicología.

DeLand y alrededores

DELAND, la prometida «Atenas de Florida» cuando se fundó en 1876 a unos 6,5 km al norte de Cassadaga, saliendo al oeste de la I-4, es en realidad un pueblo normal de Florida central. Sin embargo, alberga uno de los centros educativos más antiguos del estado: la **Stetson University**, en Woodland Boulevard, cuyas fachadas de ladrillo rojo están en pie desde la década de 1880, fundada en parte gracias a los beneficios que generó el sombrero del vaquero que da nombre a la universidad. El viajero puede obtener un mapa de visita gratuito en el DeLand Hall (ayuntamiento), fácil de encontrar, para dar un paseo por los clásicos edificios. También en el campus, en la esquina de las avenidas Michigan y Amelia, el **Gillespie Museum of Minerals** (verano, lun.-sáb., 12-16 h; entrada gratuita) expone cuarzo, calcita y piedra caliza de Florida, además de piedras preciosas de todo el mundo.

Si el viajero que no se dirige con prisa hacia la costa este (Daytona Beach se encuentra a más de 32 km en la Hwy-92 o la I-4; véase «La costa nordeste») o se apresura a ir al Ocala National Forest, unos 16 km al este en la Route 44 (véase «El norte de Florida central», pág. 284), la posibilidad de navegar en **canoa** constituye una buena razón para quedarse en la zona de DeLand. El Katie's Wekiva River Landing (☎407/628-1482), unos 8 km al oeste de la I-4 en la Route 46, organiza excursiones (unos 15 dólares al día por una excursión de 14,5 km bajando el Little Wekiva River Run). Para obtener información general, se recomienda preguntar en la **Chamber of Commerce** de DeLand, en 336 N Woodland Boulevard (lun.-vier., 8.30-17 h; ☎1-800/749-4350), donde se ofrecen folletos sobre excursiones a pie y en automóvil por la zona. A la vuelta de la esquina se encuentra el **Henry A. DeLand House Museum**, en 137 W. Michigan Ave (mar.-sáb., 12-16 h), construido en 1886 y recientemente restaurado según el estilo de aquella época. Los grabados en madera del padrenuestro y los antiguos utensilios de cocina merecen especial mención.

DeLeon Springs, Lake Woodruff National Wildlife Refuge y Barberville

En **DeLeon Springs State Recreation Area** (todos los días, 8-12 h; automóviles, 3,25 dólares; peatones y ciclistas, 1 dólar), unos 16 km al norte de DeLand en la Hwy-17, los turistas disfrutan de los miles de litros de agua que emergen de un manantial subterráneo. La fascinación de los visitantes por todos estos laberintos de agua subterránea son una fuente inagotable de diversión para los residentes del centro y el norte de Florida, quienes están acostumbrados a ver las fuentes. Todos están de acuerdo en que DeLeon es un lugar agradable. Se puede nadar, ir en canoa y hacer un picnic en un manantial o junto a él y, cuando el viajero tenga hambre, podrá hacer sus propios panqueques en el *Old Spanish Sugar Mill Restaurant* (☎904/985-5644), un restaurante de madera situado junto al parque, que abre a las 9 h los días laborables y a las 8 h los fines de semana y deja de servir a las 16 h.

Unos kilómetros hacia el oeste, saliendo de la Grand Ave, se halla el impresionante **Lake Woodruff National Wildlife Refuge** (abierto amanecer-atardecer; entrada gratuita), una sección de más de 8.900 Ha de tierra pantanosa intacta donde viven 200 especies de aves, incluida la amenazada águila calva del sur y 68 especies de peces, entre otras. Para cenar se aconseja ir a DeLand Springs, al *Karlin's Inn*, 4640 N Hwy-17 (mar.-sáb., 17-21 h), un restaurante continental con cierto aire de Florida.

Unos 11 km más al norte por la Hwy-17, la pequeña comunidad de **BARBERVILLE** festeja la Florida rural mediante su **Pioneer Settlement for the Creative Arts** (lun.-vier., 9-16 h; sáb., 9-14 h; 2,50 dólares), una estación de ferrocarril de principios del siglo xx y una tienda. Allí, una serie de tornos de alfarería, telares, equipo de molienda y otras herramientas se utilizan durante la visita informativa guiada de 45 minutos.

Blue Spring y la isla Hontoon

Las aguas naturales calientes del **Blue Spring State Park** (todos los días, 8-atardecer; automóviles, 3,25 dólares; peatones y ciclistas, 1 dólar), situado a 11 km al sur de DeLand (en la Hwy-17) en Orange City, atrae a los **manatíes** (las criaturas acuáticas llamadas cariñosamente «vacas de mar») entre mediados de noviembre y mediados de marzo. Estos animales, que se encuentran entre los que están amenazados nadan hasta allí desde las aguas más frías del río St John; de hecho cuanto más frío haga en este lugar más manatíes verá el visitante. Además de vigilar a los manatíes desde varias plataformas de observación (y ver unas diapositivas durante 20 minutos sobre sus hábitos), también existe la posibilidad de visitar la **Thursby House**, una gran vivienda de madera construida por los primeros colonos en 1872. El **alojamiento** en el parque consiste en un cámping de 16 dólares por noche y bungalós de 55 dólares por noche, donde pueden dormir hasta cuatro personas (☎904/775-3663).

No muy lejos de Blue Spring se encuentra la **isla Hontoon**, una porción de bosque situada en un terreno muy llano y pantanoso. Sin barco privado, sólo se puede llegar a la isla Hontoon con el **transbordador**, que sale de manera esporádica todos los días desde las 9 h hasta una hora antes del atardecer desde un desembarcadero de la Route 44 (la continuación de la New York Avenue de DeLand). Curiosamente, en el pasado había allí un astillero y un rancho de ganado, pero hoy en día está habitada sólo por los valientes que deciden alojarse en uno de los seis **bungalós** rústicos (reservas ☎904/736-5309; ②) o en una de sus sencillas **zonas de acampada**.

El sur de Orlando

No hay muchos puntos interesantes en las ásperas hectáreas al **sur de Orlando**, aunque Gatorland, uno de los destinos más antiguos y divertidos de la zona, a su manera, se encuentra en lo que se llama el «Orange Blossom Trail» (conocido también como Hwy-92, Hwy-17 y Hwy-441), que recorre los casi 26 km entre Orlando y Kissimmee.

Gatorland

Una enorme boca de caimán constituye la entrada a **Gatorland**, 14501 S Orange Blossom Trail (todos los días, 9-atardecer; 13,95 dólares, que incluyen la entrada gratuita de un niño; niños 9-12 años, 8,95 dólares y niños 3-9 años, 6,48 dólares), que proporciona a los visitantes la visión de uno de los animales más temidos y menos comprendidos del estado desde la década de los cincuenta. Los residentes del parque (en realidad una granja en funcionamiento, con permiso para criar caimanes y aprovechar su piel y carne), animales sorprendentemente perezosos, sólo muestran señales de vida cuando son alimentados, durante el espectáculo Gator Jumparoo; entonces, se cuelgan trozos de pollo de un cable y los caimanes más grandes, con sus poderosos músculos de la cola, saltan del agua para atrapar su cena; el resultado es una extraña exhibición de animales en movimiento y mandíbulas cerrándose con fuerza. Cuando el visitante llegue, puede obtener un horario de los tres espectáculos principales: Gator Jamparoo, Gator Wrestling y Snakes of Florida. Este último muestra algunos de los reptiles más venenosos de Florida (serpientes de coral, serpientes de cascabel pigmeas, mocasines de agua, y serpientes de cascabel con lomo de rombo), que no resultaría agradable encontrarse en libertad, pero el espectáculo servirá para reconocerlos por si algún día el viajero los ve.

Kissimmee

KISSIMMEE, un equivalente tosco de los complejos turísticos que lo rodean al final del Orange Blossom Trail, concentra su diversión durante las subastas de ganado los miércoles a la hora del almuerzo en el **Livestock Market**, 805 E Donegan Avenue. Los **moteles** que hay cerca de la población en la Hwy-192 (véase «Alojamiento», pág. 242) convierten Kissimmee en un lugar barato para alojarse e ir desde allí a los parques temáticos o cualquier otra parte de la región, ya que, además, los **trenes** paran en 111 E Dakin Ave, los **autobuses** Greyhound en 3501 W Vine St (☎847-3911) y hay enlaces con **autobuses directos**, hasta las principales atracciones de la zona de Orlando (véase «Medios de transporte», pág. 241).

En Kissimmee, se recomienda dar un paseo junto al obelisco de unos 15 m llamado **Kissimmee Monument of States**, en Monument Avenue. Compuesto de bloques de hormigón pintados con colores chillones y adornados con trozos de piedra y fósiles de varios estados americanos y 21 países extranjeros, este monumento fue construido en 1943 en honor del antiguo presidente del All-States Tourist Club local.

En una tranquila calle se encuentra la **Green Meadows Petting Farm**, 1368 S Poinciana Blvd (todos los días, 9.30-16 h; 13 dólares). Se trata de un anticuado zoo de animales domésticos donde los niños pueden ordeñar una vaca y montar en poni. La granja es un refrescante cambio de ritmo respecto de los principales parques. Otro lugar de Kissimmee donde hay animales es **JungleLand Zoo**, 4580 Hwy-192 (todos los días, 9-18 h; 11,95 dólares; niños, 3-11 años, 6,95 dólares), aunque está algo dejado. Por ello, se aconseja ir al Animal Kingdom de Disney. Los animales de JungleLand no tienen más que una pelota de goma para entretenerse y cuando se irritan, agitan sus jaulas, lo que crea un ambiente tenso.

Celebration

CELEBRATION, una población de casi 2.000 Ha creada por Disney y abierta oficialmente en 1996, se encuentra entre Kissimmee y los parques temáticos de Disney. Este último realizó un gran trabajo de investigación sociológica antes de establecer un diseño que se creyó representaría el ideal americano de comunidad: exteriores anticuados, casas situadas cerca de la carretera para que los vecinos se relacionaran más y una zona del centro que pareciera antigua pero también agradable. Famosos arquitectos de todo el mundo diseñaron los principales edificios: Philip Johnson, Ritchie y Fiore, el ayuntamiento; Michael Graves, la oficina de correos; Cesar Pelli, el cine; y Robert A. M. Stern, el centro de salud. Se vendieron los primeros 350 espacios para casas antes de que se completaran las maquetas. Los partidarios del lugar aplauden el agradable ambiente que se respira en la pequeña población de Celebration, donde se da la bienvenida a los nuevos vecinos con pastelillos caseros de chocolate con nueces, los acontecimientos se organizan bien y los niños pueden ir andando a la escuela sin problemas. No obstante, sus detractores usan términos como artificial y estéril, y denuncian reglas rigurosas como la insistencia en que todos los marcos de las ventanas que den al exterior deben ser blancos. Sin embargo, el lugar merece una visita, no sólo por la arquitectura y porque hay algunos de los mejores restaurantes de la región, sino para que el viajero compruebe por sí mismo si éste es el sueño americano o detrás está el Gran Hermano.

Walt Disney World

WALT DISNEY WORLD convirtió una parte del territorio de pasto de Florida en uno de los centros turísticos más lucrativos del mundo en sólo 10 años. Llevó prosperidad y dinero al centro de Florida por primera vez desde el auge de los cítricos un siglo atrás y el enorme bien pensado imperio Walt Disney subió el nivel medio del estado: pasó de ser una mezcla algo sórdida de moteles baratos, asilos y zoológicos de caimanes, a un escaparate del moderno turismo internacional; de este modo, según algunos, vendió su alma al diablo a cambio de obtener dinero fácil.

Piense lo que piense el visitante sobre los parques temáticos, no podrá negar que Walt Disney World da la pauta, ya que va más allá del «parque temático» de Walt Disney original (Disneyland, que se inauguró en Los Ángeles en 1955); prueba de ello es la tecnología de sus atracciones e ingeniosos aspectos de una zona que es el doble de grande que Manhattan. El visitante comprobará, además, que no hay criminalidad y que, sobre todo destacan los mejores valores de los estadounidenses. Asimismo, la diversión sana es aquí lo más importante. Por todo ello, Walt Disney World hace a menudo que el mundo real y sus problemas parezcan no existir.

Allí, la basura y los papeles se recogen en cuanto los tiran, los sutiles juegos psicológicos hacen menos pesadas las colas, los efectos especiales son lo mejor que el dinero puede comprar y los empleados sonríen aunque los niños mimados les vomiten encima. No es un lugar barato, y por eso se recomienda planificarlo todo con antela-

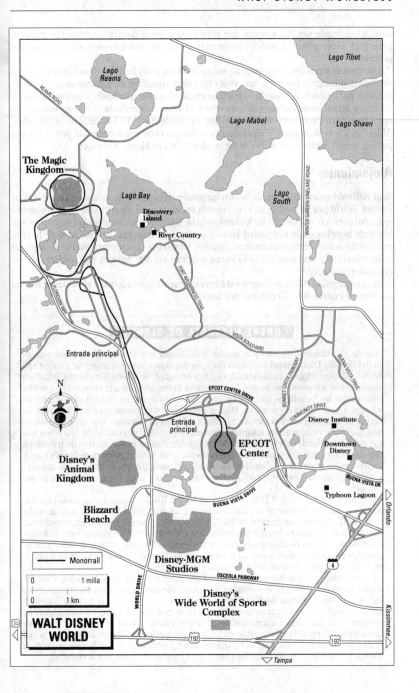

ción. El visitante sentirá a veces que sólo es una pieza dentro un gran mecanismo, pero Walt Disney World, indefectiblemente y con una eficacia inexorable, da lo que promete.

Los **precios** pueden impresionar, sobre todo para las familias (los niños menores de 3 años no pagan, pero hay que tener en cuenta que hay muy pocas atracciones diseñadas para ellos), aunque la entrada permite el acceso ilimitado a todos los espectáculos y atracciones del parque concreto y el viajero necesitará por lo menos un día completo para recorrer todo lo que hay en cualquiera de los **cuatro** principales. Abundan los restaurantes y cafeterías, y todos parecen estar cortados por el mismo patrón, pero resultan caros. No se sirve alcohol en el Magic Kingdom.

Alojamiento

Si el visitante quiere escapar de la omnipresente influencia y los altos precios del Walt Disney World por la noche, se recomienda recurrir a las direcciones de alojamiento que aparecen en «El centro de Orlando» (pág. 243). Si no, comprobará que cada vez hay más **hoteles** en la propiedad Disney, aunque, la mayoría de ellos son, de hecho, centros turísticos completamente equipados. Como era de esperar, cada uno sigue un tema concreto y son más caros (a veces superan los 300 dólares por noche) que en cualquier otro lugar.

Sin embargo, el *All-Star Resorts* está especialmente pensado para el visitante menos pudiente y cuesta 69 o 79 dólares por noche.

BREVE HISTORIA DE DISNEY

Cuando el brillante ilustrador y animador Walt Disney inventó el primer parque temático del mundo, **Disneyland** en California (que dio vida a sus personajes de dibujos animados, Mickey Mouse, pato Donald, Goofy y el resto), se quedó sin control sobre los hoteles y restaurantes, que pronto lo hundieron, lo que impidió que prosperara, pues se embolsaron los beneficios que Disney creía suyos por derecho. Resuelto a que esto no volviera a suceder, la corporación Disney empezó a comprar en secreto 11.000 Ha de tierras de labranza en el centro de Florida y a finales de los años sesenta había adquirido (por 6, en comparación, insignificantes millones de dólares) un lugar 100 veces mayor que Disneyland. Con la promesa de proporcionar numerosos puestos de trabajo en Florida, la legislatura del estado cedió a la corporación (bajo el nombre de Reedy Creek Improvement District) los derechos de cualquier municipio importante; así la autorizó a trazar carreteras, decretar códigos de construcción y crear su propia fuerza de seguridad.

El primer parque de Walt Disney World, el **Magic Kingdom**, fue inaugurado en 1971; basado como era de esperar en Disneyland, fue un gran éxito. El mucho más ambicioso **EPCOT Center**, inaugurado en 1982, representó la primera ruptura importante con el escapismo basado en los dibujos animados. Hubo millones de visitas, pero el futuro de color de rosa no recibió una respuesta tan efusiva. En parte debido a esto y a desacertadas gestiones y decisiones de la dirección, el imperio Disney (Walt Disney murió en 1966) cayó en la bancarrota a mediados de los años ochenta.

Desde entonces, una buena dirección ha sacado del pozo a la corporación y actualmente gobierna una fuerte y competitiva nave, siempre intentando incrementar los 100.000 visitantes diarios de Walt Disney World e ir más allá que sus rivales. Por ejemplo, Disney-MGM Studios pretende superar a Universal Studios Escape (véase pág. 271), mientras que los clubes nocturnos de Pleasure Island, *Planet Hollywood* y el nuevo *Downtown Disney's West Side* están dirigidos a competir con *Church Street Station* del centro de Orlando (véase pág. 253). Quizás ofrezca fantasía, pero en lo que respecta al dinero, el instinto de la corporación Disney está muy en contacto con la realidad.

En cada centro turístico hay un paisaje determinado y por lo general suele haber varias piscinas y una playa junto a un lago artificial, así como algunos restaurantes y bares. Los centros turísticos de Disney se encuentran en varias zonas y el transporte, ya sea en barco, autobús o monorraíl, es muy eficaz para desplazarse entre ellos y los principales parques temáticos. Los huéspedes de Disney también pueden usar los aparcamientos del parque, que son gratuitos. Es posible comprar las entradas para los parques temáticos en los centros turísticos, por lo que el visitante ahorrará tiempo en las colas de las taquillas. El servicio debe ser excelente, pero si no es así, el visitante puede presentar una dura queja, y seguramente le tratarán como a un rey durante el resto de su estancia.

En las épocas de tranquilidad, quizás haya habitaciones disponibles sin haberlas reservado con antelación, pero como hay que atender también a los asistentes a convenciones además de los turistas, tal vez no haya una habitación libre, ni en los establecimientos de 1.000 habitaciones como el *Contemporary Resort*. Por ello, se recomienda reservar habitación con tanta antelación como sea posible (9 meses no es demasiado). El viajero puede hacer la **reserva** por teléfono: ☎**407/W-DISNEY** (☎934-7639 desde el extranjero).

Disney Village

Disney's Old Key West Resort. Casas de multipropiedad de Key West, que se pueden alquilar cuando están desocupadas. ⑧

Dixie Landings Resort. Hotel de precio moderado y basado en el sur, con habitaciones en la «casa señorial» o en las «casas de los pantanos» situadas en los jardines. ⑥

Port Orleans Resort. El viajero puede observar desde su balcón de hierro forjado la mini Nueva Orleans recreada en el patio de este centro turístico. ⑥

The Villas at Disney Institute. Una variedad de opciones en un lugar rústico, cerca del educativo Disney Institute. Las casas del pueblo parecen rústicas casas en los árboles pero están equipadas con modernas comodidades. ⑧

EPCOT

All-Staar Resorts. El más asequible y llamativo de los centros turísticos de Disney, dividido en el *All-Star Music Resort*, que está decorado con botas de vaquero de gran tamaño y colores brillantes, piscinas en forma de guitarra, etc.; y el *All-Star Sports Resort*, decorado con grandes gorras de Coca-Cola, cascos de fútbol americano, etc. En cada complejo hay piscina y unas 1.500 habitaciones. ④

Caribbeean Beach Resort. El primer intento de Disney de hacer un hotel «barato» que todavía funciona bastante bien. Se trata de las típicas habitaciones de motel en una propiedad de elegante trazado, que se encuentra en uno de los cuatro alojamientos, cada uno con su propia piscina. ⑥

Coronado Springs Resort. La mayor propiedad de Disney hasta la fecha y una de las más asequibles; hay 2.000 habitaciones al estilo del sudoeste construidas alrededor de una pirámide maya. El patio comedor es apropiado para las comidas familiares. ⑥

The Dolphin. Coronado por la enorme escultura de un delfín y decorado con tonos pastel y reproducciones de obras de arte del estilo de Matisse y Warhol. ⑧

The Swan. Pensado para ser el compañero del *Dolphin*, del que está separado mediante un lago y una playa artificiales; caprichosamente decorado y equipado con todos los lujos posibles. ⑧

Yatch and Beach Club Resorts. Hoteles gemelos inspirados en la Nueva Inglaterra de principios del siglo XX, completados con fachadas de tablillas y un faro en miniatura. Las diversiones incluyen toda clase de actividades acuáticas y un campo de croquet. ⑧

Boardwalk Inn. Un complejo al estilo del Contemporary y del Grand Floridian Beach Resorts (véase «Magic Kingdom», más abajo), con habitaciones en la «posada» o en los estudios, más adecuados para los grupos de cuatro o cinco personas.⑧

Magic Kingdom

Contemporary Resort. El monorraíl de Disney va hasta el mismo centro de este hotel, que toma su diseño exterior de las fantasías futuristas de la Tomorrowland del Magic Kingdom, pero por dentro es bastante soso. ⑧

Fort Wilderness Campground. El viajero podrá poner una tienda de campaña (35 dólares), colocar su autocaravana (54 dólares) o alquilar un remolque de seis literas (185 dólares), una buena opción para grupos grandes.

The Grand Floridian Beach Resort. Tejados a dos aguas, terrazas y arañas de cristal se encuentran entre las frívolas variaciones de la arquitectura antigua de Florida de los centros turísticos, en este elegante y tranquilo lugar. ⑧

Polynesian Village Resort. Una imitación atractiva, aunque vulgar, de un hotel de playa polinesio; resulta más atractivo si pasa el tiempo en la playa a la orilla del lago a la sombra de las palmeras. ⑧

Wilderness Lodge. Esta magnífica y enorme réplica de una cabaña de troncos fronteriza está amueblada con grandes tótems, una chimenea de leña en el vestíbulo y mecedoras de madera al estilo del sur. ⑦

Los parques principales

Los cuatro principales parques temáticos de Walt Disney World son bastante distintos. El **Magic Kingdom** es el parque Disney que cualquier niño imagina, donde Mickey Mouse se mezcla con la multitud y todo es fantasía y diversión; básicamente está orientado a los más pequeños. Reconocible por su enorme geoesfera en forma de pelota de fútbol, el **Epcot Center** es el homenaje a la ciencia y la tecnología de Disney unido a un viaje por varios países y culturas, pero no resulta muy atractivo para los niños, ya que hay que caminar bastante. **Disney-MGM Studios** está pensado para casi todo el mundo; sus efectos especiales son entretenidos aunque el visitante no haya visto los filmes en los que se basan y el Backstage Tour, a pesar de los momentos aburridos, visita por lo menos estudios reales. Por último, el parque temático más nuevo de Disney, el **Disney's Animal Kingdom**, en parte un zoo moderno y en parte un parque temático, aporta un sabor africano y asiático a las marismas del sudoeste de Orlando.

Para conocer los cuatro parques el visitante necesitará por lo menos 5 días (reservando 1 para descansar) y se aconseja no abarcar más de uno en un día. Si sólo dispone de una jornada para estar allí, se recomienda elegir el parque que más le atraiga y quedarse en él; las entradas únicamente son válidas para un parque.

Cuándo ir

Aunque el Epcot Center tiene capacidad para una multitud, se recomienda evitar los **períodos más concurridos**: durante las vacaciones de verano, el Día de Acción de Gracias, Navidad y Pascua. Los días más agitados varían en cada parque (no obstante, el domingo hay menos visitantes), por tanto, se aconseja trazar bien un itinerario en cuanto el viajero llegue y ponerse en contacto con los centros de información de Disney.

Información de Disney: ☎407/824-4321.

Si el viajero **llega pronto** al parque (se recomienda estar allí justo antes de abrir), podrá disfrutar de las atracciones más populares antes de las aglomeraciones que se producen por la tarde, cuando las colas suelen ser bastante largas. Si el visitante se aloja en un centro turístico de Disney World, quizás obtenga las entradas a los parques a primera hora (antes de la apertura) para ayudarle a evitar las aglomeraciones. Pero si no puede llegar pronto, será mejor ir sobre las 17 o 18 h, cuando todavía queda tiempo para subir a muchas atracciones antes del cierre, según la temporada. En cada parque hay tablones de anuncios que suelen ser actualizados con regularidad, en los que se informa acerca del **tiempo de espera** en los espectáculos o atracciones; en las horas punta, a menudo son de una hora y media para las atracciones más populares y de hasta 40 minutos para otras.

Horarios de apertura y entradas

Los parques **abren** todos los días de 9-24 h durante las temporadas de más actividad y entre 9-18 h o más tarde el resto del año; los días festivos, los horarios se alargan. En temporada alta, el *Orlando Sentinel* ofrece los horarios de cada parque en su página principal. Una entrada de 1 día para uno de los parques cuesta 44,52 dólares (niños 3-9 años, 36,04 dólares; menores de 3 años, entrada gratuita), se adquieren en cualquier entrada al parque y sólo permiten la entrada a uno de los cuatro que hay.

Si el viajero quiere ir a varios parques, puede repartir las visitas en 4 o 5 días usando uno de los **pases** que permiten la entrada a los cuatro parques y el uso gratuito de los autobuses directos por el complejo. Los **pases de 4 días** cuestan 149 dólares (niños 3-9 años, 119 dólares); los **pases de 5 días**, 189 dólares (niños 3-9 años, 151 dólares); los **pases de 6 días**, 249 dólares (niños 3-9 años, 199 dólares). También hay un **pase de 1 año** por 270,30 dólares (niños, 230,02 dólares), pensado para los entusiastas del parque. Si el visitante se aloja en un centro turístico de Disney World, obtendrá descuento en todos estos precios.

Por obvio que parezca, si llega en automóvil, el viajero deberá seguir los indicadores hasta el parque que quiera visitar y utilizar su **aparcamiento** (5 dólares al día y sirve para todos los aparcamientos de Disney World). Como son enormes, se aconseja tomar nota del lugar exacto donde aparque el vehículo. Aparcamientos y hoteles están comunicados con las principales atracciones mediante un completo **sistema de transporte** de autobuses y un monorraíl (gratuitos para los huéspedes de un alojamiento de Disney World).

El Magic Kingdom

A los que hayan estado en el Disneyland de Los Ángeles, el **Magic Kingdom** les resultará familiar. Como el parque temático Disney original, está dividido en varias secciones temáticas, cada una con sus características. Las fachadas de los edificios, las atracciones, las tiendas de regalos e incluso los personajes que van dando abrazos contribuyen al carácter único de cada sección. Las zonas se llaman **Adventureland**, **Tomorrowland**, **Fantasyland**, **Frontierland**, **Liberty Square** y **Mickey's Toontown Fair**. Algunas de las atracciones son idénticas a las de California, algunas incluso ampliadas y mejoradas, y otras peores. Como su hermano mayor, la única forma de recorrer el lugar es con entusiasmo, es decir, meterse de lleno y visitar todas las atracciones que se puedan.

Se aconseja no prometer a los niños subir en esta o aquella atracción, ya que a veces las colas son tan largas que es mejor descartar algunas. Aunque por lo general el tiempo de espera está indicado, las colas pueden decepcionar al visitante, pues la maestría de Disney hace que parezcan más cortas porque todos están frescos a la sombra, con ventiladores y aire acondicionado allí donde es posible.

El parque

Desde las puertas principales, el visitante entrará a la Main Street USA, un animado conjunto de bonitas tiendas de recuerdos en las que se venden los típicos sombreros con orejas de ratón y otros objetos de Disney. No hay que perder mucho tiempo en este lugar porque es posible comprar la mayoría de objetos en el resto del parque y los hoteles Disney.

Al final de la Main Street, el visitante verá el **Cinderella's Castle** (castillo de Cenicienta), un impresionante edificio que imita a los de Renania y que parece la atracción más elaborada del parque. De hecho, sólo es un armazón que esconde los aparatos electrónicos y la maquinaria que dirigen toda la obra. Pasará por un túnel que lo atraviesa y lo podrá usar de punto de referencia cuando se pierda.

Si el viajero llega pronto, evitará las colas dirigiéndose enseguida hacia las atracciones más populares y emocionantes, que son las más concurridas. Sobre todo la **Space Mountain**, una montaña rusa, pero en la que la completa oscuridad hace que cada salto se convierta en una sacudida inesperada. La atracción puede durar menos de 3 minutos, pero mucha gente respira aliviada cuando se acaba. La **Splash Mountain** satirizada de forma memorable en un episodio de *Los Simpsons (The Simpsons)*, es también muy famosa, pues emplea el agua para dar un mayor efecto y culmina en una bajada de más de 15 m. Como la mayoría de atracciones, requiere una altura mínima para poder subir a ella; si el visitante tiene un hijo demasiado pequeño, hay zona de recreo situada a la derecha de la atracción. La **Big Thunder Mountain Railroad** sitúa al visitante a bordo de un tren fuera de control, que atraviesa como un rayo la California de la Fiebre del Oro en unos 3 minutos. También está el **Barnstormer**, dedicado a los niños, más suave y perfecta para los aprendices de las emociones fuertes.

No hay que ser un adicto a las montañas rusas para pasarlo bien en el Magic Kingdom. Muchas de las atracciones del parque cuentan con personajes «AudioAnimatronic» (impresionantes robots parlantes invención de Disney) entre sus atractivos. Los más modernos se encuentran en el **ExtraTERRORestrial Alien Encounter**, que gustará sobre todo a los fans de los filmes tipo *Alien*. El **Transportarium** es un maravilloso disfrute visual donde el típico profesor chiflado (cuya voz es la del actor Robin Williams) lleva a los visitantes por un viaje en el tiempo. En **Pirates of the Caribbean**, un viaje en barco por una isla del Caribe atestada de piratas, donde abundan los borrachos y el alboroto, hay numerosos robots muy realistas.

Sin duda, vale la pena esperar para entrar en la **Haunted Mansion**, tanto por la duración de la atracción (una de las más largas del parque) como por los brillantes efectos especiales: hay un techo corredizo en la sala de entrada y actividades macabras mientras su tétrico cochecito pasa por un cementerio lleno de espectros. El lento **Jungle Cruise** está narrado por un ocurrente guía que lleva por cascadas y campamentos de caníbales en el territorio más «peligroso» de África.

En **Fantasyland**, el Magic Kingdom muestra su edad (el parque fue inaugurado en 1971), pero también hace concesiones a la imaginación de los visitantes más jóvenes, y por ello es uno de los rincones más visitados. En **It's A Small World**, el viajero da un lento y agradable paseo en barco mientras contempla numerosos robots multiétnicos con apariencia de niño que cantan la canción que hace honor a su nombre una y otra vez. **Mr Toad's Wild Ride, Peter Pan's Flight y Snow White's Adventures** son diversiones poco firmes y con poca tecnología, pero aun así muy populares entre los más pequeños, a pesar de que estarían fuera de lugar en un parque de atracciones. El antiguo Mr Toad será reemplazado dentro de poco por una atracción de Winnie the Pooh, pero los fans de la historia de Disney no son partidarios del cambio. Otro superviviente es **The Enchanted Tiki Birds**, donde hay cientos de pájaros tropicales AudioAnimatronic y estatuas de dioses que cantan y silban música de los Mares del Sur.

En Fantasyland, se recomienda ir a la zona de **Fantasyland Character Connec-**

tion, situada a la izquierda de la **Mad Tea Party**, donde el visitante podrá conocer y saludar a muchos personajes de Disney. Como alternativa, puede visitar el **Mickey's Toontown Fair**, donde verá a varios de ellos, o bien esperar el **desfile** (todos los días, 15 h) de personajes. El mejor punto es desde un banco de Frontierland. Para conseguirlo, hay que llegar allí a las 14 h; el viajero puede relajarse con un pícnic mientras espera a que pase el alegre desfile.

EPCOT Center

Incluso antes de que abriera el Magic Kingdom, Walt Disney ya estaba pensando en el **EPCOT Center** (Experimental Prototype Community of Tomorrow o «comunidad prototípica experimental del futuro»). Fue concebido en 1966 como una comunidad real que experimentaría y trabajaría con las nuevas ideas y materiales de unos Estados Unidos que avanzaban en el aspecto tecnológico. La idea no pudo llevarse a la práctica como Disney había planeado, ya que EPCOT abrió sus puertas en 1982, en un momento en que la recesión global y las preocupaciones por la ecología habían acabado con la infalibilidad de la ciencia. Un inconveniente de este parque es su gran tamaño, el doble de grande que Magic Kingdom e irónicamente, dados sus temas futuristas, muy dependiente del medio de transporte más antiguo de la humanidad: las piernas.

El parque

En la **geoesfera** de casi 55 m de alto de EPCOT (a diferencia de una cúpula semicircular, la geoesfera es completamente redonda) hay mostradores de información y tiendas de recuerdos, y se encuentra en el corazón de la sección **Epcot East/West** del parque, que es fiel al concepto original de EPCOT de explorar la historia e investigar el futuro de la agricultura, el transporte, la energía y las comunicaciones. Dentro de la geoesfera está el **Spaceship Earth Ride**, en el que durante 15 minutos se da un repaso a la comunicación con un túnel que empieza antes del hombre de Cro-Magnon y termina con una mirada al futuro para explorar las tecnologías de vanguardia.

Epcor East/West se divide en siete pabellones (todos patrocinados por empresas, por lo que el visitante no debe pensar que allí se informará sobre las energías alternativas o el calentamiento del planeta); además, cada uno posee sus propias atracciones, filmes y exposiciones interactivas por computadora. El pabellón de **The Wonders of Life** ofrece las mejores atracciones, incluida **Body Wars**, un viaje en un simulador de vuelo, corto pero emocionante, por el interior del cuerpo humano. Mientras el visitante esté allí, puede probar el divertido **Cranium Command**, en el que destaca un personaje AudioAnimatronic que intenta controlar el cerebro de un niño estadounidense de 12 años.

Se recomienda evitar las colas que a menudo se forman en la entrada del **Universe of Energy**, un homenaje algo anticuado al aprovechamiento de la energía de la tierra, y que ofrece un viaje por los bosques primitivos habitados por dinosaurios donde se originaron los combustibles fósiles actuales.

En el pabellón del **Journey Into Imagination**, una ilusión en 3-D llamada **Honey I Shrunk the Audience** mantendrá en tensión al visitante con sus efectos especiales. En contraste, los dos pabellones **Innoventions** prometen una visión de los últimos avances tecnológicos, aunque en realidad son galerías llenas de publicidad del patrocinador. **The Living Seas**, el mayor ambiente de agua salada artificial del mundo, ocupado por numerosos delfines, tiburones y leones de mar, ofrece incluso la oportunidad de ponerse un traje de submarinista.

Situado alrededor de una laguna de unas 16 Ha, la sección del **World Showcase** de EPCOT intenta reflejar la historia, arquitectura y cultura de once países distintos. Cada uno ha sido elegido por la facilidad de representar un elemento característico (en la sección de México hay una pirámide maya, en Francia una torre Eiffel) o escena típica (un pub del Reino Unido, una aldea bávara de Alemania y un típico bazar de Marruecos) reconocible al instante; de hecho, esto se nota en sus elaboradas reconstrucciones. Las atracciones más importantes son un viaje en un barco vikingo por **Noruega**, el museo cultural de **Japón** y el filme de *Wonders of China* (Maravillas de China). Sin embargo, el lugar más concurrido es, por lo general, **The American Adventure** dentro de una réplica del Liberty Hall de Filadelfia, donde versiones AudioAnimatronic de Mark Twain y Benjamin Franklin informan sobre 2 siglos de historia de Estados Unidos en menos de media hora. Vale la pena quedarse hasta tarde para ver los espectáculos de muchos de los países, donde los nativos cantan y bailan para la multitud que pasa. Por la noche, la laguna también se transforma en el espectáculo de luz y sonido, **IllumiNations**, que empieza media hora antes del cierre.

Disney-MGM Studios

Cuando la corporación Disney empezó a hacer filmes y programas de televisión para adultos, (el más famoso de los cuales fue *¿Quién engañó a Roger Rabbit? (Who framed Roger Rabbit?)*, también pensó en crear un parque temático dirigido tanto a niños como a adultos. Tras comprar los derechos de filmes y programas de televisión de Metro-Goldwyn-Mayer (MGM), Disney adquirió un vasto repertorio de imágenes familiares para convertirlas en espectáculos y atracciones. Inaugurados en 1990, los **Disney-MGM Studios** sirvieron para amortiguar la apertura del Universal Studios Escape de Florida (véase pág. 271) y al mismo tiempo encontró un uso más para los verdaderos estudios de cine con base allí; la gente que el visitante verá trabajando en historias de dibujos animados en la Backstage Tour no están allí para dejarse ver, sino que realmente hacen filmes.

El parque

La primera de las varias imitaciones de las famosas calles y edificios de Hollywood (que divierte mucho a cualquiera que conozca el desastroso estado de los originales), **Hollywood Boulevard**, lleva hasta el parque, adornado con reconstrucciones de famosas escenas de filmes, imitadores de estrellas de cine y los Teleñecos (Muppet).

Se recomienda llegar temprano para evitar colas y unirse a la **Backstage Studio Tour** de media hora. El trayecto en tranvía lleva a los visitantes por los solares traseros, luego pasa rápidamente ante las ventanas de los estudios de animación y las oficinas de producción de cine (donde quizá vea cómo se crean trajes y objetos) hasta el punto culminante: la explosión del **Catastrophe Canyon**, un ingenioso aparato que muestra efectos especiales a una corta distancia. El grado de interés aumenta o disminuye según los filmes que se produzcan en ese momento, pero de todas maneras se recomienda apuntarse a la visita. Lo mismo ocurre con otras dos atracciones que antes formaban parte del Backstage Tour: **The Magic of Disney Animation**, una visita sin guía de 30 minutos en la que se proyecta un gracioso filme introductorio, de nuevo con Robin Williams; y **Disney-MGM Studios Backlot Tour**, una entretenida visita para que los efectos especiales y la parte de producción, que revela los secretos que hay detrás de un filme. En la misma línea y muy interesante es **The Indiana Jones Epic Stunt Spectacular**, que recrea y muestra muchas de las escenas de acción de los filmes de Spielberg. El **Backstage Pass to «101 Dalmations»** es una incursión de mala calidad en cómo se realizó la última versión del filme; sin embargo, resulta muy interesante ver cómo crearon los robots de apariencia humana.

Los giros bruscos y las colisiones con asteroides hacen de **Star Tours**, un viaje en un simulador de vuelo a la luna de Endor, conducido por los personajes de *La guerra de las galaxias (Star Wars)* R2D2 y C-3PO, una de las atracciones más físicas del parque; se comprueban cuidadosamente los cinturones de los pasajeros antes de despegar. La atracción más terrorífica es **The Twilight Zone Tower of Terror**, una caída de 30 pisos capaz de apartar al viajero de los ascensores el resto de su vida. Si el visitante quiere reírse, se recomienda ir a **SuperStar Television**, que elige a voluntarios entre los asistentes para leer las noticias, aparecer en *El show de Lucy (The Lucy Show)* o unirse a *Las chicas de oro (The Golden Girls)*. También es divertido el **Jim Henson's MuppetVision 4D**, un filme en 3-D cuyos efectos especiales mete a los espectadores en *Los Teleñecos (The Muppet Show)*.

Para añadir una dimensión agradable al parque hay dos producciones de teatro: **The Beauty and the Beast** *(La bella y la bestia)* y **The Hunchback of Notre Dame, A Musical Adventure** *(El jorobado de Notre Dame, Una aventura musical)*. Ambas son actuaciones en vivo de versiones abreviadas de los filmes de Disney. Los trajes, escenarios y actores hacen que merezca la pena asistir.

En el interior de una réplica del Chinese Theater de Mann se encuentra **The Great Movie Ride**, que reproduce la habitual larga cola en una atracción, y que permite a los visitantes entrar en escenas de filmes clásicos como *El mago de Oz (The Wizard of Oz)* y *Casablanca*. Este divertido viaje de 22 minutos de duración emplea más de 60 elementos AudioAnimatronic de apariencia sorprendentemente humana. Después, se recomienda ir al *Prime Time Café*, decorado con mesas de cocina de formica de los años cincuenta y otros elementos de la época, o el *Sci-Fi Dine-In Theater*, donde se sirve a los clientes en automóviles al estilo de la década de los cincuenta, mientras se ven tráilers y dibujos de ciencia-ficción.

Disney's Animal Kingdom

Disney's Animal Kingdom fue inaugurado en abril de 1998 como un parque para proteger los animales con la filosofía propia de Disney. El resultado es un parque temático de unas 200 Ha divididas en cinco «países» principales: **África, Camp Minnie-Mickey, DinoLand USA, Safari Village** y **Asia**, esta última abierta desde principios de 1999. El Animal Kingdom es un verdadero tributo no sólo a la vida salvaje del mundo, sino también a la versatilidad del hormigón, que ha sido coloreado y grabado, y forma una gran variedad de figuras para crear ambientes, muy bien reproducidos, de cada sección.

El parque

Al entrar, los visitantes verán **The Oasis**, donde les dan la bienvenida flamencos y otras interesantes aves, reptiles y mamíferos. Más allá se encuentra la **Safari Village**, cuyo centro es **The Tree of Life**, un árbol artificial de más de 44 m de altura. Las descripciones de animales se entrelazan en troncos y ramas y hay un interesante filme en 3-D sobre los bichos que se muestra en el interior.

Una vez dentro del parque, los visitantes tienen cuatro paradas principales. La mejor es **Kilimanjaro Safaris**, donde «camiones» de turistas son conducidos ante jirafas, cebras, elefantes, leones, gacelas y rinocerontes, pasando el tiempo en lo que parece la auténtica sabana africana (los robles del lugar han sido talados para que parezcan acacias africanas). La única atracción del parque se halla en DinoLand USA: **Countdown to Extinction**, similar a una montaña rusa, que hace pequeños descensos y paradas en la oscuridad mientras los dinosaurios surgen de la nada y rugen.

Disney's Animal Kingdom ofrece dos obras que merece la pena ver. Se recomienda ir a DinoLand USA para ver una versión en vivo de *El libro de la selva (The Jungle Book)*, adaptado a los años noventa con elaborados trajes. Al otro lado del parque, en el Camp Minnie-Mickey, se ofrece el *Festival of the Lion King*, una producción basada en el filme que le da nombre, *El rey león (The lion king)*, con números musicales y hábiles acrobacias.

El resto del parque requiere sólo un tranquilo paseo, pero todos los rincones merecen ser explorados. La **Conservation Station** permite observar cómo cuidan los veterinarios a los animales, y hay pequeñas cabañas donde se oyen los sonidos de la jungla. El espectáculo de aves **Flights of Wonder** muestra buitres, búhos y otras aves poco habituales; en el **Gorilla Falls Exploration Trail** viven numerosos gorilas de tierra baja y algunos personajes clásicos de Disney apropiadamente ataviados firman autógrafos en el **Camp Minnie-Mickey**.

El resto de Walt Disney World

Hay **otras diversiones ideadas por Disney** para mantener a los visitantes en la propiedad Disney el mayor tiempo posible y que ofrecen relajación a los que sufren un empacho de parque temático.

Blizzard Beach

Cerca de Disney-MGM Studios y All-Star Resorts (véase pág. 260). Temporada alta, todos los días, 9-20 h; otras épocas los horarios varían; adultos, 25,95 dólares; niños 3-9 años, 20,50 dólares.

Un curioso pero popular parque acuático, **Blizzard Beach**, es una combinación de arena y nieve artificial alrededor de la Melt Away Bay, que se extiende a los pies de una «montaña» cubierta de nieve, completada con telesillas y toboganes de agua. La forma más rápida de bajar es con el Summit Plummet, diseñado para parecer una bajada de esquí, aunque en realidad se trata de un escarpado tobogán de agua de unos 37 m de alto. Si al visitante no le apetece esto, puede pasear por allí, tomar el sol y luego refrescarse en una de las piscinas de olas artificiales. Se recomienda llegar pronto en verano para evitar las aglomeraciones.

Discovery Island

En el lago Bay, cerca del Magic Kingdom. Temporada baja, todos los días, 10-17 h; temporada alta, 10-18 h o más tarde; adultos, 11,95 dólares; niños, 3-9 años; 6,50 dólares.

En **Discovery Island**, Disney juega a ser Dios e intenta recrear el mundo creando un hábitat «natural» para albergar una magnífica variedad de aves. El visitante podrá contemplar orgullosos pavos reales, elegantes cisnes y una laguna llena de flamencos a la que se llega a través de hermosos senderos muy cuidados. A pesar de que la entrada es cara (resulta más económico si se compra una entrada válida también para el River Country, véase más abajo), si el viajero no ha visto la verdadera vida salvaje en los lugares más remotos de Florida, se divertirá mucho allí.

River Country

En el Fort Wilderness Campground (véase pág. 262). Temporada baja, todos los días, 10-17 h; temporada alta, 10-19 h; adultos, 15,95 dólares; niños 3-9 años, 12,50 dólares.

River Country, construido alrededor del **Ol' Swimming Hole**, es una versión rústica de la Typhoon Lagoon (véase pág. siguiente); hay unos cuantos toboganes menos emocionantes y no dispone de olas artificiales. Aun así obtiene una buena puntuación en los descensos a gran velocidad y en espiral del **Whoop-'N-Holler Hollow** y en el divertido recorrido dentro de unos tubos interiores hacia los **White Water Rapids**. Con una pequeña playa y un sendero natural que conduce hacia un *hammock* de cipreses a la sombra, River Country es más tranquilo que la Typhoon Lagoon y constituye un buen lugar para descansar mientras el visitante explora los principales parques.

Typhoon Lagoon

Justo al sur de Pleasure Island (véase «Vida nocturna: Downtown Disney», pág. 270). Temporada baja, todos los días, 10-17 h; temporada alta, 9-18 h o más tarde; adultos, 25,95 dólares; niños 3-9 años, 20,50 dólares.

La **Typhoon Lagoon**, muy concurrida en verano y los fines de semana (a menudo llega a su máxima capacidad), consta de una «isla tropical» construida con mucha imaginación alrededor de una laguna de 1 Ha, que es agitada cada 90 segundos por olas artificiales. Se recomienda al visitante dejarse llevar por las grandes olas, navegar con una balsa o zambullirse en ellas desde **Humunga Kowabunga**, un par de toboganes rápidos situados a más de 15 m en la «montaña» que hay junto a la laguna. También hay varios toboganes más pequeños y un **Shark Reef** (arrecife del tiburón) de agua salada donde los buceadores con tubo que no se atreven con el mar abierto pueden explorar un «barco hundido» y ser olfateados por auténticos tiburones nodriza y martillo (pero inofensivos). Cuando el visitante esté exhausto, puede tomar un tubo interior (en el punto de partida) y flotar por **Castaway Creek**, un meandro que, durante media hora, lleva por grutas y cuevas, sólo interrumpidas por el repentino torrencial de una tormenta tropical.

A diferencia de los principales parques, está permitido llevar **comida** a la Typhoon Lagoon, pero no alcohol o recipientes de vidrio.

Richard Petty Driving Experience

Walt Disney World Speedway (en el extremo sur del Magic Kingdom Parking Lot; ☎1-800/BE-PETTY). Feb.-sept., todos los días, 9-17 h; oct.-dic., horario reducido.

El **Richard Petty Driving Experience** ofrece a los aficionados a los coches de carreras y los aspirantes dos formas de cumplir sus sueños, ya que pueden correr tres vueltas en un stock-car en un circuito de 3 óvalos y 1,5 km de longitud conducido por un experto por 105,99 dólares o, por 423,99 dólares, realizar un curso de 3 horas de «Rookie Experience» que les permitirá conducir a ellos durante 8 vueltas.

En enero, se celebra en la pista la **Indy 200**, una carrera de 200 vueltas y unos 320 km, que forma parte de una serie de carreras para la Indianápolis 500. Los que quieran entradas, deberán telefonear al ☎1-800/822-INDY.

Disney's Wide World of Sports

Unos 3 km al este de Disney's Animal Kingdom, en Osceola Parkway. Los horarios dependen de los acontecimientos del día; adultos, 8 dólares; niños, 3-9 años; 6,75 dólares; ☎939-1500.

En el complejo de **Disney's Wide World of Sports**, una serie de estadios con arquitectura mediterránea, se llevan a cabo actos deportivos profesionales y aficionados todos los días. Hay un campo de béisbol con 7.500 localidades en el que entrenan en primavera los Atlanta Braves; 2.787 m² y 5.000 localidades que se usa para practicar diversos deportes, desde el baloncesto hasta el bádminton; una serie de juegos de fútbol interactivos llamados la NFL Experience, donde los visitantes pueden probar sus habilidades de pase, puntapié y chute; y un restaurante temático, el *All-Star Café*. Se recomienda entrar en la tienda para comprar los muñecos de peluche de Disney vestidos de deportistas.

Disney Institute

Buena Vista Drive, al norte de Downtown Disney ☎1-800/496-6337; www.disney-institute.com.

El Disney Institute es a la vez un centro turístico, un balneario y un centro educativo, donde los huéspedes (que no tienen que alojarse allí) pueden tomar breves cla-

---

CRUCEROS DISNEY

Port Canaveral. Autobuses de enlace directo desde Walt Disney World ☎566-7000.

Disney introdujo hace poco este primer barco para cruceros, el *Disney Magic*, en el que se pueden reservar viajes de 3 y 4 días además de las vacaciones con alojamiento en tierra. El elegante barco (la lujosa decoración incluye taraceas de madera al estilo italiano) parte del Port Canaveral, a 1 hora del parque temático, y navega hasta Nassau y luego hasta la particular isla de las Bahamas de Disney: **Castaway Cay**. Los espectáculos en vivo son diferentes cada noche y hay zonas de diversión distintas para niños, adultos y familias. Los camarotes cuestan desde 799 dólares por persona por 3 noches, incluido el billete en avión.

---

ses sobre temas como escalada, animación, fotografía, cocina, jardinería y «Disney Behind the Scenes» (Disney tras la escena).

Vida nocturna: Downtown Disney

Alrededor de las 9 h, todos los parques de Walt Disney World celebran una fiesta de cierre, que por lo general incluyen fuegos artificiales y fuentes. Para proporcionar una diversión nocturna más auténtica, la corporación ideó la **Pleasure Island**, de unas 2,5 Ha, situada en la salida 26B de la I-4, y parte del reformado **Downtown Disney** (centro de Disney), que también incluye el **West Side** y el **Marketplace**. En esta nueva versión de isla abandonada, una especie de almacenes albergan una serie de tiendas temáticas, bares y clubes nocturnos. La entrada a la isla es gratuita entre 10-19 h; después de esa hora cuesta 18,95 dólares, que permiten la entrada a todos los bares y clubes. Los menores de 18 años deben ir acompañados de un adulto y sólo se sirve alcohol a los mayores de 21 años, por lo que es necesario llevar el carné de identidad y prepararse para pagar precios elevados por la comida y la bebida.

Los únicos espectáculos fijos se realizan en la *Comedy Warehouse*, donde una compañía actúa cinco veces a la semana de manera improvisada y suelen parodiar a Mickey Mouse. La *Pleasure Island Jazz Company* ofrece grupos en vivo, con música pregrabada entre actuación y actuación, más un menú fijo y una carta de vinos. El *Mannequins Dance Palace* es una discoteca elegante que no se llena hasta medianoche; en el menos ostentoso *8Trax* suena exclusivamente música de los años setenta.

El lugar más original y divertido de Pleasure Island es el **Adventurers Club**, basado en un club de caballeros de los años treinta y decorado con una variada colección de máscaras (algunas de ellas empiezan a hablar de repente), cabezas de ciervo y muebles de segunda mano. Entre los espectáculos programados, actores y actrices se mueven a hurtadillas (a pesar de sus trajes de época) entre la multitud e inician conversaciones inusuales a voces con algunos miembros del público cuando no se lo esperan. Los nuevos locales de Pleasure Island son el *Wildhorse Saloon*, un local de barbacoas con música country en vivo y baile, y el *BET SoundStage Club*, dirigido por Black Entertainment Television para afroamericanos con música de rythm and blues, soul y hip-hop.

De nuevo en el continente, al lado de Pleasure Island, e iluminado con luces de neón, se encuentra el *Planet Hollywood*. Situado en una esfera, tiene cabida para 400 personas y es el mayor restaurante de la cadena hasta el momento. El nuevo **Downtown Disney's West Side** ofrece algunas interesantes alternativas para comer (véase «Comida: Orlando y alrededores», arriba). DisneyQuest, una galería de cinco plantas y de avanzada tecnología, es un bastión de juegos de realidad virtual, como una travesía en canoa donde el visitante debe mojarse en un río también virtual; pero la sorpresa está en que el agua es de verdad. Cirque du Soleil ha hecho de Downtown

Disney su sede permanente y actúan diez veces a la semana en un teatro de 1.600 localidades; los espectáculos resultan fascinantes, aunque las entradas tienen precios exorbitantes: 59,89 dólares, 46,85 los niños. Al otro lado de Pleasure Island se halla el **Marketplace**, un emporio de tiendas con un gran almacén Disney, un Disney's Days of Christmas Lego, donde los niños pueden ver unas enormes creaciones Lego como las de un dragón y una nave espacial.

ORLANDO FLEXTICKET

Con la intención de evitar a los turistas las aglomeraciones de Disney, los competidores se han unido para ofrecer bonos especiales para todos los parques. El **Orlando Flex-Ticket** ofrece entrada ilimitada durante 3 días a Universal Studios Escape, SeaWorld Orlando y Wet'nWild (un parque acuático) por 99,95 dólares (adultos), 82,95 dólares (niños de 3-9 años). Por 129,95 dólares (adultos) o 107,95 dólares (niños), también puede incluir la Busch Gardens Tampa Bay (a 2 horas de allí) y este bono es válido para 4 días.

Universal Studios Escape

Casi 1 km al norte de las salidas 29 o 30B de la I-4. Todos los días, desde las 9 h; la hora de cierre varía según la temporada. El pase válido para 1 día cuesta 39,75 dólares para los adultos; 32 dólares los niños de 3-9 años; el pase de 2 días asciende a 59,75 dólares para los adultos y 49,75 los niños.

El buen tiempo durante todo el año, los varios paisajes naturales y la ausencia de normas que restringen la creación de filmes en California han convertido Florida en el estado favorito de la industria cinematográfica. Todos los indicios apuntan a que Florida será la capital del cine de Estados Unidos del siglo XXI y la apertura de los **Universal Studios Escape** en junio de 1990 no ha hecho más que reafirmar tal predicción.

Florida's Universal, como su competidor Disney-MGM, consecuencia del giro ocurrido hace años y muy popular, es un estudio en funcionamiento que ocupa unas 162 Ha con lo último en tecnología de producción de cine y televisión. La sucursal de Florida ya ha sacado importantes productos como *Dulce hogar... ¡A veces! (Parenthood), Psicosis IV (Physco IV)*, programas de Nickelodeon para niños y numerosas comedias de situación.

Universal es el quinto parque temático más visitado de Estados Unidos. En conjunto, las atracciones son más espectaculares que las de Disney-MGM, y se hace menos énfasis en la historia del cine; sin embargo, en el parque hay un ambiente menos familiar, un servicio algo seco y sólo los más entusiastas conseguirán visitar el lugar en 1 día. Todo está pensado para que el visitante se quede más tiempo, pues inversiones multibillonarias están ampliando el parque, y el objetivo es que sea el doble de grande; para ello, se creará un segundo parque temático, varios hoteles, un campo de golf, etcétera.

El parque

Los decorados que reproducen Nueva York, Los Ángeles y San Francisco (el visitante observará la suciedad y los chicles pintados en muros y aceras) crean un impresionante telón de fondo para el parque, que se extiende alrededor de una gran laguna: el escenario de **Dynamite Nights Stuntacular**, una obra extravagante que ofrece espectáculos pirotécnicos cada noche.

En cuanto a la emoción, se refiere, nada en el parque puede compararse al **Back to the Future**, un viaje por el tiempo en un simulador de vuelo que pone los pelos de punta, desde el 2015 hasta la época glaciar. La siguiente mejor es el **Twister**, sofocante pero emocionante, en la que el viajero se encontrará junto a la imitación de un tornado con rayos, objetos volando y mucha lluvia (hay que cubrir la cámara si la lleva). **Jaws** debe su éxito a la anticipación del horror y los clásicos efectos especiales, pero la atracción dura poco. En la renovada **Earthquake - The Big One** el visitante se hará una idea de lo que es encontrarse en un tren subterráneo en el momento en que sobreviene un terremoto de 8,3 en la escala Richter. **Terminator 2 3-D** ofrece buenos efectos especiales, si el visitante puede soportar la larga espera. **Hercules & Xena, Wizards of the Screen**, es una visión cómica de cómo se crean los efectos especiales. Se recomienda **A Day in the Park with Barney** si el visitante tiene hijos en edad preescolar, pues el dinosaurio color púrpura y sus amigos Baby Bop y B. J. hacen cantar a todos y luego vuelven para hacerse fotografías.

Más allá, la versión de 6 toneladas de King Kong en **Kongfrontation**, que atraerá el telesilla del visitante entre truenos y relámpagos y lo elevará sobre el río East de Nueva York, no resulta tan impresionante ni vale la pena la larga espera. Asimismo, la **ET's Adventure** es una atracción bastante sosa, en la que el visitante irá en bicicleta hacia el planeta de ET, aunque cuando ET pronuncia su nombre (que se graba antes con una computadora) en el momento en que se va, es muy emocionante.

Menos divertido para los niños pero mucho mejor que las atracciones son los intentos de desmitificar las técnicas de producción de cine y televisión. **Alfred Hitchcock: The Art of Making Movies** explora algunos de los ángulos de cámara y trucos visuales que utilizaba este director de cine para que el público sintiera escalofríos. Aparte de algunos esfuerzos bastante sosos por atemorizar a los visitantes, incluyen emocionantes fragmentos de algunos de los mejores filmes de Hitchcock, unas cuantas escenas de la versión en 3-D de *Crimen perfecto (Dial M for Murder)* y un grupo de actores que representa escenas cruciales, como la de la ducha de *Psicosis (Physcho)*, en la que participa un miembro del público.

En **The Funtastic World of Hanna-Barbera**, hay una excelente persecución simulada de dibujos animados de los creadores de *Los Picapiedra (The Flinstones)* y *El oso Yogi (Yogi bear)*, que hará que el visitante tiemble en su asiento. Después, con computadoras interactivas, podrá crear sus propios efectos de audio en los dibujos animados (golpes, gritos y choques) hasta que se canse.

Universal Studios Citywalk

Para no ser menos que Downtown Disney y Church Street Station, el **Universal Studios Citywalk** también participa en tan lucrativo negocio, con una extravagante obra nocturna, que incluye restaurantes, música en vivo, clubes de baile, teatros y tiendas. La lista incluye un *Hard Rock Café*; un *Margaritaville Café* de Jimmy Buffet, donde podrá probar la «hamburguesa con queso en el paraíso»; un Cineplex, con tecnología punta y 20 pantallas de proyección: un Bob Marley-A Tribute to Freedom, una recreación de la casa y el jardín del músico jamaicano, así como el Thelonius Monk Institute of Jazz Education Academy.

ISLANDS OF ADVENTURE

Existe un segundo parque temático de Universal en Florida: **Islands of Adventure**, de 44 Ha. Con muchas atracciones, el parque se divide en cinco islas: **Suess Landing**, donde los visitantes viajarán por 18 páginas de libros fantásticos del autor y después cenarán huevos con jamón; **Toon Lagoon**, con atracciones basadas en Popeye y otros personajes clásicos de dibujos animados; **Marvel Super Hero Island**, con atracciones basadas en Spiderman o el Increíble Hulk, entre otros; **Jurassic Park**, que incluye el tobogán de agua más largo del mundo (de casi 26 m) y las caricias de un dinosaurio «vivo», entre otras; y el **Lost Continent**, que alberga una montaña rusa de más de 37,5 m y un espectáculo acrobático con 50 efectos especiales.

SeaWorld Orlando

Sea Harbor Drive, cerca de la intersección de la I-4 y la 27A o la I-4 y la Bee Line Expwy. Temporada baja, todos los días, 9-19 h; temporada alta, horarios más extensos; adultos, 39,75 dólares; niños 3-9 años, 32,95 dólares.

Quizás haya tantas tiendas de recuerdos como peces, pero **SeaWorld Orlando** es el rey de los grandes parques marinos de Florida y por eso se recomienda ir. Para verlo todo y sacar el máximo rendimiento a su dinero, el visitante necesitará 1 día entero y tendrá que conseguir un mapa gratuito y el horario de espectáculos en la entrada.

El espectáculo más interesante es **Shamu**, en el que durante 20 minutos actúa una juguetona orca asesina. El contiguo **Shamu's Happy Harbor** es un paraíso para los niños porque ofrece tubos, toboganes, barcos por control remoto e incluso una zona donde pueden catapultar pelotas de agua o cubos por 3 dólares. El complejo de **Wild Arctic** (con nieve y hielo artificiales) acercará al visitante a las belugas, morsas y osos polares, mientras la atracción lleva en un vuelo simulado de helicóptero en medio de una ventisca del Ártico que le pone los pelos de punta. Se recomienda mirar la zona de la rampa de lanzamiento (a la derecha, al salir por la tienda de regalos), para observar el mecanismo de las atracciones.

La zona de **Key West** invita a los visitantes a relacionarse con los animales: acariciar a las babosas pastinacas en la Stingray Lagoon o dar de comer a los delfines en Dolphin Cove. La primera atracción de SeaWorld, **Journey to Atlantis**, es parte un tobogán de agua, parte una montaña rusa, y ofrece una bajada de unos 24 m. El visitante se mojará en la atracción, aunque también le mojarán los demás turistas que pagan por ello. Dentro de la tienda de regalos de al lado hay dos acuarios: uno sumergido de casi 95 m^3 lleno de pastinacas, y otro elevado de casi 23 m^3 con tiburones martillo; en un muro cercano hay tanques con medusas iluminadas de aspecto extraño.

Asimismo hay muchos tanques y exposiciones más pequeños por todo el parque que ofrecen mucha información sobre el mundo submarino, entre los que destacan el **Penguin Encounter** que intenta recrear la Antártida con numerosas aves palmípedas corriendo por un iceberg simulado; los ocupantes de la **Dolphin Pool** demuestran su inteligencia moviendo las aletas y mojando a la gente que pasa; y **Terrors of the Deep** incluye un paseo por un túnel de cristal en el que el visitante puede ver a un tiburón de cerca. Como era de esperar, también hay un espectáculo acuático, llamado **The Intensity Games**, con esquí y buceo temerarios. Sin embargo, resulta espectacular y vale la pena ver una de las tres actuaciones diarias.

Finalmente si el viajero nunca ha tenido la oportunidad de ver un manatí en libertad, aquí tendrá la posibilidad de asistir a **Manatees: the Last Generation?**, donde podrá ver algunas de estas criaturas amenazadas y conocer los peligros a los que se enfrentan. Por 5 dólares más, puede realizar un **To The Rescue Tour**, una mirada sobre cómo SeaWorld Orlando rescata y cuida a los manatíes, tortugas marinas y otras criaturas del mar. Los que buscan aventura pueden pagar 150 dólares por el **Dolphin Interaction Program** de 2 horas de duración, una lección sobre cómo alimentar y entrenar a los delfines.

Otras atracciones alrededor de Orlando

Los empresarios de poca monta de Orlando son cuando menos imaginativos. Cada año surgen numerosos aspirantes a atracciones vulgares y de corta vida, y muchas de ellas desaparecen sin dejar rastro. La lista que se ofrece a continuación incluye los mejores o los más antiguos de entre los cientos de pequeños lugares para visitar en los **alrededores de Orlando**. En las páginas 257, 278 y 279 se incluyen otras interesantes atracciones de la zona de Orlando, incluidas Gatorland, Cypress Gardens y Bok Tower Gardens.

Splendid China

3000 Splendid China Blvd. Todos los días, desde 9.30 h; las horas de cierre varían según la temporada; adultos, 26,99 dólares; niños 5-12 años, 16,99 dólares.

La mejor de estas atracciones, el Splendid China incluye más de 60 réplicas auténticas para conmemorar los 5.000 años de arquitectura e historia chinas. Miniaturas laboriosamente reconstruidas (incluida la Gran Muralla, la Ciudad Prohibida, el Buda de Leshan y los Guerreros de Terracota, entre otros), más objetos de museo, una variedad de espectáculos y disposiciones fascinantes convierten éste en un lugar interesante para pasar el día. El mejor momento para visitarlo es por la tarde, cuando el parque está iluminado. Hay una zona para comidas y regalos llamada Chinatown, donde no se cobra entrada y constituye un buen lugar para cenar.

Flying Tigers Warbird Air Museum

231 N Hoagland Blvd, junto al aeropuerto de Kissimmee. Lun.-sáb., 9-17.30 h; dom., 9-17 h; adultos, 8 dólares; niños 6-12 años, 6 dólares.

En el hangar principal hay Tiger Moths, Mustangs y varios bombarderos y biplanos que están siendo reparados y restaurados con fines comerciales.

Mistery Fun House/Starbase Omega

5767 Major Blvd. Dom.-jue., 10-21 h; vier. y sáb., 10-22 h; Mistery Fun House, 10,95 dólares; Starbase Omega, 9,85 dólares; entrada combinada, 19,95 dólares.

El verdadero misterio de la Mistery Fun House (con su poco atractiva colección de espejos de distorsión, suelos movedizos y muebles que hablan) es por qué la gente no pide que le devuelvan el dinero. Lo más divertido que el visitante encontrará allí es el juego de láser de alta tecnología, Starbase Omega, donde, equipado con una pistola de láser, puede fingir que es un soldado de las galaxias hasta que se canse.

Old Town

5770 W Irlo Bronson Memorial Hwy/Hwy 192, Kissimmee. Todos los días, 10-23 h, entrada gratuita; viajes, 2-5 dólares.

Hay anticuadas atracciones de entretenimiento y 75 tiendas interesantes, aunque un poco vulgares. La pista de kart y la noria son una tontería, al igual que los autos de choque y el juego de láser.

Reptile World Serpentarium

E Irlo Bronson Memorial Hwy/Hwy 192, justo al este de St Cloud. Mar.-dom., 9-17.30 h; adultos, 4,55 dólares; niños 6-17 años, 3,48 dólares; niños 3-5 años, 2,41 dólares.

Se trata de un centro de investigación para la producción de veneno de serpiente, que se vende en hospitales e instituciones similares que a su vez producen antídotos. Los visitantes pueden observar una colección de serpientes venenosas y no venenosas de todo el mundo; se hacen demostraciones de extracción de veneno a las 11, 14 y 17 h.

Ripley's Believe It or Not!

8201 International Drive. Todos los días, 9-23 h; 9,95 dólares; niños 4-12 años, 6,95 dólares.

Una maqueta del hombre más alto del mundo, un trozo del muro de Berlín y un Rolls-Royce construido con un millón de fósforos se encuentran entre los innumerables objetos y curiosidades que se muestran en este edificio en apariencia desproporcionado.

Skull Kingdom

5931 American Way (saliendo de la International Drive). Lun.-jue., 11.30-23 h; sáb. y dom., 11-24 h; 9,95 dólares.

Se trata de la típica casa encantada situada en un elegante castillo con una calavera en la fachada. Lo que resulta más molesto es tener que aguantar a los típicos quinceañeros con la cara llena de granos que gritan continuamente. Los personajes animatrónicos que son torturados tienen aspecto real y resultan entretenidos. No se recomienda a los menores de 7 años.

Terror on Church Street

135 S Orange Ave. Dom.-jue., 19-24 h; vier. y sáb., 19-1 h; 12 dólares.

Quizá resulta caro, pero esta combinación de actores en directo, efectos especiales de alta tecnología e imaginativos sonidos, todos destinados a aterrorizar a la gente, a veces funciona muy bien.

Wet'n'Wild

6200 International Drive. Todos los días, 10-17 h; horarios más extensos en verano; adultos, 25,95 dólares; niños 3-9 años, 20,95 dólares.

Toboganes de agua, rampas, rápidos y olas artificiales, ideal para los días en los que suben las temperaturas.

WonderWorks

International Drive en Pointe Orlando, Orlando. Todos los días, 10-22 h; adultos, 12,95 dólares; niños 3-12 años, 9,95 dólares.

Se trata de una colección de artilugios interactivos de alta tecnología situados en una casa del revés que cruje. Se recomienda visitar «Old Sparky», la silla eléctrica de Florida, de la que sale humo como lo hizo la original cuando prendió fuego a una víctima accidentalmente. También son interesantes los dispositivos con los que experimentará terremotos y huracanes. Perfecto para chicos de 13 años.

A World of Orchids

2501 Lake Wilson Rd, Kissimmee. Todos los días, 9.30-17.30 h; adultos, 8,95 dólares; menores de 15 años, entrada gratuita si le acompaña un adulto que paga su entrada.

Es un hermoso jardín de selva tropical con aire acondicionado que alberga miles de extrañas, exóticas y bellas orquídeas en flor de todo el mundo. Florece durante todo el año.

EL SUR DE FLORIDA CENTRAL

Situado entre los centros turísticos de Orlando y las playas del área de la bahía de Tampa, las principales poblaciones del **sur de Florida central** han quedado muy dañadas por décadas de extracción de fosfatos, que han dejado sus alrededores llenos de cráteres.

Sin embargo, su aspecto va mejorando de manera paulatina. Muchos de esos cráteres han sido convertidos en lagos (uniéndose así a muchos de los naturales que ya había), de modo que la navegación, el esquí acuático y la pesca que puede practicarse en ellos atrae a visitantes de los dominios de Orlando. Otra cuestión más interesante es que varias de las poblaciones de la región eran grandes pueblos a principios del siglo XX y suelen ser lugares con muchos puntos de interés que ya atraían a turistas al estado cuando Walt Disney todavía llevaba pantalón corto.

Lakeland y alrededores

LAKELAND, un lugar apropiado para empezar a explorar la región, situada a unos 80 km al sudoeste de Orlando por la I-4, es el hermano mayor suburbano de otras poblaciones vecinas más rurales, y una especie de ciudad-dormitorio de la gente que trabaja en Orlando y vive en Tampa o viceversa, quienes aparecen los fines de semana para pasear por las orillas de los numerosos lagos de la población o navegar por ellos en feos barcos de vapor, movidos por ruedas, en forma de cisne.

Gracias a su terminal de ferrocarril, la fortuna de Lakeland creció en los años veinte y algunos de sus edificios más importantes se conservan todavía y constituyen el **Munn Park Historic District** en la Main Street y sus alrededores. Se recomienda prestar atención al Polk Theater de 1927, 124 S Florida Avenue, y a las restauradas barandillas, farolas y la glorieta de la banda de música situada en el paseo que bordea el lago Mirror, en el extremo este de la Main Street. A un paseo de unos minutos del centro del pueblo, las grandes dimensiones del **Polk County Museum of Art**, 800 E

El código de área para las zonas del sur de Florida central que mencionamos en este capítulo es el ☎941.

Palmetto Street (mar.-vier., 9-17 h; sáb., 10-17 h; dom., 13-17 h; entrada gratuita), sugieren que Lakeland intenta enaltecer su cultura, ya que se exponen las últimas obras de artistas de Florida.

Una mayor atracción y una sorpresa en una comunidad tan aislada es el mayor grupo de edificios de **Frank Lloyd Wright**, quien redefinió la arquitectura de Estados Unidos durante los años veinte y treinta. Quizá la oportunidad de diseñar un área comunal fue lo que atrajo a Wright. No fue, sin duda, lo que cobró por convertir un naranjal de más de 32 Ha en el **Florida Southern College**, más de 1,5 km al sudoeste del centro de Lakeland; la empobrecida escuela pagó a crédito e hizo que sus estudiantes proporcionaran el trabajo.

Sin embargo, gran parte de la idea inicial de Wright se ha perdido, pues los edificios han sido adaptados y utilizados para propósitos distintos a aquellos para los que fueron diseñados y las nuevas estructuras han estropeado la armonía del conjunto. Aun así, el campus es un lugar imaginativo y fácil de explorar si se utilizan los **mapas** gratuitos que hay en unas cajas en las pasarelas. Curiosamente, debido al desprecio de Wright por el aire acondicionado se construyeron gruesas estructuras de mampostería para proteger a los estudiantes del sol de Florida, y su deseo de fusionar la obra con el ambiente que la rodeaba permitió que la progresiva vegetación del naranjal (que ahora ha dado paso al césped) rodeara los edificios y proporcionara más aislamiento.

Aspectos prácticos

Se recomienda tomar un descriptivo **mapa de excursiones a pie** del barrio histórico de Lakeland en la **Chamber of Commerce**, 35 Lake Morton Drive (lun.-vier., 8.30-17 h; ☎688-8551). Para **comer**, se aconseja el *Reececliff*, 940 Florida Avenue (☎686-6661), un establecimiento sencillo, abierto en 1934 que ofrece desayunos y almuerzos muy baratos; *Harry's Seafood Bar & Grille*, 101 N Kentucky Ave (☎686-2228), sirve un variado menú de comida de estilo cajún y criollo en un ambiente de bar; y el *Silver Ring*, 106 Tennessee Avenue (☎687-3283), sirve grandes sándwiches cubanos. También vale la pena probar la sopa de judías de *Julio's*, 213 N Kentucky Avenue (☎686-1713).

Lakeland no ofrece una vida nocturna muy destacable, pero si el viajero busca **alojamiento**, se recomienda el *Lake Morton Bed & Breakfast*, 817 South Boulevard (☎688-6788; ③) o moteles baratos como *Knights Inn*, 740 E Main Street (☎688-5506; ②) o *Scottish Inn*, 244 N Florida Avenue (☎687-2530; ③).

Polk City: Fantasy of Flight

Unos 16 km al norte de Lakeland en **POLK CITY**, **Fantasy of Flight**, en 1400 Broadway Blvd SE (☎984-3500), intenta atraer a turistas aficionados a la aviación. En parte una atracción temática y en parte una colección privada de aviones, Fantasy of Flight permite a los visitantes subir a bordo de un WWII B-17 Flying Fortress y fingir que lanza bombas mientras se oye el fuego antiaéreo. El visitante puede encerrarse en un «simulador de vuelo» para tener una impresión realista del combate aéreo o bien volar a más de 150 m en un avión «ultraligero» o un globo de helio. Quizá lo más interesante es la colección de Kermit Weeks de 30 aviones antiguos, incluido el Lockheed Vega, que fue el primer avión que voló en el mundo.

Lake Alfred, Winter Haven y Cypress Gardens

La única razón para visitar **LAKE ALFRED**, situada a unos 24 km al este de Lakeland, en la Hwy-17 (también conocida como Hwy-92), es revolver en los **trastos viejos** y **tiendas de antigüedades** que hay en Haines Boulevard. Aunque no haya muchas gangas, los estudiantes de humanidades pasan un buen rato observando antiguos letreros de Coke (Coca-Cola), utensilios de cocina, álbumes familiares amarillentos y apolilladas cabezas de alces de Estados Unidos.

Al igual que Lake Alfred, **WINTER HAVEN**, a unos 11 km al sur, lucha por mantenerse entre el tráfico; los moteles (véase más abajo) que hay a lo largo de Cypress Gardens Boulevard están orientados a los visitantes de los populares **Cypress Gardens**, en la esquina sudeste del pueblo (verano, todos los días, 9.30-17.30 h; invierno, 9.30-21 h; adultos, 30,95 dólares; niños 6-17 años, 2,95 dólares; menores de 5 años, entrada gratuita; entrada gratuita para un niño por cada adulto que pague entrada). Excavados de un pantano de unas, 6,5 Ha por trabajadores que cobraban un dólar al día durante la Depresión, los Cypress Gardens son un buen lugar para relajarse después de visitar Walt Disney World, sobre todo para los niños. El ambiente tranquilo que se respira en los jardines (abundan los cipreses y plantas de distintos tonos alrededor del lago) queda resaltado por las damas del Sur, jóvenes vestidas de época con faldas largas y miriñaque, que se sientan y abanican mientras los visitantes las fotografían. Además, en el lago es posible practicar esquí acuático, hay una pequeña pero valiosa reserva de flora y fauna y en los jardines se halla el invernadero de mariposas **Wings of Wonder**, una construcción de vidrio de unos 1.650 m de estilo victoriano lleno de plantas tropicales y 50 especies de mariposas sueltas (unas 1.000 en total), además de iguanas, tortugas, palomas y codornices. Cypress Gardens ha añadido recientemente un **Make 'Em Laugh Circus**, en el que una niña de 8 años llamada Christina hace increíbles proezas con el *hula-hop*, hay un espectáculo de patinaje sobre hielo Hot Nouveau, conciertos en vivo (la especialidad es big band), un espectáculo de magia y otras diversiones para entretener a los visitantes.

Dentro de los Cypress Gardens el visitante encontrará cafeterías y restaurantes (los sándwiches a la barbacoa no están mal), pero es más barato **comer** en el *International House of Pancakes*, 1915 Cypress Gardens Boulevard (☎326-1772), proveedores de desayunos, abundantes almuerzos y excelentes cenas. El *Ranch House* se recomienda asimismo para **alojarse** una noche (para reservas telefonee al ☎1-800/366-5996; ②), al igual que *The Scottish Inn*, 1901 Cypress Gardens Boulevard (☎234-5998; ②).

Lake Wales y alrededores

Unos 22,5 km al sudeste de Winter Haven en la Hwy-27, se encuentra **LAKE WALES**, una población con más puntos de interés en sus límites que en el centro, aunque en el **Lake Wales Depot Museum**, 325 S Scenic Highway (lun.-vier., 9-17 h; sáb., 10-16 h; entrada gratuita), se exponen partes de trenes, restos de la industria del aguarrás sobre la que se fundó la población a finales de la década de 1800 y una colección, al estilo Warhol, de las etiquetas de embalaje de las empresas de cítricos que prosperaron a principios de la década de 1900.

En el museo, se recomienda ver la **Spook Hill**, una ilusión óptica que se ha convertido en una «leyenda» descaradamente fraudulenta, pero que sería una pena perderse (se encuentra de camino a Bok Tower Gardens, véase pág. siguiente). En automóvil, hay que cruzar Central Avenue desde el museo y girar a la derecha por North Avenue, siguiendo el carril de un solo sentido. Antes de encontrarse con la Hwy-17A, una señal indica el lugar donde hay que frenar y poner el vehículo en punto muerto; al hacerlo, parecerá que el automóvil sube la colina. Si el visitante mira hacia atrás desde el cruce, comprobará la diferencia de pendientes de la carretera, que es lo que crea el efecto.

Bok Tower Gardens

«Sería difícil encontrar un ejemplo más impresionante del poder de la belleza, no se puede pedir una prueba mejor de la existencia de ella», se regocijaba en 1956 el jardinero paisajista William Lyman Phillips al visitar los **Bok Tower Gardens**, unos 3 km al norte de Lake Wales en la 17A (todos los días, 8-18 h; límite de entrada, 17 h; adultos, 4 dólares; niños 5-12 años, 1 dólar). Por muy sentimental que parezca, el comentario de Phillips fue acertado. Ya sea debido a los helechos, robles y palmeras, las parcelas de magnolias, azaleas y gardenias o sólo la novedad de una colina (que es el punto más alto de la Florida peninsular), los Bok Tower Gardens son uno de los lugares más exuberantes y encantadores del estado.

No contento con ganar el premio Pulitzer por su autobiografía en 1920, **Edward Bok**, el chico de los recados neerlandés que fue escritor y editor, decidió convertir la Iron Mountain (como se llama el montecillo), cubierta de pinos, en una «reserva de humanos y pájaros», en agradecimiento a su país adoptivo por hacer posible su brillante carrera. El presidente Coolidge, uno de los amigos más famosos de Bok, fue en 1929 a inaugurarlo.

A pesar de lo maravillosas que son, estas 52 Ha no serían más que un jardín botánico si no fuera por la **Singing Tower** y la recién inaugurada **mansión**. La torre, 60 m de mármol y coquina, se alza recta sobre las ramas, que se reflejan poéticamente en un lago donde hay cisnes y patos. Creada para ocultar los depósitos de agua del parque, la torre está decorada con bellos grabados de la vida salvaje de Florida en el exterior y un carillón de 53 campanas en el interior, que resuenan en el jardín cada media hora. Sólo el recital de las 15 h es «en vivo» (todos los demás son grabaciones), pero el visitante podrá descubrir más sobre su funcionamiento en el **centro de información**, en el que el viajero puede informarse sobre todos los detalles del jardín y la torre. Al lado hay una antigua casita de campo *cracker* cerca de la entrada al jardín. (*cracker* era el apodo que se daba a los primeros criadores de ganado). La mansión, de 20 habitaciones y de estilo mediterráneo, fue restaurada y abierta en diciembre de 1995; las habitaciones fueron decoradas con muebles de la década de los veinte por lo que se recomienda unirse a una visita guiada, que dura 1 hora y cuesta 5 dólares.

Una parte de los jardines se ha dejado en su estado original, lo que ha propiciado que crezcan numerosas plantas y que haya bastantes animales, que se pueden ver a través de la fachada de vidrio de una cabaña de madera. Los visitantes se abren paso durante 20 minutos por el **sendero de Pine Ridge**, entre los pinos, las hierbas dentadas y las flores salvajes que antes cubrían toda la colina.

Chalet Suzanne

En 1931, la gastrónoma y viajera Bertha Hinshaw que acababa de enviudar y no tenía dinero a causa de la Depresión, se fue a vivir a un lugar aislado a unos 3 km al norte de Lake Wales, junto a la Hwy-17, para abrir un restaurante llamado **Chalet Suzanne**. Con recetas propias y una gran creatividad (por ejemplo, añadió hígado de pollo al pomelo asado), Bertha creó el que en la actualidad figura entre los restaurantes de mayor prestigio del país, y que todavía regenta su familia.

Aparte de la comida (un almuerzo de varios platos supera los 50 dólares, una cena cuesta más de 80 dólares; telefonee para hacer la reserva ☎676-6011), llama mucho la atención la estrafalaria arquitectura: edificios con ángulos irregulares pintados de color rosa, verde y amarillo chillón, coronado por torres y torretas torcidas. Incluso aunque el viajero no vaya a comer o alojarse en una de las lujosas habitaciones para huéspedes (⑧), podrá pasear por las salas públicas libremente, cuyos muebles son tan raros como su arquitectura, con piezas decorativas llevadas por Bertha tras sus siete viajes alrededor del mundo.

La estructura más razonable es la fábrica de conservas de sopa, donde la sopa «Romaine», otra de las creaciones de Bertha, empieza su viaje hacia las tiendas de comida de gourmet del país. Mientras el viajero esté allí, no debe asustarse si pasa un avión volando muy bajo, ya que hay una pequeña pista junto a la fábrica, donde los ejecutivos de la empresa y los críticos de gastronomía aterrizan en avionetas privadas para comer a cuerpo de rey.

River Ranch

Unos 40 km al este de Lake Wales en la SR-60 se encuentra **River Ranch**, 3200 River Ranch Rd (☎1-800/785-2102 o ☎941/692-1321), un centro turístico y un parque para autocaravanas de los años sesenta inspirado en el Oeste. Descuidado y anticuado, no obstante vale la pena alojarse allí por las diversiones que ofrece, como un auténtico rodeo los sábados por la noche, baile en un salón al más puro estilo Fiebre del Oro y la excursión Swamp Buggy al anochecer, donde perros amaestrados corren por el bosque para ayudar a cazar cerdos salvajes. Las parcelas para autocaravanas cuestan desde 25 dólares al día y las espaciosas habitaciones para huéspedes a partir de 80 dólares.

Lake Kissimmee State Park

Las técnicas de cultivo que se utilizaban en Florida durante el siglo XIX quizá no sean un tema muy interesante, pero la sección de Cow Camp de 1876 del **Lake Kissimmee State Park** (todos los días, 8-atardecer; automóviles, 3,25 dólares; peatones y ciclistas, 1 dólar), situado a unos 24 km al este de Lake Wales, saliendo de la Route 60, es una divertida e instructiva recreación de una granja de ganado de la época de los primeros colonos; los guardabosques del parque representan el papel de *crackers* y cuidan auténticas vacas y caballos.

En cualquier lugar del parque, se pueden contemplar las aves y los caimanes desde los puntos de observación situados sobre el lago Kissimmee.

Al sur de Lake Wales: en la Hwy-27

La sección de la Hwy-27 que va hacia el **sur desde Lake Wales** se encuentra entre las carreteras con menos lugares de interés de Florida; se trata de una vía de cuatro carriles que atraviesa un paisaje de suaves colinas, lagos, campos de cítricos y tranquilas comunidades habitadas sobre todo por jubilados. Frecuentada por camiones que transportan productos agrícolas, la autopista no es tranquila, pero constituye una ruta interesante si el viajero se dirige hacia cualquiera de las costas, pues hay carreteras más pequeñas que salen de ella hacia Fort Myers, en la costa oeste y, después de la Hwy-27 gira hacia el enorme lago Okeechobee hacia los grandes centros de la costa sudeste.

Avon Park, Sebring y alrededores

Unos 3 km al sur de Lake Wales en la Hwy-27 se encuentra el anfiteatro construido para representar la **Black Hills Passion Play**, una espectacular recreación de la última semana de la vida de Cristo. Las localidades para las cinco actuaciones semanales entre mediados de febrero y mediados de abril cuestan entre 10-16 dólares y se agotan enseguida. Para más detalles, se recomienda telefonear al ☎676-1495 o ☎1/800-622-8383.

Aproximadamente 32 km más allá, se halla **AVON PARK**, que debe su nombre a uno de los primeros colonos ingleses que se estableció allí y que había nacido en Stratford-upon-Avon. En el **Avon Park Museum**, 3 N Museum Avenue (por lo general, 10-14 h; entrada gratuita), el visitante obtendrá información sobre la historia de la comunidad en general. Cuando haya visitado el museo, tendrá que salir de Avon Park por la Route 17 y recorrer un camino de unos 16 km rodeando una serie de lagos hasta **SEBRING**, cuyo inusual trazado semicircular fue ideado por su fundador, George Sebring; éste plantó un roble en 1912 para simbolizar el sol y declaró que todas las calles de la población partirían de él. Todavía es así, y la Route 17 pasa por un pequeño parque que ahora rodea el gran árbol justo antes de volver a unirse con la Hwy-27.

Sebring suele ser muy tranquila durante 11 meses al año, pero en marzo y septiembre llegan miles de aficionados al automovilismo, que llenan sus moteles y restaurantes para asistir a la carrera de resistencia de 12 horas, las **12 Hours of Sebring**, que se lleva a cabo en un circuito situado a 16 km al este; si el viajero va a estar allí por esa época, se recomienda asistir.

Lejos del sonido de los rugientes motores, los senderos de naranjales y cipreses que hay dentro del **Highlands Hammock State Park**, unos 10 km al oeste de Sebring en la Route 634 (todos los días, 8-atardecer; automóviles, 3,25 dólares; peatones y ciclistas, 1 dólar), contribuyen a hacer que el visitante pase una tarde agradable. Se aconseja fijarse en los ciervos de cola blanca y, si es posible, hacer coincidir la visita con la informativa **visita en tranvía** (para los horarios, hay que telefonear al ☎386-6094), guiada por un guardabosques.

Más famosos son los cipreses que hay pasado Palmdale, 64 km al sur de Sebring, en el **Cypress Knee Museum** (todos los días, 8-17 h; entrada gratuita), que alberga ejemplares de este curioso árbol nudoso, cuyas raíces han sido manipuladas hasta adquirir formas sorprendentes.

Cerca de allí, en la Hwy-27, se halla **Gatorama** (todos los días, 8-18 h; adultos, 6,95 dólares; niños que midan menos de 1,42 m aprox., 3,50 dólares), una granja de caimanes donde se crían miles de estas criaturas, cuya piel se destina a fabricar bolsos, y botas; si el visitante ya ha visto Gatorland, en Orlando (véase «El sur de Orlando», pág. 257), el lugar le resultará familiar.

Para **viajar** desde allí, la Route 29, que sale de la Hwy-27 en Palmdale, va hacia el oeste hasta La Belle, desde donde la Hwy-80 continúa durante 48 km hasta Fort Myers (véase «La costa oeste»); Hwy-27 recorre el límite sur del lago Okeechobee.

El lago Okeechobee y alrededores

Hasta hace poco, uno de los secretos mejor guardados de Florida era la increíble belleza natural del **lago Okeechobee**, el segundo lago de agua dulce más grande de Estados Unidos. Durante muchos años ha sido un coto donde se cultivaba caña de azúcar y se criaba ganado vacuno; también era coto de pescadores de siluros o róbalos. El lago (cuyo nombre viene del indio seminola y significa «gran agua») ha empezado a atraer turistas, como resultado del esfuerzo del estado y la abundancia de **fauna y flora**. Hay muchas aves, de hecho se han observado más de 120 variedades y éste es uno de los pocos lugares del mundo donde todavía pueden verse milanos reales. Asimismo abundan linces, caimanes, tortugas, nutrias y, algunas veces, incluso hay manatíes.

Hogar de los indios americanos durante siglos, los primeros colonos empezaron a llegar en 1910, animados por la obra llevada a cabo por el adinerado Hamilton Disston, de Filadelfia, quien en el siglo XIX comenzó a drenar los canales y desaguar la tierra para poder cultivarla.

En los años veinte se extendieron las vías del ferrocarril alrededor de tres cuartas partes del lago, lo que proporcionó un fácil acceso al resto del estado. Hoy en día, la zona también enlaza con tres importantes **autopistas**, que se unen para rodear el lago y permitir el acceso a las poblaciones repartidas por sus orillas (véase pág. siguiente). Si el visitante se aloja unos cuantos días en alguna de ellas, podrá explorar el lago Okeechobee y sus alrededores.

El lago Okeechobee

Con una extensión de unos 1.891 km² y una media de más de 4 m de profundidad, el **lago Okeechobee** es alimentado por aguas de varios ríos, riachuelos y canales, y siempre ha desempeñado un papel importante, no sólo en la vida de las comunidades cercanas a sus orillas, sino también en el ciclo vital de los Everglades. Desde que se terminó de construir el dique, ha servido de válvula de seguridad para controlar las inundaciones durante la temporada de huracanes y como depósito de agua dulce. Tradicionalmente, las aguas del lago se han ido drenando poco a poco para alimentar los Everglades tras las lluvias del verano, pero el trastorno causado por el continuo «reclamo» de tierra para cultivo es uno de los asuntos más polémicos de Florida.

La visita del lago

El lago en sí se disfruta mejor **en barco, caminando** o **en bicicleta** por los senderos (hay uno de 176 km que lleva hasta la cima del Hoover Dike, que rodea el lago). Para más información sobre los senderos, se recomienda telefonear a la Florida Trail Association (☎1-800/343-1882) y para alquilar una bicicleta, se aconseja a Euler's Cycling Center, 50 Hwy-441 SE (☎357-0458). Un interesante proyecto futuro es comunicar el Okeechobee Scenic Trail con el Appalachian National Scenic Trail para crear el sendero más largo de Estados Unidos, lo que uniría Maine con Miami.

Una forma agradable e instructiva de aprender sobre este hábitat, su flora y fauna es un viaje en barco con **Swampland Tours**, con base cerca de la población de Okeechobee (véase más abajo) en el Kissimmee Bridge, 10375 Hwy-78 (17,50 dólares, 2 horas; los viajes parten todos los días a las 10 y las 13 h si el tiempo lo permite; se recomienda comprobar los horarios y reservar con antelación ☎467-4411). Las visitas de 35 km a la reserva natural de 11.200 Ha están dirigidas por Barry «Chop» Légé en colaboración con la Florida Audubon Society (véase pág. 155), a la que pertenece el parque. El entusiasmo de Barry es contagioso y dejará al visitante boquiabierto por su habilidad para ver toda clase de criaturas que, de otro modo, cualquiera se perdería; en la visita, quizá vea al menos 35 especies de pájaros.

La población de Okeechobee

La mayor comunidad de la orilla del lago, **OKEECHOBEE**, es un lugar desde donde se puede partir para explorar y ofrece una gran variedad de alojamiento, establecimientos para comer y diversión. La población fue diseñada por el omnipresente Henry M. Flagler (véase «Palm Beach», pág. 184), cuyo enorme plan requería amplias calles y edificios de estructura de madera, algunos de los cuales todavía se conservan.

Hay varios lugares que se recomienda visitar: el **Historical Museum** (en el Historical Park; sólo jue., 9-13 h; entrada gratuita), la **County Court House**, de 1926, un bello ejemplo de arquitectura de estilo mediterráneo, que gustaba mucho a Flagler, y la **Freedman Raulerson House**, en la Second Avenue, cerca de la esquina con la Fourth Street. Si el visitante quiere conocer más detalles sobre estos y otros lugares de interés, así como acerca de los acontecimientos locales, puede preguntar en la **Chamber of Commerce**, en 55 S Parrott Avenue (lun.-vier., 9-17 h; ☎763-6464).

Si al viajero le interesa la **pesca**, todavía una actividad primordial de la zona, se aconseja ir a Garrard Tackle Shop, 4259 Hwy-441 S (☎763-3416), donde le proporcionarán todo el equipo y una guía para que pesque algo seguro.

Aspectos prácticos

Aunque es fácil moverse por la población (Greyhound, 106 SW Third Street, ☎763-5328, y Amtrak, ☎1-800/872-7245, tienen servicio allí), no hay un sistema de transporte público y los taxis terminan el servicio a las 21 h. Esto significa que si el visitante no dispone de automóvil, no podrá moverse de la población por las tardes y, por lo tanto, quizá prefiera permanecer allí sólo una o dos noches. Entre los mejores lugares para **alojarse**, destacan el tranquilo y modesto *Wanta Linga Motel*, 3225 SE Hwy-441 (☎763-1020; ②), que ofrece habitaciones a un precio razonable. El *Days Inn*, 2200 SE Hwy-441 (☎1-800/874-3744; ④), con alojamiento de categoría media, limpio y cómodo, además de acceso a un embarcadero de pesca. El nuevo *Holiday Inn Express*, 3975 S Hwy-441 (☎357-3529; ④), ofrece habitaciones limpias y modernas, así como desayuno gratuito y piscina al aire libre. Para **acampar**, está el *KOA*, el mayor cámping de **América del Norte**, justo saliendo de la población para dirigirse hacia el lago en la Hwy-441 S (☎1-800/845-6846). Una parcela para una tienda cuesta 29,95 dólares, para autocaravana 32,95 y un bungaló de una habitación (donde pueden dormir hasta cuatro personas) 49,95 dólares. En el lugar hay un campo de golf de nueve hoyos.

Para **comer**, se recomienda el *Lightsey's Fish Co.*, Okee-Tantie Hwy-78 W (☎763-4276), que sirve una selección de pescado fresco y comida casera americana a precios razonables. Se aconseja tener en cuenta sus platos del día. *Old Habits*, 4865 SE Hwy-441 (☎763-9924), ofrece comida y hospitalidad al estilo sureño. Como alternativa, están los abundantes desayuno, almuerzo y cena del *Pogey's*, SE Hwy-441 (☎763-7222) o los bistés y el marisco de *Michael's Restaurant*, 1001 S Parrot Avenue (☎763-2069). El *Angus Restaurant*, 2054 Hwy-70 con 98 (☎763-2040), está especializado en la ternera, que lo hace famoso en la zona.

El lado oeste del lago

Dejando la Hwy-27 justo al oeste de Moore Haven, la Route 78 ofrece una ruta por el **lado oeste del lago**, pasando por Fisheating Creek y continuando hasta la extensión sin árboles de Indian Prairie, parte de la **Brighton Seminole Indian Reservation**, de 14.000 Ha.

Los indios seminola llegaron allí en el siglo XVIII desde Georgia y Alabama y reemplazaron a la ya diezmada población india local. Pero ellos también se convirtieron en objeto de agresiones, y fue entonces cuando algunos decidieron establecerse en el lado oeste del lago, donde quedan unos 450, en la actualidad prósperos ganaderos. Aunque viven en casas en lugar de las tradicionales *chikees* seminolas, los residentes continúan siendo fieles a sus creencias ancestrales; quizás ofrezcan al viajero cerámicas en el arcén de la carretera, pero no encontrará ninguna de las habituales tiendas de recuerdos en las reservas de zonas más pobladas.

A este lado del lago, el **alojamiento** se limita a algunos **cámpings** bien equipados; el mejor de ellos es *Twin Palms Resorts* (☎946-0977), situado a unos 21 km de Moore Haven y a casi 34 km de la población de Okeechobee. Este parque para autocaravanas ofrece casitas de campo independientes por 45 dólares y parcelas para tiendas por 12,50 dólares por noche.

Clewiston, Belle Glade y alrededores

Desde Moore Haven, la Hwy-27 está rodeada por muchos kilómetros de plantaciones de caña de azúcar (la mitad del azúcar que se cultiva en Estados Unidos); entre marzo y noviembre llegan numerosos trabajadores jamaicanos en avión, se alojan en albergues y les pagan muy poco por su duro trabajo, que resulta incluso arriesgado. Mucha gente en Florida, en concreto los 43.000 empleados en la industria azucarera cierran los ojos ante tal explotación. Nadie habla del tema en **CLEWISTON**, situada a unos 22,5 km de Moore Haven, y cuya economía depende de la US Sugar Corporation; gracias a los beneficios multimillonarios de la empresa, la población goza de la renta per cápita más alta del país. **BELLE GLADE**, una pequeña población a unos 32 km al este, posee el mayor ingenio azucarero del país y numerosos cámpings para remolques pensados en gran parte para atraer a los pescadores. Sin embargo, en su historia hay un acontecimiento que destaca: la pérdida de 2.000 vidas en 1928 cuando el lago fue arrasado por un huracán. La **Chamber of Commerce** de Belle Glade se encuentra en 540 S Main Street (lun.-vier., 9-17 h; ☎561/996-2745).

El **alojamiento** es más o menos abundante, aunque orientado a los pescadores; si al visitante no le interesa, será mejor que no los pruebe. En Torrey Island, unos 3 km al oeste de Belle Glade en la Route 717, en *The City of Belle Glade's Marina Campground* (☎561/996-6322) hay mucho espacio para caravanas y una zona para tiendas (16,50 dólares por noche).

Para **viajar** desde allí, la Hwy-27 se dirige hacia el sur desde el exterior de Belle Glade hacia Miami, a 128 km, mientras que la Hwy-441 va hacia el este durante 64 km hasta West Palm Beach.

EL NORTE DE FLORIDA CENTRAL

Millones de personas pasan por el **norte de Florida central** hacia Orlando, aunque casi todas desconocen que unos kilómetros al este de la I-75 hay pueblos y pequeñas poblaciones característicos de la Florida anterior que se extendieran las autopistas interestatales y los paquetes de vacaciones estuvieran al alcance de todo el mundo. En la región sólo hay dos poblaciones de tamaño considerable; una de ellas alberga una importante universidad, y una tierra que va de la áspera maleza a las brillantes hectáreas de hierba mojadas por docenas de manantiales naturales. Se recomienda dedicar unos días a la región, ya que los precios allí son muy bajos.

Ocala y alrededores

Conocida en todo Estados Unidos por los caballos pura sangre nacidos y entrenados en las cuadras que ocupan sus verdes alrededores, **OCALA** es una población poco llamativa, aunque constituye un lugar agradable para alojarse y explorar los alrededores. La **Chamber of Commerce**, 110 E Silver Springs Boulevard (lun.-vier., 8.30-17 h; ☎629-8051), proporciona folletos locales, mapas para recorrer sus relativamente interesantes barrios históricos, e informa sobre **criaderos de caballos** que permanecen abiertos para hacer una visita sin guía.

Los museos de Garlits y Appleton

A 16 km de Ocala, en la salida *(Exit)* 67 de la I-75, el **Don Garlits Museum of Drag Racing** (todos los días, 9-17 h; 7,50 dólares, exposición de vehículos trucados; 5 dólares, la de automóviles antiguos) muestra docenas de vehículos trucados de suspensión baja, incluidas las máquinas «Swamp Rat» que conducía la leyenda local Don Garlits a 432 km/h por los circuitos a mediados de los años cincuenta. Los recortes de prensa sensacionalista y los filmes son testigos del éxito del deporte y una muestra secundaria de automóviles Chevrolet, Buick y Ford (y los éxitos clásicos que suenan en un tocadiscos Wurlitzer) evocan el ambiente del filme *American Graffiti*.

Al otro lado de Ocala, en el **Appleton Museum of Art**, 4333 NE Silver Springs Boulevard (mar.-sáb., 10-16.30 h; dom., 13-17 h; adultos, 5 dólares; menores de 17 años, entrada gratuita), hay una importante colección de objetos y obras de arte. Los objetos expuestos, procedentes de todo el mundo, fueron reunidos por un adi-

El código de área del norte de Florida central es el ☎352.

nerado industrial de Chicago y poseen una gran cohesión. Aguafuertes de Rembrandt, un *Pensador* de Rodin sacado del molde original y pinturas de Jules Breton entre un exquisito conjunto de lienzos franceses del siglo XIX son muy interesantes, pero la artesanía es realmente especial; se recomienda ver las alfombras turcas de oración, las cerámicas de Naxco de vivos colores, la silla de madera tibetana y las filas repletas de «trenkas» (figuras japonesas *netsuke* grabadas en marfil).

Silver Springs

Casi 2 km al este de Ocala en la SR-40/Silver Springs Boulevard, se encuentra **Silver Springs** (todos los días, 9-17.30 h; verano, horario más extenso; adultos, 29,95 dólares; niños, 20,95 dólares), que atrae visitantes desde fines del siglo XIX, cuando los primeros turistas de Florida llegaron en barco de vapor para observar las aguas profundas y claras del manantial.

Entre 1930-1940, allí se filmaron seis de los filmes originales de *Tarzán*, cuyo protagonista era Johnnie Weissmuller. Hoy en día, en el parque hay cierto aire comercial: una variedad de animales importados como monos, jirafas y llamas, además del inevitable zoo de animales domésticos, lo que estropea un lugar que de otro modo sería bonito, aunque el visitante pasará un día agradable. Sin embargo, la entrada resulta cara, sobre todo si se tiene en cuenta la gran cantidad de manantiales que hay en todo el centro y norte de Florida, algunos de ellos a sólo unos kilómetros del Ocala National Forest (véase pág. 287). Desde un punto de vista conservacionista, las Wakulla Springs (cerca de Tallahassee, véase pág. 379) es una opción mucho mejor. No obstante, si el viajero decide visitar Silver Springs, hará bien en unirse al **Glass-Bottomed Boat Tour** (el mejor de los tres recorridos en barco), el **Jungle Cruise** y el **Jeep Safari**, que parten regularmente durante todo el día. La atracción de **Big Gator Lagoon** resulta divertida durante las horas de la comida, cuando se puede echar perritos calientes (tres por 1 dólar) a los caimanes y mirar cómo saltan para comérselos. El **World of Bears** ofrece la posibilidad de observar a los osos, además de seguir un programa educativo sobre su vida en Silver Springs. Si el visitante cree que no es muy interesante o va con niños, puede comprar una entrada válida también para las cercanas **Wild Waters** (todos los días, 10-17 h), el típico parque acuático con toboganes, piscinas de olas, etcétera.

MONTAR A CABALLO

La visita a la zona no queda completa sin ver uno de los numerosos **ranchos de caballos**, pero el visitante necesitará un automóvil para llegar hasta ellos. Si prefiere montar a caballo a sólo mirar, pruebe **Young's Paso Fino Ranch**, casi 6,5 km por la SR-326, saliendo de la I-75, en el 8075 NW (reserva por anticipado; ☎867-5305 o 867-5273). Uno de los principales ranchos del país de cría y entrenamiento de caballos, ofrece enseñarle antes de llevarle a montar (25 dólares por 1 h 30 min; incluido el entrenamiento). La buena disposición de los caballos y el paso excepcionalmente suave los convierten en una opción ideal para los principiantes, al igual que para los jinetes más expertos. Si el visitante tiene suerte, se encontrará con Barbara Young, la dueña, cuyo encanto y entusiasmo no tienen límites.

Un lugar ideal para dejar descansar a sus doloridas posaderas después de un duro día de montar es el **Heritage Country Inn**, situado en un rancho en 14343 W Hwy-40, saliendo de la I-75 (☎489-0023). Los 79 dólares que se pagan en este B&B es dinero bien invertido a cambio de los cuidados y las atenciones que recibirá. Hay sólo seis habitaciones, que van desde la *Plantation Room* hasta la *English Thoroughbred Room*. El pan de canela casero es el favorito entre los huéspedes.

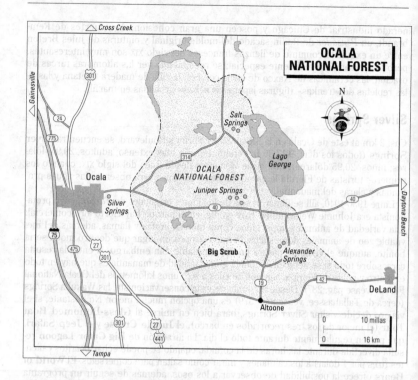

△ Cross Creek

OCALA NATIONAL FOREST

Gainesville

24

775

301

Salt Springs

314

Lago George

OCALA NATIONAL FOREST

Ocala

Juniper Springs

40

Silver Springs

75

40

Daytona Beach

475

27

301

Big Scrub

Alexander Springs

19

42

DeLand

△ Altoone

27

441

▽ Tampa

| 0 | 10 millas |
| 0 | 16 km |

Rainbow Springs State Park

El **Rainbow Springs State Park** es el lugar más natural para dar un paseo y tomar un baño; situado a 32 km de Ocala y unos 5 km al norte de Dunnellon, saliendo de la Hwy-41 (todos los días, 8-atardecer; 1 dólar; ☎489-5201), desde 1890 hasta la década de los sesenta este parque compitió con Silver Springs, pero afortunadamente ha vuelto a su estado natural y no está tan comercializado. Se trata de un lugar de reunión popular entre los lugareños, y suele estar concurrido los fines de semana; las familias meriendan sobre la hierba y se bañan en los manantiales. Asimismo, se recomienda disfrutar explorando los **senderos** de los bosques, observar linces, mapaches, cerdos salvajes, nutrias y una gran variedad de aves y, después, tomar un baño en las frescas y cristalinas aguas. Se aconseja telefonear con antelación para poder disfrutar de las **excursiones guiadas por un guardabosques** o practicar el **buceo con tubo** o **con escafandra autónoma**, en las que el visitante podrá observar otras zonas restringidas. También se alquilan flotadores para dejarse arrastrar tranquilamente por el río Blue Run.

Aspectos prácticos

Hay **moteles** a lo largo de Silver Springs Boulevard entre Ocala y Silver Springs; se recomiendan *Silver Springs Motel*, en 4121 E (☎236-4243; ②); *Sun Plaza*, en 5461 E (☎236-2343; ②); *Southland Motel*, en 1260 E (☎351-0113; ①); y *Holiday Inn-Ocala*, en 3621 W (☎629-0381; ④). Si el viajero quiere algo más lujoso, se aconseja el *Stein-brenners Ramada Inn*, 3810 NW Blitchton Road (☎732-3131; ④). El único **cámping** lo-

INFORMACIÓN SOBRE OCALA NATIONAL FOREST

La **Chamber of Commerce** de Ocala, en 110 E Silver Springs Boulevard (todos los días, 9-17 h; ☎629-8051), dispone de mapas e información general; los centros de información están situados en las tres entradas al parque (todos los días, 9-17 h) y ofrecen detalles sobre cada cámping. El visitante podrá conocer las últimas novedades sobre los cámpings telefoneando a las zonas de acampada de los manantiales de Juniper, Alexander y Salt (véase más abajo). Para pedir consejo sobre las excursiones a especialistas, telefonee a una de las oficinas del guardabosque del distrito; la mitad norte y la mitad sur del bosque están bajo la responsabilidad del Lake George Ranger District, 17147 E Hwy-405, Silver Srings (☎625-2520), y el Seminole Ranger District, 40929 Route 19, Umatilla (☎669-3153), respectivamente.

cal (aparte de acampar en el Ocala National Forest) que permite las tiendas es el *KOA* (☎237-2138), unos 8 km al sudoeste de Ocala en la Route 200. Es posible plantar una tienda por 19,95 dólares o alquilar un bungaló por 34,95 dólares.

Pocas veces el viajero gastará más de 5 dólares por una **comida** abundante en la población; además, hay una gran selección de restaurantes en E Silver Springs Boulevard. Para almorzar o cenar, se recomienda *Morrison's Cafeteria*, en el 1602 (☎622-7447), que ofrece una amplia selección de platos caseros servidos al estilo de las cafeterías. *Sonny's*, en el 4102 (☎236-1012), es especialista en barbacoas, con platos del día abundantes por 4,99 dólares todas las noches. Algo más caro, el *Richard's Place*, en el 316 (☎351-2233), sirve sabrosos platos con verdura; si el visitante prefiere algo sustancioso y fuera de lo habitual, se aconseja las grandes raciones de bratwurst y schnitzel en el *German Kitchen*, en el 5340 (☎236-3055). Para una experiencia más refinada, se recomienda almorzar o tomar el té en el comedor de color rosa de *The Bistro at Victorian Gardens*, en el 917 (☎867-5980), un restaurante italiano.

Ocala National Forest

Lagos transparentes, manantiales burbujeantes y un espléndido sendero para excursiones de 104 km atraen a numerosos aventureros de fin de semana al **OCALA NATIONAL FOREST**, de 160.000 Ha, 8 km al este de Silver Springs en la Route 40. Hay que alejarse de las partes más concurridas y disfrutar de la soledad. Como alternativa, si el viajero sólo tiene tiempo para echar una ojeada, puede dar una vuelta por la Route 19 (que se encuentra con la Route 40 unos 35 km hacia el interior del bosque), que va de norte a sur a la sombra de las frondosas cerca del límite este del bosque.

Los manantiales de Juniper, Alexander y Salt

Para nadar, ir en canoa (se alquila en el lugar por 16 dólares medio día) y hacer agradables excursiones, sobre todo los fines de semana y durante las vacaciones, en el bosque hay tres manantiales de agua caliente. El más fácil de alcanzar desde Silver Springs es **Juniper Springs** (☎625-2520), 32 km más adelante en la Route 40, sobre todo adecuado para ir en canoa libremente por un trayecto señalizado de unos 11 km. **Alexander Springs** (☎669-7495), en la Route 445, saliendo de la SR-19, 16 km al sudeste de Juniper Springs, también ofrece buenas oportunidades para ir en canoa y sus aguas transparentes son perfectas para el buceo con tubo y con escafandra autónoma.

Al norte del bosque y desde la Route 314 o la Route 19, el lugar más civilizado (incluso dispone de gasolinera y lavandería) es **Salt Springs** (☎685-2048 o 685-3070). A pesar del nombre, los manantiales bombean 196.820.000 l de agua dulce al día y la

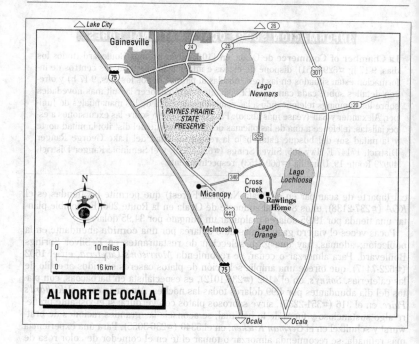

Gainesville
Lake City
Lago Newnars
PAYNES PRAIRIE STATE PRESERVE
Lago Lochloosa
Cross Creek
Micanopy
Rawlings Home
Lago Orange
McIntosh
N
0   10 millas
0   16 km
AL NORTE DE OCALA
Ocala   Ocala

temperatura constante es de unos 22 °C, ideales para que haya un paisaje semitropical de plantas y palmeras de vivos colores, pero la gente va sobre todo para **pescar** y desamarran esperando un siluro, un róbalo o una perca moteada.

El sendero para excursiones de Ocala

El **sendero para excursiones de Ocala** de unos 107 km se adentra en el bosque, atraviesa muchas áreas pantanosas y remotas y los tres manantiales que se han mencionado en la página anterior. A intervalos regulares aparecen varios cámpings sencillos (debe tenerse en cuenta que están cerrados durante la temporada de caza, entre mediados-nov.-principios enero). El visitante puede recoger en el puesto del guardabosques del distrito (véase recuadro, pág. anterior) el excelente folleto que describe el sendero, que es parte del Florida State Scenic Trail.

Por mucha práctica que tenga el viajero es improbable que disponga del tiempo y la resistencia suficientes como para recorrer todo el sendero, pero hay una zona excepcional que hace que merezca la pena el esfuerzo; se trata de **Big Scrub**, un paisaje con dunas de arena (y a veces ciervos salvajes) moviéndose por sus hectáreas semiáridas. El mayor problema de Big Scrub es la falta de sombra para refugiarse del sol abrasador y el hecho de que cualquier clase de instalación se encuentra a kilómetros, por lo que hay que aprovisionarse. Big Scrub se halla en la parte sur del bosque, unos 11 km por la Forest Road 573, saliendo de la Route 19, 19 km al norte de Altoona.

Al norte de Ocala

Desde la monótona I-75, el viajero nunca se imaginaría que en los 48 km de accidentado terreno junto al lago, que hay al este, se encuentran los pueblos más característicos y aislados del estado. Más allá de los límites del transporte público, sólo se puede llegar hasta ellos con un vehículo; hay que ir hacia el **norte desde Ocala** por la Hwy-301.

Cross Creek y la Marjorie Kinnan Rawlings Home

A los nativos de Florida les entusiasman las obras de Marjorie Kinnan Rawlings, que ganó el Pulitzer con *El despertar*, la historia sobre la mayoría de edad del hijo de un granjero, y autora también de *Cross Creek*, que describe la vida cotidiana de un chico de pueblo en **CROSS CREEK**, a 32 km de Ocala por la Route 325 (saliendo de la Hwy-301). Tras dejar a su marido en Nueva York, Rawlings pasó sus años más prolíficos escribiendo y dedicándose a un campo de cítricos durante la década de los treinta, una época no muy bien descrita por Martin Ritt en su filme *Los mejores años de mi vida* (*Cross Creek*, 1983).

La restaurada **Marjorie Kinnan Rawlings Home** (jue.-dom., 10-11 h y 13-16 h; visitas guiadas de hasta diez personas cada hora, con visitas por la tarde a menudo completas; adultos, 3 dólares; niños, 2 dólares) ofrece una visión realista de la dureza del estilo de vida *cracker*.

Micanopy, McIntosh y Paynes Prairie

Unos 6,5 km al norte de Cross Creek, la Route 346 se divide para encontrarse con la Hwy-441 justo a las afueras de **MICANOPY**. Un popular destino turístico a finales del siglo XIX, Micanopy está haciendo un esfuerzo por atraer turistas y por ello ha restaurado muchos de sus edificios de ladrillo del siglo XIX y los ha convertido en tiendas de antigüedades y artesanía. Están bien para echar una ojeada, pero si es en fin de semana, se recomienda ir unos kilómetros hacia el sur por la Hwy-441 hasta otro pueblo, **McINTOSH**, cuya población de 400 personas se viste con trajes victorianos para el **festival de 1890**, que se celebra en octubre, y acompañan a los visitantes a ver las casas restauradas.

En contraste con tal cordialidad, los paisajes pantanosos de la **Paynes Prairie State Preserve** (todos los días, 8-atardecer; automóviles, 3,25 dólares; ciclistas y peatones, 1 dólar), que ocupa una gran extensión de terreno (7.200 Ha), entre Micanopy y Gainesville, despiden cierto aire de misterio, aunque hay una gran variedad de flora y fauna: grullas, halcones, aves acuáticas, nutrias, tortugas y varias aves, así como muchos caimanes. Durante los fines de semana de octubre a marzo, las **excursiones guiadas por un guardabosques** (reservas: ☎466-4100; entrada gratuita) muestran la fascinante historia natural de la zona y parte de su historia, pues se han encontrado restos que datan de 10.000 años a.C.

Sin guía, el visitante podrá obtener una información general en el **centro de información** (todos los días, 9-17 h), situado a uno 6,5 km de Micanopy, saliendo de la Hwy-441, y sentir la melancólica soledad que rodea la cercana **torre de observación**.

Gainesville y alrededores

Sin la University of Florida, **GAINESVILLE**, 56 km al norte de Ocala, sería sólo otra de las tranquilas comunidades rurales situadas en el corazón de Florida. Pero este lugar, de discreto tamaño (antes llamado Hogtown), ha aumentado gracias a sus 40.000 estudiantes, que aportan un espíritu activo y liberal, y una animada **vida nocturna**, la única de Florida central fuera de Orlando. Esto, junto con unos cuantos destinos modestos en el pueblo y sus alrededores, así como la abundancia de alojamiento barato, convierten Gainesville en un lugar apropiado para quedarse 1 o 2 días.

Alojamiento

Aunque en Gainesville hay numerosos **moteles** baratos a más de 3 km del centro por la Sw 13th Street, hay que tener en cuenta que se llenan enseguida. El **cámping** más cercano que permite plantar tiendas se encuentra a 16 km al sur en la Paynes Prairie State Reserve (véase pág. anterior; ☎466-3397).

Bambi, 2119 SW 13th St (☎1-800/34BAMBI). Un poco más cerca del centro que la mayoría de moteles baratos. ③

Comfort Inn, 2435 SW 13th St (☎373-6500). Una de las opciones económicas más nuevas. ③

Econo Lodge, 2649 SW 13th St (☎373-7816). Motel perteneciente a una buena cadena. ③

Gainesville Lodge, 413 W University Ave (☎376-1224). El mejor lugar para alojarse. Cerca del centro de Gainesville y el campus. ③

La población y la universidad

Hay pocos lugares impresionantes en el tranquilo centro de Gainesville, donde la mayoría de personas son oficinistas que van a o vuelven del trabajo o salen a almorzar. En el cruce de la University Avenue con la NE First Street se ve la **Clock Tower**, una reliquia nada espectacular que se conserva del palacio de justicia del siglo XIX. En el interior se encuentran los mecanismos del reloj y algunas fotos de la época. Si esto interesa al visitante, puede ir hacia el norte por la Third Street, que muestra muchas de las casas del Gainesville de principios del siglo XX (dominan los estilos de la reina Ana, colonial y renacentista) y el **Thomas Center**, 306 NE Sixth Avenue (lun.-vier., 9-17 h; sáb.-dom., 13-16 h; entrada gratuita), con palmeras enfrente, que fue un lujoso hotel y restaurante, y en la actualidad alberga exposiciones de arte y exposiciones históricas.

Los antiguos edificios son fáciles de explorar con la ayuda del folleto *Historic Gainesville*, que reparte el **Visitors and Convention Bureau**, en 30 E University Avenue (lun.-vier., 8.30-17 h; ☎374-5231). Desde el centro de la población, hay un paseo de 15 minutos por la University Avenue hasta la universidad; pero si al viajero le da pereza, puede tomar un **autobús** (cualquiera del 1 al 10) desde al lado de la Clock Tower. La estación de Greyhound se encuentra en el centro, en 516 SW Fourth Avenue (☎376-5252).

La University of Florida

La mayor parte del tráfico que atraviesa Gainesville pasa casi 1 km al oeste del centro de la población por la 13th Street (parte de la Hwy-441), desde donde se halla el campus de la **University of Florida (UF)** unos 5 km al oeste de su entrada principal junto al cruce con la University Avenue. Se recomienda telefonear a la **taquilla de información** que da a la SW Second Street para conseguir un mapa gratuito, sin el cual es fácil perderse en los enormes jardines.

Tras su apertura en 1906, los primeros alumnos de la universidad contribuyeron a mejorar la economía del estado preparando el terreno para las granjas dedicadas a los cítricos. Hoy en día, el trazado es más amplio y los edificios modernos dominan el campus, aunque lo primero que el visitante verá son las estructuras de ladrillo rojo de estilo gótico americano que predominaban en las instituciones académicas de principios del siglo XX. En el centro del campus, la **Century Tower** de 1953 funciona como orientación para la navegación y como aparato para medir el tiempo; sus campanas eléctricas repican cada hora y ponen los nervios de punta.

Más allá de la torre, se halla el **Florida Field/Ben Hill Griffin Stadium** de 83.000 localidades (perteneciente al equipo de fútbol de los Gators y un monumento a la popularidad de los deportes universitarios en Florida), que se recomienda visitar, al igual que el vecino **O'Connel Center**, un centro deportivo cubierto, cuya entrada parece un balón gigante. Aparte de ofrecer partidos de voleibol y baloncesto por la tarde, y de entretener a los aficionados al diseño, el edificio ofrece sólo un refrescante respiro.

Si quiere el visitante huir por un momento del sol, los espectáculos temporales de la **University Gallery** (lun.-sáb., 9-17 h; dom., 13-17 h; entrada gratuita), en el interior del Fine Arts Building, alberga lo mejor del arte estudiantil. Se recomienda regresar al interior y caminar casi 2 km al oeste por la Museum Road hasta el arreglado **University Garden**, donde un camino oculto conduce hasta el **lago Alice**, dominado por una plataforma de observación de madera que va perdiendo poco a poco la batalla contra la vegetación que la rodea. El visitante puede ir allí para un picnic, pero los insectos, las lagartijas y los caimanes hará que esté muy atento mientras se encuentre junto al enorme lago.

En la esquina de la SW 34th y Hull Rd se encuentra la **University of Florida Cultural Complex**, donde el nuevo **Florida Museum of Natural History** (lun.-sáb., 10-17 h; dom., 13-17 h; entrada gratuita) se centra en la prehistoria, la flora y fauna de Florida. El **Harn Museum of Art** (mar.-vier., 11-17 h; sáb., 10-17 h; dom., 13-17 h; entrada gratuita) alberga exposiciones temporales. El próximo **Center of Performing Arts**, 315 Hull Road (☎392-1900 o 392-2787 para informarse sobre las entradas), ofrece obras ambulantes de Broadway, sinfonías, música popular, diversión familiar y programas educativos.

Comida

Gainesville no es un lugar en el que sea difícil encontrar buena **comida** y hay muchos restaurantes en el centro de la población y la universidad.

Emiliano's Café, 7 SE First St (☎375-7381). Delicias recién hechas y abundantes almuerzos al estilo de Costa Rica.

Ernesto's Tex-Mex Café, 6 S Main St (☎376-0750). Comida mexicana americana a precios razonables.

Harry's Seafood Bar and Grill, 110 SE First St (☎372-1555). Un café en la acera que sirve marisco, pasta, pollo, hamburguesas y ensalada al estilo de Nueva Orleans.

Wolfgang's Bistro, 11 SE First Ave (☎378-7850). El favorito de los estudiantes, que ofrece comida de todo el mundo.

Vida nocturna

Los estudiantes de la población mantienen viva la **vida nocturna** y la música rock en vivo es lo más habitual. Para saber los detalles sobre la **actualidad**, se recomienda consultar «Scene» del *Gainesville Sun* de los viernes o la revista gratuita *Moon*, que se encuentra en la mayoría de bares y restaurantes.

Hardback Café, 232 SE First St (☎372-6248). El mejor establecimiento de música en vivo, que ofrece actuaciones «alternativas» los fines de semana y acoge a muchos pintores y poetas las demás noches.

Lillian's Music Store, 112 SE First St (☎372-1010). Bandas en vivo o humor y *happy hour* entre 14-20 h.

Loungin, 6 E University Ave (☎377-8080). El club de Gainesville más de moda. Cómicos y actuaciones acústicas a principios de semana y ritmos house, acid, tecno y disco entre jueves y domingo.

Market Street Pub, 120 SW First St (☎377-2927). Elabora su propia cerveza y ofrece country acústico y música bluegrass para ayudar a tragarla.

Alrededores de Gainesville

Hay tres lugares cerca de Gainesville que permitirán pasar el día al visitante. Dos de ellos son vecinos y están comunicados mediante autobuses locales; al tercero sólo puede accederse en automóvil.

Kanapaha Botanical Gardens y el Fred Bear Museum

Los aficionados a las flores no deben perderse los **Kanapaha Botanical Gardens** (lun.-mar. y vier., 9-17 h; miér., sáb.-dom., 9-atardecer; adultos, 3 dólares; niños 6-13 años, 2 dólares), de unas 25 Ha y 11 km al sudoeste del centro de Gainesville en la Route 24, donde se llega con el autobús 1. Más que en la mayoría de jardines, los meses de verano son un paraíso de color y fragancias, aunque su diseño está pensado para que siempre haya alguna planta en flor. Además de parras, bambú y secciones especiales plantadas para atraer a mariposas y colibríes, el protagonista es un jardín de hierbas elevado hasta el nivel de la nariz para invitar a que se huela el perfume.

Al otro lado de la carretera desde los jardines, hay una señal que apunta hacia el **Fred Bear Museum** (todos los días, 10-18 h; adultos, 4 dólares; niños, 2,50 dólares), donde se exponen animales armados, desollados y disecados, y algunos (como una mesa de oreja de elefante y patas de hipopótamo) convertidos en muebles. Muchas de las desafortunadas criaturas fueron cazadas y sacrificadas por el propio Fred Bear, quien dirige la casa de tiro con arco que hay al lado. Se advierte que no es un lugar adecuado para los amantes de los animales.

El Devil's Millhopper

De los millones de lagos de dolina, muy pocos son tan grandes ni tan espectaculares como el **Devil's Millhopper**, situado en un lugar geológico del estado (todos los días, 9-atardecer; automóviles, 3,25 dólares; peatones y ciclistas, 1 dólar; visita guiada gratuita, sáb., 10 h), unos 11 km al noroeste de Gainesville, saliendo de la 53rd Avenue. Formado por la paulatina erosión de los depósitos de piedra caliza y el derrumbamiento del techo de la caverna resultante, los límites inferiores de esta grieta en forma de cuenco de más de 36 m de profundidad tienen una temperatura algo más baja que la superficie, lo que permite sobrevivir a especies de plantas y animales alpinos. Una tortuosa pasarela llevará hasta las profundidades de espesa vegetación.

Al norte de Gainesville

Si el visitante viaja hacia el **norte de Gainesville**, se encontrará a poca distancia del Panhandle del oeste y Jacksonville, la principal ciudad de la costa nordeste. Si no está seguro de qué camino tomar, puede relajarse durante unas cuantas horas en las **Ichetucknee Springs** (todos los días, 8-atardecer; automóviles, 3,25 dólares; peatones y ciclistas 1 dólar), el lugar de nacimiento del río Ichetucknee, cuyas frías aguas son apropiadas para ir en canoa o practicar ráfting a lo largo de un trayecto de unos 10 km. Se pueden alquilar las **canoas** en el exterior del parque por 20 dólares al día, con un suplemento por cada persona que navegue por el río. Entre semana, cuando castores, nutrias y tortugas comparten el río, es el mejor momento para ir; la multitud que acude los fines de semana asustan a muchos de los animales. Las fuentes se encuentran a 56 km al noroeste de Gainesville, en la Route 238, saliendo de la I-75, y unos 9 km al norte de Fort White.

No hay razón alguna para parar en la sosa Lake City, unos 21 km al norte de las fuentes, ni en el Osceola National Forest, al este de la Lake City. Éste, el más pequeño de los tres bosques protegidos por el estado, es visitado sobre todo por pescadores habituales atraídos por Ocean Pond. Se recomienda ir a otros dos puntos de interés más bonitos.

El Stephen Foster State Culture Center

Unos 19 km al norte de Lake City, saliendo de la Hwy-41, el **Stephen Foster State Culture Center** (todos los días, 9-atardecer; automóviles, 3,25 dólares; peatones y ciclistas, 1 dólar) ofrece un tributo al hombre que compuso el himno de Florida, *Old Folks At Home*, inmortalizando el canal («Way down upon the S'wanee river...») que fluye desde allí en su meandro de 400 km desde el Ockefenokee Swamp de Georgia hasta el golfo de México. Como suele ocurrir, Foster no vio el río, sino que sencillamente utilizó «S'wanee» como una rima adecuada del sur. Además de explorar las raíces musicales de Florida, el centro ofrece una exposición sentimental sobre Foster, quien escribió muchas canciones populares estadounidenses como *Camptown Races*, *My Old Kentucky Home* y *Oh! Susanna*, antes de morir en Nueva York en 1863 a los 37 años de edad.

El Olustee Battlefield Site

El **Olustee Battlefield Site**, a unos 21 km al oeste de Lake City junto a la Hwy-90 (jue.-lun., 9-17 h; entrada gratuita), es una señal segura de que el viajero se está acercando al Panhandle, una base del poder confederado durante la Guerra Civil. La única batalla importante del conflicto en Florida se produjo allí en febrero de 1864, cuando las tropas de la Unión (5.000 hombres), que avanzaban hacia el oeste desde Jacksonville se enfrentaron a una fuerza confederada de similar tamaño. La batalla duró 5 horas, y en ella murieron 300 soldados y 2.000 resultaron heridos; el monumento, un pequeño centro explicativo a la entrada (cerrado mar. y mié.) y un sendero alrededor de las respectivas posiciones de la tropa recuerdan aquel episodio. Es difícil imaginarse la matanza que tuvo lugar en lo que hoy es y entonces era un tranquilo bosque de pinos.

transportes

Ferrocarriles

Orlando a: DeLand (2 diarios; 58 min.); Jacksonville (2 diarios; 3 h 12 min.); Kissimmee (7 diarios; 18 min.); Lakeland (7 diarios; 1 h 28 min.); Sanford (2 diarios; 38 min.); Tampa (7 diarios; 2 h 17 min.); Winter Park (2 diarios; 15 min.).

Winter Haven a: Fort Lauderdale (2 diarios; 3 h); Miami (2 diarios; 4 h 2 min.); Sebring (2 diarios; 38 min.); West Palm Beach (2 diarios; 2 h 9 min.).

Autobuses

Clewiston a: Belle Galde (1 diario; 3 h 5 min.); West Palm Beach (1 diario; 1 h 35 min.).

Lakeland a: Avon Park (1 diario; 3 h 5 min.); Cypress Gardens (1 diario; 45 min.); Lake Wales (1 diario; 1 h 5 min.); Sebring (1 diario; 3 h 30 min.); West Palm Beach (1 diario; 5 h); Winter Haven (1 diario; 30 min.).

Orlando a: Daytona Beach (4-6 diarios; 2 h 35 min.); DeLand (4-6 diarios; 1 h); Fort Lauderdale (7 diarios; 5 h 20 min.); Fort Pierce (7 diarios; 2 h 25 min.); Gainesville (4 diarios; 2 h 50 min.); Jacksonville (4-6 diarios; 3 h 30 min.); Lakeland (5 diarios; 1 h 35 min.); Kissimmee (2 diarios; 40 min.); Miami (7 diarios; 5 h 55 min.); Ocala (4 diarios; 1 h 30 min.); Sanford (4-6 diarios; 35 min.); Tallahassee (4 diarios; 5 h 30 min.); Tampa (5 diarios; 3 h 15 min.); West Palm Beach (7 diarios; 4 h); Winter Haven (5 diarios; 1 h 5 min.).

«No hay razón alguna para ir a la isla Lake City, a menos que el norte de las marismas. [...] Estero Nacional Forest, el este de la Lake City bate el más poque ño de las tres bosques protegidos por el estado, es visitado sobre todo por pescado res habituales aficionados por [...]

El Stephen Fosler State Cultura Center [...] a Stephen Foster [...]

CAPÍTULO SEIS

LA COSTA OESTE

En los 480 km que hay desde el extremo sur del estado hasta el límite del Panhandle, en la **costa oeste** de Florida se encuentran los paisajes más opuestos: desde animadas poblaciones junto a pueblecitos donde la gente se dedica a la pesca, hasta concurridas franjas turísticas sólo a unos minutos de las solitarias marismas. El visitante, a menudo se sentirá gratamente sorprendido por las peculiaridades de la costa oeste. Así, quizás entre en una cafetería y se tropiece con una importante colección de arte, o se adormezca en una playa vacía y al despertar la encuentre llena de recogedores de conchas. La única constante de la costa oeste es su proximidad al golfo de México y las puestas de sol, sólo comparables a las de los cayos de Florida.

Si el visitante llega desde Florida central, se recomienda que vaya primero al **área de la bahía de Tampa**, diversa y relativamente bastante poblada, situada a medio camino por la costa. La mayor ciudad de la costa oeste, **Tampa**, quizá no entretenga demasiado al viajero, aunque hay más puntos de interés además de altos edificios y escaparates. **Ybor City**, por ejemplo, es el núcleo más ecléctico en el aspecto cultural de Tampa y también de toda la costa.

Justo al otro lado de la bahía, se halla **St Petersburg**, que fue durante una época la típica comunidad de jubilados de Florida, aunque en los últimos años ha ido adquiriendo un carácter más juvenil, e incluso cuenta con una gran colección de obras del pintor surrealista Salvador Dalí. Sin embargo, para la gran mayoría de visitantes, la zona de Tampa empieza y termina con las **playas de St Petersburg**, kilómetros de mar, sol y arena bordeados de urbanizaciones turísticas. Las playas son territorio de vacaciones, pero también constituyen un buen punto de partida para explorar la comunidad griega de **Tarpon Springs**, justo al norte.

En la costa **norte de Tampa** (conocida como **Big Bend** por la forma en que se curva hacia el Panhandle) hay áridas marismas sin playas; muchas de ellas albergan una interesante flora y fauna y son poco concurridas. Pero en ningún asentamiento puede haber una población de más de unos miles y muchos visitantes pasan rápidamente por allí de camino a las playas que hay más al sur. Sin embargo, la zona es uno de los tesoros ocultos de Florida, pues se han encontrado lugares tan interesantes como los de **Crystal River**, que datan de la prehistoria. **Cedal Key**, un próspero puerto hace más de 1 siglo, es en la actualidad un retiro turístico. El estilo de vida de los lugareños es relajado y en la comunidad hay numerosos puntos de interés.

Una franja de playas de *barrier islands* se extiende hasta el Golfo al **sur de Tampa**. Aunque las playas atraen a una multitud, las poblaciones del continente que ofrecen

---

CÓDIGOS DE LOS PRECIOS DE ALOJAMIENTO

En esta guía, los precios de alojamiento se reseñan en una escala de ① a ⑧, indicando el **precio más bajo** que puede esperar pagar por noche en un establecimiento por una **habitación doble** en temporada alta. Para más detalles, véase la página 27 en «Lo Básico». Los precios, señalados por los códigos, son los siguientes:

① menos 30 de dólares
③ 45-60 dólares
⑤ 80-100 dólares
⑦ 130-180 dólares
② 30-45 dólares
④ 60-80 dólares
⑥ 100-130 dólares
⑧ más de 180 dólares

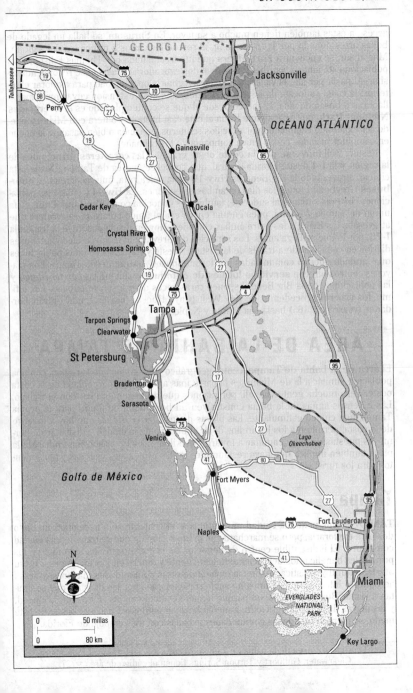

acceso a éstas también tienen mucho a su favor. En **Sarasota**, se halla un legado de bellas artes donado por John Ringling, el rey de los circos a principios del siglo xx. Más al sur, se encuentra **Fort Myers** que fue frecuentada por Thomas Edison. Esta población está junto a **Sanibel** y **Captiva**, dos evocadoras islas que se recomienda visitar. Al pasar por allí, el viajero puede aprovechar la oportunidad para explorar el interior: la costa sudoeste da a los **Everglades**, una gran extensión cuyas marismas y llanuras rebosan de vida. El marco desde el que se contempla todo es el **Everglades National Park**, que se extiende hacia el este casi hasta la frontera con Miami y puede ser explorado caminando por sencillos senderos, en canoa o bien pasando la noche en cámpings aislados con la única compañía de los caimanes.

Resulta fácil **moverse por la costa oeste** gracias a las **carreteras principales** de la región y la **I-4** desde Florida central, que convergen cerca de Tampa. Desde esta ciudad, atravesando la Big Bend, la **Hwy-19** es la única ruta, que recorren dos **autobuses** Greyhound todos los días en ambas direcciones. La **Hwy-41** enlaza las poblaciones costeras situadas al sudoeste; también es conocida como **Tamiami Trail**, de la unión de Tampa y Miami, pues en una época era el único enlace por carretera que atravesaba los Everglades entre ambas ciudades. Hoy en día, la sustituye la tranquila **I-75**, por lo que se llega antes. Los servicios de Greyhound incluyen cinco autobuses diarios en cada sentido a través de la costa sudoeste y hay unas cuantas poblaciones que también quedan comunicadas por los autobuses Amtrak desde Tampa. Los mayores centros ofrecen **servicios locales de autobuses**, aunque las *barrier islands* y las poblaciones de la Big Bend disponen raras veces de transporte público. Por último, los viajeros procedentes de Key West (Cayo Hueso) pueden tomar el transbordador (véase pág. 165) hasta isla Marco y Naples.

ÁREA DE LA BAHÍA DE TAMPA

El **área de la bahía de Tampa**, centro geográfico y económico de la región, con una población similar a la de Miami, es la parte más agitada y superpoblada de la costa oeste. Pero mucha gente vive allí por razones que no tienen que ver con el trabajo. Las extensas aguas de la bahía constituyen un bello telón de fondo para la propia Tampa, una ciudad estimulante. Las playas de las *barrier islands* que hay a lo largo de la costa, permiten a los lugareños dejar el bullicio de la ciudad y disfrutar de hermosas puestas de sol y caminar a lo largo de kilómetros de arena. Sin embargo, la playa también implica que haya restaurantes de las principales cadenas y alojamientos para los turistas.

Tampa

TAMPA es una pequeña ciudad muy animada; el visitante sólo necesitará un día o dos para explorarla, pero se marchará con la impresión de que se trata de una ciudad con futuro. El indiscutible centro de negocios de la costa oeste, ha sido uno de los principales beneficiarios del reciente flujo de gente y dinero en Florida. A pesar de su oferta cultural y artística, que es la envidia de otras comunidades mayores, y de su aeropuerto internacional, Tampa no suele ser explorada por los turistas, que se limitan a visitar Busch Gardens, un parque temático situado en las afueras de la ciudad, y las playas de la costa del Golfo, a media hora en automóvil hacia el oeste; de este modo, se pierden una de las comunidades urbanas con más empuje de Florida.

El **código de área** de la bahía de Tampa e Ybor City es el ☎813; St Petersburg, Clearwater, Gulfport y Tarpon Springs tienen el código de área ☎727.

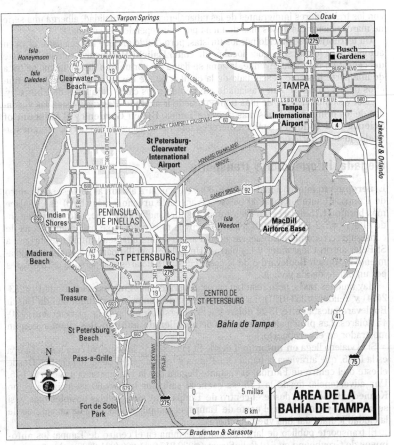

ÁREA DE LA
BAHÍA DE TAMPA

Tampa empezó como un pequeño asentamiento junto a Fort Brooke (una base del ejército de Estados Unidos para controlar a los indios seminola durante la década de 1820) y continuó siendo muy pequeña, aislada e insignificante hasta la década de 1880, cuando llegó el ferrocarril y el río Hillsborough, sobre el que se asienta la ciudad, fue drenado para que pudieran amarrar los barcos que pasaban. Tampa se convirtió así en un próspero puerto, al tiempo que empezaba a dedicarse a la industria del tabaco tras la llegada de miles de cubanos procedentes de Key West, que comenzaron a trabajar en las fábricas de cigarros de la vecina Ybor City. Aunque la Depresión detuvo el crecimiento económico, el puerto continuó siendo uno de los más activos del país. A diferencia de otras ciudades estadounidenses, donde los problemas sociales son evidentes, en Tampa hay un ambiente progresista y sin tantos altibajos en la economía.

Indiferente a los tratos que se cierran en sus altos edificios de oficinas, que están diseñados de una forma muy estudiada, el **centro de Tampa** es tranquilo y compacto. Un museo de arte, un cine de estilo colonial y el *Tampa Bay Hotel* (uno de los pocos supervivientes del pasado) son algunos de los puntos de interés que el viajero puede visitar. Pero si echa de menos más lugares históricos, quedará satisfecho con la visita al distrito de **Ybor City**, unos 5 km al nordeste, cuyo carácter latinoamericano llegó con los trabajadores inmigrantes de las tabacaleras. En la actualidad, alberga una serie de marcas históricas de los días de lucha por la independencia cubana.

Un territorio desconocido por los turistas, pero donde merece la pena parar si va en automóvil, es lo que se conoce localmente como **Balichi Boulevard**. Situada al norte del centro en Nebraska Avenue, la zona se llama así por un tipo de salchicha; se trata de una parte bastante descuidada de la ciudad, donde hay numerosos cubanos, muchos de los cuales se han trasladado allí debido a los caros alquileres de Ybor City.

Si el visitante dispone de más tiempo, puede ir al **Hyde Park**; allí están las viviendas de los primeros colonos más ricos de Tampa. **Busch Gardens** y el **Museum of Science and Industry** también merecen una visita, así como las tierras vírgenes situadas justo al norte de la ciudad.

Llegada, información y transporte

El **aeropuerto** internacional (☎870-8700) se encuentra a 8 km al noroeste del centro de Tampa. El autobús local 30 (véase «Transporte urbano», más abajo) es el enlace más barato (1,15 dólares), o bien tomar las furgonetas Limo Inc, que funcionan todo el día (☎572-1111 o 1-800/282-6817), cuyos mostradores se hallan en la zona de consigna; se recomienda reservar un día antes de marcharse. También se dirigen a St Petersburg, Clearwater y las playas. Un billete sencillo para ir a cualquier alojamiento en Busch Boulevard o de la costa cuesta 13 dólares por persona o 22 dólares por un billete de ida y vuelta.

Hay muchos **taxis**, pero resultan caros; las principales empresas son United (☎253-2424) y Yellow (☎253-0121). La tarifa al centro de Tampa o hasta un motel de Busch Boulevard cuesta entre 13-24 dólares; a St Petersburg o playas de St Petersburg, 30-45 dólares. Las principales compañías de **alquiler de automóviles** cuentan con un mostrador en el aeropuerto.

Si el viajero llega **en automóvil** desde St Petersburg, la principal ruta hasta Tampa es la I-275, que atraviesa la bahía Old Tampa y termina en el oeste del centro. Desde el este o el centro de Florida, el visitante llegará por la I-4, que se cruza con la I-75. Una advertencia: desde la I-75, es esencial salir por la Hwy-60 (señalizada como Kennedy Boulevard) desde el centro de Tampa. Hay siete salidas posibles más y, si se pasa ésta y termina en el norte de Tampa, el complicado sistema de un sentido de la ciudad le hará dar una vuelta de horas.

El transporte público de larga distancia termina en el centro de Tampa: los **autobuses** de Greyhound en 610 Polk Street (☎229-2174 o 1-800/231-2222) y los **ferrocarriles** en 601 N Nebraska Avenue (☎221-7600 o 1-800/7245).

Información

En el centro de Tampa, se recomienda recoger vales de descuento, folletos e información general en el **Visitors Information Center**, 400 North Tampa Street, Suite 1010 (lun.-sáb., 9-17 h; ☎1-800/44-TAMPA o 223-2752; fax 229-6616). En Ybor City, se aconseja visitar la **Ybor City Chamber of Commerce**, 1800 East Ninth Avenue (lun.-vier., 9-17 h; ☎248-3712). Enfrente de Busch Gardens, el **Tampa Bay Visitor Information Center**, 3601 E Busch Boulevard (todos los días, 10-18 h; ☎985-3601), proporciona información local y de todo el estado. Para la guía de la **vida nocturna**, nada mejor que la edición de los viernes del *Tampa Tribune*, el *Weekly Planet* gratuito o bien telefonear al servicio Nightlife (☎854-8000).

Transporte urbano

Aunque el centro de Tampa e Ybor City se pueden recorrer a pie fácilmente, para viajar de la una a la otra o llegar a Busch Gardens o al Museum of Science and Industry sin automóvil, el visitante necesitará tomar los **autobuses locales** (HARTline ☎254-4278), cuyas rutas parten desde Marion Street en el centro de Tampa. Las **líneas más útiles** son la 8 para Ybor City; la 5, 14 o 18 para Busch Gardens; la 6 para el Museum of Science and Industry; y la 30 para el aeropuerto. Sólo los autobuses rápidos de cercanías en las horas punta circulan **entre Tampa y la costa**: el 100X a St Petersburg (para saber los horarios de este autobús, hay que telefonear al ☎530-9911) y el 200X a Clearwater. Como alternativa, están los numerosos autobuses diarios de Greyhound o el Amtrak dos veces al día. Otra forma de viajar entre el centro de Tampa e Ybor City es en el **Tampa-Ybor Trolley** (☎254-4278), que circula de lunes a viernes entre 9-16 h, cada 20 minutos; los fines de semana y días festivos de 7.30-17.30 h, cada 30 minutos. La ruta lleva a los viajeros por la isla Harbor y el Florida Aquarium (véase pág. 301) y cuesta 50 centavos el billete sencillo.

Alojamiento

Excepto la zona de los alrededores de Busch Gardens, Tampa no dispone de una gran oferta de **alojamiento** económico. Para ahorrar dinero, se recomienda dormir en St Petersburg o en las zonas de playas y visitar la ciudad en un día.

En Tampa, los **moteles** más baratos se encuentran en E Busch Boulevard cerca de Busch Gardens: *Best Western Resort* en el 820 (☎933-4011; ①-⑤), *Econo Lodge* en el 1701 (☎933-7681; ②-③) o *Howard Johnson's* en el 4139 (☎1-800/874-1768; ②-③) son los mejores del conjunto. Justo al lado del Museum of Science and Industry, el *Days Inn at Busch Gardens*, 2520 N 50 th Street (☎247-3300; ③-④), es otra opción económica. En Tampa no hay albergue de juventud, pero sí uno excelente cerca de Clearwater, ideal para explorar toda la zona (véase «Clearwater», pág. 320).

Cualquiera de los que se citan son recomendables para alojarse y explorar la ciudad en automóvil. Sin embargo, si el viajero depende de los autobuses, hay menos opciones y tendrá que alojarse en uno de los hoteles del centro orientados para los viajeros de negocios como el *Riverside*, 200 N Ashley Drive (☎223-2222; ④-⑥) o, a 10 minutos a pie del centro, el *Days Inn*, 2522 N Dale Mabry (☎1-800/448-4373; ③-⑤).

Aparte del Hillsborourg River City Park (véase «Alrededores de Tampa», pág. 304), el único **cámping** donde está permitido plantar tiendas es el *Camp Nebraska RV Park*, 10314 N Nebraska Avenue/Hwy-41 (☎971-3460), que se extiende casi 2,5 km al norte de Busch Gardens.

El centro de Tampa

La actual prosperidad del **centro de Tampa** puede comprobarse en sus edificios de oficinas, sobre todo en **Lykes Gaslight Square**, donde las enormes estructuras de espejo reflejan las nubes. Sin embargo, aparte de los deteriorados almacenes que flanquean la orilla del río alrededor del extremo norte de la peatonal **Franklin Street** (que antes era una animada vía y todavía es el mejor lugar para orientarse), los signos del pasado de la ciudad se reducen a algunas placas, en las que se puede leer el viaje del explorador Hernando de Soto en el siglo XVI al lugar donde en la actualidad se encuentra la primera emisora de radio que hubo en Florida. El único edificio importante del pasado es el **Tampa Theater**, en 711 Franklin Street (lun.-sáb., 10.30-17.30 h; ☎274-8981 o 274-8982), uno de los pocos «teatros evocadores» que se conservan, construido durante los años veinte por el diseñador John Eberson, a quien le entusiasmaba el estilo mediterráneo. En una época en que el cine mudo atraía al público, en los cines de Eberson, sin embargo, había numerosos elementos de escapistas: los techos eran cielos estrellados, los balcones fueron cincelados para convertirlos en arcos árabes, las gárgolas miraban maliciosas desde las paredes de estuco y había réplicas del estatuario griego y romano por todas partes.

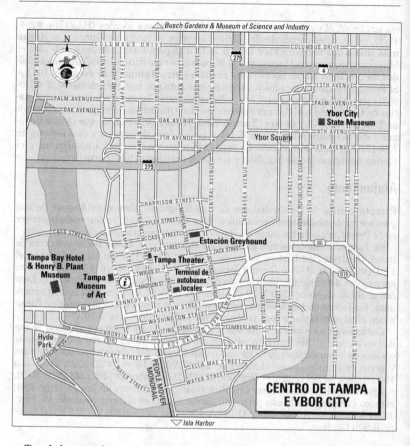

Tras haber pasado por una mala época con la llegada de la televisión, el Tampa Theater goza hoy de gran vitalidad como sede de la Tampa Theater Film Society y en él se proyecta un completo programa de filmes. Pagar 5,75 dólares por una entrada (véase «Vida nocturna», pág. 307) es una forma de contemplar el espléndido interior restaurado. Otro modo de verlo son las visitas guiadas (2 dólares), muy entretenidas pero irregulares. Además del magnífico sistema de iluminación del teatro, que intenta dar la sensación de ser un auditorio abierto por la noche, un órgano Wurlitzer surge de la platea de la orquesta 15 minutos antes de cada proyección y suena una serenata.

Ninguno de los edificios contemporáneos del centro de Tampa refleja mejor el esfuerzo de la Administración para obtener el reconocimiento cultural que el **Tampa Museum of Art**, situado en las riberas del río Hillsborough, en 600 N Ashley Drive (lun.-mar. y jue.-sáb., 10-17 h; miér., 10-21 h; dom., 13-17 h; 5 dólares; entrada gratuita miér., 17-21 h; visitas guiadas gratuitas, miér. y sáb., 13 h; dom., 14 h). El museo expone una serie de antigüedades clásicas y arte americano del siglo XX. La colección moderna permanente se combina con las mejores obras de pintura, fotografía y escultura más recientes de Estados Unidos. La nueva galería de escultura, que alberga una serie de piezas contemporáneas menos impresionantes, ofrece bellas vistas del río hasta el Tampa Bay Hotel.

El segundo sábado de cada mes, el museo también organiza **excursiones guiadas a pie** por el centro de Tampa, que parten de la entrada del museo a las 10 h. Para más información, se recomienda telefonear al ☎274-8130.

Más hacia el sur, el visitante se sentirá como una insignificante hormiga a los pies de los edificios más altos de la ciudad. Para obtener mejores vistas de ellos y sus alrededores, se recomienda hacer el corto trayecto en monorraíl (desde la terminal arriba del Fort Brooke Parking Garage en Whiting Street; 50 centavos cada trayecto) hasta la **isla Harbor**, unos extensos grandes almacenes situados en una pequeña isla dragada desde la bahía Hillsborough. Si el viajero no dispone de mucho tiempo, puede pasear por la pasarela de asfalto de Nations Bank Plaza y tomar el ascensor desde el piso 31: disfrutará de una excelente vista de toda la ciudad.

Otro hermoso edificio situado en la zona del muelle de Tampa, y que ha costado 84 millones de dólares, es el **Florida Aquarium** (todos los días, 9-18 h; 13,95 dólares; con sonido, 2 dólares más; aparcamiento 3 dólares), que alberga abundantes muestras de los hábitats de agua dulce y agua salada de Florida, que van desde fuentes y marismas hasta playas y arrecifes de coral. Así, es posible ver una impresionante variedad de peces y otras criaturas autóctonas como nutrias, tortugas, crías de caimán y numerosas especies de aves.

Lejos de los elegantes rascacielos, la sección nordeste de la ciudad tiene una mala reputación. El tráfico de drogas es habitual en las calles y en la zona hay cierto aire de desolación. Si el viajero va hacia Ybor City a pie, ésta es la ruta que debe seguir y, aunque no hay razón alguna para detenerse en esta parte de la población se recomienda hacer un alto en el **Oaklawn Cemetery**, que se reservó para enterrar a los muertos de la ciudad («tanto a blancos como a esclavos») en 1850. Además de un gobernador de Florida y dos jueces del Tribunal Supremo, en el pintoresco cementerio están enterrados soldados de siete guerras: la segunda guerra seminola, la guerra mexicana, la guerra india de Billy Bowlegs, la Guerra Civil, la guerra hispanoamericana y las dos guerras mundiales. Oculto en el extremo más alejado del cementerio, a la sombra de la Morgan Street Penitentiary, se encuentra la tumba de la **familia Ybor**, de ahí el nombre de uno de los barrios más exóticos de Tampa, Ybor City (véase pág. 303).

Las otras atracciones que merecen una ojeada son dos iglesias. Construida en 1898, la **Sacred Heart Catholic Church**, en 509 Florida Ave (☎229-1595) luce una hermosa fachada de mármol jaspeado y un rico interior iluminado con vidrio de color. La **St Paul Methodist Church**, situada en 1100 Marion St sólo a unos minutos a pie hacia el norte, no iguala la grandeza de Sacred Heart, pero su estilo victoriano de ladrillo rojo y sus luminosos vidrios de color merecen una visita.

Al otro lado del río: el Tampa Bay Hotel

Desde la isla Harbor no se puede perder los alminares, las cúpulas y las bóvedas plateadas del edificio principal de la University of Tampa, antiguamente el **Tampa Bay Hotel**. El edificio presenta una fusión de estilos arquitectónicos (árabe, turco y español) y fue financiado con 2 millones de dólares por el magnate de la navegación a vapor y el ferrocarril **Henry B. Plant**; su visión resulta hoy en día tan extraña como cuando fue inaugurado en 1891 y sus 500 habitaciones podían alojar unas 700 personas. Si el viajero quiere verlo bien, tendrá que cruzar el río en Kennedy Boulevard y bajar la escalera que lleva al Plant Park.

Plant fue comprando empresas de ferrocarril en bancarrota desde la Guerra Civil y abriéndose paso lentamente hacia Florida para encontrarse con sus barcos de vapor descargando en el puerto de Tampa. Al igual que Henry Flagler, cuyas vías iban forjando un camino por la costa este de Florida y cuyos elegantes centros turísticos de St Augustine (véase «La costa nordeste») eran el tema de conversación de la clase alta, Plant era lo bastante rico como para hacer realidad su fantasía de crear el hotel más lujoso del mundo. Mientras que éste aumentaba el prestigio de la ciudad, la intención de Plant de «convertir este montón de arena en los Campos Elíseos y el Hillborough en el Sena» no se cumplió y el hotel sólo permaneció abierto menos de 10 años. El abandono (sólo era utilizado durante los meses de invierno y se descuidaba durante el verano abrasador) y la muerte de Plant en 1899, hicieron que el edificio se convirtiera en una argamasa mohosa y casi en ruinas. Sin embargo, la Administración de la ciudad lo compró en 1905 e impidió así su destrucción, alquilándola 23 años después a la joven University of Tampa.

En un ala del edificio principal, el **Henry B. Plant Museum**, 401 W Kennedy Boulevard (mar.-sáb., 10-16 h; dom., 12-16 h; donación habitual, 3 dólares; ☎254-1891), hay varias salas, incluida una suite original que contiene lo que queda de los muebles del hotel: un lujoso desorden de espejos venecianos, elaborados candelabros, gruesas alfombras, vajilla de Wedgewood y vitrinas de madera de teca, adquiridos junto a otros objetos, por Plant y su esposa, por medio millón de dólares en sus viajes por Europa y Asia. Cuando el hotel permaneció cerrado durante 5 años, muchas puertas quedaron abiertas y numerosas antigüedades desaparecieron.

El hotel era el primer edificio con electricidad de Florida y los filtros de carbono de Edison de baja potencia todavía se emplean en la actualidad para conservar el auténtico encanto original, ideal para comprender la riqueza de las puertas de caoba cubanas. El visitante casi podrá imaginar a los huéspedes pidiendo un gran piano al servicio de habitaciones (había doce). Se recomienda dar un vistazo a *Rathskellar*, una sala para caballeros que antes se encontraba en el sótano del hotel y hoy en día es una cafetería estudiantil (véase pág. 306), en la que hay neveras alemanas para el vino y mesas de billar. La última sala revela la afición de Plant por los grandes cisnes decorativos.

A unos pasos del museo, el antiguo vestíbulo constituye un popular punto de encuentro para los 3.000 estudiantes de la universidad, que muestran sus bronceados en las sillas de piel rodeadas de antiguas estatuas francesas. Es posible pasear por la mayor parte del edificio libremente, pero el viajero sólo se fijará en los detalles en la **visita guiada** gratuita, que parte del vestíbulo (sept.-mayo, mar. y jue., 13.30 h; para más información telefonee al ☎253-3333). Si se pierde la visita, puede ver las evocadoras fotografías de la vida social de los buenos tiempos del hotel que hay en los largos pasillos. Sin embargo, en lo que se refiere a los muebles originales, ya quedan pocos, pues los que dejaron los ladrones se los comieron las termitas.

Hyde Park

Si no se instalan en un apartamento con vistas a la bahía, los yuppies de Tampa suelen ocupar las viejas casas de madera de **Hyde Park**, a 1,6 km al sudoeste del centro de Tampa, saliendo de Bayshore Boulevard. Atraídos por la elegancia del entonces recién inaugurado *Tampa Bay Hotel*, los forasteros adinerados que llegaron en la década de 1890 copiaron el mismo molde arquitectónico que definió las zonas más ricas de las poblaciones estadounidenses de principios del siglo XX: una mezcla de estilos mediterráneo, gótico, tudor y colonial entremezclados con casas de campo de estilo reina Ana y bungalós al estilo de las praderas, con sus mecedoras en los porches como elemento común. Estos aires del pasado son poco habituales en Tampa y, si el visitante llega en automóvil (no merece la pena cansarse a pie para verlas), las antiguas casas son fáciles de observar si conduce durante 20 minutos por las avenidas de Swann y Magnolia y los bulevares de Hyde Park y South. Incluso los lugareños que prefieren las residencias más modernas bajan a Hyde Park a gastar el dinero en las modernas tiendas de **Olde Hyde Park Village**, junto a Snow Avenue, donde varios restaurantes elegantes ofrecen comidas a buen precio (véase «Comida», pág. 306). Hay muchos letreros de «Tow Away Zone» («Se avisará a la grúa») en Hyde Park; si el visitante quiere pasear o almorzar por allí, se recomienda que vaya al aparcamiento gratuito situado en la villa de la esquina de la Bristol Ave y S Rome Ave.

Continuando hacia el sur desde Hyde Park, se encontrará ante la **Mac Dill Air Force Base**. En ese lugar, centro neurálgico de operaciones de Estados Unidos durante la guerra del Golfo en 1991, fue donde la reina Isabel de Inglaterra nombró sir al general Norman Schwarzkopf ese mismo año.

Ybor City

En 1886, en cuanto los barcos de Henry Plant (véase pág. 301) aseguraron el suministro regular de tabaco de La Habana para Tampa, el magnate del tabaco don Vicente Martínez Ybor mandó limpiar una extensión de monte bajo unos 5 km al nordeste del actual centro de Tampa e inició la construcción de **Ybor City**. Unos 20.000 inmigrantes, en su mayoría cubanos atraídos allí desde la conflictiva industria tabacalera de Key West, junto a numerosos españoles e italianos, se establecieron en Ybor City y crearon una importante colonia latinoamericana, además de producir puros de gran calidad, liados a mano, que convirtieron a Tampa en la capital mundial de los puros durante 40 años. Pero el exceso de producción, la popularidad de los cigarrillos y la Depresión fueron una combinación fatal para los experimentados fabricantes de puros. Ybor City perdió su alegría de vivir y, mientras el resto de Tampa se expandía, sus 20 apretadas manzanas de calles adoquinadas y edificios de ladrillo rojo quedaron rodeados de tristes y peligrosos barrios baratos.

Pero en la actualidad, Ybor City se está recuperando; de hecho, es muy frecuentada por turistas y el ambiente animado alcanza su apogeo por la noche, sobre todo los fines de semana. Es moderno, diverso en el aspecto cultural y un lugar muy agradable para pasear. Sin embargo, el consumismo está inundándolo rápidamente. Las tiendas ofrecen todavía puros liados a mano, pero, debido a los alquileres cada vez más caros, las pequeñas cafeterías que antes vendían pan cubano recién sacado del horno y café recién hecho han desaparecido y ahora hay una serie de elegantes cafeterías y restaurantes. Todavía existen algunos lugares auténticos para saborear la cocina cubana, pero poco a poco quedan más apartados de la vía principal.

Las raíces latinas de Ybor City son evidentes y hay textos explicativos sobre su historia en muchos edificios. Se recomienda al viajero aprovechar el ambiente durante el día, pero no espere que siga así por la tarde, pues el pulso se acelera. El **Ybor City State Museum**, en 1818 Ninth Avenue (mar.-sáb., 9-17 h; 2 dólares), muestra lo suficiente como para que el visitante conozca los puntos principales de la creación de Ybor City y su configuración multiétnica. Enormes fotografías en las paredes muestran a fabricantes de puros trabajando; miles de ellos se sentaban en bancos formando largas filas; ganaban 25 centavos por cada puro, mientras escuchaban, aplaudían o interrumpían a un lector, que les leía las noticias de los periódicos de habla hispana. En los jardines se encuentra una casa de campo de un fabricante de puros donde es posible entrar; el visitante verá las rudimentarias herramientas domésticas de principios de siglo. El museo organiza también **excursiones a pie** gratuitas por Ybor City, que parten de la Ybor Square entre 10-15 h cada 30 minutos (hay que telefonear al ☎247-6323 para más información).

El antiguo edificio Stemmenzy-Zago, donde realmente se llevaba a cabo la fabricación de los puros, se llama en la actualidad **Ybor Square**, 1901 13th Street, en la esquina con la Eighth Avenue (lun.-sáb., 10-18 h; dom., 12-17.30 h). Este oscuro edificio (tres pisos soportados por robustos pilares de roble) ha sido convertido en una serie de tiendas y restaurantes para turistas, un mercado consumista con muchas luces de colores que iluminan tiendas de camisetas y cafés poco frecuentados por los lugareños.

En las escaleras de hierro de la fábrica, José Martí, el famoso poeta cubano y luchador por la independencia habló en 1893 ante miles de cubanos de Ybor City para pedirles dinero, machetes y recursos humanos para continuar luchando contra los españoles y conseguir la independencia*. Se calcula que los trabajadores expatriados cubanos contribuyeron a ello con el 10 % de sus ganancias; la mayor parte de ese dinero se gastó en la compra y transporte ilícitos de armas para los rebeldes de Cuba. En un poste de piedra situado al pie de las escaleras se puede leer el episodio y, al otro lado de la calle, el **José Martí Park** recuerda a Martí con una estatua.

Desde sus inicios, todas las comunidades étnicas de Ybor City contaron con sus propios clubes sociales, publicaron sus propios periódicos e incluso crearon su asistencia sanitaria lo que facilitó la construcción de dos hospitales, que todavía funcionan, al igual que varios **centros sociales**. Si el viajero entra en uno de éstos (las horas de apertura varían mucho), podrá ver toda clase de objetos patrióticos y, a veces, en un sótano, antros donde sólo entran los hombres para beber y jugar al dominó. Si es posible, se recomienda visitar el *Centro Español*, en 1526 E Seventh Ave, *The Cuban Club*, 2010 Avenida República de Cuba N, o el *Centro Asturiano*, en 1913 N Nebraska Avenue, para poder ver la vida de Ybor City que se pierden la mayoría de los visitantes. Una institución en la población que los forasteros sí suelen encontrar es el restaurante *Columbia*, en 2117 Seventh Avenue (véase «Comida», pág. 306), que ahora ocupa una manzana entera, aunque fue inaugurado en 1905 como un humilde café para los trabajadores de la industria tabacalera; en el interior, numerosos recortes de periódico llenan las paredes e informan sobre el brillante pasado del restaurante.

Alrededores de Tampa

En los barrios que rodean del centro de Tampa hay puntos de interés que merecen una visita. Sin embargo, los moteles más baratos de la ciudad se encuentran alrededor del parque temático de **Busch Gardens**, que se halla entre las principales atracciones turísticas del estado. Aunque resulta divertido, quizás el viajero prefiera saltarse el parque y visitar el **Museum of Science and Industry** y las 1.200 Ha del **Hillsborough River State Park** (hay que ir con vehículo propio; no hay transporte público hasta allí). De camino hacia allí, se recomienda no dejarse tentar por la Seminole Indian Village (5221 N Orient Road), parte de una reserva seminola, donde se vende a los turistas una colección de arte y artesanía de indios americanos y se juega al bingo con elevados premios.

Busch Gardens

Por increíble que parezca, la mayoría de personas se sienten atraídas hacia Tampa por un parque temático que recrea el África de la época colonial, situado en los jardines de una fábrica de cerveza, en 3000 E Busch Boulevard (unos 3 km al este de la I-275 u otros 3 km al oeste de la I-75, salida 54, indicador Flowler Ave). Sin embargo, en él se resta importancia a un período dominado por la explotación imperial y se destaca el aspecto lúdico (como el sutil «The Dark Continent», que fue un escándalo para la comunidad negra del lugar), por lo que **Busch Gardens** (todos los días, 9-18.30 h; temporada alta, horario más extenso; adultos, 35,95 dólares; niños, 29,95 dólares;

---

* Unos años después del discurso de Martí, Tampa se convirtió en el punto de embarque de las Fuerzas Expedicionarias Cubanas de Estados Unidos. Miles de soldados estadounidenses se alojaron en tiendas de campaña allí, esperando unirse a la guerra hispano-americana. El 1 de enero de 1899, los españoles se fueron de Cuba y la isla consiguió la independencia.

☎987-5082) rehace con cinismo la historia del mundo al igual que su rival declarado, Walt Disney World. La entrada es muy cara y el parque resulta vulgar, pero si el visitante va, tendrá que quedarse allí todo el día para sacar partido al elevado coste de la entrada. Se recomienda subir a todas las atracciones (están incluidas en el precio de la entrada) y divertirse sin más.

El parque, de 120 Ha, se puede recorrer a pie o en un tren, y se divide en varias zonas. Primero se entra en Marruecos, donde se vende artesanía marroquí bastante cara, mientras encantadores de serpientes y bailarinas de la danza del vientre se pasean entre la multitud y la Mystic Sheiks Marching Band toca la trompeta en el oído de la gente que pasa. Después está la Myombe Reserve, donde una colección de chimpancés y gorilas se mantienen en un ambiente tropical. Se recomienda seguir las señales hasta Nairobi, donde el visitante encontrará pequeños grupos de elefantes, enormes tortugas, caimanes, cocodrilos y monos, así como el hospital de animales y el zoo de niños, habitado por bonitas y mimosas criaturas que disfrutan con las caricias de los niños. Justo más allá, en Timbuktu, los animales son menos visibles que las atracciones: una pequeña montaña rusa y una para niños llamada «Sandstorm», aunque ninguna puede compararse con «Kumba» (véase más abajo). Si los autos de choque de Ubanga-Banga en el Congo no atraen al visitante, puede hacer un trepidante trayecto en balsa por los Congo River Rapids, que quizá le animen a cruzar las Stanleyville Fàlls en una montaña rusa, lo mejor de la vecina Stanleyville. Se aconseja subir a «Kumba», la montaña rusa más larga y rápida del sudeste de Estados Unidos. La mayor sección de los jardines, la Serengeti Plain, habitada por jirafas, búfalos, cebras, antílopes, rinocerontes negros y elefantes, es la zona más auténticamente africana del lugar; el visitante verá estos animales desde el corto trayecto de monorraíl. Después de todo ello, puede ir a la Hospitality House de la Anheuser-Busch Brewery, proveedores de Budweiser y dueños del parque, donde la cerveza es gratuita pero limitada a dos copas (en vasos de plástico) por persona.

El Museum of Science and Industry

Unos 3 km al nordeste de Busch Gardens, en 4801 E Fowler Avenue, el **Museum of Science and Industry** (dom.-jue., 9-17 h; vier.-sáb., 9-19 h; 8 dólares; ☎987-6100) divertirá a los adultos tanto como a los niños. Creado para revelar los misterios del mundo científico, las exposiciones y máquinas, que se pueden tocar, son muy interesantes y entretendrán al viajero durante medio día.

Para sacar el máximo partido a la visita, se recomienda leer el programa al llegar: los elementos principales se reparten durante todo el día a horas fijas. Se aconseja planificar el tiempo según el Challenger Learning Center, una nave espacial y un control de la misión simulados. El Gulf Coast Hurricane es una muestra convincente que permite a los participantes sentir la fuerza del vendaval. Energy Pinball, un enorme millón por el que se puede pasear, permitirá al visitante seguir a una bola por un camino de 210 m. Finalmente, el Saunders Planetarium alberga el MOSIMAX, el primer cine IMAX (o *maximum image*) de Florida en una cúpula, que proyecta filmes de una excelente calidad en cuanto a sonido e imagen. El cine IMAX cuesta más de 6 dólares, añadidos al precio de la entrada normal, pero si el visitante tiene intención de ir, puede comprar una entrada válida para los dos pagando 11 dólares al entrar.

Hillsborough River State Park

Unos 20 km al norte de Tampa en la Hwy-301, a la sombra de robles, magnolias y palmeras, el **Hillsborough River State Park** (todos los días, 8-atardecer; automóviles, 3,25 dólares; peatones y ciclistas, 1 dólar; ☎987-6771) alberga uno de los raros ejemplos de rápidos del estado (en el exterior de un parque temático), cuando el río Hillsborough cae sobre afloramientos de piedra caliza antes de adquirir un curso de

---

EN CANOA POR EL RÍO HILLSBOROUGH

Para pasar medio día o un día entero navegando y viendo los caimanes, las tortugas, las aves zancudas y otras criaturas que viven en el río Hillsborough, el visitante tendrá que ir a Canoe Escape, 9335 E Fowler Avenue (☎1-800/448-2672), que ha trazado una serie de rutas apropiadas para novatos por este río de color té. Cuestan 24 dólares por dos personas durante 2 horas, incluido un curso de aprendizaje (8 dólares más por persona); hay que hacer la reserva por lo menos 72 horas antes.

---

meandros más típico. Los paseos por los amplios senderos para excursiones del parque y los trayectos en canoa por las partes más tranquilas del río harán que el viajero pase un buen día (además, el parque constituye un agradable lugar para **acampar**; ☎986-1020; 14,50 dólares por plantar una tienda), pero un sábado o domingo se recomienda dedicar parte de la tarde al **Fort Foster Historic Site**, un fuerte reconstruido de la guerra seminola de 1836 que sólo es posible ver con la **visita guiada** (parte de la entrada del parque los sáb., dom. y días festivos, 9-11 h y 13-16 h; 1,75 dólares). Como resultado de los intentos del gobierno de Estados Unidos de enviar a los indios seminola a reservas del Medio Oeste y para facilitar asentamientos de colonos, las guerras seminolas se sucedieron durante el siglo XIX y no terminaron oficialmente hasta 1937. Dentro del fuerte, hay entusiastas vestidos de época que explican los detalles históricos, como el hecho de que murieron más soldados a causa de las enfermedades tropicales que en la batalla. Al otro lado del río, los ocupantes del campamento seminola relatan el conflicto de manera diferente, aunque ambas versiones resultan interesantes.

Comida

La **comida** de Tampa es de buena calidad y muy variada, excepto en el **centro**, donde lo que más abunda son los puestos callejeros que venden tentempiés para los trabajadores de las oficinas a la hora del almuerzo. En Ybor City, cuya herencia latina y buena reputación actual han contribuido a que haya numerosos restaurantes, sirven algunas de las mejores comidas.

El centro

Bern's Steak House, 1208 S Howard Ave ☎251-2421. Los mejores bistés a la brasa que el visitante comerá jamás. La cena es cara (unos 30 dólares), pero resulta inolvidable.

Café Pepé, 2006 W Kennedy Blvd ☎253-6501. Desde hace años éste es un lugar clave de Tampa. Se recomienda el filete salteado y la paella.

Gladstone's Grilles Chiken, 502 Tampa St ☎221-2988. El visitante se alegrará de haber probado el pollo.

Manhattan Bagel Bar, 602 Franklin St ☎307-0555. Sencillo pero adecuado para comer algo antes de dirigirse al Tampa Theater (véase pág. 299).

Ole Style Deli, 110 E Madison St ☎223-4282. Un lugar donde merece la pena ir y en el que los hombres de negocios devoran sándwiches por 4 dólares. El servicio quizás es algo lento, pero los desayunos y las ensaladas son excelentes.

Rathskellar. Aunque se encuentra al lado del *Tampa Bay Hotel* (véase pág. 301), se recomienda entrar en este restaurante, el favorito de los estudiantes, para comer un menú barato y ligero.

Hyde Park

Café DeSoto, 504 E Kennedy Blvd ☎229-2566. Los platos del día cubanos para el almuerzo son muy caros. Por ejemplo, una comida a base de pollo asado, judías, arroz y pan cubano cuesta unos 3,95 dólares.

J.B. Winberie's, 1610 W Swann Ave ☎253-6500. Se recomienda probar los sanos platos de pescado y ensalada en una de las mesas de la acera y observar la tienda de Hyde Parkers.

Jeff's Desserts, 815 S Rome Ave ☎259-9866. Famoso por sus tartas, pero también por sus almuerzos baratos y abundantes.

Ybor City

Bernini, 1702 Seventh Ave ☎248-0099. Un local italiano que sirve pizza y pasta cocinadas a la leña en el antiguo Bank of Ybor City (el visitante verá enseguida los pomos de las puertas en forma de insecto gigante).

Café Cohiba, 1430 E Seventh Ave ☎248-0357. Llamado así por el famoso puro cubano, es un lugar elegante con precios incluso más elegantes. Comida original como brie cocido al horno con glaseado de guayaba, por el que los clientes pagarán más de 35 dólares.

Castillo's, 1823 Seventh Ave ☎248-1306. Uno de los pocos lugares que quedan para probar los auténticos sándwiches cubanos y el café cubano en la Seventh Avenue.

Cephas, 1701 E 4th Ave ☎247-9022. Un restaurante jamaicano dirigido desde la sala principal decorada con carteles políticos de Cephas Gilbert, quien llegó a Ybor vía Birmingham (Reino Unido), y sirve pollo, cabrito al curry y pescado mientras suena la música y explica a los huéspedes la agitada historia de su vida.

The Columbia, 2117 E Seventh Ave ☎248-4961. Toda una institución en Tampa, que sirve refinada comida española y cubana; se ha convertido en un lugar fijo en el circuito turístico, y en sus once salas caben unas 2.000 personas, que disfrutan de un espectáculo de baile flamenco seis noches a la semana.

El Sol de Cuba, 3101 N Armenia Ave ☎872-9880. Original cocina chino-cubana (chino-latina) servida en grandes raciones a precios de ganga.

Joffrey's Coffee House, Seventh Ave ☎248-5282. En el ambiente pueden olerse los deliciosos aromas de fruta, café y chocolate.

Latam at the Centro, 1913 Nebraska Ave ☎223-7338. El mejor restaurante cubano auténtico de los alrededores. Se recomienda elegir el extenso menú, que incluye enchilada de langosta con plátanos fritos y de postre un delicioso flan.

La Teresita Cafetería, 3248 West Columbus Drive ☎879-4909. Los sándwiches cubanos cuestan 2 dólares y platos como patas de cerdo y rabo encendido se sirven con un soberbio café cubano. Los lugareños charlan y a menudo se arrancan a cantar y a tocar la guitarra en el bar.

St Frances Cafe, 1811 North 16th St ☎247-6993. La propietaria, una franciscana seglar cuyo objetivo es dar de comer al hambriento, sirve estupendo falafel, hummus, tarta de queso casera y tarta dulce de chocolate, mantequilla y pacana, y sólo pagará lo que crea que se puede permitir.

Vida nocturna

En las **noches** de Tampa siempre ha habido mucha bebida y música en vivo; últimamente, el perfil cultural ha aumentado gracias a los espectáculos regulares de buena calidad en el **Tampa Bay Performing Arts Center** (☎222-1054), un centro de actuaciones de vanguardia. Para conocer más detalles sobre los acontecimientos artísticos y culturales del momento, se recomienda telefonear a Artsline ☎229-ARTS; hay guías de vida nocturna gratuitas en la línea de Nightlife ☎854-8000 (hay que seguir las indicaciones de marcado para acceder a los detalles sobre los clubes de comedia, los bares deportivos, las bandas locales, etc.). Para informarse sobre las entradas para cualquier acontecimiento importante, se aconseja telefonear a Ticketmaster ☎287-8844.

Copas

Muchos locales con música en vivo y clubes nocturnos ofrecen tentadores descuentos en las **bebidas**, aunque la forma más efectiva de beber es aprovechar las **happy hours** que se ofrecen en toda la ciudad; sólo hay que permanecer atento y leer los letreros. Para tomar una copa más tarde, se recomienda el *Irish Pub* de Ybor City, 1721 E Seventh Avenue (☎248-2099), o el *Castle*, de estilo inspirado en el Gótico, 2004 16th St en la 9th Ave (☎247-7547). Si al visitante le gusta disfrutar de los espectáculos deportivos de televisión después de beber un poco, puede ir a los mayores **bares de deportes** de la ciudad: *Sidelines Sports Emporium*, 11425 N Dale Mabry Highway (☎960-2398), *Grand Slam*, en el *Sheraton Grand Hotel* (☎286-4400) y *Baker's Billiards*, 1811 N Tampa Street (☎226-6541), que dispone de catorce mesas grandes de billar.

Música en vivo, clubes nocturnos y artes escénicas

El club de **música en vivo** más serio de Tampa es el *Skipper's Smokehouse*, sobre todo de blues y reggae, 910 Skipper Road (☎971-0666). Sin embargo, en general, el sonido que mantiene a Tampa viva de madrugada es el rock duro; se recomienda el *Killans Lounge*, 4235 W Waters Avenue (☎884-8965) y el *Kasey's Cove*, 2025 E Fowler Avenue (☎977-2683). Para escuchar a los mejores grupos, puede ir a los **principales locales** de Tampa: el USF Sun Dome, 4202 S Fowler Avenue (☎974-3002), y el Tampa Stadium, 4201 Dale Mabry Highway (☎872-7977). Otro ultramoderno local es el Tampa Bay Performing Arts Center, 1010 N MacInnes Place (☎221-1045), donde los programas de **ópera, música clásica** y **ballet** incluyen actuaciones de artistas internacionales de Estados Unidos. Los precios de las entradas a los grandes espectáculos oscilan entre 10-45 dólares. El Ritz, 1503 E Seventh Avenue, en Ybor City (☎247-PLAY), dispone de dos escenarios y presenta una mezcla de teatro experimental y profesional, además de música en vivo.

Entre los **clubes nocturnos** medios de Tampa, el *Green Iguana*, en 1708 East 7th Ave (☎248-9555), y el *Hammerjax*, 901 N Franklin St (☎221-JAXX), son los mejores. La entrada va desde gratuita a 8 dólares. Si al visitante le interesa tener una guía de todo lo relacionado con la vida nocturna, puede conseguir una copia del *Weekly Planet* o la edición de los viernes del *Tampa Tribune* (véase «Información», pág. 298).

Cine, clubes de humor y lecturas de poesía

Si el viajero quiere saber cuáles son los **filmes** que se proyectan en la ciudad, se recomienda leer la edición del viernes del *Tampa Tribune*. Los filmes en lengua extranjera, clásicos o de culto sólo se proyectan en el Tampa Theater, 711 Franklin Street (véase «El centro de Tampa», pág. 299); es posible conseguir un horario en el mismo edificio o telefonear a la línea de información de 24 horas ☎223-8981; las entradas cuestan 5 dólares. Tampa dispone de un buen **club de comedia**, el *Comedy Works*, en 3447 W Kennedy Boulevard (☎875-9129), donde la entrada cuesta entre 4-12 dólares. Si es jueves, se recomienda olvidar los chistes y asistir a las **lecturas de poesía** del «Thirsty Ear Poetry Series», en el *Trolley Stop*, 1327 E Seventh Avenue (☎237-6302), un centro de reunión ideal para los aficionados a la literatura mientras beben café.

Tampa gay y lesbiana

Debido a la constante apertura de más bares, clubes y centros de recursos, la vida **gay y lesbiana** de Tampa mejora cada día. Es posible conseguir información general telefoneando a The Line (☎586-4297), que publica el interesante *What's Gay in Tampa Bay*, o contactar con el Gay and Lesbian Community Center, en 4265 Henderson Blvd (☎287-2687). Se recomienda la revista de Florida *Encounter*, 1222 S Dale Mabry Hwy, otra excelente fuente de información sobre la vida gay de Tampa. Una buena librería es Tomes & Treasures, en 408 S. Howard Ave (☎251-9368).

Bares y clubes gays

The Pleasure Dome, en 1430 E Seventh Avenue de Ybor City (☎247-2711), es uno de los **locales nocturnos** más populares. Una multitud mixta bebe y baila en las dos pistas de baile, los tres bares y alrededor de ellos. Abundan los espectáculos de *drags* y la música Hi-NRG, aunque no hay que desanimarse por el exterior algo dejado. Otros clubes gays importantes son el *Rascals*, 105 West Martin Luther King Blvd (☎237-8883), un club de baile que sobre todo se llena los jueves. Asimismo destaca el *Mecca*, en la esquina de la Ninth Avenue y la 16th Street en Ybor City, un lugar moderno y pseudorreligioso, tanto para hombres como para mujeres; hay una entrada de 6 dólares o de 10 dólares con barra libre los jueves. *Twenty Six-O-Six*, 2606 N Armenia Avenue (☎875-6993), es un local de alterne muy moderno. *Angel's*, 4502 South Dale Mabry Hwy (☎831-9980), agradable y modesto, ofrece *strip tease* cada noche. Cerca de allí se encuentra *Baxters*, 4010 South Dale Mabry Hwy (☎258-8830), que ofrece jazz en vivo. *The Cherokee Club*, en 1320 E Ninth Avenue (☎247-9966), está orientado principalmente a lesbianas.

Direcciones prácticas

Aeropuerto A unos 8 km al noroeste del centro de Tampa (☎870-8700); hay que tomar el autobús 30 (véase «Llegada, información y transporte»). St Petersburg-Clearwater International Airport es el único aeropuerto que hay cerca de él (☎535-7600).

Alquiler de automóviles Thrifty Car Rental ☎289 4006; Avis, en el Tampa Airport ☎396 3500; Budget ☎1-800/527-0700.

Autobuses Líneas de autobús Greyhound ☎229 2174 o 1-800/231-2222. **Información sobre los autobuses locales** ☎254-4278.

Consigna En la estación Greyhound, 610 Polk Street; la estación de ferrocarril, 601 Nebraska Avenue, y en el aeropuerto.

Correos 5201 West Spruce Street o 925 North Florida Avenue. En Ybor City, 1900 East 12th Avenue.

Dentistas Para obtener referencias: ☎886-9040.

Deportes El equipo de fútbol profesional de la ciudad, los Tampa Bay Buccaneers, juega en el Tampa Stadium, 4201 Dale Mabry Highway (taquilla e información: ☎870-2700); las entradas más baratas cuestan entre 15-35 dólares. El equipo de fútbol americano de Tampa, los Rowdies (☎877-7800), juega partidos al aire libre en el Tampa Stadium y a cubierto en el Bayfront Center de St Petersburg, 400 First Street; las entradas cuestan entre 8-50 dólares.

Farmacia Eckerd Drugs, 11613 N Nebraska Avenue (☎978-0775), permanece abierta las 24 horas.

Ferrocarriles Amtrak ☎221-7601 o ☎1-800/872-7245.

Hospital Tampa General ☎251 7000 en isla Davis. Urgencias ☎251-7100.

Información meteorológica ☎645 2323.

Médicos Para obtener referencias: ☎870-4444.

Policía Urgencias ☎911. Para denunciar una pérdida o robo: ☎223-1515.

Taxis ABC taxi ☎872-9294; Tampa Bay Cab ☎251-5555 o United Cab Co ☎253-2424.

Thomas Cook La sucursal más cercana se encuentra en St Petersburg: Paragon Crossing, 11300 Fourth Street North ☎577-6556.

Ticketmaster Sucursales por toda la ciudad: ☎287-8844.

Servicio de información telefónica (sólo local) ☎411.

St Petersburg

Declarado el lugar más sano de Estados Unidos en 1885, **ST PETERSBURG** suele gustar enseguida a los visitantes. Situado en el límite este de la península de Pinellas, no se dedicó a atraer a convalecientes y jubilados para que disfrutaran de su excelente clima, sino que pusieron 5.000 bancos de color verde en sus calles para que descansaran los ancianos. A principios de la década de los ochenta, casi todos los habitantes de la ciudad tenían más de 50 años (la población debe su nombre a un ruso nostálgico), por eso nadie se sorprendió cuando fue escenario del filme *Cocoon*, en el que un grupo de ancianos recupera mágicamente la energía de la juventud. En la actualidad, St Petersburg parece seguir el ejemplo, pues la media de edad de sus residentes se ha reducido casi a la mitad; asimismo, el renovado embarcadero constituye un buen lugar para hacer vida social al aire libre y, lo más importante, la población ha adquirido una gran colección de obras del controvertido artista surrealista **Salvador Dalí**, razón suficiente para ir a St Petersburg, aunque sólo sea para hacer una pausa en su estancia en las playas que hay unos 14 km al oeste de la costa del Golfo (véase «Las playas de St Petersburg», pág. 316).

Llegada, información y alojamiento

La principal ruta **en automóvil** para llegar a St Petersburg es la I-275; no hay que dejarla antes de la salida de «Downtown St Petersburg» porque si no el viajero se encontrará con una barrera de semáforos. La estación de **autobuses** de Greyhound está en un lugar muy céntrico, en 180 Ninth Street N (☎1-800/231-2222). No hay trenes entre Tampa y St Petersburg, sólo un enlace de autobús Amtrak dos veces al día (☎221-7600 o 1-800/872-7245). Es posible llegar a las playas de St Petersburg con los **autobuses locales** (PSTA; ☎530-9911), aunque no siempre son directos (véase los «Autobuses entre St Petersurg y las playas», recuadro pág. 317). La mayoría de servicios llegan y parten de la terminal de Williams Park, en el cruce de First Avenue N con Third Street N, donde hay una taquilla de información que proporciona detalles de la ruta.

El visitante puede obtener la habitual **información** turística y los vales de descuento en la **Chamber of Commerce**, en 100 Second Avenue N (lun.-vier., 8-17 h; ☎821-4715; fax 895-6326) y consultar la sección «Weekend» del *St Petersburg Times* para la vida nocturna y diversión. En el primer piso del embarcadero (véase pág. 312), también hay un mostrador turístico bien surtido.

Alojamiento

Dormir en St Petersburg puede resultar más barato que en la zona de las playas. El *St Petersburg International Youth Hostel*, en el histórico *McCarthy Hotel*, 326 First Avenue N (☎822-4141), cuesta 15 dólares y también dispone de habitaciones dobles

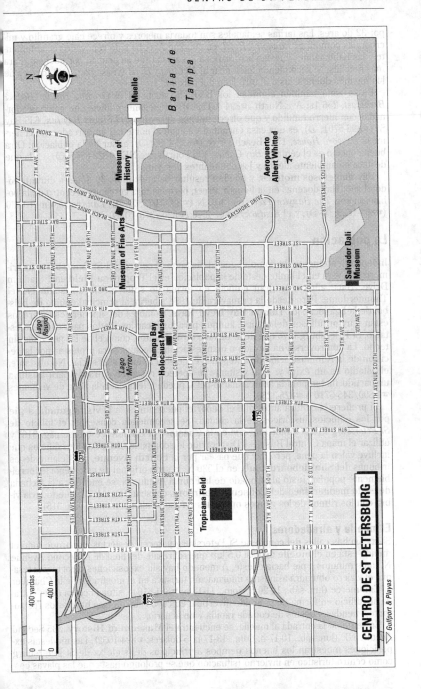

CENTRO DE ST PETERSBURG

Bahía de Tampa

Muelle

Museum of History

Museum of Fine Arts

Aeropuerto Albert Whitted

Salvador Dali Museum

Tampa Bay Holocaust Museum

Lago Mirror

Lago Round

Tropicana Field

Gulfport & Playas

400 yardas
400 m

N SHORE DRIVE
7TH AVE. N.
5TH AVE. N.
BAYSHORE DRIVE
BEACH DRIVE
BAY STREET
1ST STREET
6TH AVENUE NORTH
1S 2ND ST
3RD AVENUE NORTH
4TH AVENUE NORTH
2ND AVENUE
1ST AVENUE NORTH
3RD STREET
4TH STREET
5TH AVENUE NORTH
5TH STREET
CENTRAL AVENUE
1ST AVENUE SOUTH
2ND AVENUE SOUTH
3RD STREET
4TH STREET
5TH STREET
6TH STREET
7TH STREET
8TH STREET
1ST STREET
2ND STREET
3RD STREET
4TH STREET
7TH AVENUE SOUTH
8TH AVENUE SOUTH
8TH AVE. S.
9TH AVE. S.
10TH AVE. S.
11TH AVENUE SOUTH
5TH AVENUE SOUTH
6TH AVENUE SOUTH
3RD AVENUE SOUTH
4TH AVENUE SOUTH
9TH STREET (M.L.K. JR BLVD)
10TH STREET
11TH STREET
12TH STREET
14TH STREET
15TH STREET
16TH STREET
7TH AVENUE NORTH
ARLINGTON AVENUE NORTH
BURLINGTON AVENUE NORTH
CENTRAL AVENUE
1ST AVENUE NORTH
1ST AVENUE SOUTH

175
375
275

por 32 dólares. Las tarifas semanales son todavía mejores y ofrece café gratuito y microondas común. El *Randolph Hotel*, en 400 2nd Ave, ha sido renovado recientemente y las habitaciones cuestan 95 dólares a la semana (no se ocupan por noches). Para más detalles, se recomienda telefonear al *McCarthy Hotel* (véase pág. 310), que es de los mismos dueños, justo al otro lado del parque.

En la zona también abundan los B&B. Se aconseja el *Orleans Bishop Bed & Breakfast*, 256 1st Ave North (☎894-4312; ④), un elegante edificio con galerías adornadas con hierro fundido y que ofrece buenos desayunos; el *Sunset Bay Inn*, 635 Bay St (☎896-6701; ④), es una casa encantadora justo al norte del embarcadero; o la hermosa *Bayboro House*, 1719 Beach Drive (☎823-4955; ⑤), al sur de la población. Otra buena opción es el céntrico *Bay Gables*, 136 Fourth Ave NE (☎822-8855; ⑤), en la que destaca su ambiente alegre y los abundantes desayunos.

Hay numerosos **moteles**, y pueden resultar baratos: unos 39 dólares durante todo el año. Hay docenas en la Fourth Street, pero los más cercanos al centro de la población son *The Banyan Tree* en el 610 N (☎822-7072; ①-②); *Landmark*, en el 1930 (☎895-1629; ①-②), y el *Kentucky* en el 4246 (☎526-7373; ①-②).

La población

Independientemente de cómo llegue el visitante al centro del St Petersburg, lo primero que verá en el límite oeste de la población es el **Tropicana Field** en 1 Stadium Drive. Hace años este gran edificio en forma de suflé medio aplastado era el Thunderdome. Pero desde la primavera de 1998 alberga al principal equipo de béisbol de la liga local, los **Tampa Bay Devil Rays**. Como es de suponer, los lugareños están muy orgullosos del equipo, aunque para justificar los fondos para el nuevo estadio, St Petersburg tuvo que dejar de lado otros asuntos, como el de las personas sin techo. La controversia ha llevado a manifestaciones locales para protestar por la decisión de la Administración de anteponer el béisbol al bienestar social. No obstante, el estadio es un éxito y, si al visitante le apetece reservar entradas para asistir a un partido (la temporada abarca marzo-oct.), puede telefonear a la línea de visitantes ☎1-800/345-6710 o ☎825-3250.

Si prefiere la cultura antes que el deporte, puede unirse a la **visita guiada a pie** por los edificios históricos de la ciudad. Se recomienda conseguir el folleto de *St Petersburg Preservation Program* en la Chamber of Commerce (véase pág. 310) y utilizar el mapa Central Business District que lo acompaña. No todos los edificios que incluye valen la pena, pero hay que pasear por la **Fourth Avenue**, por delante de las tribunas del **Shuffleboard Club**, en el 536 N, la sede original de este deporte increíblemente popular. Justo al otro lado de la Fourth Avenue N, se encuentra la fachada de estilo mediterráneo del **Coliseum Ballroom**, construido en 1924, que todavía vibra con los ritmos de los grupos musicales (véase «Vida nocturna», pág. 315).

El muelle y alrededores

Si las anchas calles del centro de St Petersburg parecen desiertas es porque todo el mundo está en el **muelle** de casi 0,5 km que sobresale del final de la Second Avenue N, unos minutos a pie hacia el este. A menudo hay allí exposiciones de arte y artesanía; el viajero obtendrá asimismo información turística en el mostrador de la Chamber of Commerce (lun.-sáb., 10-20 h; dom., 11-18 h; ☎821-6164), situada cerca de la entrada al edificio en forma de pirámide invertida, en cuyos cinco pisos hay varios restaurantes, tiendas, puestos de comida rápida y un acuario.

Enfrente de la entrada al muelle, se encuentra el **Museum of History**, 335 Second Avenue NE (lun.-sáb., 10-17 h; dom., 13-17 h; 5 dólares; ☎894-1052). Las modestas exposiciones muestran los buenos tiempos a principios del siglo XX de St Petersburg como centro turístico en invierno (situación que se prolongó hasta que las playas costeras del Golfo, más anchas y con más arena, fueron accesibles) y el vuelo inaugural de la primera línea aérea comercial del mundo, que despegó de St Petersburg en 1914. También hay documentación sobre la **isla Weedon**, 8 km al norte de la población, que fue la base de una pequeña industria cinematográfica. Allí se hallaron importantes restos de cerámica en los túmulos de indios americanos, hasta que fueron saqueados en la década de los sesenta. En la actualidad, convertida en reserva natural protegida por el estado, la isla se usa en su mayor parte para pescar, pero está previsto que en breve se abra el costoso **Native American Cultural Center**.

Una manzana al oeste del muelle, un grupo de edificios de estilo mediterráneo, alberga el **Museum of Fine Arts**, en 255 Beach Drive NE (mar.-sáb., 10-17 h; dom., 13-17 h; 6 dólares; 10 o más para las exposiciones especiales; visitas guiadas gratuitas regulares; ☎896-2667). Durante años, ha expuesto una de las mejores colecciones de arte del estado; sin embargo, en la actualidad, debido a los grandes avances experimentados por otros museos más nuevos y el reciente Dalí Museum (véase más abajo), cada vez parece más obsoleto.

En el interior, las obras del arte del siglo XVII son buenas pero no impresionan, aunque destaca el *Parlamento* de Monet y el divertido *Experto en grabados* de Daumier. También hay expuestas piezas precolombinas, además de cerámica, figuras de vidrio y antigüedades de Europa y Asia. La sección de arte moderno europeo es más interesante e incluye dibujos de Kandinski; en la sala contemporánea estadounidense se exponen algunas de las flores de Georgia O'Keeffe, además de *El músico*, de George Luks.

A un paseo al sur del Museum of Fine Arts se encuentra el gran **Florida International Museum**, en 100 Second Street N (todos los días, sólo durante los períodos de exposición, 9-18 h; 13,95 dólares; estudiantes, 5,95 dólares; ☎1-800/777-9882), que ocupa una manzana. El museo abrió en 1995 con la primera de sus exposiciones, «Treasures of the Czars» (tesoros de los zares), que mostraba obras de los museos del Kremlin de Moscú. Se recomienda visitarlo porque las exposiciones, que duran aproximadamente un año cada una, son grandes y a menudo muy interesantes. Para poder entrar (y asegurarse de que no haya demasiada gente en el museo), el visitante tendrá que reservar la entrada con antelación telefoneando al número que se indica más arriba.

El Dalí Museum y Great Explorations

Pocos lugares constituyen un sitio menos apropiado para la mayor colección de obras del artista Salvador Dalí que St Petersburg, pero esto es exactamente lo que se expone en el **Salvador Dalí Museum**, en 1000 S Third Street (lun.-sáb., 9.30-17.30 h; dom., 12-17.30 h; 8 dólares; ☎822-6270), unos 2,5 km al sur del muelle. Hay más de mil obras de Dalí de la colección del industrial de Cleveland que entabló amistad con el artista durante los años cuarenta, compró muchas de sus obras y se quedó sin espacio para exponerlas, hasta que abrió esta galería en 1982 con tal fin.

El visitante puede unirse a las **visitas gratuitas**, que empiezan en cuanto hay un número suficiente de personas. Se hace un recorrido por las pinturas por orden cronológico (algunas expuestas en rotación), desde los primeros experimentos con el Impresionismo y el Cubismo y los relojes blandos del primer lienzo surrealista *La persistencia de la memoria*, hasta obras del período «clásico» de Dalí (1943), que luchan contra los fundamentos de la religión, la ciencia y la historia. Algunas, como el impresionante *Descubrimiento de América por Colón* y las múltiples imágenes dobles del *Torero alucinógeno*, son tan grandes que han sido colgadas en una sección de la galería especialmente acondicionada para ello.

Dalí nunca visitó el museo, pero si lo hubiera hecho tal vez habría cruzado la calle para explorar los objetos expuestos que se pueden tocar de **Great Explorations**, en 1120 Fourth Street S (lun.-sáb., 10-17 h; dom., 12-17 h; 5 dólares; ☎821-8885), que como el Museum of Science and Industry, mucho mayor (véase pág. 304), intenta poner al alcance de todos las primeras nociones de la ciencia mediante curiosos juegos, como burbujas a las que se puede entrar, una elaborada exposición para medir la forma física y la oportunidad de pasar por un túnel oscuro como la boca de un lobo.

Tampa Bay Holocaust Museum

El museo más nuevo de St Petersburg es el **Tampa Bay Holocaust Museum**, en 55 5th Street (lun.-vier., 10-16 h; dom., 12-16 h; cerrado sáb.; 6 dólares; ☎392-4678), que muestra el genocidio de la población judía en Europa con una gran claridad y sensibilidad; sitúa también en contexto la historia del antisemitismo, que empezó con la primera legislación antijudía de Europa en el 1215. Situado en un impresionante edificio blanco con una entrada triangular de cristal negro, el museo ofrece tanto exposiciones permanentes como temporales.

Creado por Walter Loebenberg, un hombre de negocios local y veterano de la Segunda Guerra Mundial que escapó de Alemania en 1939, el centro logró su objetivo de suscitar el entendimiento de las generaciones futuras. Lo más espectacular es un gran furgón original (1130695-5) que conducía a miles de víctimas famélicas a los campos de la muerte, el único que hay en Estados Unidos. En el piso de arriba, la obra de los artistas Judy Chicago y Donald Woodman exploran con una facilidad horripilante cómo las imágenes del Holocausto pueden ser sobrepuestas a las de Estados Unidos en la década de los novena. También hay algunas esculturas impresionantes de temas judíos y seculares, aunque si el visitante quiere verlo mejor en este aspecto, puede ir al espectáculo anual en el Temple Beth El (☎347-6136), que tiene lugar durante la última semana de enero.

Los Sunken Gardens

Si el viajero ya ha visto suficientes exposiciones, puede visitar los **Sunken Gardens**, 1825 Fourth Street (todos los días, 10-17 h; 14 dólares), a 1,6 km al norte del muelle. Hace casi 70 años, se drenó allí un sumidero lleno de agua y se plantaron miles de plantas y árboles tropicales, que forman los frescos y perfumados jardines. Si el visitante quiere hacer un curso acelerado de botánica exótica, será mejor que lea los textos que hay a lo largo de la pasarela que desciende suavemente a través de buganvillas, hibiscos y helechos. Sólo los espectáculos de loros, una nueva actuación de caimanes y las jaulas demasiado pequeñas que contienen algunos de los animales que viven allí constituyen un entretenimiento. Se amenaza con cerrar los jardines, por lo tanto, será mejor comprobar si están abiertos en la Chamber of Commerce antes de ir (véase «Llegada, información y alojamiento», pág. 310).

EL PINELLAS TRAIL

Si el viajero busca una alternativa interesante para el habitual ir y venir turístico por la costa, se recomienda que recorra el **Pinellas Trail**, un sendero de unos 55 km para excursiones a pie o en bicicleta que se extiende entre St Petersburg y Tarpon Springs. Es posible conseguir una guía gratuita muy informativa y manejable para el sendero en cualquiera de las Chamber of Commerce o centros de información entre los dos destinos. La guía describe la ruta y destaca los puntos de interés mediante útiles mapas. Muchos puntos de salida y entrada constituyen un acceso agradable, por tanto hay que reservar con tiempo para salirse paseando de los confines del sendero y, si al viajero no le apetece recorrerlo completo, puede tomar un autobús o conducir hasta una de las zonas destinadas a las excursiones de un día. A pesar de algunas secciones más feas que atraviesan centros urbanos (problemáticos en bicicleta), el sendero ofrece bellos paisajes en sus tramos rurales y la oportunidad de la contemplación lejos del bronceado y los deportes acuáticos.

Comida

La oferta de lugares para **comer** es mayor cuanto más moderno es el ambiente de St Petersburg. Cerca del muelle destaca, sobre todo, la cocina creativa con un toque español y cubano, y en cualquier lugar de la población puede encontrarse buena comida, generalmente a un precio razonable.

Bensons, 244 1st Ave North (☎823-6065). Puede resultar caro, pero *Bensons* ofrece estupendos sándwiches, buenas ensaladas y sabroso café.

Cha Cha Coconuts, 800 2nd St, 5th floor (☎822-6655). Platos caribeños acompañados con grandes bebidas isleñas heladas y diversión en vivo.

The Chattaway, 358 22nd Ave (☎823-1594). Antes era una tienda de ultramarinos, una gasolinera y una parada de tranvía. En la actualidad, *The Chattaway* es un buen restaurante americano.

Columbia, 800 2nd St, 3rd floor (☎822-8000). Ofrece comida cubana y española de buena calidad por 10-15 dólares.

Gold Coffee Shop, 336 First Ave (☎822-4922). Barata y sencilla, se trata de una buena opción para disfrutar de los desayunos americanos.

Jeffs Desserts, 300 Central Ave (☎896-9866). Sirven tarta de espinacas y feta (queso griego), sándwiches y ensaladas a buen precio como aperitivo para la tranquila multitud de jóvenes, que después saborea las atractivas creaciones de chocolate, pastel y crema de postre.

La Tropicana Restaurant, 320 First Avenue NE (☎898-9902). La sencilla decoración queda compensada con los excelentes sándwiches cubanos.

Mark Twain's Literary Café, 260 1st Ave N (☎821-6983). Platos de ensalada y pasta a precios moderados, servidos en un lugar elegante.

Ovo Cafe, 515 Central Ave (☎895-5515). Lugar elegante, pero si el visitante se ciñe a las ensaladas y a la bebida, podrá disfrutar de la decoración clásica minimalista sin salirse del presupuesto.

Saint Petersburg Bagel Company, 249 Central Ave (☎398-5327). Sabrosos bollos para llevar y servicio rápido.

Southern Garden Cafe, 199 N 9th St (☎896-2665). Agradable, barato, se trata de un lugar estrambótico para relajarse con música animada y comer platos de estilo cajún y criollo.

South Gate Restaurant, 29 3rd St North (☎823-7071). Comida al estilo familiar a buen precio. Se recomienda los gofres de arándanos para desayunar o los *gyros* de cordero para cenar.

Tamarind Tree, 537 Central Ave (☎898-2115). Cocina vegetariana y muchos platos por menos de 5 dólares.

Ted Peters' Famous Smoked Fish, 1350 Pasadena Avenue (☎381-7931). Se recomienda disfrutar de una cena a base de pescado ahumado caliente con toda clase de guarniciones. Es caro pero merece la pena.

Vida nocturna

Se dice que si alguien disparara un cañón en la Central Avenue después de las 21 h no le daría a nadie. Esto quizás era cierto en el pasado, pero en la actualidad se han abierto tantos bares y cafés como para que el riesgo sea mayor. Si el visitante se encuentra en el muelle, puede empezar la velada en *Alessi's* (☎894-1133) y luego subir a la azotea a escuchar gratis la banda que toca en el *Cha Cha Coconut's* (☎822-6655), donde la fresca brisa del océano y el horizonte de St Petersburg permiten saborear los ligeros ritmos del rock. Por *Jannus Landing*, 19 Second Street North (☎896-1244), y *The Big Catch*, 9 NE First Street (☎821-6444), pasa una procesión de bandas de **rock**. El *Moe's Place*, 10056 Gandy Boulevard (☎579-1145), es un pequeño y extraño local situado en el centro de la intersección. Con el eslogan «Anything goes at Moe's» (cualquier cosa vale en el Moe's), ofrece largas *happy hours*, un agradable restaurante y música en vivo. El viajero puede ir tras beber unas copas (no hay bar) al *Coliseum Ballroom*, 535 Fourth Avenue (☎892-5202), un local con **orquesta** desde hace décadas, donde hay una de las mayores pistas de baile de Estados Unidos; la entrada cuesta 11 dólares los fines de semana y menos entre semana y el *tea dance* cuesta 4 dólares (13-15.30 h). Si el visitante es un fan del **jazz**, se recomienda *The Silver King Tavern*, 1114 Central Avenue (☎821-6470); los entusiastas de la **música country** pueden ir a *The Bull Pen Lounge*, 3510 34th Street N (☎526-3366).

En la población hay un par de agradables y serios **bares gays**. El *Golden Arrow*, 10604 Gandy Boulevard (☎577-7774), se encuentra en la salida 15 de la I-275. Está tan oscuro que el visitante tendrá que ir a tientas hasta el bar, y se encuentra en un barrio donde rara vez se encuentra algún turista. Al sur de St Petersburg se halla el *Sharp A's Lounge*, más animado, 4918 Gulfport Boulevard South (☎327-4897), justo al norte de Skyway Bridge.

Gulfport

GULFPORT, que no se encuentra en los folletos turísticos y que los miles de visitantes que pasean entre el centro y las playas de St Petersburg no suelen ver, constituye un enclave encantador con tranquilos restaurantes, galerías de arte y el lugar más agradable donde alojarse (véase más abajo) de la zona. También es la única área de costa a este lado de Clearwater (véase pág. 320) que no ha sido inundada por la parafernalia turística. Desde el centro de St Petersburg, el visitante puede ir unos cuantos kilómetros hacia el sur por la I-275 y tomar la salida de Gulfport Boulevard (la 6), que constituye el eje central del pueblo. La mayor parte de Gulfport es una mezcla modesta y bastante suave de casas deterioradas por la intemperie, lavanderías automáticas y tiendas de comestibles. En Gulfport Boulevard, hay que girar por Beach Boulevard donde, no obstante, el viajero descubrirá una franja de tiendas de antigüedades y restaurantes a la sombra de robles cubiertos de moho. Al final de la calle se encuentra el **Gulfport Casino**, 5500 Shore Boulevard (☎893-1070), donde los lugareños disfrutan con el baile de salón y una orquesta en directo los domingos, martes y jueves (los bailarines de country lo hacen los miér.).

Sea Breeze Manor, 5701 Shore Boulevard (☎343-4445; fax 343-4447; ⑤-⑧), una casa en primera línea muy bien restaurada con elegantes camas y muebles antiguos, y donde sirven desayunos caseros, constituye una buena alternativa a St Petersburg. También hay muchos establecimientos para **comer**. El moderno restaurante cubano *Habana Café*, 5402 Gulfport Boulevard (☎321-8855), sirve camarones de todas clases por unos 5 dólares. Se recomienda *Mansfields*, que se encuentra frente al casino, al final de Beach Boulevard, en el que sirven mero, almejas, costillas y siluro; o *La Côte Basque*, 3104 Beach Boulevard, cuyas especialidades son la platija y el cordero asado.

Las playas de St Petersburg

Rodeando el lado del Golfo de la península de Pinellas, hay un voluminoso saliente de tierra que se extiende entre la bahía de Tampa y el golfo de México, 56 km de *barrier islands* que forman las **playas de St Petersburg**, un nombre apropiado para una de las franjas costeras más concurridas de Florida. Cada zona de playa tiene un nombre pro-

AUTOBUSES ENTRE ST PETERSBURG Y LAS PLAYAS

Desde la terminal de Williams Park de St Petersburg, el visitante puede tomar el autobús 12, 29 o 35 de PSTA hasta la parada de Palms of Pasadena Hospital, saliendo de la Gulf Boulevard, donde los autobuses Bats (☎367-3086) cruzan la Corey Causeway hasta **St Petersburg Beach y Pass-a-Grille** (lun.-sáb., 7.15-17.50 h; dom., y días festivos, 7.45-17.50 h). El autobús 3 de PSTA desde la terminal de Williams Park circula hasta el cruce de Central Avenue con Park Street, donde el Treasure Island Transit (☎360-0811) continúa **hasta isla Treasure** que realiza el servicio en Gulf Boulevard entre las avenidas 79th y la 125th (cada hora, lun.-sáb., 8.15-16.15 h, excepto a las 12.15 h; 1 dólar el billete sencillo). Hay un enlace directo desde Williams Park **hasta Madeira Beach e Indian Shores** con el 71 y **hasta Clearwater** con el 18 y el 52, desde donde el 80 continúa **hasta Clearwater Beach**. Los billetes sencillos de autobús PSTA cuestan 1,50 dólares; los transbordos son gratuitos (para más detalles sobre el transporte, véase «Autobuses en los alrededores de Clearwater Beach», pág. 293).

pio, pero quizás el viajero oiga cómo las llaman «the Holiday Isles» o «Pinellas County Suncoast». Cuando los famosos centros turísticos de Miami Beach perdieron su atractivo durante los años setenta, las playas de St Petersburg ganaron popularidad entre los estadounidenses. Más tarde, se convirtieron en un destino frecuentado por europeos que suelen adquirir un paquete de vacaciones. Aunque las playas son hermosas y anchas, el agua está templada y las puestas de sol resultan inolvidables, no es en absoluto lo mejor de Florida, si bien alojarse allí puede ser muy rentable (sobre todo durante el verano). Algunas de las islas no están todavía muy explotadas para el turismo y merece la pena explorarlas; además, el viajero puede combinar el estar tumbado todo el día en la playa con las excursiones a las zonas del interior más interesantes.

Información

En varias zonas de playa hay **Chamber of Commerce** que proporcionan información útil: St Petersburg Beach, 6990 Gulf Boulevard (lun.-vier., 9-17 h; ☎360-6957; fax 360-2233); Treasure Island, 152 108th Avenue (lun.-vier., 9-17 h; ☎367-4529; fax 360-1853); Madeira Beach, 501 150th Avenue (lun.-vier., 9-17 h; ☎391-7373; fax 391-4259). En Clearwater Beach, se recomienda visitar la taquilla del Pier 60, 1 Causeway Boulevard (lun.-vier., 9-17 h; ☎462-6466). En cualquiera de las anteriores y en las tiendas, restaurantes y moteles, se aconseja pedir las **revistas gratuitas** como la *St Petersburg Official Visitors Guide* y la *See St Pete and Beaches*; si el viajero quiere informarse sobre la vida nocturna, puede comprar la edición del viernes del *St Petersburg Times*.

Alojamiento

Excepto la acampada, las opciones son limitadas a la hora de buscar **un lugar donde dormir** en la zona de las playas. Hay muchos **hoteles**, pero suelen estar llenos de turistas que adquieren paquetes de vacaciones, y resultan más caros que los moteles. Dos opciones inusuales pero caras son el lujoso *Don Cesar*, 3400 Gulf Boulevard (☎360-1881; ④-⑥), descrito en la página 318, o el restaurado *Clearwater Beach Hotel*, 500 Mandalay Avenue (☎441-2425; ①-⑥).

Entre los **moteles** que llenan el Gulf Boulevard y las calles colindantes, pueden encontrarse mejores precios (por lo general 40-55 dólares en invierno, 10-15 dólares menos en verano), aunque si el visitante se queda el tiempo suficiente, en muchos de ellos se ofrecen tarifas semanales con descuento. En algunos se ofrece también alojamiento con **derecho a cocina** (comodidades básicas como una nevera y un hornillo) por 5-10 dólares más. El viajero debe tener en cuenta que una habitación junto a la playa de Goulf Boulevard cuesta 5-10 dólares más que una idéntica en el interior.

La falta de competencia hace que los precios de **Pass-a-Grille** sean unos 10 dólares más elevados que los que se pagan unos pocos kilómetros al norte, pero el distrito constituye un excelente lugar donde alojarse. Se recomienda *Pass-a-Grille Beach Motel*, 709 Gulf Way (☎367-4726; ④) o, para una estancia más larga, las casitas de campo del *Gamble's Island's End Resort*, 1 Pass-a-Grille (☎360-5023; ⑤-⑥). Para ver las mejores opciones de **St Petersburg Beach**, se aconseja consultar el *Blue Horizon*, 3145 Second Street W (☎360-3946; ④); *Carlton House*, 633 71st Avenue (☎367-4128; ④); *Florida Dolphin*, 6801 Sunset Way (☎360-7233; ④); *Gulf Tides Motel*, 600 68th Avenue (☎367-2979; ④); o el *Ritz*, 4237 Gulf Boulevard (☎360-7642; ④).

Más al norte, en **Treasure Island**, se recomienda el *Beach House*, 12100 Gulf Boulevard (☎360-1153; ④); *Green Gables*, 11160 Gulf Boulevard (☎360-0206; ③); *Jolly Roger*, 11525 Gulf Boulevard (☎360-5571; ④); o *Sunrise*, 9360 Gulf Boulevard (☎360-9210; ④). En **Madeira Beach**, el *Beach Plaza*, 14560 Gulf Boulevard (☎391-8996; ④); *Gulf Stream*, 13007 Gulf Boulevard (☎391-2002; ④); o *Skyline*, 13999 Gulf Boulevard (☎391-5817; ④). En **Clearwater Beach**, se encuentra el único albergue de juventud HI de la costa oeste de Florida, 606 Bay Esplanada (☎443-1211), que es muy agradable; las camas cuestan 15 dólares. Las demás opciones más baratas son *Bay Lawn*, 406 Hamden Drive (☎443-4529; ④); *Cyprus Motel Apts*, 609 Cyprus Avenue (☎442-3304; ④); *Gulf Beach*, 419 Coronado Drive (☎447-3236; ④) y *Olympia Motel*, 423 E Shore Drive (☎446-3384; ④).

Cámping

No hay **zonas de acampada** en la principal franja de playa, aunque el lugar más agradable y cercano, el Fort de Soto Park (véase pág. 319; ☎866-2662), se encuentra junto a la arena y el mar. Las demás opciones se hallan en el interior: *St Petersburg KOA*, 5400 95th Street W (☎1-800/848-1094), 8 km al este de Madeira Beach; y *Clearwater/Tarpon Springs KOA*, 37061 Hwy-19 N (☎937-8412), unos 10 km al norte de Clearwater. Este último se encuentra más cerca de Clearwater Beach y sus alrededores, pero ninguno de los dos sirve si no se cuenta con vehículo propio (ambos cobran 24,75 dólares por plantar una tienda).

Las playas del sur

En unos 32 km de costa abarrotada de turistas, sólo una sección parece una verdadera comunidad: la delgada zona de **PASS-A-GRILLE**, situada en el extremo más al sur de la cadena de *barrier islands*. Una de las primeras comunidades de playa en la costa oeste, establecida por pescadores en 1911, la moderna Pass-a-Grille comprende unos 3 km de casas limpias, césped bien cuidado, pequeñas tiendas y una serie de bares y restaurantes. Los fines de semana, los lugareños suelen ir a Pass-a-Grille para disfrutar de una de las mejores extensiones de arena de la zona y de las hermosas vistas de las pequeñas islas que puntean la entrada a la bahía de Tampa. No hay servicio público hasta Pass-a-Grille, por lo que se aconseja tomar un autobús hasta St Petersburg Beach (véase pág. 317) y luego un taxi o bien alquilar una bicicleta.

Unos 2,5 km al norte de Pass-a-Grille, en St Petersburg Beach, el visitante verá enseguida el **Don Cesar Hotel**, 3400 Gulf Boulevard (visitas guiadas gratuitas, vier., 11.30 h; ☎360-1881), un enorme castillo rosa con ventanas de arco adornadas de color blanco y torreones de cierto estilo árabe, que se alza en Gulf Boulevard y ocupa unas 3 Ha junto a la playa. Ideado por Thomas J. Rowe, un especulador inmobiliario de los años veinte, el *Don Cesar* fue inaugurado en 1928, pero su glamour duró poco. La Depresión obligó a Rowe a destinar parte del hotel a almacén y, más tarde, permitir al equipo de béisbol de los New York Yankees convertirlo en su lugar de entrenamiento durante la primavera. Después de décadas de ser utilizado como hospital militar y oficinas federales, el edificio fue reformado con un presupuesto de 1 millón de dólares durante los años setenta y volvió a ser un hotel, un bonito lugar donde alojarse para todo aquel que pueda gastar más de 150 dólares por noche. En la actualidad, el interior no guarda mucha similitud con el original, pero el visitante puede contemplar las columnas de mármol y las arañas de cristal del vestíbulo mientras pasea hasta el salón, donde podrá comprobar la comedida elegancia del lugar sentado en un cómodo sofá o, justo en el exterior, desde el borde de la piscina, que muchas veces es utilizada para rodar una escena de algún filme; de hecho allí se rodó gran parte del filme satírico de Robert Altman *H.E.A.L.T.H.*

Más allá del *Don Cesar*, Pinellas County Bayway va hacia el interior y constituye una buena ruta para dirigirse a Fort de Soto Park (véase más abajo). Si el viajero sigue por Gulf Boulevard, llegará a la sección principal de **ST PETERSBURG BEACH**, una serie de hoteles, moteles y restaurantes agrupados a lo largo de Gulf Boulevard, que continúan durante varios kilómetros. Hay un grupo de tiendas pseudobritánicas que rompen un poco la monotonía alrededor de Corey Avenue.

Más al norte, **TREASURE ISLAND** resulta incluso menos variada y culmina en un puente levadizo de arcos que cruza hasta **MADEIRA BEACH** y las tiendas de paredes de madera y tejado de hojalata, los restaurantes y bares de **John's Pass Village**, 12901 Gulf Boulevard. Unidas por una ruidosa pasarela, las tiendas y la flota de pesca local y navegación de placer que hay amarrada cerca de allí pueden ser un entretenimiento si el viajero no tiene absolutamente nada mejor que hacer. Madeira Beach es un lugar aburrido; pero si no es posible llegar hasta Pass-a-Grille (véase pág. anterior), podrá pasar un fin de semana en la playa local.

Unos 6,5 km al norte de Madeira Beach, en **INDIAN SHORES**, se halla el **Suncoast Seabird Sanctuary**, 18328 Gulf Boulevard (todos los días, 9-atardecer; se aceptan donaciones; mar., 14 h, visitas guiadas gratuitas). La reserva es un respetado centro de tratamiento de aves enfermas, como pelícanos convalecientes, garzas y buitres, entre otras criaturas aladas que soportan las consecuencias de las incursiones humanas en su hábitat natural.

Fort de Soto Park

Si el viajero dispone de automóvil disfrutará del paisaje que rodea las playas de St Petersburg dirigiéndose al otro lado de la Pinellas County BayWay, justo al norte del *Don Cesar*, la salida hacia el sur de la Route 679 para pasar un día en las cinco islas que hay en **Fort de Soto Park** (amanecer-atardecer; entrada gratuita). Al parecer, el español a quien se atribuye el descubrimiento de Florida, Ponce de León, llegó allí en 1513 y de nuevo en 1521, cuando los habitantes indígenas de la isla lo hirieron mortalmente. Siglos más tarde, las islas fueron una importante base estratégica de la Unión durante la Guerra Civil y, en 1898, se construyó un fuerte para anticiparse a los ataques sobre Tampa durante la guerra hispano-americana. Los restos del fuerte, que nunca fue terminado, pueden ser explorados en uno de los varios **senderos para excursiones a pie** que serpentean por un impresionante paisaje cubierto de vegetación, en el que abundan los pinos y los robles australianos.

Unos 5 km de **playas** agradables para bañarse bordean el parque, que durante la semana son poco frecuentadas, muy lejos de las concurridas franjas de playa. El mejor modo de saborear la zona es **acampar**, (véase «Alojamiento», pág. 317).

Las playas del norte

Gran parte de la **sección norte** de **Sand Key**, la mayor isla de barrera de la cadena de St Petersburg, está llena de elegantes edificios de apartamentos, algunos de multipropiedad, pues se trata de una de las zonas más ricas de la costa. Termina con el bello **Sand Key Park**, donde las altas palmeras rodean una brillante franja de arena. La típica vista de la playa sólo queda estropeada por los altos edificios cercanos, que incluyen el *Sheraton Sand Key Resort*; la clientela de este establecimiento aumentó temporalmente en este hotel debido al escándalo que levantó la relación amorosa entre el famoso predicador evangélico de la televisión Jim Bakker y la modelo Jessica Hahn en 1987.

Sand Key Park ocupa una ribera del Clearwater Pass; al otro lado de ésta se halla **CLEARWATER BEACH**, con sus hermosas arenas blancas. Se trata de otra comunidad dedicada al turismo. Los moteles flanquean sus calles laterales y por todas partes hay turistas que han adquirido un paquete de vacaciones; no obstante, hay un agradable ambiente de pueblo, lo que lo convierte en un buen lugar para pasar un par de días. El visitante puede informarse sobre el alojamiento, en la **Chamber of Commerce**, 100 Coronado Drive (lun.-vier., 9-17 h; ☎447-7600; fax 443-7812). Una ventaja importante para los que no conduzcan son los enlaces regulares de autobús entre Clearwater Beach y la población interior de **CLEARWATER** (a la que se llega por una carretera elevada de unos 3 km), donde el viajero encontrará enlaces con St Petersburg y Tarpon Springs, y una estación Greyhound (véase recuadro más abajo). En Clearwater hay un **punto de información** separado del de Clearwater Beach, en 1130 Cleveland St (lun.-vier., 8.30-17 h; ☎461-0011; fax 449-2889).

Aparte de ver sus playas y los largos muelles, no hay mucho más que hacer en Clearwater Beach; si al viajero le atrae el mar, puede unirse al «crucero pirata» *Captain Memo* de 2 horas de duración (sale a las 10, 14 y 16.30 h; abril-sept., a las 19 h; 28 dólares; ☎446-2587) desde el puerto deportivo que hay justo al norte de la carretera elevada; si prefiere algo más emocionante, se recomienda hacer una excursión de un día a las islas Caladesi o Honeymoon, unos pocos kilómetros al norte.

El **Belleview Biltmore Resort Hotel** de 1897, en 25 Belleview Boulevard, Clearwater (☎442-6171), incluido en el registro nacional de lugares históricos y situado a una pequeña distancia hacia el interior desde el canal intercostero, es una hermosa construcción de madera al estilo tradicional situada en un risco, y cuenta con 145 habitaciones. En el pasado pertenecía al magnate del ferrocarril Henry B. Plant, quien alojó allí a importantes hombres de negocios y famosos. El *Belleview* se conserva muy bien y vale la pena echar una ojeada tanto a su interior como al exterior. Para apreciar mejor el lugar, se aconseja hacer una de las **visitas históricas** (todos los días, 11 h; 5 dólares o 15, incluido el almuerzo).

AUTOBUSES EN LOS ALREDEDORES DE CLEARWATER BEACH

Clearwater Beach es adecuado para los visitantes que no viajan en automóvil. **Alrededor de la franja de playa**, el gratuito *Clearwater Beach Trolley* circula cada media hora durante el día entre Sand Key (desde el *Sheraton Sand Key Resort*) y Clearwater Beach (por Gulfview Bulevard, Mandalay Avenue y Acacia Street). **Hacia el interior**, la opción más barata es el *Jolly Trolley*, que para en varios puntos de la playa y lleva al centro de Clearwater por 50 centavos. Como alternativa, es posible tomar el autobús 80, que opera entre Clearwater Beach y la terminal de Park Street de Clearwater (información: ☎530-9911). Las **líneas más utilizadas** son: la 80 hasta la isla Honeymoon; la 18 y la 52 hasta St Petersburg; la 66 hasta Tarpon Springs; y el 200X (sólo durante las horas punta) hasta Tampa. Un enlace con el interior mucho menos frecuente es el que proporcionan dos autobuses Amtrak diarios, que van desde Tampa en lugar de los trenes; paran en Clearwater en 657 Court Street y en el Civic Center de Clearwater Beach. La estación Greyhound se encuentra en 2811 Gulf -to-Bay Boulevard (☎796-7315).

Las islas Honeymoon y Caladesi

En 1921, debido a un huracán, una isla de 8 km de largo justo al norte de Clearwater Beach quedó separada. Nació así el Hurricane Pass y dos islas, que ahora son parques protegidos por el estado (ambos cobran una entrada de 4 dólares por automóvil; 1 dólar peatones y ciclistas); allí es posible observar el terreno selvático que cubría toda la costa antes de que llegaran las apisonadoras. De las dos, se puede acceder por tierra a la **isla Honeymoon**; hay que tomar la Route 586 que sale de la Hwy-19 justo al norte de Dunedin (o el autobús 80 desde Clearwater). Los edificios de apartamentos de la isla Honeymoon estropean su impacto natural, pero la porción salvaje al final de la carretera merece ser explorada por el sendero que rodea los límites de la isla.

Si el visitante quiere conocer la Florida salvaje, se recomienda ir a la **isla Caladesi**, justo al sur. Desde el desembarcadero señalizado junto a la Route 586 en la isla Honeymoon, un **transbordador** (6 dólares ida y vuelta) va de una isla a la otra todos los días entre 10-18 h (las horas pueden variar, hay que comprobarlo en el ☎734-5263). Cuando el viajero se encuentre en tierra, en el puerto deportivo rodeado de mangles de Caladesi, las pasarelas conducen hasta una playa de una inusitada tranquilidad, ideal para bañarse, broncearse y recoger conchas. Asimismo, puede recorrer el **sendero natural** de casi 5 km, que va hacia el interior a través de palmitos dentados y pinos hasta una torre de observación. Hay que llevar comida y bebida a la isla, porque la pobre cafetería del puerto deportivo es el único establecimiento del lugar.

Comida

Hay numerosos lugares para comer en las playas. En 807 Gulf Way, el *Hurricane Restaurant* (también puede plantar una tienda por 16,50 dólares; ☎360-9558) ofrece un económico menú del marisco más fresco; más al norte, *Sea Horse*, 800 Pass-a-Grille (cerrado los mar.; ☎360-1734), está especializado en sándwiches; *Pep's Sea Grille*, 5895 Gulf Boulevard (☎367-3550), crea interesantes combinaciones de pasta y marisco; *Debby's*, 7370 Gulf Boulevard (☎367-8700), sirve abundantes desayunos y almuerzos muy baratos; *46th South Beach*, 46 46th Avenue, St Pete's Beach (☎360-9414), ofrece platos del día cada noche como el *one-pound you-peel-em shrimp dinner* (cena de una libra de camarones que pela uno mismo) y Bloody Mary por sólo 1 dólar; y en *O'Malley's Bar*, 7745 Blind Pass Way (☎360-2050), hacen las hamburguesas a la parrilla más gruesas y sabrosas de los alrededores. Si el visitante se siente rico y tiene mucha hambre un domingo, puede ir bien vestido al bufé del almuerzo del *Don Cesar*, 3400 Gulf Boulevard (☎360-1881), que empieza a las 10.30 h y cuesta 28.95 dólares por persona.

En Clearwater Beach, *Alex*, 305 Coronado Drive (☎447-4560), y *Coca Cabana Motel*, 669 Mandalay Avenue (☎446-7775), ofrecen desayunos baratos, al igual que el siempre lleno *IHOP* (*International House of Pancakes*), junto al *Quality Inn*, en 655 South Gulfview Blvd. *Frenchy's Schrimp and Oyster Café*, 41 Baymond Street (☎446-3607), sirve hamburguesas de mero y sándwiches de camarones; *Seafood & Sunsets*, 351 S Gulfview Boulevard (☎441-2548), ofrece marisco barato, ideal para comerlo mientras se observa la puesta de sol. Los que tengan un apetito más voraz pueden saciarlo en los **bufés de cena** por 11,95 dólares en el *Holiday Inn Sunspree*, 715 S Gulfview Boulevard (☎447-9566).

Vida nocturna

Como cabe esperar, la mayor parte de **vida nocturna** está destinada a los turistas, aunque hay excepciones. Muchos bares de hoteles y restaurantes ofrecen extensas **happy hours** y salones diseñados para observar la puesta de sol mientras se bebe un cóctel; se recomienda buscar los anuncios en las revistas turísticas gratuitas. Para beber unas copas por menos dinero, se aconseja el *Jammins*, en 470 Mandalay Avenue (☎441-2005), o el *Beach Bar*, en 454 Mandalay Avenue (☎446-8866).

Abundan los grupos de pop. Si el visitante quiere escuchar **música en vivo** de calidad, puede ir a uno de los siguientes establecimientos: *Hurricane Restaurant*, en 807 Gulf Way (☎360-9558), que ofrece la música de algunos de los mejores músicos de **jazz** de la zona; *Harp and Thistle*, 650 Corey Avenue (☎360.4104), que lleva a grupos irlandeses muchas noches; en *Bennigan's*, 4625 Gulf Boulevard (☎367-4521), suele haber grupos de **reggae** los sábados por la noche. En Clearwater Beach, hay reggae y otros ritmos en el *Cha Cha Coconuts*, 1241 Gulf Boulevard (☎569-6040). El viajero puede disfrutar de la música **country** cada noche en el *Joyland*, 11225 Hwy-19 S (☎573-1919).

Al norte de Clearwater: Tarpon Springs

Los buscadores de esponjas que fueron expulsados de Key West por los conservacionistas del lugar al principio de la década de 1900 se establecieron en **TARPON SPRINGS**, 16 km al norte de Clearwater saliendo de la Hwy-19 (el viajero debe utilizar la Alt-19 para llegar al centro y tener un mapa a mano; si va en autobús, el 19 y el 66 llegan desde el sur). Estos primeros emigrantes fundaron lo que hoy es una gran comunidad griega en una población que entonces era frecuentada por norteños adinerados (en invierno). Durante la Segunda Guerra Mundial hubo una gran demanda de esponjas (entre otras utilidades, son excelentes para limpiar la sangre), pero más tarde la industria se hundió debido a la destrucción del fondo marino y al desarrollo de las esponjas sintéticas.

Sin embargo, la presencia griega continúa siendo importante en Tarpon Springs y es más evidente en enero, cuando unas 40.000 personas de procedencia griega participan en la mayor celebración de la Greek Orthodox Epiphany (Epifanía de la Iglesia ortodoxa griega) del país. Cada año, un número incluso mayor de turistas pasea por las tiendas de recuerdos que hay en los antiguos muelles de esponjas; dejan así de lado el resto de la población que, desde los edificios restaurados hasta los iconos que lloran, resulta mucho más fascinante.

La población

En Tarpon Springs, se pueden ver nombres griegos en todas las fachadas de las tiendas y, aunque la mayoría de las que ocupan la agitada Alt-19 (llamada Pinellas Ave allí) son conocidas como anticuarios, los objetos que venden brillan de nuevos. No se recomienda parar allí, sino seguir hacia los letreros de *docks* (muelles). A la derecha, el visitante verá el símbolo más importante de la comunidad griega, la **St Nicholas Orthodox Cathedral**, de estilo bizantino; situada en la esquina de Pinellas Avenue y Orange Street (todos los días, 10-16 h; entrada gratuita), fue fundada en parte gracias un impuesto del 50 % sobre las ventas de esponjas y terminada en 1943. Los que no sean devotos quizá no aprecien toda la importancia de la decoración interior de la catedral, aunque los iconos y el incienso quemándose lentamente crean un intenso ambiente espiritual.

Después de dejar la catedral, el visitante puede entrar en el cercano **Tarpon Springs Cultural Center**, 101 S Pinellas Avenue (lun.-vier., 8-17 h; sáb., 10-17 h; entrada gratuita, excepto en los acontecimientos especiales), que suele mostrar originales muestras sobre el pasado y el presente de Tarpon Springs, además de exposiciones de arte. Este edificio neoclásico ha servido como ayuntamiento desde 1915, un período en el que Tarpon Avenue, una calle más allá, era un bullicioso centro comer-

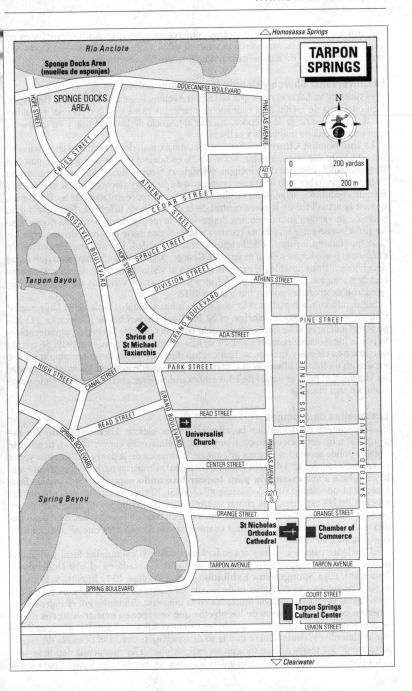

△ *Homosassa Springs*

TARPON SPRINGS

Río Anclote

Sponge Docks Area (muelles de esponjas)

SPONGE DOCKS AREA

DODECANESE BOULEVARD

N

HOPE STREET

CROSS STREET

ATHENS STREET

CEDAR STREET

PINELLAS AVENUE

ALT 19

0   200 yardas
0   200 m

ROOSEVELT BOULEVARD

HOPE STREET

SPRUCE STREET

DIVISION STREET

Tarpon Bayou

ATHENS STREET

GRAND BOULEVARD

PINE STREET

Shrine of St Michael Taxiarchis

ADA STREET

HIGH STREET

PARK STREET

HIBISCUS AVENUE

CANAL STREET

READ STREET

SPRING BOULEVARD

READ STREET

Universalist Church

GRAND BOULEVARD

CENTER STREET

SAFFORD AVENUE

Spring Bayou

PINELLAS AVENUE

ALT 19

ORANGE STREET

ORANGE STREET

St Nicholas Orthodox Cathedral

Chamber of Commerce

TARPON AVENUE

TARPON AVENUE

SPRING BOULEVARD

COURT STREET

Tarpon Springs Cultural Center

LEMON STREET

▽ *Clearwater*

cial. Allí, carniceros, panaderos y otros comerciantes, vendían sus mercancías en pequeños edificios de mampostería, muchos de ellos aún en pie. Algunos han sido convertidos en tiendas de antigüedades, donde se venden objetos diversos.

La Universalist Church y George Innes Junior Collection

Si el visitante va hacia el oeste por la Tarpon Avenue, llegará hasta **Spring Bayou**, un lago en forma de media luna rodeado de opulentas casas que pertenecían a residentes de Tarpon Springs de la época anterior al negocio de las esponjas, y en las que vivían una mezcla de magnates y artistas.

La **Universalist Church**, 57 Read St (oct.-mayo, mar.-dom.; resto del año, todos los días, 14-17 h; donación, 1 dólar; ☎937-4682), es famosa por su colección de pinturas fantásticas del paisajista de principios del siglo XX George Innes, Jr. Para conmemorar lo que podría haber sido el primer centenario de su padre (George Innes, senior, también un reconocido artista), Innes pintó una delicada representación de Spring Bayou, que en la actualidad es la pieza central de la colección de la iglesia. Innes pasó gran parte de su carrera sumido en una depresión y la mediocridad, pero esta obra singular pareció encender una llama creativa e inspiró una serie de obras de una gran belleza que cubren los muros de la iglesia en la actualidad. Las pinturas estuvieron en el Louvre, pero después de la muerte de George, junior, su viuda pagó para que se las devolvieran. Unos amables lugareños guiarán al visitante para contemplar las pinturas; destacan los murales que pintó Innes para tapar las ventanas de la iglesia, que quedaron destrozadas por un huracán en 1918.

Siguiendo con la temática religiosa y sólo a unos minutos a pie de la Universalist Church, se halla el sencillo **Shrine of St Michael Taxiarchis** de madera, en 113 Hope Street (siempre abierto); fue construido por una mujer de la zona en agradecimiento por la inexplicable recuperación de su hijo «enfermo terminal» en 1939. Se cuenta que muchos ciegos y tullidos se han curado después de visitar el templo, lo que se explica en un folleto. Mientras el visitante esté allí, puede estudiar los iconos y buscar las lágrimas, al parecer varios de ellos empezaron a llorar en 1989 y esto se interpretó como un mal presagio.

Los muelles de esponjas

En Dodecanese Boulevard, en las riberas del río Anclote, los **muelles de las esponjas** son un decepcionante conglomerado de almacenes convertidos en tiendas de regalos donde se venden casetes griegos de la «música de la danza del vientre» y, por supuesto, esponjas (2-3 dólares por una pequeña). Un barco parte regularmente a lo largo del día a una **excursión para bucear buscando esponjas** (St Nicholas Boat Line; 693 Dodecanese Blvd; 5 dólares; ☎942-6425). El viaje incluye un crucero por los muelles de las esponjas, una charla sobre la historia del buceo de búsqueda de esponjas y una demostración de extracciones con un traje de buceo y casco de latón tradicionales; hoy en día sólo hay unos cuantos barcos de esponjas que se dedican a recogerlas para su venta.

El visitante pagará menos y aprenderá más sobre la comunidad local y el buceo de búsqueda de esponjas en un grupo de tiendas situada en el 510 Dodecanese Boulevard, cuya **Spongerama Exhibition** (todos los días, 10-17 h; entrada gratuita) explica las raíces y el crecimiento de la colonia griega de Tarpon Springs y muestra las técnicas primitivas todavía utilizadas en la industria. Sin embargo, el viajero debe tener en cuenta que algunos de los objetos que se exponen muestran signos de envejecimiento y que la terminología de las esponjas suena mucho más obscena de lo que realmente es, como ocurre con la *nude sponging* (extracción desnuda de esponjas), uno de los temas que se toca en las exposiciones. Hay una tienda donde se venden cabezas de caimán con las mandíbulas abiertas, pero la única razón para ir allí son los **espectáculos de buceo de búsqueda de esponjas** (gratuitos), que se llevan a cabo justo cada media hora desde las 10 h hasta las 16.30 h en el exterior del Spongerama.

Un lugar donde no se recomienda ir es a la **Noell's Ark Chimp Farm**, 4612 South Pinellas Ave (☎937-8683), que se anuncia como hogar de animales retirados del zoo y el circo; en realidad se trata de un conjunto de monos y orangutanes viejos encerrados en tristes jaulas de hormigón, que parecen residentes del corredor de la muerte. Una opción mejor, sobre todo si el viajero va con niños y ya ha visto bastantes tiendas y muelles, es un pequeño **acuario**, en 850 Dodecanese Blvd (todos los días, 10-17 h; ☎938-5378), donde se pueden ver esponjas de coral vivas y espectáculos diarios de la alimentación de los tiburones. Si el visitante quiere pasar medio día muy agradable, puede hacer el **viaje en barco** hasta el cercano **Anclote Key** con Island Wind Tours en 600 Dodecanese Blvd (☎934-0606); 5 dólares la hora, 20 dólares medio día.

Aspectos prácticos

Es posible obtener **información** general y un mapa de los lugares históricos y los puntos de interés del centro, en la **Chamber of Commerce**, 11 E Orange Street, enfrente de la catedral (lun.-vier., 8.30-17 h; ☎937-6109). Los fines de semana, puede ir al **centro de información** de la *City Marina* (mar.-dom., 10.30-16.30 h; ☎937-9165).

Tarpon Springs constituye un lugar apropiado para **parar una noche** si el viajero continúa hacia el norte. Muchos hoteles se reparten por los cruces con la Hwy-19 y los más céntricos son el *Sunbay Motel*, 57 W Tarpon Avenue (☎934-1001; ②) y *Gulf Manor Motel*, 548 Whitcomb Boulevard (☎937-4207; ③), que es un hermoso lugar con vistas a Bayou.

Para **comer**, se recomienda el *Pappas Restaurant*, 10 West Dodecanese Blvd (☎937-5101), cuyo gran aparcamiento es una ventaja (no hay muchos sitios para dejar el automóvil en el centro de la población) y las grandes aunque un poco caras raciones de marisco clásico son excelentes. Si el visitante quiere probar sabrosas pastas dulces o el pan casero griego, se recomienda el *Apollo Bakery*, en los muelles; no olvide pedir baklava de chocolate (1,99 dólares). Se pueden encontrar desayunos baratos en *Bread and Butter Deli*, 1880 Pinellas Avenue (☎934-9003). En Arcade, en 210 Pinellas Avenue, el *Times Square Deli & Café* (☎934-4026) ofrece bocadillos y tentempiés para comer allí o para llevar. Si el viajero prefiere una comida más completa, puede probar los baratos platos griegos de *Costa's*, 510 Athens Street (☎938-6890) o el *Plaka*, 769 Dodecanese Boulevard (☎934-4752).

LA BIG BEND

Conocida popularmente como la **Big Bend** por la forma en que se curva hacia el Panhandle, la **costa noroeste** de Florida es muy original, ya que no tiene playas. En lugar de ellas, miles de islas de mangles forman una línea de costa irregular y casi irrepresentable, interrumpida muy de vez en cuando por tranquilos pueblos, manantiales naturales e incluso un importante lugar ceremonial de los indios americanos. Los visitantes aficionados a la playa se pierden todo esto si se quedan en la bahía de Tampa, por la Hwy-19, la única carretera importante de la región; por ello Big Bend constituye una de las pocas secciones de la costa de Florida que aún no está muy afectada por el turismo de masas y es una de las más adecuadas para los visitantes exigentes que quieren conseguir algo más que un bronceado.

Homosassa Springs y alrededores

Al dejar la zona de Tampa Beach por la Hwy-19, la serie de estaciones de servicio y garajes de automóviles usados junto a la carretera disminuye al norte de New Port Richey, un lugar poco interesante de edificios de apartamentos y casas de multipropiedad, y da paso al paisaje más suave aunque a menudo monótono de bosques de frondosas y pinos, además de duras extensiones de marismas. Después de 96 km, se recomienda buscar un divertido techo en forma de dinosaurio de Harold's Auto Center y, justo recto en el cruce con la Route 50, dos parques temáticos. El primero, **Weeki Wachee** (invierno, todos los días, 9.30-17.30 h, horarios más extensos en verano; 16,95 dólares; niños 3-6 años 12,95 dólares; ☎596-2062), ofrece una coreografía bajo el agua muy cursi realizada por «sirenas» en uno de los numerosos manantiales naturales de Big Bend y una visita a una reserva natural (los jardines del parque abren 8-atardecer; entrada gratuita). Una entrada conjunta permitirá al visitante el acceso al **parque acuático Buccaneer Bay**, donde podrá nadar y jugar en los toboganes de agua hasta hartarse.

Si el viajero quiere ver animales y auténtica vida marina, se recomienda ir 32 km al norte, a **HOMOSASSA SPRINGS**, la primera comunidad de cierto tamaño en la Hwy-19. Allí, en el **Homosassa Springs State Wildlife Park** (todos los días, 9-17.30 h; 7,95 dólares; ☎628-2311), los senderos repletos de ardillas llevan hasta un manantial y un observatorio subacuático desde donde se pueden contemplar numerosos peces y manatíes que nadan en sus aguas. Para conocer el ambiente de la población, es mejor ir 2 km al oeste por la Route 490, flanqueada por robles, pasando por los derruidos muros del **Yulee Sugar Mill**, que pertenece a David Yulee. Primer congresista y financiero de la década de 1860 de la línea de ferrocarril de Cedar Key a Fernandina Beach (véase «Cedar Key», pág. 328), Yulee amplió una sección al sur de Homosassa Springs; eso fue lo más cerca que ha estado nunca el lugar de la civilización. Sin embargo, hace tiempo que desapareció el ferrocarril y las antiguas casas de madera de la tranquila población interesan ahora a los jóvenes artistas; se aconseja entrar en la Riverworks Gallery, 10844 W Yulee Drive, para ver algunas de las mejores obras.

Crystal River y alrededores

Unos 11 km más adelante por la Hwy-19, se encuentra **CRYSTAL RIVER**, una de las mayores comunidades, pues su población es de 4.000 habitantes. Muchos residentes son jubilados que temen la criminalidad de las zonas urbanas de Florida y no pueden pagar los precios de las áreas situadas más al sur de la costa. Desde la Hwy-19 no lo parece, pero algunos visitantes van allí por el río transparente que da nombre a la ciudad. Los **manatíes** también se aprovechan de él; de hecho, se les puede ver durante todo el año, pero en invierno muchos se encuentran en las numerosas calas de la **bahía Kings**, una sección del río justo al oeste de la Hwy-19. Si el viajero bucea con tubo o escafandra autónoma, podrá encontrarse con una de estas agradables criaturas parecidas a las morsas; se organizan **excursiones guiadas de buceo** por unos 25 dólares la hora en las tiendas de buceo de los alrededores. Puede ir a la Chamber of Commerce (véase pág. siguiente) para elegir las mejores ofertas.

Los habitantes actuales de Crystal River no son ni mucho menos los primeros que viven junto a esta vía fluvial, pues desde la época precolombina, en el 200 a.C., era

---

El código de área de Homosassa Springs, Crystal River, Yankeetown
y Cedar Key es el ☎352.

una fuente de alimento. Para conocer más a fondo la cultura india, el visitante puede tomar la State Park Road, saliendo de la Hwy-19, justo al norte del pueblo, hasta el **Crystal River State Archeological Site, 3400 North Museum Point** (todos los días, 8-atardecer; automóviles, 3,25 dólares; peatones y ciclistas, 1 dólar; ☎795-3817), donde todavía es posible ver restos del templo y el cementerio. En el interior del **centro de información** (todos los días, 9-17 h), se muestra cómo fueron descubiertas allí 450 tumbas, que indican que tenían relaciones comerciales con tribus del norte. Sin embargo, son más interesantes sus relaciones con el sur: el yacimiento contiene dos estelas o piedras ceremoniales que se suelen encontrar en México. Los grabados, que al parecer son rostros de deidades del sol, sugieren que las grandes ceremonias solares se llevaban a cabo allí. Su historia y la serenidad del lugar lo convierten en una excelente experiencia educativa. Se recomienda ir.

Aspectos prácticos

Además del buceo y la visita al yacimiento arqueológico, Crystal River no ofrece mucho más que merezca la pena, aunque si el visitante viaja con Greyhound (la estación se encuentra en 200 N Hwy-19; ☎795-4445), constituye un buen lugar para pasar una noche. El **alojamiento** más barato se encuentra en *Days Inn*, al norte de la población en la Hwy-19 (☎795-2111; ②); más caro pero tranquilo es el *Plantation Inn*, en la Route 44 (☎1-800/632-6662 o 795-4211; ⑤-⑧). Si el viajero tiene pensado practicar el buceo y quedarse una noche, será mejor que compruebe la ofertas de buceo y alojamiento del *Best Western*, 614 NW Hwy-19 (☎795-3774; ③). El **cámping** más cercano es el *Sun Coast*, casi 1 km al sur por la Hwy-19 (☎795-9049), donde plantar una tienda cuesta 17 dólares. Para **comer**, se aconseja el sencillo pero apropiado *Crystal Paradise Restaurant*, 508 Citrus Avenue (☎563-2620). La **Chamber of Commerce**, 28 NW Hwy-19 (lun.-jue., 8.30-17 h; vier., 8.30-16 h; ☎795-3149), proporciona información general sobre Crystal River y sus alrededores.

Yankeetown y alrededores

Unos 16 km al norte de Crystal River, la Hwy-19 cruza el **canal de barcazas de Florida**. Concebido en la década de 1820 para que fuera un enlace de cargamento entre el Golfo y las costas del Atlántico, las obras del canal no empezaron hasta los años treinta del siglo XX, aunque gracias sobre todo a los esfuerzos de los conservacionistas, se interrumpieron en la década de los setenta, cuando sólo se habían completado menos de 10 km. Desde el puente se ofrece ver la central nuclear de Crystal River, la mayor fuente de empleo de la zona y la razón por que las guías telefónicas incluyen instrucciones sobre cómo sobrevivir en caso de una fuga radiactiva.

Más allá, si el visitante gira por cualquier salida a la izquierda desde la Hwy-19, llegará siempre a alguna pequeña y tranquila comunidad, donde la única señal de vida es la pesca en el río. Uno de estos lugares es **YANKEETOWN**, situada a 8 km al oeste de Inglis, en la Route 40, al parecer llamada así por los soldados yanquis que se mudaron allí después de la Guerra Civil. Si el viajero quiere sentirse realmente en medio de ninguna parte, puede pasar una noche en el elegante *Izaak Walton Lodge*, en la esquina de Riverside Drive con la 63rd Street (☎447-2311; ③-⑤), un alojamiento de pescadores desde 1923 y todavía el lugar que aviva el chismorreo entre los lugareños. En el hotel también hay un buen **restaurante** (cerrado lun.), que sirve pescado y carne muy bien presentados en un lugar romántico con vistas al río a la luz de la luna. Si el viajero dispone de más tiempo, vale la pena preguntar en el hotel por sus excursiones en barco o canoa y por las salidas para pescar.

En esta zona hay muchos parques y reservas, en su mayoría con aspectos interesantes. Dos de los más grandes son el **Withlacoochee State Forest** (al sur de la Route 44) y **Chassahowitzka National Wildlife Refuge** (al oeste de la Hwy-19). Más al norte, los hábitats de fauna y flora protegidos de la **Wacassassa State Preserve** abarcan las marismas y los riachuelos del lado de costa de la Hwy-19, al salir de Yankeetown. Tierra de cría para ciervos y pavos y visitado a veces por osos negros y panteras de Florida, estas tierras pantanosas están pensadas para que las criaturas autóctonas se reproduzcan. No está permitido ir por el lugar a sus anchas, pero periódicamente hay **excursiones en canoa** guiadas por un guardabosques; se recomienda telefonear al ☎543-5567 para más detalles.

Cedar Key

Haga lo que haga el viajero de camino hacia el norte, se aconseja pasar 1 o 2 días en la aislada pero hermosa comunidad de **CEDAR KEY**. Para encontrarla, hay que girar a la izquierda por la Route 24 en la aldea de Otter Creek y conducir unos 38 km hasta que se termine la carretera. En la década de 1860, la vía de ferrocarril de Fernandina Beach (véase «La costa nordeste») terminaba allí y convirtió la comunidad, que ocupa una de las diversas islas, en un próspero puerto. Pero cuando los barcos empezaron a atracar en puertos mayores, en Cedar Key se empezó a cortar cipreses, pinos y cedros para alimentar la industria productora de lápices. Inevitablemente, pronto desaparecieron los árboles y, a principios del siglo XX, Cedar Key era casi un pueblo fantasma. Los pocos habitantes que se quedaron se ganaban la vida con la pesca y la cría de ostras, al igual que hace la mayor parte de la población de 1.000 habitantes en la actualidad.

Sólo durante los 10 últimos años ha habido algún signo de recuperación económica, pues muchos almacenes de madera han sido convertidos en restaurantes y tiendas y se están creando más residencias de vacaciones. Sin embargo, dado el aislamiento del pueblo (no hay transporte público desde otras comunidades de la zona), no es probable que Cedar Key sea muy visitada por turistas (los únicos períodos de actividad son durante el festival de marisco de octubre y la muestra de arte y artesanía de abril); por ello el lugar continúa siendo un fascinante ejemplo de la antigua Florida.

La isla y alrededores

Con sus rústicas y destartaladas galerías, las antiguas casas de madera de la Second Street y los brillantes reflejos de las aguas de la intacta bahía de Cedar Key, la isla es un lugar perfecto para ser explorada. El **Historical Society Museum**, en la esquina de las calles D y Second (lun.-sáb., 11-17 h; dom., 14-17 h; 1 dólar), revela el hecho de que, en realidad, no es el Cedar Key original.

La isla deshabitada cubierta de follaje al otro lado del agua tenía el nombre del pueblo hasta finales del siglo XIX, cuando un huracán destrozó todos los edificios. Las ruinas de un B&B todavía pueden verse cerca del muelle y ahora sirve de hogar a numerosos pelícanos. La presencia de aves ha ayudado a convertir este paisaje en el más popular de Cedar Key.

En el museo también es posible conseguir varios folletos, incluidos un mapa de 50 centavos de Cedar Key y una guía para una **visita histórica a pie** por 2 dólares. Si el visitante quiere llevarse un interesante libro sobre la historia del lugar, se recomienda *A History of Cedar Key* (Una historia de Cedar Key; 6,95 dólares), que muestra un vivo retrato de la vida local desde la guerra de los indios seminola hasta la época del auge en la isla de aserraderos y almacenes de madera. También podrá encontrarlo en la Cedar Key Bookstore de la Sencond Street u hojearlo de forma gratuita en el *Island Hotel* (véase pág. siguiente).

Si va a alojarse allí durante varios días, se aconseja hacer el viaje en barco por las doce islas en el radio de unos 8 km de Cedar Key, nombradas en 1929 por el presidente Hoover **Cedar Keys National Wildlife Refuge**. *Island Hopper*, en el City Marina de Dock Street (☎543-5904), hace cruceros diarios de 10 dólares (11, 13, 15 y 17 h) en pequeñas embarcaciones que se abren camino hacia la reserva natural. El único lugar donde se detiene el *Island Hopper* es la agradable isla de **Atsena Otie Key**, el Cedar Key original. Desde el huracán de 1896, lo único que se conserva de los antiguos habitantes es el cementerio (según se dice, el huracán sacó a los muertos de sus tumbas y los dejó esparcidos por los árboles cercanos). El *Hopper* para durante unos 30 minutos, lo que sólo permite ver el cementerio y recoger conchas en la orilla.

Entre las demás islas aisladas destaca **Seahorse Key**, que alberga un bello faro construido en 1851. Con casi 16 m, es el punto más alto de tierra en la costa del Golfo. Los visitantes son bienvenidos, excepto entre marzo y junio, cuando la isla se convierte en una reserva de nidos de aves.

Si el viajero prefiere hacer una visita más personalizada de la zona, se recomiendan las **excursiones en kayac** organizadas por Wild Florida Adventures (☎528-2741 o 1-888/247-5070), que exploran gran parte de Big Bend y el río Suwannee, más abajo. Una excursión de medio día (4 horas) cuesta 45 dólares; las de todo el día (65 dólares) recorren más terreno del **Lower Suwannee National Wildlife Refuge**, que ocupa casi 42 km del golfo de México y es un lugar ideal para ver los lugares de anidación de numerosas aves, como ibis blancos, garcetas, garzas azules, quebrantahuesos y pelícanos pardos.

Aspectos prácticos

La **Chamber of Commerce**, situada junto al antiguo ayuntamiento en la Second Street (todos los días, 10-14 h; cerrado jue. y sáb.; ☎543-5600), alberga un elegante centro de información sobre las cuestiones habituales de la comunidad. Cada vez hay más lugares que ofrecen **alojamiento** y en el centro de información proporcionan una útil guía con ilustraciones en color que detalla las ofertas. El *Island Hotel*, de 140 años de antigüedad, y situado en la esquina de las calles Second y B (☎543-5111; ④), posee suelos de madera inclinados, galerías salientes y murales de color sepia que datan de 1915. Si el viajero prefiere amplias y cómodas suites en primera línea, se recomienda el lujoso *Island Place*, junto a los muelles (☎543-5307; fax 543-9141; ⑤). Si quiere una habitación estándar o una casita de campo con cocina, se aconseja el *Faraway Inn*, en la esquina de las calles Third y G (☎543-5330; ③-④); o el *Pirates' Cove*, casi a 1 km del centro en la Route 24 (☎543-5141; ②-④). Se pueden plantar **tiendas** de campaña en el *Sunset Isle RV Park*, a unos 5 km por la Route 24 (12 dólares; ☎543-5375), o en el apartado y sencillo *Shell Mound Park*, a poco más de 8 km por la Route 326, que sale de la Route 347 (3,50-5 dólares; ☎543-6153).

Comer marisco recién pescado es una agradable forma de pasar unas cuantas horas en Cedar Key; las ostras, el salmonete ahumado y la trucha frita son algunas de las especialidades locales, aunque resultan caras. Hay tres lugares recomendables, uno cerca del otro, para probar la comida en Dock Street (y demasiado destacados como para llevar número de calle): *The Captain's Table* (☎543-5441) sirve sándwiches de platija, ostras o pastel de cangrejo por unos 5 dólares. Los almuerzos de camarones fritos, vieiras o salmonetes cuestan unos 8 dólares y la cena consiste en raciones más abundantes de lo mismo por 4-20 dólares. El *Brown Pelican* ofrece platos del día para cenar por 9,95 dólares y prepara patas de cangrejo asadas con mucho picante o suaves, ostras, perca y platija. El almuerzo cuesta 8 dólares. Al lado, se halla el *Sunset Room Restaurant* (☎543-5428), donde hay una gran maqueta de un manatí en el exterior; se dice que el establecimiento tiene «la vista más alta de Cedar Key», una afirmación dudosa teniendo en cuenta que la isla es totalmente llana. Si el visitante quiere comer bien y barato y un lugar perfecto donde tomar el café por la mañana en Dock Street, se recomienda el *Pat's Red Luck Café*. Otra opción barata lejos del muelle es *Annie's Café*, en la esquina de la Hwy-24 con la Sixth Street (☎543-6141), que sirve buenos desayunos y almuerzos caseros. Si prefiere comida barata y que llene, nada mejor que el sencillo *Cook's Café* (☎543-5548) en la 2nd St; se aconseja el plato del día de pescado fresco de mero, salmonete y camarón, toda una ganga.

La isla se recorre a pie, pero otra opción es alquilar una **bicicleta** en el muelle de la Third Street (☎543-9143). Si conduce, el viajero se dará cuenta enseguida de los límites de velocidad absurdamente bajos que hay, a veces de menos de 24 km/h a pesar de la ausencia de tráfico. Se recomienda cumplir las normas porque la policía de tráfico está al acecho.

Al norte hacia el Panhandle

De nuevo en la Hwy-19, hay un tramo de 144 km sin nada destacable hasta la siguiente población importante: **PERRY**. La industria maderera por la que es famoso el lugar se recuerda en el **Forest Capitol State Museum**, situado a 1,6 km al sur del pueblo, en el 204 de Forest Park Drive (jue.-lun., 9-17 h; 1 dólar); los objetos expuestos incluyen una casa *cracker* amueblada de 1860. Aparte de ello, nada interrumpe el viaje del **norte hacia el Panhandle**, a 80 km. Para llegar a Tallahassee, hay que ir por la Hwy-19 (desde allí conocida también como Hwy-27) o, por la costa del Panhandle, desviarse hacia el oeste por la Hwy-98. El Panhandle se explica con detalle en el capítulo siete.

LA COSTA SUDOESTE

A lo largo de 240 km de costa al sur de la bahía de Tampa hay varias poblaciones cuyos orígenes se remontan a los primeros tiempos tras la incorporación de Florida a Estados Unidos. Sus residentes llevan vidas envidiables lejos del tumulto de la gran ciudad y hasta hace poco no resultaba difícil estar aislados. Hoy, las nuevas comunidades de los alrededores se empiezan a expandir a un ritmo vertiginoso y el turismo a gran escala se extiende poco a poco hacia el sur. Sin embargo, la costa sudoeste es todavía una de las secciones más tranquilas de Florida; el equilibrio entre los lugares de interés del continente y las playas atraen a los visitantes, y el **Everglades National Park** en el límite más hacia el sur de la región es el gran fin.

Al sur desde la bahía de Tampa

Si el viajero toma la I-275 hacia el sur desde St Petersburg (una ruta mejor que las deslucidas I-75 o Hwy-41 desde Tampa), pasará sobre la bahía de Tampa por el nuevo **Sunshine Skyway Bridge**, lo suficientemente alto como para que los barcos que navegan por el océano pasen por debajo y para que las líneas de la tierra y el mar se vuelvan borrosas con la neblina del calor. Fue construido para reemplazar al original Sunshine Skyway, que quedó destruido en mayo de 1980 por un camión cisterna que transportaba fosfato durante una tormenta; el accidente causó el derrumbamiento del

El código de área de la sección de la costa de Florida al sur de la bahía de Tampa hasta Naples es el ☎941.

tramo central que va hacia el sur. Como tenían poca visibilidad, los conductores que circulaban por el puente no pudieron ver el agujero y 35 personas, incluidos los ocupantes de un autobús Greyhound, cayeron desde más de 76 m y murieron; esta tragedia fue la peor de las sucedidas en el Sunshine Skyway. Las secciones del norte y sur han sido convertidas en embarcaderos de pesca (el acceso cuesta 3 dólares por vehículo), mientras que la sección central, sumergida en las aguas del embocadero de la bahía de Tampa, crea un arrecife artificial. Sobre el nuevo Sunshine Skyway Bridge corren muchas historias de autoestopistas fantasmas que intentan parar a alguien para que les lleve y luego se desvanecen en el aire antes de llegar al otro lado. Por poco dinero, el visitante tendrá algo tan entretenido como Walt Disney World.

Palmetto y la Gamble Plantation

A menudo despreciada en favor de Bradenton (véase más abajo), la pequeña población de **PALMETTO**, 8 km al sur del Sunshine Skyway Bridge, resulta una incursión muy agradable y no está afectada por el consumismo de los pueblos y playas más grandes que hay más allá. Situada en la orilla norte del río Manatee, la sección más bonita de Palmetto es Riverside Drive, una avenida de grandes y antiguas mansiones. La **J. A. Lamb House** de 1889, en el 1100, una impresionante villa estilo reina Ana recubierta de pino con figuras de cuento de hadas en sus 20 habitaciones, es quizá la más impresionante, aunque se trata de una residencia privada y no está abierta al público.

Al lado, el *Five Oaks Inn*, en el 1102 (☎723-1236), constituye un excelente lugar para alojarse (las habitaciones cuestan desde 75 dólares) y un buen punto de partida para visitar Bradenton y las playas. Construido en 1910, dentro del *Inn* hay arcos, elegantes objetos de plata y, si el visitante se aloja allí, le servirán el desayuno y los cócteles en la hermosa terraza.

Si el viajero dispone de tiempo, puede girar al este desde Palmetto por la Tenth Street (Hwy-301) hasta **ELLENTON**, una colonia a la orilla del río donde se halla la **Gamble Plantation**, de la década de 1840, en 3708 Patten Avenue; es una de las casas más antiguas de la costa oeste de Florida y la única plantación de la época esclavista situada tan al sur. Compuesta por gruesos muros atigrados (una mezcla de conchas trituradas y melaza) y rodeada en tres de sus lados por fuertes columnas, la casa perteneció a un mayor confederado, Robert Gamble, que tenía plantaciones de algodón en Tallahassee y que regentaba una plantación de azúcar allí antes de que la incertidumbre financiera que causó la inminente Guerra Civil le obligara a marcharse.

En 1925, la mansión fue nombrada **Judah Benjamin Confederate Memorial** en recuerdo del secretario confederado Benjamin, quien se refugió allí en 1865 tras la caída de los estados confederados. Mientras las tropas de la Unión lo buscaban, se escondió hasta que unos amigos encontraron una nave en la que navegó desde la bahía de Sarasota hacia Gran Bretaña, donde ejerció la abogacía. Una muestra del estilo de vida rico (y blanco) del sur, la casa (llena de accesorios de la época) sólo puede verse en la **visita guiada** (jue.-lun., 9.30, 13 y 15 h; 3 dólares; ☎723-4536), que, además de describir el edificio, su contenido y los dueños, ofrece una visión muy confederada de la Guerra Civil.

Bradenton y alrededores

BRADENTON, un importante centro de producción de zumo de tomate y naranja situado al otro lado del río Manatee desde Palmetto, es una población muy activa, cuyo centro contiene varios desagradables kilómetros de edificios de oficinas a lo largo de la ribera sur del río. Mientras que el Bradenton continental no resulta tan interesan-

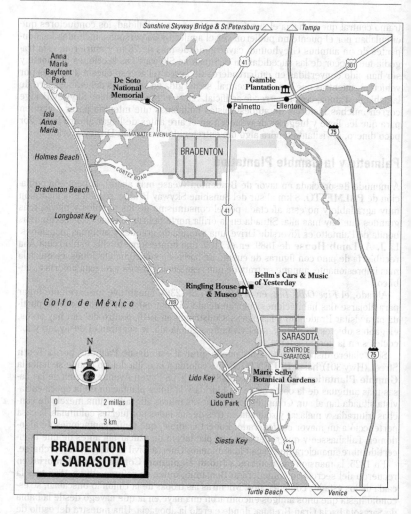

Sunshine Skyway Bridge & St Petersburg △   △ Tampa

Anna
María
Bayfront
Park

De Soto
National
Memorial

Gamble
Plantation

Palmetto   Ellenton

Isla
Anna
María

MANATEE AVENUE

BRADENTON

Holmes Beach

CORTEZ ROAD

Bradenton Beach

Longboat Key

Bellm's Cars & Music
of Yesterday

Ringling House
& Museo

Golfo de México

SARASOTA

CENTRO DE
SARATOSA

N

Marie Selby
Botanical Gardens

Lido Key

South
Lido Park

0   2 millas
0   3 km

Siesta Key

**BRADENTON
Y SARASOTA**

Turtle Beach ▽   ▽ Venice

te, la **isla Anna María** (el punto más al norte de una cadena de *barrier islands* que va desde allí hasta Fort Myers) y las **playas de Bradenton**, unos 13 km al oeste del centro, compensan la falta de encanto de Bradenton. Se recomienda viajar por la Route 789, conocida junto a Lido Key como Gulf of Mexico Drive, una ruta hasta Sarasota mucho más pintoresca (aunque algo más larga) que las opciones del interior.

La población y alrededores

En el centro de Bradenton se halla el **South Florida History Museum and Bishop Planetarium**, 201 Tenth Street (lun.-sáb., 10-17 h; dom., 12-17 h; 7,50 dólares), que muestra el pasado de la región; sus exposiciones, diagramas y objetos muestran el paso de diferentes culturas, desde los indios americanos hacia delante, e incluso hay una réplica de la casa española del siglo XVI de Hernando de Soto (véase más abajo). Si el visitante va por allí en abril, podrá asistir al **Florida Heritage Festival**, que dura todo el mes y culmina con una coronación ceremonial de un lugareño como el nuevo Hernando de Soto. Sin embargo, la atracción más popular no son los objetos del museo, sino el **acuario**, donde vive *Snooty*, el manatí más viejo (50 años) nacido en cautividad. En 1998, *Snooty* recibió a un nuevo compañero, *Newton*, un manatí huérfano de 5 años que es la primera criatura (además de los cuidadores del acuario que les arrojan lechuga) que ha visto jamás *Snooty*.

Los manatíes están amenazados de extinción pero la ley de Florida prohíbe criarlos; la Administración cree que los recursos se aprovechan mejor destinándolos al cuidado y rehabilitación de los manatíes salvajes que han sufrido golpes de las hélices de los barcos o la contaminación del río. Unos parientes próximos de estas grandes criaturas son los elefantes y los manatíes comparten el mismo paso lánguido que sus primos terrestres. Diez minutos mirando cómo nadan *Snooty* y *Newton* son suficientes, pero el acuario está hábilmente preparado para ofrecer varias vistas de las criaturas. Hay espectáculos de los manatíes a las 12.30, 14 y 15.30 h, incluidos en el precio de la entrada.

El **Bishop Planetarium** permanece abierto durante todo el día, pero se recomienda ir el viernes o sábado por la noche a las 21 h, cuando se ofrece un interesante espectáculo de rayos láser y rock and roll, con música de Pink Floyd, Jimi Hendrix, Pearl Jam y Led Zeppelin.

Si el viajero quiere aprender más sobre los colonos de principios del siglo XX, puede ir al **Manatee Village Historical Park**, en la esquina de Manatee Avenue E y la Fifteenth Street E (lun.-vier., 9-16.30 h; dom., 13-16 h; jul.-agos., cerrado sáb.-dom.; entrada gratuita), que alberga un juzgado, una iglesia, un almacén y una casa de campo *cracker* que datan de la época de la Florida fronteriza.

Unos 8 km al **oeste del centro de Bradenton**, la Manatee Avenue (la principal ruta hacia las playas) cruza la 75th Street W, en cuyo extremo norte se encuentra el **De Soto National Memorial** (todos los días, 9-17 h; entrada gratuita). Se cree que señala el lugar donde el conquistador español Hernando de Soto desembarcó en 1539. La expedición de éste duró 3 años, y se abrió paso por el denso terreno subtropical de Florida, caminó por las marismas y, años después dio lugar al descubrimiento europeo del río Mississippi y causó muchas batallas campales contra los indios americanos. Una exposición explica los puntos clave del viaje de este descubridor y, de diciembre a abril, los guardas del parque vestidos a la usanza de los españoles del siglo XVI añaden más pistas sobre cómo vivían los primeros aventureros de Florida. Para conocer más detalles sobre la expedición de Hernando de Soto, se recomienda leer el apartado «Historia» en «El Contexto».

La isla Anna María y las playas de Bradenton

En contraste con la tristeza de Bradenton, destacan las destartaladas casas de la playa, los puestos de tentempiés junto al mar y los bares junto a la playa de la **isla Anna María**, en la que se adentra la Manatee Avenue. Desde el final de la Manatee Avenue, hay que girar a la izquierda por Gulf Drive hacia **Coquina Beach**, donde la playa es excelente y la vida social de los fines de semana, juvenil y animada; si el visitante prefiere pasar un rato tranquilo, tendrá que girar a la derecha por Marina Drive hasta el tranquilo **Anna Maria Bayfront Park**.

Al sur de la isla Anna María, se halla **Longboat Key**; sus caras casas están rodeadas de altos pinos australianos y, mientras que todas las playas que hay en esta isla de 30 km de largo son de propiedad pública, los puntos de acceso son pocos y están muy separados, lo que hace que sea casi imposible acceder a ella para los que no residan allí. No hay playas más prácticas hasta llegar a Lido Key, más al sur, que se describe en la página 339 en «Las playas de Sarasota».

Aspectos prácticos

En el centro de Bradenton, la **Chamber of Commerce**, 222 Tenth Street (lun.-vier., 9-17 h; ☎748-3411, fax 745-1877), ofrece la habitual información turística; para preguntar sobre las playas es mejor la **Anna Maria Island Chamber of Commerce**, en 503 Manatee Avenue (lun.-vier., 9-17 h; ☎778-1541).

El **alojamiento** barato no se encuentra cerca de la playa; la mejor opción entre los moteles es el *Silver Surf Motel*, 1301 Gulf Drive (☎1-800/441-7873 o 778-6626; ⑤), que dispone de piscina climatizada, playa privada y grandes habitaciones para tres o cuatro personas; el vecino *Queensgate*, 1101 Gulf Drive (☎778-7153; ⑤-⑥), es también una buena opción. Más caro pero también más elegante (hay que hacer la reserva con antelación) es el B&B *Duncan House*, en 1703 Gulf Drive (☎778-6858; ⑤-⑥). La casa, construida en la década de 1800, empezó a funcionar en el centro de Bradenton y fue trasladada en barcaza en 1946 por el río Manatee. Si los precios en la playa son demasiado altos o no hay sitio (a menudo ocurre entre dic. y abril), el visitante puede alojarse en uno de los sencillos hoteles de las carreteras que acceden al continente, como el *Baxter's*, 3225 14th Street (☎746-6448; ③) o el *Hoosier Manor*, 1405 14th Street (☎748-7935; ③).

Para **comer** se recomienda la isla Anna María (véase «Playas», pág. anterior). Uno de los lugares locales más populares para desayunar es el *Gulf Drive Café*, 900 Gulf Drive. La media de edad de la clientela es bastante alta (de hecho, hay muchos canosos), pero los gofres belgas son divinos. Las mejores opciones para almorzar o comer marisco fresco son *Rotten Ralph's*, 902 S Bay Boulevard (☎778-3953), *Beach House*, 200 Gulf Drive N (☎779-2222) y *The Sandbar*, 100 Spring Avenue (☎778-0444); este último tiene puestos en la playa. En Holmes Beach, se aconseja *Paradise Bagels*, 3210 East Bay Drive (☎779-1212), que sirve 19 variedades de bagels, 10 clases de queso cremoso y un buen café.

Sarasota y alrededores

Situada en una ladera junto a las azules aguas de la bahía de Sarasota, la luminosa **SARASOTA** es tan próspera como acogedora, una combinación que no se encuentra en otras comunidades de la costa oeste como Naples (véase pág. 354). Sarasota constituye también uno de los principales centros culturales del estado: acoge a numerosos escritores y artistas y es la sede de varias compañías de teatro muy prestigiosas. Aquí la gente que va a la ópera o al teatro muy bien vestidos se sienta sin problema junto a los estudiantes en una cafetería, y el tono de la ciudad es inteligentemente elegante.

A pesar de los periódicos revuelos conservadores (como el intento reciente para que se prohibiera llevar trajes de baño demasiado atrevidos en las playas locales), la comunidad es mucho menos remilgada de lo que pueda sugerir su buen nivel económico.

Durante los 2 últimos años, el centro de Sarasota ha experimentado una verdadera inyección de vitalidad: muchos nuevos cafés, bares y restaurantes complementan la excelente oferta de librerías, que hacen famoso el lugar. A unos pocos kilómetros hacia el norte por el Tamiami Trail (Hwy-41), se halla la propiedad **Ringling** (hogar del

El código de área para la zona de Sarasota es el ☎941.

último millonario amante del arte de quien la moderna Sarasota toma ejemplo). Las **playas** de la *barrier island*, a unos 3 km al otro lado de la bahía, son el paraíso de los más holgazanes.

Llegada, información y transporte

Si el viajero llega desde el norte o el sur, la **Hwy-41** (a la que siempre se refieren allí como Tamiami Trail) recorre Sarasota, pasa por la principal carretera elevada hasta las islas justo al oeste del centro y rodea la propiedad Ringling al norte. La I-75 circula paralela a la Tamiami y, aunque no resulta atractiva, es mucho más rápida. El centro de Sarasota es una sencilla red de calles, en su mayoría con nombres de frutas, aunque en la Main Street se encuentran la mayoría de establecimientos de comida y vida nocturna.

Las rutas de **autobuses** locales (SCAT; información ☎316-1234; 4.30-20.30 h, excepto dom.) salen de la terminal del centro de Sarasota en Lemon Avenue, entre las calles First y Second. Las **rutas más prácticas** son la del 2 o la del 10 hasta la propiedad Ringling; la del 4 a Lido Key; la del 18 a Longboat Key; y la del 11 a Siesta Key. El autobús Amtrak desde Tampa también llega hasta la estación de Lemon Avenue, pero los pasajeros que llegan con los autobuses de Greyhound bajan en 575 N Washington Boulevard (☎955-5735). Si el viajero se queda durante una semana o más, una buena forma de explorar la población y las islas es **alquilar una bicicleta** (unos 20 dólares al día en el Sarasota Bicycle Center, 4048 Bee Ridge Road (☎377-4505); la Village Bike Shop, en Siesta Key, 5101 Ocean Boulevard (☎346-2111); o Backyard Bike Shop, en Longboat Key, 5610 Gulf of Mexico Drive (☎383-5184). Si el visitante no puede gastar mucho dinero y no quiere cansarse, se recomienda tomar el tranvía por 2 dólares (podrá subir y bajar tantas veces como quiera), que pasa tres veces al día (9.30, 12.30 y 15.30 h) y sale del *Best Western Siesta Beach Resort*. Lleva a todas las islas y hace muchas paradas en el camino. Para más información, se recomienda telefonear al ☎346-3115.

Para obtener **información** sobre Sarasota, puede telefonear al **Visitors and Convention Bureau**, 655 N Tamiami Trail (lun.-sáb., 9-17 h; ☎1-800/522-9799), o a la **Chamber of Commerce**, 1819 Main Street (lun.-vier., 9-17 h; ☎955-8187). En **Siesta Key**, la Chamber of Commerce está en el 5100 Ocean Boulevard (lun.-vier., 9-17 h; ☎349-3800). Además de los habituales cupones de descuento y folletos, puede pedir las revistas gratuitas *Sarasota Visitors Guide* y *See*, así como la edición del viernes del *Sarasota Herald Tribune*, cuya sección separable «Ticket» ofrece una lista de espectáculos.

Alojamiento

En el **continente**, hay moteles por la Hwy-41, entre la propiedad Ringling y el centro de Sarasota, que suelen costar entre 35-50 dólares. Se recomienda *Cadillac Motel*, en el 4021 (☎355-7108; ③), agradable, muy limpio y familiar. En el *Flamingo Colony Motel*, en el 4703 (☎355-5135; ③), hay piscina y servicio de lavandería. *Sunset Terrace*, en el 4644 (☎355-8489; ③), es un poco más elegante y hay piscina, apartamentos familiares, desayuno complementario y servicio de transporte desde el aeropuerto. El *Best Western Golden Host Resort*, en el 4675 (☎1-800/722-4895 o 355-5141; ④-⑤), es una buena opción por sus precios razonables fuera de temporada.

En las **playas**, los precios son más altos. Las mejores ofertas de Lido Key son *Lido Vacation Rentals*, 528 S Polk Drive (☎388-1004 o 1-800/890-7991; ③), que ofrece un servicio agradable, acceso a una piscina olímpica y una buena situación. Otra opción es pagar una buena suma de dinero por una noche en el *Harley Sandcastle*, 1540 Benjamin Franklin Drive (☎388-2181; ⑤) o el *Half Moon Beach Club*, 2050 Benjamin Franklin Drive (☎388-3694; ⑥). En general, Siesta Key resulta todavía más caro y en muchos sitios alquilan apartamentos completamente equipados por una semana en lugar de habitaciones de motel por una noche. Dos en Midnight Pass Road bastante interesantes son *Surfrider Beach Apartments,* en el 6400 (☎349-2121; ⑤) y *Gulf Sun Apartments & Motel,* en 6722 (☎349-2442; ⑤). La única alternativa barata es el *Gulf Beach Travel Trailer Park,* 8862 Midnight Pass Road (☎349-3839), aunque consta casi en exclusiva de parcelas para autocaravanas; si el visitante puede conseguir una parcela para plantar una **tienda,** pagará más de 20 dólares.

El centro de Sarasota

Los viajeros que sólo visiten la propiedad Ringling y las playas cercanas sin hacer una incursión en el centro de Sarasota se perderán una de las poblaciones más bonitas de la costa. Hasta hace poco, la zona se estaba degradando, pero muchos edificios han sido restaurados, y en la actualidad albergan algunas de las mejores galerías de arte de Florida, lo que ha proporcionado un aura muy positiva a la ciudad.

Cualquiera que lamente la falta de buenas **librerías** en Florida tiene que ver esto: allí encontrará la mayor selección del estado. Las estanterías mejor organizadas se encuentran en la Main Bookshop, 1962 Main St, que vende libros usados, cómics y discos. Las antiguas sillas ofrecen un ambiente relajado que recuerda a Key West. Otras buenas opciones son Charlie's News, 341 Main St, y Parkers, en el 1488.

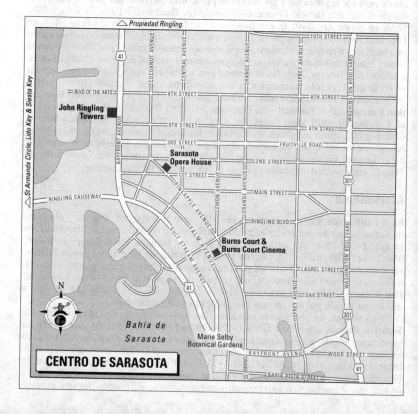

CENTRO DE SARASOTA

Una manzana más allá de la Main Street, se recomienda hacer un alto y ver la **Sarasota Opera House**, en la esquina de la 1st Street y la Pineapple Ave. Inaugurada en 1926, en este edificio de estilo mediterráneo actuaron los Ziegfeld Follies y un joven Elvis Presley (véase «Vida nocturna»). Sólo unas pocas manzanas al norte, la estropeada fachada de las antiguas **John Ringling Towers**, que en su tiempo fueron un espléndido hotel, están a punto de ser derribadas. Según algunos rumores, en su lugar se construirá un Ritz Carlton. Sólo unos pasos más adelante, se halla el **Sarasota Visual Arts Center and Shapiro Sculpture Garden**, 707 N Tamiami Trail (lun.-vier., 10-16 h; sáb.-dom., 13-16 h; entrada gratuita; ☎941/365-2032), donde se exponen pinturas de manera temporal y estrafalarias esculturas de forma permanente.

Si el visitante quiere ver un excelente ejemplo de arquitectura de estilo español perfectamente conservado y hacer una incursión en una sección del centro poco frecuentado por turistas, puede ir hacia el sur de la Main Street unas cuantas manzanas más allá de la bella iglesia metodista hasta **Burns Court**, un enclave oculto de bungalós de la década de los veinte que lucen detalles árabes. Casi todos los edificios de estilo español/mediterráneo de la población fueron construidos alrededor de 1926, justo antes de la Depresión, cuando más de moda estaba este estilo. Al final de la calle se halla el **Burns Court Cinema**, pintado rosa chillón, un espléndido cine alternativo dirigido por la Sarasota Film Society. Para las entradas, hay que telefonear al ☎955-3456 o 955-9338; la taquilla abre entre 12-17 h y las entradas cuestan 5,50 dólares.

Más al sur, hay que seguir la curva de la bahía durante casi 1 km hasta los **Marie Selby Botanical Gardens**, 811 S Palm Avenue (todos los días, 10-17 h; 8 dólares), cuyo perímetro amurallado esconde un pequeño pero sorprendente conjunto de plantas en su interior. El tiempo que el visitante pase caminando por las olorosas pasarelas no hará más que mejorar su estado de ánimo, pues siempre hay algo en flor.

El norte de Sarasota: el Ringling Museum Complex

Si el viajero llega a Sarasota desde el norte, se recomienda visitar la casa y las colecciones de arte de **John Ringling**, un multimillonario que no sólo invirtió dinero en la comunidad emergente en la década de 1910, sino que también le infundió el gusto por las bellas artes que todavía conserva. Ringling, uno de los propietarios del famoso Ringling Brothers Circus, que inició las giras por Estados Unidos durante la década de 1890, era un imponente personaje que medía más de 1,82 m y pesaba 127 kg; invirtió los beneficios del circo en vías de ferrocarril, petróleo y tierras, y en los años veinte tenía una fortuna de unos 200 millones de dólares.

Ringling quedó seducido por Sarasota y enseguida vio el gran futuro de la población, así que mandó construir la primera carretera elevada hasta las *barrier islands* y convirtió la ciudad en la base invernal de su circo; de este modo ahorró una fortuna en calefacción y dio una gran publicidad al lugar. Sin embargo, el mejor regalo que hizo a Sarasota fue una mansión gótica veneciana (una combinación de elegancia europea y extravagancia de millonario estadounidense) y una increíble colección de pinturas barrocas europeas, que se exponen en un museo construido para este propósito junto a la casa. Apesadumbrado después de la muerte de su esposa en 1927 y tras perder gran parte de su fortuna con la caída de la bolsa de Wall Street 2 años después, Ringling murió en 1936, se dice que con sólo 300 dólares a su nombre. El **Ringling Museum Complex** se encuentra a unos 3 km al norte del centro de Sarasota junto a la Hwy-41, en 5401 Bay Shore Road (todos los días, 10-17.30 h; 9 dólares; menores de 12 años, entrada gratuita; sáb., entrada gratuita al museo de arte). Los edificios están unidos mediante pasarelas en un lugar de unas 26 Ha, aunque todos son fáciles de recorrer a pie y están muy bien señalizados. Para llegar allí desde el centro de Sarasota, hay que tomar los **autobuses** 2 o 10.

La Ringling House: Ca' d'Zan

Se recomienda empezar a explorar la propiedad Ringling caminando por los jardines hasta la antigua residencia Ringling, **Ca' d'Zan** («Casa de John» en dialecto veneciano), una obra elaborada aunque ostentosa situada junto a la bahía, y que fue el escenario inapropiado para la adaptación al cine en 1998 de *Grandes esperanzas (Great expectations)*. Los numerosos árboles fueron un regalo de Thomas Edison, quien plantó las jóvenes semillas en su Fort Myers Home. El más espectacular, una higuera de Bengala, da sombra al circular *Banyan Cafe* (☎359-3183), donde el visitante podrá almorzar por 8 dólares.

Terminada en 1925, al parecer costó 1,5 millones de dólares; la casa fue construida alrededor de una luminosa sala de estar de dos pisos, con una chimenea en un lado de mármol italiano grabado y con un órgano de 50.000 dólares en el otro, que pertenecía a la esposa de Ringling, aficionada a la música. Las otras salas también están llenas de objetos valiosos, pero a diferencia de los contemporáneos que construían mansiones en cualquier otro lugar de Florida, John y Mable Ringling conocían el valor de la moderación: su poder adquisitivo siempre fue acompañado del buen gusto y la proporción, la casa continúa siendo un triunfo del equilibrio. Se recomienda unirse a la **visita guiada** gratuita que sale regularmente de la entrada y luego pasear.

El Art Museum

La inspiración y precaución que caracterizaban los negocios de Ringling también influyeron en sus adquisiciones de obras de arte. En sus viajes por Europa en busca de nuevos talentos para el circo, Ringling se obsesionó con el **arte barroco** (entonces muy de moda) y durante 5 años, dejándose llevar por su sensibilidad, compró más de 500 obras clásicas; se trata de una colección que hoy en día está considerada una de las mejores de su clase de Estados Unidos. Para exponer las pinturas, muchas de ellas tan épicas en cuanto a tamaño como a contenido, Ringling seleccionó una parte de los jardines de la Ca' d'Zan y mandó construir un gran **museo** alrededor que imita un palazzo italiano del siglo XV, decorado con réplicas de gran calidad de estatuas griegas y romanas. Al igual que con Ca' d'Zan, el concepto inicial parece absurdamente pretencioso pero, como la casa, la idea funciona, pues su arquitectura no desentona con el arte. También se recomienda unirse a la **visita guiada** gratuita que parte con regularidad de la entrada.

Las cinco enormes pinturas de **Rubens**, encargadas en 1625 por una archiduquesa de Habsburgo, y el posterior *Retrato del archiduque Fernando* son las indiscutibles estrellas de la colección, aunque no se debe restar valor a los excelentes lienzos de las siguientes salas, que constituyen una muestra del talento de las principales escuelas europeas desde mediados del siglo XVI hasta mediados del siglo XVIII. Destaca, sobre todo, *El resto del vuelo a Egipto*, de Paolo Caliari, el Veronés, y el divertido *Construcción de un palacio*, de Piero di Cosimo. En contraste, entre las obras adquiridas recientemente se encuentran esculturas de Joel Shapiro y John Chamberlain, así como pinturas de Frank Stella y Philip Pearlstein.

La Circus Gallery

La fortuna de Ringling se debía a su éxito en la carpa y por ello vale la pena visitar la **Circus Gallery**. Los recortes y recuerdos de famosos enanos y artistas deformes son mucho más intrigantes que los típicos trajes y jaulas de tigres. Entre los elementos más entretenidos se encuentra el relato de la boda de Tom Thumb en Nueva York, que desplazó a la Guerra Civil de las portadas. Thumb (su verdadero nombre era Charles Stratton) dejó de crecer cuando medía menos de 89 cm. Su mujer, Lavinia, medía poco más de 81 cm.

También hay una exposición de Chang y Eng, los gemelos siameses de mediados del siglo XIX que llegaron allí desde Siam en 1829 y durante sus 62 años unidos por las costillas, se casaron con unas hermanas en 1843, tuvieron 22 hijos y murieron con 3 horas de diferencia entre los dos en 1874.

El Asolo Theater y el Asolo Center For Performing Arts

Ringling compró un teatro de la corte italiana del siglo XVIII y lo hizo llevar desde el castillo de Asolo hasta los jardines de su propiedad. Su interior es fascinante, aunque sólo abre para acontecimientos especiales y conferencias; se recomienda pedir un horario en la recepción (☎355-7115). El **Asolo Center for Performing Arts**, que no debe confundirse con el Asolo Theater, se encuentra justo al lado y ofrece un completo programa de obras de teatro durante todo el año. El escenario principal fue trasladado desde Dunfermline (Escocia), donde fue construido en 1903. Aunque no es tan atractivo como el increíble Asolo Theater, su interior es elegante y hay elementos dorados. Las visitas gratuitas (miér.-sáb., 10, 10.45 y 11.30 h) pasan por detrás del escenario. Para más detalles sobre las actuaciones, véase «Vida nocturna».

Bellm's Cars & Music of Yesterday

Sólo los entusiastas de los automóviles de época y los devotos de las antiguas cajas de música disfrutarán en el **Bellm's Cars and Music of Yesterday**, situado al otro lado de la Hwy-41 desde la entrada de la propiedad Ringling (todos los días, 9.30-17.30 h; 8 dólares). Casi 200 automóviles antiguos (unos cuantos Rolls-Royce entre ellos) se unen a organillos, discos de cilindro y un enorme órgano belga para hacer un ruido ensordecedor.

Las playas de Sarasota

Cada vez más, los turistas europeos que suelen viajar con paquetes de vacaciones se trasladan hacia el sur desde las playas de St Petersburg a las finas arenas blancas de las **playas de Sarasota** (que rodean a dos *barrier islands* que continúan la cadena que empieza en Bradenton); esto no ha pasado inadvertido y los promotores inmobiliarios se han puesto en marcha; de hecho, las playas han perdido gran parte de su encanto debido a los altos edificios de apartamentos. De todos modos, las playas de Sarasota merecen ser visitadas, tanto para estirarse a tomar el sol como para buscar los pocos lugares aislados que quedan. Es posible acceder a ambas islas, **Lido Key** y **Siesta Key**, en automóvil o autobús desde el continente, aunque no hay enlace directo entre las dos.

Lido Key

Financiada y llamada así por el viejo adinerado de Sarasota y dueño del circo, la Ringling Causeway (hay que tomar el autobús 4 o 18) cruza la bahía de Sarasota, frecuentada por los yates, desde el principio de la Main Street hasta **Lido Key** y sigue hasta **St Armands Circle**, una plaza rodeada de elegantes tiendas y restaurantes y en la que hay algunas de las réplicas de estatuas clásicas de John Ringling: torsos musculosos que surgen de modo surrealista de detrás de las frondas de palmeras. Aparte de ofrecer divertidos acontecimientos de arte y artesanía los fines de semana, y de constituir un lugar seguro para pasear después de anochecer, en St Armands Circle hay pocos puntos de interés. Después de echar una ojeada, se recomienda ir al extremo norte de la playa de Lido Key, donde se ven relativamente pocos edificios de apartamentos, y luego seguir hacia el sur por Benjamin Franklin Drive. Esta ruta pasa por playas más accesibles, agradables pero invadidas por el consumismo. Después de unos 3 km, el visitante encontrará **South Lido Park** (todos los días, 8-atardecer; entrada gratuita), una franja de arena blanca más allá de un gran parque verde, con senderos a la sombra de pinos australianos. Frecuentado por gente que va a hacer barbacoas los sábados y domingos, el parque es, sin embargo, un lugar tranquilo para pasear entre semana.

Lejos de las playas, el único lugar destacable en Lido Key se halla a 1,6 km del St Armands Circle en City Island Park, saliendo del John Ringling Parkway: el **Mote Marine Aquarium**, 1600 Ken Thompson Parkway (todos los días, 10-17 h; 7 dólares), la parte pública de un laboratorio marino que estudia los problemas ecológicos que amenazan la vida marina de Florida. Allí se explica gran parte de la tarea que lleva a cabo, como la investigación de la misteriosa marea roja, debido a un alga que aparece cada pocos años, destruye la vida marina y enferma a las personas que viven en la costa; en el laboratorio viven numerosas criaturas, desde caballitos de mar hasta tortugas marinas. La estrella de los 22 acuarios es un gran tanque de tiburones al aire libre, donde el visitante podrá ver de cerca a varias especies de ellos desde ventanas subacuáticas.

Al lado del Mote Aquarium, se halla el **Pelican Man's Bird Sanctuary**, 1708 Ken Thomson Parkway (todos los días, 10-17 h; entrada gratuita, pero se aceptan donaciones; ☎388-4444). Más de 200 voluntarios cuidan aves migratorias enfermas de todo el mundo y especies autóctonas de Florida. Allí el viajero conocerá cómo sufren debido a la acción del hombre y cómo son curadas y luego devueltas a su hábitat.

Siesta Key

Más tranquilo que Lido o Longboat Key, **Siesta Key** (se llega por la Siesta Drive, que sale de la Hwy-41 unos 8 km al sur del centro de Sarasota) atrae a una multitud más joven, y sus alrededores están menos cuidados que los de otros lugares de la costa. Sin embargo, los adinerados tienen en cuenta Siesta Key, ya que allí el cantante Paul Simon posee un edificio de apartamentos. A los que les guste la playa deben dirigirse a **Siesta Key Beach**, junto al Ocean Beach Boulevard, una ancha playa blanca. Para evitar la multitud, se recomienda continuar hacia el sur más allá de Crescent Beach, que se encuentra con una carretera secundaria (Stickney Point Road) desde el continente y luego seguir Midnight Pass Road durante casi 10 km hasta **Turtle Beach**, una pequeña franja de arena donde está el único cámping de la isla; (véase pág. 336).

Comida

Debido al aumento de lugares de diversión vespertina y a la creciente demanda de los más jóvenes en el centro, los restaurantes y cafés de Sarasota han empezado a tener éxito. Cada vez hay más restaurantes con buenos precios, pero es fácil transigir con todos los gustos y presupuestos. Hay que tener en cuenta que la misma comida en el elegante St Armands Circle puede costar el doble que en la Main Street, donde se halla la mayoría de restaurantes.

El centro

Bein & Joffrey's, 1345 y 1995 Main St (☎953-5282 y 906-9500, respectivamente). Cafetería, deli y horno de bagels que sirve excelentes desayunos, bollos y tartas.

The Bijou Cafe, 1287 First St (☎366-8111). Menús caros de almuerzo y cena de marisco, pollo y carne servidos en un ambiente muy sencillo.

Broadway Pizza, 1044 Tamiami Trail North (☎953-4343). Durante más de 50 años ha sido una institución local de pizzas baratas y excelentes.

Burns Lane Café, 516 Burns Lane (☎955-1653). Este nuevo establecimiento consigue atraer a los visitantes con platos de gourmet como cordero, salmón y tarta de cangrejo.

Café Kaldi, 1568 Main Street (☎366-2326). Estupenda cafetería convertida en ciber-café, donde los estudiantes pueden elegir entre una gran variedad de café mientras presencian cómo los aspirantes a músicos practican su arte.

First Watch, 1395 Main Street (☎954-1395). No es un lugar muy especial, pero las ofertas de excelentes desayunos y almuerzos al estilo americano hacen que siempre haya cola.

Il Panificio, 1703 Main St (☎366-5570). Cafetería y deli italiana que sirve grandes pizzas caseras, sándwiches y café exprés.

Main Bar Sandwitch Shop, 1944 Main Street; sin teléfono. Excelentes sándwiches desde 1958.

Nature's Way Café, 1572 Main Street (☎954-3131). Una buena opción vegetariana conocida por sus sándwiches, ensaladas de fruta fresca y yogur helado.

Patrick's, 1400 Main Street (☎952-1170). Un bar de deportes/restaurante que sirve bistés y costillas (12-17 dólares) y hamburguesas (6 dólares).

Tropical Thai Restaurant, 1420 Main Street (☎364-5775). Sirve almuerzos de precio razonable; sopas especialmente buenas, platos de camarones y cerveza local y de importación.

Yoder's, 3434 Bahía Vista Street (☎955-7771). Hay prósperas comunidades menonitas y amish en la zona de Sarasota y este restaurante ha ganado premios por su excelente comida casera amish pasada de moda. Es uno de los establecimientos favoritos de los lugareños. Otros dos restaurantes amish que merece la pena probar son: *Sugar & Spice*, 1850 Tamiami Trail ☎953-3340 y *Der Dutchman*, 3713 Bahía Vista Street (☎955-8007).

Yoshino, 417 Burns Court (☎366-8544). Buena comida japonesa servida en lo que parece una casa particular.

En las playas

The Broken Egg, 210 Avenida Madera (☎346-2750). Un establecimiento frecuentado por los lugareños que quieren un desayuno o almuerzo abundante al estilo americano.

Café L'Europe, 431 St Armands Circle (☎388-4415). Cara comida de gourmet y buenos vinos.

Cha Cha Coconuts, 717 St Armands Circle (☎388-3300). Una multitud joven se reúne en el bar, animado y ruidoso. En el menú hay «cocina caribeña», pero en realidad sólo son sándwiches de pescado y hamburguesas.

The Old Salty Dog, 5023 Ocean Boulevard (☎349-0158). Pescado rebozado y patatas fritas al estilo inglés, además del habitual marisco y perritos calientes.

Turtles, 8875 Midnight Pass Road (☎346-2207). Buenas cenas de marisco por menos de 15 dólares.

Surfrider, 6400 Midnight Pass Road (☎346-1199). Otra excelente opción de marisco a buen precio.

Teatro y vida nocturna

Algunos de los pequeños grupos de teatro del estado tienen su sede en Sarasota; a los que les guste el **teatro** pueden consultar los periódicos locales para informarse sobre los espectáculos o telefonear directamente a los teatros. En cuanto a la **ópera**, la Sarasota Opera House pone en escena grandes representaciones desde la década los veinte y, aunque no es famosa por sus arias, Elvis Presley también actuó allí de joven.

Para más información y entradas, se recomienda telefonear al ☎366-8450; la taquilla está abierta todos los días entre 10-16 h. El principal repertorio, la Asolo Theater Company, con sede en el **Asolo Center for the Performing Arts**, 5555 N Tamiami Trail (☎351-8000), ofrece un programa muy completo durante todo el año (entradas, 30 dólares, asientos en tribuna, 10 dólares; estudiantes, 5 dólares). Sin embargo, las demás compañías (entradas, 10-30 dólares) tienden a ceñirse a la temporada invernal: Theater Works, 1247 First Street (☎952-9170), en un gran edificio azul, ofrece excelentes comedias. Además de sus espectáculos innovadores, también alberga la LOOSE (Light Opera of Sarasota), la organización cultural más nueva de la población; hay que pasar por la taquilla lun.-vier., 10-15 h y una hora antes de las actuaciones. Asimismo se recomienda el Florida Studio Theater, 1241 N Palm Avenue (todos los días, 9-21 h; lun., hasta las 18 h; entradas, 15-25 dólares; ☎366-9000); el Golden Apple Dinner Theater, 25 Pineapple Avenue (29 dólares; ☎366-5454); y Players of Sarasota, 838 N Tamiami Trail (15,50 dólares; ☎365-2494).

Aparte del teatro, la **vida nocturna** de Sarasota es últimamente más interesante después de haber tenido mala reputación durante años. Entre semana, por las tardes, la Main Street atrae a una variopinta multitud, donde no faltan los estudiantes que buscan diversión.

Las bandas locales se reúnen en el exterior de *Main Street Depot*, en la esquina de la Main St con la Lemon Ave, mientras que una multitud algo bebida escucha desde las mesas de plástico. El *Gator Club*, 1490 Main St, intenta superar al *Main Street Depot* como bar ruidoso. Situado en un gran almacén deteriorado, ofrece blues y reggae los lunes, Motown los domingos y grupos house los sábados por la noche (la música suele empezar a las 21.30 h). Si el visitante sigue su absurdo código de vestimenta (no sombreros, no camisas sin cuello y no bolsos, pero sí vaqueros), podrá subir al mejor bar escocés del pueblo. Si prefiere un público más mayor aficionado al jazz suave, se recomienda *Barbecue Heavan*, 1435 Main Street (☎365-2555), que ofrece blues y jazz cada jueves y sábado por la noche, 20-muy tarde. En **Siesta Key**, el *Old Salty Dog*, 5023 Ocean Boulevard (☎349-0158), es un local popular, al igual que *The Beach Club* (al otro lado de la calle), un pub local que ofrece música en vivo todas las noches, en su mayor parte tecno para gente de 25-40 años. *Daiquiri Deck*, 5350 Ocean Blvd (☎349-8697), está especializada en daiquiris helados y es muy popular como lugar de reunión después de la playa. Hay más **música en vivo** en: *The Brass Parrot*, 555 Palm Avenue (☎316-0338), en su mayor parte jazz y blues; y *The Lost Kangaroo Pub*, 427 12th Street W (☎747-8114), donde toca regularmente la The Yellow Dog Jazz Band. Si el viajero prefiere el reggae, se recomienda el *Cha Cha Coconuts*, 417 St Armands Circle (☎388-3300).

Los principales **filmes** se proyectan en el impresionante y popular Hollywood 20 Cinema, una bella estructura de estilo Art Déco. En el interior, un resplandor de neón lila baña a la multitud mientras come palomitas.

Vida nocturna gay

El panorama nocturno gay consiste en una pequeña variedad de pequeños y agradables bares.

Rowdy's, 1330 Dr Martin Luther King Way (☎953-5945), es frecuentado por lugareños principalmente y, si el viajero llega allí a las 16 h un sábado, disfrutará de una barbacoa gratuita y un agradable ambiente. *Roosters*, 1256 Old Stickney Point Road (☎346-3000), es el más activo de todos y está situado en la ruta hacia las islas. *Bumpers*, en Ringling Boulevard, es un club de baile gay los jueves y sábados y acoge a un público bastante joven. Para los **filmes** de interés gay, hay que ir al Burns Club Cinema.

Hacia el interior desde Sarasota: Myakka River State Park

Si el visitante no quiere que sus conocimientos sobre Florida se reduzcan a las playas y los parques temáticos, puede ampliar su horizonte unos 22 km hacia el interior desde Sarasota por la Route 72. Allí encontrará una gran extensión de la Florida rural casi libre de visitantes, cuyas marismas, pinedas y llanuras forman la **Myakka River State Park**, 3715 Jaffa Drive (todos los días, 8-atardecer; automóviles, 3,25 dólares; peatones y ciclistas, 1 dólar; ☎365-0100). Al llegar, se recomienda entrar en el **centro de información** para aprender sobre este frágil y amenazado ecosistema. El visitante puede empezar a explorar el lugar andando por los numerosos caminos o en canoa por la tranquila extensión del lago Upper Myakka. Los **viajes en airboat** (4 diarios; 7 dólares) parecen estar reñidos con el relajado ambiente del lugar y un pequeño **tranvía** ofrece recorridos mucho más tranquilos (13 y 14.30 h; 7 dólares). Si el viajero va equipado para hacer las **excursiones a pie**, podrá caminar por los 64 km de senderos a través de la **reserva natural** del parque; así verá mejor los conejos de cola de algodón, ciervos, pavos, linces y caimanes que viven allí; antes de empezar, tendrá que registrarse en la oficina de la entrada, recoger mapas y comprobar las condiciones meteorológicas, y prepararse para la lluvia y humedad durante las tormentas de verano. Además de los cinco principales cámpings de los senderos para excursiones (12-15 dólares), el **alojamiento** en el parque (detalles y reservas: ☎361-6511) consiste en dos **cámpings** bien equipados y unos cuantos **bungalós de troncos** con 4 literas (55 dólares por noche).

Al sur de Sarasota: Venice y alrededores

En los años cincuenta, el Ringling Circus trasladó su sede invernal a **VENICE**, 32 km al sur de Sarasota. Se trata de una pequeña población que sigue el modelo de la ciudad europea del mismo nombre (Venecia), un lugar de anchas avenidas y arquitectura de estilo italiano rodeado de agua. Sin embargo, lo más importante son sus playas frecuentadas por una mezcla de bañistas, entusiastas de los deportes acuáticos y buscadores de dientes de tiburón fosilizados, que a menudo son arrastrados hasta la orilla. Las mejores playas se encuentran a lo largo del Venice Inlet, 1,6 km al oeste de la Hwy-41. Si el visitante posee vehículo propio, también puede explorar la línea de costa sin explotar de las **playas de Englewood**, al sur de Venice en la Route 775, que están llenas de pequeñas islas y calas. Sin embargo, tarde o temprano tendrá que reunirse con la Hwy-41 que, fuera de Venice, gira hacia el interior y contiene un tramo poco interesante de 80 km de comunidades donde viven jubilados, sobre todo, como Punta Gorda y Port Charlotte, antes de llegar al mucho más bonito Fort Myers (véase pág. siguiente).

Aspectos prácticos

Si el visitante llega a Venice con el autobús Greyhound, le dejará en el 225 S Tamiami Trail (☎485-1001), desde donde puede dirigirse en primer lugar a la **Chamber of Commerce**, 257 N Tamiami Trail (lun.-vier., 8.30-17 h; nov.-marzo, también sáb., 9-12 h; ☎488-2236), para la información local. Los **autobuses locales** (SCAT; ☎316-1234) 13 y 16 (25 centavos) enlazan Venice con las playas y las zonas de los alrededores.

Pasar una noche en esta tranquila comunidad quizá parezca una buena idea, pero los precios suelen ser altos; entre los moteles, se recomienda el *Kon-Tiki*, 1487 Tamiami Trail (☎485-9696; ①), o el *Gulf Tide*, 708 Granada Avenue (☎484-9709; ⑤). Más elegante es el *Inn at the Beach Resort*, 101 The Esplanade (☎1-800/255-8471; ③). El *Venice Campground* se encuentra en 4085 E Venice Avenue (20 dólares; ☎488-0850), en un *hammock* de robles junto al río.

Para **comer** se aconseja el *James Place*, 117 W Venice Avenue (☎485-6742), que sirve desayunos baratos y excelentes, así como especiales diarios de almuerzos calientes en un local angloirlandés; *The Crow's Nest*, 1968 Tarpon Center Drive (☎484-9551), es un pub situado en un puerto deportivo con vistas al mar, que sirve marisco fresco, sándwiches y tentempiés.

Fort Myers

Aunque no hay tanto brío como en Sarasota (80 km al norte) ni la exclusividad de Naples (32 km al sur), **FORT MYERS** es una de las jóvenes y prometedoras comunidades de la costa sudoeste. El nombre de la población se debe a Abraham Myers, quien ayudó a establecer un fuerte allí en 1860 después de la guerra seminola. Durante la guerra, la población fue una base donde se reunía al ganado para proporcionar carne a los cañoneros federales que patrullaban por el golfo que sale de la isla Sanibel (véase pág. 348). Por fortuna, el mayor crecimiento de la población a finales del siglo xx se ha dado en el lado norte del ancho río Caloosahatchee, dejando el centro histórico más o menos intacto. La casa y el laboratorio del inventor Thomas Alva Edison, quien vivió en Fort Myers durante muchos años, ofrece un gran interés en una población que, aparte de ello, sólo cuenta con la belleza de sus paisajes. Su situación a la orilla del río y las palmeras, que flanquean las principales vías públicas, son lo suficientemente impresionantes como para que el viajero interrumpa su recorrido hacia las playas locales, 24 km al sur, o hacia las islas de Sanibel y Captiva, a una distancia similar hacia el oeste.

Llegada e información

Fort Myers, como muchas poblaciones del sur de Florida, es más extensa de lo que parece; la Hwy-41 allí se conoce como Cleveland Avenue. La Hwy-80 atraviesa el centro de Fort Myers y gira por McGregor Boulevard al oeste, donde se encuentra la casa de Edison. Sin embargo, todo es un poco confuso por el hecho de que la mayoría de mapas turísticos no incluyen el centro y la ciudad completa en el mismo mapa y porque casi todas las señales de la carretera son poco útiles. Para llegar a la casa de Edison, puede resultar más sencillo confiar en la gran cantidad de tráfico. Sólo hay 1,6 km entre la casa y el centro, y los **autobuses locales** (☎277-5012) y un servicio de tranvía cubren el recorrido. Para ir del centro de Fort Myers a las playas, hay que tomar cualquier autobús que vaya a Edison Mall y luego el 50 hasta Summerlin Square, desde donde un tranvía continúa hasta la isla Estero (conocida también como Fort Myers Beach) y Lovers Key. El viajero debe tener en cuenta que no hay transporte público local los domingos. La estación de Greyhound se encuentra en el 2275 Cleveland Avenue (☎334-1011), justo al sur del centro de Fort Myers. Hay mucha **información** disponible en el **Visitor and Convention Bureau**, 2180 W First Street (lun.-vier., 8-17 h; ☎1-800/237-6444; fax 334 1106) y la **Chamber of Commerce**, Edwards Drive (lun.-vier., 8-17 h; ☎332-3624; fax 332-7276).

Alojamiento

Los precios del **alojamiento** en Fort Myers y sus alrededores son bajos entre mayo y mediados de diciembre, cuando las tarifas estándar se reducen entre un 40 y un 50 %. Si el visitante prefiere un motel **en el centro de Fort Myers**, se recomienda buscar en la First Street; *Sea Chest*, en el 2571 (☎332-1545; ②), que cuenta con piscina climatizada; *Ta Ki-Ki*, en el 2631 (☎334-2135; ③); y *Tides*, en el 2621 (☎334-1231; ③). Si quiere una estancia sin lujos pero limpia y cómoda, nada mejor que el *Town House*

Motel, 2568 First St, saliendo de la Route 80 (☎334-3743; ③). Hay televisión por cable y una piscina y el lugar es popular entre los equipos de béisbol visitantes. Si prefiere algo bastante lujoso pero no pomposo y buenos descuentos fuera de temporada, se aconseja el *Homewood Suites Hotel*, 5255 Big Pine Way (☎275-6000; ⑦).

En las playas, se aconseja buscar una habitación en el Estero Boulevard, donde abundan los moteles; suelen costar 100 dólares en temporada alta (70 en temporada baja). Entre semana es posible encontrar mejores precios en el *Beacon*, en el 1240 (☎463-5264; ④); *Gulf*, en el 2700 (☎463-9247; ④); *Laughing Gull*, en el 2890 (☎463-1346; ④); *The Outrigger Beach Resort*, en el 6200 (☎463-3131; ⑤); o, unos cuantos kilómetros hacia el interior, *Island*, 201 San Carlos Boulevard (☎463-2381; ③). Entre los **cámpings**, sólo el *Red Coconut*, 3001 Estero Boulevard (☎463-7200), se encuentra justo en la playa. Otros dos más hacia el interior son *Fort Myers Campground*, 16800 South Tamiami Trail (☎267-2141) y *San Carlos*, 18701 San Carlos Boulevard (☎466-3133).

El centro de Fort Myers

Al otro lado del río Caloosahatchee, la Hwy-41 llega al **centro de Fort Myers**, que está situado de forma pintoresca en la orilla del río. Aparte de unas cuantas casas y escaparates restaurados en la Main Street y Broadway, predominan los modernos edificios de oficinas. Si el visitante quiere conocer bien el pasado de la población, se recomienda ir al **Fort Myers Historical Museum**, 2300 Peck Street (mar.-sáb., 10-16 h; 2,50 dólares), cuyas exposiciones incluyen detalles sobre las hazañas del doctor Franklin Miles, un habitante de Fort Myers que inventó el Alka Seltzer. El descubrimiento de la cura para la resaca fue superado, sin embargo, por las acciones de Thomas Alva Edison, recordado ampliamente 1,6 km al oeste del centro de Fort Myers, en el McGregor Boulevard, también la ruta hacia las playas de Fort Myers y hacia la carretera elevada de la isla Sanibel.

En 1885, 6 años después de inventar la bombilla eléctrica, **Thomas A. Edison**, trabajador infatigable, se desmayó de cansancio y su médico le aconsejó que se fuera a vivir a un lugar más cálido o moriría de forma prematura. Mientras se encontraba de vacaciones en Florida, Edison, que entonces tenía 37 años, descubrió un terreno donde el bambú brotaba en las riberas del río Caloosahatchee y compró más de 5,6 Ha. Después de limpiar una parte, estableció la que más tarde sería la **Edison Winter Home**, 2350 McGregor Boulevard (visitas guiadas, cada 30 min.; lun.-sáb., 9-17 h; dom., 12-17 h; 10 dólares; 2 dólares más por entrar en la Ford Winter Home; véase pág. siguiente), donde todos los años pasaba el invierno hasta que murió a los 84 años de edad.

Su gusto por el bambú tenía un motivo pues a Edison le gustaba la horticultura y a menudo usaba las sustancias químicas que producían árboles y plantas en sus experimentos. Los **jardines** de la casa, donde empiezan las visitas (hay que adquirir una entrada en la oficina señalada al otro lado del McGregor Boulevard), son sensacionales y proporcionaban a Edison mucha más materia prima: una variedad de follaje tropical, desde el extraordinario árbol solanáceo africano, conocido como *sausaje tree*, hasta numerosas orquídeas salvajes que cuidaba el inventor, con un perfume embriagador de frangipani. En contraste, la **casa** de Edison resulta decepcionante. Se trata de un edificio de madera cubierto de palmeras con una vulgar colección de muebles de la época que sólo se pueden vislumbrar a través de las ventanas. La razón de la sencillez de la morada quizá sea que Edison pasaba la mayor parte de las horas de vigilia en su **laboratorio**, intentando convertir la sabia rica en látex del *solidago Edisoni* (una especie gigante de mala hierba de la vara de oro que cultivó), anticipándose así a la escasez causada por el estallido de la Segunda Guerra Mundial. Hay numerosos tubos de ensayo, carpetas y trípodes esparcidos por los bancos, que están exactamente igual que cuando Edison terminó su último experimento antes de su muerte en 1931.

El verdadero impacto de los logros de Edison no es evidente hasta que se llega al **museo**. Un diseño para una mejorada máquina de cinta perforada para conocer las cotizaciones de Bolsa le proporcionó fondos suficientes para realizar los experimentos que le llevaron a la creación del fonógrafo en 1877 y financiaron la investigación que consistía en hacer pasar electricidad por el vacío, lo que desembocó en la creación de la bombilla eléctrica incandescente 2 años después. Los numerosos fonógrafos de cilindro y de disco con altavoces de cuerno, las clásicas y gruesas bombillas eléctricas y los innumerables aparatos de prueba forman una gran colección; el visitante verá asimismo algunos de los proyectores de cine derivados del kinetoscopio de Edison, que le proporcionaron 1 millón de dólares al año en derechos de patente desde 1907.

Un buen amigo de Edison desde 1896, **Henry Ford**, de quien el inventor hablaba con admiración por sus ambiciosas ideas sobre el automóvil, compró la casa contigua a la de Edison en 1915, cuando se convirtió en el principal fabricante de automóviles del país. A diferencia de la casa de Edison, se puede entrar en la **Ford Winter Home** (mismo horario de visitas que la casa de Edison; para verla, tendrá que comprar una entrada válida también para la Edison House; 10 dólares), aunque el interior, restaurado al estilo de la época de Ford pero sin los accesorios originales, no se corresponde con el precio de la entrada, pues a pesar de ser el primer billonario del mundo, Ford vivió junto a su esposa en un lugar modesto.

Antes de irse de las antiguas casas, se recomienda al visitante que admire la desgarbada **higuera de Bengala** del exterior de la taquilla, que creció a partir de una planta que Harvey Firestone, el rey de los neumáticos regaló a Edison en 1925; hoy es el mayor árbol del estado.

Las playas de Fort Myers

Todavía queda mucho por descubrir de las **playas de Fort Myers**, a 24 km al sur del centro de Fort Myers, muy diferentes de las franjas de playa más frecuentadas y destinadas al turismo de la costa oeste. Hay mucho alojamiento (véase pág. 344) en el Estero Boulevard y sus alrededores (al que se llega por el San Carlos Boulevard, saliendo del McGregor Boulevard), que recorre toda la longitud de unos 11 km de la **isla Estero** los centros de máxima actividad son el corto embarcadero de pesca y el **Lynne Hall Memorial Park**, en el extremo norte de la isla.

Cuanto más al sur, la isla Estero se vuelve más tranquila y residencial. Estero Boulevard se une finalmente a una estrecha carretera elevada hasta la poco urbanizada **isla San Carlos**. Unos kilómetros más adelante, en **Lovers Key** (todos los días, 8-17 h; 1,50 dólares), una senda se une a un camino por un par de islas cubiertas de mangles y varios riachuelos llenos de salmonetes. Dominio de aficionados a la pesca los fines de semana, es una playa aislada, donde los únicos signos de vida humana son las latas de bebida que se ven de vez en cuando, el lugar perfecto donde alojarse para remolonear y bañarse. Si al visitante no le gusta mucho el paseo de 1 km, un tranvía-autobús gratuito le transportará entre la entrada del parque y la playa.

Hacia el interior desde Fort Myers: el Calusa Nature Center

En el perímetro este del pueblo, que está protegido por una serie de parques que son ideales para hacer un picnic, ir en canoa y caminar, las playas se mantienen en buenas condiciones. Si el visitante quiere más información sobre el paisaje local, puede pasar un par de horas en el **Calusa Nature Center Planetarium**, 3450 Ortiz Avenue (lun.-sáb., 9-17 h; dom., 11-17 h; 3 dólares) y tomar las pasarelas que atraviesan los bosques de cipreses y pinos. Se recomienda echar también una ojeada al aviario (donde recuperan fuerzas las aves heridas antes de volver a la libertad) y al **museo** interior. Allí, además de las exposiciones generales sobre geología, flora y fauna, el visitante verá una especie enjaulada de cada una de las cuatro variedades de serpientes venenosas del estado, aunque la expresión de los ratones que les sirven de comida una vez al día no son un buen espectáculo para los más sensibles.

Se recomienda visitar **Babcock Wilderness Adventures**, 8000 State Road 31 en Punta Gorda (☎1-800/500-5583), sobre todo a todos aquellos que les interese la Florida salvaje pero que no quieran andar por la selva durante días. Unos 64 km hacia el interior y al nordeste de Fort Myers (hay que tomar la salida 26 de la I-75), el equipo de Babcock dirige excelentes **visitas** narradas (nov.-abril, 9-15 h; mayo-act., sólo mañanas; indispensable la reserva; 17,95 dólares; niños, 9,95 dólares) en un automóvil cubierto para las marismas. Su gran rancho (tres veces mayor que Washington D.C.) fue adquirido en 1914 por Edward Babcock y su hijo Fred lo adaptó para convertirlo en un parque natural. Desde campos abiertos con cerdos salvajes y bisontes hasta marismas donde los caimanes cubren la pasarela, la visita avanza por un terreno salvaje y cambiante. Entre los elementos más interesantes, que son muchos, se encuentra la **Bald Cypress Swamp**, un paisaje primaveral de impresionantes árboles y bromelias color rojo sangre que se reflejan en las tranquilas aguas de color té; también hay panteras doradas de Florida, aunque no son de pura raza. Sólo quedan unas 30 y la endogamia ha provocado que la mayoría de crías nacieran muertas. El visitante también tendrá la oportunidad de acariciar la barriga sorprendentemente seca y suave de una cría de caimán y de aprender cómo se comercia con su carne y la piel, algo extraño en este establecimiento por lo general muy concienciado. Más rara todavía es la vaca de tres cuernos *Lulú*, residente de Babcock, un espectáculo popular desde su nacimiento en 1967 hasta su muerte en 1997. Su cabeza está colgada ahora cerca de la entrada y presenta un aspecto algo desmejorado.

Una criatura que el visitante no verá en Babcock es el manatí. Por fortuna, sólo una parada más al norte por la I-75 se encuentra el recientemente inaugurado **Manatee Park** (entrada gratuita), donde son el centro de atención. Allí, a lo largo de las riberas del río Orange, hay centros de información donde se explica cómo se identifica a estos animales por las cicatrices causadas por las hélices de los barcos. A los manatíes que se ven más habitualmente y, por lo tanto, los más marcados con cicatrices, se les pone un nombre. Debido a su proximidad a la autopista y a Fort Myers Power Company, el aspecto del parque no es muy agradable. Aun así, a los manatíes parece gustarles y constituye una excelente oportunidad para ver a estas vacas marinas de diez dedos, que pueden pesar unos 1.360 kg. Se recomienda pasear por la primera cala, donde se reúnen en las tranquilas y poco profundas aguas; son más fáciles de ver a primera hora de la mañana, pero seguro que verá a un par de ellos a cualquier hora del día.

Comida

En el **centro de Fort Myers** se pueden tomar desayunos, tentempiés y almuerzos baratos; se recomienda *Melanie Restaurant*, 2158 McGregor Boulevard (☎334-3139), *Dollie's Bites and Delights*, 2235 First Street (☎332-1600) o comprar un dulce recién hecho en *Mason's*, 1615 Hendry Street (☎334-4525). Si el visitante prefiere un almuerzo más completo, se aconseja el agradable *Oasis Restaurant*, 2222 McGregor Boulevard (☎334-1566), dentro del Edison Ford Square Shopping Center. A pesar de su aspecto descuidado y los letreros de los años cincuenta, se recomienda el *Farmers' Market Restaurant*, 2736 Edison Avenue (☎334-1687) para probar buena cocina campestre. Un lugar apropiado para comer algo por la noche es *The French Connection Café*, 2282 1st St, que sirve sopa francesa de cebolla, crepes y el excelente sándwich

Reubens. Para una cena más elegante, nada mejor que el *Graveyard Rock 'n' Comedy Grill* (☎334-8833; véase más abajo), donde los platos principales cuestan 13-19 dólares. Se llena enseguida, por lo que hay que reservar mesa. **En las playas**, el tranquilo *Café du Monde*, 1740 Estero Boulevard (☎463-8088), ofrece comidas tentadoras elaboradas a partir de recetas caseras. *Top O' The Mast*, 1028 Estero Boulevard (☎463-9424), es un buen lugar para comer marisco y, si el visitante tiene mucho apetito, se aconseja *The Reef*, 2601 Estero Boulevard (☎463-4181) para probar los abundantes especiales nocturnos, que incluyen desde siluro hasta ancas de rana.

Vida nocturna

Quizá Fort Myers no sea un importante centro de vida nocturna, pero continuamente se abren nuevos cafés y bares. Hay que bajar hasta el cruce de las calles Hendry y First, donde **bandas** espontáneas tocan al aire libre los jueves por la noche (y a veces los fines de semana). A poca distancia se encuentra *The Cigar Bar* (☎337-4662), el bar más tranquilo y elegante del pueblo, donde hay sofás de piel, un gran piano negro y cabezas colgadas de bisonte, orix y osos con puros en la boca. Sirven bourbon y whisky de malta y, como es de esperar, está permitido fumar. Al lado hay una tienda especializada en puros, que ofrece desde cigarrillos de 1 dólar hasta puros cubanos de antes del bloqueo económico que cuestan 35 dólares cada uno.

Uno de los locales más originales es *The Graveyard Rock 'n' Comedy Grill*, 1528 Hendy St, donde se encontraba la funeraria de la ciudad antigua; hay una gran barra en forma de ataúd y unos actores animan el ambiente mientras la gente come (véase más arriba).

Peter's La Cuisine, 2224 Bay St (☎332-2228), es muy caro para comer, pero ha abierto un nuevo nivel que funciona como club nocturno al aire libre. Abajo, el bistró de jazz es más barato e informal que el restaurante del primer piso. Se recomienda tomar una copa y escuchar música de guitarra en vivo los sábados por la noche en *The Liquid Cafe*, en la esquina de las calles Hendry y First (☎461-0444), un agradable lugar con luz azulada y columnas de acero. También ofrece un buen menú. Otro lugar interesante es el *Opus Jazz Bistro*, 2278 1st Street, donde cada sábado toca una banda de blues tropical.

En cuanto a la **vida nocturna gay**, *The Bottom Line*, 3090 Evans Ave (☎337-7292), es un original bar y club, oscuro y aislado en una zona solitaria del centro. Para tomar una copa en un agradable pub, aunque oscuro, se aconseja *The Office*, 3704 Grove St. Se encuentra en la Pizza Hut Plaza, ante la señal de Red Lobster. El *Apex*, 4226 Flower St, es más vulgar y atractivo. Aparte de las gogós y las actuaciones de *drags*, se trata de un agradable bar frecuentado por lugareños. Hay un tema distinto cada noche.

Las islas de Sanibel y Captiva

Cuando en 1963 la Administración del condado de Lee (que controla toda la zona de Fort Myers) decidió unir por carretera **Sanibel**, la isla situada más al sur de las que se agrupan alrededor de la desembocadura del río Caloosahatchee, con el continente, sus aproximadamente 1.000 habitantes lucharon a brazo partido contra la iniciativa, pero perdieron. Una década más tarde, se vengaron separándose del condado; se convirtieron en una «ciudad» con autogobierno y aprobaron estrictas leyes sobre la propiedad para evitar que su isla fuera inundada por residencias y hoteles destinados al turismo.

Los que recuerdan aquellos años afirman que la isla ya no es la misma, ya que los moteles y restaurantes son más numerosos que antes y los visitantes siempre superan a los actuales 7.000 residentes. Sin embargo, Sanibel beneficia mucho a quienes la gobiernan: no se permiten los edificios altos, las playas son soberbias y las grandes áreas están aisladas como reservas naturales. Aparte de la ausencia de transporte público, no hay excusa para no visitar esta isla de unos 20 km de largo y 3 km de ancho; si el visitante llega para permanecer allí unas cuantas horas, quizás al final se quede varios días (aunque si lo hace, necesitará mucho dinero, porque la vida resulta muy cara).

Al norte de Sanibel, hay una carretera que continúa hasta la **isla Captiva**, incluso menos poblada, y cuya única concesión a la economía actual es un elegante lugar de vacaciones en su extremo norte, desde el que salen viajes en barco hasta las islas vecinas.

Aspectos prácticos

Para llegar a Sanibel y Captiva desde el continental Fort Myers, hay que tomar College Park Way hacia el oeste saliendo de la Hwy-41 y girar casi inmediatamente por Summerlin Road. Summerlin se abre paso hasta Sanibel Causeway, que enlaza con la isla. Hay un **peaje** de 3 dólares por cada vehículo para entrar a Sanibel.

Al llegar a la isla se recomienda ir al **centro de información**, 1159 Causeway Boulevard (lun.-sáb., 9-19 h; dom., 10-17 h; ☎472-1080; fax 472-1070), donde ofrecen importante **información** y muchas publicaciones gratuitas. No hay transporte público ni planes para rehabilitar los antiguos trayectos del tranvía, así que si el visitante no va en automóvil, tendrá que alquilar una **bicicleta**; Finnimore's Cycle Shop, 2353 Periwinkle Way (☎472-5577), y The Bike Rental Inc, 2330 Palm Ridge Road (☎472-2241), ofrecen una buena selección y el alquiler cuesta unos 5 dólares al día. También podrá alquilar bicicletas y motos en la tienda de Bike Rentals, situada justo antes del peaje (☎454-0097). No hay **visitas organizadas** de la isla y una alternativa poco satisfactoria es comprar un **casete** por 12,95 dólares en el centro de información.

El **alojamiento** en las islas resulta siempre más caro que en el continente, aunque los precios son más bajos entre mayo y noviembre. *Kona Kai*, 1539 Periwinkle Way (☎472-1001; ⑤), está entre los más baratos; si el viajero prefiere alojarse en la playa, se recomienda *West Wind Inn*, 3345 W Gulf Drive (☎472-1541; ⑦) o el *Best Western*, 3287 W Gulf Drive (☎472-1700; ⑧). Una buena alternativa a las habitaciones estándar son las casitas de madera, para 2-4 personas, del *Seahorse*, 1223 Buttonwood Lane (☎472-4262; ④). En Sanibel hay también un **cámping**, *Periwinkle Trailer Park*, 1119 Periwinkle Way (22 dólares por plantar una tienda; ☎472-1433).

Para **comer**, la mejor cafetería es *The Bean Café*, 2240 Periwinkle en Sanibel Square (☎395-1919), que sirve gran variedad de dulces, incluida la increíble tarta de queso de cappuccino. El *Lighthouse Café*, 362 Periwinkle Way (☎472-0303), ofrece buenas comidas durante todo el día; y el *Cheeburger Cheeburger*, 2413 Periwinkle Way (☎472-6111), sirve una gran variedad de hamburguesas.

Para un almuerzo o cena más sustanciosos, se recomienda probar la gran selección de marisco en *The Mucky Duck*, Andy Rose Lane (cerrado dom.; ☎472-3434) y *Pippins Bar & Grill*, 1975 Periwinkle Way (☎395-2255). Como alternativa, el *Jacaranda*, 1223 Periwinkle Way (☎472-1771), está especializado en pasta y platos cajún, aunque resulta un poco más caro.

Isla Sanibel

La gente visita la **isla Sanibel** por sus playas, y es cierto que en ella hay largas franjas de playa llenas de conchas. Sin embargo, incluso en los paraísos existen los problemas. Los automóviles se mueven despacio por la vía principal y, a pesar de la ausencia de transporte público, aparcar el vehículo puede resultar casi imposible. Hay señales de «prohibido aparcar» por todas partes y los aparcamientos de las principa-

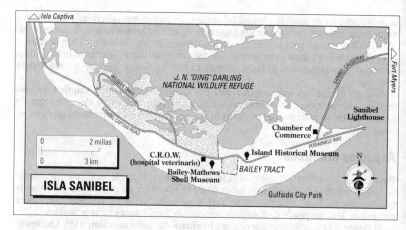

les playas están llenos de turistas que hacen cola para conseguir un sitio. Por fortuna, la mayoría de gente va a las primeras playas con las que se encuentra y, si el viajero sigue hacia el oeste y el norte, se verá recompensado con lugares más agradables, menos frecuentados y mucho sitio donde aparcar.

El primer lugar de interés que el viajero verá en la isla es el nada espectacular **faro de Sanibel** (construido en 1884), una reliquia que muchos visitantes se sienten obligados a explorar (sólo desde el exterior) antes de pasar unas cuantas horas en la bonita playa al pie. Después de la playa, se recomienda ir por Periwinkle Way y girar por Dunlop Street; el viajero verá el pequeño ayuntamiento de la isla de camino al **Island Historical Museum** (mediados oct.-mediados agos., miér.-sáb., 10-16 h; dic.-marzo, abierto también dom., 13-16 h; 1 dólar). Se trata de la casa de uno de los primeros colonos, y es de hace un siglo; hay muebles y fotos de los primeros colonos de Sanibel (los que no eran marineros se dedicaron a la agricultura hasta que la tierra se secó debido al agua salada que llevaban los huracanes) y exposiciones sobre los moradores anteriores a los europeos, los indios calusa, que incluyen un esqueleto de hace 1.000 años.

Continuando por Periwinkle Way, la Tarpon Bay Road cruza al oeste hasta la costa, y pasa por la exuberante vegetación del **Bailey Tract**, un rectángulo de tierra agreste en medio de una zona residencial; unos senderos mal señalizados adentrarán al viajero en ella junto a los caimanes y las aves de caza (sólo recomendado para los prudentes y valientes). En cualquier dirección desde el final de la Tarpon Springs Road, los centros turísticos y los turistas señalan las playas; si gira por Casa Ybel Road y Algiers Lane, el visitante llegará al **Gulfside City Park**, una estrecha franja de playa a la sombra de pinos australianos y bordeada por un estrecho canal con una zona de picnic aislada. Antes de marcharse, se recomienda seguir el camino para bicicletas que sale de Algiers Road durante unos cuantos metros hasta un pequeño **cementerio**, donde unas pocas señales de madera recuerdan a los que murieron hace cientos de años, gente que intentó vivir en la entonces inhóspita isla.

El J. N. «Ding» Darling National Wildlife Refuge

En contraste con las suaves playas del lado del Golfo de la isla, la orilla contraria contiene bahías y calas poco profundas y un interesante hábitat de flora y fauna protegidos por el **J. N. «Ding» Darling National Wildlife Refuge** (todos los días, excepto vier., amanecer-atardecer; automóviles, 5 dólares; ciclistas y peatones, 1 dólar); la

RECOGER CONCHAS EN LAS ISLAS SANIBEL Y CAPTIVA

Algo que comparten Sanibel y Captiva son las **conchas**. Toneladas de ellas son arrastradas a la orilla con la marea y la popularidad de recoger conchas ha llevado al sufrimiento generalizado del encorvamiento de espalda conocido como «Sanibel Stoop». El daño ecológico que se puede producir a causa de esta actividad ha hecho que se promulgaran leyes que prohíben sacar las conchas vivas (es decir, con una criatura viva dentro), el incumplimiento de la ley está penado con una multa de 500 dólares o una sentencia de prisión. Tanto los novatos como los conquiliólogos de temporada tendrán mucho que hacer en las playas; para identificar el hallazgo, hay que utilizar una de las listas que ofrecen la mayoría de las revistas turísticas gratuitas o bien observar a los expertos mientras trabajan durante el **Sanibel Shell Festival**, a principios de marzo.

entrada principal y el **centro de información** se encuentran saliendo de la Sanibel Captiva Road. Es posible ver caimanes, pelícanos pardos y quebrantahuesos, pero lo que el visitante vea en el refugio depende de la época en que vaya: durante el otoño, hay muchas aves cantoras migratorias; en las siguientes estaciones, aparecen los patos; y en primavera, las graciosas espátulas rosadas pasan majestuosamente antes de la puesta de sol.

En los 8 km del **Wildlife Drive** el viajero deberá ir muy despacio y hacer muchas paradas si quiere ver a sus residentes desde el automóvil. Si va en bicicleta, tendrá que comprobar la dirección del viento antes de entrar; por lo general, éste soplará por la espalda y no de cara si va de norte a sur. Será mejor que recorra los 6,5 km del **sendero de Indigo**, que empieza justo en el centro de información.

Hay una segunda ruta mucho más corta para ir a pie cerca del límite norte de Wildlife Drive: el **sendero de Indian Shell**, que se abre paso entre los mangles y plátanos para bordear unos cuantos tilos (prueba de los esfuerzos por cultivar la isla) hasta el **túmulo** indio: un montecillo en el suelo, mucho menos espectacular de lo que quizá se espere.

El Bailey-Matthews Shell Museum y el C.R.O.W.

El recientemente inaugurado **Bailey-Matthews Shell Museum**, sin ánimo de lucro, en 3075 Sanibel-Captiva Road (mar.-dom., 10-16.30 h; 5 dólares), está dedicado en su totalidad a moluscos de todo el mundo, con gran abundancia de colores, formas y tamaños que se muestran ante el visitante para informar y entretener; podrá conocer su diversidad, usos, pasado y presente.

Todavía en Sanibel-Captiva Road, cerca de la entrada al J. N. «Ding» Darling National Wildlife Refuge (véase pág. anterior), hay un «hospital» para animales salvajes heridos, huérfanos y enfermos de todo el sudoeste de Florida. Puesto que la mayoría de los varios miles de pacientes que se tratan allí cada año son consecuencia de la acción del hombre, **C.R.O.W.** (Care and Rehabilitation of Wildlife Inc.) emplea parte de su energía en educar a los visitantes sobre los daños que a veces causan sin querer. Esta reserva de 4 Ha, creada hace 30 años y compuesta en gran parte por voluntarios, abrió sus puertas al público recientemente y ofrece **visitas guiadas** de pequeños grupos (lun.-vier., 11 h; dom., 13 h; 3 dólares; reservas por anticipado: ☎472-3644). Se da una corta pero agradable charla sobre los peligros que causan las redes de pesca abandonadas y otros desechos, seguida de un paseo por los cercados al aire libre de la reserva, donde hay numerosos mamíferos, aves, anfibios y reptiles, que vivirán allí hasta que estén preparados para retornar a su hábitat. Todo ello sirve para recordar el impacto del hombre sobre el medio ambiente, además de los poderes curativos de la naturaleza.

Bowman's Beach

Una de las más bonitas franjas de arena de Sanibel, **Bowman's Beach** se extiende al norte de la isla; para llegar hasta allí, hay que buscar la Bowman's Beach Road, que sale de la Sanibel-Captiva Road, justo antes del Blind Pass. Popular entre los aficionados a recoger conchas, también es un excelente lugar para ver la puesta de sol y, en las secciones más aisladas, los **naturistas** se broncean sin bañador, aunque en el centro de información le recordarán que está prohibido según la ley del estado de Florida.

Isla Captiva

Justo al norte de Bowman's Beach, la Sanibel Captiva Road cruza el Blind Pass por el puente y llega hasta la **isla Captiva**, mucho menos desarrollada que Sanibel y habitada sólo por unos cientos de personas. Si el visitante no le pide a uno de ellos que le guíe, tendrá que contentarse con ver el único punto de interés, la pequeña **Chapel-by-the-Sea**, en 11580 Chapin (bajando Wiles Drive). Utilizada normalmente para bodas, no es probable que la capilla esté abierta y tendrá que ir por el original **cementerio**, justo enfrente, donde están enterrados muchos de los primeros colonos de la isla. Este lugar, donde las olas rompen a tiro de concha y las tumbas están protegidas del sol por un techo de parra, constituye sin duda una apropiada última morada para los isleños. Unos kilómetros más allá, el extremo norte de Captiva está cubierto de pistas de tenis, campos de golf y villas de estilo polinesio de la superlujosa *South Sea Plantation*, donde las camas más baratas cuestan 150 dólares por noche en temporada alta. No se recomienda ir por allí, excepto por los **viajes en barco** para las islas vecinas.

Más allá de isla Captiva: Cabbage Key

Situada en un grupo de pequeñas islas justo al norte de Captiva, se halla **Cabbage Key**, que se aconseja visitar. Incluso aunque llegue con el crucero a la hora del almuerzo desde Captiva (véase recuadro más abajo), es mejor olvidarse de la comida y pasear por los caminos y el pequeño puerto deportivo, pues el aislado lugar y las vistas de Pine Island Sound poseen una belleza especial. No obstante, se aconseja visitar también el **restaurante** para ver el papel pintado más caro de Florida: facturas por un valor calculado en 25.000 dólares, cada una firmada por una persona que la dejó pegada en la pared siguiendo la tradición de Cabbage Key. Si el viajero quiere **quedarse** más tiempo, la posada ofrece seis habitaciones individuales por 65 dólares y también hay unas cuantas casitas de campo rústicas en los jardines que salen más caras; se recomienda hacer la reserva por lo menos con un mes de antelación (☎283-2278).

VIAJES EN BARCO DESDE LA ISLA CAPTIVA

Hay varios **viajes en barco** organizados que salen de los muelles de la *South Sea Plantation*. El mejor de ellos es el crucero a la hora del *lunch*, que parte a las 10.30 h y vuelve a las 15.30 h, y permite estar un par de horas en Cabbage Key (véase más arriba) o en un elegante restaurante de la isla Useppa; cuesta 27,50 dólares. El precio no incluye la comida y no se obliga a comer al atracar, pero está permitido llevar comida y almorzar en el barco. Otra opción es el crucero turístico de 1 hora de duración a las 15.30 h desde 16,50 dólares.

De todas maneras, el viajero verá **delfines**; muchos de ellos viven en las aguas tibias que rodean las islas y a veces dan saltos mortales para ganarse su admiración.

Para más **detalles** y para **reservar** cualquiera de los cruceros, hay que telefonear a Captiva Cruises (☎472-5300).

Al sur de Fort Myers

Mientras que las islas de Sanibel y Captiva merecen ser exploradas durante unos días, en el continente hay menos puntos de interés, sobre todo en el viaje de 112 km hacia el **sur desde Fort Myers** hasta el Everglades National Park. Las poblaciones por las que pasará el viajero tienen menos encanto que las playas cercanas o las vistas del interior de Florida al final de los desvíos de éste. No obstante, se aconseja reservar unas cuantas horas para conocer uno de los aspectos más extraños de la historia de Florida: la excéntrica comunidad religiosa de los koreshan.

El Koreshan State Historic Site

A finales del siglo XIX, algunos de los radicales e idealistas del país empezaron a ver a Florida como el paraíso terrenal, un Jardín del Edén subtropical donde se podían arreglar los fallos de la sociedad moderna. Para gran regocijo de los granjeros de Florida, que llevaban una vida muy dura, algunos de ellos iban al sur a experimentar con métodos utópicos, aunque pocos soportaron la humedad y los mosquitos durante mucho tiempo. Una de las llegadas más importantes fue también la más extraña: la comunidad de **Koreshan Unity**, que llegó de Chicago en 1894 para construir la «Nueva Jerusalén» en un lugar que ahora se conserva como el **Koreshan State Historic Site**, situado a 35 km de Fort Myers, justo al sur de Estero junto a la Hwy-41 (todos los días, 8-atardecer; automóviles, 3,25 dólares; peatones y ciclistas, 1 dólar; ☎992-0311).

El extravagante líder de los koreshan*, **Cyrus Teed**, era un sargento del ejército; según él un día experimentó la «gran iluminación»: se le apareció un ángel, que le dijo que la Tierra era cóncava, alineando su borde interior de una esfera hueca, en el centro de la cual se encontraba el resto del universo.

Más tarde, Teed se cambió el nombre por el de Koresh y reclutó seguidores entre los intelectuales de Chicago quienes, como él, estaban descontentos con las religiones establecidas y buscaban una forma de vida menos materialista. Entre los dogmas del credo koreshan se encontraban la abstinencia fuera del matrimonio, la propiedad compartida de los bienes y la igualdad de sexos. Los estetas que llegaron a este lugar, sólo accesible por barco por el río Estero infestado de caimanes, aprendieron pronto nuevas técnicas de agricultura y construcción de viviendas y trazaron bulevares de más de 9 m de ancho, que creían serían algún día las arterias de una ciudad habitada por 10 millones de almas ilustradas. Pero de hecho, en su mejor momento en los 3 años desde 1904, la comunidad estaba compuesta por sólo 200 miembros. Tras la muerte de Teed en 1908, los koreshan se estancaron y los últimos miembros, que llegaron en 1940 huyendo de la Alemania nazi, murieron en 1982.

La biblioteca y el museo Koreshan

La colonia koreshan decepcionará al visitante si no va primero a la **biblioteca** y el **museo Koreshan**, 8661 Corkscrew Road (lun.-vier., 13, 14, 15 y 16 h; 1 dólar; cuatro personas mínimo; información: ☎992-0311), para obtener una información general sobre las creencias de los koreshan, además de tener la oportunidad de ver las numerosas fotografías y retratos de Teed, algunos de sus libros esotéricos y copias del periódico koreshan que todavía se publica: *The American Eagle*. En las anchas vías

---

* No hay relación alguna entre los koreshan y David Koresh, líder de los davidianos que se atrincheraron en su sede de Waco (Texas), y lucharon contra las tropas federales antes de prenderse fuego en abril de 1993.

públicas de la **colonia** contigua, algunos de los edificios koreshan han sido restaurados, entre los que se encuentra la casa de Teed; el Planetary Court, lugar de reunión de las siete mujeres (cada una llamada como los siete planetas conocidos) que gobernaban la ciudad, y el Art Hall, donde se celebraban los acontecimientos culturales de la comunidad, y en el que todavía se llevan a cabo celebraciones koreshan (como el festival solar en octubre y el festival lunar en abril), allí puede verse aún el *rectilinator*, un aparato que «probaba» la teoría koreshan de la Tierra cóncava.

Bonita Springs y el Corkscrew Swamp Sanctuary

BONITA SPRINGS, una comunidad residencial que crece con rapidez, está a 11 km al sur de la colonia Koreshan; no tiene mucho encanto, pero permite el acceso a **Bonita Beach**, a lo largo de la Bonita Beach Road, y a los menos impresionantes **Everglades Wonder Gardens**, en la esquina de Terry Street con la Hwy-41 (todos los días, 9-17 h; 8 dólares), donde es posible ver muchas de las criaturas autóctonas del estado.

Si el visitante hace un pequeño esfuerzo podrá ver un aspecto más agradable de la Florida natural, a 32 km **hacia el interior** por la Route 846 (que sale de la Hwy-41 unos cuantos kilómetros al sur de Bonita Springs), en el **Corkscrew Swamp Sanctuary** de la National Audubon Society, 375 Sanctuary Road, Naples (mayo-nov., todos los días, 8-17 h; dic.-abril, 7-17 h; 6,50 dólares; ☎657-3771); se trata de un enorme conjunto de cipreses cubiertos de moho que se alzan en un paisaje de marismas oscuro y melancólico. Sin embargo, la consciencia de que la gran área, en la actualidad protegida por la Big Cypress Swamp National Preserve (véase «Los Everglades», pág. 356) tenía el mismo aspecto que esa parte, mitiga el disfrute de la zona; la incontrolada explotación forestal causó una tala indiscriminada de árboles de 500 años de antigüedad y redujo de manera considerable la población de cigüeñas de Florida, que anidan en las copas de los árboles, a más de 30 m del suelo. La colonia de cigüeñas que queda es todavía la mayor del país, pero en la actualidad está amenazada por los bajos niveles de las aguas.

La **visita guiada** de 2 horas de duración es excelente, sobre todo con la ayuda del folleto del centro de información. Sin embargo, hay un aspecto llamativo en el parque, que se encuentra al principio, de camino a los aseos. Allí, una ingeniosa aunque increíblemente sencilla «máquina viviente» ayuda a controlar el agua del parque reciclando los materiales de desecho de los aseos mediante un proceso natural que purifica el agua. En una construcción de vidrio llena de plantas, el ciclo utiliza la luz del sol, bacterias, algas y gusanos para descomponer los residuos, proceso que después continúa vegetación como falsos ácoros y saetillas, y pequeños insectos y animales. El resultado es agua purificada que cumple los estándares de la higiene. En la actualidad, se van a introducir mariposas en el «jardín» para finalmente crear una colonia; en cierto modo, resulta divertido pensar que si utiliza las instalaciones de Corkscrew Swamp, una parte de los que lo visitan se queda allí y en el futuro ayudará a conservarlo.

Más hacia el sur: Naples

Hay una sensación de ciencia-ficción en **NAPLES**, donde los jubilados conducen despacio por las silenciosas calles en grandes y relucientes coches. Todo parece quedar amortiguado por la riqueza. Nadie va a pie y la mayor acción del pueblo la realizan los aspersores que riegan las zonas de césped obsesivamente cuidadas. Si el visitante quiere respirar el auténtico ambiente del lugar, será mejor que vaya a la Fifth Avenue, donde los astilleros se han convertido en elegantes tiendas de ropa, galerías de arte y restaurantes. Los kilómetros de **playas** públicas hacen más que evidente el esnobismo social que predomina y **Lowdermilk Park**, 3 km al norte del embarcadero, es la playa local más vulgar, sobre todo los fines de semana.

Hay pocos puntos de interés histórico, algo que se hace evidente en el hecho de que el bajo e impersonal edificio que alberga ahora el **Fantozzi's Cafe** (véase más abajo) es considerado monumento histórico: el cubo construido en 1922 ha tenido diversas utilidades, desde el primer ayuntamiento de Naples, hasta un juzgado, una farmacia, un cine, una iglesia presbiteriana, una iglesia católica, una tienda de artículos de zapateado y un zoo.

Sólo unos pasos más allá, se encuentra la **Palm Cottage**, 137 12th Avenue, una de las pocas casas que quedan en Florida construidas con mortero atigrado, que se fabricaba quemando conchas.

Para conocer el lujo de Naples, se recomienda ir hacia el norte por la Hwy-41 hasta el *Ritz Carlton Hotel* (☎598-3300), en el final de Vanderbilt Beach Road. Aunque el visitante necesitaría 3.500 dólares para pasar una noche en la suite presidencial, puede colarse por la gran entrada para tomar un café en el bar, que es una forma barata de apreciar el esplendor del hotel. El edificio tiene cierto estilo de decadencia clásica de los años treinta, pero en realidad se construyó en los años ochenta.

Aspectos prácticos

Si el viajero quiere obtener **información**, puede ir a la **Chamber of Commerce**, en 895 Avenue S (todos los días, 9-17 h; ☎262-6141; fax 435-9910) o al **Golden Gate Visitor Center**, 3847 Tollgate Boulevard (todos los días, 9-17 h; ☎352-0508). No son las oficinas más agradables del mundo, pero si lo intenta con ahínco, le proporcionarán los horarios de los autobuses locales. Los Greyhound paran en Naples en 2669 Davis Boulevard S (☎774-5660 o 1-800/231-2222 para los horarios).

El **alojamiento**, como era de esperar, no resulta barato. Una buena opción es *The Olde Naples Inn*, 801 3rd St (☎262-5194; ④-⑤), que ofrece habitaciones amplias, piscina y desayuno incluido. Si el visitante quiere gastarse menos de 50 dólares por noche, se aconsejan *Flora-Sun-Motel*, 9483 Tamiami Trail North (☎597-5101; ②); *Gordy's Motel*, 11238 Tamiami Trail East (☎774-3707; ②); o *Gulfshore Motel*, 2805 Shoreview Drive (☎774-1100; ②). Al contrario que todo lo demás, **comer** en Naples no suele costar una fortuna. Si al viajero le apetece la comida cubana, se recomienda el *10th Street Cafetería*, 271 10th Street N (☎263-3632), un verdadero café al estilo antiguo cubano que sirve excelentes sándwiches, baratas hamburguesas con queso y buen café. *Cafe Plantain*, 947 3rd Ave N, está lejos de las playas, pero sirve ricos sándwiches, hamburguesas vegetales de judías y plátanos. Más cerca del llamado casco antiguo y las playas se encuentra el *Fantozzi's*, en la esquina de la Broad Ave y la 3rd St South, un popular café que sirve yogures helados y sándwiches de gourmet. *Flamingoes*, en la Route 41 al final de la 5th Ave N, un sencillo café donde sirven desayunos y almuerzos en un local con elegante decoración cromada de los años cincuenta, es muy sencillo, pero el servicio se muestra más agradable que en otros establecimientos. Si el viajero prefiere una comida típica de Naples, el recientemente inaugurado *Zoe's*, 101 5th Ave, ofrece un amplio menú ecléctico con pollo tailandés ahumado, camarones del Golfo y muchos platos de fideos. Es posible pedir medias raciones a precios reducidos, y los platos principales cuestan entre 7-25 dólares. Otro elegante aunque bastante pomposo lugar es el *Bistro 821*, un poco más arriba, en el 821 5th Ave. El atractivo menú incluye muchas ensaladas y platos de pescado.

No hay mucha **vida nocturna**. El *Zoe's* (véase más arriba) abre hasta las 22 h como restaurante; pero después, el bar y la música en vivo sigue hasta más tarde. Casi enfrente, el *McCabe's Irish Pub and Grill* es muy popular entre los jóvenes.

La isla Marco

No es una gran pérdida que los autobuses Greyhound no lleguen hasta la **ISLA MARCO** (al sur de Naples), donde hay nidos de águila artificiales (una de las técnicas inventadas por los promotores inmobiliarios para recuperar la flora y fauna que eliminaron sus altos edificios de apartamentos). En el extremo norte de la isla, la antigua aldea de Marco tiene algo de encanto y el **Tigertail Beach Park**, al final de una pasarela desde Hernando Drive, es un buen lugar para relajarse, aunque no hay puntos de interés y no vale la pena hacer el viaje (11 km por la Route 951 saliendo de la Hwy-41). Los Everglades, a poca distancia de allí, son un destino mucho mejor.

Unos 27 km al sur de Naples por la Hwy-41, el paisaje se convierte en un bosque continuo. El **Collier-Seminole State Park**, 20200 E Tamiami Trail (8-atardecer; automóviles, 3,25 dólares; ciclistas o peatones, 1 dólar; ☎394-3397), es un *hammock* tropical lleno de palmeras reales de Florida y un sendero para excursiones a pie de unos 10 km; hay un guía de excursiones disponible en la oficina principal del parque. Si el viajero quiere acampar allí (resulta muy apropiado hacerlo para explorar los Everglades), hay dos cámpings, uno para tiendas y el otro para autocaravanas (pregunte en la oficina en el número anterior).

Los Everglades

No hay nada en otro lugar como ellos: su vasta franqueza, más ancha que el enorme círculo visible del horizonte, la veloz salobridad y dulzura de sus poderosos vientos, bajo las deslumbrantes alturas azules del espacio. Son también únicos por su sencillez, diversidad y afín armonía de las formas de vida que albergan. El milagro de la luz inunda la extensión verde y marrón de juncia y agua, reluciendo y moviéndose despacio abajo, la hierba y el agua que es el significado y el hecho central de los Everglades de Florida. Es un río de hierba.

Marjory Stoneman Douglas,
The Everglades: River of Grass (Los Everglades: un río de hierba)

Por mucha belleza de paisajes que se espere de una de las áreas naturales mejor consideradas del país, ni las montañas, ni los cañones, ni siquiera los postes indicadores anunciarán al viajero su llegada a los **Everglades**. Desde el curso recto y monótono de la Hwy-41 de 144 km, las vistas más espectaculares son los pequeños conjuntos de árboles que se alzan en una llanura de juncia que se extiende hasta el horizonte. Parece un lugar muerto y vacío; el viajero se preguntará a qué se debe tanta fama. Sin embargo, estos espacios abiertos están rebosantes de vida y forman parte de un sutil ecosistema cambiante que ha evolucionado mediante una combinación única de clima, flora y fauna.

Originalmente abarcaba todo lo que hay al sur del lago Okeechobee, pero a lo largo del siglo xx los límites de los Everglades se han ido retirando poco a poco por las necesidades de tierra de cultivo, agua dulce y desarrollo urbano; sólo una relativamente pequeña parte en el extremo sudeste de Florida está bajo protección federal del **Everglades National Park**. El acceso público allí está pensado para infligir el mínimo daño posible y los enlaces vitales que mantienen unidos a los Everglades son evidentes: el importante ciclo de las estaciones húmedas y secas; la habilidad de los caimanes para descubrir agua, cavar con la cola y encontrarla; y las tres islas que constituyen reservas para los animales durante el período de inundaciones. Nada de todo esto puede verse desde la ventanilla de un automóvil o con un paseo de media hora por la hierba en un airboat, ruidosos y destructivos artilugios permitidos en la Hwy-41, pero prohibidos dentro del parque.

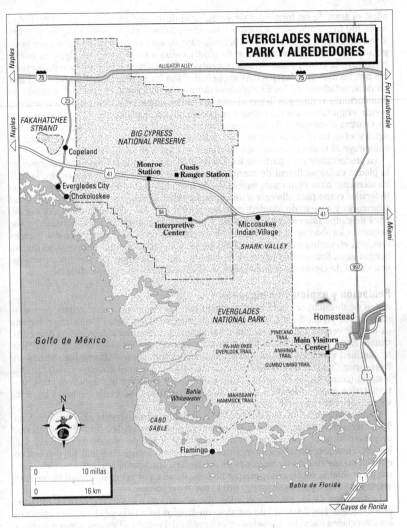

EVERGLADES NATIONAL
PARK Y ALREDEDORES

El visitante no podrá verlo todo: los Everglades son una fuente constante de sorpresas, incluso para los pocos cientos de personas que viven en ellos. Se recomienda ir a los centros de información, leer el material gratuito, realizar las visitas guiadas y, sobre todo, explorarlos lentamente. Sólo entonces el viajero empezará a conocerlos y se dará cuenta de que está en medio de uno de los ecosistemas más importantes del mundo natural.

Breve explicación sobre su geología e historia natural

En apariencia más llana que una tabla, la piedra caliza oolítica (que antes formaba parte del fondo marino) sobre la que se encuentran los Everglades, se inclina ligeramente (unos cuantos centímetros cada 112 km) hacia el sudoeste. Durante miles de años, el agua de las tormentas de verano y el desbordamiento del lago Okeechobee se ha ido moviendo poco a poco por los Everglades hacia la costa. El agua reaprovisiona la juncia, que crece en una delgada capa de suelo (o marga), formada por la vegetación podrida sobre una base de piedra caliza y hace nacer las algas en lo que constituye la primera fase de una compleja cadena alimenticia que alimenta a criaturas mucho más grandes; las más importantes son los caimanes. Éstos reciben el apodo de «cuidadores de los Everglades» durante la seca estación invernal. Cuando las inundaciones veraniegas llegan al mar, drenadas a través del lecho de roca o sencillamente evaporadas, los Everglades se quedan áridos, excepto por el agua acumulada en charcas o «agujeros de caimanes», que se forman cuando el caimán nota que hay agua y escarba el suelo con la cola. Además de sustentar a este animal, la charca constituye el hogar de otras especies hasta que vuelven las lluvias estivales.

La juncia cubre gran parte de los Everglades, pero donde las muescas naturales de la piedra caliza se llenan de marga, aparecen islas de árboles o *hammocks*, lo suficientemente altos como para sobresalir de las aguas de las inundaciones y lo bastante fértiles como para albergar a una gran variedad de árboles y plantas. Cerca de los *hammocks* y a menudo alrededor de los agujeros de los caimanes, el viajero encontrará delgados sauces de hojas verdes. Las zonas de vegetación más pequeñas, como pequeñas jorobas verdes, se llaman *bayheads*. Hay pinedas en unos cuantos lugares donde la elevación excede el nivel del suelo, y en las profundas depresiones que albergan agua florecen los mayores cipreses enanos; sus copas forman una característica «duna de cipreses» cuando muchos de ellos cubren una gran extensión.

Población y explotación humanas

Antes de desaparecer debido al contacto con los europeos, varias tribus de indios americanos vivían de la caza y almacenaban existencias en los Everglades; todavía es posible ver en algunas secciones del parque los montones de conchas que construían. En el siglo XIX, los indios seminola, que huían de los colonos blancos del norte, también vivían en la zona (para más información, véase «Miccosukee Indian Village», pág. 360). A finales de la década de 1800, había unos cuantos asentamientos blancos (como los de Everglades City y Flamingo) poblados por fugitivos, proscritos y solitarios que, a diferencia de los indios, intentaban explotar la tierra en lugar de vivir en armonía con ella.

Cuando la población de Florida creció, el daño causado por la caza incontrolada, la construcción de carreteras y el drenado de los Everglades para obtener tierras de cultivo hicieron que apareciera un importante grupo de presión de conservación. En 1947, una sección de los Everglades fue declarada parque nacional, pero el uso comercial no restringido de las zonas de alrededor continuaron alterando su ciclo natural; un problema reconocido, aunque no solucionado, por la conservación en los años setenta del Big Cypress Swamp, justo al norte del parque.

La seriedad de los problemas a los que se enfrentan los Everglades es cada vez más evidente. Los 2.400 km de canales construidos para desviar el curso del agua de los Everglades hacia las ciudades en expansión del estado, el envenenamiento causado por los productos químicos utilizados en las tierras de cultivo que rodean el lago Okeechobee y los cambios más generales causados por el calentamiento de la Tierra podrían convertir la mayor extensión natural de Florida en tierra baldía, con consecuencias ecológicas impredecibles.

Everglades City y alrededores

Comprada y bautizada en los años veinte por un ejecutivo de publicidad que soñaba con una metrópoli subtropical, **EVERGLADES CITY**, a 48 km de Naples y casi 5 km al sur saliendo de la Hwy-41 por la Route 29, cuenta con una población de menos de 500 habitantes que viven alrededor de un ayuntamiento demasiado grande. El **Chamber of Commerce Welcome Center** de los Everglades (todos los días, 8.30-17 h; ☎695-3941) se encuentra en el cruce de la Route 29 (señalada como Everglades City) y la Hwy-41. La mayoría de visitantes sólo intenta reducir el número de peces que viven alrededor de las islas cubiertas de mangles (llamadas apropiadamente islas **Ten Thousand**, «diez mil»), que se ordenan como piezas de puzzle por la costa.

Para ver más de cerca los mangles que protegen los Everglades de las mareas, se recomienda al visitante que ignore los viajes ecológicamente dudosos que se anuncian a lo largo de la carretera y realice uno de los **viajes en barco** autorizados por el parque. Se aconseja los Everglades National Park Boat Tours (☎695-2591) o las Majestic Everglades Excursions (☎695-2777). Salen cada 30 minutos entre 9-17 h; el último parte a las 16.30 h o a las 17 h, dependiendo de la hora del atardecer; los viajes duran entre 90-105 minutos (13 dólares) y parten del muelle de Chokoloskee, una porción de tierra (realmente un conchero de indio) que marca el final de la Route 29. El **centro de información** que hay junto al muelle (verano, todos los días, 8.30-16.30 h; invierno, 7.30-17 h; ☎941/695-3311) ofrece información sobre los cruceros y excelentes **viajes en canoa** dirigidos por un guardabosques (invierno, sáb., 10 h). Cualquiera que sepa manejar unos remos, que vaya bien equipado para acampar y con una semana de tiempo, puede recorrer el **wilderness waterway**, de 160 km, un trayecto señalado desde la bahía Whitewater hasta Flamingo (véase pág. 363), con varias zonas de acampada a lo largo del camino.

Aparte de los cámpings a los que se accede en barco, no hay **alojamiento** dentro de esta sección del parque. En Chokoloskee, sin embargo, es posible alquilar una caravana para la noche por 45-60 dólares en *Outdoor Resorts* (☎695-2881) o, volviendo a Everglades City, alquilar una sencilla casita en los jardines del *Everglades Rod & Gun Lodge*, 200 Riverside Drive (☎941/695-4211; ③). También hay sencillas habitaciones de motel (y parcelas para autocaravanas) en *Barron River Marina RV Park Motel and Villas*, en la Route 29, más barato pero pobre (②).

Big Cypress National Preserve

La construcción de la Hwy-41 en 1928 llevó a la destrucción de miles de enormes cipreses (cuya fuerte madera es muy comercial) que flanqueaban los cenagales junto a la carretera. En los años setenta, los intentos de drenar esas hectáreas y convertirlas en zonas residenciales causaron un gran daño al parque nacional, suficiente como para que el gobierno creara la **Big Cypress National Preserve**, una gran porción de tierra protegida en su mayor parte en el lado norte de la Hwy-41. Por desgracia, ni los cipreses ni las cigüeñas que antes vivían allí han recuperado su población (un lugar mejor para observarlos es Corkscrew Swamp Sanctuary, véase pág. 354). La única manera de atravesar el Big Cypress Swamp es por un sendero para excursiones de unos 46 km muy escabroso, que empieza 32 km al este en la Hwy-41 en el **Oasis Visitor Center** (todos los días, 8.30-16 h; ☎941/695-4111).

Aunque en realidad no forma parte de la reserva nacional, se recomienda visitar el cercano **Fakahatchee Strand**, justo al norte de Everglades City en la Route 29: un fangal con agua que alimenta a cipreses enanos (mucho más pequeños que los cipreses; grises y larguiruchos durante el invierno y llenos de verdes agujas durante el verano), un majestuoso conjunto de palmeras reales y muchas orquídeas y plantas de hojas puntiagudas. Si es posible, se aconseja verlo en una **excursión guiada por un guardabosques** (detalles en el ☎941/695-4593).

Si su automóvil está a punto de agotar las reservas de gasolina, tendrá que girar a la derecha en la Monroe Station, unos 6,5 km al oeste de la Oasis Ranger Station, en Loop Road, una carretera de grava con tramos de baches y expuesta a las inundaciones repentinas. Ésta se abre camino entre los cipreses y las pinedas hasta Pinecrest,

ASPECTOS PRÁCTICOS DE LOS EVERGLADES

Orientación

Una concurrida carretera de dos carriles, no el paseo pintoresco que se puede esperar, la **Hwy-41** (el **Tamiami Trail**) va hacia el este desde Naples por el límite norte del parque; éste constituye el único acceso por tierra a las entradas al parque de la Everglades City, Shark Valley y Chekika (al final de Richmond Drive, unos 14,5 km al sur de la Hwy-41, en la Route 997) y a Fakahatchee Strand, la Big Cypress National Preserve y la Miccosukee Indian Village. Para llegar a la entrada de Flamingo, el visitante debe alcanzar el límite de Miami e ir hasta el sur. **No hay transporte público** que circule por la Hwy-41 o que llegue hasta alguna de las entradas del parque, aunque sí hay excursiones de 1 día organizadas desde Miami (véase pág. 126). Entre Naples y Fort Lauderdale, los autobuses Greyhound van por «Alligator Alley», el nombre popular para la Route 84, unos 32 km al norte de la Hwy-41 y recientemente transformada en una sección de la I-75.

Cuándo visitarlo

Aunque permanece abierto durante todo el año, el parque cambia completamente entre la estación **húmeda** (verano) y la estación **seca** (invierno). El mejor momento para visitarlo es en **invierno** (entre nov.-abril), cuando las aguas de las inundaciones se retiran y hacen que la vida salvaje, incluidas las aves migratorias, se congreguen alrededor de los agujeros y fangales de los caimanes (canales de agua dulce); a menudo hay actividades dirigidas por los guardabosques (como excursiones guiadas, viajes en canoa y charlas), y se puede soportar a los mosquitos.

El panorama es muy diferente en **verano** (mayo-oct.), cuando las tormentas vespertinas inundan las praderas de juncia y hacen rebosar los fangales, dejando sólo las *hammocks* visibles por encima del agua. En esa época, los mosquitos se convierten en una gran molestia, por lo que los cámpings son casi inhabitables; las actividades organizadas se reducen considerablemente, ya que las aves migratorias se han marchado y la vida salvaje del parque se disemina debido a la abundante cantidad de comida.

Una buena opción es realizar la visita **entre las dos estaciones** (fines abril-principios mayo o fines oct.-principios nov.), ya que hay menos mosquitos y turistas invernales, pero al mismo tiempo queda al descubierto gran parte de la flora y fauna del parque, y sus paisajes cambiantes.

donde hay un **centro de información**; allí proporcionan datos sobre las clases de terreno que hay en los alrededores. La carretera se reúne con la Hwy-41 en Forty Mile Bend, justo al oeste de la Miccosukee Indian Village.

La Miccosukee Indian Village

Expulsados de Florida central por los colonos blancos, varios cientos de indios seminola se fueron a los Everglades durante el siglo XIX para evitar la repoblación forzada del Medio Oeste. Vivían en *hammoks* en «chickees» sin paredes construidos con cipreses y palmeras; se dedicaban al comercio, la caza y pesca por las zonas pantanosas en canoa. Los descendientes de los seminolas y de una tribu emparentada con ellos, los **miccosukee** todavía viven en los Everglades, aunque la llegada de la Hwy-41 (que hizo la tierra accesible para el hombre blanco) llevó otro cambio esencial en su estilo de vida, pues empezaron a aprovecharse del turismo.

Unos 6,5 km al este de Forty Mile Bend, la **Miccosukee Indian Village** (todos los días, 9-17 h; 7 dólares; ☎223-8380) simboliza el inseguro compromiso de la tribu. En su tienda de recuerdos, la artesanía y ropa tradicional de buena calidad se encuentra junto a la más estrepitosa basura y en la «aldea», los hombres convierten los troncos en canoas y las mujeres cocinan en fuegos al aire libre; a pesar de las auténticas raíces, re-

La entrada al parque y el alojamiento

La **entrada al parque** es gratuita en Everglades City (aunque el visitante sólo podrá verlo en barco o en canoa). En Shark Valley (4 dólares), Flamingo (5 dólares) y Chekika (5 dólares) **pagará** por cada automóvil; las entradas son válidas para 7 días y pueden usarse en todos los lugares. Sólo Shark Valley cierra por las noches. Con la excepción de la excursión en canoa por el canal entre Everglades City y Flamingo, no podrá pasar de una sección del parque a otra.

Aparte de los dos cámpings organizados y el hotel de Flamingo, el **alojamiento** en el parque se limita a dos zonas de acampada. En la mayoría de casos se trata de plataformas de madera elevadas con un techo y un aseo químico, a las que se accede en barco o en canoa; para alojarse allí, es necesario un permiso que se expende de forma gratuita en el centro de información pertinente. Hay una zona de acampada en Flamingo, Pearl Bay, a la que pueden acceder los **viajeros minusválidos**.

Unos 16 km en el exterior del parque en Florida City, el *Everglades International Hostel*, 20 SW 2nd Ave (☎248-1122 o ☎1-800/372-3874), puede ser la mejor opción para los turistas con un presupuesto reducido que quieran aprovechar el tiempo al máximo en los Everglades. Las camas cuestan 10 dólares por noche y el albergue está perfectamente situado para continuar hacia los cayos de Florida o al aeropuerto internacional de Miami.

Consejos prácticos

En el parque, se aconseja llevar sombrero, gafas de sol y ropa amplia, manga larga y pantalón largo; asimismo hay que aplicarse y llevar **repelente de insectos**. Además de los peligros de las quemaduras del sol (hay muy poca sombra) y de los mosquitos, el visitante no necesitará tomar medidas especiales cuando camine por los senderos para excursiones, ya que la mayoría son cortos paseos por pasarelas elevadas.

Viajar y plantar tiendas en las **zonas de acampada** requiere más precauciones. Gran parte de la exploración se realiza en barco o canoa por trayectos señalizados, con sencillos cámpings situados en las rutas más largas. Se recomienda llevar **brújula**, **mapas** (disponibles en el centro de información) y muchas provisiones, incluidos unos **4 l de agua** por persona y día. Las reservas se han de llevar en **recipientes duros**, pues los mapaches pueden agujerear con los dientes los más frágiles. El viajero debe dejar al guardabosques un **plano detallado** de su excursión y duración. Por último, se recomienda permanecer atento a la última **previsión meteorológica** y los cambios de mareas si va a ir en canoa por una zona costera.

---

sulta tan artificial, que cualquiera con la mínima sensibilidad no puede evitar sentirse incómodo; la galería de tiro con arco y las horribles luchas de caimanes no hacen más que empeorarlo. Puesto que es la única oportunidad que el visitante tendrá para ver cómo viven los indios americanos en los Everglades, es difícil resistirse a la visita; aunque un plato del tradicional pan de calabaza del *Miccosukee Restaurant* (☎305/223-8388), al otro lado de la carretera, y la lectura del periódico *Seminole Tribune*, que describe los problemas de la actualidad, ayudarán al viajero mucho más.

Shark Valley

En ninguna otra sección del parque, la calificación de «río de hierba» parece más adecuada que en **Shark Valley** (todos los días, 8.30-18 h; automóviles, 4 dólares; peatones y ciclistas, 2 dólares), 1,6 km al este de Miccosukee Indian Village. Desde allí, lleno de bosques de *hammocks* y de las pequeñas *bayheads*, el llano de juncia se extiende hasta donde se pierde la vista. Es allí también donde el daño infligido por el hombre al ciclo natural puede, por desgracia, verse a veces con claridad. La sed de Miami, unida a un período de sequía, puede hacer que Shark Valley parezca un desagradable desierto.

La visita de Shark Valley

Aparte de un par de sencillos senderos para excursiones cerca del **centro de información** (invierno, todos los días, 8.30-17.15 h; verano, horario reducido; ☎305/221-8455), el viajero podrá ver Shark Valley sólo desde una carretera de curvas de unos 22 km. Demasiado extenso y sin sombra como para recorrerlos cómodamente a pie y, fuera de los límites de los automóviles, la carretera se recorre muy bien **en bicicleta** (alquiler; cuesta 3,25 la hora; vuelta a las 16 h). Como alternativa, una **visita en tranvía** muy informativa de 2 horas (invierno, salidas cada hora desde las 9 h; verano, a las 9, 11, 13 y 15 h; 6 dólares; reservas necesarias entre marzo-jul.; ☎305/221-8455) llevará al visitante por allí parando a menudo para observar los animales salvajes, pero no está permitido entretenerse en un lugar concreto.

Se recomienda salir lo más pronto posible por la mañana (los animales salvajes están más activos con el fresco de la mañana), ir despacio y permanecer alerta; hay muchas nutrias, tortugas y serpientes, pero no siempre son fáciles de ver y los abundantes caimanes a menudo se quedan inmóviles. Durante septiembre y octubre, el visitante verá caimanes hembra cuidando a sus pequeños; las crías de rayas brillantes a menudo toman el sol en la espalda de su protectora madre, pero hay que observarlos desde una distancia prudencial. Es posible ver más de las mismas criaturas y una buena selección de aves desde la **torre de observación** que da a un profundo canal y marca el punto más alejado de la carretera.

Quizá parezca increíble pero Shark Valley se encuentra sólo a unos 27 km de los límites occidentales de Miami. Para **ver más del parque**, hay que continuar hacia el este por la Hwy-41, girar hacia el sur por la Route 997 y dirigirse hacia el oeste durante unos 18 km por la Route 9336 desde Homestead hasta la entrada principal del parque.

La isla Pine

Everglades City posee las islas y Shark Valley la juncia, pero la sección del parque de la **isla Pine** (toda la parte sur, que contiene Cape Sable y Flamingo, véase pág. siguiente) contiene prácticamente todo lo que hace destacar a los Everglades; se recomienda al viajero que pase 1 o 2 días bien organizados allí y enseguida apreciará los fundamentos de su compleja ecología. Desde la **entrada del parque** (siempre abierta; automóviles, 5 dólares; peatones y ciclistas, 3 dólares), la carretera pasa por el **principal centro de información** (todos los días, 8-17 h; ☎305/242-7700) y continúa durante unos 61 km hasta el pequeño asentamiento costero de Flamingo, antiguamente una colonia pesquera pionera que en la actualidad dispone de puerto deportivo, hotel y cámping. No es necesario conducir todo el día y los cortos senderos para excursiones (todos de menos de 1 km) que hay a lo largo de la ruta entretendrían al viajero durante horas; sin embargo, para ir bien tendría que dedicar 1 día a ir a pie y otro en canoa por los trayectos hasta Flamingo.

Alojamiento

Hay **cámpings** bien equipados en Long Pine Key, cerca del principal centro de información, y Flamingo (4 dólares por plantar una tienda; 8 dólares por una parcela para autocaravana), además de muchas zonas de acampada (gratuitas) en los trayectos a pie y en canoa más largos. No se aceptan reservas en ninguno de los cámpings; se puede preguntar si hay sitio en Flamingo (que siempre se llena antes) o en Long Pine Key en el mostrador situado justo al cruzar la entrada del parque. Si hay sitio y el centro de información está cerrado, el visitante podrá ir al cámping pero tendrá que pagar en el centro de información antes de las 10 h del día siguiente. Para las zonas de acampada, por supuesto, es necesario un permiso, que se extiende de forma gratuita en el centro de información. Las únicas **habitaciones** que hay dentro del parque se encuentran en el *Flamingo Lodge* (incluye desayuno continental; ☎941/695-3101 o 305/253-2241; ⑨); hay que hacer la reserva meses antes si llega entre noviembre y abril.

Hacia Flamingo: senderos para hacer excursiones a pie

Un buen lugar para reunir información sobre los varios hábitats de los Everglades es el **centro de información** de Royal Palm (verano, todos los días, 8-16.15 h; invierno, 8-17 h; por la salida de Royal Palm, a 1,6 km de la entrada principal al parque). Aparentemente poco impresionados por las multitudinarias formas de naturaleza y de vida animal de los Everglades, la multitud de visitantes del parque quiere ver un caimán y la mayoría de ellos quedan satisfechos recorriendo el **Anhinga Trail**, a 1,6 km del centro de información. También es probable que aparezcan en el camino tortugas, conejos de las marismas y los extraños mapaches, pero se recomienda fijarse en las extrañas anhingas, se trata de unas aves de cuerpo negro parecido a un cormorán alargado que, después de bucear tras un pez, pasan un buen rato secándose en las rocas y las ramas de los árboles con las alas de punta blanca completamente extendidas. Se recomienda al visitante que evite a la multitud hasta el Anhinga Trail y luego examine el contiguo pero muy diferente **Gumbo Limbo Trail** (gran parte de la vegetación a lo largo del sendero fue destruida por el huracán «Andrew» en 1992 y ahora empieza a crecer de nuevo), un *hammock* de hoja caduca con exótica vegetación subtropical: higueras estranguladoras, quingombós, palmeras reales, cafeto salvaje y helechos de resurrección. Estos últimos parecen estar muertos durante la temporada seca, pero «resucitan» con las lluvias estivales y forman un exuberante círculo verde.

En comparación, el **Pinelands Trail**, unos pocos kilómetros más adelante junto al Long Pine Campground, ofrece un paseo poco espectacular por una pineda, aunque la soledad resulta un agradable alivio después de ir por los senderos más concurridos, pues el sonido de los pájaros carpinteros es a menudo lo único que se oye. Unos 10 km más adelante, el visitante podrá ver más aves (como garcetas, halcones de franja roja y buitres volando en círculos) desde el **Pa-hay-okee Overlook Trail**, que surge de una extensión de cipreses enanos para encontrarse con un gran tramo de juncia, una vista familiar si llega de Shark Valley.

Aunque son parientes de las secuoyas rojas de California, los caobas del **Mahogany Hammock Trail**, a casi 13 km del lugar de vigilancia, son decepcionantemente pequeños a pesar de ser los más grandes de su especie del país; una vista más interesante son los llamativos caracoles y las arañas doradas que se esconden entre sus ramas. La visión de los mangles rojos, reconocibles por sus raíces sobre el suelo, que se alzan en la juncia, significa que el viajero está cerca de la costa.

Flamingo y alrededores

Hace un siglo, la única forma de llegar hasta **FLAMINGO** era en barco, aunque esto no disuadió a los pequeños grupos de colonos que llegaron allí para pescar, cazar, hacer contrabando y emborracharse con whisky a la luz de la luna. Ni siquiera tuvo nombre hasta que la apertura de una oficina de correos lo hizo necesario; los que conocían el lugar preferían «The End of the World» (el fin del mundo), pero al final se eligió «Flamingo» debido a la abundancia de espátulas rosadas (aves de plumas rosadas que se cazan por su plumaje), que los lugareños confundían con flamencos. Se esperaba que el término de la carretera hasta Homestead en 1922 llevara tiempos de bonanza a Flamingo pero, en cambio, la mayoría de habitantes decidió marcharse. No se conserva ninguno de los antiguos edificios y el Flamingo actual posee un activo comercio para satisfacer las necesidades de los aficionados a la pesca deportiva. En tierra, el **centro de información** (verano, todos los días, 9-17 h; invierno, 7.30-17 h;

☎941/695-2945) y el puerto deportivo del *Flamingo Lodge* (véase pág. 363), son los puntos de mayor actividad.

Hay varios senderos para hacer excursiones a pie cerca de Flamingo, pero los numerosos **trayectos en canoa** son más atractivos. Se aconseja alquilar una canoa (25 dólares al día) en el puerto deportivo y recoger mapas y recomendaciones en el centro de información. El visitante tendrá que elegir un trayecto en canoa de acuerdo a su experiencia; uno ideal para los principiantes (aunque no solos si no tienen experiencia alguna) es el **Noble Hammock Trail**, de casi 5 km, que atraviesa juncia y mangles por un curso descubierto por contrabandistas de whisky. Para los más experimentados, se recomienda el **wilderness waterway** de 160 km hasta Everglades City (véase pág. 358), que está lleno de zonas de acampada.

Si no confía mucho en sus habilidades, puede realizar un **viaje guiado en barco** desde el puerto deportivo **Pelican Backcountry Cruise** (todos los días, 12.30 y 15.30 h; 12 dólares; reservas: ☎305/253-2241) que ofrece un buen paseo de 2 horas por la bahía Whitewater cubierta de mangles, con bellas vistas de **Cape Sable**, una franja de playa desierta y una árida pradera que se ciernen inciertamente entre la tierra y el mar. Otra opción, obligada para los observadores de las aves, es el **Bald Eagle Florida Bay Sunset Cruise** (todos los días, 19 h y atardecer, 8,50 dólares), un trayecto de 90 minutos por los terrenos de alimentación y cría marinos.

transportes

Ferrocarriles

Tampa a: Bradenton (2 diarios; 1 h 10 min.); Clearwater (2 diarios; 45 min.); Clearwater Beach (2 diarios; 1 h); DeLand (2 diarios; 3 h 14 min.); Jacksonville (2 diarios; 5 h 28 min.); Kissimmee (2 diarios; 1 h 36 min.); Lakeland (2 diarios; 32 min.); Orlando (2 diarios; 12 h 16 min.); Palatka (2 diarios; 4 h 1 min.); Sanford (2 diarios; 2 h 54 min.); Sarasota (2 diarios; 1 h 40 min.); St Petersburg (2 diarios; 30 min.); isla Treasure (2 diarios; 1 h); Winter Park (2 diarios; 2 h 31 min.).

St Petersburg a: Tampa (2 diarios; 35 min.); isla Treasure (1 diario; 30 min.); Winter Haven (2 diarios; 2 h 45 min.).

Autobuses

Tampa a: Avon Park (1 diario; 3 h 5 min.); Bradenton (5 diarios; 1 h); Clearwater (6 diarios; 30 min.); Crystal River (3 diarios; 3 h 13 min.); Fort Lauderdale (5 diarios; 7 h 5 min.); Fort Myers (5 diarios; 2 h 5 min.); Lake Wales (1 diario; 1 h 55 min.); Lakeland (1 diario; 1 h); Miami (5 diarios; 8 h 55 min.); Naples (5 diarios; 4 h 5 min.); Orlando (7 diarios; 1 h 30 min.); Sarasota (5 diarios; 1 h 35 min.); Sebring (1 diario; 3 h 30 min.); St Petersburg (15 diarios; 35 min.); Tallahassee (3 diarios; 6 h 35 min.); Venice (5 diarios; 2 h 10 min.); West Palm Beach (1 diario; 6 h); Winter Haven (1 diario; 1 h 30 min.).

St Petersburg a: Clearwater (11 diarios; 30 min.); Tampa (11 diarios; 35 min.-1 h).

CAPÍTULO SIETE

EL PANHANDLE

E l estrecho y alargado **Panhandle** de Florida (el término **panhandle** significa literalmente «faja angosta de territorio de un estado que entra en el de otro»), que toca con los límites más meridionales de Alabama y Georgia, tiene mucho más en común con el Sur Profundo de Estados Unidos que con el resto del estado. Los cosmopolitas de Miami y Tampa cuentan numerosos chistes en los que satirizan la forma de vivir de los habitantes de esta zona (sin duda más rural y con los pies en la tierra que la de sus conciudadanos del resto del estado), pero el Panhandle tiene mucho más que ofrecer de lo que uno cree y el viajero no llegará a conocer la verdadera Florida si no ve parte de esta región.

De hecho, hace sólo un siglo, el Panhandle era la sección más conocida de Florida. En el extremo occidental se encontraba **Pensacola**, un activo puerto cuando Miami era todavía una ciénaga. Los suelos fértiles de la zona atrajeron hacia el sur a ricos propietarios de plantaciones y ayudaron a establecer **Tallahassee** como punto de encuentro de la alta sociedad y centro administrativo, papel que, en su calidad de capital estatal, mantiene; al mismo tiempo, los enormes bosques del Panhandle actuaron de catalizador del auge maderero que dio lugar a nuevas ciudades y una prosperidad sin parangón. Pero el declive del algodón, la tala desmesurada de árboles y la llegada del ferrocarril de la costa este acabaron por relegar al Panhandle a un segundo plano.

En la actualidad, la región se divide claramente en dos partes. Casi todo el **Panhandle interior** está compuesto por poblaciones agrícolas que reciben pocos visitantes, a pesar de su agradable ritmo de vida, destacados ejemplos de la arquitectura del Viejo Sur y su proximidad a los manantiales, sumideros y el **Apalachicola National Forest**, quizás el mejor lugar de Florida para perderse en la naturaleza salvaje. Por otro lado, el **Panhandle costero** está inundado de turistas que acuden en tropel desde los estados sureños y causan estragos durante el desenfrenado Spring Break (vacaciones de primavera) estudiantil. Buena parte del litoral está ocupado por hileras de hoteles y edificios de apartamentos, pero también hay áreas protegidas donde es posible encontrar algunas de las franjas de playa en mejores condiciones de todo el estado. Las arenas blancas, casi cuarzo puro arrastrado durante millones de años desde los montes Apalaches, crujen al caminar sobre ellas. Las aguas del Golfo tampoco se quedan atrás en cuanto a belleza: presentan dos tonos, uno verde esmeralda cerca de la orilla y otro azul intenso mar adentro.

Siempre y cuando el visitante viaje en automóvil, **desplazarse** apenas presenta problemas. La **I-10** atraviesa el Panhandle y lleva el grueso del tráfico directo, mientras

---

CÓDIGOS DE LOS PRECIOS DE ALOJAMIENTO

En esta guía, los precios de alojamiento se reseñan en una escala de ① a ⑧, indicando el **precio más bajo** que puede esperar pagar por noche en un establecimiento por una **habitación doble** en temporada alta. Para más detalles, véase la página 27 en «Lo Básico». Los precios, señalados por los códigos, son los siguientes:

① menos de 30 dólares	③ 45-60 dólares	⑤ 80-100 dólares	⑦ 130-180 dólares
② 30-45 dólares	④ 60-80 dólares	⑥ 100-130 dólares	⑧ más de 180 dólares

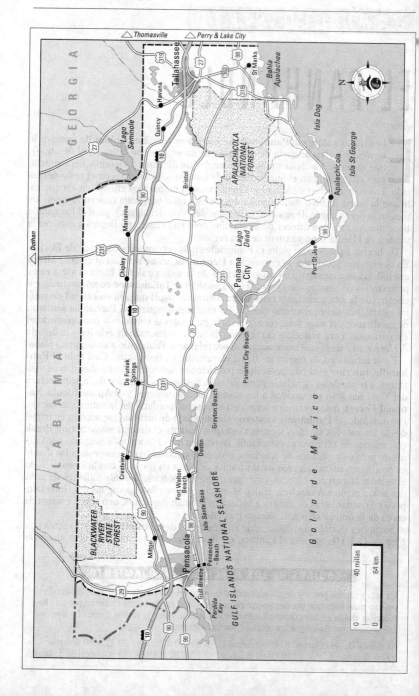

que la **Hwy-90** enlaza las pequeñas poblaciones y muchos de los lugares naturales que hay entre Tallahassee y Pensacola. Además, resulta fácil salir de estas dos carreteras y dirigirse hacia el sur, y se puede llegar a la costa en menos de 1 hora. La principal vía que recorre la costa es la **Hwy-98**, con varias carreteras secundarias y de belleza paisajística que parten de ella. Los centros urbanos más importantes están comunicados por un servicio diario de autobuses Greyhound, pero en las áreas rurales y costeras, el número de autobuses es menor e incluso hay lugares por los que no pasa autobús alguno. La ruta ferroviaria de la empresa Amtrak, que une Los Ángeles con Jacksonville, atraviesa el Panhandle y para una vez al día en ambas direcciones en Tallahassee y Pensacola.

EL PANHANDLE INTERIOR

Amplias extensiones de robles y pinos, numerosos ríos sinuosos y unas cuantas plantaciones agrícolas de tamaño moderado componen gran parte del **Panhandle interior**, región que recuerda como ninguna otra la Florida antes de ser conquistada por el turismo de masas. A pesar de que **Tallahassee**, la capital del estado, es una ciudad acogedora, son las comunidades rurales insulares que se suceden a lo largo de la Hwy-90 (entre Tallahassee y la bulliciosa ciudad costera de **Pensacola**) las que marcan el tono de la región. Todas estas poblaciones pequeñas, entre las que se encuentran **Marianna, Chipley** y **De Funiak Springs**, se enriquecieron con la industria maderera que inició su despegue a principios de siglo XX, y en la actualidad obtienen sus ingresos trabajando parte del suelo más rico de Florida. Gracias a determinadas joyas arquitectónicas, todas ellas merecen ser visitadas de camino a las obligadas zonas naturales que incluyen las dos únicas cuevas explorables y dos enormes bosques.

Tallahassee y alrededores

A pesar de ser la capital estatal, **TALLAHASSEE** no deja de ser una ciudad provinciana de robles y colinas suaves que no precisa para conocerla a fondo de 2 días más de 2 días para conocerla a fondo. En el pequeño conjunto de calles céntricas (donde es posible ver numerosos vestigios de la época en que Florida empezaba a formarse), se ven burócratas agarrados a sus maletines entremezclados con algunos de los 25.000 estudiantes universitarios de Tallahassee que mantienen despierta la ciudad hasta altas horas de la madrugada.

Aunque fue levantada en el emplazamiento de un importante lugar de reunión prehistórico y debe su nombre a los indios apalaches (*talwa* significa «ciudad», y *ahassee*, «vieja»), en realidad la **historia** de Tallahassee empieza con la incorporación de Florida a Estados Unidos y la búsqueda de una base administrativa entre las anteriores capitales estatales, Pensacola y St Augustine. Una vez escogido este lugar, los indios locales (la tribu tamali) fueron expulsados sin miramientos para poder construir un trío de cabañas de troncos donde se instaló en 1823 el primer Gobierno de Florida.

Escenario de los mayores enfrentamientos políticos de Florida y lugar donde se concentra una mano de obra en continuo aumento dedicada a gestionar la burocracia del cuarto estado de mayor crecimiento, Tallahassee se ha visto ensombrecida por el desarrollo relámpago del sur de Florida. Extrañamente alejada de la mayoría de población a la que gobierna, la ciudad se mantiene como un enclave conservador de ritmo pausado y con una intensa conciencia de la historia.

El código de área para Tallahassee y el resto del área del Panhandle referida en este capítulo es ☎850

Llegada, transporte e información

La **I-10** recorre el perímetro norte de Tallahassee y saliendo por Monroe Street se llega a la zona donde están casi todos los establecimientos hoteleros económicos, y a unos 5 km al centro de la ciudad. La **Hwy-90** (conocida como Tennessee Street) y la **Hwy-27** (Apalachee Parkway) son más céntricas, ya que llegan directamente al centro o muy cerca. Si el visitante viaja en **autobús**, no tendrá mayores problemas, ya que la terminal Greyhound se encuentra en 112 West Tennessee Street (servicio local: ☎222-4240; reservas: ☎1-800/231-2222), a poca distancia a pie del centro y justo ante la estación del autobús urbano. La estación Amtrak se halla en un edificio histórico (1855) situado en el cruce de Gaines Street y Railroad Avenue (☎224-2779), a una manzana de Railroad Square en el centro de Tallahassee. El **aeropuerto** de Tallahassee está a unos 19 km de la ciudad (☎891-7800) y, por desgracia, no existe ningún servicio de transporte público que lo una con la ciudad. Un **taxi** al centro cuesta alrededor de 15 dólares (se recomienda la compañía City Taxi, ☎562-4222, o Yellow Cab, ☎222-3070); algunos moteles ofrecen un servicio de recogida de clientes gratuito.

Medios de transporte

El centro de Tallahassee puede verse **a pie**; los **autobuses urbanos** (TalTran: ☎891-5200) sólo son necesarios para llegar a zonas periféricas. El viajero puede pedir un **mapa de recorridos** y un **horario** en la **estación de autobuses** (oficialmente conocida como «Transfer Plaza»), situada en la esquina de las calles Tennessee y Duval. Es posible **viajar de manera gratuita** al centro de la ciudad desde la estación de autobuses con el **Old Town Trolley**, que circula cada 10 minutos los días laborables entre 7-18 h y llega hasta el Civic Center (cerca del New Capitol), y hace el mismo recorrido de vuelta; el visitante puede tomarlo en cualquiera de las paradas donde vea un letrero de «Trolley Stop». El folleto *Old Town Trolley Tour Guide* también contiene información sobre las partes interesantes de las 18 paradas y sus alrededores. A pesar de las colinas características de la zona, hay muchos recorridos aptos para practicar **ciclismo**. Se recomienda alquilar una bicicleta en Tec's Pro Shop, 672 Gaines Street (18 dólares al día; ☎681-6979), o en St Mark's Trail Bikes and Blades, 4780 Woodville Hwy (4,5 dólares por hora; ☎656-0001).

Información

La **Chamber of Commerce** (cámara de comercio), 100 N Duval Street (lun.-vier., 8.30-17 h; ☎224-8116), proporciona numerosos folletos sobre la ciudad y zonas circundantes. Para obtener información sobre Tallahassee, el Panhandle y gran parte del resto del estado, se recomienda ir al **Tallahassee Area Visitor Information Center** (lun.-vier., 8-17 h; sáb.-dom., 8.30-16.30 h; ☎1-800/628-2866 o 413-9200), situado en el primer piso del New Capitol (véase «Centro de Tallahassee», pág. 370). Allí, puede recoger un ejemplar del folleto gratuito titulado *Walking Guide to Historic Downtown Tallahassee*, una guía completa de los edificios y la historia del área.

Alojamiento

Encontrar **alojamiento** en Tallahassee sólo resulta problemático durante dos períodos: cuando se celebra la sesión de la Asamblea Legislativa estatal, que empieza el primer martes de marzo (si el viajero llega en esa fecha tendrá que volver un viernes o sábado, cuando los políticos se hayan ido a casa), y los fines de semana de otoño, fechas en las que los Seminoles (el equipo de fútbol americano de Florida State University que cuenta con una numerosa hinchada) juegan en casa. Si el visitante no puede evitar estos períodos, es mejor que reserve el alojamiento con bastante antelación.

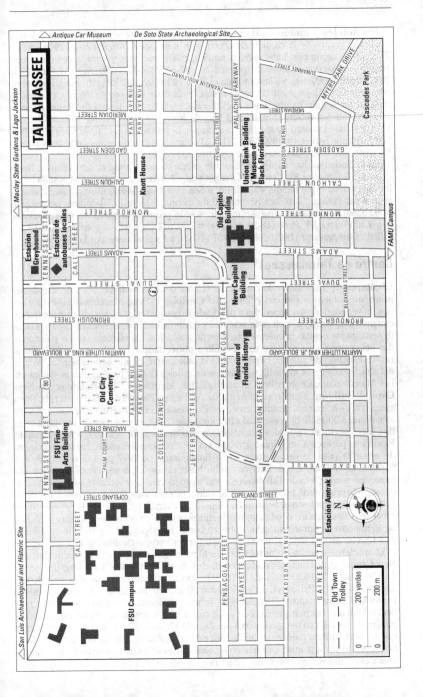

Los **hoteles** y **moteles** más baratos están en N Monroe Street, a unos 5 km al norte del centro de la ciudad: *La Quinta*, un hotel muy cómodo en el 2905 (☎385-7172; ④), cuenta con habitaciones mucho más espaciosas y agradables de lo que sugiere su exterior; y *Econo Lodge*, en 2681 (☎1-800/424-4777; ③), *Super 8*, en el 2702 (☎1-800/800-8000; ③), y *Days Inn*, en el 2800 (☎1-800/325-2525; ③), también son recomendables. Alojarse en el centro resulta más caro, excepto en verano, cuando se pueden conseguir habitaciones por 28 dólares la noche dentro del campus de la Florida State University (FSU), en el *Osceola Hall*, 500 Chapel Drive (☎222-5010; ①). Si esto falla, el viajero puede tirar la casa por la ventana en el lujoso *Governors Inn*, 209 S Adams Street (☎1-800/342-7717; ⑦) o gastarse algo menos en el más barato *Comfort Inn*, 1302 Apalachee Parkway (☎877-3141; ②).

En la ciudad no hay **cámping**. Los más cercanos están junto al lago Talquin, hacia el oeste: *Tallahassee RV Center & Campground*, 6401 W Tennessee Street (salida 28 de la I-10; 16 dólares por tienda; ☎575-0145); o *Seminole Lodge-Sneads Campground*, 2360 Legion Road (salida 23 de la I-10; horario de oficina, 5-18 h; 12,50 dólares por tienda; ☎593-6886). Como alternativa, los cámpings **sólo para autocaravanas** más próximos son *Tallahassee RV Park* (18-20 dólares; ☎878-7641), a 8 km al este por la Hwy-90, y *Bell's Campground* (18-20 dólares; ☎576-7082), a 8 km al oeste por la Hwy-90.

Centro de Tallahassee

El corazón de Tallahassee lo constituye el área del centro de unos 3 km², donde los principales objetivos (los dos edificios del Capitolio, el State Museum of History y las dos universidades) son accesibles a pie desde Adams Street, una agradable calle mayor con un tramo convertido en zona peatonal y cuyas fachadas de tiendas de los años veinte restauradas ocultan numerosos bufetes de abogados. Un elemento único y encantador del centro de Tallahassee son las **calles abovedadas** con hileras de robles cuyas ramas, cargadas de guajaca, penden sobre la calle formando una bóveda vegetal. Al lado del atractivo de estos maravillosos pasillos de árboles (las mejores muestras son las calles Miccossukee, Centerville, Old St Augustine, Meridian y Old Bainbridge), el **New Capitol Building**, situado en la unión de Apalachee Parkway y Monroe Street (lun.-vier., 8.30-17 h; entrada gratuita; en el vestíbulo está el centro de información que abre sáb.-dom., 8.30-16.30 h, véase «Información», pág. 368), es un atentado contra la estética. Las aberturas verticales del edificio hacen que la sede del cuerpo legislativo de Florida se parezca a un gigantesco aparato de aire acondicionado. La única manera de evitar la vista de semejante edificio (inaugurado en 1977 para desgracia de los floridanos) es dirigirse a su interior y subir hasta el piso 22, desde donde se divisa una panorámica completa de Tallahassee y sus alrededores; si el visitante va entre mediados de febrero y abril, puede bajar en la quinta planta para echar un vistazo a la Cámara de Representantes o al Senado en pleno funcionamiento. Si siente la necesidad de saber más cosas sobre el edificio, puede unirse a una de las **visitas guiadas** gratuitas de 45 minutos de duración (en las horas en punto, lun.-vier., 9-11 h y 13-16 h; sáb.-dom., 9-15 h), que no son especialmente interesantes pero sí aportan mucha información.

El creciente ejército de burócratas de Florida hizo necesaria la construcción del New Capitol. Antes habían estado apretujados en el **Old Capitol Building** (lun.-vier., 9-16.30 h; sáb., 10-16.30 h; dom., 12-16.30 h; acceso gratuito; entrada principal situada ante el Apalachee Parkway), un edificio con 90 años de antigüedad que ha quedado a la sombra de su sustituto. Diseñado de forma más humana que su equivalente moderno (con alegres marquesinas de color rojo y blanco sobre sus ventanas), es difícil imaginar que en otro tiempo las paredes del Old Capitol resonaran con las decisiones que conformaron la moderna Florida. Sin embargo, dan prueba de ello las exposiciones sobre historia política que hay en las salas adyacentes, reveladoras de los más jugosos escándalos y controversias ocurridos en este estado.

Al salir de este edificio, si el viajero toma la Apalachee Parkway llegará al **Union Bank Building,** del siglo XIX (mar.-vier., 10-13 h; sáb.-dom., 13-16 h; entrada gratuita). El pasado del banco ha sido inestable: en la década de 1850 quebró tras conceder demasiados créditos a los granjeros; después de la Guerra Civil volvió a abrir para administrar las necesidades financieras de los esclavos emancipados, y más tarde fue utilizado sucesivamente como fábrica de zapatos, panadería y perfumería.

Museum of Black Floridians
Hoy en día, el edificio de Union Bank Building alberga el **Museum of Black Floridians** (lun.-vier., 9-16 h; entrada gratuita; ☎561-2603), donde se puede conocer la historia y persecución de la población negra de Florida. Los primeros floridianos negros acompañaron a los exploradores españoles a Florida en el siglo XVI, y a principios del siglo XIX llegaron muchos más como fugitivos y se refugiaron entre los indios creek y seminolas. En el museo se muestran estas historias y las múltiples facetas de la cultura negra mediante documentos y exposiciones. Entre las más intrigantes figura una colección de alcancías negras con imágenes despreciativas de afroamericanos, populares en las casas de blancos desde principios del siglo XX hasta los años sesenta. Otra exposición ilustra el ascenso de Madame C. J. Walker, la primera millonaria negra propietaria de una cadena de salones de belleza creada con el fin de que las afroamericanas parecieran más europeas. Además de homenajes a artistas estadounidenses negras como Josephine Baker, el museo también cuenta con algunos objetos escalofriantes del Ku Klux Klan, entre ellos una espada original del Klan y una solicitud de ingreso bastante reciente, lo que prueba que el Klan está lejos de ser un vestigio del pasado; además, hace poco tiempo aparecieron panfletos con el mensaje «Únete al Klan junior» en el prestigioso instituto de Leon County de Tallahassee y, en 1997, el Klan obtuvo permiso para manifestarse por la ciudad, pero fueron rechazados por una masa de estudiantes que protestaban en Monroe Street.

El Capital Cultural Center
Tallahassee es una de las dos únicas capitales estatales de Estados Unidos que no cuenta con un importante museo de arte. El **Capital Cultural Center,** inaugurado a finales de 1998 y situado en 350 Duval Street (a una manzana del Capitolio), va a cambiar esta circunstancia. Las exposiciones de arte montadas para la gran inauguración incluyeron un homenaje a la pintura de naturaleza muerta estadounidense y una selección de obras prestadas por el Metropolitan Museum of Art de Nueva York. Para obtener información sobre el horario de apertura y las exposiciones, se recomienda telefonear al ☎671-4888.

El Museum of Florida History
Si el visitante quiere conocer la historia de Florida en su totalidad, se recomienda visitar el **Museum of Florida History** (quizás el lugar de todo el estado que proporciona más información sobre el pasado de Florida), en 500 S Bronough Street (lun.-vier., 9-16.30 h; sáb., 10-16.30 h; dom., 12-16.30 h; entrada gratuita). Las detalladas explicaciones de los asentamientos paleoindios y la importancia de sus túmulos y templos mortuorios (algunos de ellos han sido hallados en el límite de Tallahassee; véase «Alrededores de Tallahassee», pág. 375) constituyen valiosas herramientas para comprender la prehistoria de Florida. La colonización llevada a cabo por los españoles en Florida y el centro y sur de América también quedan ilustradas gracias a una buena cantidad de hallazgos. Es decepcionante comprobar que, aparte de unos cuantos retratos de jefes seminolas malcarados, cuyas tribus de indios americanos fueron empujadas hacia el sur hasta relegarlas en las zonas salvajes más aisladas, hay pocos testimonios sobre las guerras seminolas del siglo XIX, uno de los episodios más tris-

tes y sangrientos de la historia de Florida. Sin embargo, abunda la información sobre el ferrocarril de principios del siglo XX, que convirtió Florida en un centro turístico de invierno para los norteños adinerados, y sobre la posterior llegada de los «turistas de lata», nombre empleado para referirse a las tambaleantes autocaravanas Ford (precursoras de los modernos modelos) que conducían de camino a lo que en aquella época era conocido como «estado del sol», un epíteto irónico para una región que ha soportado siglos de lucha, disputas y guerra casi constante.

Las universidades de Tallahassee: FSU y FAMU

Al oeste de Adams Street, los edificios de las hermandades de estudiantes pintados de grafitis y dispuestos a lo largo de College Avenue flanquean el acceso a la **Florida State University (FSU)**. Famosa desde hace tiempo por la calidad de sus cursos de Humanidades impartidos desde 1800 en las clases de estilo gótico que se ven al traspasar las verjas de hierro forjado, últimamente se ha decantado por la enseñanza de Ciencias y Economía, razón por la que se han construido unos nuevos y menos interesantes edificios en el extremo del campus. Los robles frondosos y las palmeras convierten el campus en un lugar agradable para pasear, pero lo cierto es que no hay muchos puntos de interés. El arte estudiantil que se puede contemplar en el **University Gallery and Museum** (lun.-vier., 9-16 h; entrada gratuita), situado en el Fine Arts Building, puede entretener al visitante unos minutos, pero aprovechará más el tiempo hurgando en la Bill's Bookstore, una librería que se encuentra cruzando Call Street, en 107 S Copeland Street (☎224-3178), cuyo fondo incluye numerosos libros a precio de ganga desechados por los estudiantes.

La universidad más interesante de las dos de Tallahassee, a pesar de contar con menos presupuesto, es la **Florida Agriculture and Mechanical University (FAMU)**, a casi 2 km al sur de los edificios del Capitolio. Se trata del principal centro educativo de Florida para estudiantes negros desde su fundación en 1887, y alberga el **Black Archives Research Center and Museum** (lun.-vier., 9-16 h; entrada gratuita), reabierto en el invierno de 1998 después de renovar la Carnegie Library de madera del siglo XIX donde se encuentra ahora. Aunque no tan completo como el Museum of Black Floridians (véase pág. anterior), la colección muestra un revelador testimonio sobre la situación de los negros en Florida y Estados Unidos, mediante cartas y objetos de recuerdo de aquellos que ayudaron a que se produjeran cambios en la sociedad, incluidos Martin Luther King Jr y Booker T. Washington, y dos mujeres floridanas que contribuyeron a que la población negra tomara conciencia de su situación, la educadora y folclorista Mary McLeod Bethume (véase «Daytona Beach» en «La costa nordeste») y la escritora Zora Neale Hurston (véase «Libros» en «El Contexto»).

La Knott House

Otro hito importante en la historia de los negros de Florida, y una de las casas victorianas mejor restauradas de la ciudad, es el **Knott House Museum**, 301 E Park Avenue (miér.-vier., 13-16 h; sáb., 10-16 h). Fue construido por un esclavo libre en 1843 y más tarde se convirtió en hogar del primer médico negro de Florida. Los esclavos del estado se emanciparon oficialmente en mayo de 1865 mediante una proclama que fue leída desde las escaleras de esta casa, que debe su nombre, no obstante, a los Knotts, una pareja blanca que la compró en 1928. Tesorero estatal durante un período de crisis económica (Florida había quedado devastada por dos huracanes al comienzo de la Depresión), William Knott se convirtió en uno de los políticos más respetados e influyentes de Florida hasta que se retiró en 1941. Mientras tanto, su esposa Luella, se dedicó a la campaña antialcohólica (en parte debido a sus esfuerzos, el consumo de bebidas alcohólicas estuvo prohibido en Tallahassee durante 50 años) y a escribir poemas moralistas; muchos de ellos se encuentran adheridos a las antigüedades y muebles que llenan esta curiosa reliquia. El hecho de que las exposiciones no estén acordonadas con las acostumbradas cuerdas permite que la visita de la casa (y el conocimiento de su historia) resulte muy íntima.

Old City Cemetery

El viajero puede obtener una perspectiva diferente del pasado de Tallahassee paseando por el **Old City Cemetery**, entre Macomb Street y M. L. King Jr Boulevard (todos los días, hasta el atardecer; acceso gratuito), establecido fuera de los límites originales de la ciudad en 1829 y restaurado en 1991. Su disposición, consistente en cuatro cuadrantes, llama la atención por haberse convertido en testamento de la segregación, presente incluso en la muerte: las tumbas de soldados de la Unión se encuentran en el cuadrante sudoeste, mientras que las de los confederados se hallan alejadas, en la porción sudeste; los esclavos y negros emancipados fueron enterrados en la mitad occidental del camposanto, mientras que los blancos ocuparon la parte oriental. Entre los nombres que se pueden ver en las tumbas destacan los de muchas antiguas personalidades de Tallahassee cuyas historias aparecen relatadas en un folleto titulado *A Walking Tour of Old City Cemetery*, disponible en el centro de información de Tallahassee (véase «Información», pág. 368).

Comida

Uno de los pocos lugares donde se puede **desayunar** en el centro de la ciudad es *Goodies*, 116 E College Avenue (☎681-3888), donde también sirven **almuerzos** (sándwiches y abundantes ensaladas). Otras opciones para ir a almorzar son el elegante *Andrew's Capital Grill & Bar* (de estilo neoyorquino), 228 S Adams Street (☎222-3444) y *Andrew's Second Act*, en la misma dirección, un distinguido restaurante que asimismo ofrece cenas a precios más elevados. El *Uptown Café*, 111 E College Avenue (☎222-3253), sirve sándwiches a precios razonables y ensaladas para almorzar, así como bagels para desayunar.

Si el visitante prefiere comida ligera estilo californiano, se recomienda el *Café Cabernet*, 1019 N Monroe Street (☎224-1175), que cuenta con la mayor selección de vinos de la ciudad. *Waterworks*, 104 1/2 S Monroe Street (☎224-1887), es un local tranquilo donde se pueden degustar excelentes sándwiches acompañados de café y al caer la noche, se convierte en el mejor lugar de Tallahassee para escuchar música en vivo (véase pág. siguiente). Un poco más caro pero sin duda original, el *Kool Beanz Café*, 921 Thomasville Road (☎224-2466), ofrece entrantes como conejo ahumado y *andouille* de quingombó, y segundos platos como *mahi* al ron y las especias, con salsa de piña y frijoles, y plátanos fritos. El servicio puede variar y se debe tener en cuenta que las comidas están muy condimentadas.

Fuera del centro de Tallahassee, la opción más barata es *Shoney's*, 2903 Monroe Street, donde el visitante podrá comer tanta sopa, ensaladas y postres a base de fruta como le apetezca. *Mom and Dad's*, 4175 Apalachee Parkway (cerrado lun.; ☎877-4518), sirve deliciosa comida italiana casera a buen precio; y el *Wharf Seafood Restaurant*, 4141 Apalachee Parkway (☎656-2332), ofrece una amplia variedad de marisco y pescado. En *Barnacle Bill's*, 1830 N Monroe Street (☎385-8734), también se puede comer marisco a buen precio en un ambiente animado, amenizado con música de los años cincuenta. Otro local alegre donde sirven marisco, quingombó y cerveza inglesa baratos es *Paradise Grill*, 1406 N Meridian Road (☎224-2742). *The Mill*, 2329 Apalachee Parkway (☎656-2867), ofrece hamburguesas, bufetes de ensaladas, sándwiches y exquisitas pizzas acompañadas de cervezas de elaboración casera. Situado en el sur de la ciudad, *Seven Hills*, 3613 Woodville Hwy (☎656-6112), es un estupendo cafetín donde se pueden degustar toda clase de cafés especiales, deliciosos pasteles de queso, quiche y pasteles de crema en un agradable ambiente que reproduce el de una cocina.

Vida nocturna

Gracias a la presencia de estudiantes, Tallahassee cuenta con una animada **vida nocturna** que se caracteriza por los encuentros sociales para tomar una copa y las actuaciones de rock en vivo (véase más abajo). También se puede disfrutar de la **comedia** en el teatro Comedy Zone, Ramada Inn North, 2900 N Monroe Street (☎386-1027), así como de una buena selección de **obras dramáticas** puestas en escena por grupos de estudiantes en el University Theater del campus de la FSU (☎644-6500) y compañías de teatro que actúan en el Tallahassee Little Theater, 1861 Thomasville Road (☎224-8474). Si el visitante quiere conocer la **cartelera de espectáculos**, puede consultar la sección «Limelight» de la edición de los viernes del periódico *Tallahassee Democrat*; asimismo, el *Florida Flambeau*, el periódico estudiantil de la FSU, contiene listas de espectáculos y recomendaciones, si quiere obtener información detallada sobre actuaciones musicales en vivo, se recomienda escuchar la emisora de radio WFSU sintonizable en el 89.7 de la FM.

Bares

En las noches precedentes a los partidos de fútbol americano que disputan los Seminolas, *Doc's*, 1921 W Tennessee Street (☎224-5946), se llena de hinchas universitarios. Otros garitos de marcado ambiente estudiantil son *Po' Boys Creole Café*, 224 E College Avenue (☎224-5400) y 679 W Tennessee Street (☎681-9191), *Potbelly's*, 459 W College Avenue (☎224-2233) y *Poor Paul's Pourhouse*, 618 W Tennessee Street (☎222-2978). Las sesiones de jazz los viernes por la noche en *Late Night*, 809 Gay Street (☎224-2429), crean un ambiente agradable donde los estudiantes se entremezclan en una atmósfera cargada. Menos dominado por los estudiantes, *Calico Jack's*, 2745 Capitol Circle EN (☎385-6653), ofrece cerveza, ostras y estruendoso rock and roll sureño. *Halligan's*, 1700 Halstead Boulevard en Oak Lake Village (☎668-7665), es famoso por sus mesas en la piscina y jarras de cerveza heladas; y *Clyde's & Costello's*, 210 S Adams Street (☎224-2173), atrae a una clientela elegante y muy exclusiva que se descontrola un tanto durante la oferta de cuatro bebidas por el precio de una que se ofrece los jueves.

Música en vivo y clubes

Los **grupos musicales** de mayor renombre actúan en *The Moon*, 1020 E Lafayette Street (☎222-6666 para información grabada) o en el enorme *Leon County Civic Center*, situado en la esquina de Pensacola Street y Martin Luther King Jr Boulevard (☎222-0400). Para saborear el pasado, se recomienda el *American Legion Hall*, 229 Lake Ella Drive (☎222-3382), una sala de baile donde cada martes por la noche hay baile amenizado por una gran orquesta y grupos de country del pasado los demás días de la semana. En *Andrew's Upstairs*, 228 S Adams Street (☎223-3444), se pueden escuchar actuaciones de grupos de jazz moderno, y en *Bullwinkle's*, 620 W Tennessee Street (☎224-0651), un local decorado como una cabaña de madera, lo que predomina es el rock y el blues. *Cow Haus*, 469 St Francis Street (☎425-2697), ofrece actuaciones de grupos indies, como hace *The Cab Stand*, 1019 N Monroe Street (☎224-0322), donde también se puede escuchar blues. El *Paradise Grill*, 1406 Meridian Road (☎224-2742), es un local muy popular entre los treinteañeros y suele haber actuaciones de grupos musicales en directo de jueves a sábado.

En la actualidad, los **clubes nocturnos** más de moda son *Late Night Library*, 809 Gaines Street (☎224-2429), un animado club de música dance frecuentado por estudiantes, y *Top Flight Club*, 623 Osceola Street (425-2697), que ofrece actuaciones en vivo de jazz y blues, y siempre es un buen lugar para tomar una copa, bailar o reír. El local más de moda de la ciudad es *Waterworks*, 104 1/2 S Monroe Street (☎224-1887), un garito íntimo decorado con una mezcla de sillas de los años cincuenta, arte africano y muebles pintados con colores chillones. El visitante no querrá marcharse.

La **vida nocturna gay** de Tallahassee está marcada por una oferta variada de bares y clubes; el más famoso de ellos es *Brothers*, 926 West Thorpe Street (☎386-2399), un local de diseño frecuentado por una clientela amigable que suele ser exclusivamente gay jueves, viernes y domingos; el resto de la semana la clientela es más variada. En el *Club Park Ave*, 115 Park Avenue (☎599-9143), el ambiente se vuelve exclusivamente homosexual las noches de los sábados.

Direcciones prácticas

Alquiler de automóviles La mayoría de empresas tienen una delegación en el aeropuerto (véase pág. 368) y en las siguientes direcciones: Alamo, 1720 Capitol Circle (☎576-6134); Avis, 3300 Capitol Circle (☎331-1212); Budget, 1415 Capitol Circle (☎1-800/527-0700); Lucky's, 2539 W Tennessee St (☎575-0632); Thifty Car Rental, 1385 Blounstown Hwy (☎576-RENT).

Dentistas Servicio de información: ☎1-800/282-9117.

Deportes Las entradas para los partidos de béisbol (marzo-mayo) y fútbol americano (sept.-nov.) del equipo de la FSU se pueden adquirir en el estadio 2 horas antes del inicio del encuentro (☎644-1073 y ☎644-1830, respectivamente). Para obtener información sobre los equipos de la FAMU (conocidos todos como Rattlers), hay que telefonear al ☎599-3200. En la guía telefónica se puede encontrar una lista completa con todos los partidos.

Galerías de arte Tallahassee cuenta con una buena oferta de **galerías de arte**: junto al cruce de Springhill Road y Gaines Street, cerca del campus de la FSU, hay algunas galerías de talante innovador, así como estudios abiertos de varios artistas locales. Otros escaparates de arte contemporáneo son Nomads, en 508 W Gaines St; La Moyne Gallery, 125 N Gadsden St; The 621 Gallery, 567 Industrial Drive y Signature Gallery, 2779 en Capital Circle.

Farmacia Walgreens, en el centro comercial Tallahassee Mall, 2415 N Monroe Street (☎385-7145), abierta lun.-sáb., 10-21 h y dom., 12.30-17.30 h.

Hospital Casos no urgentes: Tallahassee Regional Medical Center, 1300 Miccosukee Road (☎681-1155).

Western Union Las oficinas más cercanas son Easy Mail West, Inc, 1717 Apalachee Parkway y 3491 Thomasville Road; Mail Boxes Etc, 1350 East Tennessee Street; y Winn Dixie, 813 North Monroe St. Telefonear al ☎1-800/325-6000 para saber dónde están las demás oficinas.

Alrededores de Tallahassee

Alrededor de los límites de Tallahassee hay varios lugares que merecen una breve visita: un destacado museo de automóviles antiguos, una serie de túmulos prehistóricos, varios yacimientos arqueológicos y un conjunto de jardines junto al lago. Todos son fácilmente accesibles si se viaja en automóvil, pero no así en autobús.

El Antique Car Museum

El **Antique Car Museum**, 3550 Mahan Drive (lun.-sáb., 10-17 h; dom., 12-17 h; adultos, 7,5 dólares; niños, 5 dólares; ☎942-0137), bien merece recorrer los casi 5 km que hay que conducir hacia el este por Tennessee Street, que se convierte en Mahan Drive a medida que el viajero se aleja de la ciudad. El propietario del museo, DeVeo Moore, empezó su carrera de forma modesta herrando caballos, pero gracias a su callada determinación, que inspira admiración o desagrado según a quien se pregunte en Tallahassee, es ahora uno de los hombres más adinerados de la región. La venta de una sola de sus empresas a principios de 1998 le reportó 37,5 millones de dólares. La mayor atracción de la colección es el reluciente Batmobile de 6,3 m de longitud empleado en el filme *Batman* de Tim Burton, adquirido por 500.000 dólares, en el que no faltan los trajes y los guantes de Batman y un dispositivo lanzallamas. El automóvil más valioso (1,2 millones de dólares) es un Duesenberg Model 1 de 1931, aunque también llama la atención un coche fúnebre tirado por caballos construido en 1860, que según se cree transportó el cuerpo de Abraham Lincoln hasta su última morada.

Coleccionista consumado, Moore no se limitó a reunir sólo automóviles. Entre las eclécticas exposiciones hay una dedicada a biberones «anticólico» y salas llenas de motocicletas y cajas registradoras. El museo se ha ido ampliando con el tiempo y se proyecta trasladarlo a otro lugar.

Los yacimientos arqueológicos de San Luis y De Soto

En el yacimiento denominado **San Luis Archaeological and Historic Site**, 2020 W Mission Road, a unos 5 km al oeste del centro de Tallahassee (autobús 21), poco a poco va quedando desenterrado el pueblo de San Luis de Talimali, centro del sistema de misiones español del siglo XVII, por detrás sólo de St Augustine. En su apogeo, en 1675, su población llegó a alcanzar los 1.400 habitantes. El visitante puede detenerse en el **centro de información** (lun.-vier., 9-16.30 h; sáb., 10-16.30 h; dom., 12-16.30 h; entrada gratuita) para conocer más sobre el lugar y ver alguno de sus hallazgos, o bien unirse a la **visita guiada** gratuita que dura 1 hora (lun.-vier., mediodía; sáb., 11 y 15 h; dom., 14 h) y que le permitirá apreciar la importancia del lugar. Durante algunos fines de semana, varias personas ataviadas de época representan la vida cotidiana de aquellos tiempos; suena algo cursi pero puede ser divertido.

Se cree que el explorador español Hernando de Soto levantó su campamento en 1539 y celebró la primera Navidad de la historia de América del Norte en el yacimiento **De Soto State Archaeological Site**, a 3 km al este del centro de Tallahassee, en la unión de Goodbody Lane y Lafayette Street. En este emplazamiento las vinculaciones históricas son más elocuentes que en el de San Luis, pero hay muchas menos pruebas tangibles del pasado y, de hecho, el yacimiento está cerrado al público excepto en ocasiones especiales. Todo lo que hay que ver son unos cuantos agujeros en el suelo e incluso cuando está abierto, su visita no es imprescindible. Para más información sobre la expedición liderada por Hernando de Soto, el primer grupo humano europeo que cruzó el río Mississippi, véase el apartado «Historia» incluido en «El Contexto».

Tallahassee Museum of History and Natural Science

Situado a unos 5 km al sudoeste de la ciudad, el **Tallahassee Museum of History and Natural Science** (lun.-sáb., 9-17 h; dom., 12.30-17 h; entrada, 6,5 dólares) junto a Lake Bradford Road (autobús 15), en 3945 Museum Drive, está dedicado sobre todo al público infantil, aunque puede mantener entretenido durante 1 hora a cualquier adulto. La atracción principal es una granja del siglo XIX en funcionamiento, con vacas y gallos que campan a sus anchas. Aparte de la granja, hay un recorrido natural, unas cuantas jaulas con serpientes y un par de viejos edificios que no están mal, una iglesia baptista de 1937 y una escuela de la época.

Maclay State Gardens

Si el viajero quiere pasar medio día relajado, lo mejor es recorrer unos 6 km al nordeste del centro de Tallahassee que llevan hasta los **Maclay State Gardens**, situados en un parque junto a un lago, en 3540 Thomasville Road, al norte de la I-10, salida 30 (parque, todos los días, 8-atardecer; automóviles, 3,25 dólares; jardín, todos los días,

9-17 h; 3 dólares enero-abril; gratuito resto del año; el autobús 16 para cerca). El financiero neoyorquino Alfred B. Maclay, aficionado a la jardinería, compró este extenso terreno en los años veinte, y plantó flores y arbustos para que hubiera floración desde enero hasta abril. La idea funcionó y durante 4 meses al año, los jardines están hermosos gracias a las fragancias y los llamativos colores de azaleas, camelias, pensamientos y otras flores, enmarcados por cerezos silvestres y ciclamares, y dominados por enormes robles y pinos. Hay visitas guiadas los fines de semana desde mediados de marzo (para información más detallada y horarios, telefonear al ☎487-4556), pero se recomienda al viajero visitarlos en cualquier época del año, aunque sólo sea para retirarse al cenador que hay junto al lago para echar una cabezada mientras las lagartijas y las ardillas corretean por sus pies.

La entrada a los jardines permite visitar la **Maclay House** (abierta sólo enero-abril), donde abunda el mobiliario de los Maclay e innumerables libros sobre horticultura.

Durante la visita, el visitante puede dedicar un rato a explorar **el resto del parque** y el lago Hall. Hay un área de picnic con fabulosas vistas al lago, así como un corto recorrido llamado **Lake Overstreet Trail**, que serpentea a través de la ladera arbolada desde la que se divisa una magnífica panorámica de todo el lago. Asimismo hay una zona para bañarse junto al aparcamiento más cercano a la entrada del parque.

El lago Jackson y los túmulos indios

La mayoría de propietarios de embarcaciones locales las amarran junto al **lago Jackson**, de dimensiones considerables, situado a unos 8 km al norte del centro de Tallahassee. En una ensenada llamada Meginnis Arm se encuentra el yacimiento arqueológico denominado **Lake Jackson Mounds State Archaeological Site**, junto a la Hwy-27, en Crowder Road (todos los días, 8-atardecer; entrada gratuita), donde los restos hallados (petos de cobre y figuras rituales) sugieren que este emplazamiento de 32 Ha fue en otra época un importante centro de ceremonias de los indios norteamericanos. En la actualidad, en lugar de haber grandes montículos de tierra que revelen su historia, el viajero se encuentra sólo con unas cuantas mesas de picnic y un sencillo sendero que discurre por encima de una quebrada. Si viaja en automóvil, tendrá que seguir los letreros que hay a partir de Monroe Street, y si va a pie, caminar unos 5 km desde la parada del autobús 1.

Norte de Tallahassee

Hay numerosas carreteras que entran en el **norte desde Tallahassee**, y muchas de ellas permiten realizar excursiones no demasiado emocionantes pero sí agradables. La frontera de Georgia sólo está a 32 km y la vía más directa para llegar es Thomasville Road (Route 319) que, como era de esperar, lleva hasta **THOMASVILLE**, una pequeña población soñolienta situada justo al cruzar la frontera, en otro tiempo refugio invernal para gente adinerada del norte que construyeron magníficas plantaciones en el lado floridano de la frontera. A unos 8 km al sur de Thomasville se halla la **Pebble Hill Plantation** (mar.-sáb., 10-17 h; dom., 13-17 h; cerrado casi todo sept.; visita guiada de 1 hora de la casa; la última a las 16 h; 7 dólares, entrada a la casa; 3 dólares, sólo los terrenos; ☎912-226-2344), donde el visitante puede respirar el ambiente de la época esclavista y ver las comodidades de las que disfrutaban los blancos ricos. Gran parte de la casa original de Pebble Hill se quemó en los años treinta, y lo que ahora se puede contemplar es una fiel reproducción de la suntuosa casa principal, con las colecciones de arte, antigüedades, cristal y porcelana que pertenecieron a Elisabeth Ireland Poe, la última propietaria, y fueron rescatadas del fuego. Se debe tener en cuenta que los bebés y niños menores de 6 años no pueden entrar en la casa. Todos los años, en el mes de abril, la casa recobra vida con multitud de personas que acuden a participar en un baile de plantación.

Si al visitante le gusta la carne, puede tomar la Centerville Road al norte de Tallahassee (Route 151) que, después de unos 19 km, le llevará a **Bradley's Country Store** (lun.-vier., 9-18 h; sáb., 9-17 h). Durante 70 años, Bradley's ha vendido por las casas comida cocinada al estilo sureño, y su especialidad han sido los embutidos ahumados y otras exquisiteces poco comunes como el maíz molido en molino, el queso fabricado en toneles grandes y el pudín de hígado.

Havana

A unos 19 km al noroeste de Tallahassee por la Monroe Street (Route 27) se encuentra la pequeña **HAVANA**. Conocida en otra época por sus plantaciones de tabaco y la industria conservera de verdura, la ciudad (1.900 habitantes) se vino abajo hasta que descubrió que si convertía sus bonitos edificios de obra vista en una serie de tiendas de antigüedades orientadas al turismo, podría insuflar nueva vida a la comunidad. A pesar de la afluencia de turistas, el lugar sigue manteniendo un ambiente acogedor que merece una visita, siempre y cuando el viajero no vaya con la intención de encontrar una ganga.

El principal grupo de tiendas se concentra alrededor de Second St, pero un lugar más divertido para comprar es Havana Cannery, en Ninth St (miér.-dom., 10-18 h; vier.-sáb., 10-22 h; ☎539-3800), en otro tiempo una floreciente empresa conservera de frutas y hoy un laberinto de tiendas de antigüedades. Después de enlatar unos 3 millones de kilos de fruta durante la Segunda Guerra Mundial, la empresa no soportó la competencia de compañías mayores y se dedicó al envasado de miel hasta que tuvo que cerrar en 1994.

La **McLauchlin House**, situada en la esquina de Seventh Avenue y Second Street (miér.-sáb., 10-17.30 h; dom., 12-17 h; ☎539-0901), suscita tanto interés por sus inquilinos como por su arquitectura. Nellie McLauchlin, quien todavía vive cerca de allí, nació en la casa hace 97 años. Se casó en ella hace 77 años y Joe, su marido, murió a los 103 años, en 1998. Convertida hoy en día en un local de más de seis tiendas de antigüedades, es una joya de 150 años digna de admiración: tiene un porche que la rodea, suelos inclinados y puertas asimétricas. No hay mucho más que ver en Havana, pero si el viajero va por allí a principios de marzo, se recomienda asistir al **MusicFest**, un festival de jazz y blues que dura 3 días (30 dólares; ☎353-3309).

Comer en Havana nunca es un problema. Se recomienda el *Twin Willows Café*, 211 NW First Street, situado en medio de una plétora de tiendas de antigüedades, y que sirve pollo con eneldo y ensaladas griegas muy frescas, aunque algo caras. Para una mejor oferta económica y mayor diversión, se recomienda el *Dolly's Expresso*, 206 NW First Street (☎539-6716). Los dueños son de Key West y sirven sándwiches cubanos, deliciosos postres (se aconseja su curioso *cannoli* de queso y chocolate) y un excelente café. En Havana Cannery, *Shade* (cerrado lun. y mar.; ☎539-8401) es una estupenda opción para degustar platos sureños tradicionales como frituras con frijoles a la vinagreta, sándwiches de tomates verdes fritos y siluro frito tras enharinarlo en harina de maíz.

La mejor opción para **pernoctar** es *Historic Havana House*, en 301 E Sixth Ave (☎539-5611; ⑤), un encantador B&B donde no está permitido fumar ni la entrada a niños menores de 8 años.

Sur de Tallahassee

Durante los fines de semana, muchos habitantes de Tallahassee se dirigen hacia el sur a las playas del Panhandle (véase «La costa del Panhandle», pág. 387). Si al visitante no le apetece encontrárselos, puede ir hacia el **sur** por las carreteras 363 o 61 y buscar otros lugares aislados de importancia geológica o histórica de la zona, o bien tomar la Hwy-319 para perderse por los mayores bosques y también los más frondosos.

Una de las maneras más divertidas de explorar parte de la zona es recorrer en **bicicleta** o **patines** los 25 km del Tallahassee-St Marks Historic Railroad Trail, un trayecto llano y recto que discurre a través de apacibles bosques siguiendo la ruta de una línea ferroviaria abandonada hace mucho tiempo. En la tienda Tec's Pro Bike Shop, 4780 Woodville Highway (bicicletas, 16 dólares; patines, 15 dólares; ☎656-0001), es posible alquilar bicicletas y patines durante 4 horas.

Leon Sinks Geological Area

A unos 11 km al sur de Tallahassee por la Route 319 se encuentra el **Leon Sinks Geological Area** (8-20 h; entrada gratuita), un fascinante *karst* (terreno alterado por la lluvia y las aguas freáticas que disuelven un lecho de roca subyacente compuesto de piedra caliza). El área contiene varios sumideros salientes, numerosas depresiones, un puente natural y un riachuelo de curso intermitente; todo ello proporciona una vista singular de cómo era el área antes de la acción del hombre. Hay tres recorridos accesibles de entre 500 m y 4,8 km descritos en una guía disponible en la oficina del guardabosques que hay a la entrada del área.

El Natural Bridge Battlefield Site y St Marks

A 16 km al sudeste de Tallahassee hay un desvío de la Route 363 en Woodville que lleva hasta el **Natural Bridge Battlefield Site** (todos los días, 8-atardecer; entrada gratuita) donde, el 4 de marzo de 1865, un grupo de confederados venció a uno mucho mayor de soldados de la Unión e impidieron que Tallahassee cayera en manos de los yanquis. No es que cambiara mucho el destino de la ciudad (la guerra acabó un par de meses después), pero la victoria es conmemorada con un monumento y una recreación anual que consiste en varias horas de disparos, ruidosas detonaciones y mucho humo.

A unos 19 km al sur de Woodville, la Route 363 acaba en el pueblecito de **ST MARKS**, donde el **San Marcos de Apalache Historic Site** (jue.-lun., 9-17 h; entrada gratuita; museo, 1 dólar) ofrece interesante información a los estudiosos de la historia de Florida; se trata de un fuerte construido en el siglo XVI que fue visitado por los primeros exploradores españoles como Pánfilo de Narváez y Hernando de Soto, y 200 años después se convirtió en el cuartel general de Andrew Jackson durante la guerra que mantuvo contra los indios seminolas. Para redondear la excursión, se recomienda visitar uno de los *fishcamps* (restaurantes rústicos de pescado) cercanos que hay en Old Fort Drive, como ejemplo *Posey's* (sin teléfono).

Si el viajero prefiere la naturaleza a la historia, puede retroceder unos minutos por la Route 363 y girar hacia el este por la Hwy-98. Si avanza unos 4,8 km encontrará la entrada principal al **St Marks National Wildlife Refuge** (todos los días, amanecer-atardecer; automóviles, 3 dólares; peatones y ciclistas, 1 dólar), que se extiende sobre el pantanoso cauce del río St Marks. En el refugio animal habitan águilas calvas y unos cuantos osos negros, aunque desde los observatorios de la carretera y las diferentes torres diseminadas por todo el parque se pueden distinguir nutrias, ciervos de Virginia, mapaches y un sinfín de aves. Siguiendo hasta el final de la carretera se llega al pintoresco faro de St Marks, en cuyo interior, en la entrada, hay un **centro de información** donde distribuyen información útil (lun.-vier., 8-16.15 h; sáb.-dom., 10-17 h).

Wakulla Springs

A 24 km al sur de Tallahassee saliendo de la Route 61 y tomando la Route 267, se encuentra el **Wakulla Springs State Park** (todos los días, 8-atardecer; automóviles

3,25 dólares, peatones y ciclistas, 1 dólar), un parque natural donde se encuentra el que se cree es uno de los mayores manantiales, y también más profundos, del mundo; de hecho, tiene un caudal de casi 2 millones de litros diarios de agua cristalina, que brota de las entrañas de la tierra, algo difícil de imaginar si se observa la quietud del agua en la superficie. La principal razón para visitar Wakulla Springs es disfrutar del paisaje casi virgen y poder apreciar una parte de Florida que sigue intacta después de cientos de años.

Resulta tonificante **nadar** en sus aguas frescas, aunque también es desconcertante que las áreas señalizadas para ello estén a poca distancia de donde se prohíbe el baño debido a los caimanes. Para ver mejor el manantial, se recomienda hacer un viaje en el **barco con fondo de cristal** (4,5 dólares el viaje) para poder contemplar numerosos peces nadando alrededor de la cueva de 54 m de profundidad por la que asciende el agua. El visitante también puede unirse al **crucero por el río** (4,5 dólares), que dura 40 minutos, y observar así a otros habitantes del parque: ciervos, pavos, tortugas, garzas, garcetas y los inevitables caimanes. Aunque es algo ya conocido, sigue llamando la atención, quizá porque en este lugar se han rodado varias películas, incluidas algunas de las primeras de *Tarzán* y partes de *La mujer y el monstruo (The Creature from the Black Lagoon)*. Para ver a los caimanes y las serpientes en plena actividad, hay que participar en el **crucero a la luz de la luna** que parte al caer el crepúsculo (4,5 dólares).

Se recomienda visitar el **Wakulla Lodge**, 550 Wakulla Park Drive (☎224-5950; ④), un hotel construido en la primavera de 1937 que conserva gran parte de sus elementos originales: arcadas árabes, chimeneas de piedra y fabulosos dibujos aztecas y toltecas pintados a mano en el techo de madera del vestíbulo. El visitante puede saludar al «Viejo Joe», un caimán disecado, uno de los mayores que se ha conocido jamás; murió en los años cincuenta, medía 3,3 m de largo y supuestamente tenía 200 años; se encuentra en una vitrina junto al mostrador de recepción. La verdad es que **pasar una noche** en este hotel es relativamente barato. En el edificio y sus alrededores hay un ambiente tranquilo que enseguida seduce al viajero. Una ventaja añadida es que una vez que los excursionistas se han marchado, el viajero tiene los manantiales y la naturaleza para él solo.

Más al sur: el Apalachicola National Forest

Con pantanos, sabanas y manantiales diseminados caprichosamente por las 200.000 Ha que ocupa, el **Apalachicola National Forest** es la mejor muestra del Panhandle natural. Varias carreteras permiten adentrarse y atravesar buena parte de la reserva natural y hay numerosos lugares fácilmente accesibles donde descansar y comer; sin embargo, para ver más del bosque, aparte de las mesas de picnic y las papeleras, se recomienda hacer un esfuerzo, lo que significa dejar la periferia y adentrarse en el interior primitivo para explorarlo con tranquilidad, siguiendo los senderos marcados, a bordo de una piragua por alguno de los ríos, o sencillamente dormir una noche bajo las estrellas en una de las zonas de acampada del parque.

INFORMACIÓN SOBRE EL APALACHICOLA NATIONAL FOREST

El visitante debe llevar mapas, averiguar la previsión del tiempo y asesorarse en una oficina del guardabosques antes de iniciar la caminata o el viaje en piragua por el bosque (para más consejos sobre cómo viajar seguro por la zona natural, véase «Lo Básico»). El río Ochlockonee divide el bosque en dos distritos administrativos; las siguientes oficinas son responsables de las zonas oeste y este del bosque respectivamente:

Apalachicola Ranger District, Hwy-20, cerca de Bristol, ☎643-2282.
Wakulla Ranger District, Route 6, cerca de Crawfordville; ☎926-3561.

Aspectos prácticos

El extremo nordeste del bosque casi toca el aeropuerto de Tallahassee, y desde ese punto se extiende en abanico hasta la orilla del río Apalachicola, a 56 km al oeste. La mayor parte del límite norte está bordeado por la Hwy-20, el lado este por la Hwy-319 y la Hwy-98, y en el sur se encuentra la horrible tierra de nadie llamada Tate's Hell Swamp (véase pág. siguiente).

Las principales **entradas** al bosque están en la Hwy-20 y la Hwy-319, y tres carreteras secundarias, las Routes 267, 375 y 65, enlazan las dos autopistas al tiempo que atraviesan la reserva natural. El **alojamiento** se limita al cámping. A excepción de Silver Lake (véase más abajo), todos son gratuitos y disponen de servicios básicos, por lo general sólo lavabos y agua potable. Para más información, puede telefonear al ☎643-2282. El único lugar cercano al bosque donde se puede **alquilar una piragua** es TNT Hideaway (☎925-6412), accesible por la Route 2 cerca de Crawfordville, o la Hwy-319.

Una parte del bosque, Trout Pond (abierto sólo entre abril-oct.; automóviles, 2 dólares), accesible por la Route 373, está preparado para acoger a los **visitantes minusválidos** y sus acompañantes, con un recorrido natural junto al lago apto para sillas de ruedas y un área de picnic.

El límite del bosque: Lost Lake y Silver Lake

Para hacerse una idea de lo que el bosque puede ofrecer, se recomienda ir a **LOST LAKE**, a unos 11 km de Tallahassee por la Route 373, donde hay poco más que unas mesas de picnic junto a un lago pequeño. El área es perfecta para comer algún tentempié y holgazanear tumbado junto a la orilla; además, no es tan frecuentado como **SILVER LAKE**, otra zona de recreo infestada de autocaravanas situada a unos 14,4 km al este de la ciudad por la Hwy-20. Bañarse o acampar en Silver Lake cuesta 2 y 5 dólares respectivamente y suele haber gente.

Adentrarse en el bosque: senderismo y piragüismo

Dentro del bosque hay varios **recorridos naturales** cortos y claramente marcados, pero el auténtico **sendero** para los excursionistas bien equipados es la **ruta Apalachicola**, un trayecto de 48 km que empieza cerca de Crawfordville, en la Hwy-319. Esta ruta atraviesa el corazón del bosque e incluye la travesía inolvidable de un pantano aislado, el Bradwell Bay Wilderness. Después de esto, el cámping de Porter Lake, situado justo al oeste del área salvaje, con sus lavabos y agua potable, parece la máxima expresión de la civilización.

El sendero lleva hasta **Camel Lake**, cuyo cámping tiene agua potable y lavabos, y el **sendero Camel Lake Loop**, un recorrido de 15,2 km más accesible. En automóvil, es posible acceder directamente a Camel Lake saliendo de la Hwy-20 en Bristol y siguiendo hacia el sur 19 km, sin dejar de prestar atención a la carretera hasta ver el desvío señalizado a la izquierda.

Aunque hay numerosos puntos de salida a lo largo de los cuatro ríos del área, los **piragüistas** pueden adentrarse en el bosque remando desde el extremo oeste del lago Talquin (cercano a la Hwy-20) y continuar 96 km por el río Ochlockonee, la principal vía fluvial del bosque, hasta llegar al Ochlockonee River State Park, próximo a la Hwy-319. Obviamente, la extensión del viaje obliga a usar las **zonas de acampada** situadas junto a la orilla (información en la Supervisor's Office, National Forests Florida, 325 John Knox Road, Tallahassee). Las que disponen de agua potable están en Porter Lake, Whitehead Lake y Mack Landing; el viajero debe tener en cuenta que estos cámpings suelen estar ocultos tras denso follaje, por lo que se recomienda estudiar el mapa con detenimiento.

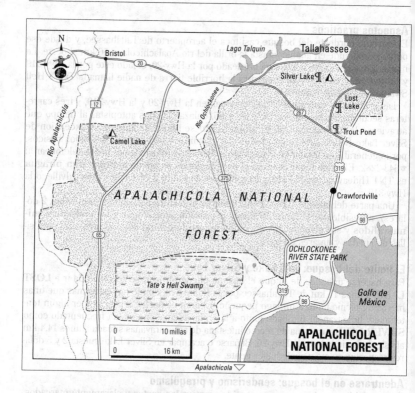

N

Bristol

Lago Talquin

Tallahassee

Silver Lake

Lost Lake

Trout Pond

Río Apalachicola

Río Ochlockonee

Camel Lake

APALACHICOLA NATIONAL

Crawfordville

FOREST

OCHLOCKONEE RIVER STATE PARK

Tate's Hell Swamp

Golfo de México

| 0 | 10 millas |
| 0 | 16 km |

APALACHICOLA NATIONAL FOREST

Apalachicola

Al sur del bosque: Tate's Hell Swamp

Tanto si el viajero conduce a través del bosque por la Route 65 o la Route 67, o si lo rodea siguiendo la Hwy-319 (que se une con la Hwy-98 al aproximarse a la costa), al final acabará pasando por una área enorme y lúgubre llamada **Tate's Hell Swamp**. Según se cuenta, Tate era un granjero que persiguiendo a una pantera se adentró en el pantano y nunca más volvió a ser visto. Se trata de una zona en la que se cría la mortal serpiente mocasín y a la que de vez en cuando acuden algunos lugareños para capturar unos ejemplares que luego venderán a zoológicos de dudosa reputación. Lo mejor que puede hacer el viajero es olvidarse de este lugar.

Oeste de Tallahassee

Para descubrir el aspecto social del Panhandle interior, se recomienda tomar la Hwy-90 **en dirección oeste desde Tallahassee**: se trata de 288 km de paisajes rurales monótonos y poblaciones agrícolas ancladas en el pasado que no han levantado cabeza desde que desapareció la industria maderera hace 50 años. Cuando el visitante no soporte el tedio del paisaje por más tiempo, puede cambiar a la carretera I-10, o dirigirse al sur en dirección a la costa. Sin embargo, esta ruta tiene la ventaja de contar con restaurantes rústicos, alojamiento barato, varias áreas naturales de gran belleza y la posibilidad de ver una parte de Florida que no suele aparecer en los folletos turísticos.

Quincy

A 32 km al oeste de Tallahassee por la Hwy-90 hay un letrero que reza «Welcome to Quincy City» (Bienvenidos a la ciudad de Quincy). La mayoría de turistas, tras echar una rápida ojeada a los alrededores (bosques espesos y ni un solo edificio a la vista), no se lo piensan dos veces y siguen su camino. No hay que cometer el mismo error. La infravalorada **QUINCY** no sólo es la capital del condado de Gadsden, sino que fue una de las primeras ciudades que se enriqueció gracias a la Coca-Cola. El farmacéutico de Atlanta que patentó este refresco vendió acciones de la empresa a algunos amigos de Quincy. El dinero empezó a correr y a principios del siglo XX se construyeron grandes mansiones por toda la ciudad. Desde la plaza que hay en **Madison Street** se puede contemplar el inmaculado **palacio de justicia**, rodeado por jardines ornamentales y un enorme monumento de mármol dedicado a los soldados confederados caídos en acción y levantado por las «Damas de Gadsden» en 1884. Justo enfrente, en East Jefferson St, está la pared de la joyería Padgett cubierta con el primer anuncio de Coca-Cola. Pintado en 1905, describe la bebida como «deliciosa y refrescante, disponible a 5 centavos en surtidores y botellas». Para más **información** sobre la ciudad, el visitante puede ir a la **Chamber of Commerce**, 221 N Madison Street (☎627-9231).

La mayor parte de la plaza central es corriente y parece un plató mediocre de un filme de vaqueros de serie B. Pero si el visitante camina hacia el lado norte, verá cuál fue el motor que movió Quincy en el pasado: el tabaco; esta sustancia llevó la prosperidad a la población antes de la llegada de la Coca-Cola. **The Leaf Theater**, 118 East Washington Street (lun.-vier., 9.30-13 h; ☎875-9444), es un tributo de los años treinta a la hoja del tabaco: las tejas y los adornos del teatro están llenos de emblemas donde la hoja de tabaco es la protagonista. Cerca de este edificio se encuentra uno de los mejores lugares para **comer**, el *Gadsden Carriage House Restaurant*, 104 E Washington St (☎875-4660), fabuloso por sus platos de la zona y veladas de música celta.

El próspero Quincy, con sus chalés de finos enrejados y hermosas terrazas, empieza en E Washington Street. Sin embargo, las mansiones más elegantes están entre las calles Love y King. La más bonita de todas es al mismo tiempo el único B&B de la ciudad: *McFarlin House*, 305 E King St (☎875-2526), una preciosa mansión con torreones cuyo suntuoso interior y porche de 42 pilares fueron creados en 1895 por John McFarlin, el cultivador de tabaco más rico de Quincy.

Lago Seminole y la Three Rivers State Recreational Area

A 80 km de Tallahassee, muy cerca de la frontera con Georgia, la Hwy-90 llega a Sneads, una pequeña población dominada por el extenso **lago Seminole**, surgido a raíz de un proyecto hidroeléctrico durante los años cincuenta. En la ribera floridana del lago (las otras están en tierra de Georgia y Alabama), el visitante puede disfrutar de varias horas de asueto en el **Three Rivers State Recreational Area** (todos los días, 8-atardecer; automóviles, 3,25 dólares; peatones y ciclistas, 1 dólar) que se encuentra a unos 3 km de Sneads por la Route 271. Del **área de cámping** (☎482-9006) del parque parte un **recorrido natural** de 1,5 km que lleva hasta una parte montañosa y arbolada donde abundan ardillas, caimanes, ciervos de Virginia y zorras grises, que acechan en la maleza. No obstante, el lago es conocido sobre todo por sus grandes y abundantes siluros, besugos y róbalos. Para pasar la noche junto al lago sin tener que acampar, se recomienda alojarse en el *Seminole Lodge*, un establecimiento de diez habitaciones (☎593-6886; ③) situado al final de Legion Road, justo en las afueras de Sneads.

Marianna y el Florida Caverns State Park

Unos 32 km más por la Hwy-90, se halla **MARIANNA**, uno de los mayores asentamientos del Panhandle interior, a pesar de tener una población expresada con cuatro dígitos para quien la feria de caballos que se celebra dos veces al mes es el mayor acontecimiento. El lugar no tiene muchos puntos de interés, excepto quizá que intenta venderse (sin mucho éxito) como «The Belle of the Panhandle» (la belleza del Panhandle) y que ha sido capital del condado de Jackson desde 1829. La **Chamber of Commerce**, 2928 Jefferson Street (lun.-vier., 8-17 h; ☎482-8061), proporciona un mapa de los recorridos a pie por las elegantes casas del Viejo Sur que hay en la población (la propia Chamber of Commerce ocupa una de ellas).

Si el viajero quiere **pernoctar** en la ciudad, se recomienda al encantador, aunque algo extraño, *Hinson House*, 4338 Lafayette Street (☎526-1500; ③-④), una hermosa villa restaurada y convertida en B&B con auténtico mobiliario y desayunos servidos en un comedor de estilo sobrio. El propietario ha creado un ambiente navideño permanente con un árbol encendido todo el año en el vestíbulo, luces centelleantes en las escaleras, ventanas diseñadas con escarcha artificial y renos dorados encima de la chimenea.

Para **comer**, se recomienda *Madison's*, 2881 Madison Street (☎256-4000) o *Red Canyon Grill*, 3297 Caverns Road (☎482-4256), dos establecimientos donde sirven buenos platos de cocina americana. Entre las otras opciones más normales se encuentran *Jim's Buffet & Grill*, 4473 Lafayette Street (☎526-3300) o *Captain D's Seafood Restaurant*, 4253 Lafayette Street (☎482-6230). También hay un restaurante mexicano popular llamado *Old Mexican Restaurant*, 4434 Lafayette Street (☎482-5552).

Florida Caverns State Park

Lo mejor que tiene Marianna es su proximidad al **Florida Caverns State Park** (todos los días, 8-atardecer; automóviles, 3,25 dólares; peatones y ciclistas, 1 dólar), situado a 4,8 km en dirección norte por la Route 167. Se puede explorar el lugar mediante una de las **visitas guiadas** (cada hora, 9-17 h; 4 dólares) que pasan por cavernas de casi 20 m de profundidad llenas de formaciones de calcita de extrañas formas. Las cuevas no son un descubrimiento reciente; ya eran mencionadas en descripciones de la zona hechas por españoles y las emplearon los indios seminolas para ocultarse del ejército de Andrew Jackson a principios del siglo XIX, una desconcertante experiencia en una época en que no había luz eléctrica para iluminar las resonantes cámaras de roca. Una vez fuera, en el parque hay otros elementos para pasar un día de forma amena. Del **centro de información** (☎482-1228), junto a la entrada a las cuevas, sale un **sendero natural** que discurre alrededor de la llanura de inundación del río Chipola y curiosamente se mete bajo tierra, donde recorre más de 100 m a medida que fluye a través del parque. El **Blue Hole Spring** es un manantial situado al final de la carretera del parque donde el visitante puede nadar, practicar el submarinismo con tubo o con escafandra y dormir en su **cámping** (14 dólares).

CAMBIO DE ZONA HORARIA

Al cruzar el río Apalachicola, que fluye de norte a sur atravesando el interior del Panhandle (a 72 km al oeste de Tallahassee), se entra en la **zona horaria central**, es decir 1 hora menos que la hora oficial del Este y el resto de Florida. En la costa del Panhandle, el cambio de hora se produce a unos 16 km al oeste de Port St Joe, en la frontera entre los condados de Gulf y Bay.

Chipley y Falling Waters State Recreation Area

Siguiendo en dirección oeste, la siguiente población es **CHIPLEY**, situada a unos 42 km de Marianna. La ciudad debe su nombre a William D. Chipley, quien extendió una red ferroviaria a través del Panhandle a mediados de la década de 1800 para mejorar el comercio maderero y dio lugar al nacimiento de ciudades aserradero como Chipley. La red ferroviaria sigue en funcionamiento (su uso está restringido al transporte de mercancías local), pero ya hace tiempo que pasó a la historia la mejor época de la población. Apenas hay puntos de interés y el aspecto neoclásico del **Washington County Court House**, situado en la Hwy-90 (también llamada Jackson Avenue) parece fuera de lugar. Aparte de la sede de los tribunales, hay un único edificio de interés, la **First United Methodist Church**, una iglesia grande y elegante levantada en 1910 apoyada en cimientos de madera tallados a mano.

Si el viajero puede encontrar a alguien que le deje entrar, verá que el interior es muy sorprendente; sobre los interminables bancos curvos de roble dorado se encuentra un enorme órgano de tubos y una vidriera semiopaca que brilla con intensidad los días de sol.

El barrio histórico de Chipley está en S Third Street, debajo del lado oeste del palacio de justicia. Las casas de esta zona fueron construidas entre 1900-1920 y no merecen más que una mirada rápida. Más interés, aunque sólo sea como una muestra bien conservada de las omnipresentes Mains Streets del Panhandle interior, suscita el área que hay justo al norte de la Hwy-90, una encantadora hilera de antiguas tiendas con fachadas de obra vista dispuestas en paralelo a las vías del ferrocarril. En esta zona abundan las **tiendas de antigüedades** y las mejores de Chipley están en el Historic Chipley Antique Mall, 1368 Railroad Avenue North (☎638-2535).

Falling Waters State Recreation Area

Si el viajero sale de la ciudad por la Route 77, a casi 5 km hacia el sur, encontrará **Falling Waters State Recreation Area** (todos los días, 8-atardecer; automóviles, 3,25 dólares; peatones y ciclistas, 1 dólar), lugar donde se encuentran las únicas **cataratas** de Florida. En realidad, tiene 30 m de caída y se adentra en un sumidero en forma de tubo coronado por una plataforma de observación. Un sendero pasa por otros sumideros (sin cataratas) y otro conduce hasta un pozo petrolífero abandonado, producto de un intento infructuoso de extraer oro negro en 1919. El parque cuenta con un **cámping** (8 dólares; ☎638-6130), pero para **alojarse** bajo techo, se recomienda regresar a Chipley y conformarse con una de las sencillas pero baratas habitaciones del *Budget Hotel*, 700 Hwy-90 (☎638-1850; ①-②), o *Chipley Motel*, 404 Hwy-90 (☎638-1322; ①-②). Para **comer**, se aconseja el *Chinese Garden Restaurant* que hay junto al *Chipley Motel* en el 1320 de la Hwy-90 (☎638-3080). Los granjeros locales acuden en tropel a *Granny's Country Kitchen*, 1284 W Jackson Ave, abierto todos los días hasta las 14 h, atraídos por sus abundantes desayunos y almuerzos.

De Funiak Springs

Auténtica joya del Panhandle interior, **DE FUNIAK SPRINGS**, 64 km al oeste de Chipley por la Hwy-90, fue fundada como parada de moda de la línea ferroviaria Louisville-Nashville en 1882. Atraída por el enorme lago circular, la alta sociedad del siglo XIX construyó mansiones de cuentos de hadas en sus orillas y, en 1885, la Florida Chautauqua Alliance (una sociedad religiosa caritativa que preconiza la cultura y la educación libres para todos) convirtió la ciudad en su sede del sur. La Alliance estableció su cuartel general en el grandioso Hall of Brotherhood, que todavía sigue en pie en Circle Drive, un callejón ideal para pasear tranquilamente y contemplar las fabulosas villas pintadas de forma cursi de color blanco o del azul típico de los pasteles de boda. Tras la muerte de sus fundadores y con la Depresión, la Alliance fue deteriorándose poco a poco y en 1975 su auditorio de 4.000 asientos fue arrasado por el huracán *Eloise*. Sin embargo, en los últimos años se ha renovado el interés por el espíritu Chautauqua y en la actualidad se celebra un **Chautauqua Assembly Revival** alrededor de la primera semana de marzo (hay que telefonear al ☎892-4300 para más detalles). Además de los talleres y las actividades artesanales que se organizan, es la única oportunidad de ver el interior de las casas históricas. Si la visita del viajero no coincide con esas fechas, verá que el único edificio abierto al público es la **Walton-De Funiak Library**, 3 Circle Drive (lun., 9-19 h; mar. y vier., 9-18 h; sáb., 9-15 h; entrada gratuita), que presta libros desde 1886 y recientemente ha adquirido una pequeña colección de armas europeas medievales donada por un coleccionista local.

Otro descubrimiento inesperado son los viñedos **Chautauqua Vineyards**, accesibles por la Hwy-331, justo al norte de la unión con la I-10, cuyos variados vinos quizá no sean los mejores del mundo, pero han recibido varios galardones en sus 10 años de existencia (visitas y catas gratuitas, lun.-sáb., 9-17 h; dom., 12-17 h).

Se recomienda **pasar la noche** en De Funiak Springs si el viajero se dirige a la franja costera más cara situada a 40 km en dirección sur por la Hwy-331. *Days Inn*, 1325 S Freeport Road (☎892-6615; ②), ofrece buenos precios pero está más cerca de la I-10 que de la población. Para estar a tono con el ambiente histórico de la ciudad, se aconseja hospedarse en el *Hotel de Funiak*, 400 E Nelson Ave (☎892-4383; ④-⑤), un encantador hotel restaurado enclavado en el viejo distrito comercial pero cerca del lago. En la ciudad, se aconseja **almorzar** entre antigüedades en el precioso *Busy Bee Café*, 35 7th Street (☎892-6700). Para **cenar**, el restaurante del *Hotel de Funiak* sirve platos clásicos en un ambiente apacible. Si el visitante quiere comer en un establecimiento más barato, tendrá que volver a la I-10 donde encontrará la acostumbrada selección de restaurantes de comida rápida al estilo *Waffle House*.

El Blackwater River State Forest

Entre las adormiladas poblaciones de Crestview y Milton, a 48 km al oeste de De Funiak Springs, los riachuelos y tranquilos ríos de **Blackwater River State Forest** se llenan cada fin de semana con familias que llegan en barco para disfrutar de la que se conoce como «la capital de la piragua de Florida». A pesar de la multitud, el bosque no está sobreexplotado comercialmente y es lo bastante grande como para absorber tal afluencia de gente y ofrecer al mismo tiempo paz, aislamiento y naturaleza intacta a cualquier intrépido dispuesto a explorarlo. Si al visitante no le atrae el piragüismo ni el senderismo, y lo único que quiere es pasar unas cuantas horas tranquilo, se recomienda ir al **Blackwater River State Park** (todos los días, 8-atardecer; automóviles, 2 dólares; peatones y ciclistas, 1 dólar) que hay dentro del bosque, a 6,4 km al norte de Harold saliendo de la Hwy-90, ya que hay algunos senderos fáciles de recorrer.

Desde Milton, tanto la Hwy-90 como la I-10 ofrecen un recorrido de 24 km de suave belleza paisajística que abarca toda la bahía de Escambia hasta llegar a los hoteles y autopistas del límite norte de Pensacola, la ciudad que marca el extremo oeste de Florida (véase pág. 399).

Alojamiento en el bosque

A excepción de los **bungalós de madera** restaurados del siglo XIX que hay en Tomahawk Landing (véase pág. siguiente; ①-⑤, según el nivel de comodidad), la oferta de alojamiento dentro del bosque se limita al **cámping** (8-10 dólares). Hay zonas de acampada equipadas en la Krul Recreation Area (☎957-4201), cerca de la unión de la Forest Road 4 y la Route 19, y en el Blackwater River State Park (véase pág. anterior; ☎623-2363). A lo largo de los principales senderos también hay lugares donde acampar libremente provistos con los servicios más elementales destinados a los senderistas.

Senderismo y piragüismo

Los **senderistas** habituales que lleven el equipo necesario para pasar la noche pueden hacer la ruta de unos 34 km denominada **Jackson Trail**, llamada así en honor a Andrew Jackson, quien condujo a su ejército por este camino en 1818 cuando intentaba conquistar Florida a los españoles. A lo largo del recorrido hay dos refugios muy sencillos con bombas de mano para sacar agua. El sendero se extiende desde Karick Lake, junto a la Hwy-189, a unos 22 km al norte de la Hwy-90, hasta la Krul Recreation Area. La ruta más corta del **Sweetwater Trail** es una buena alternativa si el viajero no está preparado para la más larga. Se trata de un agradable camino de 7 km que parte de la Krul Recreation Area y cruza un puente giratorio y la presa del lago Bear antes de unirse con el sendero Jackson.

Adventures Unlimited es una empresa de deportes de aventura con base en **Tomahawk Landing**, en Coldwater Creek (☎623-6197 o 1-800/239-6864), a 19 km al norte de Milton por la Hwy-87, que ofrece la posibilidad de practicar el **piragüismo** en el bosque. Aquí es posible alquilar cámaras, piraguas y kayacs por 8, 13 y 20 dólares respectivamente al día. También organizan salidas de 2 o 3 días con el equipo para pasar la noche y la comida necesaria por 28 dólares cada persona.

LA COSTA DEL PANHANDLE

A pesar de no gozar del glamour ni de la fama internacional de otras franjas litorales de Florida, la **costa del Panhandle** no es en absoluto desconocida para los residentes de los estados sureños que, al llegar el verano, la ocupan a millares. Por consiguiente, hay algunas zonas del litoral (con una extensión de 288 km) que han sido víctimas de una gran especulación urbanística; un ejemplo de ello es **Panama City Beach**, conocido como la «Riviera *redneck*» (adjetivo despectivo usado para denominar a los campesinos blancos del Sur) y las más pequeñas poblaciones de **Destin** y **Fort Walton Beach**, sólo un poco más refinadas. Por el contrario, la pequeña **Apalachicola** y las **playas de South Walton**, lugares ambos fácilmente accesibles en automóvil (sin enlace de autobús) pero fuera del principal pasillo turístico, encierran numerosos atractivos: hermosas playas muy bien conservadas e islas situadas a poca distancia de la costa donde es más fácil ver algún animal que un ser humano.

Apalachicola y alrededores

Situada a varios kilómetros al sur del Apalachicola National Forest (pág. 380), el **área de Apalachicola** constituye la primera parte importante de la costa que encuentra el viajero cuando llega de la zona central de Florida por la Hwy-98. Se trata de una región de gran valor que, a pesar de contar con pocas playas en tierra firme, compensa a los bañistas con las estupendas playas de tres *barrier islands*; además, los pequeños pueblos pesqueros que el viajero encuentra a su paso aún se mantienen al margen del turismo agresivo que ha dejado su huella en la costa a 80 km al oeste.

Apalachicola

Convertido en la actualidad en un pequeño puerto que vive sobre todo del cultivo de ostras (el 90 % de ostras consumidas en Florida se crían aquí), **APALACHICOLA** fue en otra época una población muy vinculada a la industria algodonera, lo que llenó de actividad sus muelles y prosperidad a sus habitantes durante los primeros años del siglo XIX. Varios edificios majestuosos con columnas dan fe de la riqueza del pasado; uno de ellos, situado en 84 Market Street, está ocupado por la **Chamber of Commerce** (lun.-vier., 9.30-16 h; sáb., 10-15 h; ☎653-9419), donde se puede conseguir un mapa con los demás edificios de interés que conforman un agradable paseo de media hora.

Para llegar a Apalachicola, la Hwy-98 cruza el puente de 6,5 km llamado Gorrie Memorial Bridge, que rinde homenaje al médico **John Gorrie**, muy respetado por los floridanos actuales; llegó a la ciudad en 1833 buscando una manera de bajar la fiebre a los enfermos de malaria, y así ideó una máquina capaz de fabricar hielo. Pero Gorrie murió antes de que la idea llegara a cuajar y se convirtiera en la base de los modernos aparatos de aire acondicionado y neveras. El **John Gorrie State Museum**, situado en la esquina de Sixth Street y Avenue D (jue.-lun., 9-12 h y 13-17 h; 1 dólar) recuerda a este hombre y su obra, así como la historia general de Apalachicola. En el museo sólo hay una réplica de la abultada máquina de hielo, ya que el modelo original se encuentra en el Smithsonian Institute en Washington D.C.

Alojamiento y comida

La oferta de Apalachicola no es muy amplia, pero la ciudad se puede utilizar como base para visitar las *barrier islands* (véase pág. siguiente) de la zona. El poco refinado *Rainbow Inn*, 123 Water Street (☎653-8139; ③), ofrece las habitaciones más baratas y es posible alojarse en régimen de **bed and breakfast** en el *Coombes House Inn*, 80 Sixth Street (☎653-9199; ③) y en el *Gibson Inn*, 57 Market Street (☎653-2191; ④). Este último también ofrece fines de semana donde el visitante participa en una historia de misterio y asesinatos, además de almuerzos completos y cenas a la carta en su restaurante algo caro. Fuera de la ciudad (a unos 2,5 km en dirección oeste) encontrará precios más baratos en el *Rancho Inn*, 240 Hwy-98 (☎653-9435; ②).

Entre los buenos lugares para **comer** en la ciudad figuran el *Apalachicola Seafood Grill and Steakhouse*, 100 Market Street (☎653-9510), que sirve una amplia selección

APALACHICOLA NATIONAL FOREST

Panama City Beach

Tallahassee

ST JOSEPH PENINSULA STATE PARK

Port St Joe

Carrabelle

Isla Dog

ST GEORGE ISLAND STATE PARK

Eastpoint

Apalachicola

Isla St Vincent

Isla St George

Golfo de México

0   10 millas

0   16 km

APALACHICOLA Y ALREDEDORES

de platos para almorzar o cenar, y el *Boss Oyster Bar*, 125 Water Street (☎653-8139), donde se pueden degustar ostras frescas de Apalachicola. Junto al *Rancho Inn*, se halla el *Red Top Café* (☎653-8612) donde sirven comida sureña a buen precio.

Las *barrier islands*: St George, Dog y St Vincent

A pocos kilómetros de la costa, sirviendo de marco a la bahía de Apalachicola y al amplio y pantanoso delta del río Apalachicola, se encuentran las tres **barrier islands** de Apalachicola, muy bien provistas de playas y vida animal, incluidas miles de aves que utilizan el lugar para descansar en su ruta migratoria; dos de ellas albergan las que pueden calificarse como las poblaciones más aisladas de Florida. Si el visitante tiene la oportunidad, vale la pena ver una de las islas; las tres pueden visitarse en las excursiones que organiza la empresa Jeanni's Journeys (☎927-3259), que ofrece una variedad de viajes en piragua y caminatas guiados por monitores; sin embargo, sólo la isla más grande, St George, es accesible por carretera (la Route 1A que se toma al salir de la Hwy-98 en Eastpoint).

Los 43,2 km de finas arenas blancas y hermosas vistas del océano no son la única razón para visitar **la isla St George**, cubierta de *hammocks* de robles y abundantes pinos habitados por águilas pescadoras que añaden una nota de color a un día tranquilo mientras el viajero se tumba bajo el sol. La parte central de la isla está ocupada por varios restaurantes, tiendas de playa, el hotel con ocho habitaciones *St George Inn* (☎927-2903; ④) y el *Buccaneer Inn* (☎927-2585; ④). El sector oriental está dominado por el **St George Island State Park** (todos los días, 8-atardecer; automóviles 3,25 dólares; peatones y ciclistas, 1 dólar) donde hay un **sendero** de unos 5 km que lleva hasta un **cámping** muy sencillo que cuesta 4 dólares (al principio del sendero hay un cámping mejor equipado que cobra 9 dólares; ☎927-2111).

Unos 3 km al este de St George está la **isla Dog**, accesible sólo por barco (en todo el puerto deportivo de Carrabelle, en la Hwy-98, hay letreros que anuncian la travesía), que cuenta con una reducida población permanente que vive en pequeñas casas campestres protegidas por las dunas más elevadas de Florida. Hay varios caminos que bordean esta isla azotada por el viento y sólo son necesarias unas cuantas horas para recorrerlos. El único **alojamiento** disponible es el más bien caro B&B llamado *Pelican Inn* (☎1-800/451-5294); es imprescindible reservar habitación.

Los lagos de agua dulce y los pantanos de agua salada de la **isla St Vincent**, a tiro de piedra del extremo occidental de St George, constituyen un refugio protegido para tortugas, pavos reales y águilas calvas, entre otras criaturas. En noviembre salen **viajes con guía** para ver todos estos animales (información: ☎653-8808); en otra época del año, el viajero tendrá que contratar un viaje en tierra firme.

St Joseph Peninsula State Park y Port St Joe

Para saborear la última muestra de la Florida virgen antes de poner rumbo a la comercial Panama City Beach, el viajero tendrá que tomar la Route 30 (a unos 39 km de Apalachicola saliendo de la Hwy-98), que le llevará hasta el **St Joseph Peninsula State Park** (todos los días, 8-atardecer; automóviles 3,25 dólares; peatones y ciclistas, 1 dólar). El parque es un alargado brazo de arena con un corto **sendero natural** en un extremo y una espectacular **ruta de senderismo** de unos 14,5 km en el otro; hay un **cámping** básico (7 dólares) en el extremo norte y otros mejor equipados (15 dólares) y **bungalós de madera** (55 dólares; ☎227-1327) a medio camino del cercano Eagle Harbor.

PORT ST JOE, ya en el continente, situado al abrigo del brazo de tierra que extiende la península, es otro pequeño puerto pesquero que ha vivido tiempos mejores. Una de esas fechas trascendentales fue en 1838, año en que se redactó una constitución en la ciudad* que exigía la categoría de estado (que Florida no obtuvo hasta 7 años después) y reformas liberales, que fueron calificadas de demasiado radicales por los legisladores de la época. En el **Constitution Convention State Museum** (lun.-sáb., 9-12 h y 13-17 h; 1 dólar), señalizado desde la Hwy-98 al entrar en la ciudad, hay unas figuras de cera que funcionan con baterías e intentan escenificar el hecho. Hay también otros recuerdos más verosímiles del alegre pasado de la población, entre los que figura una explicación de cómo en sus primeros años, la fama que tenía la ciudad por la caza de piratas, le valió el título de «la ciudad más terrible del sudeste».

Panama City Beach

En una orgía de moteles, circuitos de karts, campos de golf y parques de atracciones, **PANAMA CITY BEACH** no duda ni un momento en rentabilizar al máximo el atractivo de su playa, de unos 44 km. El lugar está entregado de lleno a la explotación comercial del turismo, pero el hecho de que tiendas, bares y restaurantes estén inmersos en una guerra de precios, hace que se puedan encontrar algunas gangas estupendas que van desde objetos como camisetas aerografiadas y gafas de sol a precios rebajados, o comida barata servida en bufés. Como todo el mundo está en la calle dispuesto a pasárselo lo mejor posible, también uno se puede divertir sencillamente caminando y observando a la gente que pasa. Sin embargo, se aconseja no ir en marzo o abril, los meses típicos del Spring Break, cuando miles de estudiantes de los estados del Sur Profundo llegan con un objetivo muy claro: beber y bailar hasta que el cuerpo aguante. A pesar de lo vulgar y basta que puede ser, se recomienda visitar Panama City. El viajero que decida ir, aunque sólo sea en una excursión de ida y vuelta en un solo día con el único propósito de verla, puede quedar atrapado por su encanto vulgar que tal vez le haga quedarse más tiempo.

Las estaciones del año determinan en gran medida el ambiente de la ciudad. Durante el animado **verano** (los llamados «100 días mágicos»), los precios del alojamiento están por las nubes y es imprescindible reservar con antelación. En **invierno**, los precios bajan y el número de visitantes es menor; la mayoría son canadienses y, cada vez más, europeos del norte que no tienen problema alguno en tomar el sol y bañarse en el agua relativamente fría (por lo general a 18 °C).

Lo que no hay en Panama City Beach es una **historia** que valga la pena mencionar, ya que surgió como una extensión de **Panama City**, un lugar lleno de muelles y fábricas de papel situado a unos 13 km después del Hathaway Bridge que cruza la Hwy-98. Hoy, queda poco ya de aquel vínculo entre las dos poblaciones, y lo único que tienen en común es el nombre.

Llegada, desplazamientos e información

Para una ciudad que es básicamente una playa muy larga, **orientarse** no podía ser más sencillo, a pesar de que sólo hay dos puntos destacados muy similares, los dos muelles, el City Pier en el oeste y el County Pier en el este. Gran parte de ellos quedó destruida por el huracán *Opal* en 1996, pero fueron restaurados enseguida y en la actualidad ya casi han recuperado su estado original. La **Front Beach Road** (parte de la Hwy-98, que empieza en el Hathaway Bridge) es la vía principal, una autopista de dos carriles a menudo llamada «the Strip» (la banda), y el mejor lugar para darse una vuelta en automóvil los fines de semana. La **Middle Beach Road** es una vía más rápida de cuatro carriles que se aleja de Front Beach Road varias manzanas

---

* En rigor, la Constitución se redactó en la ciudad de St Joseph (devastada más tarde por la fiebre amarilla, dos huracanes y un incendio) cuyo lugar ocupa hoy Port St Joe.

para rodear el County Pier desde la unión con **Thomas Drive** (que enlaza con la punta este de la playa). Si al viajero no le apetece ver Panama City Beach, puede tomar la **Back Beach Road** (Hwy-98), que le llevará a través de su anónimo barrio residencial.

Los **autobuses** Greyhound paran en la gasolinera Shell, 17325 W Hwy-98, a unos 15 minutos caminando de los moteles más cercanos. Sin embargo, si el visitante viaja con otra de las compañías de autobuses probablemente acabará en Panama City (917 Harrison Avenue; ☎785-7861) en lugar de Panama City Beach, y luego tendrá que tomar uno de los 4 autobuses diarios de Greyhound que unen ambas poblaciones.

Panama City Beach es una ciudad poco apropiada para **caminar**; no hay **transporte público** y los **taxis** son muy caros, incluso en los trayectos cortos. A falta de automóvil, el visitante puede alquilar una **bicicleta** (unos 12 dólares por día) o una **motocicleta** (unos 30 dólares por día; permiso de conducir necesario) en cualquiera de las numerosas tiendas de playa; se recomienda Beach Things, 13226 Front Beach Road (☎234-0520), Uncle Harvey's, 17280 Front Beach Road (☎235-9963) o California Cycle Rentals, 8906 Thomas Drive (☎230-8080).

Para obtener más información, revistas y cupones de descuento, se aconseja ir al **centro de información**, 12015 Front Beach Road (lun.-dom., 8-17 h; ☎1-800/722-3224).

Alojamiento

El número de visitantes que acuden a Panama City Beach es superior al de residentes y, aunque hay una amplia oferta de **alojamiento**, se agota enseguida, sobre todo los fines de semana. Los **precios** son más altos que en el resto del Panhandle (60-80 dólares por una sencilla habitación de motel en verano), de modo que si el viajero tiene un presupuesto ajustado se recomienda que busque alojamiento en algún establecimiento del interior y desde allí se desplace a la playa. En invierno, los precios bajan entre un 30 % y un 40 %, y las tarifas mensuales resultan incluso más baratas. El cámping es la única alternativa para reducir gastos; de hecho, los que hay (sólo dos son aptos para tiendas) no suelen ser más caros que sus equivalentes en cualquier otra parte de la región.

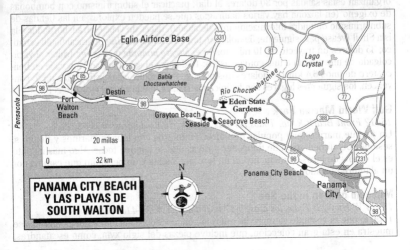

Moteles

Por regla general, los **moteles** del extremo este de la playa son de más categoría y algo más caros que los del centro, y los que hay en el extremo oeste son tranquilos y orientados al turismo familiar. De todos modos, el viajero encontrará pocas cosas de las que quejarse en cualquiera de estos establecimientos.

En la zona **este**, se recomienda *Bay Villa*, 4501 W Hwy-98 (☎785-8791; ③), *Lagoon*, 5915 N Lagoon Drive (☎235-1800; ③) o *Pana Roc*, 5507 Thomas Drive (☎234-2775; ③). En el **centro**, en Front Beach Road están *Barney Gray*, en el 10901 (☎234-2565; ③), *Beachside*, en el 10710 (☎234-3997; ③), *Driftwood Lodge*, en el 15811 (☎234-6601; ③) o *Siesta*, en el 9113 (☎234-2510; ③). Al **oeste** de Front Beach Road, se recomienda *Blue Dolphin*, en el 19919 (☎234-5895; ④), *Desert Palms*, en el 17729 (☎234-2140, ③), *Impala*, en el 17751 (☎234-6462; ③), *Sea Witch*, en el 21905 (☎234-5722; ③) o *Sugar Sands Motel*, en el 20723 (☎1-800/367-9221; ③).

Cámpings

Hay varios **cámpings** bastante grandes y con mucha ocupación dedicados sobre todo a acoger autocaravanas. Los más céntricos son *Miracle Strip RV Resort*, 10510 W Hwy-98 (20 dólares; ☎234-3833) y *Racoon River*, 12405 Middle Beach Road (18 dólares; ☎234-0181). Si el visitante busca lugares más tranquilos donde plantar su **tienda**, se aconseja ir al *Magnolia Beach*, 7800 Magnolia Road (16 dólares; ☎235-1581) y *St Andrews State Recreation Area*, 4415 Thomas Drive (9-20 dólares con electricidad; ☎233-5140), situado junto al mar. En Thomas Drive también está el cámping *KOA*, en el 8800 (13-23 dólares; ☎234-5731).

Alrededores de la playa

Ponerse moreno, practicar los deportes de playa y desmadrarse por la noche son las principales actividades de Panama City Beach, así que será mejor que el visitante no pregunte por la historia, el arte y la cultura de la ciudad porque entonces le mirarán como a un bicho raro.

Si no se queda satisfecho, puede montar en un kart (unos 7 dólares 10 minutos), visitar uno de los parques de atracciones (la entrada para todo el día suele costar 17 dólares), salir de pesca (en el puerto deportivo Thomas Drive Marina encontrará los barcos que organizan estas salidas por 30 dólares al día), practicar el submarinismo con bombonas de oxígeno (en la zona hay varios naufragios que se pueden explorar; en las tiendas de submarinismo obtendrá información más detallada), hacer un viaje en transbordador a la isla Shell (véase pág. siguiente; 69 dólares), practicar el *parasailing* (paracaidismo acuático; 35 dólares un trayecto de 10 minutos) o el *bungee jumping* o *puenting* (saltar al vacío colgado de una cuerda o una goma elástica; 18 dólares el salto), o hacer un viaje en helicóptero de unos 6,4 km (30 dólares dos personas). Si todas estas actividades no le convencen, los siguientes lugares son la única alternativa que la zona puede ofrecer.

Gulf World Marina Park

15412 Front Beach Road. Todos los días, 9-19 h; 10,95 dólares; ☎234-5271.
Un parque marino muy popular que ofrece números con leones marinos y delfines, sesiones de alimentación de tiburones y rayas que se pueden tocar. Algo más insólito es el «show de loros», que incluye a un loro que patina y un periquito que camina por un alambre elevado.

Museum of Man in the Sea

17314 W Hwy-98. Todos los días, 9-17 h; 5 dólares; ☎235-4101.
Todo lo que el visitante siempre ha querido conocer sobre las inmersiones marinas se muestra en esta gran colección, que incluye piezas del siglo XVIII, como escafandras,

enormes bombas de aire, trajes submarinos, aparatos para cortar en alta mar y vehículos propulsados con forma de torpedo. Una exposición independiente informa sobre el *Sealab*, el barco de investigaciones submarinas de la Marina estadounidense, el primero que fue armado en Panama City y ahora se encuentra fuera del museo. Esta entretenida visita constituye el preámbulo perfecto para un día de buceo.

St Andrews State Recreation Area

4415 Thomas Drive. Todos los días, 8-atardecer; automóviles, 3,25 dólares; peatones y ciclistas, 1 dólar; ☎233-5140.

Si el visitante llega temprano podrá ver una gran variedad de animales saltar, arrastrarse y deslizarse siguiendo uno de los senderos naturales que bordean el bosque de pinos y las salinas que hay dentro del parque. Al mediodía, las hordas de turistas ya han llegado para bañarse, pescar y preparar los picnics. Si viaja con niños, éstos disfrutarán chapoteando en la laguna poco profunda protegida por un techo artificial conocida por el nombre de The Jetties, la playa que obtuvo en 1995 el galardón a la mejor de Florida por su belleza y limpieza. El lugar también cuenta con un tranquilo cámping.

Isla Shell

A media hora en transbordador desde Captain Anderson Marina, puerto deportivo situado al principio de Thomas Drive. Cada 30 min., 10-15 h; viaje de ida y vuelta, 8 dólares. También se puede acceder desde St Andrews State Recreation Area (5 min. el trayecto); cada 30 min.; verano, 9-17 h; invierno, 10-15 h; 7,5 dólares.

Esta isla de 11 km de longitud, cubierta de arena, atrae por igual a coleccionistas de conchas y entusiastas del sol. Debido a la escasa sombra que hay en esta isla sin apenas desarrollo urbanístico, las gafas de sol son imprescindibles, ya que el reflejo del sol en la arena puede ser cegador. Muchos de los barcos de excursiones que salen de Captain Anderson Marina incluyen una breve parada en la isla Shell. Los precios varían considerablemente entre los distintos operadores turísticos, por lo que se recomienda consultar precios.

Zoo World

9008 Front Beach Road. Todos los días, 9-anochecer; 8,95 dólares; ☎230-1243.

Si el visitante no se opone a que los animales estén encerrados, disfrutará de esta pequeña colección de leones, tigres, orangutanes y otras criaturas. Muchos de los inquilinos prefieren dormir durante las horas calurosas del mediodía, por lo que se recomienda programar la visita a primera hora de la mañana o a última hora de la tarde.

Comida

Los lugares más baratos para **comer** son los restaurantes **bufé**, donde sirven abundante comida sencilla por 4-10 dólares, y el cliente puede comer la cantidad que quiera. Se recomienda *Bishop's Family Buffet*, 12628 Front Beach Road (☎234-6457), un local que ofrece generosos platos tres veces al día; el *Golden Anchor*, 11800 Front Beach Road (☎234-1481), que sirve excelentes raciones de marisco para comer y cenar; o *Katman'du* en el cruce de la Hwy-79 y Front Beach Road (☎235-9866), donde el visitante podrá degustar uno de sus deliciosos y baratos desayunos, así como un sabroso siluro.

En todos los bufés también puede comer a la carta, pero en tal caso se aconseja **almorzar** o **cenar** en uno de los establecimientos que aparecen a continuación.

Cajun Inn, en Edgewater Beach Resort Shopping Center (☎235-9987). Selección exquisita de cocina cajún y criolla.

Hamilton's, 5711 N Lagoon Drive (☎234-1255). El caimán ahumado destaca entre otros platos más comunes. Sólo sirven cenas.

Mikato, 7724 Front Beach Rd (☎234-1388). Comida japonesa preparada por chefs que lanzan cuchillos.

Mike's Diner, 17554 Front Beach Rd (☎234-1942). Café auténtico al ciento por ciento que abre temprano, cierra tarde y al que da gusto ir a cualquier hora del día.

Ruthie T's, a dos manzanas al este de Joan Avenue, en Thomas Drive (☎234-2111). Cocina tradicional negra de la mejor y una exquisita especialidad de la casa, las costillas ahumadas.

Shuckum's Oyster Pub & Seafood Grill, 15618 W Hwy-98 (☎235-3214). Ostras baratas preparadas de muchas maneras, incluso fritas y en sándwich.

Sweet Basil's, 11208 Front Beach Rd (☎235-2855). Excelente comida italiana combinada con el marisco más fresco.

The Treasure Shop, 3605 Thomas Drive (☎234-8881). Un restaurante de marisco construido a imitación de un velero, con piratas que saltan por las mesas.

Vida nocturna

Aunque sólo sea por unos minutos, el viajero debería visitar uno de los dos locales junto a la playa donde se desarrolla la **vida nocturna** más animada: el *Club La Vela*, 8813 Thomas Drive (☎234-3866), y *Spinnaker*, 8795 Thomas Drive (☎234-7822), abren desde las 10 h hasta las 4 de la madrugada, y la entrada es gratuita. En los dos hay varias barras, discotecas, actuaciones en vivo y una clientela por debajo de los 25 años en su mayoría, que esperan ansiosos los concursos de bikinis y camisetas mojadas de los fines de semana, y de «hunk shows» (tíos buenos), que tienen lugar tres veces por semana. Como la competencia entre los dos clubes es tan feroz, por la tarde suelen ofrecer cerveza gratuita. Durante el día, la acción se desarrolla en las piscinas al aire libre de los clubes, donde llamará la atención todo aquel que lleve tapado algo más que no sean los genitales.

Comparado con estos dos lugares, el resto de locales de la ciudad son tranquilos. Hay numerosos **bares** que, aparte de las actuaciones musicales en vivo, están bastante bien aunque sólo sea para tomar una copa. Se recomienda *Sharky's*, 15201 Front Beach Road (☎235-2420), un enorme bar tiki situado en la playa; *Schooner's*, 5121 Gulf Drive (☎234-9074), con sus mesas junto al mar y hermosas vistas; o *Pineapple Willy's Beachside Restaurant & Beach Bar*, 9900 S Thomas Drive (☎235-0928), donde el visitante puede comer unas excelentes costillas a la barbacoa bañadas en Jack Daniels al ritmo de música de los años sesenta y setenta interpretada por grupos de rock clásico.

Oeste de Panama City Beach: las playas de South Walton

Los moteles que hay al oeste de Panama City Beach son la base para disfrutar de las **playas de South Walton County**, más accidentadas y menos desarrolladas, que componen 80 km de una de las costas mejor conservadas de Florida. Con algunas excepciones, el alojamiento en esta zona se limita a complejos turísticos con precios por las nubes, pero se recomienda pasar un día en esta área. La **Route-30A** es una carretera de unos 29 km de gran belleza paisajística que enlaza las pequeñas poblaciones costeras de la región. Para obtener **información general** sobre las playas de South Walton y sus alrededores, hay que telefonear al South Walton Tourist Development Council (☎1-800/822-6877) o visitar sus oficinas situadas en el cruce de Route 331 y la Hwy-98, a 32 km al oeste de Panama City Beach y 16 km al este de San Destin.

Deer Lake Park y Seagrove Beach

DEER LAKE PARK, a 16 km al oeste de Panama City Beach por la Route-30A, es una espectacular extensión de dunas color crema unidas a un litoral sembrado de desgastada madera de playa. A pesar de ser la mejor playa del grupo de South Walton, apenas aparece en los folletos turísticos de la zona. La carretera señalizada «Deer Lake Park» termina en un aparcamiento y desde allí parte un trayecto de 5 minutos que discurre entre monte bajo, y que lleva hasta la playa, lugar favorito para los practicantes del nudismo (oficialmente está prohibido pero raras veces se aplica la ley al respecto).

A unos pocos kilómetros en dirección oeste está **SEAGROVE BEACH**, un lugar que además de compartir el litoral encantador de Deer Lake Park, alberga una excelente **panadería**, la *Granola Girls Gourmet Bakery*, 4935 E Hwy-30 (cerrado lun.; ☎231-2023), que ofrece panecillos recién hechos, bagels, cruasanes rellenos y granolas. Si al viajero le apetece una comida más selecta, se aconseja el elegante *Café Thirty A*, Hwy-30A, una rostisería y bar que sirve platos de pescado y carne. Más informal es el *Sweet Dreams Café*, en la Seagrove Plaza, donde se puede desayunar, almorzar y beber un excelente café expresso. En el **cámping** *RV Resort* (10 dólares; ☎231-2826) de Seagrove Beach hay un espacio limitado para acampar pero, además, se pueden alquilar **bicicletas** (10 dólares al día con grandes descuentos para el alquiler semanal) y ofrecen un cómodo servicio gratuito de recogida y entrega.

Seaside y Grayton Beach

Diferente a las informales e improvisadas poblaciones costeras de South Walton, **SEASIDE**, situada justo al oeste de Seagrove Beach, es un experimento de arquitectura urbanística iniciado en 1981 por un rico promotor llamado Robert Davies. La teoría es que las casas pseudovictorianas de Seaside favorecen la creación de vecindades como si se tratara de un pueblo e infunden un sentido de comunidad. La realidad es que nada de esto se cumple y hoy día no es más que un estéril centro turístico para ricos. Sin embargo, a pesar del aspecto elitista del lugar, el viajero no podrá sustraerse al encanto singular de sus calles y edificios y, aunque nunca se sentirá como en casa, disfrutará de un paseo de media hora. En la población hay numerosos lugares caros donde comer o alojarse. Si al visitante le sobra el dinero, puede ir al *Josephine's French Country Inn*, 101 Seaside Ave (☎231-1940), donde sirven platos elegantes, casi repipis. Si apetecen los pasteles deliciosos y enterarse de los chismorreos locales, el lugar ideal es *Modica*, 53 Central Square (☎231-1214), una selecta tienda de comestibles.

Por fortuna, el antídoto para la esterilidad de Seaside está a sólo unos kilómetros por la Route-30A. Se trata de **GRAYTON**, cuya situación apartada (está rodeada por una zona protegida) y desvencijadas casas de madera han atraído a un grupo de artistas que ahora residen allí. Algunas de sus obras se exponen con regularidad en la *Gallery at Grayton* (mar.-sáb., 9.30-17 h) situada junto al mar. También se recomienda visitar el taller de **Joe Elmore**, en la S Hwy-331, unos 3 km pasada la Chamber of Commerce, en el cruce de la Hwy-331 y la Hwy-98 (todos los días, 8.30-16.30 h; ☎267-3511). Elmore es un artista que talla la madera con sierra eléctrica; en el taller se pueden admirar sus detalladas creaciones, así como varias de sus sierras.

Muchos de los que llegan a Grayton van directamente a la **Grayton Beach State Recreation Area** (todos los días, 8-atardecer; automóviles, 3,25 dólares; peatones y ciclistas, 1 dólar), que se encuentra justo al este del pueblo. El área recreativa está rodeada de dunas y limita con las orillas de un gran lago salobre. Si el viajero pasa la noche en el **cámping** del parque (14 dólares), luego tendrá tiempo suficiente para explorar el pueblo y sus alrededores naturales. La Route 30A vuelve a unirse con la Hwy-98 a unos 11 km al oeste de Grayton.

Blue Mountain Beach y Santa Rosa Beach

Al oeste de Grayton se encuentra la playa relativamente desconocida de **BLUE MOUNTAIN BEACH**, un lugar para escaparse de las hordas de estudiantes que pasan como un rayo sin apenas fijarse. No hay que cometer el mismo error, ya que se trata de una playa tranquila compuesta por una extensión de arena color crema bordeada por residencias de vacaciones nada pretenciosas. Hay una tienda de comestibles selecta en la *Blue Mountain Plaza*, aunque para tomar un delicioso y saludable almuerzo es mejor caminar un poco hasta llegar a *For The Health of It*, en 2217 Scenic Route 30A, donde sirven un estofado con judías y lima y menús a base de pasta con sésamo que destacan entre una amplia selección de platos naturales.

A unos 2 km en dirección oeste se encuentra **SANTA ROSA BEACH**. Algo más desarrollada que Blue Mountain, Santa Rosa cuenta con uno de los mejores establecimientos para **hospedarse** de la región: *Highlands House Bed & Breakfast*, 4193 W Scenic 30A (☎267-0110; ④). Se trata de un excelente hotel bien amueblado con hermosas vistas y una inmejorable situación frente al mar, con precios bastante más baratos a los del resto de nuevos hoteles que ocupan la zona. Dos sitios buenos (aunque no baratos) para **comer** son *Goatfeathers Seafood Market & Restaurant* (cerrado miér.), que sirven un marisco de primera, y *D&K's Café* (cerrado dom.-mar.; ☎267-0054), una bonita casa roja y verde situada en un caminito llamado Vicki Street, cuya especialidad es la cocina cajún y del Sur Profundo.

Oculta en Satinwood Road, justo enfrente de *Goatfeathers* está *The S. House* (mar.-sáb., 10-16 h; ☎267-2194 o 267-2551), se halla una tienda de **antigüedades** que vende ropa de época, muebles y objetos curiosos para coleccionar de la región. Si se lo pide, el amable dueño le enseñará su colección de orquídeas llena de colorido.

El interior: Eden State Gardens

En la zona separada de la carretera de la costa, el único lugar que vale la pena visitar son los jardines **Eden State Gardens** (jue.-lun., 8-atardecer; entrada gratuita), a los que se llega por la Route 395 desde Seagrove Beach, a unos 2 km al este de Seaside. Los jardines, cuya paz sólo se altera con el zumbido de las libélulas, fueron en otro tiempo la base de la Wesley Lumber Company, una empresa que contribuyó a diezmar los bosques de Florida durante el auge maderero de principios del siglo XX. Impresionado por la belleza del lugar, el dueño de la empresa mandó construir una enorme mansión de dos plantas al estilo de las plantaciones, la **Wesley House** (visitas guiadas cada hora, 9-16 h, jue.-lun.; 1,5 dólares; ☎231-4214). Tras la muerte del último Wesley, la casa permaneció vacía durante una década hasta que Lois Maxon, una solterona interesada en las antigüedades, la compró en 1963 para exponer sus colecciones.

Destin y alrededores

Si el viajero va en dirección oeste desde Panama City, encontrará **DESTIN** y su población hermana más moderna y parecida a un complejo turístico, San Destin. Situada a unos 10 km al este de Destin, San Destin surgió durante la década de los ochenta y abarca un complejo con interés de centros turísticos de altos edificios controlados por grandes medidas de seguridad; aunque el visitante quiera recorrerlos en automóvil, no podrá pasar sin especificar a qué lugar se dirige. El auténtico Destin, en otro tiempo un pequeño pueblo de pescadores y lugar de culto entre éstos por los enormes peces espada y atunes que habitan en un cañón submarino existente unos kilómetros mar adentro, es una versión menos primitiva de San Destin, compuesta de enormes edificios de apartamentos que emergen a través de la neblina del calor a medida que el visitante se acerca por la Hwy-98, testigos de dos décadas de explotación desenfrenada que han acabado con gran parte del carácter de la ciudad. El viajero puede obtener información turística en el **centro de información**, 1021 Hwy-98 (lun.-vier., 9-17 h; ☎837-6241), que aparece indicado a la derecha conforme se llega por la Hwy-98.

Alojamiento

Pocas veces encontrará **alojamiento** por menos de 60 dólares la noche entre los hoteles monolíticos del centro de Destin, por lo que se recomienda avanzar unos 6,4 km en dirección este hasta encontrar los **moteles** que hay a lo largo de la Route 2378, también conocida como Old Hwy-98 o Beach Road. Los precios más baratos los ofrecen *Sun's Sand*, en el 4080 (☎837-6724; ④), *Crystal Beach Motel*, en el 2931 E (☎837-4770; ④) y *Surf High*, en el 3000 (precios más razonables en temporada baja; ☎837-2366; ⑦). Si son varios los viajeros y quieren pasar una **larga estancia**, la mejor opción es *Surfside*, en el 4701 (☎837-4700; ⑥). Otras alternativas con precios moderados incluyen el *Hampton Inn*, 1625 Hwy-98 E (☎654-2677; ⑤) y *Silver Beach Motel & Cottages*, unos 13 km al este de Fort Walton Beach (véase pág. siguiente), 1050 Hwy-98 (☎837-6125; ③ para habitaciones de motel).

De los **cámpings** existentes, sólo dos aceptan tiendas: *Destin RV Resort*, 3175 Cobia Street (18 dólares; ☎837-6215) y, en el centro de Destin, *Destin Campground*, 209 Beach Drive (17 dólares; ☎837-6511).

La ciudad y la playa

La súbita expansión de Destin puede observarse en las antiguas fotografías que retratan el pasado de la ciudad, expuestas en el **Old Destin Post Office Museum** (lun. y miér., 13.30-16.30 h; entrada gratuita), situado frente a la biblioteca en la Stahlman Avenue; también se recomienda visitar el **Fishing Museum**, 20009 Emerald Coast Parkway (lun.-sáb., 11-16 h; 2 dólares), donde se exponen las capturas más espectaculares y miles de fotografías de pescados junto a sus pescadores sonrientes, prueba evidente de la gran estima que profesan los entusiastas de la caña por Destin.

Para escaparse de los excesos de los edificios de apartamentos, basta con alejarse hacia el este de Destin por la **playa** de arena blanca, de ambiente familiar, aunque es posible relajarse, nadar y disfrutar de las clásicas puestas de sol de la costa del Golfo. Para llegar hasta aquí, hay que tomar la **Route 2378** (flanqueada por discretos moteles y tiendas de playa) que empieza a unos 6,5 km de Destin y sigue la Hwy-98 sin apartarse de la costa. Mientras el viajero esté en la zona, no debe caer en la tentación de visitar el **Museum of the Sea and Indian**, 4801 Beach Drive (invierno, todos los días, 9-16 h; verano, 8-18 h; 3,75 dólares), un lugar mediocre donde al visitante le dejan un casete y lo aburren con una serie de criaturas marinas, conchas y objetos de los indios norteamericanos.

Comida y vida nocturna

En la vieja Hwy-98, *The Back Porch*, en el 1740 (☎837-2022), es el restaurante más antiguo de marisco y ostras de Destin y uno de los pocos lugares que abre hasta tarde (medianoche). Otra alternativa es *Destin Dinner*, 1083 Hwy-98 (☎654-5843), un local abierto las 24 horas del día que sirve abundantes y económicos desayunos, hamburguesas y espumosos batidos de leche en un ambiente de neón y cromo. En la *Seafood Factory*, 21 Hwy-98 (☎837-0999), ofrecen bufé, y en *Sunset Bay Café*, 9300 Hwy-98 (☎267-7108), preparan marisco y bistés en un grill abierto al estilo californiano. Avanzando por la Route 2378 se llega a *Captain Dave's*, en el 3796 (☎837-2627), donde el viajero puede comer un sándwich de pescado o una ensalada de gambas mientras contempla el océano. Si nunca los ha probado, *Krispy Kreme*, 795 Hwy-98, ofrece la mejor selección de donuts (se recomienda probar los originales glaseados, a 40 centavos la unidad).

La **vida nocturna** de Destin no es de las muy animadas; algunos de los bares y restaurantes junto a la playa ofrecen bebidas especiales durante la noche (hay que buscar los letreros que lo indican); el visitante también puede tomar una copa acompañado de grupos de rock más bien mediocres en *Hog's Breath Saloon*, 1239 Siebert Street (☎244-2199), o pasar la noche bailando en *Nightown*, 140 Palmetto Avenue (☎837-6448), a dos manzanas al este del Destin Bridge (véase más abajo), o bien disfrutar de los espectáculos en vivo acompañados de música de los años cincuenta y sesenta en *Yesterday's*, 1079 E Hwy-98 (☎837-1954), fácil de distinguir porque fuera hay un Chevrolet y un Thunderbird clásicos.

La isla Okaloosa y Fort Walton Beach

La Hwy-98 deja Destin elevándose por el **Destin Bridge**, un puente que ofrece vistas privilegiadas del océano de dos tonalidades y las arenas de un blanco brillante, antes de dirigirse hacia los campos de golf y parques de atracciones de la **isla Okaloosa**. Sus **playas**, situadas justo al oeste, constituyen una mejor vista, ya que se mantienen en su estado natural (gracias a su dueño, la US Air Force), y se convierten en un lugar de ocio los fines de semana para jóvenes lugareños y alegres bañistas.

Aproximadamente 1,5 km al oeste, los letreros de neón de los moteles que dan la bienvenida a **FORT WALTON BEACH** no indican en absoluto que el viajero esté en el lugar que durante el período paleoindio fue un importante centro social y religioso. Tan importantes fueron los hallazgos descubiertos en este emplazamiento que el lugar debe su nombre a la «Cultura Fort Walton» (para más información, véase «Historia» en «El Contexto»). Hoy, la cultura que domina es la militar, ya que en la ciudad se encuentra Eglin, la mayor base de las Fuerzas Aéreas del país. Sin embargo, aparte de unos cuantos cortes de pelo al rape y algunos bares de *top less*, no se ven muchas muestras de la base cerca de la Hwy-98, y gran parte de la playa Fort Walton Beach tiene un ambiente más casero (y precios algo más bajos) que la de Destin. El **centro de información**, 1540 Hwy-98 E (lun.-vier., 8-17 h; ☎1-800/322-3319), ofrece abundante información sobre restaurantes y alojamiento.

Alojamiento

Los **moteles** más baratos se encuentran a lo largo de Miracle Strip Parkway (la parte local de la Hwy-98): *Super 8*, en el 333 SW (☎244-4999; ③); *Travel Lodge*, en el 209 (☎244-5137; ①); *Days Inn*, en el 135 (☎1-800/325-2525; ①) o *Greenwood*, 1340 Hwy-98 (☎244-1141; ③). El **cámping** más cercano es *Playground RV Park* (sólo para autocaravanas), a 6,5 km al norte en la Hwy-189 (☎862-3513); los campistas que lleven **tiendas** deben ir al *Gulf Winds Park*, a 16 km al oeste en la Hwy-98 (☎939-3593) o, algo más alejado, al *Navarre Beach Family Campground* (☎939-2188), justo a las afueras de Navarre.

Los museos Indian Temple Mound y Air Force Armament

Si el viajero se siente inspirado por el túmulo en forma de templo de dimensiones considerables situado de forma antiestética junto a la concurrida autopista que lleva a Fort Walton Beach, entonces quizá quiera echar un vistazo al pequeño **Indian Temple Mound Museum** (lun.-vier., 11-16 h; sáb., 9-16 h; 2 dólares) que hay en la unión de la Hwy-98 y la Route 85, y que contiene numerosos vestigios que aportan valiosa información sobre el pasado de la zona.

El **Air Force Armament Museum**, 100 Museum Drive, Eglin (todos los días, 9.30-16.30 h; entrada gratuita), situado a unos 9,5 km al norte de Fort Walton Beach en la Route 85, ofrece un viaje a una cultura más contemporánea y muestra una gran colección con los objetos que han hecho famosa la base aérea de la ciudad: pistolas, misiles y bombas, y los aviones que las transportan. Los primeros misiles dirigidos fueron armados aquí en los años cuarenta, y desde entonces no han dejado de trabajar en el desarrollo y los tests de armamento (no nuclear) aerotransportado.

Comida y vida nocturna

El *Mother Earth's Good Time Café*, 512 Eglin Parkway (☎863-3092), sólo utiliza ingredientes naturales y frescos en sus recetas campestres; y *Thai Saree*, 163 Eglin Parkway (☎244-4600), sirve estupenda comida tailandesa para almorzar y cenar. *Royal Orchid*, 238 N Eglin Parkway (☎864-3344), es más caro y sirve fabulosas cenas indias. En *Sam's Oyster House*, 1214 Siebert Drive (☎244-3474), ofrecen bufés de marisco, pero lo mejor de todo son las cenas a base de carne y marisco de primera calidad de *Coach-N-Four*, 1313 Lewis Turner Boulevard (☎863-3443).

La **vida nocturna** de Fort Walton Beach se limita a los típicos **bares de playa**, sobre todo en la isla Okaloosa, y algunas *happy hours* que no están mal. Los mejores son *Pandora's*, 1120 Santa Rosa Boulevard (☎244-8669) cuyas bebidas especiales de noche atraen a turistas y lugareños, y *Fudpucker's Beachside Bar & Grill*, 108 Santa Rosa Boulevard (☎243-3833), que ofrece actuaciones en vivo en «The Deck». *Frankly Scarlet's*, 223 Hwy-98 (☎664-2966) es un buen **bar/club gay** (en realidad, el único club gay que hay entre Panama City y Pensacola), un local animado y acogedor que acoge tanto a homosexuales como a lesbianas.

Al oeste desde Fort Walton

Si el visitante viaja en automóvil, puede ir hacia el **oeste desde Fort Walton** por la Hwy-98 y salir en la Route 399 para recorrer luego 96 km de hermosas vistas que discurren a lo largo de la **isla Santa Rosa** hasta llegar a Gulf Islands National Seashore, cerca de Pensacola Beach (véase «Pensacola y alrededores», más abajo). La carretera paralela, la continuación de la Hwy-98, es mucho más aburrida pero por ella circula el **autobús** diario de Greyhound desde la estación que hay en 101 SE Perry Avenue (☎243-1940). Vale la pena parar a comer (sabrosos platos muy baratos) en *Hazel's Country Kitchen*, un establecimiento acogedor y situado a 1,5 km al oeste de Navarre Bridge en la Hwy-98 (☎939-3437).

Pensacola y alrededores

Oculta en el extremo occidental del Panhandle, **PENSACOLA** se levanta en el margen norte de la amplia bahía de Pensacola a 8 km tierra adentro desde las playas más próximas. Aunque sus principales elementos son una escuela de aviación naval y unos astilleros muy activos, Pensacola es también un centro histórico; ocupado por los españoles en 1559 (sólo un huracán que destruyó el asentamiento impidió que Pensacola fuera la ciudad más antigua de Estados Unidos), cambió muchas veces de manos entre españoles, franceses y británicos, hasta que en 1821 España cedió allí oficialmente Florida a Estados Unidos. La ciudad ha conservado vestigios suficientes de su oscilante pasado como para que los visitantes los vean, pero al mismo tiempo constituye una excelente base desde donde explorar una de las partes más bonitas y menos estropeadas de la costa del Panhandle. Además, basta con cruzar el Bay Bridge que va a la costa para encontrar Pensacola Beach junto a las playas protegidas e intactas del Gulf Islands National Seashore.

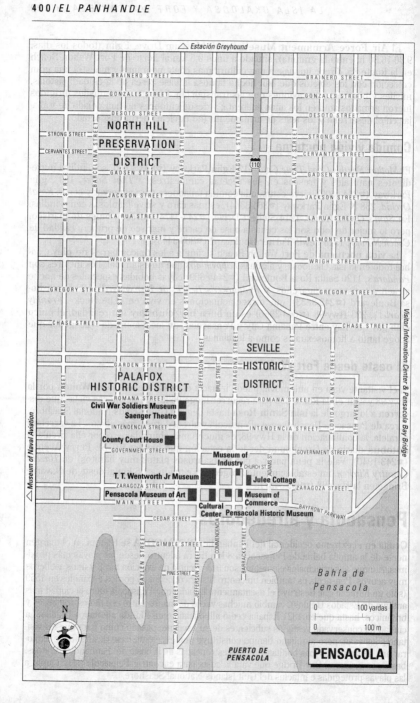

△ Estación Greyhound

BRAINERD STREET
GONZALES STREET
DESOTO STREET

NORTH HILL

STRONG STREET

PRESERVATION

CERVANTES STREET

DISTRICT

GADSEN STREET
JACKSON STREET
LA RUA STREET
BELMONT STREET
WRIGHT STREET

BRAINERD STREET
GONZALES STREET
DESOTO STREET
STRONG STREET
CERVANTES STREET
GADSEN STREET
JACKSON STREET
LA RUA STREET
BELMONT STREET
WRIGHT STREET

GREGORY STREET
CHASE STREET

GREGORY STREET
CHASE STREET

STRONG STREET
CERVANTES STREET

REUS STREET
BARCELONA STREET
PALAFOX STREET
TARRAGONA STREET
ALCANIZ STREET

110

SPRING STREET
BAYLEN STREET
PALAFOX STREET

△ Visitor Information Center & Pensacola Bay Bridge

GARDEN STREET

PALAFOX
HISTORIC DISTRICT

ROMANA STREET

Civil War Soldiers Museum
Saenger Theatre

INTENDENCIA STREET

County Court House

GOVERNMENT STREET

JEFFERSON STREET
BRUE STREET
TARRAGONA STREET

SEVILLE
HISTORIC
DISTRICT

ALCANIZ STREET
FLORIDA BLANCA STREET
8TH AVENUE

ROMANA STREET

INTENDENCIA STREET

Museum of
Industry

CHURCH ST.
ADAMS ST.

GOVERNMENT STREET

△ Museum of Naval Aviation

REUS STREET

T. T. Wentworth Jr Museum

ZARAGOZA STREET

Pensacola Museum of Art

MAIN STREET

Julee Cottage

ZARAGOZA STREET

Cultural
Center

Museum of
Commerce
Pensacola Historic Museum

BAYFRONT PARKWAY

△

CEDAR STREET

GIMBLE STREET

BAYLEN STREET

PINE STREET

JEFFERSON STREET

PALAFOX STREET

COMMENDENCIA

BARRACKS STREET

Bahía de
Pensacola

N

0   100 yardas
0   100 m

PUERTO DE
PENSACOLA

PENSACOLA

Llegada, información y desplazamientos

A no ser que el viajero llegue del interior por la I-10 o la Hwy-90, lo mejor es tomar la espectacular carretera que lleva a Pensacola que pasa por la isla Santa Rosa, la **Route 399** (también conocida como Via De Luna Drive). Siguiendo esta ruta, lo primero que se encontrará es Pensacola Beach, desde donde Pensacola Beach Road se dirige hacia el norte cruzando la península de Santa Rosa y uniéndose a la **Hwy-98** antes de cruzar el puente de 5 km Pensacola Bay Bridge, que lleva hasta la ciudad. Al pie del puente, en el lado de la ciudad, está el **centro de información** (todos los días, 8-17 h; ☎1-800/874-1234; fax ☎434-7626), donde proporcionan folletos útiles.

Desgraciadamente, la estación de **autobús** Greyhound no está situada en el centro, sino que se encuentra a unos 11 km de éste, en 505 W Burgess Road (☎476-4800); el autobús 10A enlaza la estación con la ciudad. Hay un servicio de **autobuses locales** que cubren la ciudad pero no van a la playa; la terminal principal está en el cruce de las calles Gregory y Palafox. Si el visitante quiere ir a la playa pero no dispone de automóvil, puede tomar un **taxi** (Cross Town Taxi ☎456-8294, o Yellow ☎433-3333); la carrera cuesta entre 10-12 dólares.

Alojamiento

Las principales calles de acceso que parten de la I-10, N Davis Boulevard y Pensacola Boulevard, están llenas de vallas publicitarias que anuncian **hoteles económicos** por 30-50 dólares la noche. Las opciones en el **centro** de la ciudad son más limitadas: *Seville Inn*, 223 E Garden Street (☎1-800/277-7275; ②) y *Civic Inn*, 200 N Palafox Street (☎432-3441; ②); *Days Inn*, 710 N Palafox Street (☎438-4922; ③), es algo más caro. A unos pocos kilómetros del centro está *Mayfair Motel & RV Park*, 4540 Mobile Highway (☎455-8561; ②). Por último, si el visitante prefiere un buen B&B, se recomienda el *Noble Manor*, 110 W Strong St (☎434-9544; ⑤), que ofrece paquetes especiales y cuenta con una ubicación fabulosa en el North Hill District.

En **Pensacola Beach**, los precios más bajos son los de *Gulf Aire*, 21 Via De Luna Drive (☎932-2319; ③) y *Sandpiper Inn*, 23 Via De Luna Drive (☎932-2516; ③). *The Hampton Inn*, 2 Via De Luna Drive (☎932-6800; ⑤), es un hotel muy cómodo que incluye desayuno continental en el precio.

El **cámping** más cercano es *Fort Pickens Campground* (☎1-800/365-2267), en el Gulf Islands National Seashore, a unos pocos kilómetros al oeste de Pensacola Beach (véase pág. 406). Hay dos más alejados: *Big Lagoon*, a 16 km en dirección sudoeste por la Route 292A, en Perdido Key (8 dólares; ☎492-1595) y *Circle G* (10 dólares; ☎944-1096), en el límite boscoso de la ciudad, cerca de la salida 2 de la I-10, a unos 19 km del centro de la ciudad.

En **Perdido Key** los alojamientos diferentes al cámping son caros; el viajero puede escoger entre *The Best Western*, 13585 Perdido Key Drive (☎492-2755; ⑤) y *Perdido Bay Golf Resort*, 1 Doug Ford Drive (☎492-1243; ⑤); ambos establecimientos ofrecen interesantes ofertas fuera de temporada.

La ciudad

Aunque ya no sea tan animada como antes, Pensacola continúa atrayendo viajeros debido a sus edificios de gran valor arquitectónico y un ambiente tranquilo. La ciudad está agrupada en tres **distritos** diferentes colindantes: el Palafox District del centro sur, North Hill en la zona norte, y el Seville District en la parte sudeste de la ciudad. Los distritos Palafox y Seville destacan por su riqueza histórica, sobre todo las calles de Seville donde una casa sí y otra también son interesantes. La única atracción capaz de retrasar un buen baño de sol en Pensacola Beach es un museo de aviación naval.

El Palafox District

Pensacola ya era un puerto próspero a principios del siglo XX y con la apertura del canal de Panamá se esperaba que aumentara la riqueza de la ciudad. La triste realidad es que estos augurios de mayor prosperidad nunca se cumplieron, pero el optimismo de la época ha quedado reflejado en los delicados adornos y detalles de los edificios de la época que rodean el **Palafox District**.

Se recomienda visitar primero el **County Court House** (tribunales del condado), en el cruce de las calles Palafox y Government que, además de su función legal, también ha servido de aduana, oficina de correos y oficina de impuestos. Enfrente está la **Seville Tower** cuyas ventanas alargadas y alineadas verticalmente exageran la altura de lo que en 1909 fue proclamado el edificio más alto de Florida. A una manzana en dirección norte, en 118 Palafox Place, se halla el **Saenger Theater** de estilo Barroco español, hoy en día sede de la Pensacola Symphony Orchestra; si la puerta está abierta, se recomienda entrar y echar un vistazo al interior, mucho más evocador que el exterior.

También vale la pena visitar el **Civil War Soldiers Museum**, 108 S Palafox Place (lun.-sáb., 10-16.30 h; 4 dólares), donde se puede contemplar una colección de uniformes, armas y numerosos utensilios médicos (todos ellos empleados durante la Guerra Civil), que ilustran gráficamente las condiciones soportadas por los soldados durante el conflicto armado entre los diferentes estados. El visitante puede preguntar en la entrada (que funciona como librería especializada en la Guerra Civil) por los vídeos de 30 minutos que sirven para contextualizar las exposiciones. Hay un artículo de periódico colgado en la pared detrás del mostrador, que cuenta la historia de un tal Myrtle, un voluntario que trabaja de vez en cuando en el museo, y cuyo padre y abuelo sirvieron en el ejército confederado.

North Hill

Entre 1870 y 1930, las clases profesionales de Pensacola empezaron a decantarse por la zona de **North Hill**, justo al otro lado de Wright Street desde el distrito de Palafox, y mandaron construir hermosas casas de numerosos estilos. Entre las construcciones esparcidas por toda el área de 50 manzanas cubierta de árboles se encuentran fastuosos portales neoclásicos, casas de campo de estilo Tudor, bungalós californianos y torres redondas pertenecientes a elegantes casas de estilo reina Ana. Se trata de residencias privadas (ninguna está abierta al público), así que la mejor manera de verlas es conducir por las calles Palafox, Spring, Strong y Brainerd.

La fiebre por construir casas en este barrio de moda supuso la ruina para **Fort George**, que en otro tiempo llegó a albergar en sus barracones a 2.000 soldados británicos y fue tomado por los españoles en la batalla de Pensacola en 1781. La ubicación original del fuerte sólo está conmemorada por un cañón de imitación y una placa colocada en la esquina de las calles Palafox y LaRua.

El Seville District: Historic Pensacola Village

Pensacola se convirtió en centro comercial a finales del siglo XVIII cuando una mezcla cosmopolita de indios, colonos y comerciantes acudían a la ciudad a intercambiar, vender y permutar sus artículos en los muelles del **Seville District**, situado a casi 1 km al este de Palafox Street. Los que tuvieron éxito se quedaron en la ciudad y muchas de sus casas aún se mantienen (aunque necesitan ser restauradas) y forman, junto con varios museos, el **Historic Pensacola Village** (lun.-sáb., 10-17 h; visitas guiadas, 6 dólares; niños, 2,5 dólares). Cada entrada es válida para 2 días y permite el acceso a todos los museos y las anteriores casas (hay que verlas todas, ya que el efecto del conjunto es mayor que la suma de sus partes) dispuestas en un área de cuatro manzanas que se recorre fácilmente en automóvil. Se recomienda empezar por el **Museum of Commerce**, situado al lado del centro de información, en la esquina de las calles Zaragoza y Tarragona, una amena recreación interior de Palafox Street en su apogeo de principios del siglo XX para la que se han empleado muchas de las fachadas de tiendas originales y objetos que se vendían en aquella época. Gran parte de la riqueza de Pensacola se debía a la industria maderera, un hecho que recuerda un ruidoso aserradero en funcionamiento en el **Museum of Industry** que hay cruzando Zaragoza Street.

Para aprender algo más de la historia local, se recomienda cruzar Church Street; allí el visitante encontrará el tranquilo **sendero de Colonial Archeology**, donde se exponen restos de cerámica y armas que sugieren el estilo de vida de los primeros habitantes españoles de la ciudad y de donde parte un camino señalizado que lleva alrededor del lugar donde se hallaba la Government House (residencia oficial del gobernador) de la época británica, un puesto avanzado del Imperio Británico que se vino abajo en la década de 1820. Casi al lado mismo se halla la **Julee Cottage** de 1809, que perteneció a Julee Panton, una «mujer libre de color» (un eufemismo aplicado a los que eran negros y no esclavos) que tenía su propia tierra y negocio, e incluso su esclavo. Las exposiciones que alberga el edificio ilustran su vida y hechos, así como los logros alcanzados por otros negros mediante asociaciones establecidas en Pensacola.

Otras **casas restauradas** de la zona dan fe de la mezcla de estilos arquitectónicos, desde el criollo hasta el neoclásico griego, que promovieron los habitantes más ricos de la ciudad a finales del siglo XIX. Amuebladas con mobiliario de la época, permiten pasar un rato agradable curioseando, a pesar del aspecto tan cursi que tienen los celadores en verano, cuando van vestidos con trajes de época.

Si al visitante no le interesa visitar todos los museos y las casas antiguas del Historic Village, puede ir al **Pensacola Historic Museum** (lun.-sáb., 9-16.30 h; 2 dólares), en la actualidad situado en 115 Zaragoza Street mientras finalizan las obras de restauración en su sede habitual, la iglesia Old Christ Church en 405 S Adams Street, fácilmente distinguible por su fuerte torre de mampostería. Construida en 1832, la iglesia alberga una impresionante mezcla de objetos que van desde fósiles y cerámica india hasta adornos en cristal tallado propiedad de los pudientes colonos de principios del siglo XX.

El **T. T. Wentworth Jr Museum**, Plaza Ferdinand (lun.-sáb., 10-16 h; 6 dólares; entrada gratuita con el ticket Historic Pensacola Village), muestra colecciones sin orden ni concierto (que hacen pensar en una venta de objetos usados como las que se organizan en las casas particulares de Estados Unidos) reunidas por Mr. Wentworth, quien intentó montar un museo de curiosidades al estilo del Museo Ripley (véase pág. 152); pero por fortuna su ambicioso plan no tuvo éxito. Los objetos expuestos son divertidos, aunque la principal atracción es el edificio renacentista de ladrillos amarillos construido al mismo tiempo que el ayuntamiento en 1907. El primer piso ha sido convertido en un museo de historia local, bastante completo, pero no muy interesante. Por cierto, fue en Plaza Ferdinand donde Florida fue aceptada oficialmente como nuevo estado de Estados Unidos, hecho conmemorado por una estatua dedicada a Andrew Jackson, el primer gobernador del Estado.

Museum of Art

Incorporado de manera acertada a la antigua cárcel, el **Museum of Art** de Pensacola, situado enfrente del Cultural Center en el 407 South Jefferson St (mar.-vier., 10-17 h; sáb., 10-16 h; 2 dólares; mar., entrada gratuita), fue construido en 1906 sobre lo que en el pasado era el litoral de la bahía de Pensacola (se ganó casi 1 km al mar a base de echar el lastre de los barcos). Las obras de arte expuestas no tienen nada de especial, pero el edificio sí es interesante; las viejas celdas de la prisión han sido conservadas como espacios de exposición, la antigua cárcel de mujeres ha sido convertida en clases para niños y el conjunto de celdas exclusivamente masculinas del primer piso se emplea para organizar exposiciones temporales.

El Museum of Naval Aviation y Fort Barrancas

No hay que ser un fanático de lo militar para disfrutar del **Museum of Naval Aviation** (todos los días, 9-17 h; entrada gratuita; autobús 14), situado dentro de la base naval en el Navy Boulevard (a unos 13 km al sudoeste del centro de Pensacola), aunque la visita requiere tener cierta imaginación, pues los visitantes pueden ascender por muchos de los obstáculos reales dispuestos en las pistas de entrenamiento y jugar con los controles de los distintos aparatos.

Sin embargo, el principal objetivo del museo es aglutinar y exhibir aviones de las fuerzas navales estadounidenses, desde el primer hidroavión endeble adquirido en 1911 hasta los más modernos Phantoms y Hornets. Entre ellos hay dos que llaman la atención: un pequeño avión vietnamita que llevó a una familia de ese país a un portaaviones estadounidense durante la caída de Saigón, y el módulo de mando de la primera misión del *Skylab*, cuya tripulación estuvo integrada por pilotos navales. El museo en su conjunto resulta bastante espectacular y sirve para subrayar el papel de Pensacola como base de la aviación naval de Estados Unidos.

Cada año, miles de nuevos pilotos reciben instrucción en la base. Se recomienda ir al cine IMAX de siete pisos de alto, donde se puede disfrutar de la sensación única de contemplar la tierra desde la cabina de un piloto (las entradas para el cine IMAX cuestan 4,5 dólares).

Al otro lado de la calle se encuentra el centro de información del **Fort Barrancas** (todos los días, 9.30-17 h; visitas guiadas, sáb. y dom., 14 h; automóviles, 4 dólares; peatones y ciclistas, 2 dólares), que forma parte del área National Seashore (véase pág. 406). Vale la pena pasar 1 hora en este fuerte español de 1698, que se conserva muy bien, y cuyo diseño incluye un fascinante sistema de bóvedas interiores comunicadas entre sí.

Comida

En el **centro de Pensacola** hay numerosos restaurantes y cafés interesantes. *Van Gogh's Haus of Coffee & Art*, 610 East Wright Street es un local decorado al estilo de los años setenta que prepara platos ligeros. Si al visitante le apetecen los sándwiches especiales a buen precio, puede ir a la plaza en West Garden St, donde en el 236, *Garden St Deli* (☎470-0305) sirve además excelentes platos en mesas con manteles de cuadros. Si no lo pregunta nunca lo sabrá, pero de joven, el dueño fue quien celebró la primera fiesta anual más grande de la ciudad (véase «Fiesta del Memorial Day», pág. siguiente). *Elise's*, 11 S Palafox Street (☎432-5100), ofrece desayunos y almuerzos baratos, como también hace *EJ's*, 232 E Main Street (☎432-5886). *Hall's Catfish & Seafood*, 920 E Gregory Street (☎438-9019), prepara cenas-bufés cargadas de pescado; *McGuire's Irish Pub*, 600 E Gregory Street (☎433-6789), sirve grandes raciones de comida y buena cerveza negra en un ambiente animado; *Founaris Brothers Greek Restaurant*, 1015 N Ninth Avenue (☎432-0629), ofrece platos alegres y baratos; y para un toque de distinción, nada mejor que el *1912 Restaurant* del *Pensacola Grand Hotel*, 200 E Gregory Street (☎433-3336), y su cocina de gran calidad y altos precios.

En **Pensacola Beach**, la oferta de restaurantes y cafés es más amplia; se recomienda *Sundae's*, 37 Via De Luna Drive, un local animado donde se puede degustar cafés de sibarita y sabrosos helados. En *The Great Brit Inn*, 49 Via De Luna (☎916-1288), el visitante puede tomar la acostumbrada comida de pub mientras contempla la parte delantera de un Triumph TR6, un MG blanco y un viejo Jaguar que sobresalen de la pared. *Butler's*, 27 Via De Luna Drive (☎932-6537), y *The Sundeck Sidewalk Café*, 12 Via De Luna Drive (☎932-0835), sirven desayunos y almuerzos a buen precio, mientras que *Boy on a Dolphin*, 400 Pensacola Beach Boulevard (☎932-7954) y *Flounder's Chowder & Ale House*, 800 Quietwater Beach Road (☎932-2003), un poco más caro, ofrecen abundantes cenas a base de marisco. En *Olliejava*, un local tranquilo situado junto al Hampton Inn en Via De Luna Drive, se puede tomar desayunos y cenas estupendos. Sus especialidades para cenar incluyen gambas salteadas, burritos, patatas en salsa y una exquisita sopa de cangrejo. A pesar de su decoración de restaurante barato, *Chan's Market Café & Bakery*, 16 Via De Luna (☎932-8454) es un buen lugar para disfrutar de deliciosos sándwiches de marisco y otros platos como el quingombó y los buñuelos de maíz caseros, sin olvidar los excelentes panqueques y galletas de elaboración propia. Se recomienda fijarse en un extremo del local, donde hay una fotografía de 1880 del jefe indio Gerónimo.

Vida nocturna

En el **centro de Pensacola**, se aconseja no ir a *Seville Quarter*, 130 E Government Street (☎434-6201), un bar-discoteca orientado a los turistas y decorado con motivos que hacen referencia a la historia de Pensacola, pero demasiado caro y artificial para ser divertido. Sí se recomienda *McGuire's Irish Pub*, 600 E Gregory Street (☎433-6789; véase «Comida», pág. anterior), por su cerveza de elaboración propia.

En **Pensacola Beach**, el lugar más de moda para tomar una copa es *Flounder's Chowder & Ale House* (véase «Comida», pág anterior) que atrae por igual a clientes en busca de una copa que a los que acuden a cenar; además, una vez a la semana presenta actuaciones musicales en vivo. Está también *The Dock* (☎934-3314), junto al muelle, que se llena viernes y sábados por la noche. Para disfrutar de un buen cóctel de ron, el lugar ideal es *Sandshaker Lounge*, 731 Pensacola Beach Boulevard (☎932-2211). El local más animado para beber cerveza es *Olliejava* (véase «Comida», pág. anterior), donde algunos lugareños de pelo largo rasguean guitarras y cuentan historias hasta entrada la madrugada.

Vida nocturna gay

Para ser una ciudad con fama de conservadora, Pensacola cuenta con una animada **vida nocturna gay** y una desmadrada fiesta homosexual que cada año sacude la ciudad (véase recuadro). El mejor **café** de ambiente gay es *Cup N Saucer*, 7 East Gregory Street (☎435-9228), donde sirven un sabroso pastel de queso y deliciosas pastas de canela. Además, es el único café de la ciudad que permanece abierto hasta tarde. Justo al lado está *Pride*, una tienda que vende los habituales artilugios para homosexuales. Si el visitante busca un pub acogedor, se recomienda *The Round Up*, 706 East Gregory Street (☎433-8482), un local con una agradable terraza cubierta

---

FIESTA DEL MEMORIAL DAY

Cada año, entre el viernes y el lunes de la última semana de mayo, Pensacola se entrega a una fiesta gay y lesbiana que empezó cuando un lugareño de 20 años llamado Dickie Carr organizó una fiesta en el *San Carlos Hotel* (recientemente derribado para construir los tribunales). El padre de Dickie, que dirigió el hotel en los años setenta, dijo que pagaría la factura de cualquiera de las 500 habitaciones que no fueran reservadas. Todas fueron ocupadas. La fiesta se celebró el Memorial Day (día de los caídos en combate) y se ha convertido en un acontecimiento anual en el que participa casi toda la ciudad y atrae a numerosos forasteros. A pesar de una breve reacción antihomosexual (rápidamente acallada) protagonizada por los comerciantes locales en 1985, la fiesta crece cada año que pasa y atrae a estadounidenses de todos los estados. Si la visita del viajero coincide con la fecha de celebración, debe saber que la fiesta empieza en Navarre Beach el viernes por la mañana y vuelve a la ciudad a las 16 h más o menos, y se repite el mismo recorrido los 2 días siguientes.

pero con estrictas medidas de control de identidad: si su aspecto sugiere que tiene menos de 30 años, tendrá que mostrar el carné de identidad o el pasaporte. El mayor club es *Riviera*, situado en Main Street, detrás del Pensacola Cultural Center.

Alrededores de Pensacola

Al otro lado de la bahía se encuentran las playas brillantes de dos **barrier islands**, ideales para tomar el sol: Santa Rosa, que abarca 80 km desde Fort Walton e incluye Pensacola Beach, y Perdido Key, al oeste de Santa Rosa. También merece la pena explorar el **Gulf Islands National Seashore**, nombre genérico que recibe un conjunto de parques, cada uno de ellos con un punto de interés determinado (natural o histórico), que se extiende a lo largo de 240 km de la costa hasta el estado de Mississippi, e incluye la Naval Live Oaks Reservation, la parte occidental de la isla Santa Rosa, Fort Barrancas y la parte oriental de Perdido Key.

Gulf Breeze y la Naval Live Oaks Reservation

De camino a isla la Santa Rosa (por el puente Pensacola Bridge de 5 km de largo), se pasa por **GULF BREEZE**, una rica población volcada para conseguir atraer a compradores. Aparte de unos cuantos supermercados, la única razón para darle algo más que un vistazo es la **Naval Live Oaks Reservation** (todos los días, 8-atardecer; entrada gratuita), a unos 3 km en dirección este por la Hwy-98. En la década de 1820, parte de este bosque de robles perennes fue transformado en un vivero con el fin de asegurar el suministro de material para la construcción naval durante los años venideros. Se hacían cálculos exactos sobre cuántos árboles se necesitarían para construir un barco determinado y entonces se plantaba el número de bellotas necesario y se esperaban unos 50 años hasta obtener los árboles. Surgieron muchos problemas: el roble era demasiado pesado para ser transportado por carretera, los ladrones de madera talaban árboles y los vendían a armadas extranjeras, aunque el golpe definitivo fue la utilización del hierro para construir buques. El **centro de información** (todos los días, 8.30-16.30 h) está cerca de la entrada y alberga exposiciones y textos explicativos sobre el bosque, donde se han encontrado restos de asentamientos indios que datan del año 1000 a.C. Para escapar de la luz cegadora del sol durante 1 hora más o menos, se recomienda tomar uno de los **senderos** cortos pero sombreados que recorren el bosque e incluyen una parte (de unos 3 km) de lo que fue, a principios del siglo XIX, la principal carretera de Florida, que unía Pensacola con St Augustine.

Pensacola Beach

Al dejar Gulf Breeze, se cruza otro puente más corto (1 dólar de peaje) sobre un canal estrecho que lleva hasta la isla Santa Rosa y la mejor muestra de lo que es una típica playa de la costa del Golfo, **PENSACOLA BEACH**. Con kilómetros y kilómetros de playas de arena fina, casetas para alquilar equipo de baño y deportes acuáticos, un muelle lleno de pescadores y bares y chiringuitos junto a la playa, es difícil no dejarse llevar por la oferta de ocio y diversión que esta población ofrece al viajero. Gracias a sus moteles y hoteles (no muy numerosos pero sí más caros), Pensacola Beach también constituye una base alternativa desde donde visitar Pensacola.

Fort Pickens y Navarre Beach

Partiendo de Pensacola Beach sólo hay que recorrer unos 4 km por la Fort Pickens Toll Road (9-atardecer; automóviles, 6 dólares; peatones y ciclistas, 3 dólares) para llegar al extremo oeste de la isla Santa Rosa y la entrada a una parte del Gulf Islands National Seashore. Se trata de un conjunto de playas de arenas blancas protegidas por una extensión de 9 km de dunas altas y desiguales, y donde la única muestra de civilización, aparte de la carretera, es un cámping rodeado de vegetación. Está terminantemente prohibido caminar sobre las dunas, pero hay varios caminos que van desde la carretera hasta la playa, donde el visitante encontrará mucho espacio y soledad, y a veces incluso delfines. Para saber más sobre las dunas y la curiosa ecología de la isla, puede unirse a una de las frecuentes **caminatas guiadas por el guardabosques**; para más detalles, se recomienda telefonear al ☎934-2622, o leer la información que hay en los tableros repartidos por todo el parque.

En el extremo occidental de la isla se hallan los restos de **Fort Pickens** (todos los días, 9.30-16 h; entrada gratuita), construido por esclavos a principios del siglo XIX para proteger Pensacola de los ataques por mar. Se puede aprender mucho caminando sólo por los escalofriantes pasadizos y las salas del fuerte; en el centro de información, el visitante puede recoger el folleto que describe la visita. Un pequeño **museo** muestra los orígenes de la construcción, describe con detalle la flora y fauna de la zona y recuerda los trabajos forzados que tuvieron que hacer los 17 indios apache que estuvieron presos en la fortaleza en 1886. Entre los prisioneros figuraba un jefe, Goyahkla, más conocido como **Gerónimo**, quien cumplió su condena vagando por la playa. Los apaches, cuyas tierras tribales cubrían gran parte del sudoeste de Estados Unidos, fueron una de las últimas tribus de indios en rendirse al avance de los colonos blancos, y en 1886 tuvieron que firmar un tratado de paz con el comprensivo general Crook. Poco tiempo después, el general Sheridan, de graduación más alta, incumplió los términos de la rendición y encarceló a Gerónimo y sus hombres, lo que causó la dimisión de Crook, además de su abandono del ejército.

Junto al fuerte también se conservan algunos muros de hormigón casi derruidos que habían formado parte de baterías costeras levantadas durante los años cuarenta, que junto con los fortines y puestos de observación diseminados por toda la zona, recuerdan al visitante que la función defensiva del fuerte duró hasta el final de la Segunda Guerra Mundial, y sólo quedó obsoleto cuando aparecieron los misiles teledirigidos.

Volviendo hacia el este por la Route 399 se divisa una extensión de arena entre Pensacola Beach y Navarre Beach, limpia y natural; no hay edificios ni zonas urbanizadas (el área es parte del National Heritage Coastline) y abundan las vistas hermosas. Sin embargo, **NAVARRE BEACH** es, por desgracia, una explosión de urbanismo desagradable, ni tan bonita como Seaside ni tan impersonalmente lujosa como San Destin. No obstante, si el viajero avanza un poco, justo hasta donde la Route 399 dibuja una curva para dirigirse hacia el norte y cruzar el Pensacola Sound, encontrará una de las extensiones de dunas de escollo y arena más hermosas de la costa. El huracán *Opal* arrasó las dunas hasta destruirlas por completo en 1996, pero casi toda la costa ha sido recuperada gracias a un impresionante trabajo de conservación. Se recomienda utilizar el aparcamiento que hay cerca de la cabaña tiki *Juana's Pagodas*, un asador y bar popular. Éste es el lugar por donde acceden a la playa los que conocen la zona; después de casi 1 km, aparecen una serie de postes de madera que indican el principio de una amplia zona **nudista**.

Perdido Key

Perdido Key es otra *barrier island* situada al oeste de Santa Rosa donde hay playas más agrestes. Su parte oriental está protegida por ser parte del Gulf Islands National Seashore, y ofrece 8 km de isla sin carreteras. El área puede explorarse siguiendo el sendero natural de casi 2 km, y, si al viajero le apasiona la soledad, puede quedarse por la zona y aprovechar para nadar o plantar su tienda en uno de los cámpings elementales. Es necesario un permiso para usar el aparcamiento de la isla (4 dólares por 7 días como máximo; reserve plaza telefoneando al ☎492-1595, de la Big Lagoon State Recreation Area). Lo que el viajero recuerda de Perdido Key se parece mucho a lo que le inspira la isla Santa Rosa: un semillero de rituales sobre el deporte, la bebida y el moreno playero.

transportes

Ferrocarriles

Pensacola a: Jacksonville (lun., miér., vier.; 4 h 30 min.); Tallahassee (mar., jue., vier., dom.; 4 h 15 min.).

Tallahassee a: Jacksonville (lun., miér., vier.; 4 h 20 min.); Pensacola (mar., jue., vier., dom.; 4 h 15 min.).

Autobuses

Panama City Beach a: Destin (2 diarios; 50 min.); Fort Walton Beach (2 diarios; 1 h 10 min.); Panama City (2 diarios; 30 min.); Pensacola (2 diarios; 2 h 15 min.).

Pensacola a: Destin (2 diarios; 1 h 25 min.); Fort Walton Beach (2 diarios; 1 h 5 min.); Mobile (8 diarios; 1 h); Nueva Orleans (6 diarios; 4 h 15 min.); Panama City Beach (2 diarios; 2 h 15 min.); Tallahassee (7 diarios; 4 h 25 min.).

Tallahassee a: Chipley (2 diarios; 2 h); De Funiak Springs (2 diarios; 3 h); Gainesville (6 diarios; 2 h 30 min.); Jacksonville (6 diarios; 3 h); Marianna (6 diarios; 1 h 15 min.); Miami (5 diarios; 12 h); Nueva Orleans (7 diarios; 9 h); Orlando (11 diarios; 6 h 30 min.); Panama City Beach (2 diarios; 2 h 20 min.); Pensacola (7 diarios; 5 h); Tampa (7 diarios; 6 h); Thomasville (4 diarios; 1 h).

TERCERA PARTE

EL

CONTEXTO

MARCO HISTÓRICO

Al contrario de lo que la mayoría de personas cree, la historia de Florida va más allá de Walt Disney World y playas llenas de hoteles. A lo largo de miles de años, sus habitantes aborígenes vivieron en grupos sociales organizados y mantuvieron contacto con gran parte del resto del continente americano. Durante el apogeo de la colonización europea, se convirtió en posesión española y después fue dominada por los británicos por un tiempo. No fue hasta el siglo XIX cuando Florida pasó a formar parte de Estados Unidos y, a partir de entonces, se inició una era de explotación desenfrenada y muchos de los problemas a los que el estado sigue enfrentándose hoy en día.

ORÍGENES DEL TERRITORIO

Durante miles de años, los ríos que recorren el actual **norte de Florida**, llevaron detritos procedentes de los montes Apalaches hasta la costa, y sus depósitos de roca en polvo fueron formando las playas y el cordón litoral *(barrier islands)* del Panhandle. Un poco más al sur, la parte más elevada de una llanura de lecho marino (la **península de Florida**), modificó su forma debido a la capa de hielo que cubrió el Planeta. En algunos casos, la tierra expuesta llegaba a tener una extensión dos veces mayor a su tamaño actual; durante otros períodos, el litoral estuvo mucho más tierra adentro, y la acción erosionadora de las olas esculpía riscos todavía visibles en la base de piedra caliza oolítica. En **nuestra era**, que se inició hace unos 75 millones de años, la vegetación en estado de descomposición se mezcló con agua de lluvia, formó el ácido que luego abrió agujeros en la piedra caliza y surgieron los manantiales naturales de agua dulce. El agua subterránea se acumuló debido a las fuertes lluvias que precedían a cada período glaciar. Los bosques interiores de robles perennes y pinos empezaron a ser habitados hace 20.000 años por mastodontes, mamuts y tigres de dientes de sable y, según se cree, muchas generaciones de estos animales cruzaron desde Siberia el estrecho de Bering cubierto de hielo.

PRIMEROS HABITANTES HUMANOS

Hay dos teorías sobre los orígenes de los **primeros habitantes humanos** de Florida. La más común es que los primeros humanos llegados siguieron la misma ruta que los animales desde Siberia, cruzaron América del Norte y arribaron al norte de Florida hace unos 10.000 años. Una minoría de antropólogos sostiene la teoría alternativa de que los primeros floridanos fueron pueblos aborígenes de América Central y del Sur que emigraron hasta ese territorio.

Fuera como fuese, lo cierto es que los pueblos **paleoindios** de Florida basaban su existencia en la caza y la recolección de frutos; prueba de ello es que en la parte central y norte del estado se han descubierto numerosas puntas de lanza que emplearon estos pueblos.

Alrededor del año 5000 a.C., las estructuras sociales cambiaron: los asentamientos se volvieron semipermanentes y la dieta alimenticia se modificó, ya que se sustituyó la carne por crustáceos, caracoles y moluscos, abundantes en los ríos. Los desplazamientos se realizaban en piragua y, de forma regular, las comunidades se trasladaban a un nuevo emplazamiento, probablemente para permitir que las fuentes de alimento se recuperaran. Las conchas y otros desechos se apilaban en los **montículos** que todavía son comunes en el estado.

Aunque la cerámica empezó a aparecer hacia

el año 2000 a.C., no fue hasta el 1000 a.C., cuando el estilo de vida experimentó un cambio radical, tal como revela el descubrimiento de **canales de irrigación** (porciones de tierra despejados para permitir el **cultivo**) y utensilios de cocina empleados para preparar los alimentos. A partir de la era cristiana, ya era habitual levantar **túmulos** (complejas tumbas de importantes miembros de tribus, a menudo con algún pariente ofrecido en sacrificio u objetos valiosos depositados en su interior). Estas tumbas sugieren la existencia de fuertes vínculos religiosos y comerciales en un área que se extiende desde América Central hasta las tierras interiores de América del Norte.

A partir del 200 d.C., la **cultura de Fort Walton** inició su expansión y predominio desde la llanura costera de Georgia. Este hecho hizo que la sociedad se dividiera en un rígido sistema de castas y la gente empezó a vivir en aldeas construidas alrededor de una plaza central. En toda Florida había en aquella época 100.000 habitantes que formaban varios grupos tribales, entre los que destacaban la **timicua** en la zona norte, el **calusa** en el sudoeste y en el lago Okeechobee, el **apalache** en el Panhandle y el **tequesta** a lo largo de la costa sudeste.

COLONIZACIÓN EUROPEA

Cuando Cristóbal Colón descubrió el Nuevo Mundo en 1492, las grandes potencias marinas europeas se volvieron cada vez más activas en la zona del mar Caribe. Una de ellas, España, había descubierto y saqueado los tesoros de antiguas civilizaciones en América Central y estaba ansiosa por encontrar más riquezas en estas tierras y otras colindantes. Se cree que los **primeros europeos que avistaron** Florida fueron Juan y Sebastián **Caboto** en 1498, cuando vieron lo que hoy en día se llama cabo Florida, en Key Biscayne (cayo Vizcaíno).

En 1513 se produjo el **primer desembarco europeo**, con **Juan Ponce de León**, un español que antes había sido gobernador de Puerto Rico (posesión española) y que quería obtener una buena posición en un imperio en plena expansión. Mientras buscaba Bimini, Ponce de León avistó tierra durante la Pascua Florida y la llamó **«La Florida»**. Tras desembarcar en algún punto entre la desembocadura del río St John y la actual St Augustine, Ponce de León recorrió los cayos de Florida y los bautizó con el nombre de «Los Mártires», por su supuesto parecido a los huesos de los mártires, y «Las Tortugas» (hoy llamados las Dry Tortugas), por las tortugas que vio en ellos.

Enviado a dominar varios pueblos de nativos rebeldes en las Antillas meridionales, Ponce de León no volvería a Florida hasta 8 años después, y esa vez lo haría con un mandato del rey de España para **conquistar y colonizar** todo el territorio.

Tras desembarcar en la costa sudoeste, quizás en un lugar entre la bahía de Tampa y Fort Myers, Ponce de León fue recibido hostilmente por los indios calusa y tuvo que irse; pero en aquella batalla recibió una herida de flecha que acabó con su vida.

Los rumores de que había oro escondido en Apalachee, en el norte de la región, animaron a los españoles a hacer varias incursiones, pero todas ellas fueron repelidas por los ataques de los indígenas, las dificultades del terreno y el clima. La iniciativa de más éxito (a pesar de que acabó con su vida) fue la **expedición de Hernando de Soto**, compuesta por un millar de aguerridos caballeros y buscadores de tesoros que tomaron tierra en la bahía de Tampa en mayo de 1539. Recientes excavaciones en Tallahassee han localizado el lugar de uno de los campamentos de De Soto, donde se cree que se celebró la primera Navidad en América del Norte antes de que la expedición continuara hacia el norte y más tarde realizara la primera travesía europea del río Mississippi, durante mucho tiempo la frontera natural occidental de Florida.

Los relatos que se conservan sobre las expediciones son una importante fuente de información para conocer la vida aborigen de ese período, aunque la antropología no era entonces una de las mayores preocupaciones de los colonizadores; y las noticias de que Florida no tenía fabulosas riquezas hizo que el interés por aquella tierra disminuyera. Las naves españolas cargadas de tesoros que partían de la costa de Florida rumbo a España eran abordadas por barcos piratas, muchos de ellos franceses o ingleses. El fracaso de España en su intento de colonizar Florida dio pie a que sus naves fueran atacadas, hasta que un pequeño grupo de **hugonotes franceses** desembarcó en 1562 y construyó Fort Caroline a orillas del río St John.

La presencia francesa obligó a los españoles a llevar a cabo la colonización de forma más decidida. Encargado en aquella época de explorar la costa atlántica de América del Norte, a **Pedro Menéndez de Avilés** le prometieron la mejor parte de los beneficios que pudiera obtener de Florida. Tomó tierra al sur del fuerte francés el 28 de agosto de 1562, festividad de San Agustín, y Menéndez llamó al lugar por tanto **St Augustine** (San Agustín); así fundó el que iba a ser el asentamiento europeo que más iba a durar en el continente. Los franceses fueron derrotados enseguida, su líder, **Jean Ribault**, y la tripulación fueron aniquilados tras ser arrastrados hasta la costa por un huracán. El lugar de la matanza todavía se conoce por el nombre de *Matanzas*.

EL PRIMER PERÍODO ESPAÑOL (1585-1763)

Sólo el entusiasmo de Menéndez mantuvo Florida unida durante las primeras décadas del dominio español. Se establecieron unos cuantos asentamientos pequeños e inseguros, normalmente localizados en torno a **misiones** fundadas por jesuitas o franciscanos empeñados en evangelizar a los indios. El sistema establecido distaba mucho de ser el mejor: los soldados españoles, que echaban de menos a su país se sublevaban a menudo y luchaban contra los indios, quienes respondieron quemando St Augustine hasta destruirlo por completo. Menéndez mandó sustituir los edificios de madera de St Augustine por otros hechos de «atigrado» (una mezcla parecida al cemento a base de conchas y piedra caliza), y tejados de ramas de palmera, un estilo típico del primer período europeo de Florida. Aunque era el mayor asentamiento, St Augustine no dejaba de ser un puesto avanzado sin vida si no había algún barco en el puerto. A pesar de haber perdido toda su fortuna personal en la colonia, Menéndez no vivió lo suficiente para ver prosperar Florida, y en 1571 la abandonó siguiendo una orden del rey para que ayudara a planificar el ataque de la Armada española contra Inglaterra.

Quince años después, mientras la guerra hacía estragos entre las potencias europeas, St Augustine era arrasado por un bombardeo naval llevado a cabo por **Francis Drake**, una señal de que los **británicos** empezaban a establecer sus colonias a lo largo de la costa atlántica al norte de Florida. Conscientes de que los indios desequilibrarían la balanza del

poder en futuras guerras por el poder colonial, España construyó una serie de misiones por todo el Panhandle a partir de 1606; además de intentar ganarse la lealtad de los indios, las misiones también cumplían la función de proteger a los colonos de los ataques del norte. En la década de 1700, los británicos se dedicaron a hacer incursiones en Florida, aparentemente para capturar indios y venderlos como esclavos. Una tras otra fueron destruidas todas las misiones, y sólo la oportuna llegada de refuerzos españoles impidió que St Augustine cayera en manos británicas en 1740.

Con los franceses en Luisiana, los británicos en Georgia y los españoles aferrados a Florida, estaba servido el escenario para una confrontación sangrienta con el fin de dominar América del Norte. Finalmente, el **tratado de París de 1763**, que puso fin a la guerra de los Siete Años en Europa, resolvió el conflicto: los británicos habían tomado la importante posesión española de La Habana y España cedió voluntariamente Florida para recuperarla.

EL PERÍODO BRITÁNICO (1763-1783)

Pese a sus dos siglos de ocupación, los españoles no habían conseguido dejar mucha huella en Florida. Fueron los británicos, que por aquel entonces estaban desarrollando las colonias situadas más al norte, los que introdujeron una infraestructura social en la región. También dividieron Florida (en aquella época sólo la parte norte estaba habitada por blancos) en colonias separadas: **este de Florida**, gobernada desde St Augustine, y **oeste de Florida**, gobernada desde el floreciente puerto de **Pensacola** en el Panhandle.

En aquella época, la población de los indios de Florida había quedado muy diezmada debido al contacto con enfermedades europeas contra las que no eran inmunes, y la población india de Florida estaba empezando a componerse de tribus dispares que llegaban del oeste, conocida colectivamente como los **seminolas**. Al igual que los españoles, los británicos se percataron de la importancia numérica de los indios e intentaron mantener buenas relaciones con ellos. A cambio de mercancías, los británicos se adueñaron de las tierras indias alrededor de los puertos y las rutas de abastecimiento, pero por lo general dejaron tranquilos a los seminolas en sus áreas interiores.

Pocos colonos llegaron del Reino Unido, pese a que había atractivas concesiones para los que quisieran establecerse en el Nuevo Mundo. Los que tenían dinero de sobra, compraron tierras en Florida como una inversión, sin intención de asentarse, y sólo las grandes propiedades (**plantaciones** de maíz, azúcar, arroz y otros cultivos) obtenían beneficios. Charleston, en el norte, dominaba el comercio marítimo de la zona, aunque St Augustine era todavía un asentamiento modestamente importante y punto de encuentro de aristócratas e intelectuales británicos que estaban de paso. Por otra parte, el oeste de Florida se veía afectado por el sectarismo político y a menudo era escenario de escaramuzas con los seminolas, que recibieron peor trato que sus homólogos del este.

Al ser una región nueva y poco poblada, el descontento que sirvió de catalizador de la **guerra de independencia** en los primeros años de 1770, casi no afectó a Florida, a excepción de St Augustine, que sirvió de refugio a monárquicos británicos que huían de la guerra, muchos de los cuales se trasladaron a Bahamas o Jamaica. Sin embargo, Pensacola fue atacada y brevemente ocupada en 1781 por los españoles, a quienes les habían prometido Florida a cambio de ayudar a los rebeldes norteamericanos a derrotar a los británicos. Tal como se desarrollaron los acontecimientos, la diplomacia más que la guerra marcó el final del dominio británico sobre Florida.

EL SEGUNDO PERÍODO ESPAÑOL (1783-1821)

El **tratado de París de 1783**, por el que el Reino Unido reconocía la independencia de las colonias de Norteamérica, no sólo supuso la devolución de Florida a España, sino que además estableció la entrega de Luisiana y el preciado puerto de Nueva Orleans. Las posesiones de España en Norteamérica eran en aquellos momentos mayores que nunca, pero con Europa inmersa en la confusión y las colonias españolas de América Central reclamando su propia independencia, el país no se encontraba en la mejor situación para poder sacar partido de tales posesiones. Además, la complejidad de la mezcla étnica de Florida en la que entraban británicos, pequeñas comunidades de colonos europeos de diversa procedencia y los cada vez más agresivos indios seminolas (por aquel

entonces bien establecidos en la fértil zona central de Florida, y a menudo secundados por africanos que escapaban de la esclavitud más al norte), hacía imposible el gobierno a una potencia colonial en declive.

Con la reducción de las nuevas migraciones europeas, España tuvo que **vender tierra a ciudadanos estadounidenses**, quienes compraron grandes extensiones, seguros de que Florida no tardaría mucho en ser controlada por Washington. La adquisición de Luisiana a Francia en 1800 (país al que había sido cedida por España) y el traslado de la frontera de Georgia más al sur, ponía de manifiesto que Estados Unidos incluía Florida en sus planes de expansión. Temeroso de perder el punto de apoyo comercial que todavía mantenía en Florida, y aliada con España en las guerras napoleónicas, el Reino Unido decidió enviar tropas, que desembarcaron en Pensacola en 1814. En respuesta a esta acción, un general estadounidense, **Andrew Jackson**, utilizó como excusa una sublevación india en Alabama para marchar hacia el sur, matar a cientos de indios y perseguirlos —de forma ilegal y sin autorización oficial de Washington— hasta Pensacola, sin declarar la guerra a España pero insistiendo en que los británicos debían abandonar el territorio. Como era de esperar, éstos se marcharon, y Jackson y sus hombres se retiraron a Mobile (una ciudad de Florida que pasó a formar parte de Alabama a medida que los estadounidenses iban avanzando palmo a palmo la frontera en dirección este), para poco después participar en la batalla de Nueva Orleans, cuya victoria reforzaría aún más la posición de Estados Unidos en la frontera de Florida.

LA PRIMERA GUERRA SEMINOLA

Las acciones de Jackson llevadas a cabo en 1814 desencadenaron la **primera guerra seminola**. Mientras crecía la tensión internacional, los ataques de los seminolas (a menudo consecuencia del acoso de las fuerzas estadounidenses) eran utilizados como excusa para hacer incursiones en Florida. En 1818, Jackson recibió finalmente lo que él interpretó como la aprobación presidencial (la «Carta Rhea», al parecer autorizada por el presidente Monroe) para marchar de nuevo sobre Florida con el pretexto de someter a los seminolas aunque su intención era conseguir controlar la región. Mientras los políticos y funcionarios estadouniidenses dudaban de la legalidad de tales acciones, la opinión pública del país estaba del lado de Jackson. El Gobierno de Estados Unidos lanzó un ultimátum a España exigiéndole que vigilara Florida de manera eficaz o renunciase a su propiedad. Dadas las pocas alternativas que tenía, España acabó **cediendo Florida a Estados Unidos** formalmente en 1819, a cambio de que Estados Unidos asumiera la deuda de 5 millones de dólares contraída por el Gobierno de España con los colonos estadounidenses en concepto de concesiones de tierra (una suma que nunca fue liquidada). No obstante, fue necesario amenazar con la invasión de Cuba para que el rey de España ratificara el tratado en 1821; mientras tanto, Andrew Jackson juraba su cargo como primer gobernador estadounidense de Florida.

LA FLORIDA TERRITORIAL

En la Florida territorial pronto se hizo evidente que las divisiones entre este y oeste eran insuperables, así que se eligió un lugar a medio camino entre St Augustine y Pensacola, **Tallahassee**, como nuevo centro administrativo. Los indios que habitaban en las fértiles tierras de esta zona fueron expulsados sin contemplaciones hacia la costa, un acto de crueldad que iba a determinar las relaciones entre los nuevos colonos y los indios residentes durante las décadas siguientes.

En la época en que Florida estuvo gobernada por españoles y británicos, los seminolas, a pesar de ciertas disputas tribales surgidas, vivieron pacíficamente en las tierras productivas de la parte norte de la Florida central. Pero éstas eran las zonas agrícolas ricas que codiciaban los colonos estadounidenses. Con el **tratado de Moultrie Creek** de 1823, la mayoría de tribus seminolas firmaron un documento en el que acordaban vender la tierra que ocupaban entonces y volver a establecerse en el sudoeste de Florida. Ninguna de las dos partes iba a respetar tal acuerdo: no se impuso límite alguno de tiempo al éxodo seminola y los que sí se marcharon descubrieron que la nueva tierra a la que habían sido enviados no era apropiada para el cultivo. Los estadounidenses, por su parte, no entregaron los fondos para la reinstalación que habían prometido.

Andrew Jackson sólo duró 3 meses como gobernador territorial, aunque continuó ejerciendo su influencia sobre Florida desde la Casa Blanca, cuando fue nombrado presidente de Estados Unidos en 1829. En 1830 aprobó la **Act of Indian Removal** (Ley de Expulsión India), en la que decretaba que todos los indios americanos del Este de Estados Unidos tenían que marcharse a reservas en las grandes llanuras del Medio Oeste.

Dos años más tarde, James Gadsen, el nuevo comisario para asuntos indios, convocó una reunión con las tribus seminolas en Payne's Landing, a orillas del río Oklawaha, cerca de Silver Springs, y les instó a que cedieran sus tierras a Estados Unidos y se trasladaran hacia el Oeste. Algunas de estas tribus firmaron el **tratado de Payne's Landing**, que sirvió para su completa expulsión al cabo de 3 años.

LA SEGUNDA GUERRA SEMINOLA (1821-1842)

Algunas de estas tribus aceptaron el dinero ofrecido y se reinstalaron en el Oeste, pero la mayoría de seminolas estaban decididos a permanecer en sus tierras, lo que dio lugar a la **segunda guerra seminola**. Los indios tendían repetidas emboscadas a las milicias estadounidenses llegadas para imponer el orden, y saqueaban las plantaciones de colonos blancos, por lo que muchos de ellos huyeron y nunca regresaron. Entrenado para combatir en batallas cara a cara con el enemigo, el ejército estadounidense era incapaz de contrarrestar con eficacia la táctica de guerrillas empleada por los seminolas. Estaba claro que éstos difícilmente iban a ser derrotados con medios convencionales, de modo que en octubre de 1837, su líder, **Osceola**, fue persuadido para ir a St Augustine con la promesa de una tregua; en realidad fue detenido y encarcelado, y acabó muriendo en prisión. Este acto de traición no consiguió minar la moral de los seminolas, aunque unos cuantos se rindieron y se fueron al Oeste, mientras otros fueron capturados o vendidos como esclavos.

Estados Unidos adoptó la política de empujar continuamente a los seminolas hacia el sur, para expulsarlos de las fértiles tierras del centro de Florida, hasta **confinarlos en los Everglades**. Allí los seminolas se aliaron con los «indios españoles» establecidos desde hacía mucho tiempo para atacar el faro de cabo Florida y destruir la colonia blanca de Indian Key, en los cayos de Florida. Se llegaron a emplear sabuesos (algo que suscitó controversia) para seguir el rastro a los indios, pero estaba claro que Estados Unidos nunca conseguiría la victoria total. Con los seminolas confinados en los Everglades, el Gobierno estadounidense **dio por finalizado el conflicto** en 1842, cuando los seminolas acordaron permanecer donde estaban, una zona descrita tiempo atrás por un topógrafo estadounidense como «apta sólo para ser habitada por indios».

La guerra de 6 años paralizó la economía de Florida, pero estimuló el crecimiento de varias **ciudades nuevas** alrededor de los fuertes del ejército. Algunas de ellas, como Fort Brooke (Tampa), Fort Lauderdale, Fort Myers y Fort Pierce, han sobrevivido hasta nuestros tiempos.

CONDICIÓN DE ESTADO Y SECESIÓN (1842-1861)

La segunda guerra seminola había impedido a Florida **obtener la condición de estado**, lo que le habría dado derecho a tener una representación completa en Washington y nombrar sus propios administradores. En aquella época, la influencia política sobre Florida corría a cargo de dos grupos. Por un lado, estaban los ricos dueños de plantaciones con esclavos, concentrados en los «condados del algodón» de la parte central del Panhandle, y que disfrutaban de todas las tradiciones de la clase alta del Sur Profundo. Estaban ansiosos por asegurarse de que la balanza del poder en Washington no se decantara del lado de los estados «libres», partidarios de no tener esclavos, que sin duda abogarían por la abolición de la esclavitud. La condición de estado encontró oposición también en los minifundistas diseminados por el resto del territorio, pues muchos de ellos eran norteños ideológicamente opuestos a la esclavitud que temían la imposición de impuestos federales.

Uno de los compromisos que se propuso fue volver a una Florida dividida, con el oeste convertido en estado y el este con su condición de territorio. Por último, se redactó una **constitución**, acordada con reticencias en Port St Joseph, en la costa del Panhandle (en el lugar del actual Port St Joe), y Florida **se convirtió en estado** el 3 de marzo de 1845. La condición de estado coincidió con un período de prosperidad: las primeras líneas de ferrocarril empezaron a extenderse por todo el Panhandle y la Florida central; se estableció un sistema educativo organizado y la población de Florida, que en aquella época era de 60.000 habitantes, dobló su número en 20 años.

Sin embargo, los asuntos no iban tan bien en el ámbito nacional. La esclavitud iba a ser el catalizador que conduciría a Estados Unidos a la Guerra Civil, aunque sólo era parte de una gran división cultural entre los estados sureños rurales (a los que Florida estaba vinculada más por su situación geográfica que por la historia) y los estados industriales modernos del norte. Ante el aumento de la presión federal para conseguir la abolición de la esclavitud, Florida decidió **separarse de la Unión** formalmente el 10 de enero de 1861 y se alineó con los estados confederados separatistas en el período previo a la Guerra Civil.

LA GUERRA CIVIL (1861-1865)

La **Guerra Civil** tuvo inevitablemente un gran efecto sobre Florida, aunque la mayoría de floridanos reclutados en el ejército confederado lucharon muy lejos de su hogar, y raras veces hubo algo más que pequeños enfrentamientos en el estado. El número más o menos pequeño de simpatizantes de la Unión intentaban pasar inadvertidos y se limitaban a proteger a sus familias. Al iniciarse la guerra, la mayoría de **fuertes costeros** de Florida fueron ocupados por tropas de la Unión como parte del bloqueo de los cargamentos confederados. Sin la fuerza suficiente para montar ataques eficaces contra los fuertes, los soldados confederados que permanecían en Florida se atrincheraron en el interior desde donde observaban los movimientos de las tropas de la Unión y destruían cualquier puente, camino o línea ferroviaria que estuviera en el camino de los invasores, con lo que consiguieron establecer un punto muerto que se prolongaría durante todo el conflicto.

Alejada como estaba de la costa atlántica donde se libraban las principales batallas, la principal contribución de Florida a la guerra fue el **suministro de alimentos** (sobre todo carne de vaca y cerdo que se criaban en las granjas de la Florida central) y su transporte a través del Panhandle con destino a las fortalezas confederadas situadas en el oeste. Los intentos de la Unión por cortar la ruta de abastecimiento dieron lugar a la única batalla importante librada en el estado, la **batalla de Olustee**, en las afueras de Live Oak, en febrero de 1864: 10.000 hombres participaron en un combate que se saldó con 300 muertos, y en el que los dos bandos se proclamaron vencedores.

Sin embargo, la batalla más célebre desde la perspectiva floridana se produjo en marzo de 1865 en **Natural Bridge**, cuando un grupo de jóvenes confederados derrotó a las tropas de la Unión técnicamente superiores, e impidieron la caída de Tallahassee.

Tal como se desarrollaron los acontecimientos después, fue una victoria inútil pues, tras la rendición de los confederados, la guerra acabó unos meses después.

RECONSTRUCCIÓN

Después del cese de las hostilidades, Florida quedó atrapada en un impás inquietante. En los años posteriores a la guerra, los estados derrotados se dedicaron a la **Reconstrucción**, una nueva disposición de sus asuntos internos determinada, en primer lugar, por el presidente y, en segundo lugar, por un Congreso de línea mucho más dura, que actuaba con el propósito de asegurarse que los estados sureños nunca volvieran a las viejas costumbres.

El ideal norteño del capitalismo basado en una mano de obra no sindicada resulta un concepto extraño en el sur, lo que dio lugar a grandes problemas. El futuro de los **esclavos liberados** representaba una de las mayores preocupaciones. Eliminadas las restricciones a sus movimientos, muchos esclavos emancipados vagaban por el campo, y a menudo atemorizaban de manera involuntaria a comunidades de blancos que nunca antes habían visto un rostro negro. A los blancos del sur, la ocupación de muchas ciudades por tropas de la Unión con soldados negros les sentó como si hubieran puesto sal a sus heridas. La reacción no se hizo esperar y el **Ku Klux Klan**, grupo partidario de la supremacía de la raza blanca, inició sus actividades en Tennessee durante 1866, y su doctrina racista y segregacionista pronto se extendió a Florida.

Con este fondo de incertidumbre, la **política interna** de Florida entró en un período de engaños y triquiñuelas sin precedentes. De repente, no sólo se autorizaba a los negros a votar, sino que había más votantes negros que blancos. La credulidad de los negros ignorantes y el poder de sus votos constituyeron una combinación irresistible para los políticos ham-

brientos de poder y sin escrúpulos. El pucherazo y el doble juego eran practicados por facciones diversas unidas sólo por su deseo de restaurar la condición de estado en Florida y adquirir más poder. Después de una constitución escrita y aprobada en circunstancias polémicas, Florida fue **readmitida en la Unión** el 21 de julio de 1868.

Con el tiempo, en Florida, como en los otros estados del sur, llegó al poder un **gobierno demócrata conservador** integrado por blancos. A pesar de la emancipación y las esperanzas de integración esbozadas por la Civil Rights Act (Ley de Derechos Civiles) aprobada por el Congreso en 1875, a los negros de Florida se les seguía negando gran parte de los derechos considerados elementales. De hecho, lo que separaba la nueva Administración de la que llevó a Florida a la secesión era la conciencia del poder del Gobierno federal y la necesidad de aparentar que, como mínimo, se tenían en cuenta puntos de vista independientes. También se daba la circunstancia de que muchos de los antiguos dueños de esclavos eran ahora los que daban trabajo a los negros liberados, quienes aún eran controlados por sus propietarios blancos.

UNA NUEVA FLORIDA (1876-1914)

Los vínculos de Florida con sus estados vecinos se volvieron cada vez más débiles en los años que siguieron a la Reconstrucción. Una población en pleno crecimiento empezó a extenderse por el sur, parte de una disminución gradual de la importancia del Panhandle, zona donde se daban los lazos más fuertes con el Sur Profundo. La identidad de Florida se fraguó con un nuevo **espíritu de frontera**. Además de granjeros minifundistas, llegaron leñadores para trabajar en los abundantes bosques y una nueva casta de colonos ricos empezó a echar raíces, entre los que destacaron Henry DeLand y Henry S. Sanford, quienes compraron amplias extensiones de tierra de la Florida central y fundaron las ciudades que todavía hoy llevan sus nombres.

Los especuladores del norte invirtieron grandes sumas en Florida y, en su intento de dar publicidad a la región, consiguieron que aparecieran en los periódicos del país artículos en los que se ensalzaban las virtudes del clima del estado para curar todas las enfermedades. Estos primeros esfuerzos por promocionar **Flori-**

da como destino turístico atrajo a multitud de ricos que en invierno, gracias a las nuevas líneas ferroviarias, llegaban para disfrutar de los cristalinos ríos y manantiales, y a naturalistas deseosos de explorar la flora y la fauna únicas de la región.

Con la fortuna conseguida mediante su sociedad en la compañía petrolífera Standard Oil, **Henry Flagler** abrió complejos turísticos de lujo en la costa nordeste de Florida para sus amigos de la buena sociedad, y poco a poco extendió su compañía ferroviaria, la Florida East Coast Railroad, hacia el sur, lo que dio lugar al surgimiento de ciudades como **Palm Beach** y a convertir **Miami**, un remoto punto de intercambio, en una ciudad accesible en expansión. El amistoso rival de Flagler, **Henry Plant**, enlazó su línea ferroviaria con **Tampa**, y transformó un villorrio desolado en una próspera ciudad portuaria y una base importante de la industria tabaquera. La **industria de cítricos** también inició su despegue. El clima de Florida permitía cultivar en invierno naranjas, pomelos, limones y otros cítricos que luego eran vendidos en el mercado del norte más frío. Las **granjas ganaderas** pasaron de ser pequeñas explotaciones a grandes y poderosas empresas, y Florida se convirtió en un importante suministrador de carne de vaca para el resto de Estados Unidos; las vacas eran reunidas usando un azote de madera especial que hacía un ruido parecido a un disparo cuando se utilizaba, de ahí procede el apodo de **«cracker»** (literalmente, «chasqueador») aplicado a los colonos rurales.

Sin embargo, la población negra no se benefició de los años de bonanza económica. Muchos eran encarcelados sin razón alguna, y se les veía en grupos de prisioneros encadenados trabajando en la construcción de las nuevas carreteras y líneas ferroviarias; los que se negaban a trabajar recibían tremendas palizas o eran colgados de los pulgares. Pocos blancos prestaban atención a lo que sucedía y los que estaban en una posición para detener tales abusos solían estar demasiado ocupados intentando enriquecerse. Sin embargo, se fundó **Eatonville**, justo al norte de Orlando, la primera ciudad de Florida (y quizá de Estados Unidos) fundada, gobernada y habitada por negros.

LA GUERRA HISPANO-NORTEAMERICANA

En la década de 1890, Estados Unidos era una gran nación unificada con ansias de desempeñar un papel más importante en el mundo. La oportunidad de participar en la política internacional se presentó cuando cobró fuerza el movimiento a favor de que **Cuba** se independizara de España. Florida ya tenía vínculos desde mucho tiempo atrás con Cuba: su capital, La Habana, sólo estaba a 144 km de Key West (cayo Hueso) y varios miles de emigrantes cubanos trabajaban en las fábricas de tabaco de Tampa. Durante 1898, decenas de miles de soldados estadounidenses (la Fuerza Expedicionaria Cubana) llegaron al estado y el 25 de abril se declaró la **guerra Hispano-norteamericana**. De todos modos, los combates entre los dos bandos fueron relativamente escasos. España se retiró y el 1 de enero de 1899 Cuba obtuvo la independencia (y Estados Unidos una victoria que le beneficiaría en el futuro). Sin embargo, la guerra fue también el primero de varios conflictos importantes que iban a favorecer a Florida. Muchos de los soldados volvieron como colonos o turistas y la mejora de las líneas ferroviarias y el refuerzo de los puertos comercialmente importantes de Key West, Tampa y Pensacola, actuaron de catalizadores de la economía.

LA ERA BROWARD

Los primeros años de la década de 1900 estuvieron marcados por la política progresista de **Napoleón Bonaparte Broward**, quien fue elegido gobernador del estado en 1905. Dicho en pocas palabras, Broward apoyaba al hombre de la calle frente a los intereses empresariales, sobre todo las compañías ferroviarias dueñas de enormes extensiones de tierra. Algunos de los objetivos de Broward eran mejorar el sistema educativo, crear una comisión estatal para vigilar la construcción de nuevas líneas ferroviarias, establecer un impuesto de vehículos para financiar la construcción de nuevas carreteras, mejorar el sueldo a profesores y jueces, crear un seguro de vida gestionado por el Estado y prohibir aquellos periódicos (pocos eran favorables a las tesis de Broward) que publicaran falsedades de manera intencionada. Broward también promulgó las primeras **leyes de conservación** para proteger peces, ostras, la caza y los bosques, pero al mismo tiempo, en un intento por establecer nuevas tierras para competir con las posesiones de los magnates del ferrocarril, concibió el programa de desecación que tanto daño iba a causar a los Everglades.

No todas las políticas de Broward se convirtieron en ley y en 1910 dejó Tallahassee para ocupar un escaño en el Senado de Estados Unidos. Pese a ello, los planes de talante progresista de lo que se llamó la **era Broward**, fueron continuados por las siguientes Administraciones, un proceso encaminado en cierto modo a ayudar a una tierra de carácter fronterizo provisional a entrar en el siglo XX.

PRIMERA GUERRA MUNDIAL Y POSGUERRA

La **Primera Guerra Mundial** continuó la tradición de la guerra Hispano-norteamericana, ya que la llegada de militares con la misión de vigilar la costa y desarrollar planes de guerra en el mar supuso una buena inyección económica para Florida. Pero, a pesar del flujo de dinero y las reformas de la era Broward, no se veía un interés por mejorar el futuro de los negros de Florida. En 1915, el Ku Klux Klan fue restablecido en Tallahassee y las protestas públicas que siguieron a la muerte a palos de un joven negro en una cadena de prisioneros sólo fue respondida con la introducción de la celda de castigo para los presidiarios considerados alborotadores.

Como era de esperar, la mayoría de visitantes de Florida en aquella época estaba más preocupada por emborracharse que por que hubiera justicia social. La costa tan celosamente protegida contra el avance de los alemanes durante la guerra, quedó despejada por completo cuando entró en vigor la **Prohibición** en 1919: las numerosas ensenadas apartadas se convirtieron en seguros puntos de desembarco del licor procedente del Caribe. Las bebidas alcohólicas ilegales mejoraron el ambiente en los nuevos centros turísticos de **Miami Beach**, una playa de postal que había sustituido a lo que hasta hacía poco era una isla de mangles apenas habitable. La bebida no era el único placer ilegal perseguido en los clubes nocturnos, ya que abundaban el juego y la prostitución, y pronto iban a atraer la atención de poderosos **gánsteres** como Al Capone; se inició así un clima de corrupción que marcaría la política de Florida durante años.

La creación meteórica de Miami Beach no fue un hecho aislado. Por toda Florida, sobre todo en el sudeste, aparecieron nuevas comunidades casi de la noche a la mañana. El autoproclamado genio de la arquitectura **Addison Mizner** construyó las «casas de un millón de dólares» de Palm Beach, y empezó a poner de moda **Boca Ratón** con los mismos excesos de imitación mediterránea guiado de la premisa «convence al gran esnob y el pequeño esnob te seguirá». El visionario **George Merrick** trazó el extraordinario **Coral Gables** (en la actualidad absorbido por Miami) que se convirtió en la primera ciudad planificada de antemano y uno de los pocos planes urbanísticos que resistieron el paso del tiempo con dignidad.

Durante la época de bonanza económica que sucedió a la guerra, parecía que todos en Estados Unidos querían conseguir un pedazo de Florida, e innumerables trenes cargados de miles de ansiosos compradores iban hacia allí. Pero pronto aparecería el fraude, ya que mucha gente compró sin saberlo hectáreas de ciénagas vacías. Ese período fue satirizado por los hermanos Marx en su primera película, *Cuatro cocos (Cocoanuts)*.

Aunque técnicamente millones de dólares cambiaban de mano cada semana durante 1925, el año del apogeo, lo cierto es que se movía poco dinero en efectivo. La mayoría de operaciones eran transacciones en papel que se realizaban con compradores que efectuaban una pequeña imposición en un banco. La inflación inherente al sistema acabó por descontrolarse en 1926. Cuando los compradores fueron incapaces de proseguir con los pagos, los bancos **quebraron** y rápidamente le siguió el resto de la población. Ese mismo año, un **huracán** devastó Miami (los constructores de la ciudad nunca pensaron en proteger los edificios contra las tormentas tropicales) y en 1928 otro huracán incluso peor causó el desbordamiento del lago Okeechobee y, por tanto, la inundación de las poblaciones vecinas.

Pero cuando acabó el auge inmobiliario de Florida, le tocó el turno al **crack de Wall Street** de 1929, hecho que convertiría en indigentes a millonarios como Henry Flagler y **John Ringling**, de Sarasota, cuyas considerables inversiones habían ayudado a formar el estado y fundador del **Ringling Brothers Barnum and Bailey Circus**.

LA DEPRESIÓN Y LA SEGUNDA GUERRA MUNDIAL

Al inicio de los años treinta, incluso las principales líneas ferroviarias que habían impulsado la expansión de Florida estaban en situación de liquidación, y el Gobierno estatal pudo escapar a la quiebra gracias a una cláusula constitucional. Debido a la crisis inmobiliaria, Florida había tenido más tiempo para adaptarse a los años de miseria absoluta antes de que el resto del país viviera la Depresión, y se habían creado una serie de medidas de recuperación (lo que hizo que el Estado se preocupara más por el bienestar de los ciudadanos) para adelantarse a la legislación del New Deal (nueva política) impuesta por el presidente Roosevelt.

Ningún otro lugar fue golpeado con tanta fuerza como **Key West** (cayo Hueso), ciudad que no sólo padecía los efectos de la Depresión, sino que tampoco se vio favorecida por el auge inmobiliario. Con una población de 12.000 habitantes, Key West había contraído la astronómica deuda de 5 millones de dólares, e incluso perdió la comunicación con el continente cuando la Overseas Railroad, la línea ferroviaria que recorría los cayos de Florida entre Key West y Miami, fue destruida en 1935 por un huracán el Labor Day (Día del Trabajo).

Lo que salvó a Key West y además proporcionó estabilidad financiera a toda Florida, fue la **Segunda Guerra Mundial**. Una vez más, miles de soldados llegaron para proteger la costa (pues cerca de ella había numerosos submarinos alemanes), mientras que la planicie interior se convertía en una perfecta pista de entrenamiento para los pilotos de la aviación estadounidense. Los hoteles vacíos fueron transformados en barracones militares y a muchos soldados (y sus familias que iban a visitarlos) les gustó tanto Florida que no dudarían en volver tiempo después.

En el **período de posguerra** el Estado se reveló absolutamente incapaz de elaborar planes de desarrollo, con unos servicios públicos (sobre todo en el campo de la educación) inadecuados a todas luces. Dados los grandes beneficios que generaba el juego ilegal, la corrupción se convirtió en un mal endémico de la vida pública. El gobernador estatal **Fuller Warren**, implicado en el sindicato del crimen de Al Capone en 1950, no fue el único político del estado sospechoso de estar confabulado con grupos de delincuentes. Una oleada de ataques contra negros y judíos ocurrida en 1951 obligó a Warren a manifestarse públicamente contra el Ku Klux Klan, pero la revelación de que él mismo había sido tiempo atrás un miembro del Klan, confirmó cuán envenenada estaba la sangre que corría por las venas del sistema político de Florida.

Una excepción a tanto declive fue el continuo compromiso con las medidas de conservación del medio ambiente introducidas en la era Broward, que se tradujo en una asignación de 2 millones de dólares para adquirir la tierra que, en 1947, se convirtió en el **Everglades National Park**.

LOS AÑOS CINCUENTA Y SESENTA

La ganadería, los cítricos y el turismo continuaron siendo los principales motores de la economía y, en 10 años a partir de 1950, Florida pasó de ocupar el puesto número 20 de los estados más poblados del país al número 10, con 5 millones de habitantes. Aunque tal aumento hizo más importante la participación de Florida en el Gobierno federal, los cambios demográficos ocurridos dentro del estado (sobre todo el abandono de la vida rural en el norte a cambio de un modo de vida urbano en el sur) pasaron inadvertidos y la **redistribución** de la representación estatal se convirtió en un tema trascendental. Fue resuelto por la **Constitución de 1968**, que permitía la redistribución automática en función de los cambios de población.

El deseo de crecer y la necesidad de dar una imagen pública de honestidad, impidió a la Asamblea parlamentaria de Florida (dominada por los conservadores) unirse a las cámaras de los otros estados del sur contra la **supresión de la segregación**, y tuvo que acatar el fallo emitido por el Tribunal Supremo federal sobre esta cuestión en 1956. Sin embargo, a los negros se les siguió prohibiendo su presencia en Miami Beach después del atardecer y no podían bañarse en la playa de Palm Beach. Además, eran víctimas de la segregación en restaurantes, autobuses, hoteles y escuelas, y su representación en la vida pública era casi inexistente. A medida que el movimiento a favor de los **derechos civiles** cobraba fuerza durante los primeros años de la década de los sesenta, en Tallahassee y Daytona Beach se produjeron boicoteos a autobuses y manifestaciones, y durante una marcha sobre St Augustine que se llevó a cabo en 1964 fue detenido el líder del movimiento, Dr. Martin Luther King Jr. El éxito del movimiento de los derechos civiles para acabar con la discriminación legalizada apenas cambió las profundamente enraizadas actitudes racistas de gran parte de la población de Florida que llevaba más tiempo establecida allí. La mayoría de negros del estado seguían viviendo y trabajando en condiciones intolerables para los blancos, un hecho que, en parte, fue responsable de los **disturbios de Liberty City** sucedidos en agosto de 1968, el primero de varios levantamientos violentos en las zonas deprimidas de Miami.

El cambio ideológico vivido en la vecina **Cuba** —el líder Fidel Castro la declaró estado socialista en 1961— saltó de repente a la escena internacional debido a la **crisis de los misiles** de 1962, cuando Estados Unidos y la Unión Soviética se enzarzaron en un peligroso juego del ratón y el gato por las bases de misiles soviéticos establecidos en la isla. Tras evitarse una nueva guerra mundial, Florida se convirtió en la base del Gobierno estadounidense para llevar a cabo operaciones anticastristas secretas. Muchos de los que participaban en tales actividades eran parte de los 300.000 **inmigrantes cubanos** que habían llegado a Florida después de la revolución encabezada por Castro. El fiasco de la bahía de Cochinos de 1961 demostró que estos inmigrantes no iban a volver a su tierra a corto plazo y, aunque no todos los que llegaron se quedaron en Florida, muchos decidieron permanecer en Miami, donde iban a cambiar totalmente el carácter (y al final la balanza del poder) de la ciudad.

Otro factor que intervino en la expansión de Florida fue la instalación de la nueva Administración Nacional para la Aeronáutica y el Espacio, la **NASA**, en el enclave militar donde se ponían a prueba los misiles de largo alcance: Cabo Cañaveral. El gran esfuerzo por llevar al hombre a la Luna aportó una enorme afluencia de personal de la industria aeroespacial a principios de los años sesenta, hecho que hizo cuadriplicar la población de la zona, que pronto sería conocida como **Space Coast** (Costa del Espacio).

Aunque no fue inaugurado hasta 1971, **Walt Disney World** fue concebido a mediados de los años sesenta e iba a tener un gran impacto en el futuro de Florida. El Gobierno estatal hizo lo imposible por ayudar a la Disney Corporation a convertir una buena porción de tierra de la Florida central en el mayor parque temático jamás conocido. Durante el tiempo que duró su construcción, hubo intensos debates sobre los efectos comerciales y ecológicos de semejante proyecto en el resto de la región. Sin pensárselo dos veces, las pequeñas empresas y negocios se precipitaron sobre el área, ansiosos de aprovechar la afluencia prevista de turistas, y la adormilada ciudad ganadera de **Orlando**, pasó de repente a ser una de las poblaciones de mayor crecimiento del estado; pronto se convertiría en uno de los destinos de vacaciones más conocidos del mundo.

LA FLORIDA CONTEMPORÁNEA

El gran éxito comercial de Walt Disney World, junto con una serie de circunstancias fortuitas (el miedo de los estadounidenses al terrorismo redujo sus viajes al extranjero y las guerras de precios entre los operadores turísticos y las líneas aéreas animó a los visitantes extranjeros), han ayudado a reforzar el lugar de Florida en el **mercado turístico internacional**. Directa o indirectamente, en la actualidad una de cada cinco personas de los 12 millones de habitantes que hay en el estado viven del turismo. Al mismo tiempo, el cambio generalizado que transformó en **industrias de alta tecnología** los pequeños centros de producción, dio lugar a que numerosas empresas abandonaran sus tradicionales bases del norte a favor de Florida, llevándose consigo sus oficinistas.

Sin embargo, detrás de la fachada optimista se esconden muchos problemas. Los impuestos que se habían mantenido bajos para estimular el crecimiento han reducido los fondos para cubrir los servicios públicos, y ha dejado al estado aparentemente próspero con unos niveles alarmantes de analfabetismo entre la población adulta, elevada mortalidad infantil y criminalidad. Los esfuerzos por **subir los impuestos** durante los últimos años de la década de los ochenta se toparon con una fuerte oposición que obligó al gobernador estatal, Bob Martínez, a tomar medidas drásticas. Otra fuente de preocupación es la creciente **separación** entre el relativo liberalismo de las grandes ciudades y el ultraconservadurismo presente en las áreas rurales extremadamente religiosas.

Mientras Miami no cesa de promocionar su modernidad y carácter multicultural (restando importancia a algunos graves conflictos interétnicos), el Ku Klux Klan celebra picnics en el Panhandle, un libro de cuentos infantil es eliminado de una lista de lecturas en una escuela del norte de Florida por contener las palabras *damn* («maldito») y *bitch* («zorra» o «perra»), y en Pensacola un médico es asesinado a disparos por activistas antiaborto.

ARMAS Y DROGAS

Las contradicciones también han aparecido en los esfuerzos por reducir el índice de criminalidad. En 1976, Florida se convirtió en el primer estado que restableció **la pena de muerte**, declarándola medida disuasoria definitiva para combatir el asesinato; sin embargo, las **leyes sobre armas** del estado continúan siendo permisivas. Algunos distritos imponen un plazo preventivo de varios días mientras se comprueba el historial de un posible comprador de armas, pero en la mayoría de casos, se pueden adquirir sin problema presentando una mínima identificación.

No parece que el **tráfico de drogas** vaya a disminuir. Geográficamente, Florida es una importante zona estratégica para los traficantes de América Latina y se calcula que al menos una cuarta parte de la cocaína que entra en Estados Unidos llega por Florida. En Miami operan unas 90 oficinas antidroga independientes, pero el temor a la corrupción hace que actúen por separado en lugar de reunir la información obtenida. Hace poco, la Administración ha cambiado de estrategia y, en lugar de perseguir a los traficantes, intentan acabar con el **blanqueo de dinero**; este hecho —no deja de ser irónico— ha empezado a poner en peligro muchas instituciones financieras de Miami nacidas (es un secreto a voces) del tráfico de drogas.

CUESTIONES RACIALES

El presidente Clinton buscó el apoyo de los demócratas de Florida a cambio de comprometerse en la cuestión cubana. En 1994 decidió que todos los cubanos que intentaban llegar a Florida, serían internados en la base militar estadounidense de Guantánamo, en Cuba, aunque apenas se tuvo en consideración el destino de los que habían sido rechazados en su intento de entrar en Estados Unidos. En 1995 se autorizó la entrada en el país a los cubanos retenidos en Guantánamo, pero se decretó que cualquier futuro refugiado sería devuelto a Cuba. Fue un importante cambio de política que irritó a los exiliados cubanos derechistas. Por primera vez desde que Castro consiguió el poder, Estados Unidos manifestaba de manera oficial que los cubanos no eran perseguidos en masa. A partir de ese momento, tendrían que demostrar que estaban en peligro para entrar en Estados Unidos.

En 1996, en un intento de satisfacer a los elementos derechistas de la comunidad de exiliados cubanos, Clinton dio el visto bueno a la Ley Helms-Burton, que amenazaba con imponer sanciones a las empresas extranjeras con intereses en Cuba. Pero con esta medida lo que también consiguió fue irritar a países como Canadá, Reino Unido, México y otros importantes aliados y socios comerciales de Estados Unidos. Por ello, Florida no modificó su tendencia política y votó a los demócratas en las elecciones de noviembre de 1996.

VIOLENCIA CONTRA LOS TURISTAS

Repetidos incidentes de violencia contra turistas europeos, incluido el asesinato de turistas alemanes y británicos, han proporcionado al estado una publicidad bastante negativa. El gobernador Lawton Chiles (un sucesor liberal de Martínez, elegido contra todo pronóstico en noviembre de 1990) respondió en febrero de 1993 creando la Task Force on Tourist Safe, una fuerza especial para la seguridad del turista. Este nuevo cuerpo de seguridad puso en marcha programas piloto en Miami y Orlando que consiguieron mejorar la señalización en carreteras (para indicar con más claridad las rutas a las principales atracciones), crear nuevos centros de información turística en puntos de llegada clave y eliminar las delatoras placas «Y» y «Z» de los coches de alquiler. En la actualidad, hay señales fácilmente visibles engalanadas con un sol color naranja brillante que guían a los turistas a través del laberinto de calles de Miami hasta las principales autopistas, lo que facilita la circulación por la «Florida's Sun Route».

Aunque este nuevo cuerpo de seguridad es un paso adelante, nadie cree seriamente que las agresiones contra los turistas en Florida puedan ser erradicadas por completo: la muerte de un turista danés en 1996 cuando paró en una gasolinera de Miami para preguntar por un lugar es una clara advertencia. No obstante, los funcionarios estatales se apresuran en señalar que si los visitantes europeos hicieran caso de las precauciones de seguridad rutinarias (descritas en «Lo Básico») que la mayoría de estadounidenses dan por sentadas, los riesgos disminuirían en gran medida.

CONSERVACIÓN

La última década se ha caracterizado por una mayor protección de los **recursos naturales** del estado. Hay grandes extensiones de tierra bajo control estatal y, en general, la fauna está menos amenazada ahora que en otra época desde que llegaron los primeros colonos blancos. Lo más espectacular ha sido la recuperación de la población de caimanes. El reverso de la moneda es que los Everglades (y los animales que dependen de esta reserva) podrían ser destruidos por la cada vez mayor demanda de agua potable registrada en el sur de Florida.

EL HURACÁN «ANDREW»

En agosto de 1992, el **huracán «Andrew»** arrasó con vientos de 268 km/h la zona sur de Miami (el radar del National Hurricane Center fue derribado). Aunque no fue una sorpresa (cada año, entre junio y noviembre, se forman frente a la costa de Florida multitud de potenciales huracanes, aunque la mayoría de ellos se diluyen mucho antes de llegar al litoral), el viento arrancó tejados, destruyó supermercados, dejó sin casa (o viviendo en ruinas) a unas 150.000 personas, 250.000 más se quedaron sin suministro eléctrico y el coste de los daños ascendió a 30.000 millones de dólares.

El gobernador Chiles declaró la región zona catastrófica, desplegó 1.500 hombres de la Guardia Nacional para impedir el saqueo y advirtió que Florida sufriría la quiebra económica si no recibía ayuda para hacer frente a los gastos de la reconstrucción. Ante la subida de tono de las críticas a la respuesta federal (acusándola de lenta y desorganizada) a la situación de emergencia, el presidente George Bush realizó dos visitas (en las que no paró de abrazar a niños) a la zona devastada y al final ordenó la intervención de 20.000 marines y un convoy naval en la que fue la mayor operación de socorro jamás montada.

Han pasado varios años desde que el huracán arrasó la zona, pero todavía hoy persisten señales de su acción: casas abandonadas y comercios destruidos (por ejemplo, el Deering State, en la Old Cutler Road de Miami, no se ha recuperado completamente y todavía hoy mantiene como recuerdo un extraño cementerio de árboles pelados y secos). No obstante, también surgió algo positivo del desastre: los árboles arrancados han sido sustituidos por muchos parques de especies endémicas de Florida, con más posibilidades de sobrevivir a futuros huracanes. El Fairchild Tropical Garden de Miami, que sufrió especialmente los efectos del huracán «Andrew» cuando muchas de sus plantas raras y exóticas fueron arrancadas de raíz, se ha recuperado con creces y en la actualidad alberga nuevas especies vegetales y exposiciones de interés. En este lugar es posible ver un árbol enorme doblado hacia un lado por efecto del huracán, pero que sigue creciendo.

Aunque los floridanos más viejos recordaban la serie de huracanes que azotó el estado durante los años veinte y treinta, los que llegaron después restaban importancia a la amenaza de los huracanes, y pocos eran los que se molestaban en almacenar provisiones de emergencia o seguir las indicaciones en caso de evacuación. Sin embargo, a raíz del «Andrew», esta actitud ha cambiado radicalmente y hoy los simulacros de huracán (en las que se dan consejos para estar preparado y sobrevivir a él) atraen a un gran número de personas.

LA FLORIDA NATURAL

La principal sorpresa que se lleva la mayoría de personas en Florida es la abundancia de zonas naturales sin explotar que se puede ver por todo el estado y la extraordinaria variedad de flora y fauna que hay en ellas. Desde un extraño halcón que sólo come caracoles hasta una higuera parecida a una parra que estrangula a otros árboles, en la Florida natural hay muchos aspectos que quizás el visitante no haya visto antes y que, debido al drenado, las coacciones del *lobby* de agricultores y la constante necesidad de nuevas viviendas, tal vez no tarden mucho en desaparecer.

INFORMACIÓN PREVIA

Muchos factores contribuyen a la inusual diversidad de los **ecosistemas** que se encuentran en Florida; el más obvio es la **latitud**, pues en el norte del estado hay vegetación común en las regiones templadas, bastante distinta a la flora subtropical del sur. Otro elemento crucial es la **elevación**: mientras que gran parte de Florida es llana y baja, un cambio de unos cuantos centímetros en la elevación afecta drásticamente a lo que crece, debido en parte a la variedad de suelos.

EL PAPEL DEL FUEGO

En Florida hay más tormentas que en cualquier otra parte de Estados Unidos y los rayos a menudo causan **incendios**. Muchas de las plantas de este estado se han adaptado al fuego desarrollando gruesas cortezas o la habilidad de regenerarse a partir de esquejes. Otras, como el palmito y la juncia, protegen sus brotes con una vaina de hojas verdes. El fuego es necesario para mantener un equilibrio natural de especies de plantas; de hecho, los intentos por controlar incendios causados de forma natural han contribuido a la composición cambiante de las tierras salvajes que quedan en Florida.

Pero el hombre tuvo que intervenir necesariamente en julio de 1998, cuando Florida sufrió una de sus sequías estivales más graves. En un momento determinado, incendios devastadores se descontrolaron en el condado de Volusia y siguieron con más vigor hacia el centro de Daytona y las playas. Más de 56.000 Ha de área forestal quedaron destruidas, aproximadamente el 10 % del territorio del condado de Volusia. La pérdida total atribuida a los incendios se calculó en 379 millones de dólares. Bomberos agotados de todo el país fueron a luchar contra el fuego y, debido al humo, un largo tramo de la I-95 quedó cortada. Por primera vez en la historia, la Daytona International Speedway canceló una importante carrera por la proximidad de los incendios y convirtió su gran estructura de acero en un refugio temporal para los residentes desplazados. Por fortuna, hubo muy pocas víctimas y la destrucción de la maleza llevará, en realidad, a la sana recuperación del suelo del bosque.

BOSQUES Y ARBOLEDAS

Los **bosques y las arboledas** no son lo primero que asocia la gente con Florida, pero en el estado hay una impresionante variedad de ellos, que van desde las grandes extensiones de pinos de la tierra alta, abundantes en el norte, hasta la mezcla de follaje tropical que se encuentra en los *hammocks* del sur.

LOS BOSQUES DE PINOS

Los **bosques de pinos** (conocidos como *flatwoods*), que cubren casi la mitad de Florida, están más extendidos por la llanura de la costa sudeste. Estas especies de pinos (amarillo, del incienso, etc.) se alzan altos y rectos como postes de teléfono. En una época, los españoles recolectaban productos como trementina y colofonia de los pinos de Florida, una práctica que continuó durante el dominio estadounidense y algunos árboles todavía conservan las cicatrices de sus troncos. Los bosques de pinos son amplios y abiertos, y la luz se filtra entre las bóvedas superiores de hojas, lo que permite que crezca una espesura de arbustos como palmitos, encinas y brezos de diversas variedades. En los bosques de pinos viven ciervos de cola blanca, ratas de algodón, trepatroncos de cabeza marrón, mosquiteros de los pinos, serpientes de cascabel orientales y sapos de los robles. Aunque muchas de estas criaturas también habitan en otros ecosistemas de Florida, la **ardilla zorro**, grande y de color óxido, es uno de los pocos moradores mamíferos más o menos restringidos a los bosques de pinos.

LOS BOSQUES DE PINOS DE LAS TIERRAS ALTAS

Como indica su nombre, los **bosques de pinos de las tierras altas** se encuentran en las cadenas de arena ondulante y las colinas de arena del nordeste de Florida y el Panhandle, condiciones que tienden a mantener más secos los bosques de pinos de las tierras altas y, por tanto, incluso más abiertos que los *flatwoods*. Los bosques de pinos de las tierras altas poseen una cubierta herbácea en el suelo y un techo, en su mayoría, de pinos amarillos, lo cual le da una apariencia de parque. Pájaros carpinteros de cabeza roja, azulejos gorjicanelos, ratones de Florida, ardillas de tierra (llamadas localmente *salamanders* o «salamandras», una variación de *sand mounder* o «que hace montones de tierra») y las tortugas ardilla (criaturas amigables que a menudo comparten sus madrigueras con ranas ardilla) han convertido los altos pinos en su hogar. Estos dos últimos, junto con los escarabajos, mantienen sano el bosque al mezclar y oxigenar el suelo. El amenazado pájaro carpintero de escarapela roja es el símbolo del antiguo bosque de pinos de las tierras altas; la explotación forestal y el control de los incendios naturales han contribuido a su disminución.

LOS HAMMOCKS

La vida salvaje tiende a ser más abundante en los *hammocks* de frondosas que en los cercanos bosques y praderas de pinos (véase más abajo). Los *hammocks* son estrechas franjas de frondosas (no pinos) que crecen entre las pinedas y la vegetación más húmeda. La composición de los *hammocks* varía en la extensión del estado: en el sur, constan de frondosas tropicales (véase «Los *rocklands* del sur de Florida», pág. siguiente); en el norte, hay un conjunto de robles, magnolias y hayas, con unas cuantas plantas más pequeñas; los pájaros carpinteros de vientre rojo, los halcones de cola roja y de alas rojas y los búhos enrejados anidan en ellos, asimismo, el visitante podrá encontrar ratas arborícolas orientales, mofetas rayadas y ciervos de cola blanca.

LA MALEZA Y LA PRADERA

Los ecosistemas de la **maleza** se extendieron por las montañas Rocosas del sur y por el norte de México, pero los cambios climáticos redujeron su distribución y los restos que quedan se encuentran sólo en el norte y el centro de Florida. Al igual que los altos pinos, la maleza aparece en zonas secas y montañosas. La vegetación, que forma una masa impenetrable, consta de variadas combinaciones de encinas adaptadas a la sequía, palmitos, romero de Florida y/o pinos. La **bonamia de Florida**, una ipomea con flores en forma de embudo, es una de las plantas más atractivas de la maleza, que posee más de una docena de especies de plantas registradas oficialmente como amenazadas. La maleza también da cobijo a algunos animales únicos, como el ratón de Florida, el lagarto de la maleza de Florida, el escinco de la arena y el **arrendajo de la maleza** de Florida. Este último posee un inusual sistema social: las parejas anidan en cooperación con las crías de la temporada anterior, que ayudan a llevar comida a sus hermanos más jóvenes. Aunque no son únicos del hábitat de la maleza, hay otros habitantes como el oso negro, el ciervo de cola blanca, el lince y las tortugas ardilla.

Algunas de las zonas interiores de Florida están cubiertas de **pradera**, los mejores habitantes de la cual rodean el lago Okeechobee. Los colonos destruyeron al bisonte que vivía allí hace unos 200 años, pero en la actualidad se están introduciendo manadas en algunos parques del estado. Un morador más diminuto de la pradera es el **búho de las madrigueras**; la mayoría de ellos están activos por las noches, pero se alimentan durante el día y viven en madrigueras subterráneas, algo también inusual, y ululan nerviosamente cuando alguien se les acerca, por lo que se han ganado el apodo de «howdy owl» (búho hola). Las mofetas moteadas orientales, las ratas de algodón, los buitres negros, los sabaneros orientales, y las tortugas caja son algunos de los restantes habitantes de la pradera. Los **armadillos** de nueve bandas también se encuentran en los hábitats de las praderas y en cualquier terreno no pantanoso. Recientes invasores de Texas, los armadillos por lo general cazan por la noche y se alimentan de insectos. Debido a lo poco que ven, a menudo no se dan cuenta de que se acerca un humano hasta el último minuto: entonces se enderezan y se alejan ruidosamente.

LOS ROCKLANDS DEL SUR DE FLORIDA

Zonas elevadas alrededor del extremo sur del estado (en los Everglades y los cayos de Florida), contienen tanto pinos como hammocks de frondosas tropicales sobre afloramientos de piedra caliza, conocidos como **rocklands (roquedales) del sur de Florida**. Más parecidos a la jungla que los templados bosques de frondosas que se encuentran en el norte de Florida, los **hammocks de frondosas tropicales** del sur tienden a aparecer en forma de «islas de árboles» rodeadas de vegetación más dispersa. Palmeras reales, ciruelos, gumbolumbos (uno de los árboles de los hammocks tropicales más bellos, con una característica corteza color rojo claro) y helechos forman densos matorrales entre los hammocks. Los **bosques de pinos** de los rocklands del sur de Florida constan en su mayor parte de revueltos pinos del incienso. Húmedas praderas de mangles rodean los hammocks y los bosques de pinos.

PLANTAS EPÍFITAS

Los hammocks tropicales contienen varios tipos de **plantas epífitas**, que utilizan a otras plantas como apoyo físico pero no dependen de ellas para nutrirse. En el sur de Florida, las epífitas incluyen orquídeas, helechos, bromelias (el **musgo español** es una de las bromelias más extendidas, que cuelgan de las ramas de los árboles por todo el estado y forman las canopy roads o «carreteras doseles» de Tallahassee, véase «El Panhandle»). Aparen-

temente las más agresivas de las epífitas, las **higueras estranguladoras**, después de germinar en la copa de los árboles como palmeras, ahogan al árbol que las ha acogido. Entonces envían varias raíces aéreas que llegan al suelo y rodean fuertemente al árbol, lo que evita el crecimiento del tronco. Por último, la higuera produce muchas hojas que ahogan el follaje del árbol y éste muere dejando sola a la higuera.

OTRAS PLANTAS Y VERTEBRADOS

En las rocklands del sur de Florida hay más de 40 especies de plantas y una docena de especies de vertebrados que no se encuentran en ninguna otra parte del estado. Entre ellos están la amorfa crenulada, el cactus árbol de los cayos, el murciélago de Florida, el ciervo de los cayos y la serpiente de cabeza negra de Miami. Entre los residentes más comunes destacan las **mariposas** y las **arañas**; las mariposas yeliconia blancas y amarillas, con sus largas alas en forma de raqueta y una característica forma de volar planeando, son especialmente elegantes; pero tienen que volar con cuidado porque las hammocks están enlazados con las enormes redes de la araña de la banana. Otras especies incluyen 60 tipos de caracoles de tierra, ranas verdes de los árboles, anolis verdes, cardenales, oposums, mapaches y ciervos de cola blanca. La mayoría de ellos son autóctonos del sudeste de Estados Unidos, pero algunas especies de aves del oeste de la India, como el cuco de los mangles, el tirano gris y la paloma de cabeza blanca, han colonizado los rocklands del sur de Florida.

MARISMAS Y PANTANOS

Aunque alrededor de la mitad han sido destruidas debido a la explotación forestal, las turbas, el drenaje o las aguas residuales, todavía hay marismas en Florida. Los árboles que crecen alrededor de ellas incluyen pinos, palmeras, cedros, robles, gomíferos negros, sauces y cipreses. Especialmente adaptados a las condiciones acuáticas, los cipreses están rodeados de knees nudosas o raíces modificadas, que proporcionan oxígeno al árbol, que de otro modo se ahogaría en el suelo húmedo. Las orquídeas y bromelias epífitas son comunes en los cipreses, sobre todo en el sur de Florida. El árbol oficial del estado, la palmera sabal, es otra planta de marisma y *hammock*: *Heart of palm* (corazón de palmera) es el nombre de *gourmet* que se le da al vegetal que se extrae de su interior y se usa para la ensalada.

Las marismas de Florida también albergan muchas especies de **plantas insectívoras**; las superficies pegajosas y los embudos llenos de líquido atrapan a los pequeños insectos, que luego son digeridos por la planta hambrienta de nitrógeno. Alrededor del Apalachicola National Forest se encuentra la mayor diversidad de plantas carnívoras del mundo, entre ellas nepentes y droseras. Otros residentes de las marismas son libélulas, caracoles, almejas, peces, ranas arborícolas que cantan como pájaros, ibis, patos de la madera, castores, mapaches y panteras de Florida.

Tierras pantanosas con relativamente pocos árboles, los **pantanos de agua dulce** van desde praderas húmedas poco profundas hasta pantanos de espadañas profundos. Los **Everglades** forman el mayor pantano de Florida, y la mayor parte de él es juncia. En las tierras más altas con buenos suelos, la juncia (en realidad un junco) crece de manera densa; en las elevaciones más bajas es más escasa y a menudo una estera de algas cubre el suelo entre sus plantas. Pueden encontrarse escarabajos de agua, diminutos crustáceos como anfípodos, mosquitos, cigalas, peces luna, peces aguja, siluros, ranas toro, garzas, garcetas, ibis, ratas de agua, ciervos de cola blanca y panteras de Florida. Con suerte, el visitante podrá ver un tipo de **milano**, con manchas negras o marrones, que se alimenta de los grandes caracoles de manzana. El número de caracoles y de milanos ha descendido mucho tras el drenaje de los pantanos para la agricultura y el control de las inundaciones. Hasta ahora, más del 60 % de los Everglades ha sido drenado irreversiblemente.

MORADORES DE LAS TIERRAS PANTANOSAS: CAIMANES Y AVES ZANCUDAS

Los **caimanes** son unos de los habitantes más conocidos de las tierras pantanosas, lagos y ríos de Florida. El visitante puede buscarlos en las mañanas soleadas, cuando toman el sol en los troncos o los bancos. Si escucha un ruido de tormenta en un día claro, quizá se trate del bramido de los machos, que defienden su territorio. Los caimanes pueden llegar a medir más de 3 m de largo y cazan sobre todo peces, tortugas, pájaros, cigalas y cangrejos. Antes eran cazados de manera indiscriminada por su piel y su carne, pero en la actualidad el número de caimanes ha aumentado desde que empezaron a ser protegidos en 1973; hacia 1987, Florida ya tenía 500.000 de ellos. Normalmente no son peligrosos; de hecho, se han registrado muy pocos ataques fatales desde 1973. Los que más riesgo corren son los que nadan al anochecer y los niños pequeños que juegan sin vigilancia cerca del agua. Para muchas criaturas, los caimanes son sus salvadores; durante el verano, cuando los pantanos se secan, utilizan sus hocicos, patas y colas para agrandar las charcas que quedan, creando un refugio para ellos mismos y otras criaturas acuáticas. En estos «agujeros de caimán», las agujas se clavan como leña apilada, las serpientes buscan ranas, y las nutrias y las anhingas cazan peces.

En las tierras pantanosas abundan las **aves zancudas**. Garcetas, garzas e ibis, por lo general con plumas blancas o grises, cazan ranas, ratones y pequeños peces. Los cazadores de plumas de principios del siglo xx diezmaron el número de estas aves para hacer lujosos sombreros y, durante las últimas décadas, la destrucción del hábitat ha causado una reducción del 90 % de ellas. Sin embargo, todavía pueden verse muchas en las marismas, pantanos y mangles. Las garcetas del ganado, invasoras procedentes de América del Sur, son habituales en los pastos, donde cazan insectos alborotados por el ganado. Las zancudas rosadas (las espátulas rosadas y, en un número mucho menor, los flamencos) también pueden encontrarse en las tierras pantanosas del sur de Florida.

LAGOS, MANANTIALES Y RÍOS

En Florida hay casi 8.000 **lagos** de agua dulce. Son comunes los peces que se pescan por deporte, como los róbalos, pero las aguas están demasiado calientes como para que haya truchas. Algunas especies autóctonas de peces están amenazadas por la introducción del **siluro**, que posee un sistema de agallas adaptado especialmente para abandonar el agua y darse una caminata campo traviesa en versión pez. Nativo de la India y Birmania, a este pez se le abrió paso por los canales del sur de Florida a principios de los años sesenta y en 20 años «caminó» por una veintena de condados interrumpiendo la cadena alimenticia autóctona. Una helada terminó con muchos de estos exóticos peces, pero todavía quedan los suficientes como para causar preocupación.

La mayoría de **manantiales** de Florida contienen agua fría y dulce, pero algunos están calientes y otros emiten aguas sulfurosas, cloradas o salinas. Las de Homosassa Springs (véase «La costa oeste»), por ejemplo, tienen un alto contenido de cloro, que las hace atractivas para especies de peces tanto de agua dulce como salada.

Además de peces, el extenso sistema **fluvial** de Florida contiene caracoles, mejillones de agua dulce y cangrejos de río. Entre los moradores del río del sur también se encuentran los agradables **manatíes** o vacas de mar, que habitan en las bahías y aguas costeras poco profundas. Los únicos mamíferos herbívoros completamente acuáticos, los manatíes a veces pesan casi una tonelada, pero sólo comen plantas acuáticas. Incapaces de soportar las condiciones frías, son más aficionados a las aguas calientes que salen de las centrales eléctricas y algunos de ellos las siguen hasta Carolina del Norte.

En Florida, durante el invierno, los grandes manantiales de Crystal River (véase «La costa oeste») atraen a los manatíes, algunos de los cuales se han hecho lo suficientemente dóciles como para permitir que los buceadores les acaricien la barriga. Aunque tienen muy pocos enemigos naturales, estos animales están disminuyendo, a menudo por culpa de las hélices de los barcos, que les hieren en el lomo o la cabeza cuando se alimentan en la superficie.

LA COSTA

Hay mucho más que bronceado en la **costa** de Florida. La arena de las playas constituye un hábitat para muchas especies, como las tortugas marinas. Donde no hay arena, el visitante encontrará hermosos bosques de mangles o pantanos y estuarios salados llenos de vida salvaje.

Mar adentro, los arrecifes de coral constituyen otro exótico ecosistema y uno de los más agradables de explorar buceando con tubo o con escafandra autónoma.

LA ARENA DE LAS PLAYAS

Las olas llevan hasta la **arena de las playas** de Florida interesantes criaturas como esponjas, cangrejos de herradura y algunos caballitos de mar. Las **conchas** de Florida son famosas; entre ellas destacan caracolas, póstulas, veneras rojas y naranjas, múrices y coquinas. Mientras el viajero se encuentre en la playa, debe tener cuidado y no pisar con los pies descalzos fragmentos purpurinos de tentáculos de una especie de medusa conocida localmente como **man-of-war**, y cuyos cuerpos flotantes como velas a menudo son arrastrados a la orilla; sus tentáculos, que frecuentemente llegan a medir más de 18 m, pueden soltar una sustancia dolorosa al contacto con la piel. Entre los habitantes más inofensivos de la playa se encuentran aves de invierno como chorlitos de barriga negra, chorlitos blancos y picotijeras negros.

De las siete especies de **tortugas marinas**, cinco anidan en la arena de las playas de Florida: verdes, mordedoras, gigantes, de mar y bastardas. De febrero a agosto, las tortugas hembra se arrastran afuera por la noche, excavan un agujero en la playa y ponen más de cien huevos. Sin embargo, pocos de ellos sobrevivirán hasta hacerse adultos, ya que los mapaches suelen comérselos y las crías a menudo son aplastadas por los vehículos de las autopistas de la costa cuando quedan desorientadas por sus luces. Los programas para incubar los huevos de manera artificial han ayudado a compensar algunas de las pérdidas. El mejor momento para ver las tortugas marinas es durante junio (la temporada alta de cría) con una de las excursiones guiadas por un guarda del parque que se ofrecen por la parte sur de la costa nordeste (véase «La costa nordeste»).

LOS MANGLES

Situados en las aguas salobres alrededor de los cayos de Florida y la costa sudoeste, en Florida hay tres especies de **mangles**. A diferencia de la mayoría de plantas, los mangles llevan a cuestas a sus hijos: las «semillas» o propágulos germinan mientras todavía están en el árbol; después de separarse del padre, el joven propágulo flota durante semanas o meses hasta que se detiene en un lugar adecuado, donde su condición de brote le permite echar raíces enseguida. Al igual que los cipreses, los mangles tienen dificultades para extraer oxígeno de sus entornos fangosos y solucionan este problema con grandes raíces aéreas, que cuelgan como dedos de las ramas o giran hacia fuera desde el tronco más bajo. Varias especies de peces, como el pagro de los mangles, dependen de éstos para cuidar a sus crías; otros **habitantes de los mangles** son ranas, cocodrilos, pelícanos marrones, cigüeñas arborícolas, espátulas rosadas, nutrias de río, visones y mapaches.

LOS PANTANOS Y LOS ESTUARIOS SALADOS

Al igual que el ecosistema de los mangles, el hábitat de los **pantanos y estuarios salados** constituye una zona de cría para muchas especies de peces, que a su vez es una zona de alimentación para peces más grandes, garzas, garcetas y delfines ocasionales. Los **cocodrilos**, que son más estrechos y tienen el hocico más puntiagudo que los caimanes, pueden verse muy raras veces y se encuentran en el agua salada del extremo sur del estado. En unos pocos pantanos salados del sur de Florida, el visitante podrá ver la **gran garza blanca**, una rara y bella variación de la gran garza azul, más común. Alrededor de la bahía de Florida, las grandes garzas blancas han aprendido a pedir pescado a los residentes locales y cada una de ellas «trabaja» en una vecindad concreta; de hecho, van de casa en casa pidiendo pescado: golpean las persianas de las ventanas con el pico o lanzan sonidos guturales. Un morador del pantano salado menos atractivo es el **mosquito**; por desgracia, los métodos más dañinos que se utilizan para controlarlos, como la extracción del agua salada o el rociado con DDT, han infligido serios daños a los frágiles pantanos y estuarios salados.

LOS ARRECIFES DE CORAL

Una larga franja de **arrecife de coral** rodea la esquina sudeste de Florida. El coral vivo presenta muchos colores: el coral estrellado es verde; el de cuerno de alce, anaranjado; y el cerebro es rojo. Cada trozo de él constituye una colonia de cientos de miles de pequeñas y suaves criaturas llamadas **pólipos**, parientes de las anémonas marinas y medusas. Los pólipos secretan piedra caliza para formar sus duros esqueletos exteriores y por la noche extienden sus plumosos tentáculos para filtrar el agua marina en busca de alimento microscópico. Sin embargo, el proceso de filtración constituye sólo una parte de la nutrición del coral, pues la mayor parte se realiza mediante la fotosíntesis de las algas que viven dentro de las celdas de los pólipos. En los últimos años, los influjos de aguas más calientes, quizás asociados con el calentamiento global, del Planeta ha matado muchas celdas de algas. El pólipo medio muerto de inanición a menudo se pone enfermo, un fenómeno conocido como «decoloración». Aunque se ha observado el fenómeno por todo el Pacífico, los daños en Florida son hasta ahora moderados. El impacto de la industria del turismo del arrecife ha sido más pronunciado, pero la destrucción del arrecife para venderlo como recuerdo a los turistas está prohibida en la actualidad.

Los arrecifes de coral albergan una gran variedad de peces de vivos colores (doradas americanas, papagayos, blenias, roncadores y labros), que se arremolinan en deslumbrantes bancos o se ocultan entre las grietas del coral. La **castañuela** es el agricultor del arrecife: después de destruir un pedazo de pólipo, se alimenta del crecimiento de algas resultante y lo defiende con firmeza frente a otros peces. Esponjas, gusanos plumero, abanicos de mar, cangrejos, langostas de púas, erizos de mar y conchas se encuentran entre los miles de criaturas que residen en el arrecife de coral.

FLORIDA
EN EL CINE

El cine y Florida tienen algo en común: el escapismo. En el cine y en la realidad, Florida siempre ha representado la última vía de escape. Ya sea para los propietarios de tierras del siglo XIX, los refugiados cubanos, los jubilados de Nueva York, los estudiantes rebosantes de hormonas o los criminales fugitivos de la justicia, el estado siempre ha sido una especie de paraíso. Hollywood también ha utilizado Florida como un exótico telón de fondo para todo, desde un alegre centro de vacaciones de cine hasta un lugar donde suceden crímenes perversos; de hecho, el estado ha aprovechado bien sus encantos cinematográficos. Por ejemplo, el fenómeno del filme *Playas de Florida* (*Where the boys are*, 1960) de Henry Levin no sólo inició un nuevo subgénero cinematográfico, sino que también contribuyó a que Fort Lauderdale se convirtiera en el primer centro turístico del país durante el Spring Break. El rejuvenecimiento de Miami en los años ochenta puede atribuirse, por lo menos en parte, a la fama que le dio la serie de televisión del director Michael Mann *Corrupción en Miami* (*Miami vice*), aunque no se sabe si los ariscos residentes de Del Boca Vista de *Seinfeld* harán lo mismo por las comunidades de jubilados de Florida.

Para adentrarse en la historia cinematográfica de Florida, donde predominan las imágenes de palmeras, playas y lujo, lo mejor es tomarse unas vacaciones virtuales. Aunque hay muchos filmes mediocres sobre Florida (la mayoría sobre el Spring Break o escaparates de Elvis Presley), hay muchos que contienen las únicas y variadas cualidades del estado. Aquí hay cuarenta de ellos.

Ace Ventura, un detective diferente (*Ace Venture, pet detective*; Tom Shadyac, 1994). El filme que lanzó las mil caras de Jim Carrey, que aquí es un investigador con tupé que intenta recuperar a *Snowflake*, la mascota secuestrada de los Miami Dolphins en la víspera de la Superbowl. Los Miami Dolphins y su *quarterback* Dan Marino aparecen en el filme.

Aileen Wuornos: The selling of a serial killer (Nick Broomfield, 1993). El documentalista británico Broomfield, en su inimitable estilo agresivo y descarado, se adentra en una laguna de avaricia y explotación en su búsqueda de la verdadera historia de Aileen Wuornos, una mujer encarcelada por haber matado a siete hombres en una interestatal de Florida. La primera mujer asesina en serie de América es en el filme mucho más agradable que mucha gente que la rodea, lo cual hace que este retrato de las regiones apartadas de Florida resulte mucho más escalofriante.

Algo pasa con Mary (*There's something about Mary*; Bobby y Peter Farrelly, 1998). Años después de un atroz desastre anterior al baile de promoción (relacionado con una cremallera revoltosa), el cretino de Rhode Island Ben Stiller persigue a Mary, el epónimo objeto de su afecto, hasta su nueva casa de Miami. Una vez allí, descubre que no es el único que sufre tendencias obsesivas. Los chicos Farrelly han creado una histérica y grotesca obra de arte.

El botones (*The bellboy*; Jerry Lewis, 1960). Este filme se rodó casi por completo en el superlujoso hotel de Miami Beach *The Fontainebleau* (el mismo hotel donde James Bond se broncea al principio de *Goldfinger* de 1964). Jerry Lewis, en su debut como director, es Stanley, el botones del infierno, y es también, en una corta aparición, una estrella de cine de vacaciones llamada «Jerry Lewis» en uno de los filmes con menos decorados que se ha hecho nunca.

Cayo Largo (*Key Largo*; John Huston, 1948). Aunque está rodada en su totalidad en escenarios de Hollywood, el tenso melodrama policíaco de Huston, que trata de un veterano del ejército (Humphrey Bogart) y un jefe de la mafia (Edward G. Robinson) refugiados en un hotel de cayo Largo durante un gran huracán, consigue crear un ambiente de verano bochornoso en los cayos de Florida.

Cocoon (Ron Howard, 1985). Hasta los extraterrestres veranean en Florida. Esta sentimental fantasía spielbergiana se centra en los residentes de una comunidad de jubilados de Florida que descubren una piscina local con extraños poderes de rejuvenecimiento. Casi medio siglo después de bailar con Betty Grable en *Se necesitan maridos* (*Moon over Miami*), Don Ameche ganó el Oscar al mejor actor secundario por este filme.

Con faldas y a lo loco (*Some like it hot*; Billy Wilder, 1959). La clásica farsa de Wilder empieza en el Chicago de 1929. Los músicos de jazz Tony Curtis y Jack Lemmon escapan al justo castigo por ser testigos de la matanza del día de San Valentín disfrazándose de mujeres y uniéndose a una banda de jazz de chicas en un tren que va a Miami. Aunque *Con faldas y a lo loco* podría ser un candidato al mejor filme ambientado en Miami, se rodó en realidad en el *Hotel del Coronado* en San Diego.

Cuatro cocos (*The cocoanuts*; Joseph Stanley y Robert Florey, 1929). Ambientada en pleno auge del estado de Florida, se trata del primer filme de los hermanos Marx, en el que Groucho es un propietario de hotel falto de dinero que intenta mantener a flote su negocio subastando tierras (con la habitual intervención de Chico y Harpo) en Cocoanut Grove, «la Palm Beach del futuro». Groucho habla del clima de Florida mientras se encuentra en lo que es realmente un estudio lleno de arena.

El despertar (*The yearling*; Clarence Brown, 1946). Un clásico en technicolor sobre una familia que lucha para salir adelante en el campo del norte de Florida (en las proximidades del lago George y Volusia) en 1878. El ganador de un Oscar Claude Jarman Jr es el hijo de Gregory Peck y Jane Wyman, quien adopta una actitud lisonjera bastante molesta. El filme se rodó en la zona y está basado en la novela homónima que ganó el premio Pulitzer *(The yearling)* de la escritora floridana Marjorie Kinnan Rawling.

Domingo negro (*Black sunday*; John Frankenheimer, 1976). Unos terroristas palestinos, con la ayuda del malhumorado veterano del Vietnam Bruce Dern, planean eliminar a 80.000 aficionados al fútbol, incluido el presidente Jimmy Carter, en el Orange Bowl, durante el domingo de la Superbowl. Aunque la primera mitad del filme transcurre en Beirut y Los Ángeles, el emocionante final incluye unas bellas vistas aéreas de Miami.

Duelo en el fondo del mar (*Beneath the 12 mile reef*; Robert Webb, 1953). En este bello filme, unos pescadores de esponjas griegos en Tarpon Springs se aventuran hacia el sur para pescar los «glades» y se confunden con los «conchs» ingleses de Key West. Robert Wagner es un joven Romeo griego llamado Adonis, que se atreve a bucear en el arrecife de 19 km por su Julieta, que vale muchas esponjas.

Dumbo (Ben Sharpsteen, 1941). En la primera escena de este clásico de dibujos animados de Disney hay una maravillosa vista desde el aire del estado de Florida, donde se ha establecido el circo para el invierno. Aunque el espectáculo transcurre finalmente en la carretera, esta vista de Florida parece un presagio, si se tiene en cuenta el papel de Disney en el estado un cuarto de siglo después.

Extraños en el paraíso (*Stranger than paradise*; Jim Jarmusch, 1984). Una austera obra maestra independiente de Jarmusch sobre dos lacónicos entusiastas del jazz y su primo húngaro. El trío viaja desde un Ohio aislado por la nieve hasta una sosa Florida fuera de temporada. Las escenas de Florida del filme se reducen a una habitación de hotel barata y un tramo desierto de playa, probando la teoría de los protagonistas de que todos los lugares son iguales después de estar un rato en ellos.

Fuego en el cuerpo (*Body heat*; Lawrence Kasdan, 1981). Rodado justo al sur de Palm Beach, en la pequeña población costera de Lake Worth, el debú como director de Kasdan aprovecha muy bien el potencial de una ola de calor en el sur de Florida. El turbio abogado William Hurt cae en las redes de la rica Kathleen Turner y planea cargarse a su marido por la herencia.

Hampa dorada (*Tony Rome*; Gordon Douglas, 1967). El bromista y arriesgado detective privado Frank Sinatra se enreda con camellos, estriptistas, buscadores de oro y millonarios por méritos propios en el lado salvaje de Miami (el pueblo que el objeto de su amor, Jill St John, llama «más de 32 km de playa buscando una ciudad»). El filme es una vulgar historia de detectives, pero suficientemente divertida como para merecer una continuación: *La mujer de cemento* (*Lady in cement*).

H.E.A.L.T.H. (Robert Altman, 1980). Rodada completamente en el Sunshine Center de St Petersburg, este fracaso de Altman apenas exhibido satiriza las trampas entre bastidores de una convención de salud y nutrición en Florida. En el filme aparecen Glenda Jackson y Lauren Bacall, esta última en el papel de una virgen de 83 años.

Illtown (Nick Gómez, 1995). Según a quién le pregunte, el filme de Nick Gómez es descrito como elegante, extraño y ambicioso o como un pretencioso lío. Este místico filme indie presenta a Tony Danza en el papel de un jefe de la mafia y a una manada de habituales estrellas independientes (Michael Rapaport, Adam Trese, Lili Taylor y Kevin Corrigan) en el papel de una extraña banda de traficantes de drogas.

Una jaula de grillos (*The birdcage*; Mike Nichols, 1996). La nueva versión de *Vicios pequeños* (*La cage aux folles*) hace un uso alegre del panorama gay que empieza a florecer en South Beach, retratando al rejuvenecido paraíso Art Déco como un brillante lugar favorito de musculados, amantes del cuero y *drag queens*. El empresario Armand (Robin Williams) y la diva Albert (Nethan Lane) conviven felizmente en el paraíso del *kitsch* hasta el día en que el hijo de Armand lleva a sus suegros ultraconservadores a cenar.

Juegos salvajes (*Wild things*; John McNaughton, 1997). Una fantasía negra caricaturesca sobre guapos consejeros de instituto, lascivas colegialas y ricos escaparates en una comunidad de ricachones de los Everglades. Con bellos escenarios e interpretada con éxito por Matt Dillon, Kevin Bacon, Denise Richards y Neve Campbell, aunque no consigue cumplir la promesa de su frívolo equipo.

Un marido rico (*The Palm Beach story*; Preston Sturges, 1942). En esta loca obra de arte, Claudette Colbert toma un tren desde la Penn Station hasta Palm Beach («el mejor lugar donde conseguir un divorcio», le dice un taxista) para librarse de su marido, soñador sin blanca, y encontrar un buen millonario para casarse.

Miami blues (George Armitage, 1990). Adaptación de una novela de Charles Willeford, esta estrafalaria historia policíaca sobre un psicópata hogareño (Alec Baldwin), la inocente prostituta con la que convive (Jennifer Jason Leigh) y el quemado detective de homicidios que lleva su juicio (Fred Ward), está ambientada en un sórdido Miami de los barrios bajos que contiene tremendos personajes, animadas actuaciones y deliciosos detalles excéntricos.

Miami rhapsody (David Frankel, 1995). Sarah Jessica Parker (actuando como una Woody Allen femenina) contrapone el compromiso a la insatisfacción matrimonial y la compulsiva infidelidad de su gran familia en una Miami de otro modo perfecta y refinada: «Creo que veo el matrimonio de la misma forma en que veo a Miami: hace calor y es tormentosa y a veces algo peligrosa... pero si es realmente tan horrible, ¿por qué hay tanto tráfico?»

Millonario de ilusiones (*A hole in the head*; Frank Capra, 1959). Frank Sinatra es un irresponsable dueño de hotel de Miami Beach, que sueña con hacerse rico convirtiendo South Beach en «Disneyland». Los alegres títulos de crédito aparecen arrastrados por el aire con carteles contra el horizonte de Miami Beach.

La noche se mueve (*Night moves*; Arthur Penn, 1975). En uno de los grandes *thrillers* metafísicos de los años setenta posteriores al Watergate, Gene Hackman es un hastiado detective privado de Los Ángeles con problemas matrimoniales que es contratado para averiguar el paradero de una joven, y escuetamente vestida Melanie Griffith, en los cayos de Florida.

92 in the shade (Thomas McGuane, 1975). Una loca y relajada comedia sobre guías de pesca rivales en Key West, que presenta un popurrí de los mejores bichos raros de Hollywood: Peter Fonda, Harry Dean Stanton, Warren Oates, Burgess Meredith y William Hickey. Con buen color local pero falta de efecto, el filme está basado en la aclamada novela de Thomas McGuane del mismo título.

Palmetto (Volker Schlondorff, 1998). Woody Harrelson vuelve de la cárcel al pueblo costero de Sarasota de Palmetto y se convierte en el bobo número uno de Florida cuando la rubia de playa Elisabeth Shue entra en su vida y le propone un pequeño secuestro fingido. *Palmetto*, que explota perfectamente los seductores atractivos de Florida, es un manido neo-cine negro, pero ofrece algunos giros satisfactorios.

Piratas del mar Caribe (*Reap the wild wind*; Cecil B. DeMille, 1942). Un emocionante relato de piratas en los cayos de Florida de la década de 1840. Una valiente Paulette Goddard vacila entre la sal del mar de John Wayne y el contramaestre de muralla Ray Milland, mientras intenta burlar a los piratas y a un calamar gigante en los mortales arrecifes de coral.

Porky's (Bob Clark, 1981). El *Ciudadano Kane (Citizen Kane)* de los filmes de adolescentes marchosos, la notoria y canadiense *Porky's* está ambientada en una playa de ficción llamada Angel Beach cerca de Fort Lauderdale a mediados de los años cincuenta. Un grupo de chicos de instituto con sólo una cosa en la cabeza se aventuran por el interior de Florida con la esperanza de pasarlo bien en *Porky's*, un licencioso bar de campesinos blancos.

El precio del poder (*Scarface*; Brian de Palma, 1983). El gángster cubano de poca monta Tony Montana llega a Miami en los barcos de Mariel de 1980 y asesina, intimida y se abre paso hasta ser el rey de su profesión, convirtiéndose en el traficante de drogas más poderoso de Miami. Considerada una de las mejores películas de Florida, el seductor y sorprendente himno al exceso y la perversión del Sueño Americano presenta a Al Pacino en una actuación legendaria y al límite.

Un romance muy peligroso (*Out of sight*; Steven Soderbergh, 1998). Entre el pasado y el presente, y entre una Florida llamativa y soleada y un Detroit cubierto de nieve, el filme de Soderbergh es una adaptación muy satisfactoria de una novela de Elmore Leonard. La acción empieza cuando el ladrón de bancos George Clooney se escapa de una cárcel de Pensacola y se interpone en el camino de la agente federal Jennifer López.

El rompecorazones (*The heartbreak kid*; Elaine May, 1972). Una subestimada obra maestra cómica escrita por Neil Simon, en la que Charles Grodin se casa con una agradable chica judía y luego, en el viaje de novios a Florida, se empieza a arrepentir. Sus dudas se reafirman cuando la diosa Cybil Shephard empieza a flirtear con él en la playa, mientras su mujer está en la cama quemada por el sol.

Revenge of the creature (Jack Arnold, 1955). Transportada en coma desde el Alto Amazonas, la criatura de la Laguna Negra es trasladada hasta el oceanario de Marineland para crear la «mayor sensación científica desde la explosión de la bomba atómica». Él crea una sensación aún mayor cuando se escapa y se dirige hacia la playa y choca con una fiesta en una casa de la costa.

Ruby en el paraíso (*Ruby in paradise*; Victor Núñez, 1993). Ashley Judd hace el papel de Ruby, que se va de su casa en las montañas de Tennessee y hace autostop para probar la vida en el Panhandle de Florida. Se asienta en Panama City y encuentra trabajo en una tienda turística que vende recuerdos. Rechaza al hijo del dueño y la despiden. El filme fue dirigido con sensibilidad por Victor Núñez, de Florida, un verdadero independiente regional que ha dirigido filmes en el norte de Florida desde 1970.

Salesman (Albert y David Maysles, 1968). La segunda mitad de este brillante y emocionante documental sigue a cuatro vendedores de Biblias a Opa-Locka, a las afueras de Miami. No es un cuento de playas y lujosos hoteles, sino de apartamentos de alquiler bajo, moteles baratos y la tranquila desesperación de cuatro hombres intentando vender caras Biblias ilustradas puerta por puerta.

Sangre y vino (*Blood and wine*; Bob Rafelson, 1997). Jack Nicholson es un problemático comerciante de vino de Miami con acceso a las bodegas de los ricos y famosos del sur de Florida. Recluta a un problemático expatriado ladrón de cajas fuertes (Michael Caine) y a una pendenciera niñera cubana (Jennifer López) para conseguir un collar de un millón de dólares. Cuando las joyas terminan en manos de su esposa abandonada (Judy Davis) y de su hijastro malhumorado (Stephen Dorff), la acción se traslada al sur, a los cayos de Florida.

Se necesitan maridos (*Moon over Miami*; Walter Lang, 1941). La aventurera camarera de un puesto de hamburguesas de Texas, Betty Grable, lleva a su hermana y su tía a Miami, «donde los hombres ricos abundan tanto como las uvas y hay un millonario colgando en todas las palmeras». Grable no tiene muchos problemas para tener a un par de ellos bien maduros en esta alegre y jugosa comedia musical (la canción *Oh Me, Oh Mi... ami!* marca el tono). El rodaje se realizó en

Winter Haven y Ocala, a unos cuantos cientos de kilómetros al norte de Miami.

El show de Truman (*The Truman Show*, Peter Weir, 1998). La comunidad de apariencia perfecta de Seahaven, donde se encuentra el Truman Burbank de Jim Carrey resulta no ser más que un enorme estudio de televisión, donde Truman es observado durante el día en la telenovela más larga del mundo. El falso paraíso de Seahaven es en realidad el verdadero, pero igualmente artificial, pueblo de Seaside en la Florida Gulf Coast, una comunidad de vacaciones (construida en 1981) que parece estar anclada en los años cincuenta.

Tambores lejanos (*Distant drums*, Raoul Walsh, 1951). Uno de los muchos filmes que tratan sobre los indios seminola (el primero, lo hizo Vitagraph en 1906), *Tambores lejanos*, ambientada en las guerras seminolas de 1840, presenta a Gary Cooper como un legendario soldado que se encuentra junto a sus hombres atrapado en los Everglades. Allí se enfrentan con serpientes, caimanes y muchos valientes seminolas mientras intentan llegar a tierra firme.

Traición en Fort King (*Seminole*, Budd Boetticher, 1953). Ambientada cinco años antes que *Tambores lejanos* (*Distant drums*, véase más arriba) y mucho más a favor de la situación de los seminolas, el western de Boetticher presenta a Rock Hudson en el papel de un soldado de Estados Unidos y a Anthony Quinn en el de un amigo mestizo de la infancia, que se ha convertido en el jefe seminola Osceola. Intentando reclamar incluso las marismas de Florida para los colonos blancos, un general sediento de poder envía un pelotón a los Everglades para limpiarlos de seminolas y expulsarlos hacia el Oeste.

Ulee's Gold (Victor Núñez, 1997). Veintidós años después de *92 in the Shade*, Peter Fonda ofreció la mejor actuación de su carrera en el papel del apicultor de Florida Ulee, un estoico veterano del Vietnam que cría a sus nietas mientras su hijo está en la cárcel. El director floridano Núñez *(Ruby en el paraíso)* conoce y capta el norte de Florida mejor que cualquier otro director, en este filme medido y meditado que constituyó un gran éxito.

LIBROS

El eterno estado de cambio social y político siempre ha constituido un buen material para los historiadores y periodistas impacientes por calificar el lugar. Rara vez lo consiguen, aunque la imagen de la impredecible evolución de la región que surge lleva a lecturas obligatorias. Muchos reconocidos novelistas pasan el invierno en Florida, pero muy pocos han conseguido reflejar sus personajes, clima y paisajes. Sin embargo, los que sí lo han hecho han creado la literatura más original de Estados Unidos.

HISTORIA

Elizabeth Alexander, *Fuentes para la historia social de la Florida española*. La época de colonización de Florida por los españoles, analizada en sus diferentes vertientes.

Jesús Arboleya Cervera, *Los cubanos de Miami*. Una visión muy reciente de uno de los grupos más influyentes del estado de Florida.

Peter Collier y David Horowitz, *Los Rockefeller*. Aproximación a esta familia, cuya fortuna procedente de la Standard Oil ayudó a construir los primeros hoteles y vías ferroviarias de Florida.

Charles R. Ewen y John H. Hann, *Hernando de Soto among the Apalachee*. Historia y descripción del yacimiento arqueológico (situado en el centro de Tallahassee), que se cree que fue un lugar de acampada utilizado por Hernando de Soto en el siglo XVI.

Carl Hiaasen, *Team rodent*. Nacido en Florida, Hiaasen fue un testigo directo del dominio de Disney en Orlando y este libro es un ataque mordaz al complejo de entretenimiento, hablando de Disney tal como Hiaasen cree que es: malo. Como cuenta en su libro, «Disney es tan bueno en ser bueno que se muestra malo; tan uniforme y cortés, tan formalmente limpio y concienzudo, tan indefectiblemente divertido que es irreal y, por tanto, es un agente de pura maldad». Al igual que la novela de Hiaasen (véase pág. 438), una mezcla de agudo talento, investigación y mucho humor.

Stetson Kennedy, *The Klan unmasked*. Una historia fascinante de la actividad del Klan tras la Segunda Guerra Mundial, que incluye referencias específicas a Florida.

Howard Kleinberg, *The way we were*. Larguísima revisión de la historia de Miami: fotos de archivo en color y texto de un antiguo redactor jefe del periódico más importante de la ciudad, *The Miami News*.

Jerald T. Milanich, *Florida's indians, from ancient times to the present*. Una historia que abarca 12.000 años de vida india en Florida.

María Luisa Laviana Cueto, *José Martí*. Una impresión de José Martí, la figura revolucionaria más poderosa de la resistencia cubana.

Carlos Alberto Montaner Surís, *Víspera del final: Fidel Castro y la revolución cubana*. Una aproximación a la reciente historia de Cuba, que permite entender las expectativas del exilio cubano.

Gary R. Mormino y George E. Pozzetta, *The immigrant world of Ybor City*. Interesantes relatos sobre los inmigrantes cubanos, italianos y españoles cuya vida se desarrolló alrededor de la industria del tabaco de Ybor City a principios del siglo XX.

Helen Muir, *Miami, USA*. Un relato de expertos sobre cómo los primeros promotores dieron forma al lugar durante el auge de la propiedad en los años veinte.

John Rothchild, *Up for grabs: A trip through time and space in the Sunshine State*. Una visión irreverente de la accidentada carrera de Florida como balneario de vacaciones, trampa turística y refugio de astutos perdidos.

Rocío Sánchez Rubio, *Hernando de Soto*. Aproximación a la figura del conquistador español y a sus campañas.

Charlton W. Tebeau, *A history of Florida*. El tomo académico definitivo, pero no para lecturas por placer.

Víctor Andrés Triay, *Fleeing Castro*. Un relato emotivo sobre la situación de los niños de Cuba durante la crisis de los misiles. Como sus padres no pudieron conseguir visados, 14.048 niños fueron sacados de la isla de manera ilegal y muchos de ellos nunca volvieron a ver a sus familias.

Garcilaso de la Vega, *La Florida del Inca*. Completo informe de la expedición del siglo XVI liderada por Hernando de Soto por las praderas, marismas y asentamientos aborígenes de Florida. Muy pesado en algunas partes, pero en general una excelente introducción a ese período.

David C. Weeks, *Ringling*. Una obra exhaustiva que relata el tiempo que pasó en Florida el magnate del circo John Ringling.

Pastry West, *The enduring seminoles*. Una historia de los indios seminola de Florida, quienes, aprovechándose del turismo, encontraron medios para mantener viva su vibrante identidad cultural.

Lawrence E. Will, *Swamp to Sugarbowl: Pioneer days in Belle Glade*. Un relato *cracker* de los primeros tiempos del estado, escrito en primera persona por un campesino blanco local. Zafio y ofensivo en varias ocasiones, pero nunca pesado.

HISTORIA NATURAL

Mark Derr, *Some kind of paradise*. Una historia aleccionadora sobre lo mal que administra Florida sus ventajas ambientales, desde la extracción de esponjas de los arrecifes hasta los despiadados contratistas de hoteles de Miami.

Marjory Stoneman Douglas, *The Everglades: River of grass*. Literatura marcadamente conservacionista por una de las historiadoras más respetadas del estado, que describe la naturaleza y la belleza de los Everglades desde sus principios. Una obra soberbia que contribuyó a la fundación del Everglades National Park.

Harold R. Holt, *Lane's «A Bilder's Guide to Florida»*. Informes detallados de cuándo y dónde encontrar las aves de Florida; incluye mapas y cuadros de las temporadas. Dirigido a los expertos pero muy útil para los observadores principiantes de aves.

Antonio Muñoz Margaretto, *Las tortugas de Florida*. Una aproximación a una de las especies más destacadas de Florida.

Ronald L. Myers y John J. Ewel, *Ecosystems of Florida*. Tratado técnico aunque muy legible para los ecologistas formales.

National Geographic Society, *Guía de campo de los pájaros de América del Norte*. La mejor guía del país; contiene mucha información sobre Florida y excelentes ilustraciones.

Joe Schafer y George Tanner, *Landscaping for Florida's Wildlife*. Recomendaciones paso a paso sobre cómo imitar la flora de Florida en su propio jardín.

Glen Simmons Laura Ogden, *Gladesmen*. Entretenidos relatos de las «ratas de las marismas»: robustos hombres y mujeres que salieron adelante luchando con caimanes y caminando por los «glades».

IMPRESIONES DE VIAJES

T. D. Allman, *Miami: City of the future*. Excelente e incisiva mirada hacia la Miami moderna, que se hunde en el lodo cuando se va más allá de *Corrupción en Miami (Miami vice)*.

William Bartram, *Travels*. El vivo diario de un naturalista del siglo XVIII que viaja por los estados situados más al sur y Florida durante el período de dominio británico. Destacados relatos sobre los indígenas, y toda clase de flora y fauna.

Edna Buchanan, *The corpse had a familiar face*. Relato en ocasiones agudo y a menudo sensacionalista de los años que pasó la autora tomando el pulso de la criminalidad en el *Miami Herald*: 5.000 cadáveres y sangre en abundancia. El siguiente, *Vice*, es más de lo mismo.

Joan Didion, *Miami*. Un fascinante aunque al final insatisfactorio viaje por los complejos y apasionados políticos del exilio de la Miami cubana.

Lynn Geldof, *Cubanos*. Entrevistas apasionadas y enmarañadas con cubanos en Cuba y Miami, que confirman los fuertes lazos entre ellos.

Henry James, *El escenario americano*. Interesante perorata del reconocido novelista, que incluye retratos escritos de St Augustine y Palm

Beach cuando se llenaron de personas conocidas para pasar el invierno a principios del siglo XX.

Norman Mailer, *Miami and the siege of Chicago*. Un rabioso estudio de las convenciones políticas estadounidenses del año 1968; la primera parte habla mal de las artimañas del Partido Republicano en Miami Beach, cuando Nixon apartó a Reagan de la presidencia.

Roxanne Pulitzer, *The prize Pulitzer: The scandal that rocked Palm Beach*. Una chica de pueblo que emparentó con el estilo de vida de la *jet-set* de Palm Beach describe las injurias de la comunidad más adinerada de Florida cuando quiere divorciarse.

David Rieff, *Going to Miami: Exiles, tourists and refugees in the New America*. Una exploración de Miami mediante los cubanos conservadores, las luchadoras comunidades negra y haitiana y los resentidos blancos estadounidenses, pero con demasiadas meditaciones sexistas como para resultar creíble.

Alexander Stuart, *Life on Mars*. «Paraíso con una lobotomía», así describió Florida un amigo del autor. Ésta es una serie a menudo divertida de fotos instantáneas de las vacías vidas de la gente guapa de South Beach y la «basura blanca» de los campesinos del interior.

John Williams, *Into the Badlands: A journey through the American Dream*. El largo viaje del autor por Estados Unidos para entrevistar a los mejores autores de novelas policíacas del país empieza en Miami, «la ciudad que construyó la coca», y su irresistible extrañeza se condensa en la brevedad.

ARQUITECTURA Y FOTOGRAFÍA

Todd Bertolaet, *Crescent rivers*. Fotografías de Amsel Adams de los oscuros ríos de aguas negras que se extienden por la Big Bend de Florida.

Barbara Baer Capitman, *Deco delights*. Un recorrido por los edificios Art Déco de Miami Beach realizado por la mujer que defendió su conservación, con hermosas fotografías.

Laura Cerwinske, *Miami: Hot & Cool*. Tomo de gran formato con texto sobre la vida y elegancia del sur de Florida y fotografías en color de las bellas casas y jardines de Miami. Por la misma autora, *Tropical Deco: The architecture & Design of old Miami Beach* expone una riqueza de detalles arquitectónicos.

Donald W. Curl, *Mizner's Florida: American resort architecture*. Una valoración de la vida, la carrera y los diseños de Addison Mizner, el arquitecto autodidacta responsable de los edificios del «*Bastard Spanish Moorish Romanesque Renaissance Bull Market Damn the Expense Style*» de Palm Beach y Boca Ratón.

Hap Hatton, *Tropical splendor: An architectural history of Florida*. Un relato legible, informativo y con bellas ilustraciones de los extraños y maravillosos edificios que han embellecido y desacreditado al estado a lo largo de los años.

Alva Johnston, *The legendary Mizners*. Una biografía picante de Addison Mizner y su hermano Wilson, que explica lo bien que comían, bebían y cómo se emparentaron con los estilos de vida de los ricos y famosos de los años veinte.

Gary Monroe, *Life in South Beach*. Un delgado volumen de fotos monocromas que muestran la South Beach de Miami Beach, antes de la restauración del barrio Art Déco y la llegada de las tendencias de moda de todo el mundo.

Nicholas N. Patricios, *Building marvelous Miami*. Unas 250 fotografías documentan el desarrollo arquitectónico de la ciudad favorita de Florida.

Woody Walters, *Visions of Florida*. Fotografías en blanco y negro, pero que todavía transmiten la riqueza y belleza de Florida, desde las brumosas mañanas de Tallahassee hasta los relámpagos de los Everglades.

William Weber, *Florida nature photography*. Una visión pictórica elegante de muchos parques estatales, áreas de recreo y reservas naturales de Florida.

NOVELAS

Pat Booth, *Miami*. No podía ser de otra forma: la autora de best-séllers utiliza la ostentación y el glamour de South Beach de Miami como escenario para un cuento de seducción y deseo creado para el éxito.

Harry Crews, *Florida frenzy*. Una colección de cuentos que narra ocupaciones «de macho» al aire libre, como la caza de caimanes y las peleas de gallos. «Le impresionará profundamente», publicó en su día el *Chicago Tribune*.

Marjory Stoneman Douglas, *A River in flood*. Una colección de relatos cortos (publicados por primera vez separados en el *Saturday Evening Post* en los años treinta y cuarenta) que reflejan las numerosas facetas de la vida de Florida: desde los huracanes hasta las peleas de gallos. En la actualidad, con 108 obras, Marjory Stoneman Douglas es la gran dama de los escritores de Florida.

Edward Falco, *Winter in Florida*. Historia imperfecta, pero compulsiva, sobre un chico mimado de Nueva York que busca emociones en una granja de caballos del centro de Florida.

Ernest Hemingway, *Tener y no tener*. Hemingway vivió y bebió en Key West (Cayo Hueso) durante años, pero sólo situó este modesto cuento en la población: describe los infortunios de los pescadores azotados por la Depresión.

Carl Hiaasen, *Double whammy*. Thriller extremadamente gracioso que reúne una clásica colección de personajes de Florida pervertidos pero creíbles; entre ellos hay un antiguo gobernador con aire de ermitaño, un cínico policía cubano y un predicador televisivo corrupto. *Skin tight*, del mismo autor, explora los riesgos de la cirugía plástica no cualificada en una Miami llena de asesinos mutantes, políticos comprados y policías contratados por gánsteres; *Native tongue* ahonda en las actividades sospechosas que hay tras los decorados de un parque temático de Florida.

Zora Neale Hurston, *Their eyes were watching God*. Nacida en Florida, Hurston se convirtió en una de las estrellas del renacimiento de Harlem en los años veinte. Esta novela describe la fundación de Eatonville (su pueblo natal y el primer pueblo negro del estado) y la suerte de los peones de Belle Glade tras el huracán de 1928. *Jonah's Gourd Vine*, su autobiografía *(Dust Tracks on a Road)* y *Mi gente*, son asimismo recomendables.

David A. Karfelt, *American tropic*. Pomposa saga de pasión y poder que transcurre durante varios momentos culminantes de la historia de Florida; apropiado para horas ociosas en la playa.

Peter Matthiessen, *Killing Mister Watson*. Historia muy documentada de los principios del asentamiento blanco en los Everglades. Su ritmo es lento, pero ayuda a comprender la mentalidad de frontera de Florida. Por el autor de *Jugando en los campos del Señor*.

Thomas McGuane, *Ninety-two in the shade*. Una extraña y alucinatoria búsqueda de la identidad de un hombre joven de estados mentales cambiantes, que aspira a convertirse en un guía de pesca de Key West, y cuya familia y amigos están igualmente trastornados. El autor también adaptó el libro para un filme. *Panama*, del mismo escritor, está asimismo ambientada en Key West.

Theodore Pratt, *The barefoot mailman*. Un relato de los años cuarenta que mantuvo comunicados los extensos asentamientos del período de los pioneros recorriendo a pie los muchos kilómetros que los separaban.

Marjorie Kinnan Rawlings, *Short stories*. Una colección de los 23 relatos cortos más aclamados de Rawlings, que recurre a los ambientes naturales de Florida para inspirarse.

John Sayles, *Los gusanos*. Novela absorbente aunque interminable que trata de las vidas de exiliados cubanos en Miami; escrito por un culto director de cine.

Edmund Skellings, *Collected poems: 1958-1998*. Una excelente colección de obras de un poeta laureado de Florida. Norman Mailer dice de los poemas de Skellings: «En su mejor momento, brillan como la plata al sol.»

Daniel Vilmure, *Life in the land of the living*. Sólo el vigor de la escritura levanta esta irresoluta historia sobre dos hermanos que se comportan como locos en un pueblo portuario sin nombre, situado en Florida, un viernes por la noche y con un calor abrasador.

NOVELAS POLICÍACAS

Edna Buchanan, *Nobody liver forever*. Tenso thriller sobre un psicópata asesino en las calles pobres de Miami. Véase también «Impresiones de viajes».

Liza Cody, *Backhand*. La mejor investigadora privada de Londres, Anna Lee, sigue las pistas desde Kensington hasta la costa oeste de Florida; muy entretenido.

James Hall, *Under cover of daylight; Squall line; Hard aground*. Tensos thrillers con un reparto de locos que aprovechan bien los paisajes de fin del mundo de los cayos de Florida.

Elmore Leonard, *Jackie Brown; Joe La Brava; Gold Coast*. Lo mejor de los thrillers ambientados en Florida de este recomendado autor, que detallan respectivamente el éxito de una azafata que engaña a un grupo de gánsteres; la vida en la sórdida South Beach antes de la conservación del barrio Art Déco; y los sufrimientos de la rica viuda de un gánster en una mansión de Fort Lauderdale.

Charles Willeford, *Miami blues*. Gracias a un filme mediocre, es el más conocido pero no el mejor de una serie muy recomendada que presenta a Hoke Mosely, un policía de Miami frío y calculador, aunque muy humano. Otros títulos de la serie son *The way we die now, Kiss your ass goodbye* y *Sideswipe*.

GASTRONOMÍA

Sue Mullin, *Nuevo Cubano Cooking*. Instrucciones fáciles de seguir y fotografías que hacen la boca agua de recetas que fusionan la cocina tradicional cubana con la *nouvelle cuisine*.

Ferdie Pacheco y Luisita Sevilla Pacheco, *The Christmas Eve Cookbook*. Más de 200 recetas para días festivos e historias que presentan al crisol de inmigrantes que se establecieron en Ybor City.

Steven Raichleu, *Miami spice*. La cocina latinoamericana y caribeña se une con la Florida del Sur Profundo y salen algunos de los platos más sabrosos de América. Recetas sencillas e interesante información general.

ÍNDICE

A

acampada 27-31, 40
acampada libre 39-40
aduanas 10
Air Force Space Museum 206
albergues de juventud 29
Alexander Springs 287
Alfred, lago 278
alojamiento 27-31
alquiler de autocaravanas 24
alquiler de automóviles 22-25
Amelia, isla 234-237
Amtrak 8, 22-23
Apalachicola 387-389
Apalachicola National Forest 380-381
arrecife de coral 429
Art Déco 97
Atlantic Beach 228
autobuses 21
autostop 26
Avon Park 280

B

Bahia Honda State Recreation Area 143
bancos 15
Barberville 256
bed and breakfast 29
Belle Glade 283
Big Bend 325-330
Big Cypress National Preserve 359
Big Pine Key 144
Blackwater River State Forest 386
Blue Spring State Park 256
Boca Ratón 179-183
Bok Tower Gardens 279
Bonita Springs 354
Bradenton 331-334
Brighton Seminole Indian Reservation 283
buceo con tubo 140
Butterfly World 178

C

Cabbage Key 352
caimanes 427
cajeros automáticos 16
Caladesi, isla 321
Calusa Nature Center 346
Canaveral National Seashore 207
Cape Sable 362
Captiva, isla 348-352
carreteras 24
Cassadaga 255
cayos de Florida 129-165
Cedar Key 328-329
cheques de viaje 15-16
Chipley 385
cine 430
Clearwater 320-322
Clearwater Beach 320
Clewiston 283
Cocoa 210
Cocoa Beach 208
Cocoanut Row 187
comida y bebida 31-36
compañías aéreas 7
condución 22-26
Corkscrew Swamp Sanctuary 354
correos 17
crackers 418
criminalidad 37, 422
Cross Creek 289
cruzar la franja horaria 384
Crystal River 326-327
cubanos 421
Cudjoe Key 144
Cummer Museum of Art and Gardens 232
Cypress Gardens 278

D

Dalí, Salvador 310, 313
Dania 168-169
Davie 178
Daytona Beach 212-219
  alojamiento 217
  Beachside Daytona Beach 212-214
  Bulow Plantation Ruins 217
  Casements, los 215
  comida 218
  Daytona International Speedway 216
  Klassix Auto Museum 217
  llegada 214
  medios de transporte 214
  Ponce Inlet 214
  semanas de la velocidad 216
  vida nocturna 219
De Funiak Springs 385
Deer Lake Park 395
Deerfield Beach 179
DeLand 255-256
DeLeon Springs State Recreation Area 256
Delray Beach 183
deportes 46-48
Destin 396-397
Devil's Millhopper 292
días festivos 48
dinero 15-16
Disney-MGM Studios 266
Dog, isla 389
drogas 51
Dry Tortugas 164

E

Eden State Gardens 396
electricidad 51
EPCOT Center 265
estadounidenses en el espacio 205
Everglades City 358
Everglades, los 356-361
excursiones a pie 39

F

Falling Waters State Recreation Area 385
Fernandina Beach 235
festivales 48
Flagler Beach 219
Flagler, Henry 418
Flamingo 363
flora y fauna 40, 424-429
Florida Caverns State Park 384
Florida para mujeres 41-42
fly and drive 6
Fort Clinch State Park 236
Fort de Soto Park 319
Fort Jefferson 164
Fort Lauderdale 170-177
Fort Myers 344-345
Fort Pickens 407
Fort Pierce 196-197
Fort Walton Beach 398-399

G

Gainesville 289-290
Gamble Plantation 331
Gatorland 257
Gerónimo 407
Gold Coast 168-192
Grayton 395
Greyhound 9, 21
Gulf Breeze 406
Gulf Islands National Seashore 406

H

hammocks 53, 425
Havana 378
Hemingway House 155
Hibel Museum of Art 188
Highlands Hammock State Park 281
historia de Florida 411-423
Hobe Sound National Wildlife Refuge 194
Hollywood 168
Homosassa Springs 326
Honeymoon Island 321
hostales 29
hoteles 28
huracán «Andrew» 423
huracanes 51-52
Hutchinson, isla 195

I

Ichetucknee Springs 292
incendios 424
Indian Key 138
Indian Shores 319
información turística 19-20
inmigración 10
Intracoastal Waterway 53
ir en bicicleta 26-27
Islamorada 137-138

J

J. N. «Ding» Darling Wildlife Refuge 350
Jack Island Wildlife Refuge 199
Jacksonville 229-233
Jacksonville Jaguar Stadium 232
Jacksonville, playas 227-228

John Pennecamp Coral Reef State Park 132
Jonathan Dickinson State Park 194
Juniper Springs 287
Juno Beach 193
Jupiter 193
Jupiter, isla 194

K

Kanapaha Botanical Gardens 292
Kathryn Hanna Park 229
Kennedy Space Center 203-205
Key Largo 134-135
Key West 146-164
  acuario 153
  alojamiento 149-152
  Bahama Village 156
  cementerio 158
  comida 159-161
  Conch Republic 148
  Duval Street 152
  festivales 149
  Hemingway House 155
  información 148-149
  Key West gay 162-163
  Lighthouse Museum 156
  llegada 148-149
  Mallory Square 153
  Thomas Riggs Wildlife Refuge 158
  vida nocturna 161-162
  Whitehead Street 155
  zona de la bahía 157
Kingsley Plantation 233
Kissimmee 257
Koreshan State Historic Site 353

L

Lake Kissimmee State Park 280
Lakeland 276
Lauderdale-by-the-Sea 178
lavanderías 52
Leon Sinks Geological Area 379
libros 435-439
Lighthouse Point 179
Lignumvitae Key 139
Lion Country Safari 192
Long Key State Recreation Area 139
Looe Key Marine Sanctuary 144

Loxahatchee National Wildlife Refuge 192

M

Madeira Beach 319
Magic Kingdom 263
manatíes 428
mangles 428-429
mapas 19-20
Mar-a-Largo 187
Marathon 140-143
Marco, isla 356
Marianna 384
Mayport 229
McIntosh 289
medios de comunicación 19-20
Melbourne 209
Merrick, George 82, 419
Merrit Island National Wildlife Refuge 207
Miami y Miami Beach 57-128
  alojamiento 65-70
  Ancient Spanish Monastery 104
  Art Déco, distrito 97-98
  baile 118
  Bal Harbour 103
  Bass Museum of Art 101
  Bayside Marketplace 74
  Bill Baggs Cape Florida State Recreation Area 92
  Biltmore Hotel 84
  Biscayne National Park 94
  Brickell Avenue 76
  Central Miami Beach 101-103
  centro de Miami 76
  Charles Deering Estate 89
  cine 119-120
  Coconut Grove 85-88
  comedia 119
  comida 105-113
  compras 123-125
  copas 111, 113-115
  Coral Castle 93
  Coral Gables 80-85
  Crandon Park Beach 92
  cubanos en Miami 78-79
  Española Way 100
  Fairchild Tropical Garden 85
  festivales 120-121
  Flagler Street 72-73
  Fontainebleau Hotel 102
  Fruit and Spice Park 94
  Golden Beach 103
  Homestead 93
  información 60
  Jackie Gleason Theater 101

Key Biscayne 90-93
Leedskalnin, Edward 93
Liberty City 75
Lincoln Roads Arts District 100
Little Haiti 75
Little Havana 77-80
Lowe Art Museum 84
Matheson Hammock Park 85
medios de transporte 61-65
Metro-Dade Cultural Center 72
Metrozoo 90
Miami Art Museum 73
Miami Beach 95-104
Miami Beach Convention Center 101
Miami gay 121-122
Miami para mujeres 122
Miracle Mile 82
Monkey Jungle 94
música 116-119
North Miami Beach 103
ópera 118
Overtown 76
Parrot Jungle 89
South Beach 95-101
South Miami 89-90
South Pointe 99
Stiltsville 93
Sunny, islas 103
Surfside 103
teatro 119
vida nocturna 115-116
Virginia Key 90
Wolfsonian Foundation 100
Ziff Jewish Museum of Florida 99
Micanopy 289
Miccosukee Indian Village 360
Mizner, Addison 180, 186, 419
montar a caballo 285
Morikami Museum and Japanese Gardens 183
moteles 28
Mount Dora 254-255
Myakka River State Park 343

N

nadar con los delfines 132
Naples 354
NASA 421
Natural Bridge Battlefield Site 379
Neptune Beach 228
New Smyrna Beach 211
North Hutchinson, isla 199
North Key Largo 131-132

O

Ocala 284-288
Ocala National Forest 287
Okaloosa, isla 398
Okeechobee 282
Okeechobee, lago 282
Orlando 238-255
alojamiento 242-245
centro de Orlando, el 245
comida 249
Eatonville 248
Harry Leu Gardens 247
información 240
International Drive 247
Loch Haven Park 245
llegada 240
Maitland 248
medios de transporte 241
Rollins College 247
vida nocturna 253
Winter Park 247

P

Palm Bay 209
Palm Beach 184-190
Panama City Beach 390-396
Panhandle, el 365-408
Pass-a-Grille 318
Paynes Prairie State Preserve 289
Pensacola 399-408
alojamiento 401
Civil War Soldiers Museum 402
comida 404
Fort Barrancas 404
Fort George 402
Historic Pensacola Village 402
información 401
llegada 401
medios de transporte 401
Museum of Art 403
Museum of Naval Aviation 404
North Hill 402
Palafox District 402
Seville District 402
vida nocturna 405
Perdido Key 407
Perry 330
Pigeon Key 143
Pine, isla 362
Pinellas Trail 314
Pompano Beach 179
Ponte Vedra Beach 228

Port St Joe 389
Port St Lucie 199
propinas 52

Q

Quincy 383

R

radio 20
Rainbow Springs State Park 286
Ramrod Key 144

S

Salt Springs 287
salud 13
Sanford 254
Sanibel, isla 348-352
Sarasota 334-344
alojamiento 335
Asolo Theater 339
centro de Sarasota, el 336
Circus Gallery 338
comida 340
información 335
Lido Key 339
llegada 335
medios de transporte 335
Ringling Museum Complex 337
Siesta Key 340
vida nocturna 341
Sawgrass Mills 174
Seagrove Beach 395
SeaWorld 273
Sebastian Inlet State Recreation Area 200
Sebring 280
seguridad personal 37-38
seguro 13
Seminole, lago 383
Seven Mile Bridge 142
Shark Valley 361
Silver Springs 285
Singer, isla 193
Space Coast 203-211
St Agustine 220-227
St George, isla 389
St Joseph Peninsula State Park 389
St Lucie Inlet State Park 194
St Marks 379
St Petersburg 310-316
St Petersburg, playas 316-322

St Vicent, isla 389
Stuart 195
Sunshine Skyway Bridge 330

T

Talbot, islas 234
Tallahassee 367-377
  alojamiento 368
  Antique Car Museum 375
  Capital Cultural Center 371
  Capitol Buildings 370
  centro 370
  comida 373
  información 368
  Jackson Lake 377
  Knott House 372
  llegada 368
  Maclay State Gardens 376
  medios de transporte 368
  Museum of Black Floridians 371
  Museum of Florida History 371
  Museum of History and Natural
    Science 376
  Old City Cemetery 373
  universidades 372
  vida nocturna 374
  yacimientos arqueológicos
    376
Tampa 296-310
  alojamiento 299
  Busch Gardens 304
  centro 299
  comida 306
  Hillsborough River State Park
    305
  Hyde Park 302
  información 298
  ir en canoa 306
  llegada 298
  medios de transporte 298
  Museum of Science and Industry
    305
  Tampa Bay Hotel 301
  Tampa gay 309
  vida nocturna 307
  Ybor City 303
Tarpon Springs 322-
  325
Tavernier 136
teléfonos 17-18
televisión 20
Thomasville 377
Three Rivers State
  Recreational Area 383
tiempo 51-52
Titusville 210
Torch Keys 144
tortugas marinas 428
trabajar en Florida 49
Treasure Coast 192-200
Treasure, isla 319
turismo 421

U

Universal Studios 271-272
Universidad de Florida 290

V

Venice 343
Vero Beach 199
viajar con niños 45-46
viajeros minusválidos 43-44
viajes en avión y automóvil,
  véase fly and drive
vida gay 42-43
visados 10

W

Wakulla Springs State Park
  379
Wales, lago 278
Walt Disney World 258-271,
  421
  alojamiento 260
  Animal Kingdom, Disney's
    267
  Blizzard Beach 268
  Cirque du Soleil 270
  Discovery Island 268
  Disney Cruise Line 270
  Disney Institute 269
  Disney-MGM Studios 266
  EPCOT Center 265
  historia 260
  información 262
  Magic Kingdom 262
  Pleasure Island 270
  Richard Petty Driving Experience
    269
  River Country 268
  Typhoon Lagoon 269
  vida nocturna 270
  Wide World of Sports, Disney's
    269
West Palm Beach 190
Williams, Tennessee 158
Winter Haven 278
Worth, lago 184

Y

Yankeetown 327

SIN FRONTERAS

En preparación

SIRIA Y JORDANIA • ESPAÑA • FRANCIA
AUSTRALIA • MUNDO MAYA • SUDÁFRICA

EDICIONES **B**
GRUPO ZETA

Cuando viajar se convierte en aventura

Joe KANE

El descenso del Amazonas

La primera travesía completa por el río más salvaje del mundo

Anna CORTADAS

Querida Nicaragua

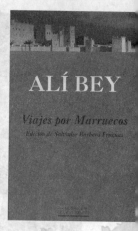

ALÍ BEY

Viajes por Marruecos

Edición de Salvador Barberá Fraguas

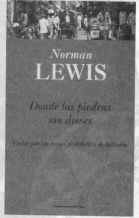

Norman LEWIS

Donde las piedras son dioses

Viajes por las zonas prohibidas de la India

Jon KRAKAUER

Hacia rutas salvajes

"El núcleo esencial del alma humana es la pasión por la aventura... No es los viajes, si te estableces, Cambia a menudo de lugar, lleva una vida nómada, renueva cada día tus expectativas."
Carta de Chris McCandless, antes de desaparecer en Alaska

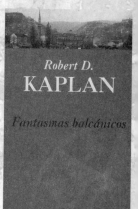

Robert D. KAPLAN

Fantasmas balcánicos

José
OVEJERO

China para hipocondríacos

De Nanjing a Kunming

Premio Grandes Viajeros 1998

biblioteca
GRANDES VIAJEROS

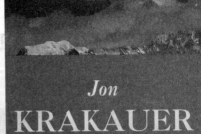

Jon
KRAKAUER

Mal de altura

Crónica de una tragedia en el Everest

biblioteca
GRANDES VIAJEROS

Gabriel
PERNAU

A China en bicicleta

Por Rusia, Georgia, Azerbaiyán, Turkmenistán, Uzbekistán, Kirguizistán y Karajalá

EDICIONES B
GRUPO ZETA

— biblioteca —
GRANDES VIAJEROS

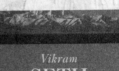

Vikram
SETH

Desde el lago del Cielo

Viajes por Sinkiang, Tíbet y Nepal

biblioteca
GRANDES VIAJEROS

Descubre las CLAVES
de nuestro tiempo

La música latinoamericana,
ritmos y danzas de un continente

Isabelle Leymarie

Jean Vercoutter

Nueva York,
crónica de la jungla urbana

Jerome Charyn

Los misterios del vudú

Laënnec Hurbon

La gran aventura africana,
Exploradores y colonizadores

Anne Hugon

Anne Grynberg

Christiane Eluère

Biblioteca de bolsillo
CLAVES

EDICIONES B
GRUPO ZETA

Roland y Françoise Etienne

Un siglo en imágenes

De la actualidad a la historia, una perspectiva distinta del siglo XX

Más de 350 documentos inéditos sobre papel

Biblioteca de bolsillo
CLAVES

EDICIONES B
GRUPO ZETA

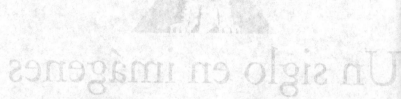